涵芬香远译丛

肯尼迪
——权力日记

〔美〕理查德·里夫斯　著

贾文浩　贾文渊　译

商务印书馆
The Commercial Press
创于1897

2015 年·北京

Richard Reeves

PRESIDENT KENNEDY:
Profile of Power

Copyright © 1993 by Reeves-O'Neill, Inc.

Chinese (Simplified Characters) copyright © 2014

by The Commercial Press

Published by arrangement with International Creative Management, Inc.

Through Bardon-Chinese Media Agency, Taiwan

ALL RIGHTS RESERVED

图书在版编目(CIP)数据

肯尼迪:权力日记/(美)里夫斯著;贾文浩,贾文渊
译.—北京:商务印书馆,2014(2015.9 重印)
　(涵芬香远译丛)
　ISBN 978-7-100-10757-0

I.①肯…　II.①里…②贾…③贾…　III.①肯尼迪,
J.F.（1917～1963)—生平事迹　IV.①F837.127=5

中国版本图书馆 CIP 数据核字(2014)第 228531 号

肯尼迪
——权力日记

〔美〕理查德·里夫斯 著

贾文浩　贾文渊 译

商 务 印 书 馆 出 版
(北京王府井大街36号　邮政编码 100710)
商 务 印 书 馆 发 行
北 京 冠 中 印 刷 厂 印 刷
ISBN 978 - 7 - 100 - 10757 - 0

2014 年 11 月第 1 版　　开本 787×1092　1/16
2015 年 9 月北京第 2 次印刷　　印张 44½
定价:89.90 元

谨将此书献给

菲奥娜·奥尼尔·里夫斯

和她母亲凯瑟琳·奥尼尔

以及她祖母、外祖母

多萝西·福尔谢·里夫斯

布丽奇特·拉迪·维西

目　录

前　言

　　理夏德·卡普辛斯基①有一部作品名叫《皇帝》，书中讲述了埃塞俄比亚皇帝黑尔·塞拉西的兴衰。作者在亚的斯亚贝巴遍访塞拉西的前宫廷朝臣，每一位朝臣都讲述了在那位王中之王身边的亲身经历，受访者中有记录皇帝每一句口谕的史官，也有富豪权贵。但他们的生杀大权却系于一人——即那个世界的核心人物塞拉西，他在人前的一瞥或眉头一皱，就可让这些高官要么飞黄腾达，要么前途尽毁。

　　那本书描绘了一幅权力笼罩下宫廷生活的绝妙画卷。不过，读那本书的时候，我感到有些纳闷，不知道塞拉西皇帝本人对那种生活有何感受，身处权力中心是什么滋味？我对埃塞俄比亚的诸位皇帝所知甚少，便转而思索美国总统的感受。我写过几本书，内容是记叙三位美国总统，多年来也曾与第四位总统交谈并有书信往来，我意识到，我自认为掌握的内容，无非是白宫一届届总统权力笼罩下亲历者的客观讲述。

　　这些想法后来聚焦般投向了美国第35届总统——约翰·F.肯尼迪。我认为，有足够多的亲历者和足够多的记录，能够从肯尼迪的视角再现他自己的内心世界。我渴望掌握肯尼迪了解的情况，掌握他何时了解那些情况和具体

---

① 理夏德·卡普辛斯基（1932—2007），著名波兰驻外记者、作家，留有著述20余部。——译注

采取的行动，有些时候，对事件进程的掌握可以具体到每日、每时，甚至每一分钟。我认为，以这样的时间段划分来叙述是合理的。肯尼迪是在一个新旧时代的交替点上登上权力巅峰的，这一点十分重要，因为记录他的言语和行动后来有了新的方式。在他那个时代，通信交流的脉动加快了。在肯尼迪总统任期之初，各种记录要凭借速记和打字机，秘书们接听电话要靠手写做记录。当时用的工具如今再也见不到了：复写纸、蜡纸、油印机、真空管和相机闪光灯泡。三年后，几乎每一个家庭都有了半导体收音机和电视机，办公室出现了磁带录音机和复印机。喷气式飞机问世后，美国到欧洲的旅程骤然缩短到区区六个小时。

根据新的信息和进一步的观察，我感到这样的时间段划分是正确的。冷战结束使很多秘密文件解密，并可通过采访得到新的收获，尤其可以从莫斯科获得很多信息。肯尼迪上任伊始，他的核心职责便是担当第一位现代军事总司令。在他的总统任期上，一个前所未有的现实是直面潜在敌国，这个敌国掌握着能够毁灭美国的军事力量，广袤的大西洋和太平洋对苏联发射核导弹并不构成屏障，《信息自由法》通过后，一扇新窗口打开了，那些年代发生在莫斯科、华盛顿、柏林、伯明翰和哈瓦那等地的非凡事件便大白于天下。虽然在政府保密程序和肯尼迪家族的抵制下，仍有大量信息不为人知，然而现在已经有可能将当年的事实与人们的想象区分开，可以洞察到20世纪60年代初期肯尼迪与其他重要人物之间的交往，其中包括前总统艾森豪威尔、赫鲁晓夫总理、查尔斯·戴高乐、哈罗德·麦克米伦、菲德尔·卡斯特罗、吴庭艳、马丁·路德·金，以及总统身边的人物，特别是罗伯特·肯尼迪和罗伯特·麦克纳马拉。

回顾往事，我感觉肯尼迪最突出的贡献并不是做出过了不起的政治决策，而是其政治抱负，尽管他的确做出过一些重要政治决策。他并不坐等时机到来，而是直接向制度挑战，试图控制政治制度。在他之后，同样没有总统坐等时机，因为面对雄心勃勃的凌厉挑战，无论是刻板还是柔韧的政治制度都不得不屈服。后来的事实证明，肯尼迪相信，这个世界上最有权势的职位唯一需要的就是这种雄心。他的权力并非由高层赋予，也非来自底层的支持，而是他凭借自己的雄心和愿望，大刀阔斧从政治制度的中心开拓出来的。在20世纪60年代初期，有人问他为什么要当总统，他回答说："我环顾周围的竞争者们，对自己说，既然他们认为自己能挑起这副担子，我为什么不能？'我为什么不能？'这便是我的回答。我认为这就足够了。"

肯尼迪的公众形象具有划时代特征。在成为总司令的人物中，他是第一位在二战中参加过战斗的军人。美国海军中尉约翰·肯尼迪英雄般凯旋回国后，首先按照父亲的安排担任了一个职务。富有的父亲也是一个胸怀抱负的人物，对子女的生活早有非同一般的规划。儿子被选为海外退伍军人协会的司令官，任职地在波士顿。这个新职位本来是父亲为长子小约瑟夫·P.肯尼迪选定的，可是当飞行员的长子在欧洲作战时阵亡。一年后，约翰·肯尼迪成为竞选国会议员的候选人，满大街跑的有轨电车上都贴着为他助选的招贴："新一代的领袖。"20世纪50年代末，年轻的退伍官兵多达1,600万人，他们年龄在三四十岁，个个感到失意。这些人原本指望自己作为征服者凯旋后，会受到热烈欢迎，在风华正茂时大有作为。他们在等待自己的时机。

约翰·肯尼迪的行动比所有这批人都更引人瞩目。他与同一代人一样有大量共同的经历，这淡化了他作为第二位天主教徒竞选总统的不利因素。1928年，第一位竞选总统的天主教徒是纽约州的州长阿尔·史密斯，结果遭遇惨败。但战争让美国发生了变化，而且变化还在继续发生着。当时，美国的天主教徒几乎占人口总数的三分之一。"统一而不可分割的民族"是美利坚合众国需要赢得的共识：在富有爱国精神的众多二战题材影片中，"我们全都置身其中"在银幕上得到栩栩如生的刻画，影片中，来自纽约布鲁克林区坚韧的爱尔兰裔和意大利裔士兵，与来自爱荷华州的金发美国士兵并肩作战。在凯旋回国的年轻人眼中，姓氏不再有任何关系。对于天主教信仰属于非美国主流的影射，肯尼迪曾用一句话做出最佳反应："在南太平洋战场上，谁也没问过我的宗教信仰。"

1956年的民主党全国大会后，肯尼迪决定角逐美国总统。民主党提名的副总统候选人是阿德莱·史蒂文森。而连任第二届参议员的肯尼迪当时39岁，感到无法抵御参选的欲望。他几乎获胜，但最后票数落后于埃斯蒂斯·基福弗。激烈竞争选票结束24小时后，他说："那时我才明白，除非成为彻头彻尾的政治家，否则不可能深入到公众的生活中。这将意味着不但要应付选民，还要应对政党领袖。从那时起，我决意做一名完全彻底的政治家。"

此前五年中，珍妮特·特拉维尔一直在用大剂量的麻醉药奴佛卡因治疗肯尼迪的腰背疼痛。全国大会闭幕三个星期后，特拉维尔问他："没有获得提名，你真心感到失望，对吧？"

"是啊，"他回答，"不过我了解到，要获得总统候选人提名，比获得副总统候选人提名更容易。以前，我以为应该先角逐副总统。"

肯尼迪意识到，忍耐与忠诚并不一定能得到回报，于是华丽转身，变为一个彻头彻尾的政客，开始为斯蒂文森和基福弗这对竞选搭档在26个州拉票，同时也为提高自己的知名度。他与老政客们拉关系，寻找年轻的二战退伍兵，拉起一张超越党派与他自己联络的政治网络。后来斯蒂文森被艾森豪威尔总统击败，肯尼迪对自己的老朋友《查塔诺加时报》记者查尔斯·巴特利特说："现在，我自己的机会来了。"

"你的机会有的是。等等不好吗？"巴特利特问。

"不好。等待会让他们忘记我，还会让别人插进来。"

肯尼迪留在竞选道路上，组织起自己的校友和战友，动用了父亲约瑟夫·P.肯尼迪的种子基金。父亲当时的身家大约有2亿美元。他的基本策略是获得全国新闻界的关注，要在几个基本问题上取胜。他不但关注赢取各州政治领袖控制的选举人票以便最终得到提名，更关注与报刊记者和编辑人员的关系，让他们认定他才是华盛顿以外民主党人的民意领袖。

"为我代言吧，"他在1959年末曾对巴特利特说。"你会对我得到的反应感到吃惊的。"

在1960年的选战期，在新罕布什尔州、威斯康星州和西弗吉尼亚州的初选中，肯尼迪击败唯一的竞选对手，赢得总统候选人提名。这位竞选对手是来自明尼苏达州的参议员休伯特·汉弗莱。当时，肯尼迪需要一名来自南方的竞选伙伴，这个人还不能完全与北方对立，最佳人选是阿德莱·斯蒂文森。但是，斯蒂文森不愿屈身他的门下，仍对1960年再次竞选总统心存奢望。肯尼迪私下说："真是个没用的、讨厌的老家伙，"还对这位党内最尊贵的领袖做了个比喻，说他那模样活像是刚从淋浴房走出来。斯蒂文森反唇相讥，不过用词比较礼貌："那个年轻人！他从来不说'请'字，也从来不说'对不起。'"

但肯尼迪实际上很懂礼貌，也深谙得体举止的规则。只是他并不一定相信那些规则对自己适用。他请求斯蒂文森支持时，在一定程度上口吻礼貌，带着敬意。在1960年全国大会前几天，他再次向斯蒂文森提出请求。斯蒂文森再次回答说："我不能。"肯尼迪说："听我说，我拥有提名的选票。如果你不能支持我，我只好转而反对你。我不愿这么做，不过我可以这么做，如果别无选择，我真会这么做。"

到了11月，他选择了能为他做绝大多数工作的人，这个人就是参议院多数党领袖来自得克萨斯州的林登·约翰逊。肯尼迪的支持者中，很多人为此感到震惊，他的竞选经理罗伯特·肯尼迪怒不可遏。这一来，肯尼迪这位彻头彻尾的政治家播下了混乱的种子，有的内幕消息说他其实根本不想要约翰逊，有的说他认为约翰逊不会接受他的提议，有的说他的邀请无非纯粹出于礼貌，但肯尼迪并不顾忌人们的各种说法。

肯尼迪的共和党竞选对手是副总统理查德·尼克松。尼克松当时年仅47岁，但他是老人们心目中理想的年轻人，他总是渴望取悦长辈。尼克松曾在海军服役，衔授二等海军中尉，在竞选肖像上，他全身穿着海军蓝制服，站得笔挺，不苟言笑。肯尼迪的竞选照片是他在南太平洋驾驶PT-109巡逻艇的情景，照片中他赤裸着胸膛，头戴一顶旧软帽，鼻子上架着太阳镜。

另一种新事物在为肯尼迪效力：在美国人生活中日益普及的电视。当时，电视拍摄局限在演播室中，设备庞大，灯光炙热，上电视要像上舞台一样化浓妆。1960年9月26日，在芝加哥的一间演播室中，肯尼迪和尼克松做了竞选电视辩论。不论那天晚上两个人说了什么，画面上，肯尼迪比尼克松更冷静、更健壮、更睿智，看上去比那位已经任职八年的副总统更像一位总统。

照最有声望的全国性专栏作家沃尔特·李普曼的分析，肯尼迪的竞选活动主题只有三个："美国的军事力量落后于苏联，美国导弹与先进的苏联导弹有差距；美国经济萧条，增长率既落后于苏联，也落后于西欧主要工业国家；美国未能实现现代化，公共服务、教育、卫生保健、城市重建、交通等方面不适应城市人口的迅速增长。"

我对约翰·肯尼迪身边工作过的人员做过数百次访谈，艾布拉姆·蔡斯的讲述给我的印象最深。他是哈佛大学法学院教授，在肯尼迪任期担任过国务院顾问。1960年8月一个炎热的下午，他在华盛顿国家机场等候总统候选人肯尼迪。肯尼迪乘坐的竞选专机是一架双引擎康维尔飞机"卡罗琳"号。飞机是以肯尼迪两岁的女儿命名的，女儿和另外五六个小孩子都在飞机上，机上还乘坐着两位怀孕的女士，一位是杰奎琳·肯尼迪，另一位是琼·肯尼迪·史密斯。乘客中还有麻省理工学院经济学教授沃尔特·罗斯托。

虽然仅仅是短途飞行到海恩尼斯港度周末，但肯尼迪迟到了两个小时。飞行员见肯尼迪走进机场的专用北区候机厅，马上发动了螺旋桨。已经坐在飞机上的乘客看到，肯尼迪用机场的投币电话打着一通又一通电话。

最后，他终于登上飞机舷梯，亲吻妻子和妹妹，扶她们在机舱中的两张床上躺下，为她们系好安全带，然后跟每个孩子都匆匆谈上几句，让他们坐在座位上，给他们系好安全带。孩子们个个一脸兴奋。他以同样方式对待乘客中的男人，跟每个人认真交谈片刻。在大家的微笑和谈笑中，他坐在中间的一把转椅上。空姐端上他最喜爱的海鲜浓汤，有人递给了他一份下午的报纸，他的理发师开始为他理发，教授们分别向他提出自己的专业报告和这一天的问题。

他周围的人们仿佛舞台上的静态造型，只有当肯尼迪出现在中央的时候，他们才变成活生生的人。肯尼迪好像一个画家，能把别人的生活勾画得活灵活现。他像挤油彩一样要别人为他做事，挤压的力度有时轻柔，有时强硬。他周围的家人、作家、司机、女服务员全都一丝不苟地满足他的各种需要和愿望，仿佛受到了契约的约束。

1960年11月8日公布了选举结果，肯尼迪得到全国选民的34,226,731张选票，尼克松得到34,108,157张。肯尼迪得到的选举团选票是303张，尼克松得到219张。在后来的三年中，肯尼迪常常将一张小纸片塞在自己衣袋里，提醒自己在大选中取得的优势十分微弱：118,574张选票。

本书记载了约翰·F.肯尼迪在执政三年中至关重要的时刻是如何作为的。笔者深入探索他所了解的或听到的内容，他所读的材料和讲过的话语。本书引用的内容，凡是他说过的话和对他说过的话，都是从录音、文件、日志、笔记和采访中搜集到的。书中有时提到某人的想法，那是这些人在访谈中对笔者说，他们有过那些想法，或他们当时对别人说过自己的想法，有些是他们在日志或备忘录中记录下自己的想法。对于有些会谈的磁带录音和电话交谈，我编辑时略去了"嗯"、"啊"之类的拖腔、重复说法，改正了语法错误。

肯尼迪总统遇刺后的两年中，先后出版了两部关于肯尼迪的重要作品，一部是小阿瑟·施莱辛格的《执政一千个昼夜》，另一部是特德·索伦森的《肯尼迪》。这两部真实传记都将肯尼迪在总统任期中的表现视为他个人的成长过程，早期犯过种种错误，从错误中学习，继而获得了对职位权力有把握的控制，最终取得了后来的成功。我所做的研究发现，肯尼迪上任之初对自己的作为的确并不清楚，在某些方面根本没有改变，他对别人感到头痛的混乱局面在一定程度上情有独钟。

这位中心人物是个有天赋的职业政治家，对自己往往没有预见到也不理解的事件能做出反应，有些处理得相当好，有些处理得很糟糕，但总是随时能做出可信的解释。他睿智而超然，好奇而坦率，不过有时并不诚实，他的思路散乱而危险。他还非常缺乏耐心，热衷于追求刺激，他的生活仿佛是在与厌倦做斗争。他是个极富魅力的男人，深信与任何人单独对阵，自己总会占上风，但这一观念在他与苏联总理交锋时露了马脚。

肯尼迪做决定十分果断，不过，在没有必要时从不做任何决定，一旦做决定，他的选择总是最稳健的。他在治国中出的最典型政治错误，就是认为可以积蓄力量用在最恰当的时机，但是，时机和条件却与理性无缘。反对共产主义、对积极务实的政府抱有信念，这几乎便是他的全部意识形态。他很少有喜怒哀乐的情绪，只有一种态度：承担起自己的职责，以智慧取代想法和理想主义，提出问题得到答复。不论他对核扩散、民权问题或使用军事力量有何信念，他的愿望常常是搁置起来，如果能避免与国会交锋或避免被指软弱无能，就更是采取搁置的策略。遇到有人将这种态度称作玩世不恭，他会认为这是个讽刺。他说："生活是不公平的。"这与法国人说"这就是生活"的口吻如出一辙。他对生活的看法最接近于讽刺：事物与其表面现象从来不同。

查理·巴特利特说："谁也没有真正了解约翰·肯尼迪，至少不能全面了解他。"

显然，这正是肯尼迪想要的效果。他与任何人的关系都是双向的，他是个自我封闭的人，有很多小心翼翼隐匿起来的秘密和谎言。他需要这些秘密，因为这正构成了让他感到刺激的因素：事物与其表面现象难得一致。他需要别人时会召唤他们为自己做事。他拍一下巴掌，孩子们就会来到他身边，扑到他的怀抱里；他向保姆微微点头，保姆就会把孩子们都带走。选举过后，他说，自己的白宫组织结构应该像个有很多辐条的车轮，他自己应当处在他所说的"中枢"位置。

他说："起初，这不过是出于本能。我有好多个不同的身份，这个通用的说法哪个都不贬低。"

肯尼迪执政的岁月中发生过众多大事件，密集得让人吃惊。1962年10月，这位总统在艰难应对密西西比大学因接受第一个黑人学生而引发的暴力冲突时，忽然得到航拍照片，证明苏联在古巴部署核导弹。1963年6月，他刚刚发表打破世界核对峙的演讲，48小时内就发生了亚拉巴马州教堂炸弹爆炸、西贡一名僧侣自焚的事件,这些事件让美国和世界都为之发生了改变。8月的一天,华盛顿爆发20万人参加的民权示威游行,同一天,肯尼迪下了一道命令,导致让他恼火的同盟国南越的总统遭到暗杀。

对美国总统职位有切身体会的人仅有42名,约翰·F.肯尼迪是其中一位。他对此最初并无充分准备,不过照笔者看,过去没有人对此有充分准备,将来也不会有。这是一份独特的工作。担任总统需要的是信念。

肯尼迪新任总统入主白宫后,第二天早上查尔斯·巴特利特问他,昨晚是否睡在亚伯拉罕·林肯睡过的床上。肯尼迪做了肯定回答:"我跳上床,稳稳当当睡在上面!"三年后,他仍然稳稳当当在位执政。

第一章　1961 年 1 月 19 日

　　约翰·F.肯尼迪当选第 35 任美国总统后，在宣誓就职前的几周时间里，住在佛罗里达州棕榈海滩他父亲的大房子里，尽情享受着阳光下放松的日子。这年 12 月的第一个星期六晚上，他与几位朋友和竞选团队的成员在大厨房里便餐，有人问他，下周二就要见德怀特·艾森豪威尔总统了，这是他当选后两人第一次见面，他是否紧张。肯尼迪忽地站起身来，笑着说："凯—肯—肯尼迪先生，早上好！"他模仿艾森豪威尔说话，总统有时会叫错他的名字。随后做出脱帽致意的样子，欠身说道："艾——艾——森豪威尔先生，早上好！"

　　三天之后，这位史上最年轻的 43 岁的当选总统，乘豪华座驾从白宫的北门廊驶入，去见史上最年老的 71 岁的现任总统。车还没停稳当，肯尼迪早已开门下来，手里拿着帽子，大步流星跳上了六级台阶。这让有一帮扈从前呼后拥的艾森豪威尔吃惊不小。他赶忙脱下帽子，准备伸出手去，但是肯尼迪早已出手，一把攥住艾森豪威尔的手说："总统先生，早上好！"

"议员，"艾森豪威尔回答道。这时海军乐队奏起《星条旗永不落》。

这是两位不同年代的超级魅力男人之间的首次正式相遇。噼噼啪啪的照相机快门声顿时响成一片，聚焦于这个国家最著名的两张笑脸上。出生在19世纪的艾森豪威尔将军曾经在第二次世界大战期间指挥在欧洲作战的整个盟军部队，像肯尼迪这般年龄时，他是美军上校。他那著名的咧嘴一笑和公众面前的镇定神色，让许多国人觉得他人是个好人，只是搞政治有些不对路子。真正了解他的人却不这么认为。肯尼迪一直走的是魅力屈人的路线。男人女人都喜欢他。他选择了政治生涯，而政治是一个使魅力大放异彩、使诱惑制度化的行当。

肯尼迪和艾森豪威尔互相都有些看不上眼。肯尼迪竞选时对艾森豪威尔的攻击成了哑炮，没有产生直接的效果，因为艾克①深受公众喜爱。不过，对于那些攻击，艾森豪威尔仍然耿耿于怀。私下里，肯尼迪叫艾克"那老蠢驴"，这位海军军官喜欢用这种俏皮话嘲笑司令官。艾森豪威尔则用他们那一代人的语言"那狂妄的家伙"或"小屁孩"来叫肯尼迪。

15年前二次大战结束时，两人曾在德国波茨坦初次见面。但是，艾森豪威尔将军不记得曾经有一个军衔很低的海军上尉、赫斯特报系的特约记者前来见过自己。1960年总统竞选之前，肯尼迪在担任参议员长达8年的时间里，竟然没有见过总统，他在华盛顿的地位可想而知了。

12月6日他们的会面是一次貌似正式的非正式会面。没有做记录，也没有随员陪坐。参议员坐下来时看了一眼总统的书桌，上面空空荡荡，便问他文件搁哪儿了。话问到一半，意识到根本就没有文件。艾森豪威尔有自己独特的工作方式，他喜欢说话，不喜欢读文件，不喜欢拘泥细节。

他们交谈了一个多小时，主要谈及国家安全和外交事务。艾森豪威尔很快就明白了肯尼迪在琢磨什么，这让他有些不快。肯尼迪问了一些关于国家安全和防卫决策组织结构方面的问题。艾克当然明白，肯尼迪的意思是现

---

① 艾克（Ike）是艾森豪威尔的昵称，1952年竞选总统时，艾森豪威尔团队提出的口号是 I Like Ike。——译注

在的结构过于臃肿拖沓，过多的争论和决策游离于总统的控制范围之外。艾森豪威尔觉得肯尼迪很幼稚，但是他不会把这话讲出来，于是他开始慢慢解释，为什么和怎样建立了这种越来越像军事参谋机关的结构，按照一定的方法为总司令搜集和反馈信息，然后协调和实施他的决定。

"你当总统后，简单的事情就再也不来找你了。简单的事情在下面就处理了。"艾森豪威尔对他说。肯尼迪可不会这么想，他想事必躬亲。

"我确实力劝他，在弄清楚问题之前，不要改变现在的组织结构。"艾森豪威尔后来对他的秘书这样口授。但是肯尼迪显然不会因此而对组织结构或组织本身产生兴趣。艾克想维持现状的态度恰恰是他想扫除的那种消极思维。组织结构上的详细标示说明规划委员会和执行协调委员会里的那些小框架，对于他毫无用处，过程对于他毫无用处。他不认为自己的位置是在组织结构的最上面，他想处在中心位置，处在所有行动的中心。

艾森豪威尔总统想讨论的另一件事情是"责任分担"。在随后单独与政府要员们开了一个短会后，他告诉自己的继任者，驻扎欧洲的部队应该开始往回撤了。他说："美国为自由世界的防卫分担费用太重了。"现在应该由北约其他国家为各自的防卫承担更多的费用。这些国家的经济空前繁荣，超过其历史上的任何时期，美国驻军的开支正在制造贸易不平衡，美国财政部的黄金储备日益亏空。美国军人和平民海外花钱购物比外国人在美国花的钱多得多。肯尼迪点了点头。艾森豪威尔说话的样子就像他父亲，父亲也总向自己灌输一个道理：经济强国家强。

那天结束时，两人互相都有了一些勉为其难的印象，双方确实没有多少共识之处。肯尼迪出乎意料地发现，艾森豪威尔原来知道的东西不少，不过这也让自己进一步相信，艾森豪威尔的问题在于他并没有真正理解总统的权力所在。艾克呢，也发现肯尼迪竟然知道不少事情，只是还不知道如何做总统。

肯尼迪出来对一直在座驾里等候的弟弟罗伯特说，他现在知道了艾克是怎么当上总统的，这人有一股超常的力量。艾森豪威尔在当晚日记里也以几乎同样的词汇来描写肯尼迪，尽管他担心肯尼迪还未开始理解总统工作的复杂性。他感觉，肯尼迪所理解的做总统，似乎就是把合适的人放在这样那样的位子上而已。

他说对了。肯尼迪就是相信，所谓解决问题，就是在合适的时间把合适的人放在合适的位置上。如果出现了错误，换人就是。曾在杜鲁门总统的团队中效力的克拉克·克利福德在竞选总统期间成了他的人，做他的私人律师。在离选举还有三个月时间的 8 月份，肯尼迪对他说："我可不想在 11 月 9 号醒来时还得问自己'我这会儿到底该做什么？'"

但是，他当选总统第二天早上醒来后真的问了这个问题。过渡期的无数备忘录包围了他，真的是"包围"了他。因为他喜欢在床上办公，所以克利福德、大学教授、国家安全问题学者、一腔抱负的社会改革家、管理咨询专家，各色人等写来的条子堆积如山。处理这些事情基本上是浪费时间，因为一个多达 300 人等待任命的名单不妨推迟到宣誓就职之后来处理，对于一个政治家来说，当务之急是开始一场新的战役，全力将投了他反对票的 3,400 万人争取过来。

肯尼迪夫妇曾在他们海恩尼斯港的家里，与好友之妻——《新闻周刊》杂志驻华盛顿总编辑本·布兰德里的妻子托尼·布兰德里，一起庆祝胜利。两个女人都怀着身孕，他开她们的玩笑说："好了，姑娘们，你们现在可以把枕头拿出来了。我们已经赢了！"不过，他在海恩尼斯港附近的一个国民卫队营会见 400 名记者时，显得十分疲惫，也收敛了许多。竞选期间提出的"新战线"在那天早上谈及时处理得颇为低调。他声称，自己当选总统后的第一批电话打给了华盛顿旧战线的两位最爱发脾气的大佬：美国联邦调查局局长约翰·埃德加·胡佛、中央情报局局长艾伦·杜勒斯。他邀请二位留任。

接下来，他就只能撒谎了。有个记者问到有关他患上了阿迪森氏症的传言，这种病往往被认为是肾上腺皮质功能减退的晚期病症。肯尼迪毫不迟疑地答道："我从未患过阿迪森氏症。至于我的健康状况，早在 7 月中旬的一份公开声明中就已经做了充分的解释。我的身体很棒！"他说的那份竞选声明所言不实。成年后的肯尼迪曾经四次接受过天主教堂的临终祈祷仪式。他算是个医学奇迹，活下来是靠每天各种药丸和药剂的复杂组合来支撑。

竞选期间必须要打出一副不知疲倦的形象，这给肯尼迪的身体造成了巨大压力，当然他取得了胜利。但是竞选结束后他终于垮了。选举之后的一个月时间里，他的身体有时简直是不成样子。11月和12月的大部分时间，他是在父亲名下的房子里度过的，那是他于1933年花了10万美元在棕榈滩购买的。在这所房子里，后来是在位于乔治敦N街他自己的房子里，他开始组建政府班子，先处理克利福德的简单备忘录，那些文件读上去就像高中课文，基本上是从麦肯锡咨询公司拿来的一些材料，该公司的咨询专家曾经为1952年获选的艾森豪威尔做过几乎相同的过渡期研究。"行政部门和机构的71—74岗位上的官员将会严重影响当选总统行使政府权力，"有一条备忘录是这样开始的，"最重要的部门是国务院、财政部、国防部、司法部以及联合国。"

肯尼迪每天都要拿出数小时来面试陌生人，在会见一位拟任农业部部长的人选时，他竟然睡着了，这可是要决定是否把世界上最有权力的岗位交给他们的大事啊。福特汽车公司的董事长罗伯特·麦克纳马拉也在候选之列，当他说自己对政府工作一无所知时，肯尼迪告诉他："我们可以一起来学习如何工作。我也不知道怎么当总统啊。"

他是在12月2日读到《时代》杂志上介绍共和党人麦克纳马拉的文章的，六天之后就找来见他。麦克纳马拉首先问道："《勇者无畏》真是你写的吗？"肯尼迪坚持说是自己写的，然后让麦克纳马拉在财政部与国防部这两个最重要的职位中选一个。麦克纳马拉一周后回来说，他选国防部，然后递给肯尼迪一封信，开出他的具体条件，其中包括有权拍板国防部的所有人事任命。

肯尼迪把那封信扫了一眼，然后递给坐在旁边双人沙发上的罗伯特·肯尼迪，罗伯特说："我看行。"

"那就行"，肯尼迪说；还把他们上一次见面时说过的话重复了一遍："我们一起学习吧。"

"天哪，这个想要那个，那个想要这个，妈的，他们有满意的时候吗？

真不知道该怎么办！"肯尼迪在去棕榈滩打高尔夫球的路上把那些备忘录一把推开，怒气冲冲地这样说。

他的父亲约瑟夫·P.肯尼迪坐在前排座上，扭过头来说："杰克，如果你不想干这活儿，就别勉强。现在库克县那边他们可还在清点选票呢。"

到了 12 月的第二周，报纸上开始批评肯尼迪迟迟不宣布班子名单，乔治敦家里的客厅看上去像一个诊所，人们进进出出，每 20 分钟左右一批，等在外面的记者们和摄影机只能挨冻。

他和自己的国务卿迪安·腊斯克第一次见面正是见麦克纳马拉的那天。腊斯克是洛克菲勒基金会的主席，此人的优势之一就是他不是阿德莱·史蒂文森。他接到肯尼迪的电话时问道："你不是要选史蒂文森来着？"肯尼迪回答说："不选他。阿德莱可能会忘记谁是总统，谁是国务卿。"

他也绕过了戴维·K.E.布鲁斯，觉得这位前驻法国和西德大使 65 岁的年龄有些太老了。他真正想要的人是参议院外交委员会主席、阿肯色州的威廉·富布赖特参议员。当富布赖特的名字摆在桌子上，或者说摆在双人沙发跟前时，他对罗伯特·肯尼迪说："班子里应该有我知根知底的人才对。"但是他弟弟认为来自阿肯色州的议员会让非洲黑人领袖们难以接受（也许美国黑人也难以接受），因为他在 1957 年反民权的《南方宣言》上签过字。

腊斯克来华盛顿晋见时，并不知道经过一系列排除法，国务卿的要职差不多非他莫属了。肯尼迪第二天给他打电话请他出任这一职务时，他大感意外。

"啊，等等……"腊斯克说。他开始对肯尼迪讲自己的按揭还贷情况，说自己银行里只有几千美元存款，说自己从洛克菲勒基金会拿的 60,000 美元薪水如果减成内阁成员的 25,000 美元，实在难以承受。肯尼迪大为惊讶，回答说："好吧，我明天要去棕榈滩。你来就是了。"他又给洛克菲勒兄弟们打了一通电话，等腊斯克来到佛罗里达时，洛克菲勒基金会已经做出决定补贴腊斯克从政府拿到的薪水。腊斯克到了肯尼迪公馆时，《华盛顿邮报》已经在肯尼迪下面排出国务卿将由腊斯克出任的新闻标题。这条消息先由肯尼迪本人透露给报纸老板菲利普·格雷厄姆。

腊斯克坐在那里，听见肯尼迪抓起电话叫史蒂文森，请他出任驻联合国大使。腊斯克再听下去就更晕了，肯尼迪一股劲儿地做史蒂文森的工作，又是奉承，又是安抚，又是恳求。照肯尼迪对那份工作的描述，他腊斯克乃至总统本人都无事可做了。最后，史蒂文森答应了，说他将在腊斯克领导下工作。

肯尼迪选了明尼苏达大学的沃尔特·赫勒来做经济顾问委员会主席，主要是因为赫勒不是哈佛人，也不是耶鲁人。他身边名牌大学的翘楚已经太多了。赫勒在10月份明尼阿波利斯城的一次竞选集会上讲话之前见过肯尼迪。当时竞选人肯尼迪迟到了一个小时，正换衬衣时参议员休伯特·汉弗莱把赫勒带了进来。

"你是经济学家吗？"肯尼迪问道，"请告诉我，你真的认为我们可以在政纲里提出5%的增长率？"

"那是相当难的。"赫勒说，意思是需要巨大的政府刺激才行。肯尼迪又问了三个问题：货币加速贬值能够有效地增加投资？德国经济为什么能够在高利率情况下增长如此之快？减税是一种有效的刺激方法吗？赫勒哪见过这阵势？肯尼迪一开口，屋子里的其他十几号人就都不动了，崩溃了，但还是绷紧耳朵想听清楚他对这个外来人说什么。

赫勒第二次见肯尼迪是在12月份，在乔治敦住所的客厅里。肯尼迪冲着饭厅里正在打电话的艾森豪威尔的副国务卿C.道格拉斯·狄龙点了点头，对赫勒说："我请他来出任财政部部长。"狄龙打电话是请求艾克准许他加入对手的行列。艾森豪威尔试图泄他的气，说他被自由派利用了，他们不可避免地要破坏正常的货币原则。

"我认为狄龙会接受这个位子的，我需要你来做平衡。"当选总统对赫勒说，"他有保守倾向，我知道你倾向于自由主义。"肯尼迪心里挂着他许诺过的那5%的增长率，许诺过"让国家再动起来"。赫勒的任务是拿出具体方案来。狄龙的任务是确保赫勒不要走得太远，不至于把肯尼迪也拖得太远。

正当他要走的时候，赫勒问道："减税怎么样？"肯尼迪说他不反对，但是他不想在刚刚号召国民为国牺牲后再这么做。

　　稍后他告诉狄龙，他所希望的是对金融界充满信心；作为狄龙－里德公司的前董事长，狄龙也是一位顶级人物。"出于政治考虑，我将推举沃尔特·赫勒，"肯尼迪告诉他。"但是没有你的建议，我不会采取任何行动。我会一直把你当成我的主要金融顾问。"

　　"你怎么能这么做？"下一个拜访肯尼迪的民主党参议员老艾伯特·戈尔这样问道，他来自田纳西州。狄龙不仅是共和党人，他还给理查德·尼克松的大选出资 30,000 美元。"如果你想在华尔街找个富人，那就选埃夫里尔·哈里曼。"

　　"太老了。"肯尼迪说。

　　另外，他试图与共和党组成两党联合政府，作为国防和经济的后盾。他想取得"稳健"的效果。

　　"不用担心这个。"他告诉戈尔，肯尼迪说他打算任命主张自由意志的哈佛大学教授斯坦利·萨里为副部长，专管税务政策。

　　"这没有用，"戈尔回答道。在参议院中，他坐在肯尼迪的旁边。"你到时候会忙得不可开交。你不知道？狄龙将会制定决策，没有人会听从某个副部长的建议。"

　　"艾伯特，"肯尼迪说道，"我的选票不到一半，财政部首先要做的事情是要获得金融界的认可。"

　　最后，他选择明尼苏达州州长奥维尔·弗里曼为农业部长，这个决定是他在乔治敦家里的楼下卫生间里接受了一个为时半分钟的问答采访后做出的。问题是这样的：他会接受一个南方人为副部长吗？弗里曼回答道："会的。"肯尼迪说："那好，咱们走。"于是他们走向大街去宣布这个决定。

　　和身旁的迪安·腊斯克完成最重要的次内阁名单后，肯尼迪打电话给保罗·尼采。他是一位在冷战时期从事侦查工作、极富才华但相貌平平的华尔街律师。

　　"保罗，我旁边这位是你的朋友，他同意出任国务卿。他希望你能成为负责经济事务的副国务卿，我希望你能担任国家安全委员会顾问或者国防部副部长。"

"给我多长时间考虑？"尼采问道。

"30秒。"

"我选择国防部副部长。"

"好，谢谢你，保罗。"

但是麦克纳马拉要肯尼迪遵守他们的协议，并且拒不接受尼采。麦克纳马拉于是再次给尼采打电话，问他是否愿意降一级担任助理国防部长。尼采心里不痛快，于是打电话到棕榈滩的私人住所，这号码是肯尼迪告诉他的。接电话的是个女人，一会儿她回来说："肯尼迪先生现在不希望跟你说话。"

第二天，肯尼迪让《纽约时报》以"内幕"消息——即报纸可以采用此消息，但是不能提他的名字——报道小富兰克林 D. 罗斯福将被任命为海军首长。透露这个消息，旨在告诉一个唯一的听众。麦克纳马拉虽然就是那个唯一的听众，可是在这场游戏中，他还太嫩，不懂其中的玄机。他认为《纽约时报》这个报道十分荒谬。他不认识这个小罗斯福，也不打算让他担任任何职务。

"是鲍勃①吗？"几天后电话打过来了。"我是杰克·肯尼迪。你是否看到《纽约时报》对富兰克林·罗斯福的报道？你和他说过话吗？"

"没有。"

"你知道我是怎么赢得了西弗吉尼亚的总统大选吗？知道他在那里为我做了什么吗？"肯尼迪原本以为他会在西弗吉尼亚的总统大选中失败，很有可能被淘汰出局，关键时刻，富兰克林·罗斯福的儿子挺身而出，发动选民支持他。仿佛上帝的儿子降临人世，号召那里的新教徒支持这位天主教徒。

"我理解，"麦克纳马拉说，"不过听说他是个酒鬼，还好色。"

"也许，"肯尼迪回答道，"你可以和他聊聊。"

麦克纳马拉于是给在纽约的罗斯福打电话，然后坐飞机过去共进午餐。

---

① 罗伯特·麦克纳马拉的昵称。——译注

回到华盛顿的酒店后刚刚迈进房间，就听见电话铃响起来。"怎么样？"肯尼迪问道。

"很好。还行，"麦克纳马拉回答，"但是我不能任命他。"

"为什么不能任命？"

"他既好酒，又好色。"

肯尼迪叹了口气。"看来我得想别的办法帮他了，"他说。

12 月 15 日，肯尼迪请罗伯特·肯尼迪来乔治敦共进早餐。两人已经谈起过罗伯特·肯尼迪担任内阁中的某一职位，或者是司法部长，或者是在顾问团，或者在国防部和麦克纳共事。可是罗伯特已经拿定主意回马萨诸塞州，也许去竞选州长。"不行，"约翰·肯尼迪边吃边说，"你当司法部长。"

"我需要你……我相信麦克纳马拉会大有作为，但是我不了解他，"他接着说。"迪安·腊斯克……其实，我还没和他联系。在这届政府中，我需要和熟悉的人说话。"其实，约翰·肯尼迪原本不打算让他弟弟进入内阁，可是父亲向他提出了要求："我希望鲍比① 在那里工作。这是我的唯一要求，希望能办到。"

"好吧，可以，就部长了。"他站起来说，"走吧。"两人走出去来到 N 街步廊。

"九个陌生人和一个弟弟组成内阁，"弗雷德·达顿说，他是肯尼迪的人才侦探之一。

1961 年 1 月 19 日，总统就职的前夜，肯尼迪和艾森豪威尔再次会面。他们单独谈了 45 分钟，艾克谈到了怎么当总统。他先说起那个黑色树脂提包，绰号"橄榄球"。里面装有核武器的选择方式、启动指令和密码，官方称之为"总统紧急行动文件箱"。由军事官员携带，并且每八小时相互传递，就像四分卫和中卫一样。总统的钱包里装有一张薄塑料卡片，用来在电子系统中确认自己的身份；接着就可以在"橄榄球"里厚厚的 30 页活页纸上概述的

---

① 肯尼迪的弟弟罗伯特·肯尼迪的昵称。——译注

杀伤性方案中做出选择。在几分钟内，他就能直接向三军下达战斗命令，命令直达那些随时在空中待命的轰炸机中队下层军官，直达隐藏在美国大平原底下和欧洲原野底下发射井中的导弹，直达潜伏于大西洋和太平洋深处的潜艇。于是，那些军官就能转动钥匙、按动按钮、炸飞整个世界，或者是在国家安全委员会地图上标示为红色的地区：苏联、中国及其共产主义盟友。

"看着，"艾森豪威尔说着，他拿起话筒命令道："第三猫眼分队！"他们站在总统办公桌的后面、靠近法式落地窗的地方。三分钟后，一架海军直升机降落在总统办公室后面的草坪上。见此情景，肯尼迪十分欣喜。

"我已经向我这位朋友展示了如何迅速撤离，"总统一边说，一边走进了内阁会议室，参加一个有新老国务卿、国防部长、财政部长出席的官方工作会议。艾森豪威尔和肯尼迪并排坐在会议桌的首位。在桌子的两旁，坐着腊斯克和麦克纳马拉，挨着他们的分别是国务卿克里斯琴·赫脱和国防部长托马斯·盖茨。紧挨他俩的是财政部长罗伯特·安德森和狄龙。在桌子的另一边，坐着艾森豪威尔的过渡长官威尔顿·珀森斯上将和克拉克·克利福德。

议程有如会议室中椅子的摆放一样正式。肯尼迪要求从四个方面进行讨论："（1）多事地区——柏林，远东（共产主义中国和台湾），古巴；（2）国家安全组织——包括五角大楼怎样运作；（3）白宫的组织；（4）总统对麦克米伦①、戴高乐、阿登纳②的不公开评论。"

艾森豪威尔关于古巴的发言稿是由国务院古巴问题组官员罗伯特·赫维奇撰写，他也准备好了肯尼迪的发言稿。按照曾经是他上司，将来也会是他上司的指示，赫维奇把只有一页纸的备忘录递给艾森豪威尔，而把那份有两页的递给了肯尼迪。

艾森豪威尔刚要开口，肯尼迪先插了一句话。他看着正猛做笔记的珀森斯。"总统先生，"他问道，"我不理解为什么要做会议记录。"

---

① 哈罗德·麦克米伦（1894－1986）：英国保守党政治家，1957－1963年期间出任英国首相。——译注
② 阿登纳（1876－1967）：西德首位总理（1949－1963），任职期间，德国开始经济重建并成为北约及共同市场的成员国。——译注

艾森豪威尔朝珀森斯偏了一下头，珀森斯说："总统所说的一切都要记录下来，这将作为历史保存起来。"

肯尼迪扫了克利福德一眼，发现他从衣袋里面拿出一支铅笔开始在议程表的背面做笔记，接着又在会前准备好的新闻稿背面写。

"泰国是个有价值的盟国，"艾森豪威尔一开口，克利福德立马就写下来，"因为共产党控制的老挝让泰国边界局势紧张。军队靠法国训练，难有成效。如果派美国军官去训练他们的军队怎么样。［泰国］……民主党的军队士气不振，艾克说共产党的军队总是看起来气势昂扬——共产信念激励着他们为事业献身。如果不能达成政治解决方案，那我们就必须加以干涉（赫脱）。"

"假如老挝倒向共产主义，"艾森豪威尔说，一边瞟了一眼文件，"那么南越、柬埔寨、泰国和缅甸这些国家迟早也会垮掉。如果我们能够劝说他们，那么美国将和我们的盟国一起接管这个事情；如果劝说无效，那么单方面的干涉将是我们最后孤注一掷的希望。

"这也是留给你们的诸多问题之一，这个问题让我不愉快。"他说这话时直视着肯尼迪，"也许我们要打仗了。"

"把一个师的部队调入老挝需要多长时间？"肯尼迪问道。

艾森豪威尔指望盖茨给他答案。"12 天到 17 天，"国防部长答道。那指的是军队从美国本土出发，如果从在日本冲绳岛或菲律宾的军事基地出发，速度更快。

"老挝就是远东这个瓶子的瓶塞，"艾森豪威尔继续说，"如果老挝不为自由世界所控有，那么从长远来看，我们将会失去所有的东南亚国家……你要准备调遣部队去老挝。可能的话，就与其他盟国一起；必要时，我们独自行动。"

"如果形势这么紧张，"肯尼迪问道，"为什么你还没有做任何决定？"

"我本来是想的，但是新政府班子即将接管权力，我觉得我不能在这个时候去调动军队。"

肯尼迪问总统两个选择他更喜欢哪个，一个是包括共产党在内的老挝联合政府，另一个是东南亚条约组织发动军事干预，这个组织是由美国以北约为样本组建的太平洋共同防御联盟。就这个问题，艾森豪威尔和赫脱两人一块儿向肯尼迪解释。艾森豪威尔说联合政府行不通；共产党最终都会掌权。赫脱补充说东南亚条约组织也解决不了问题。泰国，菲律宾和巴基斯坦可能愿意与美国军队一起进军老挝；但是，英国和法国虽然也都是东南亚条约组织的成员，却已经声明如果出兵亚洲，他们就会退出联盟。

"那么你看下一步我们该怎么办？"肯尼迪问道。

最好的办法，赫脱说，就是组建一个没有共产党的联合政府，不过他认为这可能办不到。"老挝政府的武装部队——我们这边的——尽管我们给予后勤支援，却一直不想打仗。泰国、菲律宾和巴基斯坦虽然寄望于东南亚条约组织，保护他们免受共产党的侵略，但是他们觉得东南亚条约组织就是个纸老虎……我感觉我们别无选择，只能兑现我们的义务。"

艾森豪威尔说他能肯定泰国、菲律宾和巴基斯坦会出兵，但是其他盟国不好说。

"那么中国呢？"肯尼迪问道。总统回答说他认为中国会对发生一场重大战争的可能性保持谨慎。肯尼迪有一种不舒服的感觉，认为艾克乐于中国的反应。

"这场扑克牌的赌注很高，"艾森豪威尔说。"解决办法没那么容易。"

麦克纳马拉只问了一个问题。他希望得到对美国有限的战争需要与有限的战争能力所做的评估。

艾森豪威尔和盖茨递给了他一份国家安全委员会两周前做出的研究报告。报告列出了美国将会在一定程度上卷入战争的五个地区：老挝、朝鲜、台湾、伊朗和柏林。

"我们能掌控一场有限的战争，即一场朝鲜战争的局势。"盖茨说，"但是两场不行。或者是若干场小型战争，小型战争不成问题。"

艾森豪威尔有些疑虑。他说他不喜欢"有限的战争"这种说法。"换句话说，"他说，"啥时候出手才能打着蛇头而不是蛇尾？"

腊斯克问了一连串关于"多事地区"的问题，赫脱从柏林开始回答。他说，从东德逃往西柏林的难民与日俱增，共产党迟早会采取行动阻止这种状况。

当赫脱回到老挝这一话题上时，艾森豪威尔打断了他，他说美国还可以打开另一扇门，即南越。南越的危险相对较小，但是南越一直有发动政变推翻反共领袖吴庭艳[①]的可能。

"我们应该支持古巴的游击战吗？"肯尼迪问道。

"全力支持，"艾森豪威尔回答。

中央情报局已经向当选总统两次介绍在危地马拉进行的反卡斯特罗游击队伍训练。他印象中这场行动涉及的是小分队渗透搞破坏。艾森豪威尔说还没有最终的方案。

"我们不能再放任古巴现政府继续下去，"艾森豪威尔说。财政部长罗伯特·安德森提出了他自己的观点："现在计划投资于拉丁美洲的美国巨额资本，都在对我们是否能够应付古巴局势拭目以待。"

肯尼迪询问了其他国家核武器的情况。

"以色列和印度，"赫脱答道。以色列在1963年时就有生产90公斤武器性质的钚核反应堆。他向肯尼迪建议，原子弹在中东爆炸以前，下令检查和控制。他说，苏联人正在帮印度建一个核反应堆。

会议不到中午就结束了，离约翰·肯尼迪总统宣誓就职还有24小时。会议室中的10个人站了起来，其中8个离开了中间的那两位。即将卸任的总统逮住这一机会悄悄地告诉继任者，不管在竞选时关于苏联的导弹和核力量说了些什么（显然他是指肯尼迪所谓"导弹差距"的指责），美国仍拥有战略优势，因为在苏联的海岸线，全线都部署有核攻击潜艇："你拥有北极星公司这样无懈可击的财富。它的确无懈可击。"

约翰·肯尼迪被普遍认为是个相当冷静的人，在政治家中他算是最超然

---

① 吴庭艳（1901 – 1963），南越政权越南共和国的第一任总统（1955 – 1963），后在美国策划的政变中身亡。——译注

和理性的。但是面对艾森豪威尔谈及核潜艇、战争和灾难时表现出的平静，他感到有些诧异。肯尼迪在稍后与罗伯特·肯尼迪谈论此次会议时，用"镇定"一词来形容艾森豪威尔。他觉得艾森豪威尔身上有些东西令人害怕，也感受到了接任一个名望如此高的前任，确有一种隐约的政治威胁。这位新总统决定永远不惹他的前任生气。艾克的赞同并非必要，但是他的公开不赞同将是灾难性的。

当然，艾森豪威尔也明白这一点；现在，他提醒肯尼迪。"我会竭尽全力支持你的外交政策。"他说道，"但是有一点我要强烈反对你了——即共产党中国在联合国的席位和美中两国的互相认可。"

这事就这么着了。肯尼迪认为不与中国的共产党政府建交是愚蠢之举，但与艾森豪威尔的关系更是当务之急。

肯尼迪离开白宫时天正下着雪，来这儿作为访客，这是最后一次。

第二章　1961 年 1 月 20 日

"不要问国家能为你们做什么——而要问你们能为国家做什么。"约翰·F.肯尼迪说。他停了一下咬了口熏肉，伸手去端咖啡。

这是他第二次早上排练就职讲演。第一次是在浴缸里练的，声音碰撞到浴室墙壁的瓷砖上发出回声。接下来吃熏肉鸡蛋的时候也练。1961 年 1 月 20 日对于他这个天主教徒来说是异乎寻常的一天——这个周五的早饭他吃了三片熏肉。鉴于美国第一位天主教徒总统就职，教皇恩准华盛顿地区的罗马天主教徒可以在星期五吃肉，免受星期五不得吃肉的严格教规约束。

一小时后，肯尼迪出门走进了昨夜飘落的八英寸厚的雪地里，去乔治敦大学附近的圣三一教堂做弥撒。为扫清他要走过的路上的积雪，部队干了一个通宵，铲除的积雪装了 700 辆军用卡车。肯尼迪自己起得挺晚，因为他出席了一个又一个的庆祝会，凌晨四点才回家，特工人员挥舞着手电，一路跑步引导着他的豪华轿车穿过街道。从白宫到林肯纪念堂，要穿过一个大型购物中心，那里人们一群一伙围在一堆堆篝火旁欢庆胜利。"在这儿开一下车灯，"他在傍晚去参加一个晚会的路上对司机说，"好让他们看到杰基^①。"其实她已经先回家了，而他当时正要去出席一个庆祝会，是由弗兰克·西纳特拉在华府的民兵训练中心组织的一场演出。准备出场的歌星埃塞尔·默尔曼、杰米·杜兰特等人从酒店出来一路堵车，迟迟到不了现场，结果演出几乎到凌晨三点才结束，肯尼迪旋即又赶去保罗杨饭店赴宴，那是他父亲早就为他准备好的晚宴。

"你见过那么多明星聚在一间屋子里吗？"肯尼迪一边进饭店一边说，走在他身边的是他的朋友小保罗·费伊，20年前他在肯尼迪上尉的PT-109号舰艇上当少尉。他当夜和第二天白天和晚上的任务，是陪伴一个名叫安吉·迪金森的28岁的女演员，在仪式进行中，肯尼迪几次溜进密室与这个女演员幽会。

那个星期五早晨的弥撒结束后，肯尼迪先去接上妻子，11点一块儿去白宫，与艾森豪威尔总统夫妇共饮咖啡。肯尼迪和艾森豪威尔一块儿乘车穿过宾夕法尼亚大街去国会大厦。他俩的关系有点微妙，肯尼迪有点紧张，谈论着一本关于1944年"登陆日"盟军登陆诺曼底的书，书名叫《最长的一天》。艾森豪威尔说他只是听说过这本书，一页也没看过。一听这话肯尼迪很吃惊。当然是艾克在那儿指挥了这一行动呀。

国会大厦东广场聚集了两万人。他们中多数人来到这里都很不容易，尽管一夜都有军队在协助。气温在零下10摄氏度，是华盛顿少有的寒冷天气。天空明亮湛蓝，新落在地面上的积雪，随处反射着耀眼的阳光。

当天的《华盛顿明星报》在幽默专栏里道出了一代人的情绪，"华府热"："艾克离开白宫依旧受欢迎。人们爱戴他，因为他让白宫免除了官僚腐败……肯尼迪总统发誓坚持宪法。从现在开始，等到大哥届满小弟才接任的肯尼迪家族的任何人，都不得连任超过两届。"

台上站着105个男女，其中姓肯尼迪的有16个。台上的人多半按头衔列

---

① 肯尼迪的夫人杰奎琳的昵称。——译注

位，最前面依次是艾森豪威尔总统、前总统杜鲁门、副总统尼克松、最高法院首席大法官厄尔·沃伦，宣誓就职仪式由首席大法官主持。仅有的局外人是玛丽安·安德森和罗伯特·弗罗斯特，安德森要演唱《星条旗》，86 岁高龄的新英格兰诗人弗罗斯特要朗读诗歌，但在明晃晃的光线下他眼睛看不清楚，于是就把他专为这个仪式创作的诗撇开，背诵了他 1942 年写的名叫《彻底的奉献》的那首诗，"我们要彻底奉献自己……献给渐渐西进的这片土地……"

就在台下的 1–A 贵宾区内，有 635 个位置是肯尼迪专门给他的老朋友们预留的，其中有政界朋友，也有私人朋友。这里是肯尼迪嫡系密友的聚集地。1–A 贵宾区内大部分男宾和女宾互相之间并不认识，与处在中心位置的这个人一律是直接联系。这里有特德·索伦森，是他起草了讲演稿；有理查德·戴利市长，据说是他在芝加哥拉选民投肯尼迪的票；有美国劳工联合会 – 产业工会联合会的乔治·米尼和汽车联合工会的沃尔特·鲁瑟，他们忠于党，忠于党的候选人，所以得到了这种荣耀。安吉·迪金森坐在雷德·费伊旁边。两人身后是一位纽约医生，名叫马克斯·雅各布森。肯尼迪和尼克松进行电视辩论时，雅各布森医生帮他做准备，给他注射多种维生素剂、止痛剂、人胎盘、安非他明等药物。后来肯尼迪出行总有雅各布森医生陪在身边。肯尼迪身边老是有医生来来去去。他一生饱受病痛折磨，药不离身，与医生为伍的时间超过了和女人在一起的时间。

刚才罗伯特·弗罗斯特出师不利的小插曲，让肯尼迪松了口气，不再担心被这位诗人抢去风头。"他是语言大师，我得确保他别抢我的戏。"肯尼迪对内政部长斯图尔特·尤德尔说。"不然听众会记住他的话，而不是我的话。不如就让他背诵一首旧诗吧。"

接下来轮到他了。肯尼迪脱下大衣，摘掉礼帽。他站在首席大法官厄尔·沃伦面前，宣誓就职，显得异常年轻，全然失去了他本想表现出的老成形象，他原以为穿上正式的礼服就能显得老成。他讲演时嘴里呵出阵阵白色雾气。

"此时此地，让这话同时传达给我们的朋友和敌人：火炬已经传递到新一代美国人的手中……

"让每一个国家都知道，无论它对我们抱有善意还是恶意：我们要付出任何代价、承担任何责任、经受任何艰险、支持任何朋友、反对任何敌人，以保证自由的存续和胜利……

"现在，号角又一次吹响——不是召唤我们扛起武器，虽然武器是我们所需要的——不是召唤我们奔赴战场，虽然我们准备战斗——而是号召我们年复一年地去进行一场胜负未决的漫长斗争……所以，我的美国同胞们，不要问国家能为你们做什么——而要问你们能为国家做什么……"

"一场胜负未决的漫长斗争。"讲演针对的是冷战，也就是为了控制世界大部分地区而进行的一场意识上、政治上、经济上、公开的和隐蔽的军事竞赛。

第二次世界大战的战胜国，美国以及西方列强与苏维埃社会主义共和国联盟之间，在二战结束后三年里成了冤家对头，进而发展成为死敌。二战的胜利转化成了西方与东方两大阵营之间思想和武力的斗争，西方阵营实行民主及自由市场资本主义制度，由美国领导；东方阵营实行共产主义集权统治及中央计划经济制度，由苏联领导。

但是这讲演也是为鼓励这个怀有疑虑的国家，是以肯尼迪最敬佩的人温斯顿·丘吉尔的方式，向全国发出行动的号召。美国并不弱，并且远非如此，但是在将近两个世纪以来，头一次出现了一个严厉的对手，能够跨越浩瀚无垠的大海，突破美国周围的这一天然屏障，直逼美国。1953年，苏联已经试验了首枚热核武器，爆炸了一颗氢弹，随后又在1957年成功地把一颗卫星送上了太空轨道而震动了世界。他们把它叫作人造地球卫星，它雄心勃勃，看得见，听得着，象征着苏联的成就和力量。显然，能用火箭把这东西送上太空的国家，也有能力把核弹头发送到美国的心脏。这就是肯尼迪在竞选中拉响的警报，说出了苏联不仅拥有核能力，而且拥有比美国更强大的导弹运载能力。这就是他提出的"导弹差距"的意思，他甚至在得到向他提供的秘密军事情报显示并不存在这种差距后，仍然使用这个词。

共产党正在宣传其事业的历史必然性。全世界有许多人在听，许多人听了就信。亚洲和非洲新近摆脱欧洲殖民统治独立的 40 个国家——1960 年一年就在联合国升起了 19 面新的国旗——都选择了莫斯科的路线而没有选择华盛顿的路线。许多国家认为社会主义制度更优越。有些则看中了苏联的警察手腕，用在自己的国家，可以让他们在权力位置上待得更久，超过美国式的选举、自由言论和议会制所能给予的保障。

肯尼迪就任之时，苏联的年经济增长率估计在 7%~10%，而美国的仅为 2% 或 3%。共和党实施了 8 年的货币紧缩政策，目标是把通胀率压低到 2% 以内，这之后，美国的失业率为 7%，在 1960 年初美国又进入了经济衰退期。"我们要让国家复苏，"这是肯尼迪在竞选中广泛使用的一句口号，针对的是尼基塔·赫鲁晓夫的吹嘘，赫鲁晓夫曾正式宣布："我们要埋葬你们！……你们的后代子孙将在共产主义制度下生活。"

肯尼迪从艾森豪威尔及其前任杜鲁门那里继承来的对外政策，有两个不容置疑的基本目标：遏制共产主义和防止世界大战。第一个目标是由杜鲁门命令制定的，即用美国军事力量把共产党统治的世界包围起来。第二个目标是由苏联科学激发的，头一次让美国人尝到了毁灭性恐惧的滋味。

肯尼迪相信这个一致认可的信念。他准备和艾森豪威尔第二次会晤的时候，就研究过一份由兰德公司提供的长篇报告——这是一家和美国空军有关联的智库，那篇报告的标题是《姿态选择的政治含义》。他只圈住了一句话："政治历史没有证明强比弱更危险，威胁比示弱更危险，像阿登纳或戴高乐那样挑衅比像麦克米伦那样调和更危险。"

在他的就职演讲里，这种判断换了一种说法："我们不敢以软弱诱惑它们。因为只有当我们的武器充足到毫无疑虑的程度，我们才能毫无疑虑地确保它们永远不被使用。……"他的结论是艾森豪威尔的"大规模报复"主义——即如果共产党对全世界任何地方的美国设施及美国同盟国发动攻击，美国都将对苏联进行核打击——并不能在世界范围内阻止和震慑共产党小规模军事进攻。在拉丁美洲、亚洲和非洲，殖民体制和军事独裁下的旧秩序纷纷土崩瓦解——当地共产党总是这些新兴国家里的重要因素。肯尼迪宣布，美国需要更强的应变能力，必须在小规模战争中机动灵活——需要新的军事选择，遏制共产主义而不摧毁世界，采用"灵活反应"的策略，就是前任陆军总参谋长马克斯韦尔·泰勒提出的战略，泰勒的仕途被艾森豪威尔封死了。

"火炬已经传递到新一代美国人的手中，"肯尼迪在就职演讲中说，"他们生于本世纪，经受过战争的洗礼，也经历过艰难坎坷的和平岁月的磨练……在自由面临最大危险的时刻被赋予捍卫自由的使命。"1946年他竞选国会议员的时候用过一句口号："新一代出新领袖"——这句口号变成了"新边疆"。在1940年代奔赴战场的1,600万年轻人，正从将军和统帅那里继承使命，这是他们面临的新考验。他们可以完成使命，用美国的形象重建世界。

在台下1-A贵宾区内，有个名叫哈里斯·沃福德的退伍陆军航空兵，现在是圣母大学的法学教授，兼任新总统的人权顾问。此人的座位正好在肯尼迪下方。演讲让他异常激动，但他还在等着听两个字。

沃福德是个理想主义实践者，他去了一所黑人学院，让自己在田纳西的南方贵族世家震惊不已。他太生硬太认真，其实令人生厌，追随甘地而不是丘吉尔，以便靠近自己所侍奉的这个人。两年前他辞去了美国民权委员会主任一职，专为肯尼迪工作。他编辑了一本肯尼迪讲演集，还写过几篇新讲演稿，花了大量时间安抚埃莉诺·罗斯福[1]那批自由派民主党人、黑人，因为他们想让肯尼迪公开支持人权，以便和他在非公开场合所做的保证一致。沃福德全神贯注地倾听总统讲有关民权的话。

"你可以这么做，"前一天他看就职演说的定稿时对肯尼迪说。1月19日那天，在南面100英里外的弗吉尼亚州里士满市最大的两家百货商店里的白人午餐部，23名黑人学生坐下来要求提供服务。整篇演讲里对民权只字未提，

---

[1] 埃莉诺·罗斯福：美国总统罗斯福的妻子。——译注

对经济或国内任何问题都只字未提。"国内也有平等权利斗争，"沃福德曾对总统说。"你必须就这事说点什么。"

"好吧，"肯尼迪说着提笔写进去两个字，这下有个句子的后半部分就成了这样子："……决不愿目睹或听任各项人权受到损害，这些权利不仅是这个国家始终信守的承诺，也是我们在**国内**和全世界信守的承诺。"

这就对了。关于世界的演讲中有两个字是关于国内的。最后数小时内肯尼迪把演讲稿修改了 31 处，这是其中之一。肯尼迪在结尾处套用了亚伯拉罕·林肯的话，林肯的就职演说结尾是："你们的手里，我的不满意的同胞们，而不是我的手里，把握着这场伟大内战的命运。"

"让我们现在就开始，"肯尼迪在演讲接近尾声时说。"你们的手里，我的同胞们，而不仅仅是我的手里，掌握着我们事业的最终成败。"

一小时之内，新总统的手下人就会涌进白宫。这会儿里面空空如也。桌子上、文件柜里、抽屉里没有一片纸。椭圆形办公室的墙上没有一幅画，书架上没有一本书。随着每届总统产生，美国都会得到一次新生。35 岁的新闻秘书皮埃尔·塞林杰是可以进入办公室的总统的一名助理，因为他的办公空间已经确定了，那里摆放着一排排的打字机、电传打字机、油印机、强弧光灯，以及其他现代通信器材。但是他接手的办公桌和文件柜和别的东西一样都是空空如也。"这是个没有历史的地方，"塞林杰环顾四周，心里想道。

肯尼迪到达那里时，先满足了一下自己的好奇心。他和他的弟弟爱德华、内弟斯蒂芬·史密斯把座椅和家具一件件翻转过来仔细查看。"瞧这个，复制品。"他一遍一遍地说，"西尔斯罗巴克公司①的玩意。"

他又回到外面检阅就职庆典游行，很快就看烦了。他给他的新军事助手之一陆军少将切斯特·克利夫顿打了个电话，说："我们必须在这儿多做点什么。你难道不能想出点什么吗？"

"好的，先生，"克利夫顿说。"内阁成员都在，参谋长联席会议成员也都

---

① 西尔斯罗巴克公司：美国最大的老牌零售企业，通称西尔斯公司。——译注

在。要不我让他们一次进来一个，和你一起检阅一段游行队伍？"

"这是个好主意，将军……"接下来，肯尼迪看见海岸警卫队士官学校学员游行队伍里没有黑人。"给校长打电话，告他我再也不想看到这种现象发生，"他对理查德·古德温说，这是竞选班子里一个年轻的讲稿写手。古德温抓起一部电话，不折不扣地照办了，心里却想："就凭这么个电话，能让世界变个样！"

在白宫里面，肯尼迪的一些助手正在阅读肯尼迪发给他们的第一份正式文件，这份文件长达40页，是苏联总理赫鲁晓夫的一个秘密报告，肯尼迪自己是在前一天才看过的。报告是1月6日在莫斯科做的，听众是来自全世界的共产党政府和组织，这报告似乎是共产主义不断扩张的一个方针，支持核对峙保护伞下的有限战争——游击队暴乱。这是肯尼迪看过后传阅的一部分：

争取世界共产主义运动的新胜利

伟大的十月社会主义革命创建了社会主义制度，我们的时代就是从资本主义过渡到社会主义的时代，是两种相反的社会制度互相斗争的时代，是社会主义革命和民族解放革命的时代，是帝国主义崩溃和殖民制度瓦解的时代……世界的力量对比已经朝着对社会主义有利的方向迅速转变。……

关于民族解放战争。这种战争有两个最新实例，一个是越南人民发动的武装斗争，另一个是阿尔及利亚人民正在进行的战争，这场战争已经进入了第七个年头。这种战争始于殖民地人民反抗压迫者的起义暴动，发展成为游击战争。……

对于这种暴动，马克思主义是如何看待的呢？是大力赞扬的……共产党毫无保留地全力支持这种正义战争……

近年来，主导世界事务的地位属于苏联和其他社会主义国

家。……美国、英国、法国在西柏林的地位被证明是不堪一击
的。……他们不会认识不到，对那个城市的占领迟早要结束。……
如果他们加以阻挠，我们将采取果断措施。我们将同德意志民主
共和国签订和平条约，以结束西柏林的占领，这样就能拔除扎在
欧洲心脏上的一根刺。同志们，我们生活在一个壮丽的时代。……
未来的人类，下一代的共产党人，都会羡慕我们。

　　肯尼迪总统在发给国家安全委员会成员的文件上附了一份备忘录："阅
读、标记、学习、深刻消化。……我们的行动，我们的步伐，都要针对这类
问题加以制定。"

　　不过在这个时刻，这些还是明天的问题。今晚要应付的是一场接一场的
就职舞会。肯尼迪夫妇从一个舞会出来又到另一个舞会去。有一阵子，肯尼
迪在一场晚宴上坐在了《纽约时报》的专栏作家阿瑟·克罗克旁边，这位是
肯尼迪父亲的老朋友，曾在 1940 年帮他把在哈佛的本科毕业论文扩展成一本
书，书名叫《英国为何沉睡》，是模仿丘吉尔 1937 年出版的一本书，那本书
叫《当英国沉睡的时候》。这位专栏作家说，他认为肯尼迪的就职演说是自
伍德罗·威尔逊总统之后最杰出的一份政治文件。

　　"你打算这么写吗？"肯尼迪问道。他并不认为自己是个伟大的演说家。
多年来他惯于以波士顿人讲话的速度和口音快速念完讲稿，不带有任何抑扬
顿挫的感情色彩。后来，在 1960 年年初，他聘请了一位教练，教他每天早上
做发声练习。有个练习项目是学海豹叫两分钟，肯尼迪是泡在浴缸里做这个
练习的。独自在华盛顿家里的时候，他就穿着丝绸浴袍，给自己倒上一杯白
兰地，点上一根雪茄，放丘吉尔最著名的演讲唱盘，跟着一块儿朗诵。

　　丘吉尔还是肯尼迪的文学楷模。肯尼迪表现出一个异乎寻常的政治家
形象，不仅读书，这在他选定的职业里倒是少见的现象，而且还写书。他写
过两本书，一本是《英国为何沉睡》，另一本是《勇者无畏》（1955），两本
书都是畅销书，都深受丘吉尔的影响，也有阿瑟·克罗克和特德·索伦森的

功劳。

当晚肯尼迪回到白宫时已经是凌晨三点了，倒头就睡在了那张林肯的床上。五个钟头之后，他便坐起来靠着几个枕头读《纽约时报》，上面的大标题仿佛出自他自己的手笔：

肯尼迪宣誓就职

号召"全球联盟"反对暴政、贫困、疾病、战争

共和党人和外交官为讲演喝彩

全国深受鼓舞

就职讲演说美国将为维护自由付出"任何代价"

说美国准备与苏联会谈

赫鲁晓夫看到和解的希望

卡斯特罗建议与美国和睦相处

联合国代表赞扬演讲，称赞"寻求和平"

一些外交官认为肯尼迪的演讲发出了缓和紧张局面的信号

两名医生发现肯尼迪健康状况极佳

时报有关肯尼迪健康的报道，依据来自他新闻办公室的新闻稿，说他刚做了一次体检，给他做这次体检的是他的内科医生尤金·科恩，还有他的后背医生珍尼特·特拉维尔，后者现在已经成了他的新任白宫医生，这次体检显示肯尼迪的"健康状况继续保持极佳状态"。他看起来好极了，这是肯定的，整个晚上笑个不停，不停地挥手致意——还能留出时间去看女演员们跳舞。但是，就在他出席晚会的过程里，他生活中秘密治疗的一幕也在悄然上演，时而有医生送上药剂，时而有技师拿来专门用品。他患有阿狄森氏病，即肾上腺功能完全丧失，是以最先发现这种病的英国医生命名的。给他的治疗采用可的松注射、药片，以及在大腿上植入小粒药丸。为防不测，他父亲从1947年以来，一直在世界各地的银行保险库里，存放着可的松和其他应急

药物。

　　其实，肯尼迪是个出了名的阿狄森氏病患者，至少在医疗文献中是这样写的。他在这个领域颇为引人注目，因为 1954 年 10 月 21 日他挺过了一次背部手术。那年秋天，时任参议员的肯尼迪去纽约医院做了两次脊柱融合术，以减轻他持续不断的背部疼痛。"我宁愿死也不愿意拄着这副破拐杖过后半辈子，"之前他对一个医生说过这话。死亡确实是很可能发生的——"手术可能把我治好，也可能要了我的命，"他对一个叫拉里·奥布赖恩的随从说。阿狄森氏病患者的免疫系统很弱，很少有经受大手术创伤而能存活的。美国医学会《手术档案》月刊 1955 年第 11 期描述了这次手术，病人仅被称为"一名 37 岁的男子"。

　　"一名 37 岁的男子患阿狄森氏病……几年来坚持一个治疗方案效果良好，方案是每三个月植入 150 毫克脱氧皮质酮醋酸丸，每天口服 25 毫克可的松。因有背伤，他经受了巨大的疼痛，影响了他的日常生活，"报告开头是这样写的，接下来说医生们不想进行手术，因为太危险了。但是病人坚持要做。报告是这样收尾的："阿狄森氏病情未见恶化。"

　　肯尼迪有一种勇气，不但隐瞒了自己的健康状况，还能让媒体和公众对他的旺盛精力深信不疑。"有活力"成了当时媒体用滥了的一个词。实际情形是，从小到大，肯尼迪大部分时间里都忍受着病痛的折磨，常常私下里使用双拐和手杖，好让背部得到休息，每天都要服用处方药物或非处方药物，有时每个小时都要服用。平常的感染让他防不胜防，经常忍受华氏 106 度的高烧，竞选期间以及就任总统后，肯尼迪都掩饰了自己精力低迷的实际状况，总显得健康愉快，英气勃勃，然而在大部分的白天里，他有一多半时间是在床上度过的。在大部分的晚上，他都是早早就寝，每天早上都要躺着看书一直看到 9 点左右，每天午后都要睡一小时午觉。

　　除了这些病以外，肯尼迪还患有性病顽疾；胃口也很不好，因而一辈子限定饮食，只吃清淡食物；右耳有点失聪；还有过敏症，过敏的范围不可思议，有时会严重到出现晕厥。参加海军时，他对自己的发热病情以及使他虚弱疲惫的背伤撒了谎，巧施伎俩未经体检就过关了。在政治宣传上，他打小就有的脊椎病，成了"踢足球落下的老伤"或是"战斗中负的伤"，而他终生饱受折磨的高烧，也变成了"战争中染上的疟疾"。

关于肯尼迪的健康，是在竞选期间作为一个问题被提出来的，不过只提过一次。林登·约翰逊当时反对民主党提名，反复散布流行但没有公布的传言。皮埃尔·塞林杰来找过肯尼迪，问他如果媒体提出这个问题怎么办。"告诉他们我没有阿狄森氏病。"

"他们说你吃可的松，"塞林杰说。

"这个吗，我以前是吃过这药，不过再也不吃了。"

所以，新总统作为阿狄森氏病患者，是撒了谎——但他也能勇敢地忍受痛苦。他几乎每天都要在自己的大腿上打针，一次他的朋友保罗·费伊看见了就说："杰克，瞧你打针的模样，好像一点儿都不疼。"

肯尼迪冷不丁挥手一针扎在费伊的大腿上。费伊疼得发出一声尖叫。

"扎在我身上也是这滋味，"肯尼迪说。

第三章　1961 年 1 月 28 日

　　总统在白宫的第一批正式访客中，有一位是即将离任的北约秘书长保罗－亨利·斯巴克，他此行目的是领取自由勋章。肯尼迪根本没有耐心为这类仪式做事先预备，于是草草读完授勋辞，授完勋章，环绕椭圆形办公室一圈，与各位大使一一握手，随即跨出房门。出来后他转了向，又看见一扇门，便推门而入——却进了卫生间，独自正襟危坐，直到斯巴克一行离开他的办公室。

　　但是他实现了目标，来了想来的地方，以前总共只有33个人在此停留。就在一年多前，他宣布自己参加总统竞选时，把这个职位看作是"至关重要的中心"——行动中心的中心。"哪里战斗最激烈，哪里就是总统的岗位，"那天他这样说，"……做好准备，充分行使他的各项职权——包括所有已明确的权力和一些未明确的权力。"此刻他正在那里，就像自二战中的富兰克林·D.罗斯福总统以来的所有当代美国总统一样，他以了解情报简况开始办公室的每一天。

"瞧，我今天只有半小时。我需要全看完吗？"上任第八天一早，见助理沃尔特·惠特曼·罗斯托隔着办公桌递过来一个厚实的文件夹，他就问了一句。

"是的，我想是这样，"罗斯托回答。他是耶鲁大学的经济学教授，在一位前哈佛大学的院长麦乔治·邦迪领导下，服务于国家安全委员会，或者说国家安全委员会的剩余部分。肯尼迪已经开始裁减艾森豪威尔建立的白宫官僚机构了，当年建立这些机构的目的是审阅政府产生的有关外交、军事、情报的大量文件，然后再把总统的意见和命令，传回到更大的官僚机构里，即美国政府行政部门的执行机构。肯尼迪想亲自了解一切。他从椭圆形办公室打出去的头几个电话里，有一个就是打给中央情报局局长艾伦·杜勒斯的。他告诉杜勒斯，他的兴趣不只是曾让艾森豪威尔满意的情报分析。他要中情局做的是，每天早上把最重要的原始情报资料发给邦迪和罗斯托。艾克批准决策；肯尼迪打算制定它们。

1月28日早上，罗斯托递给总统一些未检查未编辑的资料，一份25页的报告，标题是《兰斯戴尔之旅，1961年1月》。旅行目的地是越南，报告经由中情局和艾森豪威尔的国防部长，再经麦克纳马拉之手，传到了白宫。

"这将是最棘手的，"肯尼迪翻看了几页后说道。他在报告里的建议部分停下来："美国应该意识到越南形势严峻，应该把它当作冷战的战区，需要采取紧急措施。"

"我有话和你说，"他抬头看着罗斯托说。"艾森豪威尔从来没跟我提过越南这个字。"

"开始干吧，沃尔特。另外……"他要罗斯托给他找几本关于游击战的书。

"兰斯戴尔"是美国空军准将爱德华·吉尔里·兰斯戴尔。谁都不清楚他是怎么弄到这个军衔的。此人是中情局的一名间谍，是当时最流行的畅销书之一《丑陋的美国人》中主人公的现实原型。这本书在总统竞选期间一直名列畅销书榜单，卖出五百万册，其中约翰·F.肯尼迪参议员买了不止几本，

他是在《纽约时报》上占了一整版的广告上签名的六位美国名人之一，广告
上宣称他们向每位参议员都寄了一本。

此书由政治学教授尤金·伯迪克和海军上校威廉·莱德勒合著，宣传用
语是"基于事实的小说。"书里包含一系列情节简单的故事，大都是在一个叫
萨克汗——越南的虚构名称——的东南亚国家里，笨拙、傲慢的美国人与各
民族的共产党人争夺人心的智斗中败下阵来的故事。书里两个主要人物是美
国人。一个是书名里提到的那个人，名叫霍默·阿特金斯，是个工程师，教
当地农民如何就地取材制造抽水机浇地。另一个是埃德温·巴纳姆·西兰戴
尔上校，他老在村里的场子上用口琴吹奏"拉格泰姆"爵士调，因而很受当
地人的爱戴。

兰斯戴尔将军是西兰戴尔上校的原型。在 1950 年代，他曾是中情局驻
南越首都西贡的情报站站长，也是这个国家的总统吴庭艳的朋友和顾问。这
之前，他曾是菲律宾国防部长后来又成为总统的拉蒙·麦格赛赛的顾问和朋
友。两人曾经联手击败了菲律宾群岛上共产党领导的胡克起义。兰斯戴尔是
个传奇，是美国驻亚洲首席特工，也是个善变、傲慢、狂躁的家伙，擅长交
朋友，能随时出现在遥远而混乱的地方。英国小说家格雷厄姆·格林也曾以
兰斯戴尔为模特写过一个小说人物，小说 1956 年出版，名叫《沉默的美国
人》——美国驻西贡的一个叫派尔的特工，一个英国记者这样描述他："我不
知道还有谁会比他更有能耐去制造这么多的麻烦……

"《丑陋的美国人》标志着美国对全世界旧殖民地新生国家的边界和政治
施加影响的尝试受到了挫折。书里萨克汗人常对美国人这样说："拥有最大智
慧和力量的一方获胜。你们不再是这一方了……你们没有力量，没有意志，
一无所有。"艾森豪威尔总统也看过这本书，据说他随后便下令对美国援外计
划做一次自上而下的检查。1959 年，提交国会的 21 项立法中引述了《丑陋的
美国人》。

"我们所看到的……，"伯迪克和莱德勒在非虚构的后记中写道，"是一
幅亚洲图景，在那里我们相对无语，封闭在城市中，曲解亚洲人的心情和需

要。我们看到美国人花费巨大而所得甚少，苏联人花费极少而所得甚多。我们输了——不仅在亚洲，而且在每一个地方。"

肯尼迪1月28日读到的兰斯戴尔报告里也有同样的强调，但其中最有力的论述是关于将军的老朋友吴庭艳的，吴庭艳的国家是1954年在日内瓦召开的一次国际会议上建立的，那一年，法国殖民军被来自这个国家北方的一个共产党人胡志明领导的越南革命队伍打败了。这个昔日的法国殖民地一分为二，成了两个国家：胡志明领导的北越，以及主要由美国资助的南越。实际上，在法国殖民军与胡共的战争中，美国为法国殖民军买了单。

"我们必须支持吴庭艳，直到另一个强有力的执政者合法取代他，"肯尼迪就职前两天兰斯戴尔回到华盛顿后写道。"吴庭艳总统感觉到，美国人对他的攻击几乎和共产党一样猛烈，便龟缩起来……如果另一个美国官员与吴庭艳谈话，并且视他为一个历经多年磨难的正常人—— 而不是一个跪倒在地的失败对手——我们将以一种健康的方式，重新开始对他发挥影响。"

这个越南领导人是虔诚的罗马天主教徒，在新泽西的一所神学院住了很多年，这是一种自愿的流亡，以抗议法国人统治他的国家。肯尼迪参议员同来自纽约的弗朗西斯·斯佩尔曼红衣主教、来自蒙大拿的迈克·曼斯菲尔德参议员，都属于在下述行动中保持一致的美国天主教显赫人物之列：他们说服了艾森豪威尔的国务卿约翰·福斯特·杜勒斯支持南越首任元首吴庭艳。

从那以后，吴庭艳被叫做美国人的傀儡。但他绝不是傀儡——这是美国政府在南越的困境。此人不接受命令。美国人想利用吴庭艳封锁南亚的共产主义，但是情况越来越明显，特别是1955年吴庭艳竞选获胜出任总统后，他把美国人看作是怀有自己打算的富有而必需的朋友。美国派驻这个新国家的首任代表J.劳顿·科林斯到了西贡还不到一个月，就给国务院发了一封电报说："吴庭艳仍是我们最主要的问题……时间紧迫，我们该考虑对吴庭艳进行可能的替换了。"

六年后，肯尼迪阅读兰斯戴尔报告的时候，这仍是他要面对的一个问题。美国外交官和士兵没有足够的力量迫使吴庭艳做什么，因为美国人是应邀来到越南的，吴庭艳随时可以收回邀请。

肯尼迪看完报告后，伸手拿起电话，打给麦克纳马拉，要他把兰斯戴尔找来。这倒不难，其实这位准将就在麦克纳马拉手下工作，是距离很远的下级，头衔是"联络官"——负责国防部和中情局之间的联络。

"马上到这里来！"麦克纳马拉说，他发现那个周四的早上9点将军在弗吉尼亚州的家中。兰斯戴尔还没有出门，电话又一次的响起，这次是总统打来的。肯尼迪告诉兰斯戴尔，他喜欢兰斯戴尔对刚从社会主义中国逃往越南的天主教教士阮禄安和豪言壮语的反共陈述。和教士原来是蒋介石国民党军队的中校，曾经带领几百号人马在一个叫平红的土围子抗击越南共产党游击队。肯尼迪若有所思地对兰斯戴尔说道："我们应该把这件事在《周六晚邮报》上刊登出来。"

兰斯戴尔想，可能是某人模仿肯尼迪的波士顿口音。但是，他向麦克纳马拉办公室里的一个朋友核实以后，不到一个小时就来到了白宫。等了两分钟，他被带到内阁会议室。总统笑着对他点点头，指给他一把椅子；会议室里的其他人相互低声问道，"那是谁？"兰斯戴尔的上司艾伦·杜勒斯站在一幅古巴地图前面，手里拿着一个指针。

肯尼迪对内阁会议桌边这明显的不适感到很有趣。当杜勒斯谈论完登陆古巴海岸的游击队，总统转向兰斯戴尔说："谢谢你对越南问题的描述给我敲了一个警钟。腊斯克先生告诉过你我想让你作为我们的大使去越南吗？"

腊斯克先生显然没有说过，并且他对中情局在亚洲最好的特工代表美国国务院的想法感到震惊。杜勒斯和麦克纳马拉相互看了看，似乎也有同感。但是，这就是肯尼迪的作风：任人唯贤——能者居其位。

但是，肯尼迪并不到处施号发令。他转向负责远东事物的助理国务卿J.格雷厄姆·帕森斯，叫他总结一个标题为《援助越南反暴动基本计划》的报道。一系列的建议需要新增4,200万美元给吴庭艳和南越共和国军队。这个计划是艾森豪威尔领导下关于越南的最后一个总统文件，他已经派遣数百名军事顾问到越南。

"从1959年12月初一直到现在，越共恐怖活动和游击战斗在南越骤然增加。"报道开始写道。

这一活动包括武装宣传和散发传单；上缴民众食物、钱和药品税；绑架谋杀村落山庄官员，在道路和运河设伏；武装袭击……政治上，对吴庭艳政府的不满已经在知识分子和精英阶层流传许久；并且，这种不满情绪在农民阶层也日渐高涨……这些指责的焦点在于吴的家族制度，特别是总统弟弟吴廷瑈和南越第一夫人陈丽春（吴廷瑈的妻子）的角色上。

> 如果南越政府不采取及时特别的行动去重获大众的支持、改
> 正组织和程序的弱点……越共就能在数月里推翻现在的南越政府。

文章最后总结道："任务：致力打败南越共军暴动。"

总统马上表示支持《反暴动基本计划》，提供4,200万美元主要用于军人的薪水和武器，增加20,000名南越国民军人员和32,000名准军事国民卫队人员。另外追加660,000美元用于"心理作战"，肯尼迪草草地写下，"为什么这么少？"

接着，肯尼迪告诉杜勒斯，他想在北越组织开展游击作战。最后，他要求兰斯戴尔描述一下他最近和吴庭艳的交谈。上将说越南总统认为美国（U.S.）的计划太周密，但是他政府中仅有三名具有无需向他请示而执行命令的人员。更糟糕的是，他继续说道，吴庭艳认为美国的一些外交官与在1960年11月11日企图暗杀他的越南士兵关系非常密切。接着，兰斯戴尔做出了他的名不虚传的判断。他肯定地说腊斯克和国务院将会采取一切办法把这人赶出西贡："我们大使馆的人员都是失败者……"

"我们必须改变在这些地区的路线，"总统站起来说道，"我们的境况必须在三个月以内得到改善。"

回到国务院，腊斯克向帕森斯打听兰斯戴尔的消息。谈话的记录显示："兰斯戴尔＝西兰戴尔上校。在马尼拉表现出色。与吴庭艳关系紧密。独来

独往，独自行动。号称协调员。飞扬跋扈、独断专行……不适合团队合作。"

腊斯克的猜疑得到了证实，他想试着阻拦这个任命。毕竟总统还特别示意他派遣兰斯戴尔去西贡。权利不用就是损失，这对总统来说也一样。

回到弗吉尼亚的家里，兰斯戴尔迫不及待地给他朋友吴庭艳写了一封长长的信，并且稍微有点夸张：

> 肯尼迪总统与我谈了很久……他兴致盎然地问了许多问题。我敢肯定你可以把他当作知己，这你以后还会了解到更多……但是，也会有一些事情，有人将会指出你现在面临的许多危险源自于你自己的行为。他们说，你努力按照自己的方式做了很多事情，以至于你拒绝让他人来承担责任；并且一直干涉他们的行动，但是你个人觉得你不会出错……

"他们"就是腊斯克和不止几个他在国务院的助手。他们也聊了一些关于兰斯戴尔的事情。国务卿劝说总统改变任命，因为美国需要重新看待吴庭艳和他的政府。他推荐美国驻巴黎的北约使团副长官弗雷德里克·诺尔庭，而不是兰斯戴尔。肯尼迪同意了。腊斯克把诺尔庭叫来告诉他，总统想要他弄清楚吴庭艳到底是个什么样的人。他想让他去密切接近南越总统，观察吴庭艳是否是美国应该支持的正确人选，并把消息报告给他和总统。或者，他们需要另寻他人吗？

肯尼迪第一次接见诺尔庭和另外几个美国新任大使的时候，他把手伸进口袋，摸出一片皱巴巴的报纸，然后念给他们听："我从《纽约时报》上剪了一段，上面是这么写着：'这里的美国大使馆官员也不是非常受欢迎。他们看起来只会待在使馆里，而不出去走入乡村，访问各式各样的人群'……现在，我希望，你们今天在场的各位将不会被描述成这样子。记住，你们是国家的使者，代表整个国家……不要被座椅粘住。"

肯尼迪自己也不想被座椅给粘住。在当总统的第二个周五晚上，肯尼迪就叫了几个好友一起去白宫附近的一个剧院，欣赏八点钟的那场他想看的电影《斯巴达克斯》。电影结束灯光亮起的时候，他发现前排的观众里有农业部长奥维尔·弗里曼。他拍拍弗里曼的肩膀说道："这些新边疆的领导们不是有比看电影更好的事情去做吗？"

"我和你一起走回海陆军官俱乐部，"一起在白宫匆匆吃过晚饭后，肯尼迪对雷德·费伊说道。这是看电影几天后的一个晚上。他们一路向前走，肯尼迪突然挥舞他手中的拐杖，特工迅速将总统围起来，与16号街上的其他行人隔开，并努力表现得若无其事。

"如果那边的那个人突然拿出枪，你们将会怎么做来保护这受人爱戴的总统？"肯尼迪向费伊提问。

立即寻求掩护，费伊答道。接着他问道："你担心这种事情可能会发生？"

"我想这种可能总会有的，这也是特勤局特工的责任。"但是，他已经开始策划怎样摆脱他的特工人员。当想独处时，可以走后门、爬围栏和躺在车里的底面上来惊动特工人员。女人也经常与特工人员和其他人一起玩这种捉迷藏的游戏；但是，并不是经常发生。肯尼迪不能忍受这种陷入困境的感觉。

虽然现在他是总统，他依然觉得不要受程序所束缚。他喜欢周边有一种无序，这种无序能打乱他政府人员的平衡，使他们能更加努力工作。他解散了艾森豪威尔军事化的国家安全局，取而代之的是行动协调委员会，用更小的单位系统性地把国外政策信息传递给总统，并传达总统的旨意。肯尼迪有一次发布一道命令，"我们计划以直接与相关负责部门沟通的方式来继续开展这项工作。这样，每人都会知道我的决定；并且，我也能相应地详细了解决定的执行情况。"他对国家安全委员会的使用就很随便。当厄尔·惠勒将军，即参谋长联席会议首长，递上《第22条国家安全行动备忘录》——总统签署的第22条国家安全正式命令——他发现他从来没有见过第5到21条。"装订线被剪断了，"惠勒对他的人员解释道，"但是还没修好。"

这就是肯尼迪的作风。他说道，权利线，就应该像车轮的轮辐，所有的线都从他那里出发，再回到他那里。与坐下来开会或惊动教授记者们相比，他更喜欢在国务院里举行走廊会议或电话通知。那些刚从受灾乡村回来的官员或者是写了些他感兴趣的事的人，可能会被一个带波士顿口音的电话吵醒："我是杰克·肯尼迪，你能告诉我……"有些人会挂掉电话，觉得那只是一个玩笑。

"为什么国家安全委员会还不召开会议？"肯尼迪在椭圆形的总统办公室里第一次接受电视采访时这样被问道。

"这种大会完全是浪费时间，"他答道，"国家安全委员会的正式会议也一样没有效率。像国家安全这类高级事务，参加会议的人越多，决策就越难做。"他说自己更喜欢一对一的会晤，或希望看到与会的人数少一点。实际上，内阁成员要想见到自己的这位老板，最好的方式就是常常光顾他秘书的办公室，这样等到他从总统办公室出来取报纸的时候就能抓住他。

简短的对话和长时间的工作取代了原有的组织方式。肯尼迪不喜欢听到自己已经知道的东西，也不喜欢事先排练，他喜欢在赶往下一个场子的路上听大家向他报告各种信息。对他来说，最大的罪过莫过于厌烦枯燥。有时，阿德莱·史蒂文森和切斯特·鲍尔斯就是令人厌倦的代名词。作为美国自由主义的大学教授，他们两位的言辞虽然是出于好意，却总是空洞冗长。

鲍尔斯是前国会议员和康涅狄格州前任州长，因为 1960 年作为第一个支持肯尼迪议员的自由主义者而被任命为副国务卿。他的支持在当时很关键，因为很多自由主义者都不相信肯尼迪，也很看不起他父亲。肯尼迪的父亲是美国证券交易委员会的前任主席，是美国驻英大使，可人们对他最深的印象就是他是一个反犹太分子。但是和哈里斯·沃福德以及阿瑟·施莱辛格有时候的做法一样，鲍尔斯也让肯尼迪很恼火。肯尼迪就职第一周，有一天鲍尔斯从总统办公室出来，遇到了约翰·肯尼思·加尔布雷思，一位经济学家，同时也是一个极其优秀的伙伴。"进来吧，肯"，肯尼迪在办公室门快关上时加了一句，"老切刚告诉我世界上正在发生四起大的革命，第一个是期望值升高的革命，但其他三个我不记得了，你知道是哪些吗？"

约翰·肯尼迪学习速度之快大家都有所耳闻——很多传言说他快速阅读

的速度能达到每分钟1,500个单词——当然，这其实也是一个人注意力短暂的一种冠冕堂皇的说法。除了经济学家，其他的总统顾问很少需要将一件事向他解释两遍。他的第一个问题总是他可以提出的最好的问题，他可以不假思索地在几分钟内将一个人身上的信息汲取干净。总统竞选期间，他曾在乔治敦的街道上找到哈里斯·沃福德，让他陪自己去国会山，并对他说，"跟我说10件我必须知道的有关民权的破事。"

"我们不是在做生意。"这是艾森豪威尔政府的联络官珀森斯将军对肯尼迪强调的最后一件事，但是白宫在新主人入住的第一天就开张营业了，并且第一笔生意也做得毫不含糊。我们这位候选人在竞选时曾这样说："我听过各种各样的借口，但我不相信美国人说话总以'但是'，'如果'，'等到'这些词开头，而是先说'第一步'……第一个宇宙运载工具是苏联制造的人造地球卫星，而不是我们的先锋号三级卫星运载火箭。第一批安全从太空返回的乘客是名叫斯特莱卡和贝尔卡的两只太空狗，而不是我们叫罗弗或是菲多的小狗……我希望四年任期之后，人们可以认可我这个总统，认为我不仅抑制了共产主义的势力，而且推动了自由事业的发展，重塑了美国的威望。"

这些事物有一部分本身就是一场交易。肯尼迪就职第一周，内阁秘书弗雷德里克·达顿从劳工部秘书长那儿拿了一个备忘录给总统，说道："阿瑟·高柏格提到，有一个不是很重要的信息，但你们可能想知道。1960年的第4季度，苏联的钢铁产量达到1,860万吨，这与美国的1,887万吨钢铁产量已经十分接近。"很快他们就有可能超过美国。一项基于中央情报局预算的政府增长规划指出，到2000年，苏联的国民生产总值会是美国国民生产总值的三倍。

当选的肯尼迪沿袭了美国总统的光荣传统——对经济学几乎一窍不通。他的官方传记中有一部分讲到他毕业于伦敦经济学院，曾师承伟大的马克思主义学者哈罗德·拉斯基，可事实并非如此。他1935年被这个大学录取，可从来没有在那里上过学，因为那年在开学之前他的身体又垮掉了。

"我们雇来教咱们经济学的那个家伙到底哪儿去了？"查尔斯·巴特利特

在肯尼迪当选总统后有一天这样问他。查尔斯·巴特利特跟肯尼迪上小学时就是好朋友，现在是一家报社的专栏记者。几年前，他们俩一个是年轻的国会议员，一个是查塔诺加时报的年轻记者，每周二晚上两人都会与一位美国大学教授一起去参加一个小型的私人研讨会。

"不知道啊"，肯尼迪答道，"我猜他可能听到我被选为总统就跳楼了吧。"

肯尼迪议员对经济事务像对政治事务一样并不担心，他着重研究的是美国人对共产主义的痴迷与困扰。在这一点上，他与艾森豪威尔时期的其他政客并无不同，也会用"俄国人来了"的说法吓唬人。这是一种简单，有时也是唯一的办法来说服美国人为提升全国教育水平和建设州际高速公路系统买单。艾森豪威尔还将"防卫"这个神奇的单词塞入一系列新出台的法律名称中，即《国家防卫教育法案》和《国家防卫公路条例》，这两部法案在20世纪50年代极大地扩展了联邦政府的作用。

肯尼迪就职第六天，他的经济顾问委员会主席沃尔特·赫勒为经济记者召开了一次背景情况介绍会，会中详细描述了新政府应对自1960年开始出现的持续经济衰退的计划，提供了由肯尼迪政府研究得出的精确的数字和目标。当这些数字出现在全国各地的大小报纸上时，有些数据肯尼迪才第一次读到。

"以后别再这么做了"，他对赫勒说，这位政治家接着给教授上了一课，"别老惦记着这堆数字，它们总让你不得安宁，相比之下，文字总能解释得通。"

肯尼迪上任没多久也发现国会的很多数字并不合理。一天他与白宫发言人萨姆·雷伯恩共进早餐时，雷伯恩说道："总统先生，我认为我们没有选票来扩大规则委员会了。"

总统转向他的国会联络人劳伦斯·奥布赖恩，说道："拉里[①]，这是怎么回事？我们可不能输了啊，输了游戏也就结束了。"

规则委员会由八名民主党人和四名共和党人组成，主要掌管众议院的日程安排，这就意味着立法案能否发布以供所有众议院议员讨论完全控制

---

① 劳伦斯的昵称。——译注

在他们手中。总统有能力通过召集电视新闻媒体的方式控制国家议程，但现在雷伯恩告诉他，他连让国会考虑一下自己立法提案的能力都没有。四名共和党人和两名南方老民主党人——规则委员会主席、来自弗吉尼亚州的霍华德·史密斯和来自密西西比州的威廉·科尔默——都有可能反对他。如果这两名民主党人与四名共和党人投票一致的话，就会出现六比六平的局面，自由立法就会立刻夭折。

肯尼迪一直理所当然的认为雷伯恩有能力改变这个结果。雷伯恩1913年就加入了众议院，当了16年的议长，肯尼迪觉得他可以号召众议院所有263名民主党人和174名共和党人投票，从而将规则委员会的人数从12个增加到15个，这样，雷伯恩就可以委派两名更年轻也更自由的民主党人来造成八比七的投票结果，肯尼迪的立法议案通过也就毫无悬念了。但现在，这位议长竟然告诉自己共和党人与南部民主党人老掉牙的联盟依然是议会真正的第一大党。实际上，他们的力量比以前更强大了，因为甚至很多温和的民主党议员对现任这位大党的总统也没有任何感激之情。全国统计显示，民主党人占43%，共和党人占30%，而肯尼迪仅凭千分之一的优势当选。让他成为政党的领袖，国会里大多数的民主党人感觉受到是伤害而非是帮助。

肯尼迪派奥布赖恩去议会弄清楚怎么样才能从435名议员中获取大多数的赞成票。奥布赖恩回来之后向总统报告说，要想赢得一些保守民主党人和温和共和党人的投票，就必须许诺保持预算平衡。肯尼迪二话没说，很快就发表了一个声明："新的一届政府必须要严格遵守已经上交的支出与收益预算。这样的框架会遏制国防发展的需要，同时也会使经济恶化，我目前计划提倡一个财政支出和刺激经济收益的项目，这个项目不能、将来也不会破坏之前的预算平衡。"

看到这样的声明，赫勒和肯尼迪的其他经济顾问尤其是来自麻省理工学院的保罗·塞缪尔森感到极为震惊。他们正准备力劝总统通过减税的方式刺激依然在缓慢衰退的经济，但肯尼迪更关心规则委员会的选票和其他两件政治上更要紧的事。他不能刚在就职演讲上呼吁大家承担起责任，现在就开始减税；但既然艾森豪威尔认为最好的政府不仅是管得最少的，也是花得最少的，他也不想被别人看成是个花钱大手大脚的人。

所以，一方面肯尼迪从这些经济顾问身上学经济，另一方面，这些教授也从他身上学政治。两天之后，1 月 29 日，赫勒进行公开的新闻发言，大致介绍了政府反衰退的一些举措。一位记者很失望，最终问道："要是不知道成本，我们如何判断经济刺激的效果到底好不好呢？"

肯尼迪问赫勒："你是怎么回答的？"

赫勒说："很快的语速，夸张的手势，就给他糊弄过去了。"

"做的好。"肯尼迪说。

1 月 30 日，肯尼迪在就职第 11 天第一次发表了国情咨文，极力鼓励国会成员加入众议院。这是一个没有战争的战时演讲，但同丘吉尔、林肯的演说一样，语气急切中肯，振奋人心。

"此刻我们的国家面临巨大的挑战和机遇……我们必须要重新验证，按照我们的组织和管理方式，国家能否平安度过……"

他说国家的经济出了问题，他暗示俄国人正在步步逼近，他还故意用一些隐晦的词语混淆导弹差距的问题。"众所周知，在导弹实力这一方面，我国已经多年没有引领世界了……。

"每天，随着武装的扩张与敌对势力的日益强大，我们离危险越来越近……各种事件的高潮已过，时间也不再为我们所控制。我们这个时代最大的讽刺就是，残酷压抑的体制竟有能力让其仆人热情高涨、纪律严明，而我们享有的自由却常常代表着特权、物欲与闲散的生活。

"面对危险，我们不能逃避退缩，也不能由着危险让自己陷入恐慌或孤立……潮流转向之前总会有一些逆流，但是我们必须要让潮流转向。全人类的希望就寄托在我们身上。"

第二天，1 月 31 日，在同一个大房间里，议长萨姆·雷伯恩走下座席，在演讲台上简短发言，像其他议员一样站着为总统要求扩大规则委员会的议案辩护。最终，他说道："让我们启动这一计划。"他赢了，总统赢了，以 217 票对 212 票的结果。

第四章　1961 年 2 月 10 日

1961 年 2 月 6 日的《纽约时报》头版头条的两行标题引人注目："肯尼迪国防部研究所未能发现'导弹力量差距'有关证据"。

"这到底怎么回事？"肯尼迪在卧室给国防部长麦克纳马拉打电话质问。

"喔，总统先生……"部长没能像往常一样对答如流。

麦克纳马拉告诉肯尼迪他已经在前一天晚上六点钟邀请了一些五角大楼的记者到他的办公室参加酒会。这是他第一次举行记者招待会，他用惯常的方式回答问题，现场的记者将不会将他视作消息来源。"消息源不明——即不得报出消息来源的全名。"这是华盛顿方面惯用的语言技巧。国务卿漫不经心地告诉记者说，目前苏联和美国的军用核导弹在数量上没有差距。即使有差距，也是美国占上风。

当然，这与肯尼迪在竞选时所说的正相反。"我们正在用自身的生死存亡做赌注，去面对眼前的差距。"这是他的惊人竞选词之一。甚至在看过厄尔·惠勒将军递交的关于美国在核运载方面的能力不落后于任何国家的机密简报之后，他仍是这样说。不存在导弹力量的差距。但是这一论点已经成为他的竞选核心，甚至是他的整个政治生涯的核心，消灭这一差距在他演说词中占有绝对优先的地位。

2 月 6 日早上，麦克纳马拉告诉正在生气的总统："导弹力量差距的底线是美国可以应对苏联的全面进攻——洲际导弹、轰炸机和潜艇导弹——总之，美国仍有足够的核能力去摧毁苏联的每一个城市，杀死上亿苏联人，破坏苏联 80% 的工业生产能力。"

自从选举以来，肯尼迪从未真正承认任何导弹力量方面的差距。只有当不得已时，他才会谈及这一话题，就如他在国情咨文讲演中所说的。但就在接到麦克纳马拉的简报后当天，总统派出他的新闻秘书皮埃尔·塞林杰，去否认麦克纳马拉公布的拙劣真相，"这些报道是不正确的，绝对错误的。没有人完成过这样的研究……也没有人做过这样的调查……。"

就在第二天早上，2 月 8 日，在他上任后的第三个电视新闻发布会上，肯尼迪说："是否有差距，现在做出这一判断还为时过早。"然后，回到办公室他口授了一份备忘录给他的国家安全顾问麦乔治·邦迪："你能否让我知道之前关于导弹差距的争议取得了哪些进展……我要知道它的成因：前政府官员提出了什么看法，以及我们是如何得出关于导弹力量差距的结论的。"

因为总统制定出一个大纲来弥补麦克纳马拉轻率的言行，所以推迟了那天早上与圣母大学的神甫西奥多·赫斯伯格的会面。赫斯伯格已被艾森豪威尔任命为美国民权委员会新成员，肯尼迪要求他继续留任。赫斯伯格并不是特别喜欢肯尼迪，他猜想他被留下来的原因是为了避免任何关于公民权的争论，甚至于引发关于他的继任人的猜测。见面后，他发现肯尼迪反应迅速，富有魅力，学识渊博——至少在数据上消息灵通。在关于南部州立大学研究生院黑人人数的问题上，他纠正了赫斯伯格。赫斯伯格说一个都没有；肯尼迪说他知道在一所法律学校里有一个。

"有些事情确实是不对的，"赫斯伯格又给出另一个数据：亚拉巴马州国民警卫队里没有一个黑人。

"神甫，你看，"肯尼迪坦率得让赫斯伯格惊讶，"我明天可能不得不把亚拉巴马州国民警卫队派遣到柏林，可我不愿意被迫在国内形势严峻的时候这么做。"

肯尼迪用很直接的方式拉拢人心，他说话喜欢用一种老一辈政治家几乎不会用的坦率的方式。赫斯伯格并不是烂政客，他很快就明白肯尼迪不仅认为民权是无关紧要的，而且如果有可能总统还想继续保持这样，至少在1964年他能连任之前要保持这样。

事实上，肯尼迪最关注的是作为一项外交政策的国内种族问题。他不愿意因为这个问题而破坏美国的国际声誉。在他会见赫斯伯格之前，国务院新上任的礼宾司司长安吉尔·比德尔·杜克向他汇报了一个情况：纽约市南面通往华盛顿的马里兰州40号公路沿线上的餐馆业主中取得的一些进展，国务院正试图劝说那些业主，不再拒绝为往返于联合国总部与华盛顿的黑皮肤的外交官们提供服务，甚至允许他们使用卫生间。

"难道你不能告诉那些非洲人别在40号公路驾车行驶吗？"肯尼迪问到。"告诉那些大使们，我就从没想过开车从纽约去华盛顿。"当然了，总统是飞过去的——飞越一切。

但是赫斯伯格给肯尼迪施加了一些压力。他想要一个公开的允诺。自从1958年以来白宫就缺一个与美国民权委员会之间的联络员，因此赫斯伯格要求委任一位，一个能帮到他的人，一个能接受他的电话咨询的人。

"我已经让一位特别助理来专职从事那项工作了。"

"谁？"

"哈里斯·沃福德。"

"真的吗？"赫斯伯格问。那天早上他曾经见过了沃福德，这位曾经的朋友、也是前助理却对此只字未提。

赫斯伯格离开后几分钟，沃福德接到一个电话，叫他尽快去白宫。在那儿一个不认识的人接待了他，那个人手捧《圣经》。

"你是沃福德？"那人问道。他叫威廉·霍普金斯。"请举起你的右手。"

"为什么？"

"你应该宣誓。"

"为什么？"

"我不知道，"霍普金斯说。"我只是听从总统的命令而来，让你宣誓成为一名特别助理。"

"但是我还没见到总统。我不知道这是怎么一回事。"

"我不认识你，"霍普金斯说，"但我听从总统的命令。现在，请举起你的右手。"

同样，在2月8日的新闻发布会上，总统被问及关于新奥尔良的种族问题。一位记者说："三个月前，新奥尔良联邦法院下令在当地的两所公立学校废止种族隔离。在那之后，一场看上去很有组织的恐吓运动让大部分白人孩子离开了那些学校，实际上已使得这条法令被迫流产。在竞选期间，您说过要运用您作为总统在民权领域中的道德权威。您能谈论一下您计划怎么说或怎么做，来帮助那些显然想遵守宪法但又不敢这样做的新奥尔良家庭吗？"

"我要确保无论我怎么做，怎么说，都确实会产生一些有利影响，因此，这是我们正在考虑的一个问题。"肯尼迪回答道，"不论其种族，所有的学生都应该有机会进入公立学校，这是我的立场，也是符合宪法规定的。我认为，这也符合美国公民的意见。因此，这是毫无疑问的。"

记者坚持道："但是对于新奥尔良的现状和那儿所发生的事，您还没有任何明确的答复——例如，上周那个试图送他的孩子们上学的人，最后因为害怕离开了小镇。"

"这是我们正在慎重考虑的问题，"肯尼迪再次尝试着解释，"一般而言，我认为毫无疑问，根据法院的决定，孩子们应该被允许进入学校。当然总的来说，无论法律怎么规定，我都坚信所有美国人都应有机会，在最有利的条件下、最大限度地发展其才能，这也正是宪法要保障的……"

具体来讲，对于我们如何能在与法律不相违背的情况下，有效地解决在新奥尔良的问题，我认为我们最好耐心等待，直到我们对过去事件的分析有了结果。

　　肯尼迪并不是一个盲信者。事实上，与同时期的很多人一样，他认为偏见是不合理的，是浪费感情和时间。"我想跟你说说那件事，"一天他对一个叫丹尼尔·帕特里克·莫伊尼汉的年轻白宫助理这样说。"我无法忍受亨利·杜鲁门一直说'黑鬼'。"肯尼迪竞选期间，曾带着随行人员搬出了肯塔基州帕迪尤卡镇的一家旅馆，因为那里的经理拒绝为《喷气机》杂志的黑人记者西米恩·布克提供房间。

　　对于肯尼迪而言，民权、黑人的要求，仅仅是需要化解的政治动荡问题。在英格兰无忧无虑地长大，毫不费力地成为哈佛大学的年轻绅士，在一个没有黑人的海军部队服役，然后30岁前进入国会，这些经历没有给他留下任何特殊的感觉，只有对日常生活的一无所知以及对他的美国同胞们的偏见。莫伊尼汉也曾是一个海军军官，但是他生长在贫穷简陋的曼哈顿西区的爱尔兰街道附近，一个被称为"地狱厨房"的地方。他走出肯尼迪办公室的时候想到，这位新总统在总统预选时没有借助大量的黑人选民真是太可惜了。肯尼迪通常只了解他必须了解的事情，但在过去的14年里他唯一接触的黑人就是他的贴身仆从乔治·托马斯。这个人实际上是阿瑟·克罗克送的一件礼物，他把托马斯送去照顾当时的众议员杰克·肯尼迪，以此来回报乔·肯尼迪过去对他的帮助。这种事是特意为了这个年轻的王子做的，而他对于类似该去洗衣店还是该换鞋底这样的事一无所知。

　　肯尼迪赢得了70%以上的黑人选票，几乎是1956年史蒂文森胜艾森豪威尔时所得票数的两倍。他能赢得这些可能会成为他赢得最后选举的选票，是因为1960年10月20日他给牧师马丁·路德·金的妻子打了一个电话。是哈里斯·沃福德和肯尼迪的妹夫萨金特·施赖弗说服肯尼迪那样做的，当时，著名黑人民权领袖马丁·路德·金正因为违反交通法规，被判在佐治亚州监狱服四个月"苦役"。

　　在马丁·路德·金的妻子科雷塔·金看来，在种族隔离严重的佐治亚州，一个被判"苦役"的黑人领袖无异于被置于死地，于是她给沃福德打电话寻求帮助。肯尼迪抓起电话说："这叫什么事? 应该帮个忙。"他告诉金夫人他惦记着他们,愿意帮助她。挂了电话后他谈起了别的事。

现在,四个月之后,也就是肯尼迪入住白宫三周后,他用明显毫无热情的语气对沃福德说道:"好吧,我想我不得不见一见那些民权的卫道士了。"这是政治职责,也是将优先处理的重心从促进与赢得世界自由上转移过来。"把他们带进来。"

2 月 10 日,在他会见赫斯伯格后的三天,肯尼迪会见了那些被他称为"嚎客"的人,这是他私下里对呼吁自由的民主党人的称谓,尤其是对于那些来自马萨诸塞州纽约市和剑桥镇的人们。他们包括——美国民主行动协会中的官员,埃莉诺·罗斯福和史蒂文森等自由主义组织中的标准制定者。美国民主行动协会坚决而且自豪的为政府计划和美国黑人的权利进行游说和辩护,虽然该代表团的成员与赫斯伯格神甫一样都是白人。

经济学家罗伯特·内森首先发言,他认为肯尼迪应该划拨大笔财政开支来打破国家目前所处的经济衰退的僵局。当内森提到从负债 500 亿增加到 810 亿的联邦预算,来为美国人提供就业机会时,肯尼迪并没有公开退缩。

"喔,有一个问题,"肯尼迪靠在椅背上说。他知道,只有一位哈佛大学的经济学家能一脸认真地提出增加 60% 的联邦预算。"现在,我们有 7% 的失业人口,而这个国家 93% 的人是有工作的。那 7% 的人是无法得到足够的政治支持的。无论正确与否,我认为你所希望的那种竭尽全力的经济预算是毫无可能实现的。"

"鲍勃,我希望你能这样保持下去,"他愉快地对内森说。"你现在这样督促我,对我很有帮助。"

大家都笑了,美国汽车联合工会总顾问,也是美国民主行动协会创始人之一的约瑟夫·劳,此刻忽然问道:

"总统先生,我希望您可以像对待左翼的鲍勃在美国民主行动协会这件事上对您施加的压力那样,用同样的态度对待我为美国民主行动协会所提出的问题——民权。"

"绝对不可能，"肯尼迪很恼火的说。劳被总统突然间变僵的脸色惊呆了。"这是完全不同的事。你关于民权的批评完全是错误的。"

"哦，糟糕，"劳想。这时肯尼迪开始列举政府机构中的黑人，并且说他的弟弟司法部长正在南方各州准备一系列的投票权诉讼。"哦，糟糕。别出什么差错。我们怎么能出这种差错？"

劳被击垮了。他没有再说话，而是试图找出肯尼迪生气的原因。他明白自己犯了一个错误，那就是去挑战总统的道德，而内森仅仅是在表达他的判断。当他离开的时候还在脑子里回想着那些话，在走廊里与路易斯安那州参议员拉塞尔·朗擦肩而过。

但是拉塞尔·朗去那里并不是为了讨论新奥尔良或其他地方的种族关系；他是为了给总统引见狂欢节皇后，他的女儿凯瑟琳。一个摄影师进来记录下了这一时刻。照片都是政治筹码。肯尼迪将拍照片这事看得很严肃，他会用几个小时来看照片上的自己，最后才决定让公众看到哪个形象。选举期间，他同他的选举工作人员中为数不多的黑人之一，一个叫薇儿·菲利普斯的密尔沃基市女议员，不厌其烦地合影了三次。他一定要确保她看上去足够黑。

第五章　1961年2月23日

"'政治'这个词，我不怎么喜欢，"艾森豪威尔总统曾经说过。想起这一点，肯尼迪总统心里说："我可是特别喜欢'政治'这个词。总统正是通过政治来解决问题的。"

在执政后的头几周里，每当肯尼迪从白宫楼上的总统公寓下来，经过长长的走廊，走到位于楼下西翼的办公室时，日常政治往往都是他所想的第一件事。他一般会先到秘书伊夫琳·林肯桌边，口授几条任务，然后转由伊夫琳把这些任务传达给他的下属和内阁成员，二月份的任务包括："提醒我致电比尔·贝茨，感谢他投票支持。"……"让拉里·奥布赖恩跟我汇报一下雇请吉恩·鲁宾逊的进展情况，斯马瑟斯看好谁。"……"让拉尔夫·邓根向我汇报任命特诺·荣卡罗的最新进展。如果特诺不愿受命，我们应该考虑乔·德·古列尔莫，"……"我知道迪安·艾奇逊想让他儿子担任华盛顿地区检察官。请你让肯尼·奥唐奈跟拜伦·怀特谈谈。如果可行并且他能胜任，我可以答应；如果不行，请告我。"……"兰迪斯：参议员基福弗和戈尔跟我反映田纳西的天然气价格涨了五次，而联邦电力委员会对此却毫无反应。他们不必问责吗？果真如此，我们该如何应对？"

　　然后，通常是上午9点半左右，肯尼迪走进椭圆形办公室处理每天例行的第一件公务，即每日冷战简报。"早上好。这是关于咱们的还是他们的？"他总会这么问负责搜集和筛选中情局报告和驻外美国使馆电报的那个人，不管这人是谁。

　　多数时候这个人是国家安全顾问麦乔治·邦迪或是他的助理沃尔特·罗斯托。很少有特别劲爆的消息，几乎都是《纽约时报》上或是他在楼上床上吃早餐时浏览的六份其他报纸中已报道的，也可能是清晨电话中得知的。信息和好的小道消息是肯尼迪最重视的。与官方政府报告相比，他更在乎自己熟人的观察。大多数情况下，新闻和小道消息来得更快。罗斯托可能在谈遏制亚洲共产主义势力的详尽计划，但是肯尼迪可能打断他，说："你想让我今天怎么处理？"如果没有立刻得到答案，他就准备开始讨论下一问题。

　　他竞选时的传记作家，威廉姆斯大学史学家詹姆斯·麦格雷戈·伯恩斯很早就注意到他缺乏耐心。在他试图让肯尼迪铭记要思考深层次含义时，肯尼迪就不耐烦了，有时厉声说："不付诸实践，光想有什么用？"

　　但此时到处都充斥着任意性和不按套路出牌的情形。在乔治·华盛顿生日那天，罗伯特·肯尼迪记下了停在司法部车库中24辆车的车牌号，然后留下便条写道，"感谢您在2月22日国家法定假期这天还来工作。希望您所展现的精神——瓦利福奇①和卡西诺②战斗精神——将会遍及整个司法部。"留言还真有作用，让司法部长成了笑柄，而这种玩笑的矛头通常是指向 J．埃德加·胡佛的。

　　"他很可怕……简直是个疯子，"罗伯特·肯尼迪私下这样评价这位联邦调查局局长，联邦调查局隶属司法部。约翰·肯尼迪很清楚胡佛是什么样的人。局长是他父亲的朋友，他知道早在1942年自己才25岁就以海军军官的身

---

① 费城西北一村镇，美国独立战争时期华盛顿曾率部在此进行艰苦卓绝的战役。——译注
② 意大利中部亚平宁山脉腹地城镇，二战中盟军与德军曾在此激战。——译注

份被派到五角大楼时，胡佛就已经掌握了他的资料。这份资料列出了跟他睡过的女人，胡佛告诉他父亲，他儿子的一个女朋友被认定是（其实不是）个纳粹间谍。肯尼迪重新任用了胡佛，因为他认为放胡佛于政府之外比留他在政府内形成的模糊而不明显的威胁要更危险。两兄弟认为他们可以一直控制着这位联邦调查局局长，直至有办法革了他的职并让他对这些年搜集到的关于两兄弟和上千其他重要美国人物的情报守口如瓶。这他们也要等，可能要等到 1964 年选举之后。

下一个电话是他好朋友雷德·费伊打来的。费伊和他的妻子及四岁的女儿乘坐的飞机，在凌晨紧急迫降，落到新泽西州，他们受了惊吓。费伊一家当时乘坐海军飞机从纽约飞往华盛顿宣誓就任海军副部长一职——这要归功于肯尼迪，他喜欢让费伊在他身边。"他们在飞机上干什么了？"这是肯尼迪的第一个问题。

"我是得到约翰·康纳利的批准才走的，"费伊说。康纳利是新上任的海军部长。"他批准了。"

"约翰挺幸运的，我们损失了一架价值 50 万美元的飞机，可对于海军而言只损失了一架飞机。但是美国总统除损失一架飞机外，还损失了大批公众的支持，因为海军副部长跟妻子孩子乘坐海军飞机出行。"

费伊不知该说什么才好。

"嗯，"他的总统朋友说。"我很高兴没有重大伤亡。我们会把你原定今天的就职宣誓改至明天。"

同一天，肯尼迪给苏联最高领导人赫鲁晓夫寄了封密信，此前赫鲁晓夫曾给过几次明确信号，表示愿同新总统举行一对一会晤。其中一次是 2 月 8 日释放了 1960 年 7 月逮捕的两名美国空军军官，他们当时驾驶的 RB–47 型轰炸机在苏联境内坠毁。尽管他一直反对首脑会谈，称增加和解的希望将削弱美国在美苏冷战中的决心，肯尼迪还是很想会见赫鲁晓夫。他决心从一开始就让赫鲁晓夫知道，美国新政府不会放弃任何美国认为对国家安全至关重要的地区——欧洲、古巴、东南亚，一个也不放弃。在这一点上，他不想有任何误解。他注意到苏联发出的希望和解的信号，便写信给苏联领导人，写明致苏联部长会议主席：

> 亲爱的主席先生：
>
> ……我同意您所说的，即如果我们能在目前面临的某些问题上找到一种合适的方式进行合作，将会为维护世界的和平与稳定做出极其重要的贡献。
>
> 我希望不久的将来，我们可以当面交流对这些问题的看法……您可以相信，主席先生，我会不遗余力地推动我们两国间的关系朝着更加和谐的方向发展。

这封信送到莫斯科，经由美国大使卢埃林·汤普森递交赫鲁晓夫。汤普森立刻感到苏联政府计划施加压力，迫使美国人（还有法国人和英国人）撤出柏林——过去德国的首都。1945年纳粹德国战败后，柏林分至四部分，分别由苏联、美国、英国和法国军队占领。现在实际上有两个柏林：苏联占领的东柏林和由美国及其盟军占领的西柏林，它孤零零地被东德包围着，自从二战结束后东德就一直由苏联占领并控制。"我从事外交工作的同事们，凡是讨论过这件事的，似乎都认为如果不进行会谈协商，赫鲁晓夫会与东德单独签订一份和平条约，加速今年柏林危机。"汤普森在向白宫递交的题为"最高机密——亲启"的电报中说。"我们至少可以料到东德人会把分管边境封锁，阻止他们认为不可容忍的大规模难民流。"

肯尼迪认为柏林是世界上最危险的地方。如果发生核战争，那很可能就源自这里。美国人深信，如果共产党发起军事行动控制欧洲，也会从柏林开始。苏联政府认为，西方准备统一并武装德国，使其成为西方国家的防御工事，以阻挡历史上必然的共产主义理念的传播。分裂的柏林是冷战的象征与核心。它在邦迪列出的19项国家安全"任务"中名列第一，这些任务2月24日获得肯尼迪批准。总统正在把艾森豪威尔政府的国家安全委员会的正式机构分解为小型的临时特派小组，小组设立的数量会根据他对危机的看法有所增减。特派小组将会是非正式的、临时性的、不会长期存在以形成专门机构，或是会受椭圆形办公室官员直接控制的组织。邦迪提交给总统的任务单上的头两个任务是这样描述的：“某些紧急情况”——当下的危机，不是柏林、古巴、老挝就是越南，“……军事力量和政策方面的问题；比如，抑制游击战。”

第二项任务是针对共产党的作战方式的，试图在普通民众中打败共产党。它是《丑陋的美国人》制度化的反映。戴着绿色贝雷帽的“特派小组”士兵数量会增加。根据他第二个《国家安全行动备忘录》，肯尼迪批准增加 1,900 万预算训练三千多支精锐部队以应对非常规战争和发展反破坏技术。还会有非武装的美国年轻人在田里用铲子和书本赢得当地村民的支持，这些村民已深受世界各地此起彼伏的共产主义革命者的影响。

3 月 1 日，一封电报从西贡发到美国大使馆，这份电报读起来很像小说。它建议美国人在越南重视与农民的联系，研究兰斯戴尔将军在菲律宾的报告，然后写道：“白宫把防守越南列为美国外交政策的重中之重。在批准“镇压叛乱计划”之后，总统担心越南能否在计划全面生效前的 18 至 24 个月内顶住共产主义的压力……大使认为无论越南政府是否参与，应立刻开始准备全面执行计划，将越共逐出越南……”

同一天，肯尼迪发布行政命令要求建立和平工作队，并由他的妹夫萨金特·施赖弗领导。美国年轻人可以前往世界各地，住土坯房，住棚屋，做好事。“他们将和所在国当地居民过一样的生活、干一样的活儿、吃一样的食物、说一样的语言，”命令上这样宣布——旨在教那些弱势群体学习有关个人卫生、民主精神、轮耕的知识和英语语言。罗伯特·肯尼迪在一次特别小组的晨会上想出另一个主意：“我们为什么不组织海外的美国商人向共产党示威呢？那对反美学生抗议会是一个有力的回击。”

“你觉得建立我们的和平工作队这个想法怎么样？”肯尼迪问印度总理贾瓦哈拉尔·尼赫鲁，语气中带着一丝创始人的自豪感。很好的计划，尼赫鲁回答，这些幸运的美国年轻人能从印度农民那里学到很多。不论尼赫鲁是否在开玩笑（几乎可以肯定他没有），肯尼迪听了显然并不愉快。

但是美国最激烈的反共行动却是在本土附近，早在肯尼迪上台前一年就已开始秘密进行了。中情局一直在训练古巴流亡者来推翻菲德尔·卡斯特罗的政权。

当肯尼迪还是候选人时，曾两次有人跟他介绍过中情局的这项计划，但他对细节知之甚少，只知道有一千多名古巴人在危地马拉接受中情局的训练。这项行动在1960年3月获得艾森豪威尔批准，他命令："每个人必须准备发誓从未听说过这项行动。"理念就是强化美国的角色，秘密推翻可能会敌视美国利益的两个领导人的政权，即1953年上任的伊朗总理穆罕默德·摩萨德和1954年上任的危地马拉总统哈科沃·阿本斯·古斯曼。

但这项行动却没有像中情局主张的那样得以秘密进行。肯尼迪执政前，得到的关于古巴最好的信息来自1961年1月10日的《纽约时报》。报的头版用了占位三栏的大标题："美国在危地马拉基地协助秘密训练反卡斯特罗部队"。发稿地是危地马拉的雷塔卢莱乌，旁边配有一幅地图，开头这样写道："在距太平洋几公里远的科迪勒拉山系脚下，外国人员正在训练貌似突击队的部队，训练内容是游击战术，这些外国人大多来自美国……"

旁边有一则《纽约时报》竞争对手《纽约每日新闻报》的宣传，也报道了这一公开的秘密："卡斯特罗前途黯淡"……"国内35,000名义士计划从内部进攻。海外6,000名古巴爱国人士做好了登陆战斗准备。"

一个月后，也就是就任总统三周后，肯尼迪有天早上在《纽约时报》上看到了另一篇关于流亡者的报道，于是向麦克·邦迪口授了一个备忘录："针对古巴的政策是由国防部、中情局（和国务院）协调制定的吗？我们是否已决定该怎么对付古巴？……如果各机构之间意见出现分歧，我认为应该让我知道。"

3月11日，中情局局长杜勒斯和行动指挥官理查德·比斯尔，被召到白宫细述计划。各机构的负责人都来到内阁会议室，在座的还有邦迪、腊斯克和麦克纳马拉。阿瑟·施莱辛格刚结束对南美各国首都的访问，也受肯尼迪之邀来到这里。杜勒斯和比斯尔的话让施莱辛格感到震惊，他认为总统也会同样震惊。中情局制订了计划要小规模但全面入侵古巴，从迈阿密的10万古巴流亡者中招募了750人，在小城市特立尼达旁边的海岛南岸登陆。登陆会安排在一系列空袭之后，比斯尔说，这是模仿1944年7,000名美英联军入侵意大利港口城市安齐奥时的那次登陆。他和杜勒斯都未提及联军在登陆地被困长达四个月之久。

"太精彩了，"肯尼迪过了几分钟后说。"听起来像是诺曼底登陆。这事儿一定不要太声张。"

"您必须明白……"比斯尔正说着，总统打断他说他非常明白了。他关心的是入侵政策。他希望尽量避免政治危险，即使这样意味着更大的军事上的危险。不可以有美国的武装干涉，他希望他能够合理地排除美国的参与，希望选择一个更远一些的登陆点，甚至希望能够在离登陆只剩24小时的时候取消这次行动。

来自中央情报局的这俩人面面相觑。他俩可是唯总统命令是从。他们觉得一旦军队登陆，美国的声望就会面临危险，为了确保胜利，总统会同意任何行动，不管是要空投士兵还是物资。"一旦把美国国旗插到那里，你就只准胜利不准失败。"艾森豪威尔在战机飞往危地马拉前对士兵说了这句话。

如果新任总统说他希望此次进攻能秘密进行，那将更合中情局之意。一切将会悄悄开始。杜勒斯和比斯尔待在那里一言不发，他们并不打算指出，反抗卡斯特罗的起义，要想成功就必须发起声势浩大的入侵。岛上的人们必须知道发生了什么，必须相信美国人是为拯救他们而来，免得他们被卡斯特罗的军队和警察镇压。不管怎样，如果运气不错的话，这位古巴领导人可能在海外人士登陆前就会死去。在入侵开始之时，中情局开始了同步的铲除卡斯特罗的暗杀行动。如果入侵部队没能抵挡住卡斯特罗的20万大军，包括正规军和民兵组织，那他们可以就近躲避到艾斯坎布雷山脉组织游击战。

杜勒斯做了最后的几点总结。他希望总统明白如果取消入侵古巴的计划，将造成巨大的政治和军事损失。"不要忘记一件事，"在会议快结束时局长说，

"如果取消进攻,我们将面临遭散问题。"如果将这些官兵从危地马拉撤出,我们就不得不将他们转移到美国,因为我们不能让他们留在古巴告诉周遭的人他们之前做过什么。接着杜勒斯又说,有100多名古巴人正在捷克斯洛伐克接受直升机飞行员培训。当他们回来与苏联的米格战机在岛上相遇时,入侵古巴就真的无异于第二次世界大战了,或者说将成为第三次世界大战。

肯尼迪没有催促过杜勒斯和比斯尔。他对中情局一直都是高度赞扬,它比国务院更敏锐更负责,它比军队更密切关注形势。同时他也信任比斯尔,这个人上到帮他完成大部分的新闻发布,下到独自捡起办公室里的碎纸片。而在这种情况下,肯尼迪对身为一个总统应当说什么或做什么浑然不知。

"国务院的人倒没什么不好,不过……,"一次他跟朋友查尔斯·巴特利特说起这事,"他们是有点学究气……是什么也无所谓,我不在乎,但如果我急需一份材料,或急需别人出谋划策,我只能去中情局。要想从国务院得到一个简单的'是'或'不是'的回答,非等四五天不可。"

"你不用再绞尽脑汁了,"他会说,显然比斯尔是个最有头脑的人了。这位中情局副局长曾是耶鲁大学经济学讲师,一位出类拔萃的才俊。他很自信,在1954年12月到1955年8月的8个月里,他通过研究模型秘密制造了U-2间谍机,一种在高空飞行的侦察机。整个计划都是秘密进行的——至少对美国人来说是这样——直到1960年5月俄国用地对空导弹将一架U-2飞机从8万英尺的高空击落,俘获了中情局飞行员弗朗西斯·加里·鲍尔,并通过电视将他公之于世。

会后,比斯尔提到副国务卿切斯特·鲍尔斯想请他过去做他的副手。肯尼迪随即就给鲍尔斯打电话说道:"比斯尔不能过去了。"

"为什么不能?"鲍尔斯问道。

"从7月1日起,他接替艾伦·杜勒斯的职位。"

第二天,邦迪公布了国家安全行动31号备忘录:"总统打算授权政府协助一定数量的古巴爱国者返回古巴。综合考虑军事、政治、心理等方面原因,他认为目前还没有拟定出最好的计划,将尽快协调各项新的建议。执行：中央情报局，需要适当的协商。"

　　四天之后，也就是 3 月 15 日，比斯尔又带来一个全新的计划。新的登陆点在南海岸向西 100 英里处。这地方叫巴伊亚德科奇诺斯——猪湾。这次一仍其旧，杜勒斯和比斯尔在未被直接问及的时候，并没有回答任何问题。他们对特立尼达计划中的一条只字未提——部队可以撤退到埃斯坎伯雷山里加入游击队。

　　中情局的人一直在策划着整个计划。他们自以为已经摸清了总统的心思。他们把白宫会议戏称为"废话游戏"。没有了例会就意味着所有的行动都由总统说了算；如果他自己不能事事躬亲，那也没有任何制度保证有人替他拿主意。肯尼迪位居核心，但他在那个位置上很孤独——这时，比斯尔有话要说。

　　"总统先生，我知道您对此有疑虑，"杜勒斯说，他的话正好说到肯尼迪的痛处，碰到了"艾克"牌。"就是在这张桌子前，有关危地马拉那次类似行动，我曾经对艾森豪威尔总统说'我相信会成功的'。现在我要对您说，总统先生，这次计划的前景远远好过当年危地马拉的那一次。"

　　这正是肯尼迪想听到的。他已经决定率先在拉美采取行动。他盘算的是，一旦铲除卡斯特罗，他就能组建一个美洲俱乐部。"俱乐部"不折不扣就是肯尼迪用的字眼，他指的就是邀请那些来自中美和南美的开明领导人，到他父亲棕榈滩住所的池塘边来例行聚会。推翻古巴共产主义，并且宣布北美对南美的一个新十年援助计划，即争取进步联盟，可以让这种泛美洲事件都动起来。

　　理查德·古德温，这位年轻的演讲稿写手认为他们能够用一个电话改变整个世界，3 月 13 日下午他来到椭圆形办公室，发现总统正在办公室里踱来踱去，当晚他要向驻华盛顿的各位拉美大使宣布那个联盟，这会儿正为演说练习一两句西班牙语。"Techo…techo; trabajo…trabajo; obero…obero。"

　　"这个 obrero 里有个'r'，不是 obero，"古德温说。老板那口音很要命，他真是没什么好说的。

"我号召这个半球所有的人们都加入这个新的进步联盟……以此来满足美洲人民对住房、工作、土地、医疗和学校的基本需求。"紧接着他又用西班牙语复述了一遍住房、工作、土地、医疗和学校,"肯尼迪在白宫东厅发表演讲中这么说。

事后遇到古德温,肯尼迪问道:"我的西班牙语讲得怎么样?"

"太完美了,总统先生。"

"我就知道你会这么说。"

几乎所有的人对肯尼迪都只说好听的。民意调查员路易斯·哈里斯在同一天,即3月23日完成了一项民意调查,然后给肯尼迪发了一份报告说道:"公众支持率恐怕已经达到了历史最高纪录。"比当年富兰克林·罗斯福和艾森豪威尔执政初期的支持率还要高。

外界对肯尼迪夫妇入主白宫的反应让人出乎意料,要知道仅仅在几个月前这个国家半数选民都反对他当总统。而今既入白宫,肯尼迪不得不通过国家电视台要求人们不要再向他和夫人发贺电贺信了。

但对肯尼迪来说,这种高兴的心情逐渐被老挝危机的发生冲淡了。老挝是一个内陆国家,人口不足300万,艾森豪威尔将它称为"东南亚的瓶颈"。历史上称之为澜沧王朝,即"百万大象之地"。自从1954年法国军队被驱逐出印度支那以来,那里的内战从没有停止过。美国支持国王萨旺·瓦达那领导的老挝王权政府,在对抗由北越共产党支持的巴特寮革命起义(爱国阵线)的斗争中,皇家军队的所有财政预算都是由中情局和国防部提供的。到目前为止,美国已经投入了3亿美元,每个老挝人平均150美元,差不多相当于老挝人均年收入的两倍。国王的演说辞是在华盛顿的国务院找人捉刀代笔的,但他那句名言除外:"我们国家的人只知道如何唱歌和做爱。"

"我们在那里的形势如何?"肯尼迪问美国大使温斯罗普·布朗。

"这个嘛,总统先生,"布朗开口了,"我们的政策是……"

"我问的不是这个,"肯尼迪打断了他,"我说的是'你是怎么想的,你,大使？'他们是什么样的人？苏望那，苏发努冯，富米，国王，还有康荣。"

布朗开始滔滔不绝地讲他所知道的一切，他的见解与沮丧，这些话以前没有人愿意听。"老挝已经没有希望了，"他说，"只不过是地图上的几条线而已。超过一半的人都不会讲老挝语了。他们很有魅力，也很懒惰，是一个让人着迷的民族，但他们不是很有活力。"

"国王就形同虚设。"布朗说。他接着说道，美国支持的将军富米·诺萨万从来没有上过战场，他把萨姆大叔玩得团团转。康荣，我们说他是个共产主义者，其实他只是一个郁闷的士兵，一个反抗腐败政客的爱国者。梭发那·富马是我们想去铲除的一个政治领袖，但他面对四分五裂的老挝也无力回天。

听他讲了大约一个小时，肯尼迪站了起来。布朗毫无保留地把一切都说给他听了，离开时心想，他这次遇到的是一位可以信赖而且能做出正确决断的总统。五天之后，吃午饭时肯尼迪对沃尔特·李普曼说："就老挝事件，我不明白为什么我们比老挝国王显得还要保皇主义。印度比我们受到的直接威胁更大，他们都没怎么激动，我们激动个啥？"

但是就在同一时刻，派到老挝的先遣部队按捺不住了，他们向总统汇报说村庄一个接一个地倒向巴特寮，必须尽快决定是要撤退部队让共产党占领地盘还是要增派美国军队。沃尔特·罗斯托带领的先遣部队估计军队数量加上联合长官，美国人总数应该有1万到6万人。

总统找到了一个折中的方法，至少眼下看来是这样。他命令停驻在冲绳岛载有1,400名可随时投入战斗的海军陆战队士兵的第七舰队准备驶向泰国。另外150名士兵乘坐直升飞机飞往泰国和越南的边境，貌似他们只是作为先头部队，大规模的军队还在后头。罗斯托向新闻发布会的记者透露说，总统决意同老挝和苏联共产党摊牌，这导致了3月21日纽约时报占据三个专栏的头条新闻标题："美国准备不惜一切代价阻止老挝陷入红色政权。"

3月23日下午六点整，肯尼迪在国家电视台指着一张巨幅老挝地图说："这三幅地图显示的是去年8月共产党的有效控制范围，右手上方的有色部分就是当时共产党控制的区域；接着，在1960年12月也就是三个月前，红色区域进一步扩大；从12月20日一直到现在……共产党已经统治了老挝的绝大部分地区……很遗憾地说大批的苏联飞机已经明目张胆的进入到老挝战场……加上一队来自北越共产党的战争专家，打算通过军事手段打破老挝的中立局面。

"我们坚决毫无保留地支持一个中立及独立的老挝这一目标……由外部共产党支持的武装攻击必须停止……如果老挝失去了独立和中立，整个东南亚的安全将会受到威胁。老挝的安全就是我们的安全……我知道每个美国人都将希望他的国家能够履行这一义务。"

两天后，肯尼迪对老挝重申了他强硬而洪亮的警告："没有人可以怀疑我们在这一点上的决心。"但事实上，他所做的是公开把美国政策从支持一个"自由"的老挝降到接受一个"中立"的老挝。私下里总统对自己人说道，他并不打算在老挝履行什么义务。他说，那个演说以及调兵遣将，不过是虚张声势罢了。他还说，美国要想在东南亚站稳脚跟，就必须越过边境深入到越南去。

第六章　1961年4月4日

"你怎么看这次该死的入侵？"3月28日早晨，阿瑟·施莱辛格这样问总统。他想问的是，你到底是怎么想的，因为两人已经花了将近一个小时讨论古巴行动的问题，同时回顾了施莱辛格撰写的白皮书草案，该草案对美国政府认为必须铲除菲德尔·卡斯特罗政府的原因做了官方解释。

"我尽量不去想它。"肯尼迪答道。

这个回答不是他惯常的调侃口吻。也许他这么回答是因为知道施莱辛格并不喜欢这主意。肯尼迪很擅长让别人相信，无论是对于他曾做过的，哪怕是不得不做的事，他都很在意。然而，这一次却似乎有种自怜情绪一闪而过，似乎他知道自己已经对局势失控，也不知道如何重新掌控局面。

第二天，肯尼迪又把这个问题抛给了一个与施莱辛格类型非常不同的人。他问迪安·艾奇逊："你知道古巴提案吗？"艾奇逊曾是杜鲁门总统的国务卿，67岁成了民主党强硬冷战派领导人。

"古巴提案？我不知道有这么个提案。"艾奇逊答道。

　　肯尼迪就他所知道的内容做了解释，强调这个计划之前是为艾森豪威尔总统制订的，其中涉及 1,500 名海外人员秘密登陆——这个数字在过去的三周内人数翻了一番。这些人员是由中央情报局武装并培训的，他们也得到了来自陆军和海军教官的帮助。肯尼迪说，很多海外人员都在巴蒂斯塔的军队里接受过军事训练。美国曾经支持过这个独裁者，但他在 1959 年新年这一天被卡斯特罗赶下了台，而当时他的游击队正在开往哈瓦那的途中。他告诉艾奇逊，中情局最初的计划是要在特立尼达进行两栖登陆，同时这个计划取决于从那个城市开始的对卡斯特罗日益高涨的反抗情绪。但是肯尼迪希望在一个更加偏远的地区进行夜间登陆。

　　艾奇逊一反常态地耐心听完了肯尼迪的意见，然后他问道："你是认真的吗？"

　　总统答道："我正在认真的思考。我不知道我是认真还是……"他顿了顿说："我一直在考虑。"

　　艾奇逊问他在第一天卡斯特罗能派多少人去抢夺滩头阵地，答案是 25,000 人。

　　"这样的话，"他说道，"我们都不需要普华会计就能算出那 1,500 名古巴人不是这 25,000 古巴人的对手。"

　　两人坐在总统办公室外的玫瑰花园里的一张长椅上。之前肯尼迪要求艾奇逊准备一份有关柏林的备忘录草案，随后邀请他一起到外面欣赏早春的阳光。艾奇逊告诉肯尼迪："看上去苏联今年似乎要对柏林施加威胁。"他俩在一起彼此都不是特别舒服。肯尼迪尊敬艾奇逊，认为他是一个出色的分析师，但他的刻薄和讥讽给他减了分。而在艾奇逊看来，肯尼迪太过软弱，他曾不止一次地叫肯尼迪傻瓜。

　　肯尼迪知道艾奇逊是怎么想的，但是他知道他需要艾奇逊，来向公众展示美国外交政策的连续性。他作为一个民主党人出现在白宫标志着肯尼迪和杜鲁门以及艾森豪威尔一样，坚定地认为同盟国不会被迫脱离柏林。无论肯尼迪和艾奇逊对彼此的个人看法如何，他们达成一致的地方对彼此都更加重要。如果美苏开战，很有可能是从柏林开始。同时开战的原因很可能是苏联误解了这位新总统的打算和决定。

"如果德国不统一，柏林问题就没有所谓的'解决方法'。"艾奇逊在备忘录上这样说道，"无论如何，对柏林的战役必须以一种局部冲突的方式打响。问题是战斗在哪里结束以及以一种怎样的方式结束。行动的整个过程都是危险的，希望渺茫的。但按兵不动结果更糟……如果苏联不打算控制欧洲，继而控制亚洲和非洲，对柏林开战就是必须的了……如果危机一旦产生，采取大胆冒险的行动可能却是最安全的做法。"

用"危险"形容柏林局势格外准确。美国、英国以及法国在西柏林共有 15,000 名驻军。如果苏联要用武力夺取西柏林，同盟国没有任何现实的希望能够通过空中、铁路或者公路来增援盟国驻军，那条公路从北约西德基地穿过东德领土 110 英里，而东德境内驻守着成千上万的红军。这意味着美国总统需要在几小时，甚至是几分钟内做出决定是否使用核武器，或者牺牲西柏林。

艾奇逊和肯尼迪还知道，苏联要考验这位美国总统，这只是一个时间问题。而总统的首要任务就是要表明他的态度同前任总司令一样强硬。他当天晚些时候试图表明这样的观点，向国会发出一条特别信息，要求增加 24 亿美元军事拨款。其中有 18 亿用于导弹计划——这在美国总计 81 亿美元的各项国内外总支出预算中也占了很大的比例。

下午，肯尼迪在白宫有关对外援助的一次短会上会见了威廉·富布赖特议员，他是参议院外交关系委员会的主席。"准备去哪里度假？"总统问了他一句。这时是复活节前的一个周四。

"佛罗里达，"富布赖特答道，"贝蒂和我到戴尔瑞去看她的姑妈。"

"哦，我也准备去那儿，看我父亲。"肯尼迪说，"愿意和我一起坐飞机去吗？"

富布赖特不仅接受了邀请，他还决定利用这个机会让他的朋友——总统先生正视有关古巴问题的报告和有关传闻。他马上回到国会大厦，让他的一个助手帕特·霍尔特到他的办公室来，并起草一份备忘录给总统，内容如下："入侵是个公开的秘密，"……"卡斯特罗正在变得越发强大而不是越发软弱。入侵将遇到激烈抵抗，美国可能要动用自己的武装部队来获取胜利。"……"入侵会使美国30年来为消除以前历次干涉影响的努力化为乌有。"

霍尔特写了12页。第二天，在富布赖特和肯尼迪坐进空军一号后，富布赖特参议员把这份文件递给了肯尼迪。在由富布赖特亲自斟酌修改过的关键段落中，他说道："考虑到苏联仅仅将古巴视作一个政治基地而非军事基地（'军事'在这里指的是导弹和核武器，而不是小型传统武器……），卡斯特罗政权是一根肉中刺，但还不是心上的一把刀……给予这个政权哪怕是隐蔽的支持，也是一种伪善和居心叵测的表现，美国一直是这样指责苏联的。"

总统很快地浏览了这份备忘录，然后盯着参议员看了很长时间。然后他点了点头，但什么都没说。富布赖特想问他在想什么，但是很少有人未经总统许可就向总统发问。也许肯尼迪不知道该说些什么，或者是没什么想法。在他脚下有一个公文包，里面塞满了来自中情局的原始报告，报告的内容和富布赖特试图告诉他的信息正好相反："反卡斯特罗的恐怖分子每天都在哈瓦那进行炸弹爆炸——据一份报告称，一天多达12次……武装反抗者据说在比尔那德里奥和拉斯维拉斯两省非常活跃……据说由破坏者燃烧甘蔗引起的火灾数量可能还在增加。"

复活节后的周二，也就是4月4号，肯尼迪给富布赖特打了电话，邀请他一起乘空军一号返回华盛顿。在返回北方的航程中，总统再次保持了沉默，没有对那份备忘录做任何表示。但是当他们降落在马里兰州的安德鲁斯空军基地后，他让富布赖特随他去一趟国务院。"有个关于古巴的会议。"肯尼迪说。接下来，在随肯尼迪乘坐总统专用直升机海军一号抵达华盛顿后，富布赖特便开始了漫长的等待。总统先是接受了来自南达科他州州长的一份礼物——一个金铲子，接下来他又宣布安东尼·比德尔为新任驻西班牙大使。然后肯尼迪将参议员带进了国务院七层国务卿腊斯克办公室后面的一个小会议室里。

那里有十几个人围坐在桌子边上，这就已经几乎占满了这个简陋的小房间。麦克纳马拉，邦迪，杜勒斯，狄龙都在那儿，还有参谋长联席会议主席莱姆尼策将军。"老挝会议"赫然列在这些人的官方日程安排上——以便误导那些好管闲事的记者们。那当然看上去是可信的：第七舰队正开往泰国，这一行动支持了肯尼迪的说法。他曾在电视讲话中威胁说，如果老挝爱国阵线不同意停火，美国将实施军事干预。在肯尼迪前往棕榈滩的前一天，他还私下告诉苏联外交部长安德烈·葛罗米柯，如果老挝不能实现中立，那么美苏对抗可能会导致第三次世界大战。

参会成员中还有一些不是十分重要，因而每天的行程也没有受到新闻机构追踪报道的人：施莱辛格，理查德·古德温，当然还有迪克·比斯尔，腊斯克悄悄溜了进来，他是在迎接英国首相哈罗德·麦克米伦之后，匆匆赶回来的。首相刚刚抵达华盛顿国家机场，准备与肯尼迪总统进行首次会面。

富布赖特参议员是个不受欢迎的来宾。首领们和中情局都感到很惊讶，总统会带一个国会成员，特别是这么一位参加最高军事会议。出于一个别的原因，腊斯克也一肚子气。他不能忍受现在的混乱局面，等级制度被忽略让他心烦。在肯尼迪的会议上，国务卿、讲稿撰写助理、以及任何当时在场的其他人凑在一起，不分等级。国务卿下定决心，除非总统正式询问他的意见，否则他将保持沉默。他告诉自己，再做一回乡巴佬吧。腊斯克由于曾在战争期间负责缅甸游击队的行动，认为成功入侵古巴的想法不过是一种空想，没有任何成功的机会。他已经私下向总统表达过这种意见，但在各次会议上他都三缄其口。

这是腊斯克的办公室，却是比斯尔的会议。比斯尔介绍了最新的计划。其他人则试图用简短犀利的问题给总统留下印象。总统对他们的意见哪怕是扫上一眼也会令人产生长达数周的想象。古巴人士气如何？飞机上的标志又会是什么？

"他们也许没法建立一个滩头阵地？"有人这么问道。

"不大可能，但是我们有一个应急方案，"比斯尔说。他转向一个穿军装的助理，助理从公文包里掏出一份文件递给比斯尔。然后比斯尔指着一幅古巴海岸线目标区的大地图，"如果他们在这儿守不住，"他指着猪湾说，"他们将退到这里的山区，"他指着80英里外的一处，"组织游击队，我们则可以通过空投补给游击队。这是可能发生的最糟糕的状况。"

古德温则表现出一种不同寻常的拘谨，他问道："我们怎么知道古巴人民会支持反对派呢？为什么我们认为他们想推翻卡斯特罗呢？"

"我们对此做过国家情报评估了不是吗？"比斯尔带着一丝不耐烦回答道。他举起一份国家情报评估报告，这是一份由一个12个成员组成的秘密委员会发布的，他们负责分析来自中情局、军事情报机关以及其他机构的所有情报资料。报告显示古巴即将爆发反抗或混乱。

> 大多数古巴人都认为做决定的时刻迫在眉睫……他们希望入侵能在1961年4月中旬前发生，同时对此也很有信心。卡斯特罗政府已经逐渐失去民心……家庭主妇和仆人们必须排几小时的队，才能得到像肥皂和猪油这类的生活必需品……去教堂的人数空前高涨，这也体现了对政府的反抗情绪……大家都相信，古巴军队已经被反对派成功渗透，在一决胜负的时刻是不会出力的。

古德温由于担心出丑没再说话。其他人也没说话。总统便转向了他左边的富布赖特。

这位议员很紧张。之前他听过的有关的消息都当成了耳旁风，而现在这些人讨论的却是有板有眼：登陆地带，军队战斗力，军火船，4,000万美元用在训练海外流亡人员上。富布赖特说了很长时间，紧张地重复着他备忘录中的要点，最后说道："真正的问题是卡斯特罗是否真正为古巴人民提供了更好的生活，使古巴成为了一个小天堂，安地列斯岛真正的一颗明珠，以及是否我们能够在古巴问题上，比美国及其盟友在拉丁美洲其他地区做的更好。"

国防部副部长保罗·尼采无法相信他从富布赖特以及与会的其他人那里听到的内容，他觉得这简直是在扯淡。在他看来，现在唯一重要的问题在于是否能成功。尼采认为成功的概率不到一半——但是这跟道德或是安地列斯岛明珠都毫不相关。

富布赖特接着说:"如果你成功了,你接下来准备对古巴怎么办?"我们曾经控制过它,后来又放手了。"问题是什么呢?"他问道,"如果人们相信美国的人权价值,如果这种价值得到了积极而又富于智慧的行动支持,我们就不需要担心来自于一个胡子都不刮的自大狂的挑战了。"

"你们怎么认为?"总统环视桌子一周问道。他已经开始变得不耐烦了。他的手指开始不停地在桌上移动。"是或不是。"他问道。

他们都很快地回答了是,知道总统不想再讨论这个话题,就随便说了是。肯尼迪已经很不耐烦了,他甚至都不耐烦听一圈人挨个发言,所以有三四个人没说出自己的意见。腊斯克的答案很不清楚,而军队上的人则试图强调这是中情局的事儿,与他们无关。参会的许多人,包括尼采,都感觉他们实际上是由于对这位局外人——富布赖特——本能地进行反驳才支持进攻的。

阿道夫·伯利从罗斯福时期就是国务院拉丁美洲问题专家,他开始做一个更长的分析,然而却被总统打断了,"阿道夫,你还没投票呢!"

"总统先生,"伯利说道,"我们早晚要与卡斯特罗进行对抗的,所以……我说,我们动手吧!"

"不。"富布赖特说。

但是参加完这次会议后,这位参议员确信自己的猜想是正确的:肯尼迪总统请他参与其中,是想让他做传声筒来表达总统自己的疑虑。他确信总统先生是同意自己的观点的。然而,尼采也深有同感。会议桌上的所有人,包括他们二人,都自认为说到肯尼迪心坎上了,或者说出了他想听的话。

事实上,他们都错了。总统先生也不知道自己想听什么——或做什么。肯尼迪讨厌受人束缚的感觉。但是他当时却在作茧自缚,已经是箭在弦上不得不发了,就要批准一个自己并不情愿的计划。比斯尔收集桌上的文件,脸上显出满意的神色,事情终于还是按照他说的方式发展了,无论有没有总统的支持，这件事都可以行得通。

"各位，"肯尼迪站起来说，"这件事我们最好再考虑一晚上。"离开会议室时，他对富布赖特点了点头并悄声说道，"将来你是我们当中唯一可以说'早知今日，何必当初'的人。"

会后，当时在古巴计划中担任类似艾森豪威尔联络员的道格拉斯·狄龙把总统让到一边并告诉他，入侵行动在拉美和联合国已经流传得沸沸扬扬了。肯尼迪说这个他不在乎，他关切的是如何在行动中藏住美国的"手"。狄龙心想，真是痴心妄想，美国的卷入是无论如何也藏不住的。那些流亡人员还能从哪儿获得武器装备？更不用说战舰和飞机了！但是这些话他都没有当面对总统说。

整个会议期间，阿瑟·施莱辛格都只是静静地坐在角落里一言不发，由于级别较低，他无权就这些小规模的雇佣战争发表意见。在许多人看来，由于教授的办公室在白宫东翼，所以他的地位微不足道。"总是在女人堆里混。"腊斯克曾讽刺道。但是次日早晨六点半，施莱辛格正坐在打字机旁，敲打出又一篇文字优美而且总是富有理智的提交总统的备忘录。他反对这次入侵行动，尽管他不同意富布赖特关于美国入侵拉美道德层面上的观点。

"如果能快速有效地使用武力，如果对美国国家安全的威胁已经昭然若揭，确实可信，那么，有节制地使用武力以实现有限目标，有可能提高美国的威信，"他向肯尼迪总统报告道。但是他认为许多人未必认为"来自700万古巴人民以及他们古怪领导人的迫切威胁"真实可信。"当今世界，人们已经以惊人的速度忘记了艾森豪威尔时期令人糊涂的说教式的保守主义。美国重新以一个伟大、成熟、自由国家的形象，以冷静、理智的态度致力于遏制共产主义……正是美国这种再度觉醒的对全世界的信念，在这次古巴行动中变得岌岌可危。"

肯尼迪让施莱辛格不要太担心。"我得把局势弄清楚。"他说，他已经缩小了行动规模，在登陆前24小时可以随时下令取消所有行动。总之，不会有真正的登陆日或入侵行动，只不过是效忠中情局的古巴人发起的渗透行动。

他告诉施莱辛格说，要让那些在危地马拉接受训练的古巴人发挥点作用。这就像艾伦·杜勒斯说过的一样，是个"善后问题"。

然而，施莱辛格仍然忧心忡忡。"我们的行动规模似乎并未控制到最小。"他在日益膨胀的日记本中写道。他找到罗伯特·肯尼迪，却惊讶地发现司法部长对本次行动一无所知。总统的弟弟给了施莱辛格一个建议，他把它视为命令：一旦总统拿定主意，我们就该闭上嘴巴全力支持！

然而"我们"到此为止，但"他们"却说个不停。肯尼迪手里已经有了施莱辛格写好的备忘录，内容是 4 月 1 日与一个来自《美国新闻与世界报道》的记者哈罗德·汉德尔曼共进午餐时，听他抖出了中情局"绝密"计划的许多细节。"显然，如果一个有胆识的杂志作者在迈阿密花两个星期就能把这事了解个底掉，"施莱辛格写道，"那么哈瓦那对事情的进展一定会了如指掌。"

事实确实如此。几天后，刚从古巴回来的哈佛教授约翰·普兰克告诉施莱辛格，入侵行动细节在哈瓦那早已成为街谈巷议的话题了，已经好几个星期了。"就连菲德尔·卡斯特罗身边的人也都在谈论这件事。"普兰克补充道。

施莱辛格一直以来恰似一名消防员，左冲右突，试图扑灭来自媒体舆论的山林火灾。"所附文章'我们的人在迈阿密'"——作者是《华盛顿邮报》的一位社论主笔卡尔·梅耶尔——"势必出现在《新共和国》杂志中，"他向肯尼迪报告说。

"制止它。"总统说。

"吉尔·哈里森表现得很绅士，对国家可谓赤胆忠心，"在与《新共和国》周刊发行人洽谈后，施莱辛格向总统报告道。"他什么问题也没问便同意放弃发稿，但这肯定伤害了他的新闻直觉。"

后来《纽约时报》有人打电话告诉总统，次日早上将刊登由最优秀的拉美记者塔德·舒尔茨撰稿的头版新闻，内容是说一月份该报曾报道过的入侵行动即将来临。读给总统听的导语说："九个月以来，一股致力于推翻卡斯特罗政权的古巴流亡军事力量一直在美国和中美洲地区接受训练……"肯尼迪听后大发雷霆，重重摔下电话，嘴里咆哮着"叛国"一类的字眼。冷静下来后，他亲自打电话给《时代周刊》发行人奥维尔·德赖富斯，吩咐他为了国家利益将这则新闻毙掉。

然而肯尼迪并未能如愿以偿。戴夫打电话说如果不上这则新闻，他手下的一些编辑威胁说要当下辞职。结果采取了一个折中的办法：标题篇幅由四栏减为一栏——折中标题是"反卡斯特罗组织加紧训练，准备在佛罗里达基地发起战斗"，并且将这则新闻由头版上方移到中间。最重要的是，"入侵在即"之类的字眼都被删掉了。这些还是没能让总统满意。

"简直不敢相信我读的这些东西。"次日当他看到《时代周刊》时说。当日《时代周刊》还刊载了美联社的两段文字，内容重复哥伦比亚广播公司关于入侵准备已进入最后阶段的报道。"卡斯特罗不需要派间谍过来，他只需要读我们的报纸就可以了。都给他明摆着了。"总统让施莱辛格去《时代周刊》，以清单的形式一一列出肖尔茨报道的不实之处。"但不幸的是，"施莱辛格汇报说，"我们缺乏有力的证据证明报道不实。"他还告诉肯尼迪，这则新闻正被莫斯科广播电台播报。

当时，事实和希望，真相和谎言纵横交织，异常复杂，只有两个人可能知道事情的真相：比斯尔和肯尼迪。其中总统并不知道。而肯尼迪的国家安全顾问邦迪开始意识到白宫新成立的临时组织出了严重的问题。4月5日，他给总统发了一份题为"华盛顿决策危机"的备忘录，大意是说在当前的重大外交危机之中，却没有人担起责任：

> 从1月20日以来，我们多次谈到要在华盛顿建立"由个人全权负责领导的特遣部队"以便应对危机局势。开始，我们以为已经有老挝特遣队，还包括刚果和古巴。我们的确有过没有人具体领导的工作组，但是责任并不明确。理由是国防部还没怎么准备好……这些个助理部长，尽管有意愿，却并未真正准备好负责军事和情报——政府习惯于"协调"，至于个人执行领导权则是不习惯接受的……不止一次球掉在了地上，因为没有人觉得自己肩负

连续而又明确的责任。

然而这个体系崩溃了，而入侵计划似乎也有了自己的生命。施莱辛格接受了罗伯特·肯尼迪的命令，即现在是聚集在头儿身边的时候了。他的下一个古巴备忘录名为"保护总统"，其中写道，"当必须说谎时，应该由下级官员来说。任何时候都不能让总统卷入需要掩盖的行动。在我看来，腊斯克的建议不无道理，即由总统之外的某个人在总统不知情的情况下做出最后决定——这个人能够在事情进展不妙时承受身败名裂的后果。"施莱辛格的一个错误选择是归罪于中情局，称其是"特立独行而迷途的理想主义者和雇佣兵"。

但是肯尼迪不懂得自保。4 月 5 日，也就是国防部会议召开第二天，他会见了杜勒斯，腊斯克和麦克纳马拉，告诉他们他准备批准中情局行动计划，但是他又强调无论如何自己不会下令让美国军队和飞机参战。三天后，他告诉比斯尔他可以安排登陆。比斯尔选择了 4 月 16 日。

肯尼迪曾一度将古巴问题置之脑后。在哈罗德·麦克米伦首相对美国进行国事访问期间，肯尼迪主要同他谈论欧洲和老挝。除此之外，麦克米伦想知道肯尼迪就他戏称为不列颠之"欧洲宏伟计划"的看法。首相希望能够就欧洲安全问题形成一个折中的权利分享方案：在美国的单边主义倾向与法国总统戴高乐坚持的法英美平等决策之间寻求平衡。但是肯尼迪不愿意在麦克米伦来访的头几天谈论这个问题。因为他还没看麦克米伦的提议。事实上，他弄丢了文件。花了好几个小时才找到——在卡罗琳房间里。

4 月 12 日早上 8 点，男仆乔治·托马斯像通常一样敲了敲肯尼迪卧室的门。肯尼迪隔着门答应了一声："我已经醒了。"

托马斯随即打电话告诉皮埃尔·塞林杰说："好的，他已经起床了。"新闻秘书便打电话给肯尼迪读了美联社的一则新闻简报，开头是"苏联今日宣布赢得了把人送上太空的竞赛。"

俄国人尤里·加加林乘载"东方 1 号"宇宙飞船成功环绕地球。华盛顿时间凌晨1点35分，位于伊朗和土耳其的监测站监测到了苏联此次发射。

上午10点，肯尼迪在办公室踱来踱去，质问副总统林登·约翰逊（林登主动请缨单干，于是被任命为航天委员会主席），"还有什么其他地方我们能赶超苏联？我们能做什么？我们每天24小时都工作吗？我们可以在他们之前环绕月球吗？我们能在他们之前把人送到月球上吗？……我们可以跳跃前进吗？……有没有人可以告诉我怎么赶超他们！找个能干事的人！我不管他是看门的还是干嘛的，只要他知道怎么做！"

"这是一个非常令人钦佩的科学成就……我已经致电赫鲁晓夫表示祝贺，"当天下午他在记者招待会上说。

"总统先生，"有记者提问，"政府是否已经就对反卡斯特罗起义或入侵古巴的援助范围达成共识？"

肯尼迪回答说："首先我想说：在任何情况下，美国武装部队都不会入侵古巴。我可以负责任地说，本届政府会竭尽全力确保没有任何美国人参与古巴境内的任何行动。"

临近记者招待会结束时，另一个记者问道，"总统先生，也许这个问题更适合在历史课上而不是在记者招待会上问，但机会难得，我还是想冒昧问一下：在许多前沿上，我们似乎被共产党逼到了只有防守的份了——现在又发生在了太空领域。且不说战争，您认为我们是否面临着这样一个危险，即他们的体制将证明比我们的更持久稳固？"

肯尼迪回答说，"我认为我们正在经受一场耗时耗力的考验，我们要见证的是最后哪一种体制更持久，不是更好，而是更持久。关键是谁更持久稳固。对于这类较量，我们已经积累了一些经验——短期内，独裁政权在这种较量中占有优势，因为它能够集中资源以实现特定目标。过去的十年中，我们取得了一些非凡的科技成果，其中一些成果虽然没有人类太空飞行或第一颗人造卫星那样耀眼，却很重要……我并不认为首次人类太空飞行意味着自由世界力量的削弱，但是我认为，过去这些年，极度集中人力物力服务于共产主义阵营，这对我们构成了巨大的威胁。我敢说直到本世纪末，我们不得不忍受这种威胁和危险。"

这种观点肯尼迪并不是第一次发表。早在21年前，在《英国为何沉睡》一书中，他已经比较详尽地质疑过民主政府应付危机的能力：

因此，我认为，在与集权体制的较量中，民主的弱点是巨大的。民主是更优越的政府形式，因为它是在对作为理性生命的人的尊重基础上建立起来的。从长远看，民主更优越。但在短期内，民主存在着巨大的弱点。与不顾长远的体制即主要为战争建立的体制的较量中，主要为和平而建立的民主体制处于劣势……一个民主体制的确比独裁体制落后两年。在独裁体制下，总是倾向和平的公众舆论起不到决定性作用。独裁者却能借助自由的报刊、广播等媒体，准确地了解民主体制的葫芦里卖的是啥药，因而可以据此伺机行事。

第七章　1961 年 4 月 18 日

4 月 11 日周二晚上 9:00，全国广播公司播放了关于第一家庭长达一小时的电视专访。这次节目就像其赞助商——佳洁士牙膏一样令人耳目一新，又像新生儿一般让人倍感温暖。访问中，杰奎琳·肯尼迪讲述了自己和孩子，而总统则向人们讲述了他对白宫，对美国乃至全世界的实际管理。这可能会让美国的一些民众感到惊讶，他们担心他的管理方式只重形式而轻管理。迄今为止他仅召开过两次内阁会议就没有再继续下去，并称："召开内阁会议完全是浪费时间。"他对国家安全委员会的会议也抱以同样的态度。

不过可以肯定的是，有些事肯尼迪确实干的不赖。他获得的选票和赞扬与日俱增——在最近的盖洛普民意调查中，肯尼迪的支持率高达 73%——在人们眼里他似乎不会做错任何事。从复活节假期中回来的众议员们告诉肯尼迪，他们的选民不管当初有没有投票支持他都在为他欢呼。肯尼迪非常欣赏的一位传记作家詹姆斯·麦格雷戈·伯恩斯，曾在自己一篇具有嘲讽意味的名为《新共和国》的文章中说道，肯尼迪可能看上去太过优秀了。"他不但外表最潇洒，衣着最得体，口才最好，而且举止如羚羊般优雅。他无所不知，几分钟内就能看完整套书；他对某一专业知识的精通常常令该领域的专家惊叹不已。他是无所不能的。"

4月14日星期六直到中午时分肯尼迪还留在华盛顿，批阅文件，谈论入侵古巴的相关事宜。按计划，战斗应于4月16日周一早上打响。但他迟迟没有下达最后的进军指令。周日临近中午时分，他又一次跟比斯尔说自己想在星期天中午前随时取消这次入侵。在肯尼迪联系的人员里，有一个叫杰克·霍金斯的海军上校，他是借调到中情局的一名海陆两栖登陆专家。他曾飞到位于危地马拉的古巴人员训练基地视察，那里的军队称自己为2506旅。视察完毕之后，他首先向中情局然后又像肯尼迪汇报了他需要（或想要）知道的情况。"此次视察增强了我的信心。我相信这支军队不仅能够完成最初的战斗任务，而且还能完成推翻卡斯特罗政权的最终目标。他们比接受常规训练的美国军队更有实战经验。这确实是一支战斗力极强的队伍。2056旅的长官们并不期待美国武装部队的帮助。"

周六下午午饭过后，肯尼迪乘坐直升机飞到弗吉尼亚的米德尔堡与自己的妻子和孩子们团聚。米德尔堡是位于首都华盛顿以西40英里的一处乡村，以养马闻名。他们住在一处每月花2,000美元租来的农场里。杰奎琳·肯尼迪在这里教四岁的卡罗琳骑马和照顾马儿。她很喜欢这里，已经在找地方建造他们自己的房子。这块租来的农场面积不大，叫格伦奥拉农场。她的丈夫对马没多大兴趣，对格伦奥拉农场也不太上心。

肯尼迪是一个钟情于大海的人。他非常喜欢科德角和位于罗德岛的纽波特。所以一到周末，母亲和孩子们在周五或周六清早就回到格伦奥拉，他则要拖延到周六午餐时分才回去。他通常会叫上查尔斯·巴特利特、本·布拉德利，或者他自预科学校起的一位朋友——纽约广告商勒莫因·比林斯跟他一起回去。午饭后，他一般都会散会步，然后回到楼上的卧室里睡觉或者看电视，有时也会看会儿书。杰基和卡罗琳会在院子里骑马或是喂马。他常在8点左右走出房间喝点代基里酒。如果胃不是特别难受的话他还能吃点晚餐。

过会儿，他会与别人一起下十五子棋或者是跳棋。他会压上大约20美元，把这些简单的游戏变成复杂的赌博比赛。有时，他就与身旁的人聊天。玩起游戏来，他总是胜利的那方。有时下十五子棋或跳棋的时候，眼看自己快输了，他就会咳嗽两声，把棋子打乱，然后满怀歉意地说："该死，这下我们不得不重新开始了。"

在格伦奥拉的时候，肯尼迪星期天早上会去做弥撒，之后如果兴致来了，他常常在福吉斯普林乡村俱乐部打一会高尔夫球。有时候他就沿着长长的盘山公路开车兜风，偶尔顺道拜访朋友。或者就独自在电视机前，收看橄榄球比赛和华盛顿的访谈节目，如"新闻面对面"和"面对全国"，然后他会给那些官员和记者打电话，对他们在镜头前面的表现评头论足，接到总统的电话他们通常十分惊讶，有的甚至感到受宠若惊。肯尼迪自己则厌倦了在镜头前面露面。

这个周末情况就完全不同了。就在他准备飞往格伦奥拉的时候，一架B-26轰炸机降落在迈阿密国际机场。这是一架参加过二战的轰炸机，上面有古巴空军的徽章，机身和机翼上到处都是弹孔。当天早上，古巴机场遭到轰炸。古巴代表已经要求联合国召开专门会议调查此次空袭事件。在迈阿密，从这架B-26轰炸机上走下来的飞行员宣布自己叛逃，他已经把飞机上的炸弹丢掉了。实际上，他名叫马里奥·苏尼加，是中情局每月花225美元雇来的间谍。飞机上的弹孔是中情局人员用45口径的手枪射上去的。

几个小时后，另外一架带有古巴标记的B-26轰炸机降落在基韦特斯①。当时阿德莱·史蒂文森正在联合国大会上发表演说。他宣读了国务院提交给他的关于此次事件的声明，气愤地否认了古巴对于美国试图通过这次轰炸挑起侵略的指控。当然，卡斯特罗领导下的古巴人的判断是正确的。在佛罗里达降落的这两架B-26轰炸机以及另外八架飞机都归中情局所有。这八架飞机对古巴地面实施轰炸扫射，试图摧毁古巴空军40架左右的美国造旧飞机。中

---

① 美国佛罗里达最南端的一个岛屿，与古巴首都隔海相望。——译注

情局的这些飞机都来自位于尼加拉瓜的一个秘密基地。这支古巴流亡军队的
1,400 名士兵坐卡车从危地马拉来到这里，然后他们被分到四个旧货轮上。到
周六日落时分，2506 旅的士兵已经聚集在海面，在尼加拉瓜的卡贝萨斯港和
古巴南海岸线之间的加勒比海上，航行了 600 海里。

　　史蒂文森在毫不知情的情况下还在纽约忙着为五角大楼辩护。甚至连给
他下达最后指令的国务院成员对真相也一无所知。史蒂文森告诉联合国说，
轰炸古巴飞机场的飞机是卡斯特罗空军中的革命军空中力量的一部分。他自
己手里还握有一张降落在迈阿密的 B-26 轰炸机照片。飞机上布满弹孔还有革
命武装空军的红五星标志。

　　星期天早上，总统到米德尔堡做弥撒。他像往常一样从莱姆·比林斯那
里借了 10 美元做募捐。他几乎从来没有还过钱。之后，他和自己最小的妹妹
简和她的丈夫史蒂芬·史密斯打了会儿高尔夫。下午 2:00，在他和比斯尔说
的最后期限的两个小时之后，他终于打电话通知腊斯克给中情局下达进军命
令。他告诉腊斯克务必重申他在记者招待会上做出的承诺：任何一个美国人
都不得卷入此次事件。肯尼迪对公众做出了承诺。在他看来，进军的每一个
决定都是在军事和政治考虑之间只能二选一的抉择。他选择在政治上冒最小
的风险，这就意味着军事上他要冒最大的风险。

　　之后他打电话给塞林杰告诉他："皮埃尔，今天晚上我要你待在家里。媒
体可能会询问你一些关于加勒比海军事行动的情况。如果他们真的这么问
了，你就告诉他们，你所知道的仅仅是从报纸上读到的那些。"然后肯尼迪站
起身来，抓起他的高尔夫球杆走出房间。他自己把球排成一排，把他们一个
接一个打到邻居的玉米地里。

　　周日晚上，肯尼迪临睡前最后一件事，是又给腊斯克打了电话，通知他
取消破晓时分对卡斯特罗机场发动第二次空袭。此次袭击任务原计划由整支
流亡空军部队的 16 架 B-26 轰炸机执行。尽管通过当天下午的空中侦察，他
们得知只有五架革命武装空军的飞机在第一次空袭中被炸毁，但是肯尼迪仍
想把反战呼声降低。

周一早上5:15，在格伦奥拉农场，总统床边的电话铃响了。是腊斯克打来的。他告诉肯尼迪，对古巴的入侵已于30分钟前开始了。古巴流亡军——2506旅已经在猪湾登陆了。腊斯克说，中情局打算让美国飞机出动，掩护登上海滩的士兵。他们打算让正在岛外50海里处游弋的航空母舰埃塞克斯号上的喷气战斗机投入战斗。此时B-26轰炸机起不到任何作用。因为它们从尼加拉瓜飞到古巴要用3个小时。

"不行，"肯尼迪又一次对腊斯克说。"告诉中情局：海军喷气式飞机不能加入战斗；也不允许更多的B-26轰炸机参战。"他曾说过美国军队不会直接卷入战斗。他要言出必行。不行，不行，不行。他告诉沦落成中情局报信人的国务卿，他希望埃塞克斯号航空母舰和美国驱逐舰远离古巴，离开海平线，消失得无影无踪。

早上9点，总统带着妻子孩子一起登上直升飞机前往华盛顿。到达办公室前，入侵就失败了。周一早上大约9点半，卡斯特罗的革命武装空军出动飞机击沉了两艘货轮，上面载有那支远征部队10天的储备弹药和大量通讯设备。这场风云突变的主角是三架美国生产的旧式T-33喷气式训练机。美国政府向之前的巴蒂斯塔政府提供了这三架飞机，后来由卡斯特罗政府接管。

但是肯尼迪还不知道这一情况。尽管亚特兰大、佐治亚以及沿东海岸地区的业余无线电操作员都在接收来自海岸的信息，而同样的信息由舰船和滩头阵地传到华盛顿的政府官员们那里，会拖延达12个小时之久。比斯尔告诉肯尼迪情报机构从海岸作战的恐慌不安的士兵那里得知，捷克飞行员正驾驶着米格-15战斗机向他们发动进攻。原来中情局并不知道，卡斯特罗已经把以前的训练机改装成了战斗轰炸机，配有机关枪和炸弹架。此外，还有很多的事情是美国的情报机构负责人所不知道的，这其中就包括：菲德尔·卡斯特罗最喜欢的垂钓地就在这块孤立的湿地和猪湾附近。他计划把此处开发成工人的度假胜地。卡斯特罗对这一地区的地形和居民都十分了解，一听到当地居民拉响警报，这位古巴领导人就迅速调遣成千上万的军队，把这些为数不多的流亡部队包围起来。

"我认为这件事的进展不像预期的那么顺利，"总统那个星期一早上打的头几个电话之一，就是跟他弟弟罗伯特说了这句话。他把领带向下拉了拉，走路也比平时快了许多。罗伯特·肯尼迪那时正在千里之外的弗吉尼亚州的威廉斯堡，在一个报社编辑大会上发言。"回来吧，"他哥哥说。

第二天也就是4月18日星期二中午，从滩头阵地传来令人绝望的消息。2506旅在人数上寡不敌众，在装备上也极度匮乏。一些人还在勇敢地战斗，但是已有一千多人选择了投降。一些人说他们一直都没有足够的弹药。他们其中很多人相信如果头上有美国空军，身后有美国海军，他们就可以抢滩登陆。古巴民众没有起义。卡斯特罗——其实他和肯尼迪读的是同样的报纸——实际上逮捕了全国范围内所有可能成为叛党的人，被捕的男女成千上万。因此，发生反叛的可能性很低以致根本不可能开始。中情局出于掩盖侵略的政治目的而安排的那十几个卡斯特罗执政前的政客组成的古巴革命委员会，在很多反卡斯特罗的古巴人看来，也不过是一种由过去独裁时期的遗老组成的乌合之众。中情局的B-26战斗机所剩的燃油只够在滩头上空停留不足40分钟，因为往返尼加拉瓜的飞行距离长达1,000英里，需要飞行6个小时。这些疲于奔命的战斗机根本不是卡斯特罗的三架美国造喷气机和两架英国造"海怒"战斗轰炸机的对手。

"我们正遭受海怒飞机和重型火炮的攻击，"在周二下午1点45分的无线电播报中，时任旅长的名叫约瑟·佩雷斯（"佩珀"）·圣罗曼的前古巴军队副官在海滩这样说道。"没有看到你承诺的任何友军空中掩护，需要立即派喷气机支援。佩珀。"圣罗曼最后一次向美国请求援助遭拒后发出的最后的一条信息里，他说："还有你，先生，你这狗娘养的。"

在华盛顿，肯尼迪正和他的随从们继续试图向公众显示他们还像平时一样正常办公，如同民众从粉饰太平的报道中所了解到的一样，入侵事件仅仅是一起古巴的内部事件。他们感觉到了灾难，但它暂时还未发生，在华盛顿的大多数政府官员，包括其他政客和新闻界，始终不清楚实情。在白宫内部，危机跟着总统从这间屋子走到那间屋子。那天晚上，会议终于停止了一会儿，因为总统和在内阁会议室的一些人员要换上白色的领带和燕尾服，出席白宫招待国会议员的一场盛大招待会。当晚，450名男女在大厅穿行寒暄，令他们印象深刻的是肯尼迪夫妇打开了那些紧闭的房门，拿走了那些用来把包括国会议员在内的来宾限定在少量公共房间的隔离绳。对多数来宾而言，这显得亲切而淡定。

十点过后，肯尼迪夫妇出现在通往白宫前厅的楼梯顶端。在东厅，海军乐团开始演奏一首流行的百老汇乐曲《完美先生》。

肯尼迪看起来非常放松，小口啜着香槟，和各方宾客谈笑风生。然而，快到午夜时分，他却悄悄地溜到了内阁会议室，他的同僚们正在那里等着他，一个个脸色阴沉。那些策划并推销了这次入侵的人们，包括迪克·比斯尔，还坚称入侵仍有可能成功——只要总统下令出动海军喷气战斗机夺取滩头阵地制空权，并派遣一艘驱逐舰击退卡斯特罗的坦克。

"对，"海军参谋长阿利·伯克将军这么说，"让我用两架喷气机，打掉那些敌机。"

"不，"肯尼迪再次说道。"我不希望美国卷入其中。"

"不行，总统先生，"伯克说道，"我们已经卷入其中了。"

"将军，我不希望美国卷入其中，"总统又说了一次。

"到了该让这伙人去打游击的时候了，"参谋长联席会议主席的莱曼·L.莱姆尼策将军这么说道。这一计划实际上是中情局的后备计划：人员分散转移至艾斯坎布雷山脉。

"他们并没有准备去打游击战，"比斯尔说。山区在80英里之外，这些士兵陷入了沼泽地，海岸和高地之间有卡斯特罗的两万军队等着他们。所谓游击战之类的话完全是谎言。根本就没有能越过沼泽的道路，况且还有卡斯特罗的部队在等着他们。这位古巴领导人所拥有的武器美国人并不了解。也没有什么起义。一旦古巴海外军团敌不过卡斯特罗的部队，下令空军和海军进行支援的口头计划似乎一直都要看艾森豪威尔总统或肯尼迪总统是否首肯了。肯尼迪此时有一种被出卖的感觉。在接下来的一段时间里，人们常见他自言自语，有时突然冒出一句"我怎么这么愚蠢"之类的话，把助手们吓一跳。

从那个星期二夜晚一直谈到星期三早上，还在原地绕圈。不管是被电话召来的人还是正好在现场的人，也都像走马灯一样绕着圈。这里成了肯尼迪家的秀场，有人身着白色燕尾服，系着白领带，有人睡梦中被白宫打来的电话叫醒，慌忙穿上运动服或灯心绒衫赶过来。

"伯利在哪？找到伯利，"总统说道。他希望当时分管拉丁美洲事务的助理国务卿阿道夫·伯利亲自前往佛罗里达州的奥帕洛卡市，以稳住那些为中情局充当代言人的古巴流亡政客组成的革命委员会。这些政客们，或多或少都是由身为卡斯特罗领导下第一任古巴最高法院的院长乔斯·米罗·卡多纳所领导，他们目前正驻扎在一处废弃的美国空军基地。从各种实用目的看，他们是一帮被劫持的囚徒，当然不会知道中情局正以他们的名义向新闻界发布一份战争公报。

"他们其中的一人正试图以死来威胁我们，"肯尼迪告诉伯利。"其他人则希望被派往滩头阵地。他们根本不知道事情已经进展到多么令人沮丧的地步了。"

"这可是个棘手的差事，"伯利说道，肯尼迪转向阿瑟·施莱辛格，对他说："你应该和伯利一起去。"

伯利和施莱辛格凌晨两点出发之后，会议室里的各位还在继续重复自己的观点，而比斯尔和伯克则继续向肯尼迪施压，希望他下令将海军航空部队派往滩头阵地。最终，总统违反他之前所下的命令，说埃塞克斯号航母上的六架喷气战斗机，可以用来掩护驾驶中情局 B–26 飞机的古巴人。

"这是一个影响深远的承诺，总统先生，"腊斯克随即说了一句，一周前，总统在电视讲话中做的保证，即在任何情况下美国都不会动用武力的承诺，最初是这位国务卿的主意。

总统把手放在他的鼻子下面比画了一下，"我们在这件事情上已经陷到这儿了。"

但是肯尼迪在一件事上是始终一致的：他更关注的是政治反响而不是军事上的考虑。他始终在手下人之间造成分歧，然后坚持折中办法，但是无论如何他都试图让这一切悄悄进行。星期三凌晨3点30分，他说喷气机可以到海滩上空飞一趟，保护B-26飞机轰炸扫射，保证让入侵者的供给舰船卸载供应更多的弹药。比斯尔和伯克一听此言，立即一跃而起，跑出会议室向美国海军埃塞克斯号航母传达命令。

"等等，"肯尼迪又吩咐道。"把标志去掉……"总统希望喷气机身上所有美国的标志都卸掉，天刚破晓，这一切都戏剧化地变成了一场徒劳。美国派出的喷气机并没有发现B-26，喷气机6点30分抵达海滩上空，比来自尼加拉瓜的老轰炸机提前了一个小时。所有人都忘记了古巴和纽约是在同一个时区，但是尼加拉瓜是和芝加哥同属一个时区，比纽约早一个小时。海滩上的古巴海外军团再次通过无线电发出讯息，说他们受到苏联米格飞机的攻击，足有12架或更多。但实际上只有那三架T-33训练机，它们击落了两架没有掩护的B-26轰炸机。

肯尼迪派麦克·邦迪到纽约去稳定美国驻联合国大使史蒂文森的情绪。这位大使的个人信誉对于遏制全球范围内的政治损失非常重要。"去帮他一把，"肯尼迪吩咐道。

4点过后，肯尼迪和塞林杰以及他的日程安排秘书肯·奥唐奈一起回到他的办公室。肯尼迪在和他们说话的中途，突然独自走开，推开法式落地玻璃门走进了玫瑰园里。他独自一个人在园中潮湿的草地上走了大概一个小时，身上还穿着白色燕尾服，打着白领带。

那个星期三上午太阳升起来后，肯尼迪醒来在自己的卧室里哭了。他下楼来到椭圆办公室时，头发凌乱，领带也有些偏离中心。但是当他走进内阁会议室去面对更多坏消息的时候，他振作起来。

有一会儿，他被叫出了会议室，这时，上星期才听说了入侵计划的罗伯特·肯尼迪正来回踱着步子，嘴里小声嘀咕着："我们得做些什么才行。我们得做些什么才行。"他忽然停住脚步，瞪着会议桌周围的人，恼火地说，"都是你们这些聪明的家伙干的好事，把总统拉下了水，如果你们不赶紧设法补救，我哥哥会被苏联人看作是个纸老虎。"

会场陷入一片沉默，后来迪安·腊斯克用左手不停拍打着总统的空座椅扶手，才打破了沉默。

"现在最重要的是这个人，"他说。"我们必须拯救这个人！"

第八章 1961 年 4 月 22 日

乔斯·米罗·卡多纳，古巴革命委员会主席，4 月 16 日那个星期天的晚上，他和另外五个委员会成员，经美国中情局特工安排，就在猪湾登陆前从佛罗里达飞到了纽约。他们以为此行是要去尼加拉瓜，赶在 2506 旅突击古巴前与他们会面。他们当中有三个人，包括卡多纳在内，有儿子在 2506 旅。然而，他们却被美军士兵包围在奥帕洛卡的一个小房子里长达 60 多个小时，对登陆行动的进展毫无所知。

4 月 19 日，星期三，上午 10 点刚过，肯尼迪接到了阿瑟·施莱辛格的电话。他当时和古巴革命委员会的成员们在一起。施莱辛格说他和伯利在这三个小时里，一直在倾听古巴人愤怒和痛苦的发泄。"我们能做的就这些了，"他说。"他们要求见您。"

"把他们带过来吧，"肯尼迪对他说。他似乎还有一个问题要处理：这些被利用了的政治家们还不知道在海滩上溃败的细节，怎样才能不让他们把受美国欺骗和愚弄的悲惨故事公之于众。

下午4点过后，施莱辛格和伯利把这些古巴人领进白宫东厅的侧门。不去西厅，是为了避开总是集中于此的记者和摄像机。这批人无论精神上还是体力上都已经精疲力竭。其中两人已经超过48小时没睡觉了，一直在争辩着什么，而中情局的看守们也一直陪着他们，只是目不斜视地盯着窗外的美国士兵。

这些古巴人被带到总统办公室，面对面坐在壁炉前的沙发上。总统坐在沙发尽头的摇椅里，也面向炉火。施莱辛格从未见他如此憔悴。肯尼迪首先对古巴人受此对待道了歉。他说他并不知晓。他感到抱歉。

"我理解你们的感受，"肯尼迪说，接着又说他知道有些人的儿子在突击旅。"我在战争中失去了一个哥哥和一个妹夫。"

他给他们展示了一张兄弟小约瑟夫·P.肯尼迪的照片，1944年，时年29岁的他驾驶轰炸机飞越英吉利海峡时坠机身亡。他问他们有没有照片，安东尼奥·马切奥博士拿出了一张他19岁的儿子的小照片。

"他看起来像一个雇佣兵吗"？肯尼迪举起这张小照片问。委员会成员们看起来有点迷茫。他们不知道卡斯特罗把突击旅的人称为"雇佣兵"。事实上，他们很多人是这个岛上一些古老而显赫的家族中被宠坏的孩子。他们被称为"帆船俱乐部的男孩们"。许多人似乎认为入侵只是一场游戏而已：美国海军将进行战斗，他们将得到哈瓦那的女孩们。

肯尼迪给他们读了一封乐观的电报，是由杰克·霍金斯上校从关塔那摩突击训练营地发来的。他说，正是这封电报让他确信，他们在突击旅的儿子和其他人即使没有美军支援也能获胜。委员会中的"战争部长"安东尼奥·德·瓦若那已经知道自己失去了一个儿子，是最为憔悴的一个，当时他说，"你被欺骗了，总统先生，我们这个委员会也被欺骗了。"

肯尼迪好像点了点头。他心中也有苦楚。他确信自己是被参谋长联席会议、特别是其主席陆军上将莱曼·莱姆尼策算计了，才铸成这场灾难。他告诉古巴人，他们应该理解美国不得不在全球范围内协调诸多因素，诸多承诺，诸多义务。这次他不能派兵。他解放古巴的承诺是完全而彻底的。天黑之后，美国军舰将出发去解救在沙滩上和大海里的突击旅成员。还会另有时机的。

施莱辛格和委员会成员一起进来时被肯尼迪疲惫的样子吓坏了，心想他的样子让人永生难忘。

"你们一走出白宫就自由了，"总统对他们说。"你们愿意去哪儿就去哪儿，愿意说什么就说什么，愿意和谁说就和谁说。"

然后肯尼迪走向他的书桌，拿出一小叠自己的照片，为每一位古巴人在照片上一一签名。当受命从哈佛来做翻译的教授约翰·普兰克要离开时，肯尼迪问他："你要留下来陪着革命委员会吗？"这位教授开口说道："我不……"然而他又改口说："可以的，总统先生。"

普兰克陪同卡多纳和其他人一起秘密飞往纽约。他们同意不提及奥帕洛卡，就装作从未离开位于曼哈顿的康莫得酒店的总部。那晚，由中情局设立的公共关系运作部门以古巴流亡委员会的名义发布了一份公告。公告不需要翻译。这份彻头彻尾都是谎言的公告是用英语写成的，用英语向美国媒体发布："最近在古巴的登陆被不断错误地描述成入侵。事实上，这次登陆是为了给我们在古巴战斗了几个月的爱国者提供补给和援助……我们大部分登陆部队已经抵达艾斯坎布雷山。"

卡多纳于48个小时后现身，告诉记者们他从未寻求美国的帮助，美国也没有给予任何帮助。但他也暗示了肯尼迪新的承诺，他说他希望自己的祖国一个月内得到解放。其他委员会成员不同意这一点，说是这或许需要三到四个月。

第二天，4月20日，星期二，肯尼迪在公众获悉猪湾发生的一些情况后首度露面，他似乎又振作起来。他在离白宫几个街区的斯塔特勒－希尔顿酒店面向美国报业编辑协会发表了早就计划好的讲话。他试图把这次古巴不幸事件抬高到一个美国式敦刻尔克大撤退事件的地位，同英国1940年在欧洲大陆的最后抵抗所表现出来的英雄气概及其重要意义相提并论——他也又一次回到了《英国为何沉睡》中阴郁的主题上来，即民主的缺陷。

"时不我待……"总统说。"如果自由世界的自律不能在军事斗争以及经济、政治、科技和其他的斗争中与暴政的铁律相抗衡——那么，自由的危险就会越来越大……警察国家的优越——它用大规模的恐怖和逮捕行动来阻止自由的不同政见者——也不可忽视，那些期待每个独裁狂徒都能倒台的人不可忽视这个现实。

"古巴，老挝，亚洲及拉美地区共产党的喧嚣不断高涨，传递给我们的信息都是一样的：那些自以为是的、自我放纵的、软弱的社会将随着历史的尘埃被一扫而光。唯有强大、唯有勤奋、唯有坚定、唯有勇敢、唯有认清我们斗争实质的远见，才可能让我们生存下来。

"我们必须认识到这一斗争每天都在进行，悄无声息地进行，在数以千计的村庄和市场中发生，夜以继日——也在全世界的教室里发生。我们要从这一教训中获益……我们打算重新审视和定位我们的各种力量，策略和其他制度。我坚信，不管付出多大的代价，遇到多大的危险，我们的体制都会生存下去并取得胜利。"

仿佛是为了强调他的观点，讲演之后肯尼迪成立了秘密的越南特遣部队，任命国防部副部长罗斯韦尔·吉尔帕特里克为首长，兰斯戴尔将军为指挥官。命令只有简短的几个字："阻止共产主义统治越南。"

"这是我一生中最糟的经历，"肯尼迪当天下午晚些时候对理查德·尼克松和其他人说起了这次在古巴的惨败以及与古巴人的会面。"信不信由你，他们已经准备出发再次作战，如果我们首肯和支持。"

尼克松被请来参加了一系列联席会议。肯尼迪想让政治上的朋友和敌人象征性的露面并给予他们公开支持，展现给美国和全世界这样一种印象：无论正确还是错误，美国人都团结在总统的周围。

"你现在打算做什么？"肯尼迪问他的老对手。

"我准备找一个适当的法律借口，然后开始行动，"尼克松回答道。"有许多理由可以利用，比如说保护在古巴的美国人，保卫我们在关塔那摩的军事基地。现在最重要的是我们必须做该做的，把卡斯特罗和共产主义赶出去。"

"我认为我们不应该冒险，"肯尼迪说。他摇了摇头告诉尼克松一个情况，国务院最受尊敬的苏联观察家沃尔特·李普曼和查尔斯·波伦都告诉过他，赫鲁晓夫在这次美国惨败后得意洋洋。"很可能我们一旦在古巴采取行动，赫鲁晓夫就会在柏林采取行动。"

"公开场合我会全力支持你。"尼克松说道。两人就古巴和柏林，还有东南亚问题讨论了大约一个小时。肯尼迪说现在首先要做的事情之一就是让南越总统吴庭艳确信，古巴灾难并不意味着美国将把遥远的南越拱手让给共产党。为了达到这个目标，他不得不考虑向越南增派部队，去训练吴庭艳的军队。

尼克松和肯尼迪这一对儿过去的想必也是将来的政坛宿敌，一块儿讨论了古巴对1964年政治的影响。那是他俩都关心的事，毕竟他们需要同舟共济，他们俩对军事行动的周期及其对选民的影响都心知肚明——先是欢呼和游行，然后是棺材和愤怒。在尼克松看来，肯尼迪似乎情绪低落。"看这局势的发展，"肯尼迪说，"还有我们面临的所有问题，如果我做了正确的事情，我不知道1964年我会不会还在这儿。"

这位前副总统什么也没说。总统起身踱步，一边说："千真万确，总统要处理的第一要务就是外交事务，不是吗？我是说与这样的事情比起来，谁会在意最低工资是1.15美元还是2.15美元？"

作为竞争者，这是肯尼迪和尼克松关系最密切的时刻。但肯尼迪当时不在状态。那天，他与另外一个来访者马丁·路德·金博士寒暄时还是有些心不在焉。每当肯尼迪想了解金的动机和政治想法时，似乎总会有更重要些的事情发生，今天民权问题对肯尼迪来说就像最低工资一样不重要。

金与总统的会面在记录中被认为是"偶然的"，虽然这是几周前就计划好了的。金来华盛顿为的是会见罗伯特·肯尼迪和他的民权同僚，这是在五月花酒店的一个私人餐厅里进行的秘密会见。会见结束之后，金和他的朋友哈里斯·沃福德没有事先通知和安排就一起前往白宫。按预定时间，总统从沃福德办公室经过，正巧撞上了金。

"很高兴见到你，"总统说，他以前只见过金一次，那是在竞选期间征询金怎样才能赢得更多的黑人选票。这位牧师当时说肯尼迪应该做些雷厉风行又激荡人心的事情。两个月之后，金进了佐治亚州的监狱，当时肯尼迪打过电话安慰他的妻子。

"我一直关注你和你的工作，"总统这回说。"我弟弟一直在告诉我某些进展，如果你需要我，你知道大门永远向你敞开着。"

但这是后门，或者说有时候是侧门。肯尼迪曾经告诉沃福德他想非正式会见金，也就是远离摄像师和记者——只要他在城里，什么时间都行。他还曾经给过国防部副部长罗斯韦尔·吉尔帕特里克同样的指示，要私下里会见尼尔逊·洛克菲勒，罗斯韦尔·吉尔帕特里克是这位纽约州长的密友，肯尼迪认为这位共和党州长很可能是他 1964 年竞选的对手。因此，州长在城里时，总统想与他私下会面，任何时间都可以。他想更多地了解金和洛克菲勒，好有个判断。与金的会面并未记录在白宫日历或日程表中，尽管这些日历或日程表似乎涉及总统生活的分分秒秒。这些显而易见的过细记录是要遮盖总统宁愿隐藏或忘掉的那些时刻和会见。

星期五早上，他是个重回工作状态的政治家，准备着一个记者招待会。九点钟，施莱辛格、塞林杰、古德温过来为肯尼迪准备应付关于入侵失败的暴风骤雨般的问题。总统打断他们，说自己不回答关于古巴的任何问题。"记忆是短暂的，"他说，"如果我们只是保持沉默，静待事态发展，大约三周，事情就会平静下来，到那会儿我们就该干啥干啥了。"

一小时后，他开始新闻发布会："我知道你们很多人想进一步询问关于古巴的问题……但是我认为今天上午进一步探讨有关古巴的问题对国家并无益处。"

仅此而已。总统显然已不能控制事态发展，但是他能够控制信息流动和第一时间对事件的解读。现在他利用这种职权，抛给媒体和公众只言片语，使他们不能准确断定发生了什么，进而倾向于接受总统的说法。只有一位记者不听从总统禁止发问的命令，问腊斯克和鲍尔斯反对入侵一事是否属实。

但是当全国上下必须保持一致的时刻，其他人似乎为总统受到公然蔑视而感到尴尬。肯尼迪轻而易举地转移了话题，他说："俗话说的好，成功有上百个父亲，而失败却是个孤儿。……我是政府负责人。"

回到总统办公室后，肯尼迪对有人竟向他发问感到气愤。"他们到底要我做什么？让他们挨个儿点名投票吗？……说我们一败涂地吗？中情局和五角大楼都是蠢驴吗？……我们得改一改这种状况了，尽快。"

但是他首先得知道发生了什么。第二天早上，也就是4月22日，周六，他会见马克斯韦尔·泰勒——这位已退休的陆军总参谋长曾提出"灵活反应"的策略。泰勒目前在纽约，担任林肯艺术中心董事长。总统让他请假，与罗伯特·肯尼迪共同为自己准备一份报告，关于猪湾错在哪里，自己应该如何应对。

那天早上10点泰勒来到总统办公室，被眼前一幕所震惊。副总统约翰逊，麦乔治·邦迪，还有其他几个人围坐在总统四周。这个场景让他想起了15年前的一幕：在阿登战役中一个战地指挥所被敌人占领。他看到了同样呆滞无神的眼睛，听到了同样语速迟缓的谈话。肯尼迪给他看了猪湾行动的战略地图，这让泰勒难以相信这次行动是真的。1,500名非正规军尝试进行最艰难的军事行动——在敌方海滨登陆突袭，他认为这个计划注定失败。他首先得出的结论便是至少使用正规部队的一个师，也就是15,000人，才能占据滩头堡。"这真是一种要命的学习方法。"肯尼迪这样说自己的在岗培训。

见过泰勒后，总统上了一架直升机，飞往戴维营，进行他联合会议最重要的部分——与前总统艾森豪威尔共进午餐，这个树木繁茂的总统度假地在凯托克廷山，70英里开外，行程30分钟。肯尼迪从没见过这个地方，这儿的名称是艾克给他的孙子取的名字。两人在山杨屋①吃午饭，肯尼迪描述了古巴计划遇到的困境，情报、时机、战术的失败。他比艾森豪威尔想象的还要坦率，但是当他面对指挥过史上最大规模的两栖登陆突袭的五星上将时，似

---

① 戴维营里的总统寓所。——译注

乎有些不知所措。尔后，两人在这块 125 英亩保留地的小路上散步时，将军给了前中尉有生以来最严厉的批评。

"没人知道这事有多难，除非干上几个月。"肯尼迪略带沮丧地说。

"总统先生，"艾森豪威尔说。"恕我直言，我想我在三个月前就向您这样提到过。"

"从那之后，我确实学到很多东西，"肯尼迪说。

"总统先生，"艾克说，"您批准此项计划之前，每个人都当着您的面对此事进行了辩论，您权衡利弊后做出决定，还是您每次只见一个人？"

肯尼迪笑了笑说："哦，我确实召开了会议……我只是批准了由中央情报局和参谋长联席会议共同提出的计划。我只是采纳了他们的意见。"

"总统先生，参谋长联席会议批准的计划有什么变更吗？"

"是的，有……我们的确取消了一次突防轰炸。"

"为什么要取消？"艾克询问道。"他们为什么在部队已经出海后改变计划？"

"哦，"肯尼迪回应道，"我们感觉有必要在这事上藏而不露。如果人们知道是我们在做这件事，而不是这些造反者在做，那么苏联人很可能会在柏林找麻烦。"

"总统先生，这恰恰和将会发生的事实背道而驰，"艾森豪威尔说道。"苏联人依自己的计划行事，但如果他们看到我们任何的软弱，他们就会给我们施加巨大压力。而当他们看到我们强大的力量，行动果断而不瞻前顾后，他们就会小心谨慎了。"

"哦，我的意见是，我们必须尽量在这次事件中不露声色。"

"总统先生，"艾森豪威尔重复道，"您怎么能期待全世界都会相信我们没有插手这件事呢？这些人从哪里弄到船能从中美洲航行至古巴？他们从哪里得到武器装备？他们从哪里获得需要的所有通讯设施和其他的东西？怎样才能不让全世界知道美国也牵涉其中？我相信遇到这种事情，要做的事只有一件，那就是成功。"

"好，我向您保证，今后，如果我们再遇到此类情形，必将成功。"

"很好，我很高兴听到你这么说。"艾森豪威尔说。

这些都是私下进行的。在公共场合，两人散步归来，面对聚集在通电的铁栅外的记者和摄像机，一排海军陆战队士兵正沿着铁栅巡逻。肯尼迪开口说，"我请艾森豪威尔总统到这里，通报近来这些事件的最新消息，我从他丰富的思想和经验中，获益良多。"艾森豪威尔负责任的补充道："总统负责外交事务理应得到人民的支持，我完全赞同美国人民对总统的支持。"

之后，艾森豪威尔在当晚日记中记录道："他用车载我到直升机场，并提议不久后打场高尔夫。"

当天下午回到华盛顿，肯尼迪的火气还没消，至少私底下是，他大声咒骂那些戴着勋章展示资格的将军们，"那些吃着水果沙拉的兔崽子们只知道坐在那里点头，说这样可行。"……"我非得给这些中情局的杂种们点颜色看看！"……"我怎么会傻成这样？"

他告诉艾伦·杜勒斯，他和比斯尔（两位都是他尊敬和喜欢的人），在事态平息后必须离开。"要是在议会制度下，我便会辞职，"总统对比斯尔说。"但在我们的体制下，总统不能也不会辞职。因此你和艾伦必须走。"他打算让弟弟罗伯特当情报局长，但现在还不行。他需要杜勒斯的共和党背景，来对付党派对猪湾行动的猛烈抨击。

过后，他独自与朋友雷德·费伊待在办公室，总统一边踱步一边说："那天，我坐在会议室，听着这些家伙们都在说'这样可以，这样不行，'说什么'没问题，一定能干成。'现在想来，我算是明白了，他们根本就没打算对这件事情说实话。他们只是认为如果我们卷入其中，我将不得不说'尽管去做，你们可以把所有兵力集中到那里，进驻古巴。'……但是，从现在开始，是约翰·肯尼迪来决定要不要做这些事。"

更准确的说，是约翰·肯尼迪和他的部下。他本能地转向那些曾支持他当上总统的人。他告诉他的弟弟和特德·索伦森——这两人都没有参与猪湾计划——现在他们应该把自己放在外交政策和国防专家的位置上。肯尼迪吸取了教训，非自己人不信。"你看到肯尼了吧？"有次肯尼·奥唐奈在飞机上睡着了，总统跟别人说。"如果我叫醒他，让他为了我跳下这架飞机，他真会这么做。要得到这种忠诚并不那么容易。"说到他的秘书林肯太太，总统说如果打电话告诉她刚刚砍下杰克的头想要扔掉，那么这位忠心耿耿的秘书会拿一个大小合适的帽盒马上过来。

罗伯特·肯尼迪不仅是个弟弟，而且他对于肯尼迪忠心不二，从不暗箱操作。他扮演着众多角色，其中包括"政治夫人"，凭直觉判断谁可信谁不可信，这是个被肯尼迪夫人拒绝扮演的角色。兄弟俩能毫无顾忌的分享对其他男人和女人的评价，而不会扭曲各自的志向和目的。约翰·肯尼迪对弟弟有些依赖，他总结说："跟弟弟在一起，我不必考虑组织。我能随心所欲。"

作为新的外交政策顾问，罗伯特·肯尼迪的第一个建议便是不要让自己做中央情报局局长。这就终结了总统对于中情局无益行动的合理推诿。他开始以总统替身的身份列席外交事务审议。4 月 27 日，他参加国家安全委员会会议，对副国务卿鲍尔斯大声叫嚷，而鲍尔斯已经受到了冷遇，因为他对记者说自己反对猪湾登陆。那天鲍尔斯不走运，他是来替腊斯克开会的，还递交了两份华而不实的国务院文件。其中一份说卡斯特罗依旧牢固掌握政权。鲍尔斯说目前美国只有发动全面进攻才能解除其政权，而这恰是肯尼迪兄弟不愿听到的。

"这毫无价值，"罗伯特·肯尼迪大声吼道，把其中一份国务院文件随手丢在一边。"我们该如何应对古巴？这份文件什么也没告诉我们。"他如此这般不停地说了差不多 10 分钟。"你们这些这么心急火燎地要保护自己的利益，以至于什么都不敢做。你们想要做的无非是将整件事都推给总统去做。"

"如果你们退出，把外交政策交给别人处理，情况会更好。"他说罢怒视着鲍尔斯。

总统坐着没出声，好像什么事也没发生。弟弟喋喋不休地说话时，他用铅笔顶端包橡皮的金属圈轻轻敲打着门牙。坐在特德·索伦森后面的理查德·古德温第一次意识到约翰·肯尼迪隐忍和悠闲的神情背后，可能是愤怒或更糟糕的情绪。他毫不怀疑罗伯特·肯尼迪正在传达的恰恰是他哥哥想要说的，或许是重复两人单独在一起时总统所说的话。

那次会后一周，总统以书面形式表述了白宫的意见，批准了"行动纪要"，纪要是这样开始的：

"赞成美国对古巴政策应以推翻卡斯特罗政权为目的，但由于以下达成一致的措施不大可能达到这一目的，因而此事应定期审议，以决定是否需要采取进一步行动……"

"赞成美国目前不应对古巴介入军事行动，但是不应排除将来军事介入的可能性。"

他同时也批准了另一条："应努力使沙立①和吴庭艳相信我们没有放弃东南亚；国务卿和国防部长应立即向总统提议美国派军事训练部队进驻越南。"

在哈瓦那和莫斯科也召开了会议。苏联政府推测美国还会有一次对古巴的入侵。下一次是会有美军参与的真正的入侵。与米高扬——苏联部长会议第一副主席交谈后，国务卿腊斯克向肯尼迪汇报说苏联人重视卡斯特罗政权的程度，超乎美国人的想象。"古巴对于像赫鲁晓夫和我这样的老布尔什维克非常重要，"米高扬带着异样的激情告诉腊斯克。"这是第一次有国家和平地向共产主义过渡。"

现在，肯尼迪总统自己对古巴也有了一种激情。他亲自下达战斗命令，并认为自己有责任把2506旅的军人从卡斯特罗的监狱里拯救出来。有一千多人被俘。

"是我把那些人派到那里的，"他对古德温说。"他们信任我，现在却因为我把事情搞砸而进了监狱。我必须把他们救出来……不论付出任何代价。"

4月30日，星期天晚上，总统阅读《时代周刊》的校样——编辑对稿子进行出版前最后的审校稿。杂志的第一部分"总统任期"是这样开始的："上周，在肯尼迪政府结束第一个百天任期之际，美国遭受了共和国历史上少有

---

① 沙立·他那叻（1908－1963），泰国职业军人，曾任陆军元帅，1957年发动政变，其后担任泰国总理，直到1963年去世。——译注

的一系列波折，持续达一个月之久。首先是俄罗斯在载人航天飞行方面捷足先登。接着是入侵古巴的惊人惨败。最后，一个不是滋味的现实姗姗来迟，即美国扶持的老挝也将流失到共产主义的阵营中。"

肯尼迪下决心要扭转那种舆论，但他同时也觉得这事不费什么力气，只消好好考虑考虑，造点儿声势，外加几个死党——说不定独自一人也能干。他认为只要能有个适当机会，与赫鲁晓夫单独会一次面，就能把几件事摆平。当时确有很多人被他的魅力折服。乐观和幽默又回到了他身上。他心里设想了一下，这倒也符合事实，那就是阿瑟·施莱辛格正为写一部关于肯尼迪总统任期的书做笔记，于是他告诉施莱辛格，自己想好了一个标题："肯尼迪：独一无二的年代。"

也许是。也许不是。一个国家可能会团结在被它嘲弄的总统周围。猪湾事件后全国盖洛普民意调查出结果了，同一天《时代周刊》报道说 83% 的调查者支持肯尼迪作为总统的所作所为，仅有 5% 的人反对——他的支持率提高了 10 个百分点。

"天哪，这就像艾克，"肯尼迪看到民意调查结果说。"你做得越差，他们越喜欢你。"

第九章 1961 年 5 月 11 日

4月26日上午，肯尼迪总统一直在和特德·索伦森讨论修改第二天要在纽约对美国报业出版人协会发表的演讲。他准备劝说这些出版商与政府合作，参与一项自愿审查计划。"这是为了国家的安全利益，"他打算这样劝他们。中午过后，肯尼迪收到了来自驻老挝万象大使温斯罗普·布朗的电报：

> 芒塞地区已经失守……我看不出为什么我们能容忍敌人继续向前推进……必须动用 B-26 轰炸机，以及也许是美军或东南亚条约组织的部队投入战斗，才能阻挡敌人进攻……我明白这种行动会彻底破坏整个停战谈判……但我们别无选择。

在华府包括总统在内，几乎没有人知道芒塞为何物，位于何方。但肯尼迪很清楚，他在老挝虚张声势的威慑似乎并没有起到作用。美国军舰和军队在泰国和老挝边界的行动显然未能震慑巴特寮。

第二天，4 月 27 日，肯尼迪开了四个多小时的会议，讨论老挝问题。前三个小时是和他的幕僚开会，以国家安全委员会的名义；后一个小时是和国会领导人开会。当天下午，肯尼迪飞往纽约，白宫随即发布一项声明："会议讨论围绕这样一个问题展开，即如果共产党完全无意停火并寻求和平解决的方法，那么旨在维护老挝独立主权和领土完整的美国和其他国家应当采取什么行动。"当天晚上出版的《纽约时报》头版头条就是："如果停战协定失败，肯尼迪同意对老挝采取行动……形势严峻。"

在华尔道夫大饭店，总统想要回顾一下一周前在古巴发生的事。他对酒店大舞厅里的那 1,700 多人并无多少好感。这些人经营的报纸四家中有三家曾经支持过尼克松，他们还拥有全国各地数以百计的地方广播电台、电视台。他认为这一切都是富兰克林·罗斯福造成的，罗斯福作为一个政客最大的错误就是允许出版商获得使用公共广播和电视的许可，因为出版商们通常都是富商，而这些富商几乎全是共和党人。

"我们的生活方式正受到攻击。与我们为敌的人正向全球推进，"总统以一种符合各报社论风格的方式告诉那些报业老板们。事实上，这些人大多数都怀疑肯尼迪就是破坏他们生活方式的人之一。"向社会主义示弱"是他们给大部分民主党人贴上的标签。听众中的许多男人（以及几个寡妇）所拥有的报纸都号召美国在猪湾失败后应全面进攻古巴。这个星期，孟菲斯的《商业诉求报》称："退缩的美国人注定要失败。那些全副武装的红色掘墓者已经来敲我们的门了。"《查尔斯顿新闻和信使报》更是直指个人："已经没有多少时间来培训约翰·F. 肯尼迪了。他头一次面对大危机就把事情搞得一团糟。"在全美发行的《赫斯特报》中，专栏作家乔治·索科尔斯基甚至质问道："难道我们就这样按兵不动直到苏俄在古巴建起导弹和潜艇基地吗？"

总统继续说："我们正遭到世界范围内的一个无情的大阴谋的围剿，它主要靠隐蔽的方式来扩展其势力范围——靠渗透而非侵略，靠颠覆而非选举，靠威慑而非自由选择，靠夜间出没的游击队而非白天作战的正规军。他们的准备是隐秘的、非公开的；他们的错误被掩盖，而不彰显。对于持不同政见者则是取消他们的发言权而非加以赞赏。支出从不受质疑，言论从不会发表，秘密从不被揭露。

"在战争时期，政府和媒体通常通过自我约束实现协力合作，以避免出现未经授权而向敌人泄露情报的情况。法院认定，当国家面临'明确和现实的危险'时，即使是第一修正案规定的公民权利也必须从属于公众对国家安全的需要……我请求全国的每一位出版商、每一位编辑、每一位新闻工作者，重新审视自己的标准，认清我们国家所面临危险的本质。"

总统希望媒体统一认识，认识到在全世界与社会主义进行的斗争，正像第二次世界大战一样，是一个"明确和现实的危险"。他呼吁媒体"自我约束"，要求出版商与政府一起建立冷战新闻指导方针。

"现在每份报纸对每条报道都要问自己：'这是新闻吗？'此外我建议大家再追加一个问题：这符合国家利益吗？"

整个演讲中，出版商只是礼貌性地鼓了两次掌，一次是当肯尼迪说他并不是要求每一项政府决议都得到评论支持，另一次是他结束演讲后。其实并不是因为他关于社会主义的观点引起了出版商的反感，大多数人完全同意他的说法，而是因为他试图告诉这些出版商应该怎样经营报纸。一些报刊掌门人认为当晚肯尼迪表现得过于情绪化，第二天对他的评论反应并不友好。"尤其是在危急的时期，国家需要听到更多的，而不是更少的实情。"《纽约先驱论坛报》如是说。《纽约时报》也发表同样评论："在面对'明确和现实的危险'时，比任何时候都更重要的是，民众能充分了解国家面临的问题和危险……"

演讲结束后，肯尼迪总统留在了纽约，并于第二天高调拜访了时年85岁的美国第30任总统——赫伯特·胡佛，还拜访了时年81岁的道格拉斯·麦克阿瑟将军。这两位都曾在总统需要他们的时候，忠诚尽责地支持他。随后，肯尼迪总统以就掩盖猪湾事件谎言道歉为由，与阿德莱·史蒂文森和联合国秘书长达格·哈马舍尔德在华尔道夫大厦共进午餐。胡佛、麦克阿瑟、史蒂文森都住在那里。

麦克阿瑟，这位已退役的美国另一位五星上将、二战时期美国在太平洋地区的军队总司令，给肯尼迪留下了很深的印象。在见到麦克阿瑟将军之前，肯尼迪多年来一直嘲笑将军的虚荣和傲慢，无论是在他当军官还是成为平民的时候。然而，当肯尼迪获悉，一战中38岁的准将麦克阿瑟因在法国作战英勇而被提名授予美国最高军事荣衔——荣誉勋章时，他改变了对麦克阿瑟的看法。肯尼迪对将军的勇气印象尤为深刻，他还在将军讲话的时候做了笔记，他写道："将军认为尽管将来可能会有必须插手古巴的时候，但至少现在不应插手，因为古巴还未成为我们的军事威胁……"，"认为在老挝进行的战争是错误的……"，"他认为我们应该和日本、中国台湾、菲律宾结成统一战线。"麦克阿瑟将军对曾经任他副官的艾森豪威尔并无好感，并将古巴问题和其他大部分问题都怪在艾森豪威尔头上，他说："鸡都跑回来歇着了，你就住在鸡舍里。"这让肯尼迪感觉心里舒坦多了。

总统在自己的卡莱尔酒店阁楼公寓里，会见了当地民主党政要：布鲁克林区和布朗克斯区民主党领导人，市议会会长约瑟夫·夏基，众议员查尔斯·巴克利，谈话内容是当地赞助情况，以及即将展开的市长选举。随后，他乘一架直升机飞到艾德威尔德机场，登上空军一号飞往芝加哥。他带了两位国会议员一同前往，一位是罗兰·利博纳蒂，另一位是丹尼尔·罗斯滕科斯基，旅途顺便讨论当地政治——这次要谈的是芝加哥政治——以便当晚他在库克县民主党100美元一盘菜的昂贵晚宴上演讲之前，了解必要的情况。战争，无论大小，无论胜败，都是肯尼迪分内的事，还欠下的人情也是。他欠理查德·J.戴利人情，这位芝加哥市长为1960年总统当选立下了汗马功劳，给了肯尼迪一个同僚所能给予另一个同僚的最大帮助。尼克松就一直相信，戴利对肯尼迪的帮助包括从总统选举期间去世的民主党人手里网罗了几千张决定性的选票，才让肯尼迪在伊利诺伊州险胜。

总统在下午5点之前就住进了芝加哥的希尔顿酒店，据白宫新闻中心随后发给楼下记者的油印日程表称："总统在他的房间里待到晚上7点。"其实，他中途溜出了希尔顿酒店，跑到了大使东酒店，与一个名叫朱迪思·坎贝尔的26岁的年轻女人厮混了20多分钟。这个女人是肯尼迪的妹夫、好莱坞演员彼得·劳福德和劳福德的密友同时也是朱迪思的前任情人弗兰克·西纳特拉在总统竞选期间介绍给肯尼迪的。据说这个女人结交甚广。第二天等肯尼迪飞回华盛顿，她也飞去迈阿密见她的另一位情人——芝加哥黑帮首领萨姆·詹卡纳。

回到白宫后，总统必须重新集中精神，解决老挝问题。自他的3月23日演讲以来，在日本冲绳县待命的海军陆战队人数已经从1,400增至10,000人，他们随时准备登上第七舰队的军舰，航行2,500英里，横跨太平洋到达泰国，再行进600英里，穿过泰国和部分老挝国土，与巴特寮及其北越同盟进行正面对抗。

肯尼迪在一些方面也小有成就。他成功拉拢了犹豫不决的东南亚条约组织成员国参与美国可能实施的入侵计划。巴基斯坦允诺派出一支8,000人的军队，这让肯尼迪对当时巴基斯坦的军事独裁者阿尤布·汗钦佩不已。另外四个成员国，泰国、菲律宾、澳大利亚和新西兰也承诺会派出部队，不过人数不多。英国首相麦克米伦尽管百般不愿，仍同意从香港派出一个营的军队。但戴高乐总统告诉肯尼迪，任何情况下，法国都不会派兵到印度支那。

每日清晨，总统案头都堆叠着各种文件，其中就有每日消息简报，多达10页的篇幅上报道了每天6点半到次日6点半发生的全球事件。而老挝板块总是占据了最大的版面。每天早上阅读这些版面都让肯尼迪哭笑不得。由美国出资组建的这支皇家军队宁愿解散去摘摘花或是游游泳。这些老挝士兵连坦克都没见过，却坚信他们能靠顶端刻着阳具标志的削尖竹竿战胜美军。有一次，双方军队竟颇有默契地离开"战场"，一同去泼水节狂欢去了。某日的早报还正式地估计过，约有90%的老挝人认为地球是平的，且老挝人是唯一生活在地球上的人。

美国参谋长联席会议主席莱曼·莱姆尼策上将在4月下旬的一次会议中对总统说道："既然我们能将韩国人训练成优秀的士兵，那为什么不能用同样的方法训练老挝人呢？"

　　答案是，不管地球是平的还是圆的，世界上再没有比奋发自律的韩国人或是崇尚性爱的老挝人更与众不同的了。甚至有人怀疑，要是没有北越军队在背后怂恿，巴特寮这支在战场上最勇猛的部队是否会继续战斗。话虽如此，美军连在韩国的"有限"战争都没法获胜，更别想卷入亚洲任何的陆地战争了。如今参谋长联席会议都认为处理老挝问题，已经到了"孤注一掷"的地步。要么就彻底远离是非，要么就再向老挝投入 10 万兵力，同时也要准备使用核武器，以应对中国共产党有可能派出的军队。据报道，中国正在少有道路的老挝修建公路。尽管麦克纳马拉兴致勃勃地宣布要为老挝皇家空军配备 100 磅重的炸弹，对付巴特寮和北越人，但这并没有增强军方对新政权的信心。显然，麦克纳马拉不知道这支皇家军队只有六架飞机，每架只能携带两颗炸弹，而这个国家的面积相当于古巴面积的两倍。

　　然而，肯尼迪已经改变主意了。美国在古巴的情形已经狼狈不堪，之前也受到了麦克阿瑟的警告。因此，肯尼迪打定主意不再往老挝派遣部队。军队和舰只在老挝的活动只是在虚张声势。在他看来，莱姆尼策就是个蠢货。肯尼迪想起艾森豪威尔时期的国防部长托马斯·盖茨一月份曾告诉他，美国一个师的部队能在 12 天之内到达老挝并进入战斗状态，于是便问莱姆尼策："军队如何到老挝？"

　　"军队可以空运过去在两个机场降落。"上将答道。他说的两个地方是沙瓦纳科特和派斯科。

　　肯尼迪又问："那多少人可以在两处机场降落？"

　　"最好情况下，每天可以降落一千人。"

　　"那个地区有多少共军？"

　　"我们估计有三千。"

　　"要是他们增兵，需要多长时间到达？"

　　"他们可以增派五至六千人，四天后增至八千人。"

　　"要是第三天你送了三千人过去，"总统继续发问，"然后他们炸了机场，那怎么办？接下来，他们又派来五千到六千人，那怎么办？或者是你刚送了两千人过去，他们就炸了机场，那怎么办？"

肯尼迪一旦发了火就会是这样。"要不是因为猪湾事件，我们的部队现在已经到老挝了。"与上将们开完会之后，他对索伦森说。

这一次，总统绕开参谋长联席会议，派出埃夫里尔·哈里曼前往莫斯科以及老挝首都万象。此行的目的并非要赢取任何进展，埃夫里尔只需尽他所能，保持对话就行了。"我们决不能让总统面临两难的选择——放弃老挝或是派出更多军队。"哈里曼这样对布朗大使说，"我们的任务，就是竭力避免让他面对这样的选择。"

埃夫里尔采用的策略是，谈判态度要强硬，调动舰队和军队在周边活动，但是要避免真正派海军陆战队进入。《星期六晚邮报》刊登了一篇凯斯·比奇从西贡发回的文章，说得很准确："这表面上看像是一场展示美国实力的战争，暗地里美国正在密谋战略撤退。这能为美国挽回面子，却无法挽救老挝。"肯尼迪下令让所有伪装成平民潜伏在老挝的美国军事专家穿上制服亮相，以显示美国的决心。这一举措俨然是一场战争滑稽剧中的变装游戏。

"如果我们一定要在东南亚开战，我们就在越南打，"总统在华盛顿对他的手下人说。"越南人至少有决心打仗。越南才是打仗的地方。"

"别愁眉苦脸，"他对手下人说，这时他已经走出了猪湾事件的阴影，重新振作起来。但是在华盛顿，连续数夜幕僚之间相互争论，疑虑不断。他的一些手下人感觉幻灭了，开始怀疑自己的首领，意识到他那种振奋人心的自信纯粹是个人的，或许是政治的，而未必是总统应该做的。

他们中一些人也开始了自我怀疑。就连罗伯特·麦克纳马拉也面临着"自信危机"。尽管在公开场合他总表现出那副装腔作势的模样，事实上他也在反思是他造成了这场溃败。他自己只是个汽车公司的管理人员，对国防部长的工作完全不了解。"简直是一无所知，"他私下里想，不过他把这想法埋在了心里。

在这一点上，他算是想对了。国防部长、总统们，都是走一步看一步，再收拾上次留下的烂摊子。在猪湾事件失败两周后，麦克纳马拉参与了美国国务院的古巴工作会议。在长达一小时的讨论后，麦克纳马拉站起来，把手搭在理查德·古德温的肩上说道："我们唯一要做的，就是消灭卡斯特罗。"

"你的意思是……？"

"这就是我的意思，迪克①，"麦克纳马拉继续搭着古德温的肩膀说，"必须这么做。"

猪湾事件失败之后，国家安全顾问麦乔治·邦迪向总统递交了辞职信。肯尼迪不同意他辞职，并告诉这位前哈佛文理学院院长，要控制流入总统办公室的信息——总统知道了什么消息和他是什么时候知道的。于是邦迪马上从行政办公大楼的宽敞办公室搬到了白宫地下室里一处旧储藏区。这相当于是提升了一级，因为这里比起隔壁那栋行政办公大楼来，离权力核心更近了一步。之后，邦迪开始为肯尼迪写备忘录，开头是这样的："希望您在读这篇备忘录时能保持愉悦的心情……"

> 我们在古巴问题上犯了一个严重的错误。但对此没有必要感到耻辱，因为这一切都事出有因……我们存在管理方面的问题，实质是您在时间利用上存在问题……我认为，接下来发生的事情表明，大家已经达成一个共识，即不能再让您坐视不管。很多人也会告诉您这一点，包括奥唐奈、索伦森、罗伯特·肯尼迪、腊斯克……

> 举个例子，除非您给国家安全委员会的工作计划不会让他们日渐心烦，否则他们就真的无法再为您工作了。五天之内召集三次会议是愚蠢的——把会议推迟六周同样糟糕。

> 不论是杜鲁门还是艾森豪威尔，他们每天早上的第一件事就是处理堆积如山的外交事务。为继续这种做法，几周前，您也让我每天早上与您碰面。而我总共只在三个早上见到您，全部时间

---

① 理查德的昵称。——译注

只有差不多八分钟。于是我得出结论，您并不真正想这么开始您的一天。而且，在那八分钟的时间里，有六分钟都不是您听我汇报消息，而是您给我从玛格丽特·希金斯、戴维·劳伦斯、斯科蒂·莱斯顿等新闻人那里得来的消息。新闻报纸上的消息固然重要，但是这不意味着要反复关注谁泄露的、为什么；对于您的权威和责任而言，谁在乎张三跟李四说了什么？……

邦迪如此这般地继续指责他的老板：

现在，任何情况只要不是那么紧急或是急需处理，我们就很难向您做汇报，以至于几乎有一半您亲自要求汇报的材料或报告，您看都没看过一眼，因为当您有时间看的时候，您已经对这些材料的内容失去了兴趣……总的说来，您完全可以确信的有以下两点：一、国家安全领域的所有政府部门都在您的人员的严密监视之下；二、政策上的所有重大问题都在您的视野之内，并能及时督促有关人员去解决问题。

邦迪深知，现在肯尼迪最想做的就是在白宫内部设置一个微型的私人国家安全委员会机构——成员包括罗伯特·肯尼迪，竞选工作人员，还有现在对他来说最重要的三个新进成员——麦克纳马拉、邦迪、马克斯韦尔·泰勒。总统还恢复设置了一些他在二月份下令取消的小型官方行政机构，包括海外情报顾问委员会。但是邦迪和大部分其他官员一样，仍需要在走廊里穷追不舍才能把他们的信息传达给总统。

白宫西楼有一间20×40英尺的房间，没有窗户，邦迪每天早上就在这里将各种未经处理的情报电报分类。经过一个安保人员，再经过数张国家安全委员会打字员的小桌子，就到了被称为情况室的国际局势区。这里虽然空间狭小，但是影响巨大。每天，都有数以千计的电子报告汇总到此，削弱了上至中央情报局长、下至普通情报人员的影响作用。总统现在常常在中情局长之前就能看到中情局的现场报道。

房间正中的桌子能紧挨着坐下 12 个人，其他 20 个助手则需紧挨着墙站着。而他们身边摆放的却是能覆盖世界大部分地区的加密电话和电传打字机，墙上挂着可以上下移动的美国军事部署地图。这里的电话只需塑料卡激活，就可直接接通戴高乐总统、麦克米伦首相、康拉德·阿登纳总理以及其他首脑，类似于那些拿着"橄榄球"跟在总统身边的军官们所携带的那种。

这个房间给坐在桌边的人的印象是，只有他们知道世界上正在发生着什么事情——也许老挝除外，尤其是坐在桌首的男人更是这么觉得。当肯尼迪总统的问题从古巴转移到东南亚的时候，他问到参议员迈克·曼斯菲尔德的观点，这位来自蒙大拿的议员回答总统的语气就像是一个政客与另一个政客谈话，他强调了在世界另一边的举动对国内的直接影响，"如果干涉需要出动美军，那么最初民众的许可就会随着第一批阵亡将士名单的公布而消失。也要不了多久，持'坚定不变'的支持立场的人也会变成反对'肯尼迪的战争'的人，还会有人质疑'我们到底在老挝干什么？'"……"我都没有向猪湾派兵怎么可能向老挝派兵呢？"肯尼迪询问了尼克松的意见，甚至问了 4 月最后那周他碰面的所有人。4 月 26 日，南越总统吴廷艳以超过 90% 的选票获得连任。在隔天的国家安全委员会的会议上，艾伦·杜勒斯告诉肯尼迪没有必要讨论数字，就直截了当地说："这次选举是非法操作的。"

总统想通过虚张声势的恫吓解决老挝问题。一万海军在冲绳岛登上舰艇，并用非加密的无线电透露他们正朝东南亚进发，五千人去往老挝，五千人去往越南。莫斯科和河内的共产党猜测他们全部去往泰国，然后再到老挝。这之后埃夫里尔·哈里曼被派往新德里，给印度总理尼赫鲁传递一个简单扼要的消息，并通过印度传达到苏联：老挝不会被抛弃，哪怕需要美国出兵干涉也在所不惜。但是哈里曼同时也告诉尼赫鲁，说肯尼迪总统要比艾森豪威尔更加变通，只要苏联停止向巴特寮空运武器和补给，美国政府可以接受一个真正中立的老挝。

113

一项交易正在进行中。在莫斯科，部长会议主席赫鲁晓夫显然愿意接受老挝对中国共产主义影响采取中立态度。在北越的首都河内，胡志明主席不愿意冒险相信美国人所称打算在东南亚投入军队。美国军队可以在几十年之内阻挡北越政府，使其难以实现共产主义统一越南的野心。于是，肯尼迪又派哈里曼去日内瓦，尽其所能终止美国对老挝的承诺。哈里曼也不辱使命地完成了任务。苏联人，美国人，以及相关各方在5月5日签署了停火协议，并将协议的执行交给联合国控制委员会去做睁一只眼闭一只眼的监督。老挝的中立只停留在纸面上而已，与此同时，共产党正做着缓慢的——并像肯尼迪希望的那样——和悄悄的准备，意在打赢这场内战。

那一周《时代周刊》的报道这样开头"在老挝停火是美国在冷战时期的一个失败……"；"老挝——政府首脑是个共产党支持者，政府中有共产党人位居要职，共产党军队已经控制了半个老挝——会很快走到铁幕后面……肯尼迪宣称自己将'付出任何代价'来'保证自由的存续和胜利'。但是代价似乎太高了……如果美国要挽救南越，则需要更加深入地参与其中，如有必要即使打仗也应在所不惜。"

"狗娘养的，"总统骂了一句，随手把杂志丢开。"如果他们想要这份工作那么明天就可以拿去。"

但他知道自己已经是强硬派的眼中钉了，从艾奇逊到《时代周刊》杂志，都是如此。没有出兵古巴，跟老挝谈判；看来他必须在什么地方突破一下了。

最终他选择了越南。他把国家安全委员会29日会议上列出的依据一条一条标出来。南越是一个更加团结的国家；其中有一百万来自共产主义北越的难民；其军力也更强大且受过更好的训练；它有直接通往海洋的出口，更可使美国海军和空军有用武之地；它不与红色中国接壤。

这个会议的工作文件长达23页，题目是"防止共产主义控制南越行动计划"。这个"绝密"计划的主要撰写人是国防部副部长罗斯韦尔·吉尔帕特里克，以及兰斯戴尔将军，后者是非正式越南特遣部队首长和指挥官，直接向总统汇报工作。

现实在模拟小说："拉格泰姆"爵士调男孩①，兰斯戴尔将军，希兰戴尔上校，如今正在制定政策，并对政策发表评论。5月20日，总统上任最初那些天曾经印象深刻的兰斯戴尔报告发表在了《星期六晚邮报》上，标题是"总统想让发表的报告"。副标题是："由一名美国军官撰写"。报告是兰斯戴尔叙述的，说的是阮禄安和领导的斗争，目的是把越共赶出自己的村庄，村庄叫平红，在越南最南端。

在4月29日由兰斯戴尔和吉尔帕特里克向总统提出的建议中，有一条是向南越增派军事人员，这违反了1954年签署的日内瓦协议，该协议终结了法国在印度支那的统治。协议把外国驻南越军事顾问的人数限制在法国撤军时保留的人数：685人。如果肯尼迪总统同意南越吴庭艳总统的请求，即美国提供资金和训练，使南越军队的规模从15万人扩充到17万人，那么就会需要比那个数字更多的训练官。

"全国到处都有游击战，"兰斯戴尔报告道。

越共骨干已经从1960年初的4,400人增长到了今天的大约12,000人……在今年的前三个月双方伤亡人员合计超过4,500人。这个国家的58%都差不多掌握在共产主义手里，从骚扰到夜间突袭并到完全的行政管辖……他们已经公开宣称"将于1961年底之前接管整个国家"。

尽管情况危急，但也不至于绝望。需要……向我们的越南朋友和敌人越共，显示我们的意志，即无论发生什么，我们都要打赢这场战争。

尽管违反日内瓦条约，总统还是批准了50多项兰斯戴尔和吉尔帕特里克提出的建议，训练南越游击队并派往老挝和北越；制订一项计划，通过"渗

---

① 参阅第三章。——译注

透政治势力、政府、武装部队、敌对力量，衡量政府受支持的程度，对任何政变阴谋发出警告，发现并培养具有领导潜力的人物，在吴庭艳总统消失后接管政府"。

肯尼迪同时也批准了另一项建议，即提供资金培训南越军队中的"特种部队"，他们将佩戴美军特种部队绿色贝雷帽，总统对这个司空见惯的标志情有独钟，总把它与游击战和反叛乱联系起来。这位三军总司令亲自驳回了国防部禁止在美军中佩戴绿色贝雷帽的命令。五角大楼不想要明显的精英标识，认为这样会削减"一般"士兵的士气。肯尼迪却想要这样的标识，部队是他的部队，他坚持要使用这个标识。

5月5日，肯尼迪出席了另一个国家安全委员会的会议。这些在内阁会议室围着圆桌而坐的人，本来在讨论兰斯戴尔的建议，后来转了话题，讨论英属圭亚那被共产党接管的可能性，这个小小的殖民地位于南美洲北海岸。这时，总统的秘书伊夫琳·林肯走进来向他耳语。

"两分钟，"她说。

"还有两分钟发射，"总统说道并站起身来。

总统走进林肯夫人的办公室，跟在他身后的有约翰逊、腊斯克、麦克纳马拉、泰勒、索伦森，肯尼迪夫人从另一扇门进来，她丈夫对她说："进来看看这个。"他们都聚集在一个小小的电视机前，紧张地注视着美国首次把一个人送上太空的最后准备工作。23天前，苏联秘密进行尤里·加加林环绕地球轨道90分钟，与此做法不同，肯尼迪决定让全世界观看发射，观看海军飞行员艾伦·谢泼德上尉升空。

如果谢泼德能够成功进入太空，他将在那里仅仅停留15分钟，在距地面115英里的高度，像加农炮弹一样绕一个弧，之后在距离发射地302英里的地方落入大海。电视银屏上展示出了他乘坐的宇宙飞船，勇敢地命名为自由者7号，有点像美国陆军位于佛罗里达大西洋海岸卡纳维拉尔角的红石导弹，只是头部是圆锥状的。约翰逊用直线电话和卡纳维拉尔角通话。飞船喷出大团烈焰，发出巨吼，腾空而起，随后就从电视屏幕上消失了。

肯尼迪像每一个其他美国人一样，也在等待。他对这一幕和其他人一样紧张，他担心自己做出的向公众播放实况的决定会是个错误。呈交白宫的机密报告认为飞行成功的概率是 75%；谢泼德生还的概率是 90%~95%。办公室里悄无声息。

门突然打开了。"宇航员在直升机里，"一个助理媒体秘书安德鲁·哈切说，激动得撞上了总统。"飞行员说他看上去一切正常，状况不错。"

"成功了，"肯尼迪说，他需要成功。他听见大楼周围响起了欢呼声。他笑了。他有好一阵子都没那么笑过了。

过了一会儿，他把约翰逊叫到一边。

"林登，我还是想要你去越南跑一趟，"这已经是他在一个星期里第三或是第四次这么说了。"你必须去一趟。"

"总统先生，"约翰逊答道，"我不想因为自己的脑袋在西贡被炸个稀烂而让您难堪。"

副总统是个骄傲、情绪化、难以相处的人。不过这并不能改变他是副总统的事实，没他肯尼迪不可能赢得 1960 年大选得州的胜利，而没有得州的胜利就不可能赢得总统宝座。总统曾不止一次呵斥手下人拿约翰逊开心的行为。

"我想让你知道一件事，"当时有一次他对肯尼·奥唐奈说。"林登·约翰逊是美国参议院的多数派领袖，他数次被人民选为议员。他是美国民主党党首，是我们选他当我们的领袖。我是美国总统，他不喜欢这个事实，他认为自己比我重要 10 倍，他就是这么个人。但是他觉得你啥也不是，不过是个职员。你要牢牢记住这点……

"当选的官员都奉行一个原则，不管他们彼此是喜欢还是厌恶……你从来没有被任何人选举成为什么，你是在和一个很没有安全感，非常敏感，又十分自负的人打交道。我想你只要在华盛顿，就该多拍拍他的马屁才好。"

原则不原则，肯尼迪觉得约翰逊可能还真是个懦夫。他不知道是该厌恶还是该觉得好笑。但他什么都没表现出来。

"别担心，林登，"他说。"如果你出了事，萨姆·雷伯恩和我会给你办一个得州奥斯丁有史以来最隆重的葬礼。"

约翰逊终于在5月9日出发前往越南，带着肯尼迪写给吴庭艳总统的信，这封信极大地改变了两国的关系。肯尼迪在信中建议的不再是只提供援助，而是要负责与吴庭艳联手打败南越的共产党：

> 自从我执政以来，我和我的同事们都关注着越南的发展……我们准备好了与贵国政府协作，共同开展军事、政治、经济等领域的互助合作。我们建议扩大包括"反叛乱计划"在内的现有合作，为我们的行动注入高度的紧迫感与奉献感……已经实施的"反叛乱计划"步骤中，我们批准了为贵国常规军扩增20,000人的军事援助计划……如果发展有此需要，我们还准备与您一道认真考虑，在贵国170,000人的军队基础上继续扩军……

肯尼迪告诉约翰逊他的任务是使吴庭艳和世界相信，越南得到美国的支持和尊重。约翰逊带着热情去执行这项任务，他公开称吴庭艳为"东南亚的温斯顿·丘吉尔"。

肯尼迪5月16日看到了吴庭艳自己称为"临时的信"的回信。信中说："越南政府接受了你信中提出的共同对付越共的提议……对此雅意我深感欣慰……特别是我们并不习惯于在自己的需求方面被问及我们的看法。"

第二天，5月17日，肯尼迪总统进行了自己的首次出访，目的地是加拿大。他在这个国家的议会也发表了一个美国角度或者说北美角度的丘吉尔式宣言："在这个各方严阵以待战争一触即发的时代，我们的历史任务不仅是保卫自由，而是扩展自由的执行，加强自由的盟约……"但这并不是出访的目的。在私底下的谈话里，肯尼迪努力说服加拿大总理约翰·迪芬贝克，改变加拿大反对美国在加领土上部署导弹和核弹头的态度。之后，两人来到位于渥太华的政府大楼前的草坪上，正式的种下了一棵从美国带来的小橡树。

肯尼迪对迪芬贝克谈到他可能将会见赫鲁晓夫主席，一边说一边没有屈膝便用铮亮的铁锹铲了一锹土，猛觉一阵疼痛。他挺直了腰，知道疼痛还会加剧。当第一阵剧痛袭来时，他抬起右手摸了一下额头。等到他上了空军一号回国时，已经几乎不能动了。飞行员被告知通过无线电叫人把总统的双拐在安德鲁空军基地准备好，总统一降落就要用。

回国后，5 月 23 日，肯尼迪拄着双拐宣布了有关美国在东南亚目标的新声明："阻止共产党占领南越，在那个国家创造一个切实可行的越来越民主的社会，加快速度进行一系列军事、政治、经济、意识的互助合作，以实现这一目标……使越南保持自由。"

上面这一段是"总统关于越南计划"的导语，是兰斯戴尔 – 吉尔帕特里克的建议的最终产物，其中包括几个要点：（1）试图增加吴庭艳及其政府对于美国的信心；（2）在诺尔庭大使的指导下，通过再评估和谈判，增加吴庭艳在国内的支持率；（3）如果美国对越南出兵，就有必要对其军队规模和构成进行全面的调查。

肯尼迪总统还撤销了一项艾森豪威尔颁布的政策，这项政策限制美国在南越首都西贡的活动，并要求自大使起的所有人都要在吴庭艳政府的指令下进行活动。艾森豪威尔发布了这项政策并照章办事。肯尼迪倒也在照章办事，不过他依照的是一本叫做《丑陋的美国人》的书。兰斯戴尔将军在给肯尼迪的报告中强调要把触角伸向农村。他的意思是，建立一支由住在山地的苗族部落组成的秘密军队，这只数千人的军队由中情局资助，任务是骚扰北越在"胡志明通道"的活动。那是一条通过老挝为在南越的游击队提供物资的丛林道路。

"在南越各处发展农业试点项目——观光区——目的在于发挥其心理上的效果。"这是兰斯戴尔对总统的又一项提议，它也可能是来自那本小说。"这个项目将由'越南民间活动'的人员，'和平队'成员，'兄弟行动'中的菲律宾人和其他'自由世界'成员联合完成。"

5 月 23 日晚，肯尼迪和阿瑟·克罗克一起喝酒，并做了长谈。他对那天的事情都很满意。他的信心也像脸上的气色一样恢复了。他告诉克罗克自己可能要与赫鲁晓夫会面。多年来，关于核试验的危险，两国进行了断断续续的谈判以及郑重其事的对话，结果双方仍未达成禁止核试验的条约。肯尼迪觉得，他可以把这个责任推到赫鲁晓夫身上。

大多数美国人都忘了，其中最了解事实的那些人选择了忘记，是赫鲁晓夫最早在1955年2月提议就禁止核武器试验进行谈判。1954年3月美国进行的核试验产生的放射性尘埃——不是核弹而是空气中的放射性残渣——杀死和致残了距试验地比基尼岛数百英里外的日本渔民和岛民。赫鲁晓夫的建议就是在这之后提出的。美国人说他们只愿意把禁止核试验当作全面裁军计划的一部分，这意味着不会有严肃认真的谈判。经过了七年的全球范围内反核武器的浪潮，以及美苏两国的互相攻击，肯尼迪想以个人名义呼吁达成一项协议。也许这两人——两位政治家——能取得一些进展。

就在那个星期，他还向1960年出版的《怎样成为总统》一书的作者，曾在中国居住多年的西奥多·怀特询问，如果就东南亚局势和中共领导人毛泽东进行一次面对面的会谈，他认为会产生什么样的结果。

他又觉得自己像个总统了。

第十章　1961 年 5 月 15 日

　　肯尼迪总统看《纽约时报》得知国内出现了暴动。那个周一早晨，《纽约时报》刊登了来自美联社的一则消息，标题为"亚拉巴马州种族隔离巴士遇袭，乘客受伤"。消息是这样开头的：

　　　　亚拉巴马州，安尼斯顿市——今天一群白人袭击了两辆巴士，上面载有想要打破巴士车站种族隔离做法的黑人和白人。不久，在西面 60 英里远的伯明翰巴士车站，其中一辆巴士遭遇了另一群愤怒的白人的围攻。这群种族主义分子大打出手，暴力血腥，但速战速决，随后就逃之夭夭。

　　一张美联社的图片展示了一辆熊熊燃烧的灰狗巴士，大火产生了一大团浓黑的油烟，弥漫在安尼斯顿市区外的亚拉巴马 78 号州际公路上方。安尼斯顿是位于伯明翰和佐治亚州的亚特兰大市之间的一座小城。这辆灰狗巴士自安尼斯顿巴士总站开始一直被50辆满载手持棍棒、匕首和铁管的白人小汽车尾随。其中的一辆在巴士旁边停下，然后有人朝灰狗巴士一扇开着的车窗投进一枚燃烧弹。

"两辆巴士上都载有种族平等大会的成员，他们正深入南部，考察那里巴士车站的种族隔离状况。"《纽约时报》继续写到。"他们称自己为'自由乘车者'。"

巴士上的乘客，10男3女，其中7个黑人6个白人。他们都是种族平等大会在华盛顿组织起来的，目的是考察美国最高法院1960年的一项判决在南部的执行情况。该判决规定在为州际间来往旅客提供服务的设施中采取种族隔离措施是违法行为。最高法院援引联邦州际商法，规定在州际公路上的巴士总站，其休息室、餐厅和卫生间一律废除种族隔离。

詹姆斯·法默，这位种族平等大会的新任领导人想要为这个名不见经传的组织和他自己弄出点动静来。他是受到肯尼迪总统关于变革和自由论断的鼓舞和启发，他自己这么说。他坚信这位新任总统有意废除美国的种族隔离制度。因此，1961年5月4日，13个自由乘车者买了开往南部的巴士车票，一辆是灰狗巴士，另一辆是旅途巴士，从华盛顿出发，开始了南部之行。目标是5月17日抵达新奥尔良，因为这一天恰是1954年最高法院宣布废除南部各州公立学校种族隔离制度7周年纪念日。

这两辆巴士驶过弗吉尼亚州，南北卡罗来纳州和佐治亚州，一路顺利，没有遇到任何麻烦，当然也没有媒体的报道。这些自由乘车者对巴士车站标有"白人"、"有色人"的牌子视而不见，当地管事的人和居民也对他们睁一只眼闭一只眼。然而，在南卡罗来纳州的岩石山，当总统正向海军上校艾伦·谢泼德致意时，另一位已退役的海军上校艾伯特·比奇洛，55岁的白人自由乘车者在岩石山的灰狗巴士总站被一群恶棍打倒在地。

接着，在距亚特兰大西面60英里处，灰狗巴士穿过了佐治亚州和亚拉巴马州的边界线。再往西15英里，在安尼斯顿市，灰狗巴士的轮胎在车站被扎破。当巴士离开镇上沿着78号州际公路前往80英里外的伯明翰市，车身开始由于轮胎泄气摇摆不停。突然一枚燃烧弹爆炸，接着，巴士被一辆辆满载白人的小汽车团团围住。车上 6 名自由乘车者被打，后来被跟在白人车队后面的当地黑人开车救离现场。

这就是 5 月 15 日清晨总统看到的报道和图片。他气急败坏——这正是共产党想要美国在世界人民面前丢脸的那种做法。他怒不可遏，因为他对这次乘车运动和这些自由乘车者毫不知情。从一开始，至少在白宫，没有人知道那两辆巴士上载着什么人，那些人想要做什么。法默曾向司法部递交过新闻稿，但文件不知去向。杰特杂志记者西米恩·布克在他们出发前也曾向罗伯特·肯尼迪提到过这些自由乘车者，但这位司法部长正为别的事情大伤脑筋。他大部分时间都在和马克斯韦尔·泰勒为猪湾事件而在纠结。

接下来的消息来自美联社的电讯。载有其他 7 名自由乘车者的旅途巴士在安尼斯顿也遇到了些麻烦，但侥幸地驶上了公路。然而在伯明翰的旅途巴士总站，一群暴徒早已等在那里。这些自由乘车者和一些不巧在错误的时间和错误的地点出现的黑人从车站到大街被一路穷追猛打，却看不到一个警察。随后这些暴徒又把矛头指向想要记录此事件的当地记者和摄影师。伯明翰的警察局长尤金·康纳，外号"公牛"，事后称当时车站没有警察，因为他的人都在家庆祝母亲节。

这 13 个自由乘车者以失败告终，其中 4 人进了医院，剩下的滞留在伯明翰机场，被一群虎视眈眈恶言恶语的警察和白人团团包围着。他们打算坐飞机去新奥尔良，但每次航班一宣布将要起飞，那边电话里就响起炸弹威胁，从而被迫取消。布克在机场打电话给司法部长肯尼迪说："这里糟透了。我们估计脱不了身，公牛和他那帮家伙很难对付。"

尽管糟糕透顶，但似乎总算平息下来。总统同意了他弟弟的建议，派人前往伯明翰确保那些自由乘车者安全离开那里。然后他们让亚拉巴马州的州长约翰·帕特森接手安抚当地民众情绪的任务。帕特森在亚拉巴马州进行的总统竞选活动中是他们的同盟，也是他们在南方的重要支持者。罗伯特·肯尼迪还将派自己的行政助理约翰·席根塔勒协同前往救助那些自由乘车者，并与帕特森会面。此人是罗伯特·肯尼迪办公室唯一的南方人。

"你想让我怎么做？"席根塔勒问道。

"握住他们的手表示热情，让他们知道我们是在乎他们的。"罗伯特·肯尼迪答道。

"那些人处境不妙，但他还是帮他们脱险了。"第二天早上，罗伯特·肯尼迪向他哥哥汇报。这个消息暂时听起来还不错，至少从那么远的地方传来感觉是这样的。

席根塔勒曾是《田纳西纳什维尔报》的新闻记者，相比之下，他更了解真实的情况。他认为自己目睹的是在南方爆发的一场新内战，而联邦政府的反应也令他倍感吃惊。他就是联邦政府作出的反应！在开车前往蒙哥马利去看帕特森州长的路上，他这样想：政府来了，一个31岁的新闻记者，开着一辆租来的汽车。

总统召见了哈里斯·沃福德，说道："你就不能让你那些活见鬼的哥们儿离开那些巴士吗？阻止他们。"

情况很尴尬，总统正专注于其他更紧要的事。这些需要优先处理事从5月15日的《纽约时报》标题就可以看得出来。那天早上的新闻导语是这样写的："肯尼迪总统考虑6月与赫鲁晓夫会面。"肯尼迪正为月底初次以总统身份去国外访问做准备，目的地是法国和英国——同时他又刚收到来自莫斯科的电报，尼基塔·赫鲁晓夫同意在6月第一周同他在维也纳会面。这是肯尼迪摆脱猪湾事件阴影的一次机会。他可以和苏联主席一对一坐下来，让这个对手和全世界知道美国在柏林、在东南亚地区以及任何共产党所在之处的决心与决定。

对肯尼迪来说，这是一个严峻的考验期。这和那些惹是生非，引起公众关注的黑人运动活跃分子以及情绪激昂的白人自由主义者毫无关系。"老挝谈判经两度努力无果而终"这是《纽约时报》来自日内瓦的新闻标题。那天在日内瓦，围绕东南亚问题的国际会议正要开始。而《纽约时报》不知道的是，就在三天前，也就是5月11日，肯尼迪已经秘密做出决定，无论在日内瓦国际会议上还是老挝战场上，美国决定放弃"拯救"老挝。他现在唯一想要的就是在一段时间内停火，保持中立。"约翰逊再次请求美国对蒋介石给予援助"是另一则来自台湾台北的消息，当时这位副总统正途经台湾去西贡。在安尼斯顿事件爆发两周前，肯尼迪收到来自麦克纳马拉的一份题为"应对可能发生的柏林危机军事行动计划"的备忘录，说中了他最担心的事情——美国及其同盟国真正的意图在于要使用核武器来对抗苏联在柏林的几乎所有军事行动。而且，就在同一天，他同样秘密地命令向南越增派500名美军。

5月17日，在去加拿大进行一次24小时的访问前，总统在卧室会见了司法部长及其两位高级助理拜伦·怀特和伯克·马歇尔，讨论自由乘车者问题。肯尼迪把他们带到隔壁的起居室坐下来，他身上还穿着睡衣，面前摆放着鸡蛋、面包和果汁，但他什么也没吃，大部分时间都在听。

这之前兄弟俩已经在两人习以为常的沉闷电话声里，就两件事达成了共识。第一件事就是整个事件以及背后的策划者是个大麻烦，尤其是种族平等代表大会的领导人詹姆斯·法默。第二件事就是联邦政府要站在"自由乘车者"这边，这是法律规定，也理所应当如此。第一件事与政治有关。肯尼迪认为这种躁动将令他在众议院上更难应对南方议员。第二件事与历史有关。他觉得现在美国还没有准备好去处理黑人的请求，但当矛盾激化出现对抗时，他以及美国政府会站在他们这边。

因此，他现在想避免对抗。"没有用的，"罗伯特·肯尼迪说，当时他正给民主运动的领导者打电话，试图通过施压，让他们叫那些自由乘车者返回，然后在气氛友好的联邦法庭上来解决民权问题。政治上首当其冲的考虑，就是让总统避免陷入他称之为"见鬼的民权混乱之争"。

"还将有一辆进行自由乘车运动的巴士，"5月19日当约翰·肯尼迪总统拄着拐杖回到白宫时，罗伯特·肯尼迪很不乐观地向他汇报了这一情况。来自纳什维尔的黑人学生，在一名叫黛安娜·纳什的女生组织下，已经前往伯明翰想要继续上次的新奥尔良之行。"席根塔勒认识那个女生，但他也阻止不了他们。"罗伯特说道。

"我像对着一堵砖墙在说话。"席根塔勒汇报说。他第一次见到纳什是在1960年春天，当时她正参加在纳什维尔市举行的废除百货商店种族隔离的示威游行。"她什么也听不进去。她说现在什么也阻挡不了他们：'我们要让亚拉巴马州的那些人看看，那些人以为连美国总统都能不屑一顾。'"

这些人把总统的话挂在嘴上，实际上，总统却希望他们赶紧回家，而且总统自己也没料到自己的话会造成这样的影响。人们听他讲话是在听美国总统讲话。整个国家又开始躁动了。肯尼迪本想及时阻止这次示威的，然而纳什维尔市的学生们却告诉席根塔勒，他们是在响应号召为国家做贡献，有所担当。不到几个小时，他们就开始付出代价了，一千多名伯明翰白人来到灰狗巴士总站恶语相向，进行挑衅。

"必须一往无前，"纳什告诉席根塔勒，"没有人能让我们回头。"

"你们到不了新奥尔良的。你是在让你的人去送死。"席根塔勒说。

"那么会有人前仆后继，"纳什说。

这些对话都已经汇报给了总统，此时伯克·马歇尔正在总统卧室为他说明法律上的可选办法。这个人对肯尼迪来说是张新面孔，是罗伯特·肯尼迪避开哈里斯·沃福德任命的专门负责民权事宜的司法部副部长。兄弟俩都希望有人能客观对待民权问题，因此任命了这位来自公司反垄断领域机智过人的华盛顿律师。总统认为这对沃福德不公，但他自己也不想要一位民权活动分子。他想要一个局外人，一个能够坚持自我的人。马歇尔为肯尼迪冷静地分析了法律上需要考虑的问题，给出了两种极端的选择：总统可以派出军队强制州政府执行联邦政府的法律或者什么也不做，推辞说那是州政府负责的事。在这两种极端选择之间，唯一重要的法律强制执行机构就是联邦调查局，然而联邦调查局在约翰·埃德加·胡佛领导下本身就是一股种族隔离势力，因此在民权问题上是不可信的。

"胡佛有偏见，"罗伯特·肯尼迪对此表示同意。

联邦调查局在南方的机构人员包括州和地方警察，联邦调查局的代表与县治安官和警官一起共事，每天互通信息。而这些警察和3K党以及其他奉行白人至上主义的组织都有勾结。联邦调查局差不多也算其中一分子。联邦调查局的线人早就传来消息说在母亲节那天伯明翰会有暴动发生，而联邦调查局的地方代表也指示康纳的警察队在载有第一批自由乘车者的巴士抵达车站15分钟后再出现。换句话说，那些暴徒有10分钟的时间殴打自由乘车者。所有的这些情况，胡佛都没有向他的上级汇报，也没有向司法部长汇报，更没有向总统汇报过。

军队是最糟糕的选择。肯尼迪决定不派正规军，也不会将亚拉巴马国民警卫队改编成联邦政府军。他曾极力反对艾森豪威尔在1957年向阿肯色派出第82空降师，强制执行联邦法律，允许黑人小孩就读小石城的中央高中。他认为这无异于国内大规模的报复行为。那些非正规军全副武装，手持刺刀，护送黑人小女孩上学。这些戏剧性的画面被媒体大肆渲染，让美国在全世界丢尽颜面，同时也让另一阵营的人意外收获了有力的舆论把柄。马歇尔告诉他，如果他要向亚拉巴马州派出军队，他将不得不发布一份总统声明，那就是当地的公共秩序已经崩溃。而那将会使肯尼迪无论接下来发生什么，都将面临个人和公开场合的困境。

于是拜伦·怀特提出了第三种解决方案。这位副司法部长曾是这个国家最受人敬仰的足球明星，也曾是一位海军情报员。当他的PT-109艇沉没后，他曾向肯尼迪做过汇报。肯尼迪终于从他喜欢的人身上听到了想听到的想法。怀特建议成立一个平民联邦警察组织。

"联邦警察"听起来还不错。但事实上，他们不过是带着肩章的联邦工作人员，临时召集的财政部的烟酒枪支爆炸物管理局的文员，来自得克萨斯州的美国边境巡逻官员，联邦监狱的工作人员以及南部各州的保卫人员。这些人大部分都是中年人，平生在自己的岗位上从未开过枪。

"不急，不急。先就这么着吧，就这么过一段时间再说，"每次约翰·肯尼迪的弟弟和其他同僚在司法部的办公室踱着步子说，到了该派出警卫部队的时候了，总统都会这么说。总统想找帕特森州长谈谈，他是自1956年以来就一直支持总统的政治理想的唯一一个南方人。5月18日，安尼斯顿发生针对自由乘车运动者的袭击后第四天，肯尼迪拿起了电话，要白宫接线员接帕特森州长。不久，接线员回电话说帕特森办公室人员说他不在，去墨西哥湾钓鱼去了。

总统第二天又打过去。这次倒没说州长在钓鱼，帕特森直接拒绝接电话。那天晚些时候，罗伯特·肯尼迪与他进行了电话会谈，最后他终于同意与"美国总统的私人代表"面谈。于是，那周五席根塔勒在伯明翰又租了一辆车，向蒙哥马利进发。

"整个美国，没有一个人敢像我一样，挺身而出站到那帮该死的黑佬面前，"5月19日星期五晚上见面时，帕特森对席根塔勒说。"我敢说现在在这个国家，我比约翰·肯尼迪还要受欢迎，因为我立场正确。"

席根塔勒和帕特森一起起草了一份报告，说是州长，而不是总统，要承担维持亚拉巴马州秩序的重任。席根塔勒将此报告通过电话上报给了白宫："亚拉巴马州有决心，有毅力，有人才，有条件来全面保护亚拉巴马的每一个人，无论是在高速公路上，还是在其他任何地方。"

几小时后，总统的私人代表被打伤了，浑身是血，已经失去知觉，躺在他租来的汽车下面，车子停在亚拉巴马州议会大厦外的斜坡上。这队新的自由乘车者是在纳什维尔组织起来的，周六早晨8点半从伯明翰出发，由亚拉巴马的公路巡逻车护送，巡逻队里仅有的一架飞机在头顶监控。罗伯特·肯尼迪私下说服灰狗长途汽车公司的官员，找了一个愿意跑趟蒙哥马利的司机，载着他们的大巴才终于出发。"如果这队人不能继续行进，我——政府——都会感到非常不安的，"司法部长说。他不说大家也心知肚明，除了这儿，政府对这家长途汽车公司在全国的业务都有极大的控制权。[1]

公路巡逻车到了蒙哥马利边界就掉头返回去了，长途车到灰狗终点站时是上午10点15分。终点站貌似空空如也，其实各处暗藏白人。仅几分钟，他

---

① 司法部长的电话谈话在亚拉巴马都被录了下来，他都不知情。帕特森州长把录音交给了州报——包括一句话，暗示肯尼迪兄弟与组织自由乘车运动有关系，白宫内部就肯尼迪兄弟策划了自由乘车运动发出一片嘲笑声，但亚拉巴马录音公之于众后，数以百万计的美国人都信以为真。——原注

们就闪了出来，将自由乘车者们团团围住，用棒球拍、铅管狂殴他们，还砸了报社和电视台摄像师的摄影设备。

约翰·多尔是司法部的律师，当时正在蒙哥马利受理一起民权案件。和约翰·多尔吃过早餐后，席根塔勒开车碰巧路过那个终点站。他看到两个白人女自由乘车者正被一群白人男子追赶着，那群人挥舞着棒球拍和棍棒。他想救那两个人，于是便停下车，打算把这两个女人拉进车里，但自己却被棍棒打倒在地。而当时，多尔正站到街对面联邦大楼里，给伯克·马歇尔和拜伦·怀特打电话描述他看到的公交车站的情景。怀特当年曾是职业橄榄球联赛匹兹堡海盗队的球星，绰号"旋风"，多尔就是那时候认识他的，当时多尔是球队的送水员。"哦，拳打脚踢的！"多尔说。"太可怕了！太可怕了！没有看到一个警察！人们在尖叫，黑佬在那儿！抓住他们！抓住他们！太恐怖了。"

当天下午，罗伯特·肯尼迪给在蒙哥马利医院的席根塔勒打电话，说总统决定派怀特和他的那支小部队"联邦警察"过来。"你做了你应该做的，"随后总统给席根塔勒打电话这样说。

之后总统做了他自己应该做的，尽管他对此并无兴趣，甚至还带有一点憎恨。自由乘车者们得到了他们想要的，但如果继续这么下去就没有任何意义了，他们无论对自己还是对国家都没有任何益处。"我最坚定的信念，"这是总统的弟弟在就任司法部长的时候说的，"就是所有人生来平等。逻辑上讲，现在到处都应当出现民族融合……但是，别人是在完全不同的背景和道德规范中成长的，这情形不可能一夜改变。"

小马丁·路德·金那周日晚回到了蒙哥马利。这个亚拉巴马州府是他的成名之地。四年前，这位 31 岁的传教士在这里领导黑人抵制市政府在公交车上的种族隔离政策。而这一次，安尼斯顿的袭击发生后一周，他到第一浸礼会教堂主持会议，庆祝自由乘车运动者的大无畏的精神。几个自由乘车者，包括詹姆斯·法默和 1,500 人一起，在教堂里歌唱、欢呼。教堂内的欢笑声盖过了上千白人包围教堂时的声音。在人群和做礼拜的人中间，教堂的台阶上面，站着联邦政府的代表们———一群勇敢而被吓坏了的人。他们只带了警棍，戴着写有"联邦警察"字样的新臂章。

其余的550个联邦警察都在城外的马克斯韦尔空军基地，由拜伦·怀特和联邦警察总长詹姆斯·麦克沙恩领导。麦克沙恩以前是纽约警察，由于是约翰·肯尼迪的忠实贴身护卫和司机而被提升到了联邦政府。正规军也在一百英里以外的佐治亚州本宁堡待命。而亚拉巴马国民警卫队也在那儿待命，仍由州长帕特森掌控。

在蒙哥马利的教堂里，马丁·路德·金正将那个闷热的夜晚比作德国希特勒时期的夜晚。黑人在里面待了四个小时了，因为害怕出去时撞到白人。当石块儿、瓶子、咒骂四处飞来时，马克斯韦尔的联邦警察在司法部长罗伯特·肯尼迪的命令下，开始向城中进发。罗伯特·肯尼迪当时在和第一浸礼会教堂里的金通着电话。联邦警察乘坐红色、白色和蓝色的卡车来了，卡车上面标有"联邦警察"的标志。

他们到的正是时候。"他们来了！"金在电话里跟罗伯特·肯尼迪喊道。罗伯特·肯尼迪正把自己在司法部的办公室当作指挥所。而总统当时在格伦奥拉，似乎对单调地发布联邦法院指令不感兴趣，撒手不管了。其实，是他一直在做决定，不断地通过一条开放电话线将命令传达给弟弟。周日深夜，罗伯特·肯尼迪转达了他的一个助理威廉·奥里克发自马克斯韦尔的抱怨。威廉说联邦调查局一点儿忙都帮不上。一小时后，蒙哥马利现场办公室的负责专员就带着四个专员过来，一来就请求奥里克以后不要再抱怨了。原来是总统打电话给约翰·埃德加·胡佛，胡佛局长打电话把那位负责专员从床上叫起来。第二天早上，联邦调查局逮捕了与安尼斯顿的第一次自由乘车运动大巴上的爆炸案有关联的四个人。

蒙哥马利，第一浸礼会教堂周围的街道上被催泪瓦斯熏得烟雾弥漫，这是联邦警察对付暴徒的首选武器。很快，所有人都开始咳嗽，开始嚎哭——白人、联邦警察，最糟的是，还有被屏障封堵在教堂里的人。有些人正想冲出教堂，和暴徒们殊死一拼。这时，怀特给华盛顿方面打了电话，请求总统宣布进入公共动乱状态——要想让军队干预就必须有官方的宣布。

那个电话，以及马克斯韦尔发生的其他一切，都由空军基地接线员现场报告给了州长帕特森。正规军出动之前，帕特森就自己采取了行动，命令亚拉巴马国民警卫队开往第一浸礼会教堂。这些周末战士是军队预备役的一部分，但自 1776 年以来就由州领导了。他们从没有悬挂美国国旗的兵工厂出发——那里邦联的旗帜随处可见——开到暴徒中间，刺刀出鞘。他们包围了教堂，一半人的刺刀指向白人人群，另一半人则监视着教堂。于是联邦警察便撤回到邮政卡车旁边。

肯尼迪经过迅速而决定性的思考之后，得到了他想要的结果。目前处在风口浪尖上的是亚拉巴马州，而不是联邦政府。总统和司法部长都抓住了机遇，让报纸造势说这是联邦和州政府的一次合作。记者们得到的信息是动用常规军的可能性不大。当然这是谎话，但总统仍然希望两方面都能办妥。

约翰·肯尼迪上床睡觉了，留下他弟弟去安慰金牧师。

“你们背叛了我们。你们不应该把联邦警察撤走！”金对罗伯特·肯尼迪吼道，声音震耳，肯尼迪不得不把电话拿远了点。

“听我说，牧师，”他说，“你我心里都很清楚，要不是出动美国联邦警察，你现在早像凯尔西的蛋①一样死定了。”

金拿开听筒，扭头问道：“凯尔西是谁？谁知道凯尔西？”

事情的结局是在蒙哥马利的晨曦中，黑人们走出了第一浸礼会教堂。在华盛顿可能也正是黎明吧。教堂里的自由乘车者们重振雄风，又一次向伯明翰进发，三天之后又去了密西西比州的杰克逊，一路由国民警卫队的车队护送，国民警卫队的指挥是亨利·格雷厄姆将军，他仍向帕特森州长负责。

乘车运动者和他们的卫队以 70 英里的时速行驶，到达伯明翰之前，又有

---

① 美国 19 世纪 70 年代，曾有个名叫凯尔西的男子因不当行为被人阉割并私刑处死，后来他的名字发展成了一个带有淫秽色彩的比喻词组（dead as Kelsey's nuts），但因其不雅，并没有广泛流行。——译注

一群人出现在了蒙哥马利的灰狗汽车终点站。这群人都是学生，总共 14 人，都买了去伯明翰和杰克逊的车票。"叫他们把票退了，"总统又对哈里斯·沃福德说了一遍。

"我觉得现在没人能阻止他们，"沃福德回答。

"那你的选民会高兴吗？"肯尼迪冷笑着问他。但沃福德的选民——那些很清楚自己要做什么的杰出的民权拥护者，黑人以及白人——也都跟不上这场运动的步伐了。5 月 19 日星期五晚上，沃福德把和平工作队的全国咨询委员会带到了内阁会议室，想鼓舞一下士气。在等候总统的时候，歌手哈里·贝拉方特，耶鲁法学院院长尤金·罗斯托，还有另外几个人，都在抱怨肯尼迪似乎既没有诚意也没有勇气与纳什维尔的年轻乘车运动者们站在一边。伯明翰的乘车运动者们其时正计划再乘汽车到蒙哥马利，然后再去新奥尔良。但当总统微笑着和他们开着玩笑，从他们中间走过时，他们统统闭了嘴。最后，沃福德说这办公室里的一些人对亚拉巴马所发生的事有很大意见。

会议室陷入一片寂静，过了好一会儿，贝拉方特打破了寂静。"总统先生，我知道您为民权做了很多，"他说。"我非常尊重您在民权方面的领导才能，我也相信您在这方面所做的工作。而且我也知道所发生的其他事情。但也许您可以再多谈一点自由乘车运动者的事儿。"

"现在我们需要有道德的领导，"罗斯托补充道。

"你们看到我在报纸上登出的声明了吗？"肯尼迪反问道。他发怒了。

这些人离开时卫兵追了过去，在白宫门口拦住了他们。总统想见沃福德。

"和哈里·贝拉方特在一起的那个该死的人是谁啊？"肯尼迪劈头盖脸问了一句。沃福德说那是沃尔特·罗斯托的哥哥。"他觉得我该怎么做？他难道不知道我在民权上做的比任何美国总统都要多吗？还有谁比我做的多？"

"太过分了！"星期日罗伯特·肯尼迪听说小马丁·路德·金还在抱怨，要求在亚拉巴马州有更多的联邦行动时，对沃福德说。"我不知道他们心里到底想什么？是不是为国家利益着想？你知道他们中有一个人是反对原子弹的吗？——是，他甚至住进监狱里还在反对原子弹！总统要出国访问，这些都会给他抹黑的。"

那天的《纽约时报》也有同样的顾虑，虽然其社论谴责了暴徒而不是那些被暴力伤害的人。

> 在伯明翰和蒙哥马利，美国在全球冷战中又输了一场。那些暴徒、那些尖叫的妇女、那些站着围观的人都为全世界的共产主义事业做了很多……
>
> 非洲人、中东人、亚洲人和拉丁美洲人一定要对亚拉巴马所发生的一切添油加醋、以讹传讹。我们知道我们所看到的有些事情，99% 的美国人都会认为是完全违背道德而加以谴责的……但在其他国家他们会看到——如果他们现在还没看到过的话——殴打黑人和手无寸铁的白人的照片。他们会读到详细的情况——最娴熟的红色宣传也没有必要渲染事实——他们一定会扪心自问，美国到底代表了什么。

肯尼迪作为总统为自己感到伤心。他正在准备两周以后的他生命中最重要的会议——与共产主义领导人的面对面谈话。但他现在却被自己人——被那些黑人和自由党人，被报纸和保守党辱骂、指责，根本无法集中精力。"我觉得这些人都想看我栽跟头，"一天晚上他对《时代》杂志的休·悉尼说。"我真不明白。如果我栽了，再不会有其他总统能在这方面胜出了。"

正如他所见，他正在拿国会里南方人的容忍度冒险，而且也没有合理的政治因素，让政府走得太快而把美国民众甩得太远。第一份调查公民对自由乘车者的反应报告显示，63% 的受访者压根儿就不同意这事。简直就是扰乱社会。来自康涅狄格州的共和党自由派的普雷斯科特·布什，给肯尼迪政府的助学法案上附了一个反种族隔离的修正案。修正案以 61：25 被否决。

肯尼迪想做到公正。但是对金牧师和其他人而言，不是公正性的问题，而是对与错的问题。他们认为那是道德冲突，他们想要从美国总统那里得到一个道德保证。

总统提出了一个政治解决方案。他让金支持并促进联邦选民登记项目。如果黑人有权选举，那政客一定会有所反应。不，金说，不够。

金让肯尼迪在自由乘车者返回华盛顿时去慰问一下。没门儿。让他再发布一个"二次解放奴隶宣言"。没门儿。沃福德和伯克·马歇尔建议肯尼迪到电视上"针对这次种族危机说几句坚定的话。"没门儿。

约翰·肯尼迪决定让罗伯特·肯尼迪当众说一下最近的种族动乱。司法部长于是做了第一次电视访谈。晚上10点，黄金时间，在美国国家广播公司电视台做了22分钟的现场直播。自由乘车者？"他们做了一件事，让一个问题引起注意了，"他说。"现在要对峙法庭了……我们会放任这件事在街头解决而不是在法庭解决吗？……坦白地说，许多人的名字并没有见报。我不同情种族隔离主义者，但隔离要比用暴力在街头解决强多了。"

肯尼迪兄弟在玩好警察坏警察的游戏。罗伯特是那个难对付的家伙，他想将自由乘车者赶出南方。"引围观，出风头，"他这样说其中的一些人。5月24日，罗伯特·肯尼迪发表了一份声明说："现在需要一个降温期。"

耐心一点。"等等看，"马丁·路德·金说。"等等看就意味着永远不可能！"向往自由的旅行者们不会听罗伯特·肯尼迪的话。他们感觉听到了约翰·肯尼迪发出的希望之音。

第十一章　1961 年 5 月 25 日

"宪法规定了我的义务'定期向国会做国情咨文演说'。"肯尼迪总统在 1961 年 5 月 25 日对国会联席会议做一场向全国电视转播的演说时这样说道,"传统上它被视为每年做一次的事情,但这一传统在非常时期被打破过。"他停顿了一下,"现在就是非常时期。"

这是总统在四个月里做的第二次国情咨文演说,目的是请求他在一月底已经请求过增加 24 亿美元军费支出的基础上,增加第二次特别军费支出。第一次请求的军费增加,大部分是用于新的导弹和导弹头。他称这次是"告知国会关于国家紧急需要的特殊信息",请求增加 20 亿美元军费支出,而这次的重点是传统战争武器,以及向受到"民族解放战争"威胁的国家提供军事援助。

"现在必须获得新的直升机,新的运兵装甲车和新的榴弹炮。"他说道。他还想要更多的海军陆战队士兵,为应付小型战争重新组织的军队,组织建设民防项目的资金,首先是要在全国的地下室、地铁站、矿井、洞穴等可能的地方设防空洞。

参议员和众议员们听到总统的这些话，都欢呼起来：美国人必须奉献——"为这些计划付出代价，坚持长期的斗争，与不那么幸运的人分享他们的资源，要自我克制，而不是提高工资和物价……在学校，在城市，力争优秀，锻炼身体，保持强健的体魄。"当肯尼迪说他在本周内要前往维也纳，会见苏共第一书记赫鲁晓夫时，他们报以热烈的呼喊，给予全力支持。这位年轻的美国斗士做好了准备，要与这位又矮又胖的莫斯科元首较量。总统的随从们感觉又回到了他那些胜利的竞选电视辩论中，重新经历了一回。

那晚的表现和信心是非凡的。前一天，总统召见休·赛迪抱怨《时代周刊》对他与赫鲁晓夫较量的前景评价太低："杰克·肯尼迪的边疆对外新政策目前处于混乱之中，他正在冒险……共产党人近来颇为得意，毋庸置疑他们可以轻率地对待核武器对话，占领老挝，颠覆联合国，或许在柏林制造一些事端。"

在演讲当天，肯尼迪从美国驻莫斯科大使卢埃林·汤普森的电报上读到一个相似的警告，电报是汇报与赫鲁晓夫的一次会晤。这位苏联领导人建议汤普森去观看一场作为两国文化交流在苏联进行的美国冰上表演。汤普森到达后被护送到一个私人房间，在那里赫鲁晓夫告诉他自己将要和东德单独签署和平条约，试图创建一个新的主权国家，以便命令美国及其同盟国离开西柏林。

"这将会结束我们的占领权，东德将会控制通讯。"汤普森这样向肯尼迪汇报，报告赫鲁晓夫的话。"他意识到这将会带来一个高度紧张的时期，但他确信不会导致战争。我告诉他……作为大使我有义务确保他对我们的立场没有误解，如果他跟东德单独签署条约，并使用武力干涉我们的通讯，我们将会以武力迎击。他回应说如果我们想要战争我们将会如愿，但是他相信只有疯子才会想要战争，西方领导人并不是疯子……我说我们不能阻止他签署和平条约，但重要的问题是我们的权利是否遭到了干预。"

"他不笨，"肯尼迪在对对手进行了一周的研究和基本了解后这样说赫鲁晓夫，"他很聪明，他——"总统找不到合适的词，他攥紧左拳在脑袋上空挥舞——"他不好对付！"

肯尼迪说自己的工作也同样不好对付。他不得不在柏林问题上警告赫鲁晓夫：美国会为此战斗！他补充道，他想让赫鲁晓夫知道一些别的情况："我将全力以赴"阻止两国新一轮的核武器试验——并找到一个理由阻止中国研制第一颗核弹。

肯尼迪从汤普森那里还得到了第二个警告。这位大使，用比许多外交电报更直接的语言写道："我认为，赫鲁晓夫不顾自己和苏联的声誉对柏林和德国问题采取行动，如果我们采取完全消极的立场，爆发战争和西方屈辱撤退的可能性将各占一半。"

正如汤普森为肯尼迪分析的那样，问题在于双方都认为对方不会真的因为柏林问题发动战争，这就意味着双方都可能把对方逼得过火。他说肯尼迪的工作会很困难："要使赫鲁晓夫相信，一方面我们将会对柏林人民履行我们的承诺，另一方面锯掉他赖以攀爬的树枝并不是我们的本意。"

大使最后建议要耐心。"恢复全面冷战或使苏联转向中国的政策，对我们是不利的。"他写道，"形势最终将对我们有利，鉴于苏联和红色中国最终走向分裂的现实可能性，我更加相信这一点。"

不管愚钝还是聪明，赫鲁晓夫是个政治家。他同肯尼迪一样自信，认为自己会在任何正面交锋中占上风。两个领导人已经秘密决定在维也纳单独会面几个小时，房间里只有译员在身边。这件事由罗伯特·肯尼迪和一位在华盛顿的名叫格鲁吉·布沙科夫的苏联人负责，他的正式身份是苏联大使馆信息官员，主编一本叫做《苏联生活》的英文杂志。他在大使馆的人员协议名单上的 67 个名字中位列 40。

"他到底是谁？"肯尼迪问道，苏联军事情报局——国防部总参谋部情报局的少校或上校，中央情报局人员答道。更重要的是，情报局还告诉肯尼迪，布沙科夫是阿列克赛·阿朱别依的一位朋友，阿列克赛·阿朱别依是《消息报》的主编，还是赫鲁晓夫的女婿。布沙科夫很有个性，善交际，玩世不恭，他有很多好朋友在华盛顿记者团，尤其是在《纽约每日新闻报》工作的肯尼迪的好朋友查尔斯·巴特利特和弗兰克·霍尔曼。他们二人定期向罗伯特·肯尼迪汇报和这个苏联人的谈话。

霍尔曼在预定的峰会开始两周前把布沙科夫带到司法部长的办公室。这位苏联人和罗伯特·肯尼迪在宾夕法尼亚大街散了会儿步，然后在一个公园的草地上坐了下来。

"你看，乔治，"罗伯特·肯尼迪说道，"我很清楚你的立场还有你和赫鲁晓夫的随从们的关系。我知道你和阿朱别依还有其他人关系很亲密。我认为他们不介意从你那里获得第一手可靠消息，我相信他们会通过某种方式传递给赫鲁晓夫。"

他们谈了四个小时，遇上了暴雨，就跑回了司法部大楼。司法部长告诉布沙科夫，如果赫鲁晓夫认为美国总统软弱无经验，他就错了。这一点很重要，他说道。柏林对双方都是很头疼的事，他说，美国总统想在维也纳达成某种协定，因为他担心因失算和误判引起战争。

肯尼迪说到他已准备挑战赫鲁晓夫时，议员们开始欢呼，几分钟之后当他说到以下内容时，他们的欢呼达到顶峰：

"我们要赢得这场在世界范围内的自由和专制之间的战争，最近几周发生在太空上的巨大成就已经清楚表明，和1957年第一颗人造地球卫星的发射一样，这一壮举对世人精神的影响……"他停了下来。

"相信我们国家在这个年代末应当努力实现这一目标，即把人送上月球并安全将其带回地球。现阶段没有一个太空计划会比这个对人类来说更了不起。"

美国人在月球上！那里一片荒芜，难以想象美国人在太空行走。新闻短片里仍然在质疑苏联人，尤里·加加林是否真的到过那里；也许这只是一场精心编造的骗局。《时代周刊》杂志曾经鄙夷地称俄国宇航员为"加加"。

此项承诺与肯尼迪的想法截然相反。担任参议员时，他曾准备投票支持扼杀太空项目。肯尼迪和艾森豪威尔观点一致，都认为这是浪费财力。当上总统后，他打算撤销美国国家航空航天局。他选择了坚决反对人类航空计划的麻省理工学院院长杰尔姆·威斯纳作为他的科学顾问，因为他认为仪器可以完成很多工作，且从来不会顶嘴。在肯尼迪任职早期，唯一阻止他将航天计划撤下美国议事议程的，是副总统约翰逊的热情——这与航空航天局总部设在休斯敦有关。3 月 22 日，也就是加加林飞上太空的三周前，肯尼迪告知国家宇航局的主管詹姆斯·韦布，他已经决定不再给予阿波罗计划资金支持。美国的登月计划将被无限期推迟。

但是，加加林的太空之旅，也可能是全世界对他登上太空的强烈反应，极大地动摇了肯尼迪的决心。在他允许国家宇航局继续推进艾伦·谢泼德轨道航天之旅，且该航天计划获得成功之后，他决定将航天事业当作政治竞赛来对待。在艾伦·谢泼德航天之后，突尼斯总统哈比卜·布尔吉巴作为贵宾在白宫出席国宴时，他的这一想法得到了进一步强化。肯尼迪看到布尔吉巴和杰尔姆·威斯纳在说话，就走到他们身边。"你们知道，我们白宫正在为是否应该登月的问题争论得不可开交"，肯尼迪总统对突尼斯总统说。"杰里[①]反对此计划。如果我告诉你，要是我不资助登月计划，你将额外获得十亿美元的外援，那么你有什么建议呢？"

"我希望我能告诉你将这笔资金投入到外援中去，"布尔吉巴回答说。"但我不能。"

另一位出色的政治家林登·约翰逊寄送给肯尼迪一个便笺，上面写道："我们国家应该现实点，要认识到，尽管其他国家可能会欣赏我国的理想主义价值观，但是他们将会与他们认为将来会成为世界领袖的国家——长远来看最终的赢家——结盟。在航空领域取得显著成就越来越被看作是成为世界领袖的主要标志。"

肯尼迪领会了此消息的含义。不久后他给约翰逊写了一则太空方面的便笺，这么说："我们是不是一天 24 个小时都致力于现有的航空项目？如果不

① 杰里（Jerry）是杰尔姆（Jerome）的昵称。——译注

139

是，为什么不是？"

肯尼迪咨询过的人还有一位是沃纳·冯·布朗，他在二战期间致力于德国 V–2 火箭项目，后被带到美国为美国军队设计火箭——实际上，他还设计了将第一颗美国卫星送上太空的导弹。

"我们能打败苏联人吗？"总统问他。

"我们有相当大的成功机会……"冯·布朗回答说。"如果我们启用全力以赴的紧急方案，我想我们会在1967年或1968年实现这一目标。"

在太空方面取胜，是一项紧急的政治任务。肯尼迪在他的演讲中告知国会，此计划下一财政年度将耗费5亿6千2百万美元，总共需要70亿到90亿美元的资金。国会对此也表示极为赞同。

登月竞赛虽然占据了报纸头条，但跟总统关注的主要事务相比，还只能算个副业，肯尼迪领导下的美国准备将冷战升级，扩展到世界的每个角落。肯尼迪说的不是要遏制共产主义，他说的是无论共产主义出现在哪里，都要立即击败它。对于苏联和中国的战略战术，他的观念反映在有关计划和目标中，他描述这些计划和目标时说道："自由阵营的对手……并没有发射导弹，也很少能看见他们的军队。只要有麻烦的地方他们总要送去武器、煽动者、技术人员和宣传。但是需要战斗的地方，通常是由其他人来完成的，夜晚突袭的游击队员，单枪匹马的刺客……"

总统在准备欧洲之行时，慎重仔细地考虑了暗杀事件——首先，去巴黎和夏尔·戴高乐总统会晤两天，然后去维也纳这个中立的地方会见赫鲁晓夫。毕竟，擒贼先擒王，刺杀领导人是非传统战争的集中表现形式，是一种手段极端效果重大的秘密行动，是根本性的外科手术式袭击。这就是秘密会议的暗语将它称为"处决行动"的原因。

在猪湾事件发生之前，肯尼迪和他的助手们早已开始秘密推进从艾森豪威尔政府延续至今的三个刺杀计划的评估和执行事宜了。中央情报局曾经谋划"清除"加勒比海地区的两位领导人：菲德尔·卡斯特罗和多米尼加共和国最高统帅拉斐尔·利奥尼达·特鲁希略·莫利纳。后者是一个残暴的独裁者，美国一直对他一忍再忍，直到他和卡斯特罗商谈干预美国的外援。美国已经密谋刺杀卡斯特罗近一年后，还不能确定他是否是共产主义者，但能确定他夺取了美国公司在古巴的财产。他还接管了美国黑帮拥有并经营的旅馆和赌场。

自 1960 年 6 月开始，中情局就与黑帮合作，试图谋杀古巴领导人。谋杀特鲁希略的计划在此之前的一个月就已经开始了。31 年前，在美国的帮助下这个独裁者掌握了大权，他拥有国家 60% 的资本和甘蔗田。1961 年 1 月 12 日，在肯尼迪就职前八天，艾森豪威尔总统批准从中情局运送一货轮武器到多米尼加，决意杀死特鲁希略。

肯尼迪就职刚三周，就收到腊斯克的备忘录，上面写道："我们在多米尼加的代表们已经冒着极大的风险与很多地下反对党的领导人订立了契约……中情局近期被授权在多米尼加共和国境外向他们运送小型武器和破坏设备。"两天后，也就是 2 月 17 日，中情局向白宫报告，多米尼加密谋者们已经做好行动准备。"他们的行动，"腊斯克说，"要么会除掉特鲁希略和他的同伙，要么会导致内部反对党的彻底暴乱。"

入侵古巴行动的失败使肯尼迪困惑不已。他甚至更加害怕"噪音"了——即把明显的事实公之于世。总统去巴黎参加峰会之前，在 5 月 30 日阵亡将士纪念日，写给他的秘书伊夫琳·林肯一些最后的注意事项，其中之一写道："务必对我们在多米尼加共和国采取的行动做最及时的报道。"

他对此次密谋暗杀活动做的最后一件官方事情是当天就批准了一封发给中情局特鲁希略市情报站的加密电报。电报中写道："把美国与政治暗杀联系起来，这种风险我们决不能冒，因为美国的总政策是不容许暗杀行为。最后这条原则高于一切，在形势不明朗时应以此原则为准……"但最后一句话清楚地表明总统想要的是巧妙的否认："通知反对派，美国将继续支持他们的立场。"

在肯尼迪说美国不能容许这样的事情时，他就知道，制止这场密谋为时已晚。在猪湾事件的屈辱之后一周里，他想减缓在多米尼加共和国密谋活动的进程。但是那里的中情局情报站以加密电报回复说："美国政府发表声明说现在没有准备好处理这件事的后果，这能否阻止他们的暗杀图谋，我们对此表示怀疑。"接着，5月5日在国家安全委员会会议上，总统又重复了他的新警告并留作记录。"在确知接任特鲁希略的是什么样的政府之前，美国不应该发动推翻特鲁希略政府的行动，"他说。这些话以密文的形式传送给了亨利·迪尔伯恩，他是美国驻特鲁希略市代表团的副总管，也是中情局和多米尼加共和国反对派之间的联系人。

"太晚了。"迪尔伯恩回答说。他在加密电报中说，美国政府一直在"支持推翻特鲁希略政府的努力，且以多种方式协助反对派，这一切国务院都知道。"这些可能成为刺客的人，也就是国务院所谓的"反对派"，实际上是一个名叫德·拉·马萨的家族，他们企图为被特鲁希略杀死的儿子报仇。3月中旬他们曾向美国领事馆索要武器。

"我们俱乐部的成员，"迪尔伯恩在一封几乎很天真的加密电报中说，"现在心里盘算着去野炊，但却没有沙拉的配料。后来，他们制订出了一个野炊计划，但只有找到合适的食物，这一计划才能实施。他们跟我们要几块三明治，几乎没有别的了……上周他们请求我们给他们即将到来的派对提供三四个菠萝，但是我记得给我的指示中并没有要求我给他们这些配料。"

枪支、弹药、手榴弹。这些武器通过外交邮袋运送给了迪尔伯恩。他把这些武器给了刺客们。

第十二章　1961 年 6 月 1 日

　　肯尼迪总统即将前往维也纳峰会与赫鲁晓夫会面，巴黎是此次欧洲之行的第一站。动身飞往巴黎之前，肯尼迪在纽约呆了一天。为了能吸引埃莉诺·罗斯福和她那些积极的支持者，肯尼迪应她的邀请，并在华尔道夫大饭店举办的罗斯福癌症基金会的募集晚宴上发表了演讲。

　　那天，肯尼迪在纽约还碰巧跟以色列总理戴维·本－古理安第一次会面。本－古理安同样是为了募集基金而来，在纽约会见了一些美国犹太人，因为他们的慷慨解囊，能对以色列这个仅有 12 年历史的国家的生存，起至关重要的作用。他们在充满质疑的气氛中会面。那时的犹太民主党人士，尤其是在纽约，尚未完全信任本－古理安，因为他父亲曾被指控为反犹太、亲纳粹。同样，肯尼迪总统尽管身边也有不少犹太官员在工作上配合默契，但他也不是完全相信犹太人，尤其是在纽约的犹太人。"昨晚在纽约的会面再糟糕不过了，"他曾在 1960 年初秋某日这么对朋友查尔斯·巴特利特说。"我出席了这个由一群拥护犹太复国主义大款举办的聚会，他们跟我说：'我们知道你的竞选财务状况很不理想！'……他们提出要跟我做个交易，只要我同意让他们在接下来的四年里负责美国在中东地区的政策，他们就为我的竞选还没有落实的账务买单。"

肯尼迪跟本－古理安进行了很直接的政治层面交谈。通常，在政客与政客之间，这方式是奏效的，但在这次会面中却行不通。"你知道我是犹太选民选出来的，"肯尼迪说，"我是纽约的犹太人选出来的，我必须为他们做些事。我要为您做些事。"本－古理安听到这话却大为恼火，因为他是一个国家的缔造者和领导人，不是从布鲁克林来的政客。

"我以世界上最伟大的革命国家领导人身份出发，"当晚登上空军一号前肯尼迪这样说，尽管"领导人"这个字眼并没有得到别国的认可。谈及肯尼迪在古巴和老挝受挫时，法国外交部长顾夫·德姆维尔曾被人听见这么评价过肯尼迪与赫鲁晓夫在维也纳峰会的会面："维也纳峰会好比是打一场冠军争夺赛，之前刚被你最后两个拳击陪练击倒。"

在与赫鲁晓夫会面之前，肯尼迪还要跟德姆维尔专横的老板相处三天，接受考验。他花了大把时间对美国那位身材高大、野心勃勃的盟友——查尔斯·戴高乐——做足了功课，所耗时间跟研究赫鲁晓夫的不相上下。丘吉尔和艾森豪威尔都下台写回忆录去了，戴高乐就是二战三巨头中唯一还在任的一个。他是个铁汉，有着强烈的法国民族意识，非常看重法国在世界上扮演的角色，一个几近于神秘主义的角色。"为什么戴高乐要逼迫我们？他想要什么？"在考虑北约组织的事务时，肯尼迪总统多次这样问自己。在肯尼迪看来，法国是依赖于美国的军事保护的，但在促成戴高乐的目标——使法国成为欧洲大陆的领导人，成为美国和英国的平等伙伴——方面，法国却毫不犹豫地选择了反美立场。戴高乐把英美这两个说英语的国家称为"盎格鲁－撒克逊人"，他的兴趣在法国，他不希望看到法国在任何方面依赖于别国，也就是说，他想让法国成为一个拥有独立核战斗力的国家。

肯尼迪对戴高乐的评价非常直接："在东西战线问题上，戴高乐的立场基本上是坚定的，尽管他也挺难搞的，因为他想要提高法国的声望……他还想在核决定方面有决策权，对此，我们是反对的，因为这会危害到我们的同盟国。我们也拒绝了法国要我们在其国家核项目和导弹计划上给予支持的请求，我们更希望能在多边的基础上解决这个问题来防止核扩散。但是，法国不受我们跟苏联签订的暂缓核试验协定的限制。"

5月31日早上10点17分，空军一号降落在奥利机场，巴黎的天气凉爽，气温为华氏58度。这架波音707为肯尼迪和他夫人专设了两个卧室，二人已在从纽约起飞后的六小时飞行中，在各自的卧室里睡了一觉。

"他曾是美国最年轻的参议员，"法国政府电视评论员雷昂·兹托纳，在奥利机场播报说，"他刚开始他的总统生涯，今后，他必定会展开系列工作，并从中学到更多有关总统的重任。"而31岁的杰奎琳·肯尼迪则被兹托纳和他的巴黎同事们称为"大女孩"。

肯尼迪走下飞机跟70岁高龄的法国总统见面时，人们曾猜想两位官员之间会有些冷漠。法国《世界报》政治主编安德烈·方丹常代表法国总统说话，5月20日，他在报上警示，戴高乐不会认为美国会为了欧洲而抵制苏联入侵，在法国总统看来，北约组织没有足够的军队和常规武器来阻止苏联横扫欧洲大陆。简言之，出于民族主义考虑，没有哪位美国总统会用芝加哥来交换里昂或汉堡。戴高乐认为——不仅仅是他一个人——美国不会冒着本土遭核报复的风险，为了欧洲而采用核武器对付苏联。这位法国总统还打算告诉肯尼迪，赫鲁晓夫也是这么想的，尤其是在肯尼迪听任他的炮灰们在猪湾送命之后。

法国保守派大报《费加罗报》对肯尼迪更不客气："老挝、笼罩着越南的威胁、古巴惨败、美国南方的种族动乱及其对新兴国家产生的可悲效应——肯尼迪政府正在下大力气培养与这些新兴国家的友好关系、苏联依旧称霸太空……这位年轻总统因缺乏经验付出了巨大的代价，并给白宫带来了混乱。"

《纽约先驱论坛报》巴黎版的头条就是："戴高乐将问肯尼迪是否愿意冒险在柏林开战。"

但是，在奥利机场的景象却是，15面法国旗帜和15面美国旗帜当空飞舞，戴高乐在水仙花和玫瑰夹道的红地毯上等候，这就迅速改变了此次访问的基调。在前往机场的路上，戴高乐看到他的人民在各街道上一层一层地整齐列队，以期一睹肯尼迪的风采。戴高乐向肯尼迪毫不掩饰热情的问候惊呆了法国人——用英语问候，因为他通常是拒绝说英语的。肯尼迪走下机舱阶梯时，戴高乐总统问候道："您旅途愉快吗？"

就在豪华轿车驶出奥利机场的那一刻，肯尼迪夫妇的欢欣之情是不言而喻的，轿车前往的目的地是仅有十英里远的奥赛码头，位于塞纳河左岸的法国外交部。正如戴高乐注意到的那样，他的国民被这位年轻人的形象和思想迷住了，肯尼迪总统年纪轻轻，身边有美丽的妻子和年幼的孩子，掌控着世界上最强大的国家。肯尼迪一家由50名身着制服的摩托警卫护行，这些警卫看起来要比身着制服的美国海军上将更引人注目。在巴黎圣女贞德的金色雕像前，护行车队里又加入了有羽翎装饰的共和国卫队骑兵。总统一行过了塞纳河，经过左岸杰奎琳·布维尔10年前求学的地方——索邦神学院。肯尼迪站在敞篷的车里，高兴地给坐着的戴高乐指出了一面哈佛校旗。站在圣米歇尔大街两旁的学生们，高唱着由肯尼迪名字和法语一至十的数字组成的歌——"肯尼一，肯尼二，肯尼三"——最后高呼"肯尼十[①]！"肯尼迪！

"有一百多万人出来欢迎你，"戴高乐用法语说，这次是通过翻译对话，"你看，今天上午的巴黎看见你是多么的高兴。我都不用多说什么了。"

法国人彻底为肯尼迪一家迷住了。报纸上到处都是充满感情的趣闻轶事，由美国白宫热情提供，其中一则便是法国文化部长兼作家安德烈·马尔罗写的。他说他曾陪肯尼迪在凡尔赛太阳王路易十四的宫殿，欣赏雕像厅里的作品。肯尼迪的目光在触及一个雕像时，停留时间稍长。"有意思，"这位美国人轻声说。

"这个，"文化部长说，"是这里的唯一的真品，其余的都是复制品。"

或是因为运气好，或是因为有力的简报宣传，肯尼迪在巴黎展示了良

[①] 法语里，"十（dix）"的发音跟"迪"的发音一样。——译注

好的体魄和活力。但是，他其实身受剧痛，两星期前在渥太华就开始发作的背部肌肉痉挛带来了剧大痛楚。但除了贴身人员外，他在其他人面前都能藏起拐杖，也隐藏疼痛。即便是特德·索伦森都没有意识到这次的疼痛有多严重，直到他在奥赛宫的豪华套房内，亲眼看见肯尼迪缓缓地、痛苦地屈身躺入那个金色浴缸中，里面注满热水，蒸气腾腾。热，尤其是蒸汽热，能够舒缓痉挛的肌肉。

肯尼迪的医生都知道他承受的痛苦，尽管他们没有一一地认识对方。肯尼迪的两个白宫医生——乔治·伯克利上将和珍尼特·特拉维尔医生——都随他一同搭乘空军一号。伯克利是政府指派给他的。特拉维尔已经给肯尼迪治疗背部多年，曾给他肌肉深度注射奴佛卡因①，有时是一天注射几次。然而，这两名医生都不知道总统随行人员中还有另外一位医生马克思·雅各布森，一名施用安非他明②的医生，他曾在 1960 年总统竞选中给肯尼迪治疗。

1961 年 5 月 12 日，总统叫雅各布森到棕榈滩，给肯尼迪夫人看病。肯尼迪夫人在 1960 年 11 月下旬生下小肯尼迪后，常常头痛并陷入忧郁。肯尼迪坐在门廊处，对雅各布森说，他希望夫人能跟他一块儿去欧洲，可是依她的状况看来，她现在什么也做不了。雅各布森医生能做点什么呢？11 天后，也就是 5 月 23 日，雅各布森再度被召到华盛顿，他这次是去给肯尼迪医治在加拿大植树后落下的背痛。

"我现在感觉好多了，"打针后肯尼迪跟他说。"我希望你下周和我一起去欧洲。你能再安排一下你的行程吗？……账单可以报销。"

"我当然会去，"医生回答道。但是他说，他绝不会将自己的账单寄给曾在战前使他和家人逃离纳粹德国成为可能的美国的领导人。那天晚些时候，雅各布森见了肯尼迪夫人，她说她也会去巴黎和维也纳。雅各布森后来跟朋友说，当时肯尼迪夫人拿出一瓶杜冷丁，就是一种含有麻醉药的止痛药，并说这药是在她先生的浴室里找到的，还认为这药是从特情局的某个安保人员

---

① 奴佛卡因：一种局部麻醉药。——译注
② 安非他明：刺激剂的一种，能够增加人的机敏性，暂时减轻疲劳感并增加攻击性。——译注

那里弄来的。她想知道雅各布森医生能否让总统停止服用这种药物，医生就说他会试试，因为止痛药不仅会上瘾，还会影响总统的思维能力。

雅各布森医生在艾德威尔德机场的美国航空公司货运航站楼登上了空军一号，在飞机起飞飞往巴黎前，他和肯尼迪总统单独待了几分钟。然后，这位内科医生和夫人坐另一趟包机飞往巴黎，他们是那架租用的喷气机上唯一的乘客。到巴黎后，雅各布森夫妇便被安排住在拿破仑饭店。他每天都去拜访总统。

肯尼迪的弟弟罗伯特在得知雅各布森医生的疗法后，希望将他开的药送往食品和药物管理局进行检验。肯尼迪就跟他说："就算是马尿我也不管。这药有效。"

泡过澡并服了药后，肯尼迪总统就坐车前往法国总统戴高乐的住处——爱丽舍宫，与戴高乐总统第一次面谈。特德·索伦森第一次去欧洲即为肯尼迪总统之行做准备，面谈开始的情况就和他在空军一号上所广播的那样（这次广播应该写在一个简短的备忘录里）。"很明显，戴高乐将军想确定的是我们会不会坚定地和他站在一边……我们是决心要在欧洲大陆上保持自己的核力量并加以使用吗？你个人能够与赫鲁晓夫抗衡么？美国是否成熟？等等。"

戴高乐发言的大部分内容都可以在他以前和艾森豪威尔总统的谈话记录里找到。他再次提议由法国、英国和美国组成三强理事会来处理欧洲事务。肯尼迪总统和艾森豪威尔总统一样，拒绝了这个提议，但是保证美国会充分参与所有跟法国利益相关事务的协商，而且许诺，一旦苏联对西欧发动进攻，美国就会像苏联攻打了自己一样予以反击，用核武器保卫欧洲大陆。

午餐前，两位总统一起聊了近一个小时，相处愉快，这让他们自己都感觉意外，他们的助手对此也大为惊讶，都不停地用本国语言低语道："他们合得来……他们合得来。"戴高乐将军像之前的艾森豪威尔总统一样，为肯尼迪总统的人格魅力所感染。但是他们是在会谈；双方并不试图说服对方。一方说出自己的立场，然后被翻译过去，另一方也同样说出自己的观点。

撇开分歧不谈，能够坐在爱丽舍宫里摆放着拿破仑三世皇冠的壁炉前，肯尼迪十分振奋。他告诉戴高乐将军，有美、英、法三国在西柏林的驻军在，他就能平息苏联的要求与威胁。他说他最忧虑的是，如果苏联对柏林的形势估计错误，恐怕就会发动战争。所以，他愿意告诉赫鲁晓夫，只要美、法、英三国能像占领协议里保证的那样在柏林驻军，同盟国愿意讨论一些关于德国旧首都的地位问题。

戴高乐却不同意，说："和苏联人没什么好谈的。"

"苏联人并不想发动战争，"法国总统继续说。三年来每六个月苏联人就威胁说要攻打柏林，但是他们从来没打过，明显是虚张声势而已。只要同盟国军队，尤其是美国军队，坚定驻扎在西柏林，就不会有战争。

戴高乐认为，肯尼迪要与苏联领导人会面实在是太蠢了。但是，他自己从不用"苏联"这个词。知道美国人对"共产主义"、"意识形态"这些词有多么认真后，他说这些东西全是诡计，民族主义才是关键问题。领导人用"意识形态"来达到自己的目的。列宁的共产主义不同于斯大林的共产主义，而斯大林的共产主义跟赫鲁晓夫的共产主义又不同。但是，"俄罗斯"却是不变的。俄国人不一定一直是共产主义者，但他们必定一直是俄国人。古老的俄罗斯一直努力要向西、向南扩张，但是，只要让它知道西方国家会奋起反抗，它就懂得收敛。总统先生，你的工作就是要让赫鲁晓夫相信你是个会反抗的人。

"赫鲁晓夫叫你去改变柏林的现状时，你坚决不能让步，"戴高乐说，"这是你能为世界所做的最有益的贡献。"

"坚持住，"他用法语重复道，"不放弃。"要坚持，坚定，强硬。直到他们烂下去。有一天，他们会撑不下去自己垮掉的。

戴高乐在那天早上最后说了一句："在你没做决定前，你可以听听顾问们怎么说，一旦你做了决定，他们的话就不要听了。"听了这话，肯尼迪报以微笑。

午饭时，两位总统夫人也和他们一起用餐。戴高乐将军专注于跟肯尼迪夫人的谈话，显然，肯尼迪夫人关于法国历史与艺术的问题吸引了他。他们聊到了18世纪，这时肯尼迪总统打断了他们，问起了距离当前更近的历史：丘吉尔是个怎样的人？罗斯福是个怎样的人？戴高乐回答说，丘吉尔是个狂人，一天不同于一天，他们曾有过激烈争论，但是他觉得和这个英国人关系融洽。而罗斯福，要更为冷静，他们从不发生争执，但是他觉得他和这个美国人从来没有沟通过。

到了午后，双方交谈甚欢，但是并没有取得什么一致意见。早上，戴高乐从柏林开始讲起，而下午，肯尼迪就说想先聊聊东南亚。"我知道您觉得老挝处于边缘地区，不值得考虑……"他开口了。

"你会发现一旦介入这个地区，你就会卷进没完没了的漩涡之中，"戴高乐回答说。"一旦一个国家被唤醒了，任何强大的外族都不可能将自己的意志强加在他的头上。你会发现，无论你派出多少人，花多少钱，你都只能在这个无底的军事政治沼泽中越陷越深。"

"我希望你不会在公共场合说这些话，"肯尼迪说。

"当然不会，"戴高乐回答道。然后，他觉得他的话不够有说服力，又加了一句："我从不对媒体发言，从不。"

戴高乐又说起他对那个地区的另一些想法。他说，可能俄国人正大力支持巴特寮在老挝的起义活动，因为俄国人也很担心中国会扩张。肯尼迪觉得戴高乐想太多了，美国人只看到一个强大的"中苏集团"联合。肯尼迪的回答很聪明，但是不对的。肯尼迪说，他认为苏联和中国好比凯撒大帝与庞培将军，只有在消灭共同的敌人后，他们才会再次反目成仇。

肯尼迪离开爱丽舍宫，准备坐车去塞纳河对岸自己的住处时，有人告诉他："腊斯克的电话在等着您，说有急事。"当时正下着雨，但街边依然站满了成群的人，为他欢呼，或者只是为了看一眼他的车。

"特鲁希略死了，"国务卿在保密电话专线里对肯尼迪说，他正在美国国务院的一个会议室，把电话打到了奥赛宫国王卧室。

"他昨晚回住处时被暗杀了。"

"我们有人被牵扯进去了吗？"肯尼迪问道。

"我想没有，"腊斯克说，"情况尚未确定。"

肯尼迪不得不尽快结束电话。他和戴高乐已经计划好要一起坐车穿过香榭丽舍大道去凯旋门下的无名战士墓。天下着瓢泼大雨，高个子戴高乐走下车，一把雨伞高高撑起挡着雨，来到楼下。

"我们坐敞篷车吧，"肯尼迪说，于是戴高乐叫人把雪铁龙豪华轿车的顶部打开。肯尼迪脱去雨衣，戴高乐也立马脱掉。顷刻间，两位总统全身都湿透了。轿车驶入一条长长的巷道，准备穿过塞纳河，前往凯旋门。路旁的人们撑着黑伞，欢呼着，两位总统站在敞篷车里，不断向他们微笑、挥手示意。

仪式结束后，肯尼迪回到房间，在金浴缸里花了 15 分钟把自己擦干，并通过电话对在华盛顿的腊斯克说，在多米尼加共和国，美国仅有一件且绝对首要的事情要做。他说："不管采取什么手段，都要阻止共产党颠覆政权。"在 5 月 5 日国家安全委员会会议上，他曾命令政府的古巴特遣队做好应急方案，以便应对多米尼加共和国和海地的入侵和占领，这两个国家与圣多明各岛上特鲁西略的国家一样，都是专政政权。他想要美国海军按照计划那样，在加勒比岛附近部署军舰。"马上去做，"肯尼迪说。

他把肯尼·奥唐奈叫到大卧室里，这位交际秘书是他最完美的助手。那晚晚些时候，奥唐奈与另一位助手戴夫·鲍尔就会知道，他们要先穿过国王卧室才能回自己的房间。但那时候，总统已经睡下了。所以，他们匍匐在地毯上，爬到肯尼迪房间另一头的门口处。

"打电话给皮埃尔，"肯尼迪吩咐奥唐奈。新闻秘书在塞纳河对面协和广场的克利翁酒店，这些天来，该酒店成了世界传媒的总部。

下午 7 点塞林杰有一场新闻发布会，会上他只需要说，肯尼迪总统与戴高乐总统"在柏林问题上取得了一致意见"，就可以挡开所有关于两位总统今天对话内容的问题。一名记者问腊斯克什么时候来。

"他不会马上来，"塞林杰说，"你知道的，因为多米尼加共和国现在的局势。"

"什么情况？"

"你知道，特鲁希略被杀了。"

这些记者当然不会不知道——只有肯尼迪自己更清楚发生了什么，接下来还会发生什么的时候，他们才有可能会知道。可总统那时仍不知道暗杀发生在什么时候，什么地方。

上百个记者争先恐后，拿起电话，用几十种语言把这消息传播到全世界。当时，戴高乐总统在爱丽舍宫为15,000人举行晚宴，塞林杰在那里见到肯尼迪总统时，肯尼迪已收到另一通电话称特鲁希略可能还活着。

"你知道这意味着什么吗，皮埃尔？"肯尼迪说。

"是的，总统先生，意味着要么他死要么我死。"

"知道就好。"

但是，特鲁希略的确死了，他当时乘坐一辆淡蓝色雪佛兰-贝莱尔开出了特鲁希略城，在乔治·华盛顿大街被美国提供的武器击毙。事件发生在肯尼迪飞往巴黎期间。16小时后，国务院才得到这个消息，腊斯克紧急通知了总统。

腊斯克同时提醒肯尼迪，独裁者的儿子——多米尼加空军司令兰菲斯·特鲁希略将军也在巴黎。显然他常来此地，为的是把从其国家中窃取的财产存到国外银行，置于外国保护下。有理由相信，他打算暗杀肯尼迪为其父报仇。这个32岁的儿子，是个老练而狠毒的杀手。据说，他在特鲁希略城的家中有个储肉柜，里面挂着被杀害的政治对手的尸体，供晚会客人娱乐。一个小时内，超过15,000名法国警察和美国官员在城里搜寻这个年轻的特鲁希略。而事实上，兰菲斯也在拼命搜寻：他的确在巴黎四处流窜，但他是为了要包机返回多米尼加共和国夺权，并找到杀死他父亲的凶手。

在爱丽舍宫的晚宴上，肯尼迪站起来向戴高乐祝酒。本来有一份正式祝酒词，其中承诺美国军队如有需要可以留在欧洲，进行一切所需行动。但他没理会这份正式祝酒词，而决定以个人名义祝酒："我睡在一张法国床上，早餐由一位法国大厨提供……我娶了一位法国人的女儿。"

腊斯克正飞往巴黎，国务院第二把手副国务卿鲍尔斯，在国务卿会议室接管了"行动指挥中心"，至少在罗伯特·肯尼迪接手前如此。就像他对猪湾事件穷追不舍一样，总统的弟弟对鲍尔斯也是如此。"你这个胆小的混蛋，"罗伯特·肯尼迪知道鲍尔斯不愿把美国军舰派往多米尼加海岸时，对他如此咆哮。

那是这个司法部长作为外事专家碰到的第一件危机。"让鲍比随便玩，"总统对腊斯克说，"如果他碍你的事就告诉我。"

午夜过后，肯尼迪从爱丽舍回到国王卧室，刚把脊背沉入热气腾腾的水里，就听见愤怒的电话一个接一个从华盛顿打过来——鲍尔斯，他弟弟，麦克纳马拉；麦克纳马拉和罗伯特·肯尼迪站在一边，反对谨小慎微的副国务卿。

"他们想派出海军陆战队，"鲍尔斯告诉总统，他指的是罗伯特·肯尼迪和麦克纳马拉。在加勒比海被咬过，总统的选择是宁肯谨慎行事，他把这看法对副国务卿说了。

"哦，听您这么说很高兴，"鲍尔斯说，"这样的话，您能明确一下这里是谁说了算吗？"

"当然是你了，"总统说道。

"那好。您能向您弟弟解释一下吗？"

第二天早上，他在巴黎的第二天，总统在美国大使馆撞见了埃夫里尔·哈里曼。这并非偶然。从富兰克林·D.罗斯福以来，哈里曼一直在争夺总统身边的职位。他本来一直在日内瓦就老挝问题同苏联谈判，却离开日内瓦，不请自来，到了巴黎。但是哈里曼 69 岁了，听力不佳，为人既粗暴又狡猾，生怕离开权利中心太久。有两种类型的人不适于给最高层提建议：彬彬有礼型的和自我意识太弱型的。哈里曼两种类型都不是。他为两届总统服务过，罗斯福和杜鲁门，他告诉他的助手，当总统向你的方向看过去，你只有七秒钟说出自己的观点。

那天早上，他在美国大使馆的走廊上来回踱了几个小时，一边自言自语，不理会其他任何人。总统走进大门时，哈里曼迎上去抓住总统的手臂，这个动作肯尼迪一点儿都不喜欢。哈里曼说："总统先生，我只有一个问题：你到底想不想解决老挝的问题？"

"想啊。不管用什么方法让我们脱离老挝，"肯尼迪大声回答。哈里曼的七秒钟已过，但他还想要更多。当晚他说服总统的妹妹尤妮斯·施赖弗，带他去凡尔赛宫，参加在镜厅举行的仅有150人出席的正式晚宴。他告她说总统与赫鲁晓夫在维也纳见面之前，他先和总统谈谈至关重要。

"我听说你有事想跟我说，"肯尼迪对哈里曼说，哈里曼居然让自己的座位离总统只有三个座位之隔。

"希望您和赫鲁晓夫相处愉快，"哈里曼说，"别被他吓住。"

"记住他和你一样害怕。不要让他干扰你，他会试图干扰你让你害怕，但是别把那放在心上……他的做法是首先攻击，然后根据对方的反应看是不是可行。你就一笑了之。不必动真格的……当个乐子就行。"

哈里曼的又一个时刻结束了。总统把眼光挪向了别处。

晚宴后，戴高乐总统把客人引到路易十六剧院欣赏一个短节目，是巴黎歌剧院芭蕾舞团的演出，剧院的尺度和装饰无比精致，使观众感觉置身于一个华美的瑰宝之中。有个美国人没座位，她是《华盛顿明星报》记者玛丽·麦格罗里。第一幕结束后，她要找个地方站着，却误闯进国王包厢下面的小休息间，与总统碰了个面对面。

"给人印象深刻啊，不是么？"肯尼迪说。"跟在白宫演出的福莱德·瓦伦①和劳伦斯·韦尔克②不大一样。我们也得弄点新鲜东西了。"

"您和戴高乐先生相处如何？"麦格罗里问道，对肯尼迪宁愿和她而不是戴高乐或者屋子里的其他人在一起，让她深感吃惊。他在一种听不懂不会说而自己说的别人也听不懂不会说的语言环境里，感觉很不自在，也不那么令

---

① 福莱德·瓦伦（1900－1984）——美国音乐家，管弦乐团、合唱乐团指挥。——译注
② 劳伦斯·韦尔克（1903－1992）——美国音乐家，曾长期在以其名字命名的电视节目里表演，是美国家喻户晓的人物。——译注

人喜悦了。

"你想见见他么？"肯尼迪说道，拉着她过来。"将军，我想让你见见我的一个朋友。这是《华盛顿明星报》的玛丽·麦格罗里。"

戴高乐把目光投向稍远处，对于总统有个记者朋友觉得并不那么欣喜。肯尼迪继续说着，说的全是英语。

麦克罗里不止一次想到，肯尼迪除开优雅的衣着举止之外，性格却很腼腆。他更喜欢别人先走向他，这样让他有种掌控感。但是，她感觉到，在这个房间里，他没有一点掌控力，在这里其他人是用另外一种语言说话。

"天啊，你是在哪里学会说法语的？"这时肯尼迪的声音变得有点尖，他对另一个记者说话，那是哥伦比亚广播公司的乔治·赫尔曼。然后总统又把赫尔曼向戴高乐介绍了三次。将军比赫尔曼高出一英尺，鼻子在他头顶上方嗅着空气，好像有什么东西腐烂了一样。

午夜，从凡尔赛宫开出的黑色雪铁龙轿车雾气蒙蒙。车在古代国王和王后们的花园和喷泉边开过时，肯尼迪两次让司机停下来，和他妻子走出轿车，步行一段。第二次下车步行时，戴高乐也走过来同他们一块儿步行，两个男人握了握手。

"凡尔赛宫的神明"是第二天《法兰西晚报》的头版头条。"凡尔赛终于有了王后"是另外一个头条。他们是美得无与伦比的夫妻。第一夫人穿着法国设计师休伯特·纪梵希设计的白色丝质喇叭长裙出现后，就永远地赢得了法国人民的爱戴。

那天，第六次长时间的会谈结束后，戴高乐让肯尼迪惊喜不已，他说："现在我对你的国家增强了信心。"在他自己的这次访问手记中，这位法国人不太讲究地写道，这个美国人代表着下一代世界领袖："享受年轻的优势，但遭受新手的挫折。"

肯尼迪在巴黎的最后一晚是和手下人一起度过的。腊斯克最后还是来了，邦迪也加入了，还有卢埃林·汤普森、查尔斯·波伦和哈里曼，他们一起进行了与赫鲁晓夫见面之前的最后讨论。在最终的记者招待会上，世界各地540名记者云集会场，肯尼迪离开时面带微笑，还不失时机地开了个小玩笑："我就是陪杰奎琳·肯尼迪来巴黎的那个男人……"

他的夫人征服了整个巴黎，还有戴高乐和马尔罗。"多么残酷的命运，"当他们游览马尔梅松城堡——拿破仑的约瑟芬的家时，她看着那个皇后的肖像对文化部长说，"她肯定是个非常了不起的女人。"

"她嘛，"马尔罗说，"不过是个婊子！"

这话也曾不止一次地用来说肯尼迪夫人，尽管看起来，这丝毫没有影响到她。

在肯尼迪执政之初，肯尼迪为了避免和他妻子发生冲突，让负责礼宾的安吉尔·彼得·杜克和肯尼迪夫人谈谈第一夫人的角色。"告诉她，"总统说，"总统夫人对有关来访者事宜应负起什么样的责任。"

"你想做什么，肯尼迪夫人？"杜克大使这样开始。

"越少越好，"她说，"我是一个母亲，一个妻子，我不是政府官员。"

"告诉她这在政治上对我不利，"当他的妻子从外国国家元首收到昂贵礼物时，肯尼迪对杜克说。当时牵涉到的是沙特阿拉伯国王和爱尔兰总理送的马。"阿拉伯人给她这些马，而以色列人来访时送的是一本价值12美元的古老圣经。"

"我理解你说的，安吉，"听杜克说完后，肯尼迪夫人回答说。"但是有个问题。"

"什么问题？"

"我想要这些马，"她说。

但是在巴黎没有这类问题，陪伴杰奎琳·肯尼迪的这个男人很高兴。"嗯，"他对她说，"我眼花缭乱了。"他甚至忘记了当他发现她要带到巴黎和维也纳两卡车的衣服、首饰和一应用品，或者她把自己的一撮撮的头发先送往两个首都的美发店，好让他们准备好她需要的服务时，他是多么气愤。

"停下飞机！"第二天早上快 9 点时，在奥利机场有个法国官员跑过停机坪朝着空军一号喊道。肯尼迪夫妇在上飞机的旋梯上停下来，微笑和挥动的手臂僵住了。一辆面包车从这个法国人身后飞出，车上装满了箱子，手提箱，车顶上还捆绑着一大堆箱子。原来，肯尼迪夫人的一个侍女在去机场的路上迷了路。这时，陪同杰奎琳·肯尼迪去巴黎的那个男人脸上的微笑消失了。推迟了几分钟后，飞机才起飞，飞向维也纳。

第十三章 1961 年 6 月 3 日

"腊斯克，你是接替杰克的不二人选。"离开施韦夏特机场去往维也纳市中心的路上，肯尼迪一边不断对街道两旁的维也纳人民挥手致意，一边对坐在身边的腊斯克说道。轿车是辆黑色的克莱斯勒，上半部是个气泡一样的透明防弹玻璃罩，紧挨肯尼迪坐着的国务卿望着街道两旁的欢迎人群，惊讶得说不出话来：七万多奥地利人在倾盆大雨中迎接他们的到来。

"看，"肯尼迪指着一个由许多美国留学生举着的横幅："海外学子问候您。"

肯尼迪此刻自信满满，前段时间在巴黎同戴高乐总统的会谈不仅是一次完美的彩排，也是对他作为一名世界领袖的信誉的考验。离开巴黎那天，他看到了法语版的《纽约先驱论坛报》，玛格丽特·希金斯在专栏里对他做了这样的描述："肯尼迪表现得好像他自己不仅是美国的外交官，还是苏联专家、法国专家、柏林专家、老挝专家，以及禁止核试验专家等。"肯尼迪开心地笑了。

出于政治因素及个人因素，肯尼迪暂时将猪湾事件放下。他已经做好了公开接受批评的准备，虽然私下里他认为自己在该事件中真正做错的地方，是错信了那些履历极具吸引力的陌生人的建议，很显然，肯尼迪认为他们的头衔要比他们的建议英明百倍。他私下里谴责他们。在一定程度上他也责怪艾森豪威尔，因为肯尼迪自己并不真正对那个计划负责。不过既然事情已经过去了，肯尼迪现在应负起责任的是绝不能让苏联领导人低估了美国对于守住西柏林的决心。

在为维也纳会晤做准备时肯尼迪说："不能让赫鲁晓夫将老挝和古巴问题同西柏林问题混为一谈，不能让他认为，美国在老挝和古巴这两个国家遇到一些挫折，就会在西柏林问题上也做出让步。"

肯尼迪把会晤的日程表安排得很简单。他希望会见赫鲁晓夫，衡量一下他的实力，然后就直奔主题，以政治家对政治家的方式同赫鲁晓夫交谈并向他说明，在如今的核世界里，任何一点军事上的错误估计都会引起世界范围内的混乱。虽然肯尼迪和赫鲁晓夫所代表的政治制度有很大的不同，但他们所面对的问题是一样的，因此，赫鲁晓夫一定能同自己互相理解并达到某种程度上的共识，对此肯尼迪毫不怀疑。肯尼迪相信苏联人也不是疯子，世界毁灭肯定不是他们愿意看到的。但是要避免因意外或错误的估计而发生战争，最好方式就是美国和苏联要彼此关切对方的核心利益——换句话说，就是要维持现有的国际势力均衡而不要试图去打破它，因为这样做的后果是很危险的。

虽然肯尼迪永远都不会那样说，但他这次与赫鲁晓夫会晤的主要目的就是要维持现状。肯尼迪想要赫鲁晓夫认同：美国的核心利益就是要维持自己在世界上绝大部分地方依然处于主导地位。毫无疑问，作为美国总统，肯尼迪是一定会维护美国的这点利益的；只要赫鲁晓夫承认了这一点，他们就可以就不发起战争达成共识，因为美国和苏联在很多地方的利益和野心是互相交织的，在柏林问题上尤其明显。

对此，美国国务院也是认同的。肯尼迪在他的准备提纲中做出了如下推论：赫鲁晓夫可能会对他进行一番恐吓或威胁，但是不可否认的是苏联同样也在寻找缓和紧张局势的方法——"赫鲁晓夫是希望会晤能够达成一定共识的，为此他甚至会做出一些让步……看起来他想要在保持自己坚定立场的同时改善美苏关系。"

所有这些猜测都是肯尼迪自己的期望，但是很显然他觉得自己的猜测很合理，因为肯尼迪曾专门研究过赫鲁晓夫的性格，虽然他听到的关于赫鲁晓夫的很多事情都是别人杜撰的。肯尼迪曾听专栏作家沃尔特·李普曼说起过4月份和赫鲁晓夫见面时候的情景，肯尼迪简直无法相信：这位苏联领导人坚信美国总统只是美国一些大资本家操纵的政治工具，肯尼迪本身就得受纳尔逊·洛克菲勒的控制，因为洛克菲勒家族比肯尼迪家族更富有。而且赫鲁晓夫还告诉李普曼说他知道是谁在控制美国——是垄断资本家，而且他自己在1957年访问纽约时曾和埃夫里尔·哈里曼一起见过50位美国垄断资本家。

肯尼迪听完这件事后大笑了一阵，然后他决定研究更有意义的事情——将重心转到对赫鲁晓夫政治性格的分析上。40年来一直为美国历届总统出谋划策的李普曼告诉肯尼迪说，赫鲁晓夫曾向他提到过阿尔·史密斯，这位纽约州州长是美国历史上第一位竞选总统的天主教徒，比肯尼迪早了32年。李普曼还透露，赫鲁晓夫了解他的选区中所有选民的诉求，并且他有一种能够用选民们熟悉的通俗的语言将政府、预算等一切解释清楚的能力。

肯尼迪的研究重心转到了对赫鲁晓夫本人的研究上：这位举止粗鲁的苏联领导人一年前在联合国大会会议期间，由于不满菲律宾代表抨击苏联对东欧实行殖民主义而当众脱下鞋子敲打桌子以示抗议，从而使全世界都为之一惊。美国中央情报局曾将赫鲁晓夫的性格分析呈交肯尼迪，并对这位苏联领导人做出了如下评价："赫鲁晓夫在疲惫的时候更容易咄咄逼人，注意觉察他左边太阳穴处的血管隆起，那是个信号，看到它你可以放轻松点，不要太紧张。"

从议员到总统候选人，其实肯尼迪一直对所谓的峰会表示怀疑，"除非能在次要的问题上有一定共识，否则我拒绝和赫鲁晓夫先生进行会晤，"肯尼迪如是说，"因为只有达成一定的共识，才意味着会晤有可能取得一些进展或者交换一些有用的信息。"

肯尼迪入主白宫刚三个星期，赫鲁晓夫就派人试探，发出一个信号想要尽早会晤。肯尼迪对这个千载难逢的机会喜出望外，于是他在 2 月 22 日就写信给这位苏联领导人建议双方举行会晤，当赫鲁晓夫在猪湾事件发生后重复了这个邀请后，肯尼迪也再次致信。赫鲁晓夫已经强调他没兴趣谈论那个尴尬问题。这个挑战对肯尼迪来说是不可抗拒的，对赫鲁晓夫一定也同样如此，因为时机太完美了：首先在太空空间上已经取胜，在世界上六七个国家呼风唤雨，苏联正处在其力量和影响力的巅峰，赫鲁晓夫希望美国人在全世界面前承认这一点。

第一次会晤的时间安排在肯尼迪抵达美国驻奥地利大使弗里曼·马修斯的住所 20 分钟后。总统的下属们对已经等候在外的记者们散发了这样的消息，即他们的总统准备得很充分，简直就和去年在总统竞选的最后一轮上击败尼克松时一样胜券在握。总统的随从人员几乎是从空军一号专机跑下来的，随后各自奔向他们的旅馆。与此同时，总统迅速出动，礼节性地拜访了奥地利总统阿道夫·沙夫。

马克斯·雅各布森医生的名字不在总统随行人员的官方名单里，却在白宫随行人员的住宿名单里，与总统的军事专员同住。像在美国一样，雅各布森接到了好几个"邓恩夫人"（白宫的简单代号）打来的电话，其中一个是空军一号刚抵达维也纳不久就打来的。

当医生在总统下榻的住所楼上准备为他注射时，肯尼迪告诉雅各布森医生说："赫鲁晓夫随时都可能来，而且这次会晤可能会持续好几个小时，所以我不允许出现任何背部并发症。"

"除非您为自己找借口想要提前离开，否则那种情况是不会发生的。"雅各布森医生这样告诉肯尼迪。

几分钟后，肯尼迪就开始在楼下的大厅里踱步了。下午 12 点 45 分，赫鲁晓夫和他的随行人员乘坐的专车缓缓驶进大门，车刚停肯尼迪就从大厅里冲了出去跑下台阶，这和他六个月前在白宫战胜尼克松时的步伐是一样的。但是赫鲁晓夫好像比他更快些，几乎是一路小跑过来，然后具有历史意义的握手在这一刻被定格了。

"再来一张！"摄影师大喊。

"告诉主席，"肯尼迪对他的翻译说亚历山大·阿科洛夫斯基说道，"只要他不介意我就不介意。"很显然赫鲁晓夫愿意再照一张，他笑了笑，又一次伸出了他的手。这位胖胖的67岁的苏联领导人和瘦削的美国总统站在一起，都没戴帽子——他们两个都光着头站在雨中。

不擅长寒暄的肯尼迪说道："我妻子觉得葛罗米柯看起来非常和善，所以他一定是一个非常好的人。"

赫鲁晓夫一听此话大笑了起来，看了看站在他身旁表情严肃的外交部长安德烈·葛罗米柯。"真的吗？"主席问道，"很多人都说葛罗米柯看上去就像理查德·尼克松一样总是表情坚硬。"

到此肯尼迪停止了寒暄，进而提醒赫鲁晓夫1959年9月的时候他们曾在华盛顿见过面。

"记得，当然记得，那时候你多么年轻啊，"赫鲁晓夫说道，"想要交换年龄吗？或者我们折中一下？"

"你在大选的时候能战胜那个混蛋尼克松，我们起了关键性的作用。"赫鲁晓夫说道。

"此话怎讲？"

"我们一直等到大选结束才释放你们的间谍飞行员，所以尼克松就不能对外宣称说自己知道怎么和苏联人打交道。"

肯尼迪对于赫鲁晓夫对李普曼说的自己是受洛克菲勒和其他富豪家族摆布的说法很不满。"这些人都不支持我，"肯尼迪说。

"他们都很聪明啊，"赫鲁晓夫答道。

随后，两位领导人来到音乐室的一张巨大的咖啡桌两边，面对面坐下。这是一间非常舒适的起居室，20英尺长，15英尺宽，透过玻璃门可以看到外面的花园。两位领导人各自身后都有一位翻译。肯尼迪总统后面坐着腊斯克、卢埃林·汤普森、查尔斯·波伦、分管欧洲事务的助理国务卿福伊·科勒。赫鲁晓夫后面坐着安德烈·葛罗米柯、苏联驻美国大使迈克海尔·门什科夫、苏联外交部美洲国家司主任安纳托利·道布瑞宁。这位苏联主席首先注意到肯尼迪很少看他的助手，更不用说和他们交谈了。这点和艾森豪威尔完全不同，艾森豪威尔在说话前经常向他的智囊团特别是国务卿约翰·福斯特·杜勒斯寻求意见。

肯尼迪发表了他终究要发表的言论：这个险象环生的世界上存在着巨大的危险，那就是对动机和决心的错误判断，这会引起两个核大国之间的战争。他说，现在这两个核大国应该达成一致协议，任何一方都不要试图打破世界上错综复杂的力量均衡。他们的责任，他的和赫鲁晓夫的责任，是去寻找一种竞争方式，它不会在双方都享有利益的地方引起冲突，不会影响彼此至关重要的安全利益和威望。

根据美国记录员的记录，赫鲁晓夫对肯尼迪的讲话感到气愤。他说："西方以及作为西方领袖的美国应该认清一个事实：共产党已经存在并赢得了发展的权利……可是杜勒斯先生制定政策却以瓦解共产主义制度为前提。"

不，事实正好相反，肯尼迪这样说道，试图扭转争论的局面："是你们想要破坏我们在很多地方的影响力，而在这些地方我们的影响力已经很深了，"他抱怨道，"是你们想要瓦解其他国家的自由体制。"

赫鲁晓夫不顾肯尼迪的反驳继续说道，不是苏联人民，而是其他国家的人民正在为改变现状而战斗——就像当年资本主义者以法国革命开始其战斗是一样的。他说，现在以肯尼迪为首的资本家们是想维持他们的地位。从这儿开始，这位苏联领导人抓住这个话题不放，对肯尼迪进行一遍又一遍地威胁、刺激、诱骗。面对着这位难以对付、老谋深算的辩论家，肯尼迪总统迅速滑向不利的地位。肯尼迪还是不断地驳斥这种变革。

"总统先生，如果我没理解错的话，"赫鲁晓夫说道，"你就是试图在人类思想的发展道路上以堤坝的形式树立起一些东西，但这是不可能的……人类的思想从来不会被摧毁，这在人类发展的整个进程中已经得到验证……如果你试图摧毁人的思想，那么势必会引起争端……如果你能保证，在资本主义制度下，经济发展能达到更高水准，那么成功将会伴随你，我们也会接受这种制度。然而，如果社会主义制度能够确保工业、文化和经济的发展更上一层楼的话，我们就胜利了。当然，我现在所说的不是军事上的胜利，而是思想层面的胜利。

"从您所说的话中，"赫鲁晓夫继续说道，"我可以得出这样的结论，您是想把增强共产主义思想在整个世界上的影响力的责任推给我们。而且为了使我们之间不发生争端，您希望我们仅仅在现有的社会主义国家中宣传这些思想。但是，我要再次强调，总统先生，共产主义思想势如破竹，不可阻挡……就像西班牙宗教法庭烧死了那些持有不同意见的人民，但思想不但不会被烧死，还成为了最终的胜利者。因为思想一旦诞生，它就不会被禁锢、被烧死。"

肯尼迪一直插不进话，其说服力和影响力明显下降。据当时的记录报道称："总统插话说毛泽东曾经说过，枪杆子里面出政权。"

赫鲁晓夫说他对此并不认同，因为马克思主义者是反对战争的。接着，他又回到刚才停下的地方，继续说道，美国想让苏联像个学生一样双手叠放在桌子上，规规矩矩地坐着。"苏联对共产主义思想表示支持，并给以高度尊重，"他说，"苏联不能保证这些思想会在其国界线止步。"

"总统称他理解赫鲁晓夫的意思，但是他迫不及待地想向他表示我们的观点，"记录称，"总统说他自己最大的愿望是维护和平。"

"赫鲁晓夫回应道……他不太理解，按照美国的说法，苏联要维持什么样的条件才算维护和平。他在考虑'错误判断'到底是什么意思。他说，如果苏联只是维护自己重要的利益，美国也可能把这种行为看作是'错误判断'。"

"从前有一位父亲，完全掌控自己的儿子，"赫鲁晓夫引用了另一个俄国故事，这次不带一点温和幽默的语气，"他的儿子长大了，但他并没有意识到，仍然对他的儿子耳提面命。'爸爸，看看我，'儿子说，'我已经长大了而且有了自己的孩子，你不能再像以前那样对我了'。"

"我们也已经长大了，"苏联领袖说道，"你们是一个年老的国家，而我们是一个年轻的国家。"

"如果您向对面看看，你会发现我们并不那么老。"肯尼迪回答道。

但是，美国总统的辩驳确实好像是老生常谈、防范保守。他被杀了个措手不及，陷入了共产主义者的高谈阔论中。他不停地辩驳以保护传统的势力范围、殖民主义以及老牌独裁者辩护，却不小心陷入圈套，开始为自己并不信奉的思想以及自己所藐视的人而辩护。什么军事均衡、势力均衡。为维护现有秩序而辩护，结果弄得灰头土脸。他在对立面的立场上辩论，反对革命，反对变革。这位信奉马克思主义的煤矿工人让他陷入了困境。

"那些国家的人民会决定我们这场争论的结果，"赫鲁晓夫说道。这些国家的政府会被人民推翻，最基本的原因是："人民要想起来反抗精神限制、精神压迫或者精神奴役，就必须对人类自由的全部意义有一个高度发展、高度完善的认识。大部分人民仍然用一卢布可以买多少肉、多少土豆或者什么样的靴子来衡量自己是否拥有自由。"

肯尼迪对此表示同意，这是当然的事。

"那么就不要谴责苏联了，"苏联领袖对美国总统说道。

肯尼迪从音乐厅出来时脸色苍白。两位领导人的谈话仅仅花了一个小时多一点。看着这个身材矮小的人，肯尼迪暗自思忖：拿破仑或许也是这般模样。

下午两点他们休会共进午餐。

"赫鲁晓夫是不是总是这样？"肯尼迪问卢埃林·汤普森，他在首轮会谈中坐在肯尼迪后面那些人当中。

"这不足为奇，总统先生，"美国驻苏联大使说。但是他口是心非。这几位老谋深算的负责苏联事务的美国人——汤普森、波伦和科勒——面面相觑了一会儿，糟糕的时刻。汤普森对他国务院同事说他很震惊，因为肯尼迪总统就坐在那里，忍受着赫鲁晓夫一轮又一轮的攻击。

然而，在午餐时间，肯尼迪同赫鲁晓夫交谈甚欢，面带微笑，展现了他如此受公众崇拜的在压力下保持潇洒的风度。实际上有两个峰会，秘密的和公开的；一种是实际已经发生的，另一种是正在发生的，这后一种是世界看到的和听到的。总统在公共场合光芒四射。两位领导人在席间谈笑风生。肯尼迪问赫鲁晓夫身上佩戴的两块奖章是什么，主席回答说："是列宁和平奖章。"

"我希望您能够一直戴下去，"肯尼迪说道。紧接着，他的手下立刻把这段对话告诉了美国记者，迅速向全世界报道了这段聪明的对答。

3点钟，在返回谈判桌之前，两位领导人在音乐室外的花园里走了几分钟。这期间，赫鲁晓夫笑声不断。肯尼迪问赫鲁晓夫他怎么抽出时间拜访美国人，例如参议员休伯特·汉弗莱和沃尔特·李普曼，并同他们交谈几个小时。主席说，苏联制度并不像它看上去的那样中央集权，他解释说，他只做宏观的决策，苏联各加盟共和国的领导人负责制订具体实施计划。肯尼迪总统说他大部分的时间都花在了同美国不同政府部门的联系和磋商上了。

"那么，"赫鲁晓夫说，"为什么不改变成我们的制度呢？"

回到屋里后，只有翻译在场，他们开始争论资本主义、共产主义和革命的话题。肯尼迪再次解释他所说的"错误判断"是什么意思。

"我们有共同的任务，"总统说，第一次会谈中他们唯一达成共识的只有这一点，那就是核战争会摧毁所有文明。现在他们两人——以及1957年后的艾森豪威尔总统——是有史以来第一批用核力量对峙的人，也是拥有能力释放这种力量的人。肯尼迪比此前更清晰地解释自己的意思，反复重申华盛顿和莫斯科必须避免迫使对方使用武力进行反击的行动。

赫鲁晓夫再一次发飙了，否认苏联激起了全世界的革命，问题在于美国总是在国外寻找当地动乱的力量。古巴是第一个例子。根据美国的记录，赫鲁晓夫说：

"菲德尔·卡斯特罗仅仅靠领导少数人就推翻了巴蒂斯塔的政权，就因为它的压迫本质……总统您决定登陆古巴，而这仅仅加强了革命力量，稳固了卡斯特罗的地位，因为古巴人民害怕再出现一个巴蒂斯塔，使革命的成果付诸东流。卡斯特罗不是个共产主义者，但是美国的政策能把他变成个共产主义者。"

"这是个错误，"肯尼迪说，"但是如果卡斯特罗以自己国家为基地，颠覆西半球其他国家的政府，这将危及美国自身的安全。"

"六百万的人口就能威胁到伟大的美国吗？"赫鲁晓夫问道。

"你能容忍一个对美国友好，但军事基地却建在你的边境上的国家么，比如说波兰？"肯尼迪反问道。

"当然不会。"

"那就是了，这就是我们对古巴的感觉，"肯尼迪说。

但是赫鲁晓夫仍然控制着局面，对肯尼迪进行着嘲讽，他问美国怎么能反对卡斯特罗，而支持佛朗哥元帅这个在西班牙的独裁者。他说苏联和美国双方都在往老挝运送武器，但是美国的武器最终会落在共产党手中——就像美国提供给中国蒋介石的武器，最后落在毛泽东和他的军队手中。最后在美国这份 16 页记录的第 6 页末尾，做记录的人记下一句类似双关语的话："总统辩解道……"

根据记录，辩解的内容一部分是："制定这个政策是因为如果佛朗哥被取代，新的政权又和苏联建立联系，西欧的权利平衡就会发生剧烈改变，这当然是我们深切关心的问题。"

肯尼迪提到老挝，承认美国在那里犯过错误。他的真诚一定使赫鲁晓夫感到惊讶，而对方把这看作是懦弱表现，是在意识形态方面的退却。说到某处时肯尼迪抓住了这点，说："我们承认了错误，你们承认错误了吗？"

"承认了，"赫鲁晓夫说，"在苏共二十大前的讲话中，我承认了斯大林的错误……"

"那不是你的错误……"肯尼迪打断了他。

"美国想在老挝得到的是中立和独立。"肯尼迪重复道。赫鲁晓夫说这也是苏联想要的，还说腊斯克和葛罗米柯一定正讨论这事。

　　然后他又提醒肯尼迪回到国防的问题上，提出美国和西欧旧的殖民力量结盟，首先说到的是葡萄牙，它正拼命地想平息安哥拉的叛乱。苏联把这看作是人民反对殖民者的战争，赫鲁晓夫说，"美国没有殖民地，但是支持殖民国家，这就是为什么人民反对它。"曾经一段时间，美国是为争取自由而战争的领导者。事实上，俄国沙皇拒绝承认美国达26年之久，因为他认为美国是非法的。现在美国拒绝承认新中国，事情都变了，不是吗？

　　肯尼迪反驳道："美国在联合国曾与非洲国家和苏联一起投票反对葡萄牙，在比利时殖民地刚果一案中反对比利时。"

　　"太弱……声音太弱了。基本上，美国的政策都是支持殖民主义力量的，"赫鲁晓夫回应道。"这就是圣战……他提到阿尔及利亚，法国正为维持在那里的统治而战斗，阿尔及利亚人民该做什么？坐等法国恢复统治吗？事实是阿尔及利亚应该属于阿尔及利业人民……这样的战争还会继续。美国自身是从反抗英国统治中诞生的。但现在美国改变立场，反对其他国家的人民仿效它。"

　　肯尼迪反驳说自己在1956年做参议员时就发言支持过阿尔及利亚独立，当时曾引起了轩然大波。"我是支持改变的，"他说。但是赫鲁晓夫却嘲笑他。

　　赫鲁晓夫在2月6号发表过一个演讲，现在他又重复这个演讲的部分观点。他说了三种战争，核战争，他说打不起来。传统战争，这他很在行，他们共产主义阵营会取得胜利："在你们投入一个师的地方我们将投入五个。"国内革命战争——"圣战"，赫鲁晓夫用了这么个叫法，没有什么能阻止这样的战争，苏联会支持他们。美国站在历史的反面，反对全世界人民的意愿。

　　"不，不会有核战争，"赫鲁晓夫说。这是个危险的信号，因为这意味着他相信美国不会动用核武器来维持西欧的现状——这是西方唯一可以阻止苏联及其同盟入侵的方式。

　　接下来，这个苏联人对美国在全世界的承诺所具有的合法性——包括道德性——提出了质疑。他抨击了美国的包围圈和北约在苏联周围的军事力量。如果美国认为古巴是个危险和挑衅，那么美国在伊朗、土耳其、巴基斯坦、韩国、东南亚和中国台湾驻扎军队，肯尼迪觉得苏联又该做何感受呢？他说如果他管理中国，早就进攻台湾了。

作为回应，肯尼迪解释了丘吉尔在 1945 年保卫大英帝国的承诺。他当美国总统并没有打算解除美国对全球的承诺。美国的声誉和世界力量的平衡取决于美国对这些承诺的履行。

"美国妄自尊大，"赫鲁晓夫说，"是自大狂。"

最后他们回到老挝的问题上。苏联领导人似乎对这个地方没有热情，也不关心那里发生的事情——也许他想通过签订美苏协议有效抑制中国在老挝的影响力。所以他立即同意了肯尼迪的建议，联合推出一个中立的协议，解决那里了无生气的内战。"我们会把外交部长关在屋子里，让他们找个解决方案。"他说。

"你们曾在 4 月或 5 月打算去老挝，对吗？"赫鲁晓夫问道。他指的是美国军舰和海军陆战队向老挝航行一事，而当时美国总统实际上希望的是停火和谈判。看来，肯尼迪的虚张声势起作用了！

当他们在傍晚 6:45 走出音乐室时，两人明显很疲倦——在经过了 3 小时 45 分钟的谈话之后。一直坐在音乐室外门厅的靠窗座位上的雅克布森医生不小心碰了一下肯尼迪，"你还好吗，总统先生？"

"我还好，"肯尼迪说，"你介意我去上个厕所吗？"

"进展怎么样？"后来伊夫琳·林肯在楼上的住所看到他的时候问道。

"不太好。"

"他把我当成小孩了，"肯尼迪随后说道，愤怒地在大使官邸的房间内踱步，咒骂赫鲁晓夫和他自己，"把我当小孩。"

一切都似乎不顺利。下午会议结束两小时后，他和赫鲁晓夫在美泉宫举行的国宴上又见面了，这里曾经是辉煌的奥匈帝国皇宫。帝国已不复存在了，当苏联军队在 1955 年离开后，奥地利成为一个中立的小国，坚持十分中立的态度，这是苏联在战后唯一一个撤出的曾经占领的国家。当两位领导人步入宴会厅时，帝国时期的金树叶和水晶依然在各处熠熠生辉。当看到两位夫人到来的时候，肯尼迪、赫鲁晓夫和奥地利总统阿道夫·沙夫都从共坐的长沙发上起身，大群摄影师紧随在两位夫人身后。

"你想和肯尼迪先生握手吗？"有人问赫鲁晓夫。

这个苏联人注视着肯尼迪夫人说："我想和她握手。"

他自己的夫人（在西方媒体中，"慈母"按惯例出现在尼娜·赫鲁晓夫的名字前面）坐在了肯尼迪原先坐的地方。在接受几个新闻采访后，肯尼迪退后几步对准赫鲁晓夫夫人的大腿上坐下去。

听到了有人倒抽了一口气，肯尼迪尽管脊背不好，而且已经几乎坐下来，但还是中途停住了，只差一两英寸没挨着。她丈夫几乎没注意到。他正和肯尼迪夫人交谈，先是开玩笑，然后很严肃地告诉她肯尼迪改变准备派军队到老挝的命令是明智之举。肯尼迪插话说他从没想过那样做，但是赫鲁晓夫睁大了眼睛，仿佛他更明白似的。

当美国的团队开始查看当天的会议记录时，整个城市也回荡着他们的叹息声。他们意识到肯尼迪几乎没有为自己也没有为美国的立场辩护。

"他有点力所不及，不是吗？"第一轮会谈的会议记录员波伦说道。乔治·凯南是个苏联通，时任美国驻南斯拉夫大使，他觉得总统似乎结结巴巴的，完全不自信。"精疲力竭"是哈里曼的用词。

"他在摇摆，"国防部长副部长保罗·尼采说，"他现在所做的一切就是摇摆不定。"

赫鲁晓夫在普克斯多夫郊外的苏联大使住所外，告诉人们相同的话："他很年轻……但不够强壮。聪明过人但身体太弱。"

坐在肯尼迪后面的美国人震惊了。他们曾向肯尼迪简单介绍过赫鲁晓夫，从未想过他会因赫鲁晓夫这个共产党人而苦恼。毕竟据肯尼迪总统自己所说，他曾在伦敦经济学院学习过。但是很明显他对马克思主义和会议桌另一边那个人的思想所知甚少。而且对于赫鲁晓夫剧烈波动的情绪，他感到苦恼。肯尼迪说如果波兰有自由的选举，共产党可能会在投票中落马。赫鲁晓夫听后突然盛怒以对。"美国承认波兰政府,"他说,脸越变越红,"波兰比美国民主,它的选举法规比美国公正得多。"

第二天上午是星期天,也就是 6 月 4 号,3,000 多人在路旁等候,欢迎肯尼迪的到来,他的车开向苏联大使馆,腊斯克、波伦和汤普森随同总统参加第二天的峰会。肯尼迪微笑着挥手,显出自信的样子。

上午 10 点 15 分,双方领导人在沙发上就坐,双方助理围坐在一张椭圆的桌子旁。

第二天会谈一开始,肯尼迪就先引出话题闲聊起来,他问了赫鲁晓夫的出生地,主席便对他的家乡库尔斯克描述了一番,说它位于俄罗斯境内,毗邻乌克兰。在那里已经发现了蕴藏量约为三千亿吨的铁矿,而相比之下全美国只有 50 亿吨。

"那么,贵国为什么关注老挝?"肯尼迪笑着问道。

赫鲁晓夫回答说在老挝做出承诺的是你。你下令美国海军陆战队登陆老挝,后来又撤销了命令。"没有下过命令,"肯尼迪插了一句。现在,轮到赫鲁晓夫笑了。他说这是他在报纸上读到的。

一番对话之后,肯尼迪说:"听着,主席先生,你不可能把我变成一个共产主义者,我也不可能把你变成一个资本主义者。所以我们还是谈正事吧。"

接下来,他们将谈话内容转向了禁止核武器试验的事项上。两国都已经三年没有进行核武器试验了,赫鲁晓夫对肯尼迪说苏联不会首先重新进行核武器试验。但是,苏联不接受美国和联合国在其领土内检查。他不想招来美国间谍,而至于联合国,只不过是美国的另一个工具罢了,而这一点在刚果共和国已经得到了证实[①]。他反复重申苏联的两个立场:核试验禁令必须包含在全面裁军协议中;联合国巡查员及美国必须在"三套车"的指导下进行检查。"三套车"是以俄罗斯传统的三匹马拉的雪橇命名的,是一个三人指挥部,

---

① 在刚果共和国(前比利时属刚果),曾发生首届总理帕特里斯·卢蒙巴政治遇害事件,联合国军队在该事件中扮演了重要的角色,而这个新独立国家的首届总理是受到苏联支持的。赫鲁晓夫曾于当年 9 月在纽约指责时任联合国秘书长的达格·哈马舍尔德——这就是他脱下皮鞋敲桌子的原因。——原注

其中一人是共产党人，一人是西方人，还有一个中立的主席，每人都有一票否决权。

这件事情没有取得任何进展。肯尼迪认为苏联占了全部有利条件，因为美国一向都是公开处理事务的。

"那艾伦·杜勒斯又怎么解释？"赫鲁晓夫劈头问道，"美国中央情报局难道不是秘密的么？"

"我倒希望它是秘密的，"肯尼迪再次笑着说。

当赫鲁晓夫再次开始谈论全面裁军问题时，肯尼迪说："我们又回到了开始谈的问题上了。"他说核试验禁令这件事就像一句中国谚语："千里之行始于足下。"

"你似乎很了解中国人，"赫鲁晓夫微笑着说。

"我们都会越来越了解他们的，"肯尼迪回应道。

"我现在就对他们足够了解了，"赫鲁晓夫说，肯尼迪又笑了。

之后赫鲁晓夫又开始谈论柏林。"提起这事我感觉如鲠在喉，"他提高嗓门说。肯尼迪认为这人早已怒火中烧了——玩笑和打趣难以掩饰。

赫鲁晓夫无论是生气还是失落都合情合理。在东柏林，共产主义大伤元气，失血过多，濒临死亡。有人会问究竟马克思主义能否在开放边界沿线取得胜利，因为这里资本主义正蓬勃发展——而这正如东柏林与西柏林之间的状况。每一天，都会有1,000多个东柏林人或是其他的东德人民，乘坐火车、公交车或者走过边界进入西柏林，不打算再回去了。来自共产主义的难民是东德最聪明、最优秀的人，他们受过良好的教育，拥有熟练的技艺。在维也纳，赫鲁晓夫和肯尼迪会谈时，流传着一则笑话：赫鲁晓夫死后去了天堂，但是圣彼得要他下地狱。几天后，几个从地狱来的魔鬼敲开了天堂之门。圣彼得问他们为什么在这里，魔鬼说："我们是第一批难民。"

"第二次世界大战过去16年了，"美国方面的会谈记录直接引述了赫鲁晓夫的话，令肯尼迪想起曾有2,000万苏联人死于这场由德国发动的战争。"当前两个德国同时存在，"他说。他没有说出来的是，苏联人像许多欧洲人一样，绝不希望再面对一个统一的德国。历史包袱太重，战争此起彼伏。然而，美国的政策是支持德国统一的。

"苏维埃社会主义共和国联盟将与德意志民主共和国（东德）签订和约……苏联准备与美国共同确保所有必要的条件，以维护西方所谓的西柏林的自由。然而，如果美国拒绝这个提议……苏联将签署单边和约，则所有进入柏林的权利也会无效，因为战争状态已不复存在。"

挑战已下。肯尼迪回应说他欣赏赫鲁晓夫的坦率。然后他放慢语速说："我们现在谈的是柏林不是老挝。它是美国极为关切的一个问题。我们在柏林并不是因为那里现在还有人在蒙受苦难。我们是一路拼杀过去的，虽然我们的伤亡人数并没有苏联那么多。我们驻扎柏林不是通过与东德人签订协议的方式，而是通过约定的权利……此事关系到我们国家的安全，因为如果我们接受苏联的提议，美国的承诺就会被看成是一张废纸。西欧对我国国家安全方面是至关重要的，在两次世界大战中我们都援助了西欧。如果我们离开西柏林，那么欧洲也会被放弃……这是我们无法接受的。"

赫鲁晓夫更加气愤，反驳说他不能接受这样一个世界，那里希特勒的将军们，为了他们的梦想，从柏林一直征战到俄罗斯境内的乌拉尔地区，现在又当上了北大西洋公约组织的高官。"苏联将签署一项和平条约，德意志民主共和国的主权会被保留下来。任何对其主权侵犯的行为都会被苏联视为公开的挑衅……并对由此造成的一切后果负责。"这是外交上的战争用语。

肯尼迪问这个和平条约会不会阻止他们进驻柏林。赫鲁晓夫说："会的。"

肯尼迪说美国不会接受苏联单方撤销同盟国四国 1945 年签订的协定。

"西方国家总是说我也许会判断失误，"赫鲁晓夫说，"但是，我们是同舟共济，各自务必保证不会判断失误。如果美国想就德国问题开战的话，那就请便吧……任何一个要想发动战争的疯子都应当被捆起来。这就是苏联的立场。苏联今年年底就会签署一项和平条约。"

肯尼迪想让赫鲁晓夫明白一件事情，说道："签和平条约本身不是挑战行为……但是，你们签订的和平条约却否定了我们的协定权利，这就是一种挑战了。将我们拥有的权力移交给东德，这就是挑战……美国致力于负责那个地区，而这也为全世界所尊重。如果我们接受赫鲁晓夫的建议，那么世界人民将对我们失去信心，会认为我们国家不严肃认真。要让世界人民相信美国是一个严肃认真的国家，这是很重要的战略问题。"

赫鲁晓夫首先站了起来，会议结束。他递给肯尼迪两份备忘录，里面七页纸记载着大部分他刚说的话。迪安·腊斯克看见这备忘录时，不禁倒吸了口气，心想要是苏联将这些文件公开，那就是一种信号，表明他们极其认真地试图把美国驱逐出柏林。

双方领导人并排走向类似于闭幕式的午宴，每人身边都有六个部长和助手陪同，气氛十分严肃。赫鲁晓夫开始聊天，他说听说肯尼迪总统压力很大，因为在双方自愿坚守暂停核武器试验三年后，美国军方又要重新进行核试验。肯尼迪还没来得及回答，这位苏联部长会议主席接着说，他肯定也有同样的压力，但是他不会在美国进行核试验前先动手。他还说要限制自己国家的科学家不计划登月发射，因为成本太高了。"我们何不一起做？"肯尼迪说。"不行，"赫鲁晓夫说，他是不会在裁军前谈论这种事情的。

赫鲁晓夫主持了这顿午宴，最后向美国总统敬酒，他说他们之间的紧张关系是很明显的，但是根据对方的宗教信仰，上帝会保佑他们，或者按情理来说，他们会走出这段紧张关系的。

肯尼迪开玩笑说，赫鲁晓夫曾说他还是肯尼迪现在这个年龄44岁时，他曾是莫斯科计划委员会的成员，期待着有一天能成为主席。所以肯尼迪说，他希望67岁时可以成为波士顿计划委员会的主席。

"也许吧，"赫鲁晓夫打断说，"你指的是全世界计划委员会吧？"

"不是，"肯尼迪回应道，"波士顿就好了。"

肯尼迪随后送给赫鲁晓夫一件礼物，一部美国著名的军舰模型——宪法号，又称"老铁甲"，它现在还停在波士顿，自它最后一次发射炮弹已经过去150年了。肯尼迪说，那些炮的射程只有半英里远。被这种武器击中后，区区数月国家就可以从战争中恢复过来。但是一旦战争用上核武器，那么几代人都会被毁于一旦。"我们绝不会让这种情况发生,"他说。

赫鲁晓夫明白了他的意思。就在前一晚他还告诉自己的助手他很喜欢肯尼迪,觉得他既聪明又善解人意。问题是面对这位入侵古巴之后又将部队弃之不顾的理智又善解人意的人,对于他有意发动核攻击,是相信还是不相信。

该是正式道别的时候了。

"不行,"肯尼迪对腊斯克说。"我们在没了解更多情况之前……不会离开。"他派国务卿去告诉苏联外交部长葛罗米柯他想和主席单独再谈最后一次,只要十分钟。

当肯尼迪和赫鲁晓夫在翻译的陪同下上了楼梯往回走时,肯尼迪对腊斯克说:"这次必须一次搞定。"

"我们能毁灭对方,"他们一坐定肯尼迪就先说道。

"没错,我同意,总统先生。"

肯尼迪再次希望苏联领导人不会在与美国家利益紧密相关的问题上给他带来麻烦。他强调美国在柏林重要的利益就是进入权。只要苏联不威胁盟军占领西柏林的权利,他们可以签条约或做任何他们想做的事。

"武力必将遭遇武力,"赫鲁晓夫警告肯尼迪。他说苏联正在备战,他也应该为此准备。"如果美国想开战,那是美国的问题。"

"是战是和都取决于美国的态度,"根据美方的记录赫鲁晓夫这么说。"签署条约的决定是坚定不移的,如果美国拒绝临时协定,苏联就会在 12 月签署这份和平条约。"

"总统结束了会谈,"记录这么写道,"结束语是那将是个寒冷的冬天。"

实际上肯尼迪的话比这更强硬,他说:"那么,主席先生,战争不可避免了。这将是一个寒冷的冬天。"

第十四章　1961 年 6 月 5 日

"这次会谈进行得怎样？"

"这是我遇到的最糟糕的一次。他对我进行了攻击，"肯尼迪总统答道。

这个问题是由《纽约时报》华盛顿分社社长詹姆斯·赖斯顿提出的，他正在美国驻维也纳大使馆对肯尼迪进行采访。肯尼迪总统在与赫鲁晓夫最后一次会谈结束后走进了采访室。百叶帘拉了下来，没有人能看到赖斯顿在屋里，屋外有 1,500 名他的同事，都在等候发布峰会预定的联合声明。房间很暗，但肯尼迪似乎并未注意到，他一屁股倚坐在沙发上，往下拉了拉帽子，盖住眼睛。

"我想我知道他为什么这样对我。是由于猪湾事件，他觉得我没有执政经验，也可能觉得我愚蠢，可能最重要的一点，是他觉得我没有胆量。"

赖斯顿觉得肯尼迪简直是被震住了，他不断地重复自己说的话，嘟囔着其他场合绝不可能说出的话。见肯尼迪总统如此，这位《纽约时报》的绅士自己也很震惊，心里想着这跟他自己没关系，他只不过碰巧成了总统经历挫折后和他谈话的第一个人。赖斯顿写道："这次联合声明将不再是通常的那些废话，总统的脸上有一种要说明真相的表情。"

"我们遇到了一个问题，"几分钟后肯尼迪稍稍冷静地说，逐渐恢复到正常的自己。"我们要采取行动，让莫斯科重新感受到我们会保卫国家利益。我要增加国防预算，我们必须同他们对抗。唯一可以这么做的地方就是越南，我们必须往那里多派人。"

"如果你只想着自己，说出你会按下按钮这样的话很简单，按按钮这件事也很简单，"两小时后肯尼迪说，这时他乘坐空军一号飞往伦敦去会见英国首相哈罗德·麦克米伦。肯尼迪穿着短裤坐在床上，同肯尼·奥唐奈及其他几个助手待在一起。他的眼睛发红，湿漉漉的，后背疼得厉害。"真他妈的太难了，你不能只想自己。要影响几代人。如果这件事只牵扯到咱们几个，真的没有什么。我的生命已经很圆满了，重要的是那些孩子们……"

"那个狗娘养的，狗娘养的，"奥唐奈嘟囔着，"他可真是得寸进尺了，这狗娘养的。"

这帮美国官员离开维也纳市，联合声明也随之发表，用赖斯顿的话说，这个联合声明是一段通常的废话，声明如下："肯尼迪总统和赫鲁晓夫主席已结束为期两天的会晤，这次会晤卓有成效，会上共同讨论了美国与苏联的双边关系……肯尼迪总统和赫鲁晓夫主席重申他们对老挝作为中立国家和独立国家的支持……双方就此认识到有效停火的重要性。肯尼迪总统与赫鲁晓夫主席一致同意保持联系。"

维也纳人已经在讲这次峰会的笑话了，笑话更接近实情。"赫鲁晓夫主席对肯尼迪总统说：'给我你的手表和钱包。'肯尼迪说：'不。'赫鲁晓夫说：'要讲道理啊。我们谈判吧，就给我你的钱包。'"

肯尼迪的伦敦之行一部分是个人原因，在威斯敏斯特大教堂为杰奎琳·肯尼迪妹妹的孩子施洗礼，她的妹妹李·拉齐维尔是一个流放的波兰王子斯坦尼斯劳斯·拉齐维尔的妻子。仪式过后举行了一圈派对，但缺少了派对上惯有的轻松愉快。人们攒三聚五，站在各个角落。"真是一场灾难，"保罗·尼采在中央情报局伦敦站站长弗兰克·威斯纳家里说。"赫鲁晓夫太可怕了，我真不敢想接下来会发生什么。"

在拉齐维尔家的花园里，肯尼迪同他的家族朋友专栏作家约瑟夫·艾尔索普站了一会，肯尼迪说："我就是想让你知道，乔，不管发生什么，我都不会退让。我不会放弃，只要有必要，我都会去做。我永远都不会退缩，永远，永远。"

伦敦之行的正式部分就是同女王共进晚宴及向麦克米伦首相传达峰会内容。麦克米伦在海军部大厦门口迎候肯尼迪，里面已经安排好了一场正式会议，共有来自12个国家的12名顾问出席会议。会议室有两排座位，麦克米伦首相同肯尼迪总统面对面坐在两排座位的中间位置。麦克米伦仔细盯着肯尼迪看，肯尼迪看起来很沮丧，像是很痛苦。麦克米伦首相说："总统先生，你今天事务繁重，咱们不开会了吧。不如你到我的房间来，咱们聊聊天，怎么样？"后来麦克米伦总理在日记中写道："他看起来如释重负，11点半左右来到了我的房间，我们一直坐到下午3点。我拿三明治和威士忌给他，仅此而已，他就开始说了起来……"

他的日记中继续写道："与其说是'震惊'，'迷惑'也许更恰当……苏联主席几乎不讲情面，让肯尼迪大为吃惊。苏联人处于（或者是假装处于）'世界之巅'。他们现在不再害怕侵略。他们的核军力几乎同西方一样强大。他们经济繁荣，不久就会在物质财富的角逐中战胜资本主义社会。自然，他们不会退步……"

麦克米伦首相在给伊丽莎白女王的信中写道："肯尼迪总统对这位苏联主席的冷酷无情完全感到不知所措。这让我从某种程度上想起了哈利法克斯勋爵或是内维尔·张伯伦试图与希特勒进行对话的情景……肯尼迪在其生命中第一次遇到这样一个不受他魅力影响的人。"

在楼上麦克米伦首相的房间里聊天的时候，肯尼迪甚至向麦克米伦抱怨维也纳媒体对他妻子的描述。见麦克米伦首相对此微微一笑，肯尼迪说："如果有人说‘多萝西^①女士是个酒鬼’，你会怎么做呢？”麦克米伦答道：“我会说‘你真该见见她的母亲。’”

肯尼迪愣了会神，然后开始大笑起来，这是他到伦敦以来第一次大笑。

6 月 5 日空军一号起飞，从伦敦飞往华盛顿，肯尼迪总统叫来他的秘书伊夫琳·林肯，让她将他面前桌上的文件归档。一小张纸掉到了地上，纸上有肯尼迪写的两行字，是引自亚伯拉罕·林肯的一句话：

> 我知道有上帝存在——我看到一场风暴迫近；
> 如果他为我留好位置，我相信我做好了准备。

---

① 麦克米伦的妻子。——译注

第十五章　1961年6月17日

6月6日早晨，空军一号在安德鲁斯空军基地着陆，肯尼迪总统经过候机厅时停了下来，给他的朋友查尔斯·巴特利特打电话。

巴特利特父亲的生意包括从苏联进口镁，多年来他一直对肯尼迪说："人人都有遇上苏联人的时候。"——这个朋友能够理解那个大国的国民以及他们的做事方式。

"查尔斯，我想告诉你件事，"肯尼迪在电话中说，"现在我遇到我的那位苏联人了，他很强势，让人害怕。"

回到白宫后，肯尼迪要了一些统计资料，好向全国汇报他的欧洲之行，先是与国会领导人举行秘密会议，然后是当晚的全国电视讲话。

他遇到的第一个问题是：在与苏联的全面核战争中，有多少美国人会丧生？

五角大楼给出了答案：7,000万人，大约全国半数人口。

如果只有敌人的一颗核导弹打过来，落在一个城市附近爆炸，会有多少人死亡？这次的答案是60万。肯尼迪说："60万是美国内战的全部伤亡人数，这100年来我们还从来没有超过这个数字。"

"该死的，罗斯，动动脑子……"一小时后，在与国会领导的会面中，肯尼迪厉声说道，当时罗斯韦尔·吉尔帕特里克指出，盟军政策是用核武器来保卫柏林。"我们现在讨论的是7,000万美国死难者。"

会议过程中，他再次发火，他说国家必须考虑一个国民防御计划以减少核伤亡人数，几位共和党领导却回应他说该计划会非常昂贵。毕竟，在控制政府开支方面他们很负责。

"负责？"肯尼迪说，"那我的责任怎么办？如果事态严重到那个地步，我才是必须按下核按钮的人。我相信不会那么严重，但我不能保证。参众两院希望我在最后阶段让步吗？"

"他动摇了，"这是参议院多数党领袖迈克·曼斯菲尔德参加完国会领导简会后带回办公室的结论。曼斯菲尔德告诉他的同事们，总统认为战争的可能性很大。而他自己与其他领导人也都动摇了，就像肯尼迪一样。

"12个月之内，我能辩解的失利次数有限，"肯尼迪告诉手下人。"已经有猪湾和老挝撤军事件，我不能接受第三次失利。"

"我们不能让赫鲁晓夫侥幸成功，"内阁秘书弗雷德·达顿用这句话来描述白宫当天的态度。"这比冷战更关键，它能挽救肯尼迪的总统任期。"

"现在我要告诉大家，这是非常冷静清醒的两天，"那天晚上7点，肯尼迪在总统办公室发表电视讲话说道。"我们的观点对比鲜明，但至少最后我们都更加清楚地认识到双方的立场……关于是非对错，我们的观点截然不同……全球形势如何，将如何发展，对此我们也有天差地别的看法。"

"我们所进行的最严肃的会谈，是关于德国和柏林问题。我向赫鲁晓夫先生明确表示，西欧的安全以至于我国的安全都与我们进驻西柏林的权利密切相关……我们决定不惜一切代价维护这些权利……我们及其他盟国不能推卸对西柏林人民应尽的责任。"

"我对未来毫无恐惧。我们必须有耐心，我们必须有决心，我们必须有勇气。我们必须迎接挑战，勇担重任，坚持信念，不懈努力，自由将会战胜一切。"

在应对记者时，白宫工作人员用"冷静"和"严肃"来形容这次首脑对话，但始终强调，在肯尼迪与赫鲁晓夫的对抗中，双方都意志坚定，打成平局。"我们没有理由相信，苏联主席赫鲁晓夫比肯尼迪总统更有勇气，更有自信，更直率。"理查德·罗维尔在《纽约客》杂志《峰会日记》专栏中写道，这篇文章像是对詹姆斯·赖斯顿发表在《时代》杂志上的报道进行反击。赖斯顿的报道谨慎却悲观——他认为肯尼迪没有展现自我。

不幸的是，肯尼迪知道赖斯顿是正确的。他痛苦又沮丧。美国中情局当天的报告更是让情况雪上加霜。巴特寮又开始在老挝高原地区活动，袭击并占领了一个名叫巴东的小村庄。就在同一天，他从《华盛顿星报》上读到一篇合众国际社发自莫斯科的报道：

"今晚，印尼大使馆举办招待会，庆祝来访总统苏加诺60岁生日，赫鲁晓夫在招待会上载歌载舞，敲鼓奏乐。他显然认为自己在维也纳取得了外交胜利，因此精神饱满，与亚洲王子们轻松玩乐。合众社记者亨利·夏皮罗说自己跟赫鲁晓夫打了这些年交道，从没见过他如此轻松愉快，精力充沛。"

无论这位苏联领导人怎么想，美国领导人正在沉思一件不可思议的事：他有可能成为按下核按钮摧毁世界的那个人。

似乎没有人能理解。因为其他人都不是总统。肯尼迪返回美国之后那几天，他忍不住要找人谈话。"如果赫鲁晓夫想要揭我伤疤，那一切就完了，"他告诉《纽约邮报》的编辑詹姆斯·韦克斯勒，他看见一个名叫玛丽昂·里德的孕妇，她的丈夫是个记者，自哈佛学生时代起就和肯尼迪是朋友，肯尼迪说："这个时候让孩子来到这个世界是否真的明智，真是个问题。"

肯尼迪认为，自己的首要难题是令国内外民众相信他不会让步。《纽约先驱论坛报》玛格丽特·希金斯专栏中一篇名为《最后一根稻草之后》的文章激怒了他。文章引用"德国高官"的话写道："我们为什么怀疑？不是因为肯尼迪总统关于德国的所作所为……而是因为在其他地区，例如老挝，总统所说的话成为最后一根稻草，然后他却撤退了。"

维也纳会晤之后，《时代》杂志的记者在全国范围内做了调查，根据这些调查所写出的报道认为，目前出现了两个主要情况："首先，绝大多数美国人民准备好为柏林事件冒险一战，而不会向共产主义屈服……其次，美国人民普遍认为，政府没能提供足够的领导力，以指引美国沿着冷战这条危险道路正确前行。"

《丹佛邮报》报道，有七成科罗拉多人支持战争，反对退却。在哥伦比亚广播公司的一档采访节目中，沃尔特·李普曼被问到，像美国这样一个开放的国家是否能与共产主义隐秘的独裁专政相抗衡，他回答："这是我们这个时代的戏剧性事件。大多数人都认为肯尼迪政府必须迅速采取行动，否则我们将会失败。……他对自己没把握。"《纽约时报》以社论形式呼吁"军事手段……武装力量进入戒备……明确无误地展示我们确定底线的决心。"国务院的《每日民意调查》向总统汇报："民众普遍认为，苏联领导人仍然不相信我们冒险入侵的决心。"

肯尼迪在华盛顿只停留了 48 小时。6 月 8 日，新闻秘书塞林杰将总统的背部问题告诉记者，白宫自 5 月中旬以来一直对此保密。塞林杰说，总统挂着拐杖，就像 1954 年手术前那样，同时他将南下前往棕榈湾休养。在经历过三周的剧痛、热水浴和一次次药物治疗后，约翰·肯尼迪欺骗了所有人。然而，他也在欺骗自己。他拒绝使用麻醉剂止痛，也拒绝使用苯丙胺提振精神，这些行为都在掩饰他严重的脊背病痛。

在由伦敦返回美国的途中，国务卿腊斯克告诉肯尼迪，他相信苏联对抗驻柏林盟军的意图是否强烈，可由一件事衡量，即赫鲁晓夫是否决定将两份秘密备忘录公之于众，备忘录与柏林问题有关，赫鲁晓夫在维也纳会晤中将其交给肯尼迪总统。腊斯克认为，如果苏联领导人公布这些文件，证实自己与东德商定一个独立合约的意图，那么美国必须认定，在柏林问题上，苏联已经准备好迎接冲突和危机——战争可能会爆发。6 月 10 日，星期六，肯尼迪正在佛罗里达州休养，苏联公布了备忘录的文本内容。

因此，美国将备战。肯尼迪几乎早已得出这个结论。对他来说，那段时间很艰难。他病痛缠身，对维也纳之行感到沮丧，如今苏联又正式公开威胁。专栏作家约瑟夫·艾尔索普那个周末在棕榈滩，肯尼迪告诉艾尔索普，他认为有五分之一的可能性会爆发核战争——由柏林的某个意外事件或中国军队进驻老挝触发。他认为，除了核武器，在这两个事件中美国用以进行军事反击的有效手段并不多。"美国为使用战略性武器制订的唯一计划，是针对苏联进行一次大规模的、全面的、毁灭性的攻击。"麦乔治·邦迪的分析指出。"一次针对华沙条约国家和共产主义中国的攻击，无一例外，一次针对所有共产主义的攻击。"

这就是美国的计划。总统想要改变策略，但这仍然是他唯一能做的。在动身前往巴黎之前，肯尼迪向北约军队下达了一项秘密指令，概述了中欧形势，以及一旦苏联进攻，北约应采取的防御计划：

> 北约军队目前有22个师在中部地区待命，可战斗的应该有20个师，面对的是敌方可能调动来对抗我方的50至55个师规模的敌军。目前，北约军队无法利用常规武器来抵御这种进攻……首要任务是为更有可能出现的意外事件做好准备，例如，那些未动用核武器的大规模攻击。但务必明确认识一点，为避免我方被迫从欧洲大陆撤离，若有必要，可以使用战略和战术核武器。

为阻止苏联占领西欧，美国将启用核武器。该战略之所以保密，原因之一是美国人民相信自己的国家绝不会第一个使用核武器。然而事实并非如此，肯尼迪不这么认为，尤其是在经历了上一周之后。肯尼迪向约瑟夫·艾尔索普讲述了他在维也纳会晤之后的孤独感，甚至是悲剧般的无助感。这位专栏作家以阿尔弗雷德·爱德华·豪斯曼[①]的一首诗作为回应，豪

---

① 阿尔弗雷德·爱德华·豪斯曼（1859－1936）：英国诗人、学者。——译注

斯曼的诗句讲述了一个故事，公元前480年，薛西斯 ① 试图用波斯国的东方
专制统治雅典：

> 国王来自日出之地，横扫大半东方疆土，
>
> 　士兵饮干了河水，箭镞掩蔽了天空。
>
> 　壮士个个战死沙场，再不会走上返乡路。

　　肯尼迪允许艾尔索普报道他们之间的部分谈话。艾尔索普发表在《星
期六评论》上的文章，标题如下"美国历史上最重要的决定——总统如何
面对"。

　　正如艾尔索普所说，这个决定是："美国是否应该冒着近乎国家自取灭亡
的风险，以求避免民族投降。"

　　这是总统的看法。他认定，要使美国人民觉醒，并且做好准备，方法之
一是推行国民防御计划。但是，首先他要说服自己，公民个人所采取的行动
能使自己在核战争中幸存。在维也纳会晤之前，他试图忽略对国民防御的要
求——尤其是纽约州州长纳尔逊·洛克菲勒的要求。总统说，政府会"认真
考虑"一项全国性的计划。但是现在，肯尼迪决定推行国民防御计划，采用
洛克菲勒早前在5月告诉他的合理建议："我们需要一个强有力的计划，使公
众坚定地支持美国在必要时使用核武器。"

　　总统将新指令写进备忘录中交给邦迪："我认为应该让国民防御计划的工
作人员下周提交一份紧急计划。未来6个月中，若爆发战争，我们可以采取
什么行动以增加国民的生存几率？目前我们应该要求国民做什么？如果遭受
攻击，对国民应该有什么要求？

　　肯尼迪的信念可能没有改变，但他害怕了。而且他打算使几乎每一个国
民都紧张起来，也打算震慑其他国家。当他开始计划一项浩大工程，即在公

---

① 薛西斯：波斯帝国国王（公元前519–465），曾率大军入侵希腊。——译注

共场所和私有区域建立核辐射避难所时，他的警告得到了响应。他要求在火车站深处储藏食物和水，还准备推行自建防空洞的计划，告知美国人民如何在自己后院的地下生活。

"你修建自己的防空洞了吗？"他问雷德·费伊。

"没有，"费伊笑着说。"我修了个游泳池。"

"你犯了个错误。"总统说。

6月13号，肯尼迪收到了一份154页的问题纲要。这是由马克斯韦尔·泰勒和罗伯特·肯尼迪撰写的猪湾事件调查报告。为防止泄露，报告只有一份副本，且要在锁上的房间里阅读，由另外一个人在场监督，以防止阅读者做记录。

文件结尾是对肯尼迪执政方式的乏味总结："政府行政部门在组织上没有准备好应对这类准军事化行动……除了总统外，没有一个权力机构能够协调中央情报局、国务院、国防部以及美国新闻署的行动。最高指示通过召开专门会议向高级官员下达，而对书面行动计划缺少考虑，也记录在案的决议和已做出的决定没统一安排。"

这是泰勒的话，而罗伯特·肯尼迪更加言辞犀利。"我们将对卡斯特罗采取行动，"调查结束的时候他说道，"可能是明天，可能是五天或十天之内，也可能是几个月之内。无论如何这一天终将到来。"

这之前，肯尼迪就维也纳最高峰会和柏林危机做了电视讲话，一个多星期后，6月15日，赫鲁晓夫在苏联发表电视讲话，警告苏联人民注意即将到来的灾难。"与德国达成和平条约一事不能再拖，"他说。柏林的状况要在年底之前有所改变，否则……"数亿人将会丧命，"他在电视讲话后补充道。

华盛顿已经是6月16号，肯尼迪返回了首都。他平躺着，被移动升降机举上空军一号，而这机器通常是修理发动机的机械师使用的。他大部分时间都在卧室里工作。他做的第一件事就是给老牌强硬派艾奇逊打电话，要求他制订一个计划，来抵御苏联在柏林问题上制造的压力。

嗓子疼了几天之后，6月22日，总统发了高烧，身体虚弱，可能是因为病毒感染。他的体温高达105华氏度，随后，医生和助手给他使用了大计量的青霉素，并且整晚用冷水擦拭他的身体，体温这才降到101华氏度。第二天早上，体温没有变化，肯尼迪离开白宫二楼居住区，痛苦地从电梯里走出来，将拐杖交给一名特工处工作人员，缓缓地走进会议室，与日本首相池田勇人进行会谈。

日复一日，当总统抽着雪茄，或是浏览一沓沓报纸和"绝密"的报告时，助手们围在他的床边。他基本退烧之后会见了一些人，其中一位是朱迪思·坎贝尔，这女人是弗兰克·西纳特拉给他找来的，能满足他的性需求，而不影响到他正在萎缩的背部肌肉。

"总统的健康并无大碍。"特拉维尔医生发表的声明说，这份声明被报纸杂志大量刊登转载。但是能在楼上亲眼见到肯尼迪的人言辞间却充满担忧。他的助手担心维也纳峰会后他的情绪。其中最开朗健谈的是沃尔特·罗斯托，肯尼迪不止一次说过："华特的确话很多，不是么？"罗斯托试图用这样的备忘录振奋自己上司的情绪：

> 这5个月让我经常回想起1942年。那时候很多状况也不利于我们：菲律宾战役，新加坡战役，俄国前线，西部沙漠战役，大西洋战役。但是在一些防卫战争中我们取得了彻底胜利，形势有所改变：中途岛海战，瓜达康纳尔岛战役，斯大林格勒战役，对德国潜水艇的遏制……在杜鲁门与斯大林的对决中，也有很多防御性的胜利成为转折点：柏林空运和朝鲜半岛问题……
>
> 随着我们进入危机的关键时刻……要扭转形势，我们必须赢得两场防卫战：柏林和越南。在欧洲，我认为如果柏林被控制……那么苏联人就会另想应对东德的办法。正是因为东德的不稳定，才促使他们试图冒险解决西柏林问题……在亚洲，如果越南被控制，不仅泰国、柬埔寨，可能连老挝都会免于共产党的统治，但是我们要证明自己可以应对共产党的游击战术。

　　这是肯尼迪在白宫当政期间最坏的时刻。几乎全世界都认为他不够强硬，不能在柏林问题上应对赫鲁晓夫。英国首相麦克米伦自从在维也纳峰会见过总统之后就开始沉思，他在日记中写道："我'深刻地感到'总统不能有力实施领导权。美国新闻媒体和公众也开始有同样的感觉。几周之后他们将有可能向我们发难。我们必须准备好。否则在柏林问题上我们将走向灾难——或是外交上的严重溃败，或是（因彻底无能为力而导致的）核战争。"

　　对肯尼迪感到最失望的是许多军人，尤其是战略空军司令部司令、空军上将科蒂斯·勒梅。他是二战英雄，说话强硬，嘴里总叼着雪茄，他指挥的飞机能装载一万颗以上的核弹。肯尼迪瞧不起他。仅仅一年之前的竞选活动中，肯尼迪提前结束了战略空军司令部总部的访问行程（总部位于内布拉斯加州奥马哈市外），因为肯尼迪意识到勒梅命令手下给他缩水的演习，而这种演习通常是给当地市政议员和园艺俱乐部准备的。在白宫，肯尼迪看见勒梅后再次愤然离开，这种事不止一次。冷落将军是肯尼迪的专利。"穿制服的人"似乎不能倾听或理解别人，他们一旦开始念千篇一律的简报，就没完没了，甚至也不回答最高统帅的问题。

　　"我再也不想见到那个人了，"有一次肯尼迪愤然离席之后这样说道。麦克纳马拉和他手下知道不能再提勒梅的名字。"如果你提到勒梅，他会发火的。"这是罗斯韦尔·吉尔帕特里克和他的一个助手参加白宫会议时对其助手的警告。但是在6月19号，肯尼迪却宣布他将提升勒梅进入参谋长联席会议，任空军司令。原因有两个。如果勒梅离开军队，他会在全国周游演讲，说总统多么无能——他如果退休的话，一定会这么做。肯尼迪无法忍受这一点。而且总统相信，不论他个人怎么评价勒梅，如果真有战争，应该把这位将军留在自己身边。总统引用了另外一位空军上将告诉他的话："勒梅就像贝比·鲁斯[①]。个人而言他不怎么样，但是他有才，人们都喜欢他。"

　　几天之后，肯尼迪给马克斯韦尔·泰勒打电话，邀请他这位已退休的将

[①]　小乔治·赫曼·鲁斯（1895－1948），昵称贝比·鲁斯：美国20世纪20或30年代职业棒球明星，被球迷称为"棒球之神"。——译注

军回到白宫，担任新的职位：总统的军事顾问。这个职位的职责之一是让联席会议的参谋们离肯尼迪远一点。

到 6 月底，肯尼迪似乎已经重获自信，他正为柏林和西贡的斗争做准备。6 月 29 号，肯尼迪批准了一封给吴庭艳总统的信，当时吴庭艳在西贡，信中说美国准备支持他再次扩大南越共和国的军队规模，这次军队人数从 17 万增加到 20 万。同一天，他召集了国家安全委员会的几名成员和几位有影响力的民主党参议员来白宫参加秘密会议，其中包括外交关系委员会主席威廉·富布赖特以及多数党领袖迈克·曼斯菲尔德。在会议上，他们看了艾奇逊长达 37 页的关于柏林事务的建议，开头是前国务卿的总结："赫鲁晓夫比苏联自 1948 年以来任何时候都更加变本加厉，因为他相信美国不会用核武器来阻止他，也无法用其他方式阻止他。"

南越领导人吴庭艳 6 月 14 日写给肯尼迪一封信，要求资金援助并训练 27 万士兵，肯尼迪在回信中给他吃了定心丸，并请副总统约翰逊在 5 月末将这封正式回信带到越南。吴庭艳估计，在未来两年半内训练新兵，支付军费需要 1.75 亿美元。"现在我们认识到，作为一个小国家，我们无法凭一己之力和自身资源满足所有的国防需求。我们准备以鲜血和人力的牺牲来拯救自己的国家。我知道可以指望伟大的贵国给予的物资援助，这对我们取得最终胜利至关重要。"

在柏林问题上，艾奇逊的语气预示着巨大灾难。他说，美国只能说服赫鲁晓夫，他夺取西柏林的代价将是核战争，以此引起他的重视。"我们无法晓之以理，也无法动之以情。用保存颜面的计策掩饰对苏联要求的顺应，比任何谈判取得的效果都好。"

艾奇逊还清楚表明，他认为如今的柏林危机，实质上是肯尼迪的软弱和草率的结果：

> 上次的分析写道，西柏林得到了保护，其原因就在于有人害怕对这个城市的干涉或者进入，将会导致美苏间的战争。在过去

两年里，美国能够摧毁苏联的核力量并没有消减。因此，核武器的威慑力之所以降低，必然是因为苏联对于美国是否会使用核武器的评估有所改变。

这已经变成了美国和苏联的决心之战，其结果将在很大程度上决定欧洲——事实上是全世界——对美国的信心。可以毫不过分地说，美国的处境异常危险。

艾奇逊告诉肯尼迪，他必须尽早做出一个秘密的决定，为战争做准备。"战争，"他强调说，"在这种情况下就是核战争。"

第十六章　1961年7月19日

在维也纳峰会后的几个星期内,超过2万人从东德逃往西德。他们中大多是青年男子,其中半数人还不到25岁,许多都是专业人士:工程师、教师、医生和技术人员。几乎所有人都穿越了横跨苏联占领的东柏林和西柏林间长达28英里的边界上90条左右的街道、道路和铁路线。

在危机四伏和谣传盛行的时代,从东德逃亡西德的难民人数与日俱增。这种大批涌离现象在两次"柏林危机"期间和之后达到顶峰:一次危机是始于1948年夏天为期11个月的"柏林空运",另一次危机发生在1953年6月,当时位于东部的一场工人起义被苏联军队和坦克镇压。[1]

---

[1] 1948年6月24日,苏联从管辖德国和柏林的联合盟军委员会中撤出后,就切断了位于国家西部的柏林与美国、英国以及法国占领区域之间的所有陆路和水路通道。西方盟国通过空运的方式为柏林提供了11个月的物资。总计277,728次飞行送去了2,343,301吨食物和其他日用品。1949年5月12日,"柏林封锁"以苏联失败告终,但实际上,德国和其首府柏林都由此被分隔开来。

仅1953年就有超过33万东德人逃离。15年总计达到400万甚至更多。从1954年至1961年夏天,位于西柏林的接待中心(在那里,大部分难民登记以获取西德公民身份和搬迁福利,但也不是所有人都是出于这些原因)记录了3,371名医生——东德每5名医生就有一名逃离——

共产党人迟早都得设法去阻止这种大失血。此议题已在肯尼迪和尼克松的辩论中有所涉及，肯尼迪说过："美国的下一任总统，在他上任的第一年，将面临一个非常严峻的保卫柏林的问题。我们对柏林的承诺。将是对我们的勇气和意志的考验。美国必须兑现之前对柏林的承诺。"他还说在他看来如果苏联掌控了西柏林，那么整个西欧最终都将沦为中立地带。"争夺柏林的同时，也是在为纽约和巴黎而战，"他在1959年底这样说道。"我们要战斗。"

现在，他就是那个"下一任"总统，正为了自己和美国人民备战争夺柏林。他必须设想这将很快演变成为一场核战争。从维也纳回来后，肯尼迪读到一篇关于在柏林对峙过程的"绝密"的分析报告，作者是一个37岁的名叫亨利·基辛格的哈佛大学教授，同时兼任白宫在德国问题上的顾问。文章有段摘要，是麦乔治·邦迪写的："当前的战略性战争计划太过死板而危险，如果继续下去不做修改的话，那么如何面对热核成为事实的那一刻，你将别无选择……本质上，当前的计划要求一枪打掉我们所面临的一切问题，出于这样的规划，以至于要制定出更加灵活的行动方案非常之困难。"

这是最危险的地点，最危险的时间。赫鲁晓夫从维也纳回来后似乎颇为兴奋，反复提到他自己早先关于局势的分析之一："柏林是西方的睾丸。只要我想让西方尖叫时，我就捏柏林。"但实际上，问题却在于他自己。如果双方都无法接受在柏林争端上失败，那么仅仅维持政治和军事的现状，就意味着美国及其盟国的胜利。赫鲁晓夫同样正饱受来自政府中强硬派分子的压力，这些人认为，尽管赫鲁晓夫口若悬河，但想要与西方抗衡他还太嫩。如果说肯尼迪是因为被逼入墙角而忧心忡忡，那么彼此彼此，赫鲁晓夫已经是这样了。

正是俄罗斯人需要在柏林探寻一条出路。但无论是赫鲁晓夫，还是东德共产党领导人沃尔特·乌布利希，谁都想不出办法。东德向来被看作是共产

16,724名教师和17,082名工程师和技术人员的姓名。他们中大多是年轻的单身汉或者是年轻的家庭。200万西柏林人的人均收入是东德人均收入的两倍还多——苏联占领的防御地区经常遭受除马铃薯以外几乎一切物资的短缺之苦。1960年春天，东德农场被迫集体化后食品短缺问题就更加严重了。然而，在接待中心资料所列举的逃离原因中最常见的却并非食物，而是"教育"。年轻的父母说，他们不希望自己的孩子们在共产主义学校接受教育。——原注

主义者的圣地，它是1945年后红军占领的所有国家和地区中最繁荣兴旺和最富创造力的。拥有130万人口的东柏林尽管物资短缺，却是共产主义的卫星首府中最为富有的。这样的欣欣向荣部分应归功于为数至少5万的"跨境工人"，他们住着东边低廉的住房，却为了丰厚的工资而在西边工作。尽管有日常的损耗，还有20世纪40年代末在厂房和设备上合计约150亿的损失，因为作为战败赔偿，工厂一点一点从东德迁往苏联；尽管购置小型洗衣机和冰箱的排队时间长达两年，然而1961年6月，东德成为世界第6大经济体。产能更大的国家只有美国、苏联、英国、法国和拥有5,300万人口的西德。

留在东德的1,700万人口中，只有45%是男性。有一个比例显示，平均每四个工人要负担每三个孩子和领养老金老人的生计。但对于城市两侧和三英里宽的"死亡地带"两侧的德国人来说，他们在20世纪40年代就已经目睹过更加恶劣的情形。设置了带刺的铁丝网和炮楼的"死亡地带"是沿西柏林和东德的西边界建造形成的，这个半圆线长达98英里。遍布世界的欧洲人试图在7月和8月阻止世界局势的进程，他们也获得了一些成功，而且成千上万的东德人决定一俟欧洲8月份最后一天长假结束就立即行动。

似乎还有时间。毕竟赫鲁晓夫所说的强行实施和平条约是要到年底才会进行的。而柏林人，这个依然骄傲自大，喜欢嘲讽的群体已经习惯了危机。截止到7月中旬，美国甚至还没有回复苏联的备忘录，对此兴致盎然的只有肯尼迪总统，他还没有调整自己以适应国务院的夏季工作方式。卢埃林·汤普森大使早在3月份就从莫斯科发给国务卿和总统的电报，现在依然没有得到任何直接的回复，电报上说他预计苏联迟早会封锁东德区边界以阻挡难民潮。汤普森在维也纳峰会之前提出的首要问题在会后仍然没有答案："如果东德人关闭该区边界，在不干扰盟国进入的前提下（我们）将建议采取什么行动……"

该电报被列为"绝密（＿＿＿ 过目），"只能由总统和国务卿过目。不过，在东德，关于赫鲁晓夫的问题也没有什么秘密可言。总统在《记者》杂志上看到一篇题为"逐渐陨落的卫星国家"的封面故事。作者乔治·贝利重新计算了东德大批逃亡的统计数据，并得出如下结论：

> 有迹象表明苏联和其东德的爪牙最终得出终极结论：阻止难民
> 的唯一途径是采取纯物理安全措施封锁东柏林和苏联管辖区……
> 赫鲁晓夫将拉上东柏林前的铁幕——用探照灯、机关枪炮楼、铁
> 丝网和警犬巡逻。从技术上来说，这是可行的……西方的主要问
> 题是为苏联提供某条出路，让苏联尽可能少丢面子，并且尽可能
> 保证其安全。

"这是真的吗？"总统在读完全文后问道。"去核实这个说法。"

显然，这是真的，但迄今为止，在白宫和国务院内似乎还没有人已经理解这意味着什么：在柏林的军事对抗中探寻一条简单的政治出路。当肯尼迪6月从欧洲回来时，他首先提出的问题之一就是如果苏联人像他们在1948年夏天那样，切断了盟军通往城市的陆路和水路，西柏林能否从新一轮围困中幸存下来。从伦敦回来的那天，他要求美国参谋长联席会议提交一份关于在西柏林的军用和民用应急物资水平的报告。

莱曼·莱姆尼策将军是参谋长联席会议主席，他回答道："得益于1948年'柏林封锁'之后开始实行的储存方案，西柏林现存价值约为2亿美元的食品、燃料和原材料。西柏林有充足的基本食品，以每人每天2,950卡路里的预计消耗率来计算，可以供应一年。"

他还说，美国占领军无补给的情况下，有充足的军火够18天的战斗用量，食品够180天，医疗用品够210天，汽油够300天。230万西柏林人自己有维持至少一年生计的食品、煤炭和燃料，医疗用品足够6个月的使用。这其中包括3,224吨罐头酱菜，82吨婴儿食品以及143吨动物园里动物的饲料。

虽然总统在积极备战，却被众多媒体批评胆小。"瞧瞧这狗屎，"肯尼迪说，他在看《时代周刊》上的一篇文章，这杂志一周又一周地重复着对他战略气魄的质问：

存在着这样一种危险，即总统误解了美国的信念——而实际上，美国人民已经做好了充分准备，并且十分乐意在反对共产主义的国际斗争中，采取一切必要的行动……在美国热烈的精神和不惜一切代价回击共产主义挑战的决心中，存在着肯尼迪总统的——但那是个他必须具备无所畏惧的胆识和果断才能抓住的机遇。

《新闻周刊》上的报道令肯尼迪更加崩溃。这篇报道是尚未报送美国白宫的参谋长联席会议提出的"柏林防御提案"，内容如下：

疏散处于西德和法国境内易受攻击位置的大约 25 万美国家属。

派兵增援在西德的美军五个师部队以及他们的支援部队（大约 25 万人），从美国运送一个师以上的军队前往支援；宣布有限紧急状态；召集四个师的国民警卫队；扩充增兵。

征用商务航空公司运送美军伞兵和其他士兵到德国。

部分展示美国应用核武器的意图，这可以通过恢复原子武器试验或者将目前北约地区武器库中核武器升至高级别"备战"状态来实现。

"这种狗屎报道要停止。必须停止。"肯尼迪总统说完，随即将一本《新闻周刊》扔到卧室一角。他打电话给约翰·埃德加·胡佛，命令他派美国联邦调查局人员去五角大楼查清楚到底是谁向《新闻周刊》透露的消息。

6 月 29 日，也就是迪安·艾奇逊带着他的柏林议案来肯尼迪办公室的那天。肯尼迪下楼走进自己的办公室，像往常一样，把伊夫琳·林肯早晨给他准备好的备忘录过一遍，第一个是关于弗雷德·达顿的："把黑人的失业情况汇报给我，我觉得我们该采取一些措施了。"关于麦乔治·邦迪的备忘录，肯尼迪则对国务院有些不满，他又抱怨道："我要一个报告……我已经叫国务卿腊斯克做这个了，他建议我给中东阿拉伯国家的领导人写信。反应非常糟糕，我想知道这是谁的主意，他们到底希望得到什么结果，他们认为我们目前已经实现了什么。"

肯尼迪以艾奇逊的"绝密"的报告作为检验标准，开始安排在柏林的会议日程。"他被禁锢在柏林了，他所想到的也莫过于此了，"内政部长说道，由于肯尼迪大部分时间和艾奇逊，腊斯克，麦克纳马拉，他的弟弟，联席参谋长会议的参谋长们，以及中央情报局的特工们待在一起，所以尤德尔和其他大多数内阁成员一致认为几乎不可能联络到他。

从一开始，柏林会议都是由艾奇逊一手操控的。美国前国务卿是个确实拥有强大力量并且冷酷无情的人。他的报告就是白宫的工作纲领。最初桌上除了艾奇逊的报告外再没有别的文件，起初他不把任何针对他强硬军事限制路线的政治或者外交的供选方案放在眼里。他曾写道："除非解决意识的冲突，我们试图通过谈判来解决柏林问题仍不啻是浪费时间和精力。这是危险的，因为谈判的结果取决于赫鲁晓夫及其幕僚的心情。现在，赫鲁晓夫的行为证实了他相信他的意志将会压倒一切，因为美国当局及其同盟国将不会采取必要的措施阻止他。任何雄辩，合理的逻辑或是友善的哄骗都别想说服他。"

对艾奇逊的强硬观点的讨论，不仅把肯尼迪的幕僚，而且把及总统同天召集的国会领袖们分成了两大阵营。

由于艾伦·杜勒斯的态度，参谋长联席会议人员及中央情报局人员大都支持艾奇逊，也支持他聚集大规模同盟国军事力量逼迫苏联撤退的观点。白宫的马克斯韦尔·泰勒和沃尔特·罗斯托，以及国务院最受尊敬的欧共体第一主义者U·亚历克西斯·约翰逊和福伊·科勒，国防部的保罗·尼采都支持艾奇逊。艾奇逊也有一些外国盟友，最重要的是巴黎的夏尔·戴高乐以及波恩的康拉德·阿登纳。另一个阵营也有一些重要人物，但是他们没有能与艾奇逊报告相抗衡的纲领性文件，空口无凭，所以他们很难制胜。腊斯克的多疑性格人人皆知，很难做到心胸宽广。埃夫里尔·哈里曼和奇普·波伦也是这样。斯泰特·切斯特·鲍尔斯的次官通常反对受军方控制的选择权，此部门的法律顾问艾布拉姆·蔡斯，作为他的追随者，和他的观点一致。

蔡斯最终的任务是考虑补充针对艾奇逊提案的谈判备选方案。他兴致颇高地接受了这个任务，尤其是在肯尼迪私底下对他说完这些话之后："如果现在的问题是选择和东德对话还是发动战争，毫无疑问，我们会选择对话。"这些话丝毫不能影响艾奇逊的观点，他转过身去，对这位年轻的顾问说："阿贝①，听着，你可以试一试，但是你会发现这最终不会奏效。"

特德·索伦森和阿瑟·施莱辛格都反对艾奇逊的政策，但是他们没有纲领性的文件。另外三个当天被召集进白宫的参议员威廉·富布赖特，麦克·曼斯菲尔德和休伯特·汉弗莱的情况也是一样。这些人还有一个外国同盟，哈罗德·麦克米伦，他基本上同意这个观点：实际上与其说赫鲁晓夫是在向美国发出挑衅，不如说他在试图维持苏联对已占领的东欧国家的控制。

在 6 月 29 日举行的几场会议上，肯尼迪总统惜字如金。同样，在关于猪湾事件的会议中，他的讲话倾向于使每个在场的人相信，其他总统未说出口的想法，他敢说出口。

肯尼迪一度发问："如果赫鲁晓夫要求在今年夏天就柏林问题举行新一轮峰会，那我该做些什么呢？"

"建议将那些预先的会议改成低级别会议，"艾奇逊回答道，"还有很多像我一样年老无业的人可以派去参加这些没完没了的会议。"

随着 7 月初的日子渐渐逝去，施莱辛格在柏林参加完一个又一个的会议之后，开始消沉地觉得他此时是在重温武装入侵猪湾之前的那段日子。艾奇逊的柏林议案，就像中央情报局的古巴计划，是个有机整体。无从选择之际，他想象过第三次世界大战的爆发，美国陆军的坦克和卡车大批涌入德国的高速公路，攻破苏联的防线杀进柏林。当苏联大使馆的参赞格鲁吉·科尔尼扬科要求在 7 月 5 日见施莱辛格时，施莱辛格的忧虑加重了。

施莱辛格无法理解这个苏联大使馆第二号人物科尔尼扬科，以及披着杂

---

① 艾布拉姆的昵称。——译注

志编辑外衣的红军情报军官格鲁吉·布沙科夫，真正要表达的是什么意思，其他任何人也无法理解。但是他们表示他们所说的话必须是赫鲁晓夫的意思，而赫鲁晓夫的意思通常都令人迷惑不解，所以苏联领导人能够在不做出任何承诺的前提下试探肯尼迪。就在7月5日这天，科尔尼扬科抱怨说肯尼迪总统忽视苏联在柏林的保证，这是错误的。

"他不信任你，"施莱辛格对这个苏联人说。

"你们为什么不提供你们自己的保证呢？"科尔尼扬科问道。

那意味着什么？施莱辛格不知道，但是这段谈话促使他第二天吃午饭前给肯尼迪带去了一份备忘录以说服其改变主意，他这样写道："我们莫非不是在冒险让大部分计划指向最不可能发生的局势上吗——立即封锁西柏林？"他说柏林问题正以最残酷最危险的方式予以确定："你是胆小鬼吗？当有人已计划使用强硬冷酷、要么干要么闭嘴的政策时，不用表面上温和的、理想的或怀柔的方式就很难反对了。然而，就像奇普·波伦常说的，没有什么比在语汇中排除'强硬'和'软弱'更能阐明对苏政策的讨论了。那些对古巴心存疑虑的人生怕自己显得'软弱'而抑制了这样的疑虑。显而易见，重要的是不能让这种担心束缚关于柏林问题的自由讨论。"

肯尼迪听后对他说："那你告诉我，你认为我们现在应该做什么。"

肯尼迪总统计划在7月8日星期五下午5点前往海恩尼斯港，在那里花一个周末的时间和腊斯克，麦克纳马拉，以及1949年到1951年期间指挥驻西柏林美军的马克斯韦尔·泰勒会面共同商议柏林问题。

施莱辛格知道后急忙赶回他位于大楼东翼的办公室，召集阿贝·蔡斯和亨利·基辛格，当时他们都已经在吃午饭了。下午3点前两人赶到了施莱辛格的办公室。这三个人都是从哈佛毕业的，从这他们可以看到总统的直升飞机停在草坪上，准备5点起飞。蔡斯和基辛格踱着步子，一边口授，一边大声说出自己的想法。而施莱辛格作为一名驻白宫历史学家，他写的速度据说和总统读的速度一样快。施莱辛格嘴里叼着雪茄，不断的敲击着他的打字机。

在直升飞机起飞之前，施莱辛格按时完成了工作，他带着长达五页的备忘录跑回到位于西翼的总统办公室交给总统。麦乔治·邦迪将这份备忘录塞进装满肯尼迪周末阅读材料的凸起的旧式公文包内。不论好坏，这篇备忘录——以总统想要向麦克纳马拉和腊斯克询问的问题为框架——正是艾奇逊曾经告诉蔡斯不可能被写下来的文件。讨论到艾奇逊的报告，施莱辛格这样写道：

> 这份文件表明已提议的军事行动与更大的军事目标之间没有联系……这份文件中除了我们准备将世界炸为灰烬的步骤之外，没有阐明任何政治目标。而详细阐明我们准备发动核战争的原因是十分必要的。如果我们赢得了对我们意志的考验，那么我们又要得到什么的结果？比如说，德国的统一：关于这个传统的目标我们的真正意图是什么？

当海军一号飞升到白宫草坪上空时，施莱辛格的东翼办公室里洋溢着激动欢欣之情，他问道："那么，我们下一步做什么呢？"

"得到国务卿关于我们备忘录里提到的一系列问题的答案。"蔡斯说。

总统在 7 月 8 日，也就是星期六，和腊斯克，麦克纳马拉以及泰勒在海恩尼斯港待了一天。他们乘坐着约瑟夫·肯尼迪的游艇"马林"号在海上绕着圈子巡游。当太阳穿过晌午灰白的云层出现在科德角上方的天空时，麦克纳马拉和泰勒偶尔跳入水中快速畅游一番。腊斯克穿着一套西装，看上去有点不合时宜，尤其是在麦克纳马拉和泰勒游泳期间，他看上去更加别扭。肯尼迪要求腊斯克告诉他为什么维也纳峰会都过去五个星期了，国务院就苏联备忘录仍然没有给出官方回复。腊斯克与他谈论了在与同盟国磋商时遇到的问题，并抱怨邦迪的下属拉尔夫·邓根把国务院回复的草案初稿放进他的办公室保险柜里，就出去度两个星期的长假了，没有人知道他的密码。

"我要在 10 天内知道这些该死的回复。"肯尼迪总统说。

那不是一个好日子。肯尼迪把国防部长麦克纳马拉单独找来谈话，想弄明白为什么刚刚两个月前，他还向自己保证美国有足够的地面部队来应付各种可预想的危机，可眼下在德国的情况显然不是这样的。肯尼迪的问题比麦克纳马拉的回答还要多，连一些最基本的问题都没放过，让人猝不及防，比如："如果我们要调动100万人员，我们应该怎样安排他们？需要多少后勤，……？我们要把他们派到欧洲吗？运送这100万人去那儿要多久？海运需要多少船？空运需要多少飞机？把他们全部弄过去需要几天？他们到了欧洲驻扎在哪儿？"

"10天之内给我所有答复。"他跟麦克纳马拉说，同时也下令给国务卿腊斯克。肯尼迪很有时间观念。他告诉麦克纳马拉如果他不得不批准在柏林危机中使用核武器，他需要一个月来考虑而不是一个小时——他认为如果红军进入德国，这是他能有的全部时间。

傍晚，肯尼迪的军事助理之一，陆军少将切斯特·克利夫顿，看到了肯尼迪驾着马林号游艇返回时心情仍然很差。他交给肯尼迪一份电报，里面说到赫鲁晓夫刚刚给苏联军事学院的毕业生做完演讲，宣称要取消原计划120万军人的复员遣散，而实际上苏联的全部军人也只有300万。他说，苏联要增加三分之一的国防支出，以便与肯尼迪宣布和提议的水平保持一致。在这场全国电视广播演说中，赫鲁晓夫身着红军中将的军装，这也是他在二战中作为政治官员获得的殊荣。

7月13日傍晚时分，在华盛顿，肯尼迪召开了国家安全委员会扩大会议。会议共有25人参加，包括艾奇逊，泰勒和基辛格。国务卿腊斯克也把他刚刚从美国驻西德高级外交官艾伦·莱特纳接到的电报带了过来，其中提到：

> 官方参院难民统计，从7月9日到12日这四天，有4,979个难民进入柏林，平均每天1,245个……突如其来的难民潮有很多原因，比如说经济条件的衰败，食物短缺……［以及］苏联/东德宣传"西柏林自由城"。这一切促成了东德人的"关门恐慌症"，那

里的人们越来越害怕去往柏林和柏林市内的交通管制进一步严格
起来。

　　麦克纳马拉整理了一些数据，准备好了肯尼迪要他在10天内完成的东
西。麦克纳马拉建议年底之前，武装部队要增加三分之二。他想招募450,000
新兵和40,000民兵，成本为43亿美元。在1962年1月1日前，把现在的14个
可随时投入战斗的陆军和海军陆战师增加到22个。他说参谋长联席会议认为
这些措施，加上宣布国家进入紧急状态——法律上保证了后备军的招募——
将提供他们之所需，他说这就是"重启柏林之门的军事措施之实施能力……
足够的军事力量以发动非核武战争，其规模足以显示我们的决心，并且在诉
诸核武战争之前争取谈判时间……提高使用核武器反应速度，如果战争升级
达到这一水平。"

　　艾奇逊和林登·约翰逊支持麦克纳马拉，而肯尼迪只是听着。但腊斯克
的反应是去寻求国会的决议，使后备军的招募合法化，也许会更好——"国
家紧急状态"听起来好像就要开战似的。

　　"我不会去找国会，"副总统发言了，平常他参加这种会议是很少说话的，
"他们希望总统来带头。"

　　随后总统叫暂时休会，和另外八个人一起回到他的办公室，他们是约翰
逊、腊斯克、麦克纳马拉、狄龙、泰勒、艾伦·杜勒斯、莱曼·莱姆尼策将
军以及美国新闻署署长爱德华·R.默罗。总统给他们每人看了一份由邦迪
写的"绝密（_____过目）"备忘录，题为"在柏林的军事抉择"。它包含了
从宣布国家进入紧急状态到军队增援，再到核武器的使用等内容。当会议将
要结束时这一天也快结束了，腊斯克问肯尼迪，会议对在柏林的美军有什么
意义。

　　"两点，"总统说，"我们在柏林的存在，我们进入柏林的通道。"

　　东柏林，或是进入东柏林的通道，都是不值得去打一仗，肯尼迪重复
着他已经跟阿贝·蔡斯说过的话。两次会议后，肯尼迪与索伦森和基辛格交

谈，告诉他们要把走向柏林看成是政治问题而非军事对抗。两人回去后说的都一样：一个政治问题就是，要找个恰当的方式让赫鲁晓夫体面下台阶，放弃最后通牒而不感到屈辱。7月17号，索伦森递给肯尼迪一份备忘录，提醒道："我们不应该一直给赫鲁晓夫增加压力，让他觉得放弃决战是很没面子的事。"第二天，基辛格也表达了自己的看法，和其他人的也基本一致："为赫鲁晓夫提供后路，这个问题不应该给予明确的重视么？我们决不能把他逼得无路可走……因此，对于赫鲁晓夫怎样跳出他自己挖的坑这点，我们应该要有一个大概轮廓。"

肯尼迪对此表示赞同。这一场秀要传达出和解的信号，这是政治人物之间的对话，不能在两位最高军事首领的对话中显出优柔寡断。演讲稿写手索伦森建议肯尼迪要做一个演说。一旦他公开演说，在最后期限的压力下，就能使国务院和国防部消除隔阂，解决纷争。一旦总统公开演说，就万事大吉。总统投入精力进行电视讲演后再去试图劝说他，是没有什么意义的。演说是种政策，起草演说稿就是在制定政策。7月18日，肯尼迪通知索伦森他准备在7月25日，周二晚做全国公开演说。

所以最后期限确定了，要在一周内宣布柏林政策。7月19日早晨，邦迪给总统的备忘录中说道："这也许是我们国家安全委员会有史以来最重要的会议了。"他说总统要确定是否要在演讲中就两个关键问题具体讲。"第一个问题是我们是否要明确，和平条约，以及用东德人换掉沿高速路驻守的苏联人，这都不是战争因素……第二个问题是，谈到最终解决危机办法，我们是否应先试探一下苏联的态度。"

那天，罗伯特·肯尼迪一再往返于司法部和白宫之间，他认为开战的可能性有百分之二十。他知道哥哥也觉得差不多。关键还是要劝服赫鲁晓夫相信，美国是在为西柏林战斗。格鲁吉·布沙科夫几乎每天都会和罗伯特·肯尼迪交谈，告诉他赫鲁晓夫一直在听取苏联驻华盛顿大使迈克海尔·门什科夫的汇报，美国人把门什科夫叫作"笑面迈克"，他一直告诉莫斯科，肯尼迪没有胆量开战。

"他有，我知道，"罗伯特·肯尼迪跟布沙科夫说，"把这话告诉赫鲁晓夫。"

那天快中午时，肯尼迪召开了他的第 14 次新闻发布会。开始，他先读了一段很长的美国官方答复摘要，答复的是赫鲁晓夫在维也纳给他的那份备忘录。"6 月 4 日备忘录的真正意图，"他说，"就是东柏林这个被四个大国控制的一个城市的一部分，将会正式归入所谓德意志民主共和国（东德），而西柏林，虽然现在苏联把它叫做'自由城'，但不久后西方列强也不再会保护它了，它不得不屈从于极权大国的意志了。"

有十几个问题涉及柏林，四个问题涉及副国务卿鲍尔斯的去向，传言说，这位国务院二号人物会被赶走。肯尼迪则说："我完全信任鲍尔斯先生。"但实际上，他决定把鲍尔斯赶出去，因为他和罗伯特·肯尼迪合不来。但是鲍尔斯设法拖延了这一行动，他向《纽约时报》透露消息，促使罗斯福夫人和其他自由派人士站在他这边。有个柏林问题是门什科夫大使发回莫斯科致赫鲁晓夫的密电中提到的："在关键时刻，美国人不会为柏林而战。"肯尼迪回答说："这绝对是个基本问题，柏林问题……我们有决心履行承诺。"

那天稍晚时候，召开了国家安全委员会会议。肯尼迪对麦克纳马拉和参谋长联席会议成员说，他准备把他们扩充人员和资金的要求大概砍一半。他说他不会宣布国家进入紧急状态，将此视为最后的而不是最初的公开举动。但是他要把征兵动员总人数翻三倍，并请国会通过决议，赋予他招募预备役的备用权力——新组建六个随时投入战斗师和空援集团以供在欧洲部署。他要求国会再给予 32 亿美元军事拨款，而不是参谋长联席会议建议的 43 亿美元。他强调稳步增加在欧洲的非核军事力量："阶梯增长。"

麦克纳马拉和他的人并不高兴。参谋长们希望国防部长支持他们正式宣称的"A 计划，"也就是最强硬的军事策划，允许他们使用战术核武器。但总统直接采纳了一个最温和的方案，"C 计划"。麦克纳马拉迅速改变了立场，成为支持肯尼迪选择的主要支持者。他领头维护肯尼迪的决定，与艾奇逊激烈辩论对抗。在同一天晚些时候，为完善柏林政策而建立的一个小规模"工作小组"召开的会议上，艾奇逊的反应是回避提到肯尼迪的名字，而是说：

"先生们，这情形你们会去面对。这个国家没有领导。"

肯尼迪7月25号要进行的演讲是他的杀手锏，他想以此动员美国人民——并说服苏联领导人相信美国已准备开战。他想要苏联政府提高在柏林的风险估算。征兵人数和民防计划的公布，所能起到的战略效果，将不亚于派遣第七舰队火速赶往泰国以赢得在老挝的停火。这样，表面看去美国是在一本正经地讨论要以核武器阻止苏联在德国的行动。

肯尼迪当时曾被托马斯·C.谢林写给他的一封长长的备忘录触动。托马斯是在冷战时期成为极富影响力群体的那些国防知识分子中最受尊敬的一位。他在备忘录中指出，核武器的真正目的，是在一场精心设计的威胁与风险游戏中把它当筹码用。如果游戏玩得好，那么核武器的目的就是防止使用核武器。"核战争的目的，是为让苏联政府相信一场全面战争的风险极大，足以压倒他们最初的战术目标，但也不至于大到使其孤注一掷，抢先开战……这是一场核武器的讨价还价之战。核爆炸向苏联领导人传递的信息中带有摧毁目标的含义。"

总统决定演讲前的周末去趟海恩尼斯港，他7月21号周五那天离开华盛顿，还没有决定如何释放美国决心的最后信号。当时罗伯特·肯尼迪提出征收"柏林附加税"的想法，是指所有个人及企业所得税一年增加1%，预计可以筹集到25亿美元，用以支付在西柏林的防守以及接下来的一切。

罗伯特·肯尼迪对征收这笔钱并未过多担忧，他的总统哥哥也是。当局的大多政客支持这种想法，认为这叫政治暗号。然而经济学家们却大为惊骇。沃尔特·赫勒和保罗·塞缪尔森认为他们一直在努力不厌其烦地让约翰·肯尼迪从了解基本经济学转变为第一个接受并执行约翰·梅纳德·凯恩斯经济学的美国领导人，但肯尼迪还没买账呢。他依旧相信要平衡预算，还说这是因为绝大多数美国人也这样认为。此刻，在凯恩斯经济学要求减少征税以促进经济再次复苏的当口，他却想要讨论因政治理由提高税收。于是赫勒和塞缪尔森像美国独立战争期间夜骑通知英军到来的保罗·里维尔一样抓起电话，联合其他同事一起提醒总统，国家经济才刚刚开始复苏，无论因哪种原因，以何种方式，在储存备战和定量配给阶段后，提高税收都将降低企业投资和个人消费，从而导致国家再次经济衰退。他们竭力以肯尼迪容易理解的措辞表达他们的担忧："柏林附加税"将加剧通货膨胀，增加失业率。

"如果消费者和企业是以疯狂抢购和库存囤积来应对危机，那么通货膨胀将一触即发，"赫勒告诉总统。"这在 1950 年朝鲜战争爆发时就发生过。消费者 1950 年第二季度的存款为可支配收入的 5.9%，到第三季度就降到了 2.8%，所以必须正视的是 1961 年也不排除这种可能性。"

总统从他认识的最自由派的经济学家中邀请了一位西摩·哈里斯，在那个周五下午和他一起飞往科德角。赫勒、塞缪尔森和哈里斯共同设计了一个小阴谋，于是当空军一号在奥蒂斯空军基地即将落地之时，哈里斯鼓起勇气说："总统先生，在经济恢复之初，任何提高税收的措施都将产生灾难性的后果。"

星期天，肯尼迪打电话给塞缪尔森说："你明早能来海恩尼斯吗？和我一起飞往华盛顿，谈谈附加税的事情，怎么样？"

"这其实就是从国民生产总值里掏钱，"塞缪尔森在飞机上说，"将影响整个就业市场。"

"好吧，"肯尼迪说，"我想让你和我一起去白宫开个会。"

柏林附加税计划夭折了。肯尼迪召集了他的弟弟，赫勒，狄龙，还有卫生，教育和福利部长亚伯拉罕·里比科夫，腊斯克和邦迪，告诉他们年前不要再讨论任何有关税收的事宜。众人离去后，他对罗伯特·肯尼迪说"你错了。承认吧。"

特德·索伦森回去继续撰写演讲稿，终稿成稿过程中，关于短期政策的意见是由腊斯克构想，并通过机密电报发给了美国驻西德大使沃尔特·道林，副本分别发给伦敦，巴黎和莫斯科的各位大使。再次强调是苏联在德国出了问题：

　　　　我们认为苏联比我们更密切的关注着形势，因为他们正坐在
　　火山口上……国务院认为有两种突发事件可能会出现，第一，也
　　是最为可能的，如果难民潮持续下去，东德政权将采取措施控制

局面。他们可能加紧控制从苏控区到东柏林的人员流动，或者严格限制人们从东柏林到西柏林。第二，区内情况持续恶化，导致严重混乱。

演讲前一天，总统发电报给麦克米伦列出了他认为的情形："我们在此关头的主要问题，就是尽可能在不开战的情况下维护我们共同的关键利益，若被迫开战，也要尽可能保证我们处于最有利的地位……这显然是危险临近的时刻，因为我不认为我们可以使苏联相信我们愿意面对前方更大的风险，除非我们准备承担一个时期危险增长的重担。"

在他要演讲的那一天，7月25号，肯尼迪叫来《时代》杂志驻白宫记者休·悉尼。"我们去游泳吧，"他说。

"可我没带泳衣。"悉尼回答。

"没关系的，"肯尼迪说，"在这个游泳池不需要泳衣。水挺热的，我是因为背部的毛病才需要的。"

这个15英尺宽，50英尺长的狭窄游泳池是由另一位需要在热水中定期游泳的总统富兰克林·D. 罗斯福于1933年建的，他是为了锻炼因小儿麻痹而瘫痪的肌肉。水温加热到了80华氏度。一幅壁画覆盖了一整面狭长的墙壁，上面画着一艘艘停泊在维尔京群岛中圣克罗伊海港的帆船——总统父亲送的礼物，想让这儿更明亮些。

总统慢慢走下梯子，进入水中。他在池子里待了将近一个钟头，来回游泳、走动，不时推开他女儿卡罗琳的蓝色塑料船，和悉尼主要谈论了柏林的问题及当晚要做的演讲。他还说，在维也纳峰会及以后发生的最令人沮丧的事情，就是他和赫鲁晓夫还没找到观念上的共同点去讨论核武器交火的影响。

"那狗娘养的根本不听你说的话，"肯尼迪说，"他要看你的行动。"

然后，他拄着拐杖，步履蹒跚地穿过白宫，坐电梯到楼上的住处去了。晚上10点前他又这样下来了，准备讲演关于美国在柏林和整个世界的行动，是军事行动，为的是让克里姆林宫那个狗娘养的注意一下。

第十七章　1961 年 8 月 3 日

"他会从哪个门进来？""我什么都没弄好。快点儿。""该死的，谁把那个灯关了？"

椭圆办公室里一片混乱，喧嚣不断，到处是乱麻似的电缆和各类电视器材。那阵势不亚于军队上阵，新型的电视记者和技师全副武装，好似装甲兵团，相比之下，常见的纸笔记者只能算是小股巡逻兵了。

皮埃尔·塞林杰挑选出来的向所有白宫记者汇报的铅笔媒体人员，都退缩到了一个角落。苏联通讯社塔斯社的一位彬彬有礼的男士加入了《纽约时报》的汤姆·威克和《华盛顿明星报》的塞西尔·霍兰的行列。晚上，10 点前两三分钟，肯尼迪总统从他们身边经过。镁光灯和真空电子管发出的热量使总统汗流浃背。必须关闭空调，因为吊杆麦克风会把机器的轰鸣声录制进去。办公室里一片紧张气氛，正如百老汇剧院大幕拉开前的场景。

"晚上好，"肯尼迪开口了。

"七周前的今晚，我从欧洲回国，汇报了我与苏联赫鲁晓夫主席的会晤。"

"在柏林,大家还记得,他打算一笔勾销我们在西柏林的法定权利——并且阻止我们对那个城市的200万自由人民履行承诺。这是我们不能允许的。"

"西柏林……已经成为——以前从来没有过——西方世界勇气和意志的检测地……我们清楚必须做什么——我们准备这样做。

"今晚我想坦率地告诉大家我们将采取的初步措施。这些行动将要求许多公民做出牺牲。我们打算扩大选择范围,而不仅仅是要么蒙受羞辱,要么孤注一掷打核战争……如果这将需要更多的人力、更多的税赋或更多的控制,或者其他新的力量,我将毫不犹豫地诉求它们。"

总统讲述了最后的措施和数字——这已经都在白宫连日召开的会议上决定了:国防支出增加32.5亿美元;陆军增加125,000人,总数达到100万;海军增加29,000人;空军增加63,000人;征兵人数达到原来的三倍;授权征召后备役,延长服役期限。总统还增加了一项民防拨款207亿美元的请求。这意味着,上任六个月,他已经要求增加了60亿美元的国防支出,使国防预算增加到475亿美元。他号召全国拿起武器:

"现在,西柏林的自由人民正面临着直接的威胁……袭击西柏林将被视作袭击我们全体。我们不能把西柏林的安全与我们自己的分割开来……但是,那个被孤立的地方却不是一个孤立的问题。威胁是世界性的……东南亚也有这样的挑战,其边境更疏于防卫,其敌人更善于隐蔽,并且对那些如此贫穷的人来说,共产主义的危险更令人难以察觉……

"我听说西柏林在军事上难以防守,巴斯托尼 ① 也是这样。并且,事实上,斯大林格勒也是如此。但是,任何危险的地方都是可以防守的,如果士兵——勇敢的士兵——这样防守的话。"

"我们将时刻准备会谈,如果会谈管用。但是我们也必须准备用武力对

---

① 巴斯托尼:比利时南部的一个小镇,因二战后期盟军与德军在此激战而出名。1944年12月,德军以13个精锐师的兵力对盟军坚守的巴斯托尼发起狼吃羊的围攻,并命令守军美军101空降师投降,结果收到101师指挥官麦考利夫一封只有一个字的回信:"呸!"战后这封信成为世界短信之最。经过浴血奋战和友军增援,终于奇迹般的守住了巴斯托尼。——译注

抗，如果武力强加在我们头上。只靠其一将会失败。二者兼备，才能保障自由与和平事业。"

"此外，我深知很多美国家庭将不得不承受这些请求带来的负担：学习或工作被中断；丈夫、儿子应征入伍远离家乡；有些家庭收入也会减少。但是，为了捍卫自由，我们必须承受这些负担——过去美国人民曾经心甘情愿地承受过这种负担——面对现在的任务他们也不会退缩。"

"我今晚提到的措施是为了避免战争的发生。总而言之：我们追求和平——但是我们绝不屈服……"

"在热核时代，对另一方意图判断的任何失误，都可能在几小时内造成比人类历史上全部战争加起来更大的破坏。"

"在这些天这些星期里，我请大家给予帮助……我知道，我们全都热爱我们的国家，我们将尽最大努力为国效力。"

当电视台的拍摄灯光关闭，总统办公室的空调在31分钟后重新开启的时候，肯尼迪总统身体仍然紧绷着，全身都湿透了。但是他的话收到了成效。第二天早上，一千多份电报被送到白宫，其中大约95%支持总统。

事实上，投到白宫的邮件中99%都是支持总统的。全国范围内的盖洛普民意调查显示，85%的美国人支持冒战争危险保留美国在西柏林的驻军。67%以上的民众赞同派遣美国部队去西柏林作战，假如这座城市被苏联或者东柏林封锁。紧接着国会以压倒多数的赞成票通过法令，支持总统增加国防开支，使国防支出总额达到了朝鲜战争时期的最高额。参议员比肯尼迪总统更进一步，81比0全票通过7.5亿美元预算的载人轰炸机方案，这笔钱是肯尼迪总统没有提出的。《纽约先驱论坛报》的记者唐·罗斯在纽约北部的仅有4,200人口的胡希克福斯镇，在报纸的头版写了一封《致赫鲁晓夫的公开信》，信中写道："美国人民众志成城，即使是坐在门廊摇椅里身材瘦小的老太婆，也认为你们不可能得到柏林。当一位瘦小的老太太听到您的名字时，她把您称作'吹牛先生'。如果您还抱有任何不切实际的想法，先生，认为美国人都太肥胖太安逸，不可能冒险在西柏林开战，那您真该到这儿和这些美国人聊一聊，矫正您对普通美国人的看法。"

"这是你最大的胜利，"索伦森告诉总统。哈里·S.杜鲁门当天晚上也从他家乡密苏里州独立城发来一封电报说："演说很棒。我从来没有这么高兴过……保持下去。"第二天早上，纽约时报发表社论说："在这次既庄严，又坚决，同时抚慰人心的演讲中，肯尼迪总统昨晚重申了美国在自由世界的领导地位……我们相信美国人民和世界各地的自由人民将拥护和支持他！"

大部分的美国民众是和总统站在一起的，然而，有些人看待他发出的信息有所不同。在柏林，美国驻军指挥官艾伯特·沃森少将凌晨四点收听了肯尼迪的演说后感到震惊，因为演说中一直提西柏林而非柏林。他认为这是对苏联和东德发出的一个信号，一个有意发出的信号，即他们可以把这个城市他们管辖的区域封锁起来，而不会受到美国的干涉。

东柏林人开始穿越边界去往西柏林，这是自1953年苏联军队武力镇压反对东德政府的街头示威游行者以来最大数目的迁移。在肯尼迪演讲24小时之后，超过3,000男女老少逃离东柏林。在柏林分界线的东侧，东德警察和士兵开始把年轻人从车上拉下来，这些人试图乘公交、火车跨界进入西柏林。由于担心西德门户关闭而引起了恐慌：东德处在混乱的边缘。从东柏林逃亡西柏林的难民包括最高法院的一名法官以及东柏林最大医院的主治医师。难民纷纷传说，共产党的雇佣文人、一些州里小官员都警告说去往西柏林的道路很快都将被封锁。

在数以亿计的听众中最重要的一位，赫鲁晓夫，也听出了不止一层意思。在肯尼迪演说的那天晚上，这位苏联领导人正在他位于黑海边的乡间别墅和一位重要的美国客人约翰·J.麦克洛伊在一起。麦克洛伊是美国在柏林的前高级专员，是一名共和党人，如今是肯尼迪的首席裁军顾问。麦克洛伊先生正在莫斯科筹划苏美联合裁军会议。主席邀请他到海滨来休憩几日。

7月29日，周六的早晨，肯尼迪总统收到麦克洛伊的报告，这是一封从美国驻莫斯科大使馆发来的电报，上书"仅供总统过目"：

周三，赫鲁晓夫很友好，但是他坚定地重申了他维也纳会议上的立场。在听到总统先生的演讲之后，他非常地恼火，语言粗鲁，火药味十足……无论怎么样都要签署和平条约，随即占领权终止，切断通道……假使你们准备使用武力我们也将使用武力；战争注定是热核战争。尽管你我能够存活，你们所有的欧洲联盟将全军覆没……随后，又提议协商和平条款，保证通道，解决德国问题。

演说过后 48 小时，正如中央情报局向总统报告的那样，全世界新闻媒体的反应激烈："非共产世界……总体反应良好，西欧评论家一方面强调美国坚定的立场，另一方面也表达了共同协商的愿望。苏联方面强调肯尼迪总统正式发表宣言，以西柏林安全受到威胁为借口，意图在柏林增派美国军队。"苏联评论家都在重复《纽约时报》的分析——美国增派军队与其说是为保卫柏林，不如说是为了让西方拥有在全世界任何地方以任何形式作战的能力。莫斯科电台向国外而没有向国内播报这样一条消息：美国正在公开地准备战争……如果第三次世界大战爆发，任何海洋都保护不了美国。在氢弹和弹道火箭时代，玩火是非常危险的行为。

"这意味着，"中情局援引塔斯社的报道说，"美国积极反对非洲、亚洲和拉丁美洲的民族解放运动。这才准确地解释了总统所说的需要建设能向世界任何地方快速大规模海空调派兵力的能力。"

在美国，成千上万的民众最先对肯尼迪有关民防的讲话做出响应。"我希望每一位公民都知道在遭受袭击时应立即采取哪些措施保护自己的家庭，"那次讲演临近结束时他曾这么说。美国平民开始在后院挖防空洞，以此作为私人避难所，避免核袭击带来的致命辐射。其他人则卖起了铲子、铅板、罐装食物和水，认为这些东西能够拯救自己及家人。枪支的销路也很好。在报刊杂志上，在教堂里，民防成了国民道德辩论的话题：为了防范极其愚蠢、懒惰、不建避难所的邻居进入自己的避难所，持枪保护自己和家人是对还是错？

对国内外许多人来说，总统的话令人恐惧，但也故意存有矛盾——在对有影响力的华盛顿评论家们的背景介绍会上，传达出的形象却是软硬兼而有之。"事实上，"演说后第二天早晨《纽约时报》的詹姆斯·赖斯顿评述道，"围绕我们与苏联谈判进行的私下讨论，比官员发布的或媒体报道的多得多。肯尼迪政府首先必须下定决心不能因为受到恐吓而做出不光彩的妥协。"

三位重要的民主党参议员参与了华盛顿人的讨论协商会。多数党领袖迈克·曼斯菲尔德，外交关系委员会主席威廉·富布赖特以及休伯特·汉弗莱都质疑由东德的难民引发核战是否值得。富布赖特的观点引起了人们的热议。7月30日星期天，他曾在美国广播公司电视台的一档"时事与评论"栏目中称，苏联和东德可选择任何时间解决它们自己的问题。"我不明白东德为什么不关闭边境，"这位参议员说，"事实上苏联人有权在任何情况下关闭边境……而不违反任何条约。"

同一天，《纽约时报》周日版认为美国政府里另一种声音是赫鲁晓夫的代言，这是一篇权威性的报道，尽管未署名："放弃对进入东德通道的控制并不会导致军事对峙，只要盟国军用通道不受干扰……"

7月31日，星期一，麦克洛伊被肯尼迪召回了华盛顿，他向总统回顾了赫鲁晓夫的谈话，强调了赫鲁晓夫提及难民逃出东德的次数：麦克洛伊认为赫鲁晓夫想要传递的信息是，除非阻止难民外逃，否则会引发战争。赫鲁晓夫的方案实在不可思议，他恳请肯尼迪理解共产主义国家的国内政治。外逃开始于东德的起义，很可能是由食物短缺引发的。紧跟其后的是西德为帮助反共产党游行而采取的军事干涉，然后苏联封锁西德军队，导致两个超级大国之间的对抗。赫鲁晓夫的观点——麦克洛伊对肯尼迪报告说——是阻止难民外流对美国和苏联同样重要。

四天后，北约外交部长，包括秘书长腊斯克在巴黎会晤。巧合的是，华沙条约——即北约的共产主义翻版——国家的总理们，正在莫斯科召开会议。美国在柏林问题上的立场当然被巴黎的《纽约先驱论坛报》泄露了出去，该报准确地报道了所谓肯尼迪的"三个基本点":盟国对西柏林的占领不改变;由西德至西柏林进出自由;西柏林人享有自由权。

肯尼迪演讲结束后,在关于柏林的激烈辩论中,双方真正的担忧浮出水面。苏联和东德都在寻求防止难民逃往西德的方法。美国及其盟国不希望自己进入西柏林然后是东柏林的合法权利有所改变。8月7日,苏联电视台公布了赫鲁晓夫的官方回应。他重申苏联已经下定决心与东德签署和平条约——给予东德政府对其边界控制的合法权利。"苏联与西方大国在占领期间签订的关于进入西柏林通道的协议将失效。"肯尼迪说这是美国绝不会容忍的一件事。但是之后,赫鲁晓夫两次指出了肯尼迪的软肋:"我想再次重申,虽然我们与德意志民主共和国(东德)签订和平条约,但并不试图侵犯西方国家的合法利益。禁止进入西柏林或封锁西柏林是完全不可能的。"

"没新意"是白宫的官方回应。但是次日《纽约时报》清楚地刊载了来自华盛顿的一条信息:"有官员说,如果赫鲁晓夫准备提供具体措施保证东德不会干预进入柏林的交通自由:这将消除当前军事冲突的危险。"

然后,在8月9日,美国驻西德大使沃尔特·道林以及美驻西柏林公使艾伦·莱特纳,在巴黎会议之后,向美国长官汇报了在欧洲其他地区的任务,莱特纳在笔记中写道:"对方可能会在占领区边界严密布控,阻止德国难民涌入东柏林,但是另一种选择就是从城市正中间进行边界控制……"

同一天,赫鲁晓夫又进行了直接的威胁。这次他想要威慑欧洲,试图使西方联盟崩溃,至少使其晃动。"如果阿登纳认为他能用战争手段统一德国并袭击我们,那么德国将不复存在,整个德国将被夷为平地,"他在莫斯科举行的第二个苏联宇航员戈尔曼·季托夫的迎接会上说。这是苏联科学史上的又一次胜利——三天前季托夫用25小时完成了绕地球轨道17圈。但是赫鲁晓夫不得不在演讲结束后亲自解决一个苏联普遍存在的技术问题。有人请他签名,递给他的苏联圆珠笔写不了字。"还是用我的吧,我的能写出来,"他说,"这是美国造"。

在8月10日,赫鲁晓夫把他的威胁范围扩大到了整个欧洲:"战争的法则是残酷的。数以亿计的人会死去……为了保卫我们的安全，我们不得不打击北约军事基地，不管它们位于何处，哪怕是位于橘子园里……不仅是意大利的橘子园，那些创造它的人们以及提升意大利文化艺术的人们，那些我们相信其天性善良的人们都可能会死去……我们知道在希腊有些目标直指苏联的军事基地。我们受到的战争威胁，甚至是来自像希腊、意大利、挪威、丹麦、比利时和荷兰一样的国家，更不用说法国、英国和西德了……如果帝国主义国家向我们宣战，他们就是在逼迫我们出于自卫给予毁灭性的回击……在未来热核战争中，一旦核弹开启，就无所谓前线和后方。"

同一天，在白宫的新闻发布会上，一个记者问道："总统先生，富布赖特参议员暗示边境可能会被封锁……你可否对该危险举动做出评价，另外你能不能告诉我们，对于鼓励或者阻碍东德难民向西迁移，政府有没有相关政策？"

"美国政府不会鼓励或者阻碍难民迁移，据我所知这样的计划不存在，"肯尼迪回答道。他忽略了前半部分关于关闭边境的问题。

肯尼迪似乎在等待的信号在新闻发布会之后到来了。在他已经准备好离开华盛顿前往海恩尼斯港度周末时，苏联宣布柏林的新一任军事指挥官由伊万·科涅夫元帅担任，他被称为"坦克"，是苏联二战期间的伟大英雄，征服了布拉格和德勒斯登。他年事已高，退休之后又复职了。他突然出现在四大占领国的军事指挥员会议上，使苏联看上去已经做好了作战准备。但是科涅夫的发言明确表示莫斯科已经收到了华盛顿的信号。

"我们听说您指挥了大量军事运输活动，"那天晚上在波茨坦招待会上，一位西方国家的将军说。

"先生，你可以放轻松。"科涅夫说，"在可预见的将来无论发生什么，你们的权利都不会受影响，不会有直接针对西柏林的事情发生。"

这正是华沙条约国在七天会议期间私下讨论的事情，这次会议于8月3日在莫斯科开始。听了东德领导人沃尔特·乌布利希的请求后，赫鲁晓夫已经秘密同意了一个已经酝酿了三年的东德"中国长城计划"，即在东西柏林之间 27 英里长的边界上设置障碍物。各国领导都同意了秘密决议书,上面写着:"华沙条约成员国政府要求德意志民主共和国实施……环绕西柏林整个领土的有效控制。"

但是,赫鲁晓夫说最初的障碍只能是带刺铁丝网,以此测试盟军的反应。"只能这么多,"赫鲁晓夫告诉乌布利希,"不能再多一毫米。"这意味着东德和苏联都不会采取行动试图接管西德,甚至都不会去干预妨碍西侧的生活。

同一周的一个上午,肯尼迪总统游完泳,和沃尔特·罗斯托一起沿着连接总统办公室和白宫生活区的柱廊散步。像往常一样,罗斯托在说着话,但是肯尼迪却没在听。他更像是在自言自语。

"这对赫鲁晓夫来说是难以忍受的,"肯尼迪说,"东德失血过多,濒临死亡。整个东部地区都处在危险之中。他一定会采取措施阻止这局面。也许是一堵墙。可我们他妈的什么也不能做。"

第十八章　1961年8月13日

8月13日，星期天，在海恩尼斯港的圣弗朗西斯泽维尔教堂，神父缩短了10点钟开始的弥撒时间。教堂里实在太热了，因此不到11点钟，肯尼迪总统和夫人就回到了庄园，换上便装，准备乘坐"马林"号做一次短途旅行。刚过正午，他们向大岛驶去，要和朋友们共进午餐。

"马林"号刚刚行驶15分钟，船上的美国特勤局特工便收到"警卫"的来电。"警卫"是肯尼迪的军事助理切斯特·克利夫顿准将的代号。克利夫顿当时正在海恩尼斯港总统房附近游泳，一名来自白宫临时通讯办公室（离帆船手酒店两英里远）的通讯兵陆军少校从沙滩上跑了过来，他身着全套军礼服，却径直走入海浪中。克利夫顿上岸后，撕开了棕色的信封，阅读这封来自华盛顿美国国务院行动中心的黄色电报。电报是腊斯克发来的：

> 为了阻止东德人去西柏林，东德政权于8月13日上午采取了
> 大范围安全防范措施，并于凌晨4点至5点之间大大加强了驻扎在

交界地带的国家警察（即东德警察，是辅助正规军的准军事警察）
的力量。铁丝网和其他障碍物竖立起来……东德陆军几乎进驻了
与东西边的区域分割线毗连街道上的所有房屋。许多挂有苏联牌
照的汽车在来回巡视。

驻守柏林的艾伦·莱特纳发来电报说，军队于凌晨2点30就开始行动。一
条将城市分隔开来、长度为27英里的扇形分界线沿线设置了铁丝网。对华盛
顿和海恩尼斯港来说，当时正是星期六的晚上9点30。东德人用了三个半小时
完成了这项工作，但直到超过12个小时后，消息才传到肯尼迪总统那里。

"我们怎么对这事一无所知？"马林号进港时，肯尼迪质问克利夫顿。

他很生气，但是将军却无法明白总统为何生气：到底是竖起来的障碍
物？还是觉得对柏林发生的一切描述不够详细？实际上，迪安·腊斯克是
在故意拖延时间，没有及时告知总统所发生的一切。因为他还不知道，该如
何应对来自海恩尼斯港那边提出的一连串问题。国务院和国防部的计划和消
息基于一种假设，即任何形式的墙或障碍物只是用来试图封锁西柏林。但是
共产党却封锁了东柏林，因为肯尼迪这几周来一直在反复强调美国的"进入
权"，这或多或少鼓励了共产党这样做。再加上向西逃走的难民越来越多，
赫鲁晓夫和东德主席沃尔特·乌布利希这几周来不得不采取这样的行动。而
苏联主席在华沙条约国峰会上曾反复强调，无论苏联人民和东德人民如何
做，都不会影响现有的盟军占领权。

肯尼迪沿着沙滩推着高尔夫球车回到他的房子里。一进屋，他就给腊斯
克打了个电话。首先问苏联军队是否驻扎在分界线附近。接着又问，边界警
卫是否有封锁进入东柏林入口的意图。"没有，"腊斯克答道，"没有看见任何
苏联人；这次行动很明显，本意就是在封锁东柏林到西柏林的入口。"然而，
地铁和轻轨依然在城市间穿行。但在最后几站，东德乘客必须下车进入东边
区域。在扇形边界沿线的80条街道上和交叉点处，如果有东德人试图开车或
步行穿越进入西柏林，都无一例外被强制带回。但盟军的官方进入权并未受

到任何影响。

"好吧，"总统说，他知道腊斯克一直计划着要去观看在格里菲思体育场举行的华盛顿议员队和纽约洋基队的棒球比赛。"去看球赛吧！我出海去了。"

在赶上他的夫人之前，肯尼迪已经批准了一个经过深思熟虑的非正式国务院公报："关于限制去柏林旅游的声明。"腊斯克签署了这份公报，随后把它送到了华盛顿的出版社。公报上写道："已有消息表明，到目前为止采取的措施只是针对东柏林和东德的居民，并非针对西柏林的盟军地位或盟军进入权……将通过合理的渠道坚决抗议违反现存协议的行为。"

这就是周日从海恩尼斯和华盛顿得到的消息。东德警察在边界属于他们的那一边，用风镐在水泥地上打洞，立起柱子，架设铁丝网。华沙条约组织发表了个声明强调："这些措施对连接西柏林和西德的通道交通和管控的有效条件不会造成影响。"

这仅仅是一个交通问题。总统并不想急匆匆赶回华盛顿，他所想的恰恰相反。他被拍到在楠塔基特海岛乘船巡游，似乎在这个世界上毫无忧虑之事。从中可明显看出，美国并不想因这一纸声明而在过境处打仗。

肯尼迪按照行程，于第二天上午10点30分回到华盛顿，让麦乔治·邦迪代表他出席上午由中央情报局罗伯特·艾默里主持召开的例行情况简报会。《纽约时报》周一版中——只有几千份最后印刷的周日版报道了封锁边界一事——在首页顶端的通栏标题下，有十几篇新闻报道将周日的事件描述为："苏联军队包围柏林，支持封锁边界；美国正在酝酿坚决抗议。"

邦迪到达白宫时，已"秘密地"为肯尼迪写好了关于类似事件的书面汇总。他总结了盟军和苏联就柏林长远形势进行谈判的可行性的讨论，之后转到被其称为"边界封锁插曲"的话题。这位国家安全顾问称这种报复行为没有任何意义，并在结尾说道："我偶然发现乔·艾尔索普和乔治·凯南就以下三个结论达成了一致意见：(1) 他们一直以来都有能力做这件事；(2) 他们迟早会这么做，除非他们能够控制西柏林至西方的出口；(3) 由于这件事注定会发生，不如让它早点发生，视为他们的行为和责任。"

总统写的第一个公务便条是给麦克纳马拉，内容简短，语气平和。"鉴于这周末柏林所发生的事情，若我们采取更加强硬的军事立场，会受到越来越大的压力……你对此做出判断后，这周若能与我讨论一下此事，我会十分感激。"

8月14日周一下午4:40，皮埃尔·塞林杰在新闻发布会中，首先宣布总统已经签署了HR845法案。该法案规定，国会荣誉勋章的获得者开始享有退伍兵养老金的年龄从65岁降至50岁。记者问了34个其他问题之后，才提及柏林，询问肯尼迪和赫鲁晓夫是否私下就边界封锁问题有过交流。塞林杰说："我不想对此发表评论。但是，他们没有；回答是否定的。"

"这是柏林危机的终结，"肯尼迪说，当时他和肯尼·奥唐奈镇定下来。"有一方感到恐慌，但不是我们这一方。现在我们什么都不会做，因为除了战争，我们没有其他选择。所有的一切都结束了，他们不会再来侵占柏林了。"

的确如此。但是正如四个月前在古巴时，有人曾使总统确信，一场反卡斯特罗暴动正在酝酿。而这次，他又错误估计了西柏林人的反应。他从未考虑过在那里生活之人的反应。不管从哪一方面来看，柏林人都处于水深火热之中。他简短的便条强调了法律，却没能考虑到人民的痛苦。当西柏林市长威利·勃兰特告诉聚集在市政厅的拥挤人群，驻守柏林的盟军指挥官已经向障碍物另一边的苏联指挥官发了一封抗议信。群众顿时嘘声一片，嘲笑不断。

邦迪主持了周一的大部分新闻发布会，这是些不公开的会议，在行话里叫"闭门会议"。他同《华盛顿邮报》的默里·马德见面。马德写于8月15日周二的《华盛顿邮报》头版消息标题如下："赤色分子在柏林加紧封锁；美国官员在共产党的重压下让战争风险最小化。"

同一天的《纽约时报》头版没有引用邦迪的话，但马克斯·弗兰克尔引用了白宫的说辞：

资深政府消息人士将当日的发现总结如下：

……唯有西方的极端措施能够与共产党的行为相抗衡。这些措施有可能导致战争，但只要西方有持久进入西柏林的权利，战争便毫无正当可言。东德反对共产主义统治的市民人数不会骤减。总而言之，这并非坏事。难民持续逃离，使得东德局势更加不稳定，陷入危险……所以，当美国不支持在德国和欧洲的中心建立固定的路障时，便会意识到这种情形仅仅是过去十年中，自己所愿意接受情形的一种发展。

艾伦·杜勒斯也在这一天来到白宫，向总统报告西柏林市民的反应。他的笔记记录了部分讨论内容：

"恐惧突如其来……西柏林的民心顿时低落，这是因为他们看见，在出口处以及扇形边界又出现了坦克和铁丝网……西方人没有及时采取行动，因此对西方人尤其是美国人的怨恨弥漫于盟军阵营中……"

总统从驻波恩的道林大使那里也得了到同样的消息："柏林爆发了一场信任危机。客观上来说，西德和西柏林对封锁柏林边界一事的反应过于敏感，与实际情况的严重程度不成比例。的确如此，然而我们必须予以认真对待……我建议总统以个人名义写封信给柏林人，在信中告诉他们，自己对此事一直忧心忡忡，并且将采取一切合理、和平的方式来恢复统一的柏林。"

但一个新型的柏林避难群体突然出现了：成百上千的西柏林人每天都在逃离，他们担心美国人会把他们抛弃在铁幕和柏林新架设的路障之间。封锁边界时，美国新闻署署长爱德华·R.默罗正在西柏林。在美国未采取任何行动48小时后，他给白宫发了一封电报："危险真正来临了。柏林人最终会认为，他们应该将自己、银行账户以及可动资产转移到其他地方。然而在这里，最有可能被摧毁、最易消亡的是希望。"

8月15日的星期二晚上，默罗曾任职的广播公司，即哥伦比亚广播公司，给美国人放映了一部有关东德人架设铁丝网的电影。星期天凌晨，正当东德的国家警察开始架设铁丝网时，哥伦比亚广播公司的记者丹尼尔·肖尔和生产商埃夫·韦斯廷正在西柏林和东柏林边界附近的咖啡馆里。他们匆匆将拍摄好的影片放进了公司橘色的袋子里，送到了斯切坡尔机场。不到 72 个小时，电影就在美国直播了。

但到那时，铁丝网大部分已经被拆掉了，取而代之的是三英尺高、由混凝土浇筑的墙。"墙"这个字眼第一次出现了。在柏林，民众的愤怒变成了沮丧。星期三，在市政厅前，勃兰特市长告诉 30 万集会的柏林群众，他已经给肯尼迪发了一封私人信件，要求用实际行动代替文字。"肯尼迪：你不能用文字阻止坦克。"一张标语在勃兰特后面挥舞着。

"西德的生活遭到了重创，而东德政府的非法主权得到了承认。"勃兰特发给白宫的电报上写道，"不行动的话，会给西方力量造成信任危机……东边军事布置的威胁与日俱增……我们可能要从柏林起飞，而不再是飞到西柏林去……可能还会有进一步的行动，到时候西柏林就会变成一个贫民窟。"

"看看这个！他以为他是谁！"肯尼迪怒斥道。他把这个当作是由勃兰特自掏腰包主持的廉价竞选演讲。西德议会选举定于 9 月 17 日。勃兰特是社会民主党总理的候选人，而他的对手则是基督教民主的阿登纳。

"你错了，这不是个竞选花招。"玛格丽特·希金斯说。她是周五吃午饭时间过来的。此次并非以一个记者的身份前来，而是作为一个自我任命的、联络广泛的、柏林行动拥护者前来的。邦迪用"纵火犯"称呼她，因为他觉得她完全会在兴头上，将一座城市夷为平地—— 一篇好报道就有了！但是总统对她的评价更高一些，还把勃兰特的信给她看了。"他说的对，"她说："在柏林，关于您要出卖西柏林人的怀疑越来越多。"

"好吧，我要告诉你一个好消息，"总统说，"我要派克莱将军去柏林，副总统也将一同前往。"

其实希金斯已经知道了。前晚肯尼迪给卢修斯·克莱打电话时，她正跟他一起吃晚饭。这位将军是西柏林人心目中的英雄。1948 年的柏林空运事件中，他是驻欧美国军队指挥官。在餐桌旁就餐的另外两人是副总统约翰逊和白宫发言人萨姆·雷伯恩。

约翰逊并不想去，就像他当初不想去越南一样。"为什么是我？"当他得知总统要派他去时，他问道，"到时子弹横飞，而我将身处其中。"雷伯恩为振奋其门生的勇气，警告他别再对总统说出类似的话。

那天下午晚些时候，总统把副总统和克莱将军召了过去。总统立即回复了克莱的建议，命令机动化陆军战斗群在高速公路上行进，这条高速公路从西德的赫尔姆斯泰到西柏林，中间穿过东德境内110英里。他想以此向西柏林人展示美国人的决心，同时也告诉苏联人，通往这座城市的道路依旧是美国人的底线。如果一切按计划顺利进行，约翰逊和克莱将会在那里迎接第一批美国部队。这个行动可能会像1944年巴黎解放时的情形一样。那晚的9点之前，约翰逊和克莱还在空军的喷气式飞机上，第18步兵团第一战斗群已经整装完毕，准备进军柏林。

副总统和业已退休的将军是一组奇怪的组合，领导着一帮奇怪的人马。约翰逊的身边有两个打扮花哨的秘书，没人会相信她们是在那里打字的。真正的打字员和国务院以及白宫的人坐在飞机后舱，写下约翰逊即将对柏林人发表的激励话语。克莱是一个保守的共和党人，也是大陆罐头公司的总裁。当时，他正和国务院的奇普·波伦聊着以往岁月。但他俩都避免谈到一件事：1948那一年，波伦建议把柏林让给苏联人，而克莱却坚持不间断地空投食物和生活必需品，以维持200万人的生活，最终打破了苏联人的封锁。

在铁丝网拉起来后的周六，也就是8月19日，约翰逊和克莱出现在西柏林，全民欢庆。似乎220万西柏林人都涌上了街头。数千人唱道："敬爱的克莱，敬爱的克莱，敬爱的克莱是英雄！"约翰逊的演讲由沃尔特·罗斯托撰写，并由肯尼迪亲自校对，在这些话被翻译成德文之前，人们就对之报以热烈的欢呼。"我们美国人曾为这座城市的生存和它富于创造性的未来做出过保证，实际上正如我们祖先在建国之初所保证的那样，是为了'我们的生活、我们的财富以及我们荣誉"。

第二天早上，约翰逊不光是说话，他把自己的人也贡献出来了。他在西柏林的街道上或开车，或步行。处处人潮涌动，欢呼阵阵。他还给人群送出上面有他签名的一包包圆珠笔。这个之前不愿意去柏林的男人不时被拥进人群中。他的保镖们慌乱不安，约翰逊倒是自得其乐。

圆珠笔发完了之后，他拿出一袋一袋美国参议院旁听席通行证，轻轻掷给欢呼的柏林人。他是参议院主席，那上面印着他的签名。他把波伦赶出了道林大使家的卧室，安插进自己的一个秘书。把肯尼迪写的一个便条递给勃兰特市长，上面写道："让他弄明白，未来的几个月里，避免双方互相指责，极其重要。"约翰逊说的再明白不过了，接着他便向满怀歉意的威利·勃兰特一件接一件地安排差事，嘴里念叨着："两天前，是你在市政大厅前说，你需要的是行动而不是只言片语吧？噢，该死！我也是这么想的。"

首先，约翰逊需要有人给他一套老柏林公司的瓷器，那些东西曾经是给腓特烈大帝进献的贡品。勃兰特说已将它们收起来了。约翰逊说他需要的是动手："把它们打开。""你哪来的时髦鞋子？"那天晚些时候他问勃兰特，"我要双一模一样的。"勃兰特辩解说，那天是周日，商店都不营业。约翰逊开始念叨："当时是谁在市政广场前叫嚣来着……"

瓷器和两双鞋随后被送往得克萨斯州约翰逊城的约翰逊农场。

西边的 110 英里外的赫尔姆斯泰，这一天真正开始行动了。西方部队到柏林通道的测试始于早上 6 点 30 分。美国军队第 18 步兵团第一战斗群的卡车驶过边界。不久在马林伯恩的苏联检查站点，他们被一个名叫别列夫的红军上尉拦了下来，上尉表情十分紧张。

实际上，5,000 里外的肯尼迪总统此时正在监听着美国军队和苏联官员之间令人紧张的对话。白宫内，肯尼迪的军事助手克利夫顿将军正端坐于无线电话系统的一端，这个通话系统是由通信兵临时设置的。系统的另一端是车队领队小格罗弗·S.约翰斯上校。无线连接从约翰斯转到西德的区域军队总部，然后转到身在华盛顿的克利夫顿，他从周六后半夜到周日下午一直戴着耳机监听着。在 14 个小时里，每 15 分钟克利夫顿致电总统一次，对行动进行总结。

"负责柏林事务的新任业务官，"国务院里人们这么称呼总统，语气中不无调侃意味。总统审查了约翰斯的服务记录，以及后者因在二战的英勇表现获得三枚银星勋章的嘉奖令后，亲自同意约翰斯上校深入柏林探查。"现在对肯尼迪说话就像是在对雕像说话，"肯尼迪的内阁秘书弗雷德·达顿说道。但是总统却对自己人说，如果要有一场战争，发动的人非他莫属，而不是那些高速公路上某些好战的军官。肯尼迪作为总指挥，本意好像是命令约翰斯上校尽一切可能进军柏林，但是战斗群的弹药还在卡车上的箱子里密封着。

参谋长联席会议交给总统的报告是这样说的：

通知苏联人，由大约350辆车和1,600人的车队将于早上6点半抵达马林伯恩的检查站。这些户外队分为六批通行。第一批到达马里恩不久后，载着马林伯恩苏联检查站参谋长的苏联巡查车也出现在检查站。尽管苏联官员表面上对此严肃谨慎，但是他们还是准备让车队通行。

别列夫上尉说他无法清点卡车里的人，命令所有人下车，并在车前站成一排。他有条不紊地记下车辆编号、车的型号及每辆车里边的人员数量，然后用一个老式算盘合计数目。早上7点45分，第一批被放行。早上10点，第二批也通过了检查站。

与此同时，也可以看到大批东德警察走上高速公路……他们要么在每座桥梁、每个十字路口和每个停车场站岗放哨，要么开着公务车在另一端来回奔忙……东德警察没有以任何方式去干扰美国车队。

在巴贝斯堡检查站，苏联放行第一批和第二批的速度跟之前差不多。第一批用了一个多小时，于中午12点38分通过，而第二批用了半小时，于下午1点45分通过。苏联人拦下了第三批，宣称这批车队超过规定要求，多出了两个人和一辆车。车队跟苏方人员解释说这两人的车由于在路上抛锚了，第三批才让其搭乘的。苏联人以此为借口扣留了车队……来自美国柏林指挥官的信息说，如果 15 分钟内苏方不放行车队，最大的重型车将奉命穿过关卡，径直向柏林进发而不接受通关检查。

苏联上校变得紧张不安，于是放行了第三批。随后第四批也于晚上 7 点 13 通过了苏联检查站……然后是第五批。苏联上尉佩佐夫爬上了一辆车的后挡板，想要检查里面装的是什么。当班的美国宪兵立刻让他下来。上尉便用威胁口气叫车队退到一条匝道上，那样他就可以检查车里。中校的行为引起不小的骚乱。有人告诉管事的苏联上校，美国宪兵司令禁止他们查看车内，也不会让车队沿原路返回……最终，第五批于晚上 7 点 49 分通过。这些行动表明，苏联人奉命尽量拖延美国部队进入柏林的时间，可能是为了阻止其参加这座城市的群众游行，接受他们的欢迎。第六批于晚上 8 点 10 分通过。

下一条信息来自美国驻柏林公使艾伦·莱特纳："副总统已经接见了奉命开进柏林的第一批美国战斗群……指挥官说唯一能与之相比的欢迎'是当我们解放了法国'。"

"请告诉总统，"莱特纳说，"我认为副总统造访柏林，对于重振柏林人的士气，驱散弥漫于这周早期的绝望阴霾，功劳巨大。简而言之，自封锁解除之后，这是柏林历史上最重要的事件。"

一周后，在一个新闻发布会上，肯尼迪被问及前副总统尼克松关于增援西柏林驻军是个"无用之举"的言论——而事实上在二战结束之时，苏联违背了四方协定，将东柏林变成了东德的一部分。

"我很清楚，从战略眼光来看，如果遭受苏联的直接攻击，柏林很难防守，"总统回答道。"我们期望这样做，能阻止苏联的直接攻击，使苏方意识到我们想维护自己在西柏林的地位，而为数不多的美国部队只是我们战略意图的一种表现。"

一切尘埃落定。沃尔特·李普曼在一个专栏里写道："西方列强被搞得措手不及……总统的顾问们对1948年的斯大林封锁记得太死，这阻碍了他们做战争之外的充分准备以应付赫鲁晓夫所利用的这种难对付的措施。"

在白宫招待苏丹总统的宴会上，总统把这位专栏作家叫到贵宾桌，对他说："你错了，沃尔特！"

第十九章　1961 年 8 月 30 日

　　8月21日，约翰逊副总统和克莱从西柏林返回，随后约翰逊立即向肯尼迪总统汇报情况。他告知肯尼迪总统，西德的领导人和公众认为，柏林危机实质上是美苏对抗。约翰逊在长篇书面报告的最后一段中写道："在访问亚洲、非洲和德国后，我总结出的最重要的结论就是，'自由世界'各国对于美国有着空前的依赖感……我们肩负重任，这在人类历史上前所未有。"

　　总统本人也得出了同样的结论。仅在美国总统恳求英国首相麦克米伦提供象征性援助后，英国就同意派遣三辆装甲车和少数士兵随美军陆军战斗群一起沿着高速公路从赫尔姆斯泰直奔柏林。法国拒绝派出一兵一卒。这次，是赫鲁晓夫做出让步。但是，现在，肯尼迪将这次的经验视为严酷现实的佐证，现实就是："西方世界"是美利坚合众国的委婉表达。北大西洋公约组织有序进行所有的工作，有开不完的会议和做不完的备忘录，西方世界的责任就是美国的责任。

　　"我想在柏林谈判中发挥更强大的领导力，"当东德人将围墙越筑越高的时候，肯尼迪对腊斯克说道。"我不再认为，仅四方会谈可以实现令人满意的进程。我认为，我们应当迅速推进美国的强有力地位……并且，需要明确表示，我们不接受任何一方的反对。"

"我读了塞浦路斯的报告，"在约翰逊归国那天，根据晨阅备忘录的记载，总统告诉邦迪。"对我来说似乎是这样，假如情形像我们听说到的那么令人绝望，那么我们不能继续依赖于我们原有的政策，不能寄希望于他国势力来担当西方世界的主要责任。"

"我想在某些这样的斗争中置身事外，但是恐怕我们无缘享受这种奢侈，"随后，他把话锋转向了位于新几内亚西半岛的西伊里安，在那里，印度尼西亚正和来自荷兰的老殖民者进行着一场小规模战争——而荷兰人希望美国人站在他们这一边。

"'过度承担义务'听起来相当吸引人，"上楼吃晚餐前，肯尼迪喜欢以召开高层漫谈结束一天的工作，有一次他对索伦森说道。"但是我们该如何从韩国和越南撤出呢？我不知道哪些才是无足轻重的地区。我不明白我们怎么才可以从韩国、土耳其、伊朗和巴基斯坦撤出。"

越南并不是清单上最重要的地区，但是现在，在这个柏林不满情绪高涨的夏天，他不得不聚焦东南亚以跟进该地区事态的发展。肯尼迪总统已经下达了一个又一个关于研究南越的指令，尽力寻找途径，帮助或者说服吴庭艳总统用美国提供的方式保住南越。

6月中旬，肯尼迪总统派出了一个以斯坦福研究院院长尤金·斯特利博士带领的经济使团。斯特利和十几个美国政府派遣的工作人员肩负着评估吴庭艳政府经济规划的任务。结果他们带回来一个军事开支计划，那就是"现在，当务之急是要将安全需求列为第一要务"——支持吴庭艳的请求，即向美国请求资助越南军队新增10万人，将军队实力增强到27万。7月，由负责远东地区事务的副助理国务卿约翰·斯蒂夫斯所领导的一支东南亚临时特遣部队已为总统准备好了一份工作文件。该份文件建议，实施秘密行动破坏从北越到南越输送战争物资的补给线。如不奏效，斯蒂夫斯小组认为，该行动也将警示北越人，美国的下一步计划将对北越进行军事报复。

7月28日，总统会见了腊斯克、邦迪、泰勒、罗斯托和东南亚特遣部队的成员们，以考量泰勒和罗斯托的建议，即总统必须在三项主要策略中做出抉择。这三项策略分别是：（1）尽可能体面地摆脱该地区事务；（2）尽快找出便利的政治托辞，并借助美国的军事力量，打击河内的区域进攻力量；（3）在当地，我们要尽可能广泛地建立本土的军事、政治、经济势力，以控制河内的攻势，同时，做好动用美国军事力量干预的准备，以防中共介入或者是情况失控。

在那次会议上，美国副国务卿帮办，U·亚历克西斯·约翰逊向总统汇报，另一个缓解南越地区压力的途径就是入侵并占领老挝的南部，切断胡志明小道。大部分时间总统只是听取意见。但他几乎从不在会议上宣布决策，这也就是为什么几乎每个与会人员离开时都以为得到了总统认同的原因。

8月11日，肯尼迪表示赞同斯特利的大部分提议，但是，最终同意为3万新部队的装备和训练费用买单，将南越共和国军建成一支拥有20万人规模的部队，而不是吴庭艳所要求的27万。

随后，8月29日，就东南亚问题，白宫再次召开长时间的会议，会上，总统授权美国中情局，在其于越南高原地区秘密组建的9,000人规模的军队中，再增加2,000多苗族人。在越南，这支部落军队的存在不是秘密，当然，在美国国内还是秘密。同时，肯尼迪将老挝地区美军军事教练的人数增加到了500人，把他们的服役级别定为与皇家军队连队的级别一样低。他还批准应用无标记的美国空军飞机以及菲律宾空军飞机在该国南部实施空中侦察的计划。之后，总统向麦克纳马拉和莱姆尼策询问，如果他决定派遣美军部队进入老挝南部，以堵截通往南越的胡志明小道的话，下一步具体该怎么样做。

根据目前的应急计划，莱姆尼策说，首次兵力应该在13,000人，可是，若北越也派遣部队作为回击的话，作战人员将会迅速增长。泰勒打断道："在没有发动总动员的情况下，就新增六个师前往德国，并且做出类似的事情，我们怎么能够这么做，这令我难以置信。"

两天后，8月31日，肯尼迪给麦克纳马拉下发了一个通知，内容是美国可能需要更多的军人，这比肯尼迪在三场军队集结的讲演中所预计的人数要多。并且，这是肯尼迪第一次说他可能不得不向越南派遣战斗部队："我希望你根据近几周发生的事件，就我军军事力量扩充方面，提交你对军事形势的分析及建议。"

肯尼迪似乎更愿意把自己看作是总司令。他不信任美国的旧盟友——英国和法国，同样也不信任本国的一些有分量的军界人物。他渐渐总结出了美国新的军事结构和军事形势。其中一条结论很独特，或许只有他的主要对手——苏联第一书记才认同：在敌军也可以用核武器反击的情况下，任何一个总统（或总理），都不可能真正使用核武器，就如同美国与苏联那样。核弹和导弹都不是可使用武器。它们只是对袭击起巨大的威慑作用。还有，尽管戴高乐总统对此抱有怀疑，可是美国导弹的存在，基本上意味着苏联任何一个领导人均不敢使用核武器对付西欧。肯尼迪当时知道美国由于核导弹科技的领先占尽优势。可是，那无关紧要。从维也纳回来后，他总结说，在所有切实可行的目标中，没有核武器优势这一说。遥遥领先或旗鼓相当甚至远远落后，都没什么差别。

在柏林的那个漫长夏天，肯尼迪的两位高级将领，勒梅和莱姆尼策跟他说他们想获得核武器使用权，以保卫柏林，或是稳定东南亚的局势。只要是关于这两个话题的会议，肯尼迪就会中途离场。

"这些人疯了，"他有回这么说道，一边把手甩向空中。回头看着满是将军和上将内阁会议室，没有特定朝着某人，说道："我跟你们说过，让他们离我远点。"

从肯尼迪当海军中尉到他升为总司令，一直免不了抱怨将领们的缺点。事实上，正因为他是他们的指挥官，才使得他低估了在他指挥下的许多高级将领。直到在他下令派遣部队经高速公路进入柏林后，他才发现，部队并非如向他报告的那样，位于西德与东德的边界，而是在距离出发地——赫尔姆斯泰48小时的地方。

军队和飞机以及船只似乎从来都没有出现在应该出现的地方，或者说，没有出现在将领们所说的那些地方。当他把目光转向东南亚，重视新的军事和准军事能力，以对付民族解放战争时，《丑陋的美国人》依然是他的指导手册。涉及到核武器，肯尼迪想要的不仅仅是宪法所赋予的总司令头衔。在铁丝网包围在柏林边境后的第四天，他就下令马克斯韦尔·泰勒准备一份名为"柏林应急计划指南"的简短、直接的报告。泰勒最后一句话写道："应告知指挥官，制订应对这七种情况的计划时，要包含以下指挥安排，那就是在涉及核武器使用问题时，所有决定都要由总统来做。"

肯尼迪在8月30日的新闻发布会上宣布，卢修斯·克莱同意作为肯尼迪的个人代表重返西柏林。克莱的职衔应该是大使，但是所有了解克莱和他的风格的人都认为他会表现得像个地方总督一样，设法控制民事和军事事务。这并非简单的任命。克莱不仅是共和党人，还是艾森豪威尔的朋友和主要募资人。他习惯了下命令，而不是接受命令。邦迪提醒总统，说他最终可能会在和自己手下的争斗中，败下阵来，正如杜鲁门总统所经历的那样：1951年，道格拉斯·麦克阿瑟身为朝鲜战场的盟军总指挥，却因为不服从命令，最后被杜鲁门总统罢免。不过，这是纯粹的肯尼迪式的任命，是避免共和党非难的另一道防线。并且，他认为克莱可以在柏林有所作为。

在克莱接受任命前，他提出了一个条件：任何情况下，他都绝不与罗伯特·肯尼迪交涉。

"我理解，"肯尼迪笑着说道。

那天回到白宫时，总统与他弟弟罗伯特·肯尼迪在一起，手里拿着一份美联社公告。

"他妈的，又来了，"总统对身为司法部长的弟弟说。赫鲁晓夫书记刚刚宣布，苏联要重新进行热核武器大气试验。氢弹。

"我想离开，"罗伯特·肯尼迪说。

"离开哪？"

"离开地球。"

"那群杂种。该死的骗子，"约翰·肯尼迪当天晚些时候，又这样骂到，因为他接到了一份中央情报局电传过来的黄色警戒报告，内容称，地震迹象表明了西伯利亚上空发生了热核爆炸。

还有令人惊讶的呢，大概是这样的：仅仅在两天前，美国军事情报机关截获了苏联本土在西伯利亚的无线电广播，广播提醒飞机在8月30日远离目标区域，通常这象征着试验即将进行。邦迪最得力的国家安全顾问卡尔·凯森，以及总统的科学顾问杰尔姆·威斯纳，报告总统这一消息，说苏联的试验将会是美国很好的一次宣传机会。

"你们是谁？反战分子吗？"肯尼迪说。"他们踢了我的蛋，难道我该说没事？"

很明显，早在赫鲁晓夫在维也纳会议上告诉肯尼迪说，苏联不会第一个重新开始核试验前，苏联就已经开始准备核试验了，而在过去的三年中，两大强国已经达成了非正式的暂停试验的共识。要准备这样一个试验远远不止85天。

肯尼迪冷静下来后说道，或许赫鲁晓夫没有撒谎，或许他只是抵抗不了或者控制不住来自他的将领和科学家们的压力，他们都要求再次开始试验。"强硬派"是双方都使用的一个术语，用来形容那样一种人，他们认为拥有更多的核弹是抵抗彼此的唯一正确出路。肯尼迪对这些全都了解。美国军方和一些科学家急切要求进行新的试验。而且，事实上，总统已经悄悄下令准备重新开始试验，以准备好应对此刻的政治局势。

肯尼迪在一封长信中，与哈罗德·麦克米伦分享了一些他对试验的看法，信中他还感谢了这位英国首相，感谢他在自己7月底发表柏林演说后，公开表示对自己的支持。信的主题可谓"绝密"，谈的不是柏林，而是核试验。"我们所担心的是，没有一个监控系统，我们不能确定苏联没有进行试验，而如果他们在进行试验的话，他们会了解到重要的内容，"肯尼迪写到。

"我始终非常不情愿下决心重新开始试验……我认为我们应该在日内瓦再做一次努力……我不大指望可能到年初以后再过很久才进行试验。一旦苏联重新开始大气试验，我们才会真的重新试验，那将会是秘密进行的。"

"可以告诉我你对这些是怎么看的吗？"肯尼迪客气地询问麦克米伦。有一件事，他没有告诉麦克米伦首相，那就是，他从维也纳回来的第一件事，就是命令国防部和原子能委员会准备重新开始核试验，这过程通常需要六个月。他下令收回有关这一决定的文件，这样他就有选择权说，他宣布决定开始准备试验的时间要比实际决定的时间要晚。

"今天上午，总统会见了国家安全委员会成员以及国会领袖……"针对苏联 8 月 30 日的核试验，白宫正式做出的官方回应这样开始。"苏联的行为从根本上说是某种核讹诈计划，蓄意在当前的国际形势下，以恐怖手段代替理性。"

肯尼迪致电原子能委员会的主席格伦·西博格，询问美国要多久才能安排一次试验。"一周或两周，总统先生，"西博格答道——如果不花时间在内华达试验基地安装诊断装置的话。为政治目的进行的核爆炸准备的时间比较短。

那个周末，肯尼迪邀请《纽约时报》的詹姆斯·赖斯顿到海恩尼斯港做访谈，访谈完后，他们沿着海滩散步，进行了非正式的交谈。赖斯顿问肯尼迪对于未来的愿景，他想要构建怎样一个世界。肯尼迪注视了赖斯顿很长时间，看起来有些悲哀。"我还没时间考虑这个问题，"他答道。

第二十章 1961 年 9 月 5 日

"鉴于苏联政府不断的核试验，我今天颁布了恢复在实验室和地下进行无放射尘埃核试验的命令，"就在苏联进行第一次核试验六天之后，肯尼迪总统于1961年9月5日宣布。"现在，我们不得不采取谨慎而必要的措施。"

直到1962年上半年，甚至到1963年，无论从科技上还是军事上，美国都找不到进行核试验的理由。国家安全委员会在苏联第一次核试验三周前，就已向总统汇报了这一点。但现在有了政治理由。苏联在向西伯利亚上空发射了第一颗15万吨当量的氢弹之后，在随后的六天里，又引爆了两颗氢弹。

肯尼迪的幕僚们，包括美国驻联合国代表阿德莱·史蒂文森，都在试图劝说肯尼迪停止和苏联的核试验竞赛。他们认为，如果现在不参与核试验，美国就可以赢得世界范围内的舆论优势。但是，总统现在面临着来自各界的更大压力，从参谋长联席会议到国会，再到原子能委员会以及美国人民，都要求他恢复核试验。根据盖洛普民意调查，超过三分之二的美国人甚至在苏联违反两国自1958年以来一直遵守着的暂停核试验协议之前，就支持国家进行新的核试验。就个人而言，肯尼迪并不愿恢复核试验。在与科学家的会面中，比起百万吨当量级的炸弹，他更关注辐射性尘埃的问题。

"如果核试验以 1958 年的速度继续，如今的我们会是什么样子？"他问原子能委员会生物与医学部主任查尔斯·邓纳姆。

"文明世界早已一片混乱。"博士答道。

"辐射尘埃是怎样降落到地面上的？"肯尼迪问他的科技顾问杰尔姆·威斯纳。

"云状的尘埃受到雨水的冲刷，进而降落到了地面上。"威斯纳答道。

肯尼迪透过一扇扇法式门朝雨中的花园望去，问道："你的意思是，外边的雨里就有尘埃吗？"

"是的，"威斯纳说。他有些尴尬地站在旁边，等待着总统继续提问。但是肯尼迪好久都没有出声。

在肯尼迪看来，不是辐射尘埃、舆论优势抑或技术水平的问题。也绝不是他个人感情的问题。而是他认为，他决不能示弱。他也明白，史蒂文森不赞成核试验，所以这也是为什么由他，而不是史蒂文森向白宫提出请求的原因之一。

"该死，我没有选择，"他对史蒂文森说，"他们已经不止一次拿我们当傻瓜了，我们必须这么做。"

"但是现在的舆论宣传对我们是有利的……"史蒂文森回答道。

"那又怎么样？"肯尼迪说，"我没听说因为苏联的决议就有人砸窗的。中立国也表现得差极了……这一切都让赫鲁晓夫看起来十分强势。他取得了一连串表面上的胜利——太空、古巴、柏林八一三事件等，虽然我并不觉得那是属于苏联的胜利。他想让人们觉得他耍得我们团团转……我已经做出了决定，虽然未必是正确的，谁知道呢，但这是我们必须做出的决定。"

两个中立国的元首于 9 月 12 日访问了华盛顿：反复无常的矮个子印尼总统苏加诺，和身高近 7 英尺高的马里总统凯塔。他们此行是为了把刚刚在南斯拉夫贝尔格莱德召开的不结盟国家会议的结果告知肯尼迪。像以往一样，中立国总是在美国身上发现比苏联更多的问题。以往，美国人会咬紧牙关，不动声色地保持微笑。但是这回，肯尼迪对他们没了耐心。因为他们谴责了美国还没有开始的地下核试验，却或多或少的忽略了苏联对大气层进行的几天一次的爆炸。

苏加诺和凯塔对肯尼迪说了他们的想法。

"你们说完了吗？"肯尼迪问道，"听我说，我，代表美国的所有公民，虽然不喜欢你们的腔调，但百分之百同意会议的宗旨……我支持你们的观点。但是现在你们有一个更难的任务——去把这些观点推销给莫斯科的赫鲁晓夫主席。还有什么要说的吗？"

三天之后，9月15日，白宫发表了一个声明："肯尼迪总统宣布，美国于华盛顿时间下午一点，在内华达州试验场进行了一次地下核武器试验……"试验对象是美国战略储备中的一颗6千吨当量的炸弹，是一次验收试验。整个试验无需仪表测量数据，唯一需要做的，就是测验这个装置是否可以引爆。引爆的确成功了，但也只不过是一个响亮的政治宣言。

这一事实同样部分适用于苏联的核试验。美国国务院的情报局递交给白宫的报告称：

> 苏联拥有雄厚的军事科技实力来对其更新的武器进行试验——研发出屈服比不变而重量更轻的弹头，研制反导弹导弹，以及公开引爆"超级炸弹"。然而，看起来苏联选择在此时进行试验的主要原因，是为了服务于其针对柏林的政治目标……否则，莫斯科就会选择等到美国恢复地下核试验再进行核试验（苏联有足够的理由相信我国离这一步并不太远），从而让美国承担政治上的过错。

苏联表现得并不软弱。"导弹差距"的游戏即将结束。赫鲁晓夫在虚张声势：他利用苏联航天科学家英雄般的成就以及当年肯尼迪作为总统候选人的野心，来说服大多数国家相信，苏联的武器、科技和生产力，都可以与美国相提并论，甚至做得更好。1960年8月，实验进入了最后阶段，美国在经历了12次秘密实验的失败后，终于成功将它的第一颗间谍卫星送入轨道，也就是中央情报局的"日冕"。公众被告知送入太空的是一颗叫做"发现者13号"的气象卫星。1月份，就在肯尼迪总统宣誓就职的时候，日冕开始源源不断地发来在俄罗斯上空拍摄的照片。间谍卫星的相机主要被设计用于关注苏联公开的导弹安装——因为赫鲁晓夫已经吹嘘了好几年。但是卫星拍摄到的，除了农田和荒野，什么也没有。没有导弹，没有发射井，也没有工厂。

到1961年夏末，一颗新卫星投入了使用，它的公开名字叫做"发现者29号"，可以穿过云层拍摄到地面的情况。从新拍的影像中，中情局和麦克纳马拉，还有吉尔帕特里克得出结论，苏联只有些早期的洲际弹道导弹，也许只有4枚一百吨当量的SS-6型导弹，比美国最大的火箭，阿特拉斯还要重出两倍。他们也了解到，苏联在存放武器方面，一直警惕性不高。核弹头并没有放在运载装置上，给每一辆运载装置加满液体燃料需要三个小时。而且这些设备都被存放在西伯利亚一个叫做普利茨克的试验场。

除这些导弹外，苏联还有200架可以携带核武器的轰炸机，但是他们击中美国境内目标的可能性比较小。苏联还有78枚潜艇载导弹，但需要在潜艇到达距美国海岸150英里的范围以内，才有机会攻击到美国的海岸城市。这些潜艇很少出海，而是一直停泊在苏联安全的军港里。

当然，这些肯尼迪都知道。美国拥有185枚洲际弹道导弹，在潜艇上装有超过3,400枚核弹头，轰炸机有能力深入苏联进行攻击，其核优势大大超过苏联。但他也清楚，没有人能保证苏联就一定无法打击美国，即便是美国先发动了攻击。

美国要做的事就是，要让赫鲁晓夫明白，肯尼迪已经知道了，苏联的领导人一直在吹牛。他让麦克纳马拉邀请五角大楼通讯记者，安排了另一轮非正式会谈，以正视听。这次，麦克纳马拉非常乐意让人们知道，在导弹竞争上，是美国占据了优势。他的想法是要改变美国防守论的报告，强调美国军事的"新优势"。麦克纳马拉告诉记者："任何时间、任何地点、任何方式下，我们的发射方式和核能力，都比他们的好。"

也是在那个时候，1961年9月13日，在当政8个月后，肯尼迪终于有时间坐下来，参与一场持续了两个小时的短会，讨论美国最严守的秘密——核战争计划。官方称之为SIOP–62——1962财政年的统一综合行动计划。军队并未主动贡献出他们自己的情报信息和计划，因为他们怀疑总统可能会做出改变。总统不知道也就无法对军队造成影响，那些理由充分的将军和司令们，就是这样看着历任总统更迭的。肯尼迪知道SIOP的总纲，邦迪将其描述为"一个可以打击一切共产主义的，庞大的综合性战略清洗攻击。"一旦总统同意按下核按钮，他的权利就同时移交到了军队手里。一旦总司令打开牢笼，命令的链条就像一条活过来的巨大而致命的毒蛇。

参谋长联席会议主席莱姆尼策将军架起了图板，亲自对上面38个活动挂图上的目标和部署地图做了介绍。图上有3,729个目标，按照计划，1,060个炸弹或弹头就可以将其摧毁。一直以来，他们告诉总统，有1,530颗导弹和炸弹处于全面戒备状态，这就意味着这些导弹和炸弹能在总统命令下达后的15分钟内发射。其他1,737件武器处于"非戒备"状态，但也能在命令下达后6个小时内开火。

总统下达命令或授权认可后，莱姆尼策说："参谋长联席会议将指定E时间和适当的执行命令"——"E"指的是执行。他接着说："在任何情况下——即使是美国先发制人——我们也必须要预先设想苏联的部分远距离核武器将会袭击美国。"

介绍结束后，莱姆尼策进而发表了刻板的讲话，这也是肯尼迪最讨厌军队的一点："我们必须清楚认识到，哪怕仅仅执行整个计划中一部分的决定，都会让我们陷入巨大的危险当中……时局瞬息万变，命令执行后，并没有有效的机制可以让我们尽快修改预设的计划。"

在莱姆尼策演讲的最后20分钟，肯尼迪不停地用大拇指的指甲轻叩着门牙，了解他的人都知道，这是他无聊或满腔愤怒的信号。而这个计划并不无聊。

"我们为什么要袭击中国的那些目标呢，将军？"肯尼迪问道。中国并没有导弹，也没有运输核武器的系统。

"这个是在我们的计划之内的，总统先生，"莱姆尼策回答道。

肯尼迪的手紧握着椅子的扶手，手关节都因为过于用力而发白了。当他和迪安·腊斯克离开的时候说道："我们还好意思自称是人类。"

然而，肯尼迪曾发起并组织过其中一场重大的军事集会。他知道这并不是对实际存在的苏联威胁的直接回应；而是美国政治失控，夸大的共产主义威胁，误解的情报信息，天花乱坠的竞选演说，以及无处不在的谎言所导致的结果。他决定不再让共和党攻击他为"亲共分子"，共和党一贯用这点来质疑民主党。他建立了一个两党联合的国家安全政府。麦克纳马拉、邦迪、和吉尔帕特里克就是众多在他身边工作的共和党人中的三个。

1961 年，他明确向苏联提出挑战，升级了军备竞赛，把北极星导弹潜艇的产量翻了一番，从一年 10 艘增至 20 艘，令战备司令部时刻处于战备状态，将装载拥有核武器的轰炸机的比率从 33% 升至 50%，同意制造 1,000 枚新的洲际导弹，这些导弹的威力是当初投向日本广岛那颗原子弹的 80 倍还多。这已经被认为是一种折衷了；因为勒梅将军和他的空军本想要 3,000 枚新的洲际弹道导弹。

赫鲁晓夫的军队中，同样有将军要求更多的支持，只是苏联在各个方面都比不上美国。到了 1961 年 8 月，肯尼迪也开始意识到，赫鲁晓夫有关苏联经济赶上美国的警告与其之前有关导弹差距上的说法一样夸张。经济顾问理事会主席沃尔特·赫勒曾为肯尼迪做过一个计算，结果表示，在国民生产总值上，美国是苏联的两倍还多，这与 1913 年沙皇俄国时代的实力对比是一样的。事实上，苏联的经济并没有逼近美国，而总统的一些幕僚们有一个想法，那就是持续的军备竞赛可以击垮苏联的经济——以及它的共产主义。

总统也同样为此嘲笑过苏联。同年 8 月，赫鲁晓夫的女婿阿列克赛·阿朱别依与格鲁吉·布沙科夫从后门溜进了白宫——为了避免被拍到任何显示总统与敌对国有交情的照片。一个月前，总统以同样的方式接见了第一位太空人尤里·加加林。他对《消息报》编辑阿朱别依说："你们在经济上取得了巨大的进展。但是你们就像一个跳高运动员，每跳一次就能把横杆升高一英尺，直到升到一定的高度，比如说6英尺吧。但是接下来的一英尺，他就只能每次仅升高几英寸，甚至零点几英寸……我们拭目以待，到了1978年，看看赫鲁晓夫先生关于苏联经济增长的估计是否正确。"

肯尼迪对国防和经济发展之间的关系看得很清楚。他当上总统后，首先实行的改革措施之一，就是在五角大楼建立一个部门，以推动美国武器在世界范围内的销售，进而改进美国在对外贸易上的差额，这就是他说的"黄金外流"。

在军事上，肯尼迪现在的目标不再是制造更多的导弹，而是"灵活应对"，这是马克斯韦尔·泰勒对艾森豪威尔任职期间"大规模报复"学说中报复的方式所做的定义。"加强在无行动和核战争之间的方式选择，"这是麦克纳马拉在一系列军事集会备忘录中的一句话，这些备忘录在9月期间，来回穿梭于总统办公室。肯尼迪想要在逐步增强的军事和政治上有更多的选择，从希兰代尔上校领衔的陆军行动，到空中统一作战计划的制订。他确立并力保游击战这一方式；而军队则要求他保有能够将对手一举清除的核实力。

"必须让苏联明白，他们在任何时候都必须检点自己的所作所为，只要他们采用武力，必将面临一场全面核战争的风险，"北约指挥官劳里斯·诺斯塔德于9月18日对总统说。"我相信您也同意，我们的任何行动都不表示我们的目标是为盟国在欧洲的利益而战，而范围仅限于欧洲。"换句话说，美国必须持续不断地警告苏联，并向欧洲担保，苏联对汉堡的攻击实际上就是对芝加哥的攻击，这意味着美国的导弹会飞起还击。

肯尼迪增设了导弹，肯尼迪增加了人员。他命令军队从14个师扩展到16个师。所有军队都处于战备状态，这就大大增加了武器和弹药的购买量和空运能力。肯尼迪曾问麦克纳马拉将一个美国步兵师运至越南需要多长时间，在得到"两个月"的回答之后，"空运"就成了军队的首选。

"非常规战争"是肯尼迪心血来潮倡导创建小规模训练有素的游击队员或反暴乱部队时推广的另一个词。他会读些中国领导人毛泽东有关战争的书，并时不时在平常的谈话中引用上一两句。"游击队必须到人民群众中才能如鱼得水，"星期六午餐时，他突然冒出这句话，让妻子吃了一惊，当时只有他们俩在格伦奥拉吃饭。

他也希望美国这条鱼能在水中畅游。"特种部队"那些绿色贝雷帽们，可以到海外去训练游击队员。空军部队在看到白宫吹来的这股风后，把自己的特种部队正式更名为"丛林突击队员"。

总统也听从了罗伯特·肯尼迪的一些意见，在全世界范围内训练警察和半军队性质的精兵强将，来控制和对付共产党人以及在街上示威暴动的学生。9 月 5 日那天，他宣布美国将恢复热核实验，同时，他也要求麦克纳马拉拟订计划，在拉美和美国建立"警察学院"，让美国警官和联邦调查局的密探来指导他们如何与破坏分子做斗争。"教会他们如何控制暴民，如何与游击队员作战，"他说，"增强我国武装队伍和拉丁美洲军队之间的密切关系。"

副国务卿斯泰特·鲍尔斯是少数几个反对这一工作侧重点的"新边疆人"之一。他给总统写了一份备忘录，建议美国应在全世界范围内，把警察和士兵训练成为民主的建设者和维护者。"除非有一群心怀不满的农村人，为其提供军事行动的根据地，否则游击队的行动是不会成功的，"鲍尔斯说。"令人难过的是，我们的援助计划综合处理农村贫困情况，强调得不够。"

邦迪把这份备忘录呈递给了总统，并在封面贴了一个小纸条："鲍尔斯亲自写了这份备忘录，并对他的个人观点很是自信……如果您同意的话，我就告诉他您收到了这份备忘录，并对他的观点很感兴趣。"而事实上，总统并没有阅读这份备忘录。

9 月中旬的一天早上，肯尼迪给邦迪和麦克纳马拉读了一篇备忘录："如果调动 100 万士兵（考虑到柏林的情况），我们应该怎么分配他们呢——作战部队是多少，后勤支援的又是多少？是否把这部分士兵送往欧洲，全部集结需要多长时间，如果海运，需要多少船，如果空运，又需要多少飞机？把他们全部运完需要多少天？到了欧洲，又应该把他们安置在哪里呢？"

同一天，也就是9月18日，新一期的《生活》杂志出现在美国各个书报亭中，封面上的大标题就是"肯尼迪总统致你的一封信：如何在核爆尘埃中存活——97%的人能够得救。"

总统的科技顾问威斯纳对此相当生气，他在备忘录中告诉肯尼迪，《生活》杂志上写的并不是事实："在我看来，这篇文章使得美国人民对于核爆尘埃避难所提供的保护，以及如此大规模热核攻击对这个国家可能造成的死亡率，产生了完全错误的估计。"

肯尼迪却没有对此引起重视，虽然他知道这是事实，只要一清查伤亡人数，那么距离他从维也纳峰会回来的日子也屈指可数了。在给50位州长的信中，他写道："简单来说，我们的目标就是要尽可能快地为每一个美国人提供保护，使他们免受核爆尘埃的伤害。应该在全国范围内公开核爆尘埃的威胁，以使美国人民愿意面对这样的事实并采取行动。"他在《国家安全行动备忘录》中，对麦克纳马拉写道："我希望每周都收到有关民防进展情况的报告。如果我写信给每个美国家庭，指导他们如何做才能让自己的家庭更安全，你认为会有用吗？"

不管这样是否奏效，民防都能减轻一部分负担。阿瑟·施莱辛格在备忘录中对总统说道："多少年来，国际主义者一直渴望通过一些方法，使得外交政策可以少一点抽象和疏远，将问题实际具体到每一个家庭当中去。现在，我们终于谈到了这一问题，民防已经超越了外交政策，成为新的焦虑所在。当人民看到美国与苏联对抗的时候，他们感觉自己可以为此做点什么——他们可以自己决定是否修建一个避难所。"

但是，施莱辛格对民防仍持保留意见，他指出在民房计划中强调房主，使这个计划看起来好像只是为社会的中上层而设计的。因为穷人并没有后院和地下室来修建私人的避难所。

（施莱辛格也曾找机会询问总统是否可以为《电影》杂志写一篇影评。在有关核试验的会议中，肯尼迪告诉了施莱辛格他的回答："总统说可以……只要你不冒犯彼得·劳福德先生就行了。"）

9月18日，当肯尼迪正在考虑是否要在9月25日的联合国大会开幕式上讲话时，一则来自非洲的消息让他做出了决定：联合国秘书长达格·哈马舍尔德在刚果因飞机失事而遇难。而在刚果，联合国军队正努力终止这个国家自1960年独立以后就开始的内战。

皮埃尔·塞林杰到纽约安排即将跟随总统访问的记者团。一住进卡莱尔大酒店，他就接到了格鲁吉·布沙科夫的电话。这位克格勃说他必须得见见塞林杰。他避开了大厅里的记者团由侧门进入，和他一起的还有当时在纽约的苏联外交部首席新闻官，米哈伊尔·卡尔马勒夫，和他的上司，外交部长安德烈·葛罗米柯。当卡尔马勒夫一走进塞林杰的套房时，他就说："柏林风暴结束了。"

通过伯勒夏克夫的翻译，这位苏联外交部发言人说，他从赫鲁晓夫那里给肯尼迪带来一个信息，他希望塞林杰能够把这个信息传达给总统："赫鲁晓夫受到了来自共产主义内部的巨大压力，而没意识到东德……在柏林的巨大军事行动太过危险，以至于把双方的和解拖得太久了。他希望你们的总统在联合国大会上的发言不会是另一个军事威胁，就像7月25日的那次似的，他一点也不喜欢那样。"

"好消息，"当塞林杰把这个消息传达给他时，肯尼迪说道，"他并不打算承认乌布利希政权——至少今年不会。"

肯尼迪又把他的发言稿看了一遍，然后指示塞林杰，向苏联人民，大概还有他们的领导人保证，他在联合国大会上的发言会温和一些。事实上，肯尼迪已经得到其他暗示，表明赫鲁晓夫想要阻止柏林问题的升温，同时他也希望召开另一次峰会。其中一个暗示是由《纽约时报》的C.S.苏兹伯格传达的，他在9月初的时候采访过苏联领导人。联合国大会开幕前一天的早上，《泰晤士报》在其头版上这样写道："苏联通过许多非公开的方式，暗示他们可能会暂时放松对德国的威胁，放宽最后期限。据报道，苏共外交官说，如果严肃认真的谈判得以进行，那么西德就不会再感觉他们受制于这一'最后期限'了。"

为什么呢？肯尼迪认为，苏联的主席相信美国会为了柏林而战。或者，像苏兹伯格或卢埃林·汤普森告诉他的那样，在克里姆林宫隐秘的政治进程中，存在着强硬派和温和派之间的权力斗争。无论哪种情况，总统都想表现得坚定而乐于沟通。在联合国的发言中，他表示美国决不同意把秘书长达格·哈马舍尔德换为"三驾马车"，即苏联提出的由西方国家、共产党国家和中立国三方共同组成的"三国执行组"。

他同时强调了禁止核试验的必要性以及美国对柏林和越南承诺的坚定性，并用极其夸张的演说结束了讲话："接下来10个月的事件及其结果，可能会决定一万年以后人类的命运……女士们先生们，决定在我们手中，从来没有国家可以失去这么多，抑或得到这么多。要么，齐心协力拯救地球，要么，同坠火海灰飞烟灭。"

第二十一章　1961 年 10 月 11 日

　　1961 年夏末，白修德将《总统的诞生，1960》一书的稿子交给出版商后，便决定亲赴亚洲了解时势。他对亚洲大部分地区的情况了如指掌。20 世纪 30 年代至 40 年代初，他一直都呆在中国，历经了这里的战乱与和平，他起初担任中华民国总统蒋介石的助手，后来成为了《时代》杂志的记者。在越南的见闻让他很吃惊，回国后他请求老朋友小阿瑟·施莱辛格给新朋友——肯尼迪总统发了一封长达 14 页的急信。信中对越南局势的评价比肯尼迪以往所见更加直率：

　　　　这里的情况几乎一周比一周糟。尽管现在报纸上尽是持乐观口吻的胡言乱语，我还是要陈述己见。目前游击队几乎控制了整个南部三角洲——以至于大白天，如果没有军事保护，我都找不到一个愿意开车送我出西贡的美国人。
　　　　这里的政局几近崩溃……如果我们要赢得战争，就必须做更多工作。但怎么做呢？如果吴庭艳的军队再发动一次反吴的政变，我们该不该支持？如果没有自发的政变，而我们又断定吴庭艳已无利用价值了，那么我们要不要煽动一场？如果我们碍于面子，不能发动或支持一场政变，那么我们应不应该跟吴庭艳把话挑明，实施直接干涉……或者我们是不是要抽身而退，在别处重新制定路线方针呢？

令我百思不得其解的是，越共似乎已经找到了一些愿意为他们的事业效命的人。晚上，西贡夜总会的景象很令人失望。20 至 25 岁的年轻人在这里跳舞，狂欢……而就在 20 英里之外，他们的共党对手正在乡村实行恐怖统治呢。

肯尼迪总统还听到了来自英国的反暴乱专家罗伯特·K.G. 汤普森的私人忠告。汤普森曾在 20 世纪 50 年代为英国制定策略推翻了发生在马来亚的一场共产主义革命，由此备受赞誉。汤普森建议：在那些他称之为"战略村"的区域中加固防御，拉拢人心，反对越共。这个"新"想法和法国提出的一个旨在建立"农业社区"的旧计划十分相似。"反暴乱计划的总目标是一定要赢得民心，"汤普森在一份先呈递给吴庭艳总统、后来呈递给美国总统的报告中这样说道。"之后便开始绞杀共产主义革命者……保护群众、赢得民心、运用情报、铲除目标，形成不断扩大的循环。"

白修德的前雇主《时代周刊》——其老板亨利·卢斯也是个中国通，他在中国出生，父辈是基督教传教士——也呼吁采取行动。《时代周刊》中写道：越南是肯尼迪总统必须让美国人承受的负担：

越共，即越南共产党，无孔不入。一小撮一小撮鬼鬼祟祟的共产党游击队员，穿着黑色的农民式宽腿裤或褪了色的卡其裤，把手榴弹扔向那些南部稻田里孤立的村庄……南越从一开始就受到美国的资助；南越政府主张积极反共，他们的士兵也愿意对抗越共。如果美国不能或不愿将南越从越共的袭击中解救出来，那么以后亚洲其他国家都不会再信任美国了，这样的话，整个东南亚的衰落将只是时间问题。

外界给美国的压力越来越大，希望美国加强对越南的干涉。9月18号，越共的三个营（大约1,000人）控制了距西贡55英里的省会城市福永，并占据了六小时。事后，各级别的文件大量增加，总统也因此更加关注越南局势。当时，越共已经夺取了100支步枪和6,000发子弹，从当地监狱放出了250名越共嫌疑犯，并将省长和副省长以"反人民罪"斩首示众。据悉，越共内部包含约12,000名农民出身的专职游击队员，他们在一年之内暗杀了1,400名村干部。白天，他们能控制三分之一的村庄，晚上则控制得更多。

在福永突袭战后两周内，吴庭艳总统会见了美国大使弗雷德里克·诺尔庭，首次提出与美国建立共同防御条约的想法，并首次提出邀请美国作战部队或"作战教练"赴越南的可能性。

10月的头五天内，肯尼迪总统分别接到腊斯克和麦克纳马拉关于南越即将迎来灾难的警告。国务院在10月1号的"形势综述"中提到，自该年年初以来，越共"正规军"人数已经从7,000人猛增到了17,000人。10月5日，参谋长联席会议报告说："不靠外力干涉，自身行动能够逆转急剧恶化的形势，这样的时代已经过去……没有可行的小规模军事方案能够防止我们失去老挝，南越乃至整个东南亚。"

"我们不能对柏林投入太多精力，而对东南亚的局势视而不见……"联席会议的报告开头这样写道。

总统对柏林事务已不如从前投入。东德人将柏林墙称为民主反法西斯防卫墙，它是座高13英尺的丑陋建筑。沿线建有500个瞭望塔，墙下布置了壕沟和埋有地雷的死亡带，并有士兵和警犬巡逻。但是柏林墙解决了难民流窜问题，也使东西德边界的紧张局势得到缓解。

赫鲁晓夫又一次主动联系肯尼迪总统。9月29号，皮埃尔·塞林杰再次接到格鲁吉·布沙科夫打来的电话，当时肯尼迪总统还在岳母的避暑山庄——位于罗得岛州纽波特的汉莫史密斯农场。这位苏军总参谋部情报总局的军官很是激动，他说自己想要包机去纽波特，因为他有些重要的东西只能给总统看。

"别让他来这里，"肯尼迪总统告诉塞林杰。他可以想象得到赫鲁晓夫的信使在美国各级记者间活动。他们都盼着有点新闻故事，好打破纽波特新闻界无聊的局面。"你直接去纽约。"

"如果你知道我这有什么，就不会拒绝我了，"俄方回应道。塞林杰第二天飞到了纽约，在卡莱尔酒店和布沙科夫见了一面。布沙科夫取出折叠起来夹在当天出版的《纽约时报》中的信——这就是他带来的一封赫鲁晓夫写给肯尼迪总统的长达26页的私人信件，信写得洋洋洒洒，坦率而带有和解的意思。信的最后，赫鲁晓夫提议双方领导人单独联系，互通私人信件，抛开过去的官僚态度、敌视和怀疑。塞林杰将信的内容浓缩为三句话：

"总统先生，您和我是这两个互相冲突的国家的领导人。但是鉴于你我都是理性的人，我们都认为双方之间不会发生战争。除了齐心协力找出和平共处之道外，我们别无选择。"

赫鲁晓夫还写道，肯尼迪总统可以无视那封信，但如果真是这样，事情也便到此为止，没人会知道有这回事。但是肯尼迪总统回了一封长达10页的信。在信中他表达了自己的想法，谈了谈他的家庭和孩子以及更美好的世界，并表示他欢迎有一个不牵涉冷战论战的私人联络员。

肯尼迪现在相信柏林风暴已经开始瓦解了。一周之后，也就是10月6日，苏联外长安德烈·葛罗米柯在和腊斯克会谈了两天之后来到白宫。肯尼迪认为可以借此机会经由葛罗米柯，展现一种似乎为苏联领导人所赞赏的政治技巧——将政治观点寓于寓言故事和民间传说。那天的主题是柏林以及寻找达格·哈马舍尔德的继任者。在柏林问题上，肯尼迪总统又一次严肃地谈到了计算失误和战争，而对于葛罗米柯谈到的新安排和条件，他也提出了异议："你们打算用一个苹果换一片果园，这在美国行不通。"

当葛罗米柯又一次提出苏联的倡议——用三头政治取代联合国秘书长时，肯尼迪总统拿了本书，翻到有标记的一页，将它交给苏联外长。"我这有本有趣的小书给你看看，"肯尼迪说。"是俄语的，你肯定会喜欢的。"

那是俄罗斯作家伊万·克雷洛夫写的一则寓言，题为《天鹅，梭子鱼和螃蟹》。讲的是这三种动物拉车时所做的无用尝试——"天鹅把车往天上拽……梭子鱼将车往水里拉……螃蟹一直在往后拖……谁对谁错我们不管：车子还在它原来的位置。"

葛罗米柯在读的时候并没有发表言论。

"您要将它公开吗？"葛罗米柯问道。

"不，"肯尼迪说。"但你也许可以和赫鲁晓夫主席分享一下。"

葛罗米柯笑了，真是难得。不论是不是这个寓言起了作用，一周之后，赫鲁晓夫放弃了三头政治的提议，决定和美国一道支持缅甸的吴丹任联合国秘书长。

肯尼迪当时对柏林的信心倍增，他开始集中精力处理越南问题。10 月上半月，他先去找了麦克纳马拉。国防部在征得总统个人同意后，成了处理越南问题的主要机构。上任仅五个月的诺尔庭大使发现他已经失去了肯尼迪幕僚的欢心。他觉得是因为自己听从了总统的命令去调查吴庭艳的价值，导致现在看起来和南越总统关系甚密。他总结道：现在肯尼迪更信任新闻报道和亲信的话，而不是他每天从大使馆发回的电报。

诺尔庭说的没错。比起他，甚至是腊斯克，特迪·怀特的想法更有分量。怀特对肯尼迪说："国务院及其颇具竞争力的各机构，从我和他们一起工作的几年来就已经一团糟了，几乎不适合制定或决定任何政策。"他暗示也许应该重新启用旧的体制，在旧体制下，大使们还不是在美国政坛小心翼翼往上爬的职业外交官，而是精力充沛，有着超凡的政治直觉和技巧的人士。他说肯尼迪可以考虑找一个级别够高的人担任助理国务卿，来应对军方和中情局，以及处理与中国有关的所有公务。

那也是肯尼迪总统一直在思考的问题。他早就觉得埃夫里尔·哈里曼是助理国务卿的合适人选。

诺尔庭大使发电报到华盛顿,试图为自己和吴庭艳辩护:"我认为,当前我们全力支持现任政府的计划是唯一可行的计划。吴庭艳的目标是正确的,是有充分依据的,而且他对我们完全坦诚相待。"诺尔庭和整个国务院的影响力远不及麦克纳马拉以及肯尼迪的随行人员。诺尔庭有一次对国防部长说:"把福特发动机安到牛车上可真不容易。"

"我们办得到。"曾任汽车公司总裁的国防部长答道。

发动机就是美国军队。10月9日,美国参谋长联席会议做出决议:美军须切断越共的供给线。建议从东南亚条约组织中派遣一支总数为22,800人的军队,其中包括13,200名美国军人,其余的来自澳大利亚、新西兰、泰国、巴基斯坦和菲律宾。参谋长们还在计划中增加了两项应急安排。如果北越出动正规军迎战,东南亚条约组织应增派军队至200,000人,包括129,000名美国人;如果中国出兵,那么东南亚条约组织军队应增派至278,000人,包括150,000名美国人,那时美国还应考虑对中国的军事目标使用核武器。

表决一致通过第一步,先派出1万军队。沃尔特·罗斯托在一份备忘录中,英明地提出论据,为镇压叛乱计划做了补充,迎合了总统的意图。他说:"我们发展了这样的实力(特种兵),关键时刻又不亮出来,这是不对的。用克努特·罗克尼的话说就是,我们又不打算留着他们在高中舞会上用。"

10月11日,肯尼迪把解散猪湾入侵队伍后他组建的越南特遣队召集起来。U. 亚历克西斯·约翰逊向肯尼迪递交了一份名为《干预越南的方针》的工作底稿。底稿集合了参谋长、泰勒以及罗斯托的观点,列出了支持和反对美国直接军事干预的争论,以及该说服哪些东南亚条约组织的盟国出兵。

"把打败越共,使越南政权牢固地掌握在反共产主义的政府手中作为真正的终极目标。以此为前提,采取第一步行动,尽快派遣22,800人的军队到越南,以稳定最好能扭转越南日益恶化的形势。"

文件列出了出兵的好处和坏处。好处就是鼓舞南越的士气,坏处是公开背弃1954年《日内瓦协定》。美国只作为日内瓦会议的观察员,虽然未签订协定，但保证会尊重协定。

在上述问题及当天讨论的其他许多问题上，都未达成一致意见。但是那天肯尼迪批准了一件事，即一个代号为"农场大门"的行动。行动内容是派遣几百个丛林作战队员去越南，并派12架能在丛林上空缓慢飞行的旧飞机执行侦察和袭击任务。由穿便装的美国军官执行飞行任务，飞机上载有越南军事观察员，用以伪装掩护，以隐藏美国军队已按照总统第一阶段的命令进入越南的消息。

除此之外，肯尼迪不知道该做些什么。敌军反应迅速，战事风云变幻，他急于了解更多更新的消息。10月11日会议结束时，他下令派马克斯韦尔·泰勒去越南长期认真观察镇压叛乱及抵抗镇压的斗争。肯尼迪还派了一个包括沃尔特·罗斯托和兰斯戴尔将军在内的小组随行，即刻出发。他对泰勒说："记住，有效保证南越独立的首要责任，在于越南人民和政府。"

总统希望泰勒重点权衡三方面措施：东南亚条约组织的干预；"美国出兵"——派小股作战部队进入越南，震慑北越的入侵，因为北越并不想与美国兵戎相见；或者增加对南越政府和军队的援助或训练。

《纽约时报》头版头条是这样报道这次任务的："今日有高级官员称，总统仍然强烈反对出兵越南。"这位高级官员就是肯尼迪本人。他对泰勒的指示与此截然不同："东南亚条约组织和美国的军队进入南越后会有什么成果，军队的角色、组成、可能的分配情况都是你的评估内容。"

会后，肯尼迪去了在白宫游泳池旁边专门为他建的小健身房，做每次长达40分钟的伸展运动，这是一个叫汉斯·克劳斯的纽约整形外科医生为他量身定做的疗法。这个夏天，肯尼迪的两个主治医师——官方医生乔治·伯克利上校和为他治疗背部的医生珍妮特·特拉维尔之间出现了分歧。伯克利大夫觉得总统背部的病情有所恶化，而非好转。8月，他开始向其他医生描述总统的活动状况。很明显，总统行动僵硬，小心翼翼，经常觉得从椅子上站起来都很困难，要用双手支撑来减轻背部的压力。他的身体变得越来越脆弱，散步和在白宫水池中蹚水的时间加长，水温已增至华氏87度。不仅伯克利注意到这些，在一些特工及保镖之间也流传着总统可能在连任时坐上轮椅的言论。

伯克利咨询的医生们告诉他，几乎可以肯定，问题出在特拉维尔医生的治疗上。她每天在总统背部注射奴佛卡麻醉剂多达5到6次。深度注射会产生剧烈疼痛，但是注射后背部疼痛就会有几小时缓解，这是肯尼迪迫切需要的。伯克利是个非常谨慎保守的人，他有充足的理由担心奴佛卡因的药效会越来越弱，下一步只能靠麻醉毒品来止疼了。

肯尼迪并不羞于药物治疗。他已经习惯于此，甚至能够自己开处方，自己注射。他每天注射皮质类固醇，每三个月一次向大腿内植入皮质类固醇胶囊，这种胶囊每天渐渐释放药效，能够治疗阿迪森氏病。他靠这类药维持活力。每天午饭时间他还要服用醋酸脱氧皮质酮药丸，也叫 DOCA。这些药物被肯尼迪的父亲存放在世界各地的银行保险箱内，以备不时之需。醋酸脱氧皮质酮能让肯尼迪相对正常地生活，但是也有副作用，最明显的是使他终年脸色蜡黄，脸部肿胀，面容一天天改变。另外一个可能的副作用是导致强烈的性欲，但是有很多人说，他和他父亲一样，在患有阿迪森氏病之前就这样。

一天早晨，肯尼迪注射皮质酮后，在回办公室的路上，停在了白宫一面镜子前，他摸着自己的颧骨说："那不是我的脸，那不是我。"皮质酮让他有一股冲动，使他一时之间觉得自己能担负起世界的责任——这本来就是他的工作。而雅各布森大夫为他注射的安非他明药剂加剧了这种冲动。雅各布森医生每隔几周会到总统所在的地方去两三次，不管是白宫、棕榈滩还是其他任何地方。这种治疗的副作用更严重：膨胀的权利和能力感，典型的妄想精神分裂症，身体越来越衰弱，然后慢慢中毒死亡。肯尼迪的弟弟罗伯特·肯尼迪首先发现了这些危险，并且想辞掉雅各布森大夫。但是总统告诉罗伯特，就算是马尿他也不管，只要它管用。

对于特拉维尔大夫给总统注射奴佛卡因的次数，她与上校之间的争论越来越频繁。最后上校命令特拉维尔大夫带克劳斯大夫去给总统做检查。她拒绝了。

他说："你必须这么做，不然我就亲自去给总统做检查。"

争论了几个星期后，特拉维尔在 9 月末给克劳斯大夫打了电话。克劳斯大夫是个直率的奥地利小个子，他曾经是国家奥林匹克滑雪队教练。给肯尼迪做完身体检查后他说："你再不运动就会变成瘸子。"他告知总统，他的背会变得越来越僵硬，作为背部主要支撑的腹部肌肉正日益萎缩，几近残废。他建议总统每周做三个小时的治疗和运动。

总统不想那样做，他害怕白宫的记者看到克劳斯医生进进出出，又会拿他的健康问题做文章。

克劳斯说："你自己决定吧，你的情况只会越来越糟，到那时候看他们怎么写。"

伯克利上校在白宫地下室建了一座小健身房，肯尼迪每周去三次，和克劳斯医生做柔软伸展训练，一开始每次只做半小时。健身房内安装了一套新的音响系统，播放总统喜欢的乡村和西方音乐，以及舞台剧音乐片段。

某天，肯尼迪在午餐时间对阿瑟·克洛克说，五角大楼的官员们，不管是参谋长们还是麦克纳马拉都在向他施压，要他出兵东南亚，他一直想找个办法避免出兵，他正考虑给赫鲁晓夫写信，让他压制住北越。

"总统仍然坚信，"克洛克在日记中写道，"他几年前对议会所说的——美国不该出兵卷入亚洲大陆的纷争。尤其是针对这样一个国家、它的地形像老挝一样复杂，而它的人民又不关心东西方如何解决自由和自主权问题上的争端。总统还说，更重要的是美国不能插手游击队引发的内乱。很难证明他描述的不是越南的大致局势。"

第二十二章　1961 年 10 月 17 日

　　在 10 月 11 日的总统新闻发布会上，一位记者提问说，"有人指责说，'我国没有保持住自身核威慑的力量和可信度，也未能向苏联领导人证明我们有决心在柏林或其他地方和苏联正面较量。'总统先生，您对此如何看待？"

　　肯尼迪恼怒不已，却又似乎回避不了这个问题。他又读了一次统计数据：国防开支增加 14%；北极星潜艇建造数量增加 50%，民兵导弹产量增加 100%；15 分钟警戒的战略轰炸机数量增加 50%；部队空运能力提高 75%；反游击武装增加 150%；M-14 步枪产量从每月 9,000 支增加到每月 44,000 支。这一切仅仅花了 9 个月的时间。

　　会后，肯尼迪对皮埃尔·塞林杰说，"那些指责我们的人根本不明白。"但更重要的是肯尼迪不确定赫鲁晓夫是否已经明白了美国的真正实力。赫鲁晓夫借用肯尼迪总统在维也纳发表的讲话——两大军事力量实力旗鼓相当——来攻击肯尼迪，并且向世界宣称苏联有着和美国一样强大的军事力量。赫鲁晓夫说美国所谓的"旗鼓相当"实际上证明苏联占优势。赫鲁晓夫在虚张声势吗？也许，但肯尼迪不敢肯定。可是很明显，世界大部分人相信了来自莫斯科的威胁。

因此，当肯尼迪总统正在吩咐工作人员准备备忘录时，他决定让工作人员想办法把关于"导弹差距"的原定总统讲话搪塞过去，并下定决心展示美国真实的军事优势。肯尼迪打算就美国的军事力量发表一次重要讲话。但最终考虑到总统亲自回应像是对苏联宣战，甚至国防部长麦克纳马拉的讲话都可能导致反应过度，所以他决定让国防部副部长罗斯韦尔·吉尔帕特里克代劳。因此吉尔帕特里克计划于 10 月 21 日在弗吉尼亚温泉市的格林布莱尔酒店向国家商务理事会发表讲话，碰巧这天正是在莫斯科举行的第 22 届共产党代表大会的第五天，赫鲁晓夫一定会在大会上鼓吹苏联的强大和取得的成就。为此，肯尼迪亲自为吉尔帕特里克拟稿，对演讲稿的内容字斟句酌。

苏联领导人赫鲁晓夫在 10 月 17 日的大会上所做的开幕发言确实像肯尼迪预料的那样。赫鲁晓夫宣称，苏联即将引爆历史上最大规模的炸弹—— 一个 50 兆吨的热核武器。然而在发表了超过 5 个小时的讲话后，赫鲁晓夫在讲话接近尾声时震惊了苏联共产党领导人和大半个世界。

"最近，在参加联合国大会期间，葛罗米柯同志和美国总统及国务卿进行了会谈，也与英国首相和外交部长交换了意见。会谈后，我们感受到，在双方相互谅解的基础上，西方国家对德国和西柏林的问题表现出了一定的理解……

"我们提议今年内签订德国和平条约，一些西方国家的发言人断言这是最后通牒。这是个错误的看法。如果西方国家有意愿解决德国问题，那么和平条约签署的时间问题就没那么重要了；那样的话，我们不会坚持要求在 1961 年 12 月 31 日前签署和平条约。"

那年冬天双方的冷战僵局似乎有所缓和。华盛顿的一些人并不为此感到惊讶，肯尼迪就是其中之一，不仅因为他看到 9 月 29 日赫鲁晓夫的信，还在于肯尼迪做了一个正确的决策：柏林墙的存在好于战争爆发。腊斯克于第二天早上开了一次新闻发布会，代表美国正式做出了回应。他面带微笑发言，

"我知道你们希望了解我对昨天赫鲁晓夫讲话的回应。"的确，他主要针对取消签订柏林和平条约的最后期限问题进行了回应，认为这样能够缓解美苏的紧张态势。当时，除了对苏联的50兆吨级大气层核试验进行例行的谴责之外，美国人忽略了赫鲁晓夫高调讲话的其他部分。然而，肯尼迪决定吉尔帕特里克发表讲话时佩戴军刀，不需要喋喋不休，但要详尽描述。

"我们相信我们有能力阻止共产主义者的行动，或者抵制共产主义者的威胁。我们的信心建立在对双方的军事力量谨慎评估的基础上，"吉尔帕特里克在温泉市说。

"实际情况是苏联拥有致命的核反击力量，可在敌人行动时发挥作用，但是，这样的反击对于苏联也是毁灭性的。美国现在拥有数百架可达苏联的载人洲际轰炸机，包括600架重型轰炸机以及更多的中型轰炸机，都同样可以执行洲际任务，因为我们拥有高度发达的飞行中燃料补给技术以及世界范围内的基地结构。美国还拥有可承载96枚导弹的6艘北极星潜艇和数十枚洲际弹道导弹。我们的航母攻击部队和地面部队还具有数百兆吨的发射能力。"我们拥有数以万计的核武器运载工具，包括战术和战略核武。当然，每一个运载工具不只安装一个弹头……

"我们的部队部署周全，防守严密。一次偷袭并不能削弱我们的军备力量……总之，我们至少拥有和苏联第一次打击不相上下的第二次打击能力。因此，我们深信苏联不会挑起大规模的核冲突。

"铁幕并非如此不可逾越，以至于迫使我们轻信克里姆林宫的自吹自擂，"吉尔帕特里克总结道，"美国没想被打败。"

10月22日，一个星期六，莫斯科的共产党大会召开。赫鲁晓夫在会上看到了吉尔帕特里克的讲话。他立即决定必须对此做出回应，并委托国防部长——参加过斯大林格勒战役的罗迪翁·马利诺夫斯基元帅——来做这项工作。这位苏联元帅在几个小时后发表了讲话。他不带挑衅意味地重申吉尔帕特里克公布的美国军事力量统计数据，接着他说："帝国主义军事集团已经失去理智，正在蓄谋一起对苏联的武装攻击……借助这段小小的讲话，我想表达的只有一个意思：美国的威胁吓不倒我们！"

马利诺夫斯基发表讲话的过程中，苏联在西伯利亚引爆了一个 30 兆吨级的热核装置。但是来自华盛顿的回应似乎比核武器更具威力。肯尼迪不仅破纪录地直接宣称赫鲁晓夫虚张声势，而且最终直击这位苏联领袖的软肋——中国问题。吉尔帕特里克的讲话说明苏联的一系列军演并非意在压制美国，其目标是社会主义中国。美国总统和大多数外交政策权威人士耗费了很长时间才弄清楚，社会主义阵营并不像美国的冷战宣传那么步调一致。美法因关系紧张而分裂，与此类似甚或更为重要的是，苏联和中华人民共和国正以同样的方式进入到更加紧张的分裂态势中。由于同样的原因，"中苏集团"这个滥俗用词自 20 世纪 50 年代末已经演变成了"中苏决裂"，因为苏联拒绝给中国提供核技术。与当时美国企图阻止或压制法国核武器的发展一样，美国和苏联都倾向于让自己的阵营处在一把核保护伞之下，由两个超级大国撑起这两把伞。

仿佛为了印证这一点，参加大会的中国首席代表周恩来总理在马利诺夫斯基发表讲话时离开了莫斯科。其实，周恩来是脱离了赫鲁晓夫的阵营，因为赫鲁晓夫抨击中国的意识形态盟友，即坚定的斯大林主义的阿尔巴尼亚领导人。

10 月 22 日，星期六，这天晚上，世界各国获悉美苏在柏林重温了边境问题。驻柏林的美国公使艾伦·莱特纳决定携妻子去东柏林看一场捷克来访歌剧团的演出。当公使通过柏林墙在菲德烈大街的查理检查站时，东德警察拦住了他，要求出示过境许可证。东德警察以前也烦扰过盟军的长官。莱特纳依据标准程序拒绝接受东德当局的命令，要求见苏联长官。然而，这次东德警察拒绝找来苏联人。大约滞留了 40 分钟后，莱特纳开动引擎打算冲过屏障，东德警察立刻包围了他。

就在那时，四辆美国 M-48 坦克开到了查理检查站，后面跟着两辆装甲运兵车，载着第二战斗群的士兵。这也是标准程序。又过了半个小时，按照克莱将军的命令，8 名枪上刺刀的美国士兵进入东柏林几码的距离，站在莱特纳的军车周围，严阵以待。东德的警察后退了。在士兵的护送下，莱特纳开着车缓慢穿越菲德烈大街进入共产党管辖区，然后调转车头开回西柏林，接着又调转头，重复同样的动作。在美国士兵的全程护卫下，他彰显着美国人自由出入的权利。那时消息已经传到还处在周日凌晨的华盛顿。

"他到底在干什么？"肯尼迪总统气冲冲地对国务卿腊斯克说，他又一次误以为战争即将爆发。腊斯克则认为这只是一起由情绪激动的东德警察引起的事件，并没有牵涉到苏联人。"是吗？"肯尼迪嘟囔着，"我们又不是派他到柏林去欣赏歌剧的。"

肯尼迪给克莱打了个电话，当时克莱的官方身份是"总统私人代表"，常驻柏林。他承认命令是以个人名义下达的，因为如果在嚣张的东德面前让步，美国在柏林，在德国，甚至在全世界，都将毫无威信可言。当时肯尼迪只能做出一个选择，要么选择支持自己属下的决定，要么命令他让步。一旦命令让步，就意味着克莱必须离职，美国国内亦会爆发新一轮骚乱。肯尼迪祝他好运。

克莱将军9月末刚刚返回柏林。为了向所有人宣告自己的归来，他首先驱车前往施泰恩施蒂肯飞地，那里属于西柏林，却位于东柏林境内，被柏林墙分隔在了东柏林一边。东德警卫拦下了他的车。于是克莱掉头开回西柏林，登上直升飞机，飞过柏林墙来到施泰恩施蒂肯。困在那里的180名西柏林人奔向室外，欢呼着"克莱来啦！"

走出直升机，克莱宣布将有一支美国宪兵小分队驻扎在该飞地，直到东德开放一条道路使这些西柏林人可以自由出入西柏林。回到柏林墙另一边，他命令陆军工程兵在偏远的柏林林区仿照柏林墙建造一堵墙。当装有推土装置的美军坦克正在演练如何推倒这堵墙时，美国欧洲驻军司令布鲁斯·克拉克将军发现了这次行动。他命令下属将墙推倒，留下一片狼藉。"别随便插手我的军队，"克拉克指着红色的白宫专线电话机对克莱说，"如果不服就打给总统，看他怎么说。"

克莱没有打给总统，也没有人把他秘密造墙一事告诉总统。不过，东德和苏联得知了这件事，认为美军的推土坦克马上会开过来。

10 月 25 日，星期三，这天早上，克莱下令让另一辆满载美国外交官的汽车驶入东柏林，想借此试探东德警卫是否已经重新启用旧制度——对挂有美国占领区官方牌照的汽车挥手通行。东德警卫还是把车拦下了。几分钟后，克莱将 10 辆 M–48 坦克召集至菲德烈大街检查点，即查理检查站，炮口对准东德警卫监察室，每辆坦克前方都装有推土装置。随后，三辆吉普车驶入检查站，每辆车载有四名手持刺刀步枪的士兵。吉普车列成两排，将众外交官乘坐的汽车围在中央，护送这辆车顺利驶离菲德烈大街。东德警卫和其他六名苏联官员眼睁睁看着他们离开。

第二天是 10 月 26 日，星期四，33 辆印有苏联标志和徽章的坦克进入东柏林，在菲德烈大街不远处待命。星期五，东德警卫又拦下了一辆载着平民的美官方用车。双方再一次出现争端——10 辆苏联坦克随后驶入查理检查站东柏林一侧，与 30 码之外的 10 辆美军坦克对峙。这是核时代美苏首次正面交锋：荷枪实弹，剑拔弩张。

美国占领区总部的地图室里，克莱拿起手边的电话机，打了个电话。该总部位于克莱大街，此街因纪念克莱在 1948 年的英勇表现而命名。

"现在情况怎么样？"电话的另一端是总统本人。

"很好，"克莱答道，"现在势均力敌，我方有 10 辆坦克在东西柏林边界。"

"总统先生，"看着交到手上的一页纸，克莱突然说，"我必须纠正刚才的说法。苏军又调来了 20 辆坦克，这说明他们的情报十分准确。我军在柏林的坦克数量就是 30 辆，这样我们也要把其余的坦克调过来。"

"感觉紧张吗？"肯尼迪问。

"紧张？不，我们不紧张。总统先生，要说紧张，那大概也是华盛顿那边的人紧张。"

"好吧，"肯尼迪说，"可能这边很多人都很紧张，但不包括我在内。"

美国人确实很紧张。当期《国家商业》杂志的封面语是"如何应对战争？"杂志中写道："检查一下公司的运输方式，战争导致的石油紧缺会不会使你的公司运营瘫痪？"作为民主自由主义的喉舌，《新共和国》也把尼基塔·赫鲁晓夫作为封面人物，且给他画上了希特勒式的小胡子。悉尼·海曼在周刊的一篇文章中写道，"在这样的紧要关头，总统对于时局的把握关系到全人类的命运。"

在白宫内部，也有许多人抱有相同看法。有些人甚至认为，肯尼迪虽不太情愿，却稀里糊涂地就把战争或和平的决定权交到了一个他几乎一无所知的人手上。克莱在和平时期冒险选择走强硬路线，为了彻底摧毁苏联他不惜一切代价。如果肯尼迪真的没有其他人紧张，那是因为他终于同赫鲁晓夫进行了一对一的联系。他让弟弟罗伯特·肯尼迪打电话给格鲁吉·布沙科夫，想要与赫鲁晓夫达成一项协议：让东西柏林边界的苏军在24小时内撤走，美军会在30分钟后离开。

布沙科夫表示会尽快把消息传至莫斯科，但无法做出任何承诺。"我只知道我应该知道的事。"他这样对罗伯特·肯尼迪说，然后也得到了类似的答复。"别问我怎么想的，格鲁吉。我只负责把消息传达给我哥，他没跟我说过传递那些消息的用意。"

20小时后，10月28日早晨，苏军坦克撤退。此前，赫鲁晓夫向伊万·科涅夫元帅下达了这个命令。克莱被任命后，对方针锋相对，这位俄国英雄——已退休的科涅夫奉命复出。科涅夫的下属本不愿撤退而把胜利拱手让给美国人，是科涅夫下令让苏方坦克从西边的视线内撤出，退至两侧街道建筑物后。赫鲁晓夫告诉科涅夫美方坦克将会在一小时内撤退，"我可以保证。"赫鲁晓夫说，"我们不值得为此开战。"事实证明，的确如此。在柏林问题上，并没有签署和平协定，战争也并未爆发。

10月的最后一天，苏联引爆了一枚50兆吨级核弹。但据西方国家估计，爆炸的实际威力相当于60兆吨以上的核弹。这次核弹试验使西方获得了舆论优势，因为联合国和以印度总理尼赫鲁为首的各中立国领导人都在抗议放射性坠尘的危害。

两天后，11月2日，在国家安全委员会于白宫召开的会议上，麦克纳马拉提议美国尽快开始大气层核试验。"否则，"他说，"苏联迟早会赶上我们的。"可是，来自美国新闻署的爱德华·R.默罗并不希望如此。他表示假如美国宣布无意效仿苏联，各国对苏联的怒火将会进一步高涨。

"用我们的无所作为来助长世界对苏联的怒火是不可能的，埃德，"肯尼迪说。

当天，肯尼迪就宣布美国将在准备就绪后立即重启大气层核试验——预计重启时间是 1962 年 4 月——然后肯尼迪继续说道：

"我现在可以肯定地说：美国的军事实力无可匹敌……美国认为并无必要引爆 50 兆吨核装置以证明我们的核能量远超他国，美国发展核能力是为了防御偷袭，借以自保，这也使美国有能力摧毁任何向美国或美国同盟国发动核攻击的国家……

"在过去的一年中，我们采取了重大举措，以保持领先地位——我们不打算丧失它。"

第二十三章　1961 年 11 月 3 日

10 月 17 日，泰勒和罗斯托离开华盛顿到南越巡视，临行前，肯尼迪总统和他们进行了数小时的面谈。通过这两个人选，总统清楚地表示出美国无意从东南亚撤离，因为两位是他的得力干将。"问题是，"用泰勒的话来说，"如何转败为胜，而非如何退出战局。"

"考虑到您的立场，"泰勒和罗斯托在一份正式备忘录中对肯尼迪说，"您或许希望看到的是，我们在用尽了所有和平的外交手段后，才不得不在东南亚大陆驻扎军队或直接在那里作战……如果我们真的需要作战，我们应最大限度的使用空军和海军，并尽可能少地动用陆军。"

肯尼迪对泰勒讲述了他在越南的经历。1951 年，还是一名年轻的国会议员的肯尼迪，在一次环游世界的旅行中对越南进行了一日访问。那天一早在西贡，他会见了指挥 25 万法国军队与越盟[①]游击队作战的司令官。

[①] 胡志明领导的越南独立同盟会，简称：越盟。——译注

让·德·拉特尔·德·塔西尼将军向肯尼迪保证他的士兵决不会输给那些当地人。当天晚上，肯尼迪又在卡拉维尔酒店顶层会见了年轻的美国领事官埃德蒙·格利恩。整个城市的夜空像往常一样被越盟的大炮和迫击炮的轰炸映照得一片通红。

"你在这儿学到了什么？"肯尼迪问这位外交官。

"20年后这里将不会再有殖民地了，"格利恩回答道，"我们无法在这里获得成功。法国军队已经失败了，如果我们也来这儿做同样的事，我们也会因同样的原因失败。这样的战争，在巴黎已经得不到任何支持了。法国军队已经失去了后方支持。对于我们来说同样的事也会发生。"

1951年访问之后，作为国会众议院议员之一，肯尼迪谈到美国每年会在越南行动中资助法国5,000万美金："我们已经与法国政权结为联盟，为维持一个帝国做出了最后的努力。坦白说来，我相信在印度支那即使有再多的美国军事援助，法国军队也不能征服一支无处不在、却又无迹可寻的敌方军队……民族主义的力量正在重新勾画世界的地缘政治图。"

然而直到1956年，肯尼迪参议员帮助组织"越南的美国朋友"团，他在一次演说中提到："越南是东南亚自由世界的基石，是拱顶石，是堵住堤坝漏洞的手指。显而易见的是如果共产主义的赤潮流入越南，缅甸、泰国、印度、日本、菲律宾、老挝和柬埔寨这些国家的安全将会随之受到威胁……美国对此次试验负有直接责任——它在进行此次试验的试验场上起着非常重要的作用。我们无法承受此次试验的失败……即使我们不是小越南的父母，那么我们也是其教父教母。"

现在，在10月17日出发之前，泰勒向团队里的10名成员介绍了与总统会谈的情况，他强调总统向他征询了他个人的观点和建议。虽然泰勒愿意向成员们请教，成员们亦可以提出建议，但这毕竟是泰勒自己的访问和报告。泰勒将军特别想让那位由肯尼迪派遣到队伍中的准将爱德华·兰斯戴尔将军明白这一点。但是兰斯戴尔无法克制自己。他很快开始提出建议，第一条就是：从蒋介石在台湾的国民党军队中招募两千左右的年轻退伍军人，给他们武器和越南名字，授予他们丛林木料采伐证，然后"让他们在丛林中杀出自己的路"，清除途中的任何越共。兰斯戴尔称其为"人为脱叶"。

泰勒告诉兰斯戴尔他不会与吴庭艳总统正式会面。"但我们是朋友……"兰斯戴尔说道。美方于10月18日到达新山一机场时，泰勒与记者进行了交流。泰勒并没有看到吴庭艳的私人秘书邀请兰斯戴尔当晚在总统府共进晚餐。吴庭艳说想要美国的作战部队来越南，这让兰斯戴尔大吃一惊。第二天吴庭艳并没有这么直接向泰勒说出，但将军明白了他的意思。吴廷艳说他不得不重新考虑他对国外军队的反对立场。

"为什么要改变想法呢？"泰勒问道。

"因为老挝，"吴廷艳回答道。他认为美国已经放弃支持老挝的右翼政权，尽管他并没有将此告诉泰勒。像欧洲的领导人一样，吴庭艳也开始相信美军的伤亡是对美国在遭受任何袭击后都不会撤离的最佳保证。他告诉兰斯戴尔这次他的人民需要美国做出正式承诺，即物质保障。

10月25日，在西贡待了四天，听完吴庭艳总统的想法和南越共和国军将军对吴庭艳的抱怨后，泰勒在湄公河三角洲水稻种植区上空盘旋了将近一天。多年不遇的大洪水已经毁坏了这片区域。回到西贡，泰勒发了一份"仅由总统过目"的绝密电报给肯尼迪，建议把洪水作为派遣6,000到8,000美军的托辞。他还提到："为了确保后勤运作和美军占领区域的防御，有必要派一些野战部队。任何到越南的军队都预计会有所伤亡。"

一周后返国途中，11月1日那天，泰勒在菲律宾碧瑶市山区度假胜地停留，并发了两份"仅供总统过目"的电报，更明确地重述增兵的要求，引述提议的优势和劣势：

> 作为美军行动计划的一个区域，南越并不是一个操控起来特别困难或不愉快的地方。此地边境区域崎岖且草木丛生，地形可与朝鲜地区相比，美军曾在那儿没费多大力气就学会了生存和作战，[而且]北越非常容易受到常规轰炸。[但是]如果第一派遣

分队不能取得必需的结果，就难以抵挡住增援的压力……我们合理的承诺是没有界限的（除非我们进攻越共位于河内的大本营）。

第二天在华盛顿，肯尼迪告诉参议院多数党领袖迈克·曼斯菲尔德，泰勒将会建议派遣军队。

"对于我们来说，越南可能是很危险的流沙，"曼斯菲尔德说道。他在给总统的便条上提到他只能看到四种可能的结果：1）虚张声势后撤退。2）朝鲜防线上非决定性但代价巨大的冲突。3）与中国的一次重大战役（俄罗斯不加入战局）。4）世界范围内的冲突。

另一方面，在西贡的密苏里州民主党参议员斯图尔特·赛明顿同时也给肯尼迪发电报说："在我看来，我们应该尽力保住这个地方，否则东南亚地区必将每况愈下。"

11 月 3 日，马克斯韦尔·泰勒和前往越南的其他委员会成员分别亲自向总统做了报告。下去 4 点他们被带进总统办公室，但肯尼迪却因为与塞内加尔总统共进一个长时间的午餐迟到了。泰勒在办公室里四处走动，说他女儿可能会问到办公室的每个细节。接着，他在总统的摇椅上坐了下来，想试试那把椅子。就在那时，肯尼迪走了进来。泰勒立即起身立正，但他宽大的屁股把椅子也带起来了，他设法把椅子拿开，而肯尼迪则假装没有注意到。

泰勒报告封面的题目是"有限的合作"，他重述了向南越增派 6,000 或更多美军的建议，提到："很明显的是，由约翰逊副总统访问所激发，又因泰勒将军的访问团而达到顶点的一连串期望，如果美国没有立刻给出坚定的承诺，越南方面的士气会很快崩溃……在华盛顿也一样，情报工作和后援行动必须按准战时状态开展。除非我们已经准备好应对越共可能实施的任何战争升级行动，否则不应该采取这里所提议的计划。"

"如果合适的人选被派遣做合适的工作，我们就有理由充满信心，"泰勒最后用为肯尼迪定制的措辞说道。总统私下问泰勒和罗斯托，在没有美国援助的情况下，吴庭艳政府还可以坚持多久。他得到了一个使他震惊的答案：

"三个月。"

美军入局，吴庭艳出局是总统听到的此次对话争论的关键。"没有一个单一的行动，甚至清除吴庭艳，都不是在越南取胜的关键。"泰勒告诉肯尼迪。

后来，罗斯托问泰勒他认为总统会怎样做，泰勒将军答道："不清楚。他本能的是反对美军进驻的。"

反对吴庭艳的争论由泰勒使团的一名成员为总统总结，这名成员是国务院政策计划委员会的威廉·乔丹，他写道：

> 政府的一些部门近乎瘫痪。在一般政府中仅需某一部门的某个官员处理的小问题，却要上报给总统……咖啡馆里不经意的言论都可能引来一场牢狱之灾，人们在没有遭到起诉甚至指控的情况下就被无期限地扣留……其胞弟吴廷瑈拥有仅次于吴庭艳的权力。长兄吴廷魁在他的根据地顺化管辖北方各省，俨然一副东方总督的样子。大主教吴廷俶是总统的二哥，总统对他毕恭毕敬，言听计从……吴庭艳夫人统管着南越的妇女，就好像女王陛下一般……甚至长期忠诚于吴庭艳的人以及其政府官员都相信只有通过上层尽早的彻底改革，越南才能脱离现在的困境。

腊斯克从东京发回电报，提出反对吴庭艳的有力论点，向总统表示他认为南越总统已经"大势已去"。

国务院第三把手乔治·鲍尔对此持不同态度，他认为少数的美军不会真正对越南事件有真正的影响。"泰勒错了，"他在11月7日告诉肯尼迪。相对来说，鲍尔更了解东南亚。作为一名私人律所的律师，他曾经处理过法国在印度支那的法律案件。他说，越南不是一个小国家，从南到北将近1,000英里，人口超过3,000万，比老挝10倍还多。

"5年之内，我们将有30万人在这些稻田和丛林里，然后再也找不回他们，"他告诉总统。"那就是法国的遭遇，不管是出于自然还是政治观点，越南都是最糟糕的区域。"

肯尼迪并不喜欢这样。"乔治，我一直认为你是这里最聪明的人之一，"他说道，"可是你却比地狱还疯狂。你说的情况根本就不会发生。"

在越南这件事上，肯尼迪现在已经很恼火了。前总统艾森豪威尔刚就外交政策发表了两次演说，赞扬了政府在柏林问题上的坚定不移，但就古巴和越南问题批评了肯尼迪。"犹豫不决和含糊不定，"艾克说道。正如肯尼迪看到的，最大的问题——越南作为国内事务——在麦克纳马拉和腊斯克的联合备忘录中有提到，他们分析了泰勒的建议："失去南越将进一步刺激激烈的国内论战……极端分子会抓住失去南越这点分裂国家和抨击政府。"

肯尼迪让他们在接下来的几天内为国家安全委员会会议准备一份工作文件。然后，他离开了，到国务院礼堂出席他的第18个记者招待会，但会上没有一个问题是关于越南的。

正如新闻所报道的，总统谈到了"多方面的事务"，他称赞了谈判者在与本国第二大贸易伙伴——日本争取公平的贸易平衡方面所做出的努力。日本抱怨与美国进出口贸易的不平衡，美国的贸易顺差每年接近10亿美元。当缅因州《波特兰先锋报》的记者梅·克雷格问他，对于在竞选时做出的为女性实现权利平等与收入平等的承诺，他都做了些什么时，他对此一笑置之。他巧妙地（但不诚实地）回避了关于他在导弹实力差距问题上态度180度转变的提问，他说竞选时他只是引用了艾森豪威尔关切的问题而已。此外没有记者问他有关越南的问题。

三天后，也就是11月11号，腊斯克和麦克纳马拉递交了他们的国家安全委员会的工作报告，总结如下：

> 南越沦陷给共产主义，可能导致共产党的控制范围以相当快的速度扩张到东南亚大陆其余地区和印尼，或者使这些地区完成对共产主义的适应。它的战略意义，在世界范围内，尤其是在东方，将会非常重要。如果不大规模地引入美军——以不严重干扰

我们目前的柏林计划为前提，那么其他任何阻止南越沦陷的办法，成功的可能性都很小，也可能根本不会成功……如果引入美国作战部队是获胜的必要条件，那么我们应做好准备。依形势而定，美军也可能有必要对位于北越的进攻源头进行打击。

总统希望淡化并延迟派遣作战部队这个问题，"做准备"是迎合这种想法的一种方式。但是最后他们却这样总结道："我们现在下定决心致力于阻止南越沦陷给共产主义，在这一过程中我们认识到为了实现这一目标，有必要将美国和其他东南亚条约组织成员国的军队引入南越。"

总统删掉了这个结论，他并不希望做到这一步，在同一天他收到了正在日内瓦与苏联共同处理老挝问题的埃夫里尔·哈里曼的便笺。便笺中说："一些迹象表明苏联有意在东南亚创造一个和平稳定的局面，至少在这段时间内。"美国中央情报局从中国及越共处也获悉了相似的细微线索。毫无疑问，阻止美军进入越南是北越人民，或许也是苏联人的首要考虑。

读了哈里曼的电报，沃尔特·罗斯托——他对总统的政治风险很敏感——在去见总统的不到一小时的路程中，写下了反驳哈里曼电报内容的备忘录："如果我们为了要与共产党对话而延迟在越南行动的话，美国不愿与共产主义对抗的形象——由老挝问题上的表现引起——将会被明确地证实，这将会引起真实的惊慌和混乱。……铁幕双方将会对我们采取的行动格外仔细地审查，以此衡量我们这个政府的意向和决心。"

11月15日，肯尼迪总统召集手下到内阁会议厅。从某种程度上，他是支持泰勒和麦克纳马拉的。他实际上做出了这样的决定：从操作上讲，越南问题是个军事问题。但是他说他不愿派出美国作战部队，至少现在还不行。他同意泰勒报告里其他几乎所有的建议。给吴庭艳提供更多的顾问，施加更多的压力，让他表现得更像个美国式的民主党人而不是做个中国式的君王，还要派遣更多美国人驾驶的直升机，力图掌握南越部队的动向。

副总统约翰逊的军事副官哈罗德·伯里斯上校记录了11月15日的会议内

容，他捕捉到了肯尼迪总统貌似矛盾的心理：

> 由于对战争的根据尚不完全清楚，他对卷入越南战争是否明智提出了质疑。相比之下，他注意到朝鲜的情形是明显的侵略性质……在越南，冲突比较模糊，也没有那么明目张胆。然后总统表达了自己强烈的感觉，他认为在这种情形下，为了避免世界其他国家的强烈反对，以及国内党派的尖锐批评，美国在做出例如越南问题这方面的努力时，需要盟国更多的支持。总统说他甚至可以提供一个充分的理由来反对介入一万英里以外的地区，去对付16,000个游击队员，而当地有20万军队在与游击队战斗，多年来耗费达数百万却毫无进展……

总统也同意在一个代号为"庄稼汉"的行动中，使用美国飞机来喷洒灭草剂和落叶剂——含有二甲胂酸和几种丁基的商用除草剂。有一条小路穿过了这个遍地埋伏的国家。这一主意是为了清除到处可以埋伏的山野道路两边200英尺以内的灌木丛。然后第二步就是——断绝食物——使用除草剂破坏越共领地内田地里的稻米、木薯、玉米、甘薯。如往常一样，肯尼迪在三种落叶剂方案中做了一个折中的选择：为路旁去叶和断绝食物行动拨款1,000万美元。"出于先前考虑以及华盛顿授权的原因，"他避开了第一个选择，即通过花费7,500万美元的空军计划消灭掉南越32,000平方英里内的所有绿色植物，这几乎占这个国家植被的一半。

在这个漫长会议的结尾，莱姆尼策将军再次表示，必须阻止共产主义在越南的发展，否则它将吞没大部分亚洲。听完这番言论，肯尼迪再次说到他不能确定，在离美国90英里外的古巴还有个共产党政府的同时，是否有合适的理由调派军队绕到地球另一面去越南。"总统先生，"莱姆尼策说，"参谋长联席会议都认为，我们也应当到古巴去。"

肯尼迪那天的决定按照指示传达给了在西贡的诺尔庭，他被吩咐告知吴庭艳美国准备与南越政府合作，"通过快速增长的联合力量来共同应对越共的威胁。"这个步骤是吴庭艳写给肯尼迪一封信中概述的，信中援引了政府改革方面做出的努力，并向美国寻求新的协助。诺尔庭被告知"总统将对吴庭艳的要求做出迅速积极的回应……"不过这里面设有圈套。"由于政治、经济和军事领域会影响到安全局势，所以我们期望能参与到制定这些领域的政策的过程中。"

"如果这不奏效，"肯尼迪一边站起身来准备结束这次会议，一边说道，"或许我们将不得不试一下沃尔特的六号计划……"他对罗斯托点点头——这位绰号"空中干将"罗斯托想袭击北越。

作为对他的得力干将的检查，肯尼迪要求约翰·肯尼思·加尔布雷思在他回印度赴任大使一职时也去越南看看。加尔布雷思可以像罗斯托一样将报告写得快速、生动、明确。他没有使总统失望，11月21日他发电报给总统说军队不是问题。吴庭艳有"一支装备相对精良的部队，是一支由25万人组成的准军事部队……他们所面对的只是一支最多有15,000至18,000人组成的轻武装军队。如果这算势均力敌的话，美国很难免受其害……唯一的出路就是放弃吴庭艳……没人能提出安全的交易，我们现在正与失败为伍……我们不应该对把军队作为备选而感到惊慌。对这个世界来说，文官统治通常更持久更易被人接受，但是改变和新的开始也是非常重要的……"

加尔布雷思大使让西贡的一个同事非常不高兴，"诺尔庭虽然不同意抛弃吴庭艳，"加尔布雷思继续说，"他说过美国的许可将会有重大的影响。"诺尔庭还不知道加尔布雷思回到白宫告诉肯尼迪应该放弃诺尔庭，改用埃夫里尔·哈里曼。在他几天前写给肯尼迪的便笺中，哈里曼曾经说："我们必须让吴庭艳清楚我们说的内部改革指的是交易，这就需要一个能掌控美国所有活动（政治、军事、经济等）的强硬大使，还要让吴庭艳了解这个人与总统个人关系密切并得到了总统的信任……"

罗斯托读了加尔布雷思的电报，11月24日给肯尼迪总统送去了一份备忘录，以此为泰勒和那些想派遣军队去越南的人进行反击："越南的形势使我们面临是否可以接受越境游击战合法化的问题。虽然我并不希望这样，但在历史上这个"新边疆"政策将会从某种程度上通过如何迎接那份挑战得到衡量。"

罗斯托又一次这样做了。对肯尼迪来说"历史"是个敏感词。政治是情人，每天都来访，讨人喜欢又要求不高，但历史却是肯尼迪追求的女神，追求的方式就是给索伦森或施莱辛格要么发个便笺，要么简短通话："把这记录下来写书用。"他指的是八年后他将要写的那本书。"在 12 个月的时期内，我能辩解的失败次数是有限的，"他曾对加尔布雷思说，"我经历了猪湾事件，又从老挝撤军，我不能再接受第三次失败了。"

他告诉罗斯托他不需要成堆的备忘录来理解政治后果，那是他自己的事。美国的撤退和共产党的胜利，将会重演 20 世纪 50 年代初期一直烦扰着杜鲁门总统的关于"谁失去了中国？"的辩论，这将会摧垮他和民主党。"吴庭艳就是吴庭艳，对我们最合适，"肯尼迪沮丧地告诉腊斯克，那时南越总统开始对美国的要求不理不睬。

吴庭艳一直都在对美国的提议保密，他说美国的插手让他看起来像一个傀儡，把民族主义的问题拱手让给了共产党。同时西贡的媒体转向了反美战线，用大字标题抗议美国对吴庭艳施压，如"越南不是资本帝国主义做实验的豚鼠。"

不论吴庭艳总统对泰勒和诺尔庭说什么，他和他的家人似乎都感觉他们可以为所欲为，美国宁可合作也不愿因为撤退而当众受辱。在总统决定公然违背日内瓦协议以及 685 名美国顾问的限定之后，腊斯克认为对肯尼迪来说已经没有回头路可走了。

"我们将会遵守我们的承诺，"国务卿在布鲁塞尔对北大西洋公约组织外长们说，并且私下里把东南亚的局势向他们做了简短的介绍，"我们不会在大西洋地区做处女，也不会在太平洋地区做妓女。"

但是肯尼迪还没有做出决定。撤军在国内引起的政治后果风险不可估量，同时他也知道如果他继续派遣作战部队的话会发生什么。他告诉国务院情报研究局局长罗杰·希尔斯曼："他们需要美国的军队，他们说有必要重建

271

信心，保持士气。但是这将会和柏林一样：部队进驻，乐队奏乐，人群欢呼，但四天后所有的人都会将这一切抛之脑后，然后告知我们需要派遣更多的部队。就像饮酒一样，酒劲下去，你就得再喝一杯。"

这些肯尼迪都知道，但他在尝试。12月15日两位总统通过公开信交换了意见。"越南不是一个大国，"吴庭艳写道，"如果我们想在这场正在进行的反对我们的战争中获胜的话，我们需要美国提供进一步的协助。"肯尼迪回复说："我们正准备帮助越南共和国保护它的人民，维护它的独立，我们将立即提供支援帮助你们共同做好防卫工作。"

那一周，两个美国直升机连抵达越南，带去了33架飞机和400人。由于就老挝问题的谈判还在进行中，总统不希望他们随即投入战斗。美国实施了一项制度，使总统可以对美军的使用问题做出日常决策而不留下任何书面记录。12月19日他的一名军事顾问在备忘录中对这一点做出了概述："如果白宫没有反应，西贡将得到一个肯定的答复。邦迪先生意识到我搞的这个步骤可以使总统避免明确表态。"

截止到12月底，在越南有2,067名美国军事顾问。12月20日，他们第一次被正式授权使用武器——用于正当防卫。1961年12月22日，来自田纳西州利文斯顿的四级专业军士詹姆斯·托马斯·戴维斯在丛林中被杀害。他是第一个。

第二十四章 1961 年 12 月 31 日

　　11 月 3 日，爱德华·兰斯戴尔将军同肯尼迪总统一起坐在椭圆办公室里，与他们一起的还有其他参与泰勒南越使团成员。兰斯戴尔想他可能最终要回到西贡市。毕竟，吴庭艳总统正式邀请他继续做顾问，并担任两国政府间的联络员。他再清楚不过：迪安·腊斯克和罗伯特·麦克纳马拉无意让他得到比美国大使或美国驻越南军队司令更高的职位。

　　会议结束时，总统转向兰斯戴尔说："留下一会儿。"

　　"放下你手头的一切工作，"当只剩他俩时，肯尼迪总统说，"我想让你处理古巴的事。"

　　"行动起来，搞古巴！"第二天，也就是 11 月 4 日，罗伯特·肯尼迪向兰斯戴尔和屋里的其他人命令道。司法部长是所谓"特殊小组"（扩编）的负责人，这个小组是总统的御用团队，使命就是采用一切办法除掉菲德尔·卡斯特罗。罗伯特希望兰斯戴尔做他的行动组长，他如愿了。

　　"古巴问题是美国政府的头等大事，"罗伯特·肯尼迪说道，"为此，我们将不惜一切时间、金钱、努力和人力。"

司法部长在11月4日自己的备忘录中写道，"麦克纳马拉、迪克·比斯尔、亚历克西斯·约翰逊、保罗·尼采、爱德华·兰斯戴尔（丑陋的美国人）。麦克纳马拉说他能让最后那个人为我效劳。我安排他调查古巴的情况——存在的问题及美国的财产。我的想法是让古巴人自己的间谍活动、破坏行为、公众混乱把古巴的形势打乱。我们不知道能否成功推翻卡斯特罗，但是据我估计至少我们自身不会有损失。"

罗伯特·肯尼迪认为中央情报局和其他所有政府人员都忽略了古巴总统，也忽略了他和马克斯韦尔·泰勒6月13日曾在写给他哥哥的报告中策划对猪湾事件后的应对措施："卡斯特罗不可能成为我们长期的邻居。作为共产主义和反美主义的危险分子，卡斯特罗在西半球的长期存在，必将构成实际的威胁，足以推翻任何一个或多个拉丁美洲弱国民选的政府。"

11月8日，罗伯特·肯尼迪接见了《纽约时报》的记者塔德·舒尔茨，并邀请他第二天做客白宫。这个记者曾发掘并揭露了猪湾入侵事件的计划和细节。

总统问道："你为什么没有告诉我猪湾的真相？为什么没有告诉我这会成为灾难？"

"即使我能够把真相带到这儿（事实上我没能够），您也会把我抓起来。"记者回答道。

"你也许是对的，"总统笑了。

总统询问舒尔茨，根据他与卡斯特罗多年的谈话，他认为卡斯特罗是个什么样的人，以及有没有与古巴领导人对话的可能。舒尔茨并没有比报道中说得更详细。因为记者与政客不同，他们从不隐瞒自己知道的真相。舒尔茨不知道他为什么会在那儿。或许他们正考虑聘用他。舒尔茨认为肯尼迪总统看上去比他多年前认识的那个年轻国会议员强硬多了。"强硬"正是当时出现在自己脑海中的词。

"你觉得我派人把卡斯特罗暗杀掉怎么样？"总统问道。

"我认为这不是个好主意。"舒尔茨说道，他感觉不舒服，暗杀的主意一点儿也不明智。"这不一定会改变古巴的局势。我个人认为，美国不应该参与政治暗杀。"

"我完全同意你的观点。"总统说道。他说他只是在试探舒尔茨，他自己也觉得这样做有违道德。总统还补充说，他弟弟也是这样想的。他又对这么做是如何错误说了好一会儿。

最后，总统对舒尔茨说，"我很高兴你和我想的一样。我绝不会做暗杀这种事。我们也不会参与这种事，否则我们都将成为别人的抨击对象。"回到自己的办公室后，舒尔茨整理这次谈话记录，他写道，"肯尼迪总统说他之所以提出这个问题是由于顾问们给他施加了很大的压力（他认为他说的是情报人员，只是没有明说），希望他能够同意暗杀卡斯特罗。总统还说，他一直在和这些压力做斗争。"

其他负责古巴事务的政府人员却都说是肯尼迪家族向他们施加压力，想要除掉卡斯特罗。"博比在这件事上很疯狂。"理查德·比斯尔说。理查德在猪湾事件八个月后仍然在组织中央情报局的秘密行动。舒尔茨并不是第一个被总统问到关于暗杀问题的人。在 4 月入侵之前，肯尼迪就询问过他的朋友，乔治·斯马瑟斯，这位佛罗里达州的参议员拥有 10 万多名古巴流亡者选民。肯尼迪曾说，这任务很简单，但是他想知道后果如何。斯马瑟斯回答说，如果人们发现暗杀是由美国所为，整个拉丁美洲都会有麻烦。

这任务的确不简单。如果简单的话，在肯尼迪上台前卡斯特罗就早被暗杀了。至少自 1959 年 12 月起，中央情报局就一直致力于古巴的暗杀和破坏行动；古巴政客、美国黑帮或其他力量也曾参与其中，但是都以失败而告终。菲德尔·卡斯特罗终于在 1959 年新年推翻了富尔根西奥·巴蒂斯塔政权，并开始没收美国公民的财产，其中包括一些臭名昭著的逃犯所开的赌场。肯尼迪任职后不久，比斯尔就负责了一个代号为 ZR/RIFLE 的项目，以提高"随时暗杀能力"。这个项目由一名与兰斯戴尔齐名的中央情报局特工执行，他叫威廉姆·哈维。他的成就之一即黄金行动，这是一条从西柏林到东柏林电话系统的中央转换站的电缆，可用来监听每次通话。

肯尼迪对中央情报局和其他机构施加的压力大多是口头上的。命令和意向都被刻意避免在正式记录中出现。10月5日以"古巴应急计划"命名的《国家安全行动备忘录100》，仅包含20几个字："确认传达给助理国务卿伍德沃德的口头指示，需要一个应急计划。"

这里的"应急计划"指的是暗杀卡斯特罗，"涉及可能将卡斯特罗驱逐出古巴政坛的应急计划"，这是古巴特殊小组本次会议记录上的措辞。马克斯韦尔·泰勒告诉成员，在传达关于"国安 –100"信息时，他更倾向于"不要提及总统对此事感兴趣"。

然而，问题仍然是：杀掉卡斯特罗会造成什么影响？同样在10月5日，由中央情报局筹备的《古巴现状及展望》认为暗杀领导人可能会增强古巴共产党人的力量。"此时卡斯特罗的死亡无论出于暗杀或自然原因，都会造成混乱，但绝不会威胁其政权……幸存的主要领导人在共同危险面前可能会联合起来。"

无论在公共场合还是在私底下，肯尼迪总统都极力避免谈论暗杀行动。而当时无论在白宫，还是在报纸上或是乔治敦晚宴上这个话题都常常被人们说起。11月16日，也就是签署"国安 –100"六周后，肯尼迪在西雅图州的华盛顿大学做演讲。他强调说："作为一个自由国家，我们不能为了和对手抗衡，就利用恐怖行动、采取暗杀、做出虚假的承诺或是网罗冒牌暴民。"但是，在这次演讲后面的部分，他反复提到一种挫败感使他不得不采取一些秘密手段。"我们拥有世界上强大的武器，但面对自由世界的敌人常用的武器，却又无计可施，如颠覆或渗透政权、游击战、国内混乱等。"

从西雅图离开后，总统又飞往亚利桑那州做了些演讲，后来又去得克萨斯州的博纳姆，参加了11月18日众议员发言人萨姆·雷伯恩的葬礼。当晚他又飞至洛杉矶做了一场演讲并简短会晤了朱迪思·坎贝尔。

肯尼迪还在西部时，美国结束了暗杀多米尼加共和国总统特鲁希略的行动。特鲁希略于5月30日被人用中央情报局提供的枪支谋杀。特鲁希略的小儿子拉姆菲斯·特鲁希略在杀掉六个参与暗杀的人后离开了自己的国家。这些参与暗杀的人被从监狱弄出来，拉姆菲斯亲手开枪打死他们，然后逃亡巴黎。他的两位叔叔裴腾·特鲁希略和赫克托·特鲁希略搬进了宫府，准备夺权，推翻美国支持的民选总统华金·巴拉格尔的统治。11 月 19 日，兄弟俩刚醒来就发现两艘美国航空母舰"福吉谷"号，"西奥多·D.罗斯福"号和一艘导弹巡洋舰停在离港口三英里处。美国领事约翰·卡尔文·希尔来向兄弟俩传达了美国总统指示的两条路，供他们选择：要么马上离开，要么美国海军陆战队登陆。兄弟俩于是被送上了租来的泛美航空公司的飞机，被带到了佛罗里达，开始了流亡生涯。

11 月 30 日，肯尼迪总统发给国务卿腊斯克一个备忘录，命令他"利用一切资源帮助古巴推翻共产主义政权"。当天他正式任命兰斯戴尔为的特殊小组（扩编）行动组长。"古巴工程"由罗伯特·肯尼迪负责，设有一个名为"猫鼬行动"行动队。

"我们正处于战斗状态。我们全权……调用美国的一切人才。"兰斯戴尔说道。他又开始采取在菲律宾和越南多次使用的策略，不断提出各种想法。其中一个秘密行动就是说服古巴的天主教徒，使他们相信：耶稣将会在古巴第二次复活，只要将卡斯特罗驱逐出古巴。

一个月后，肯尼迪总统再次投身到拉丁美洲的事务之中。但是似乎唯有越过卡斯特罗总是身穿军服的形象，肯尼迪才能看到中美和南美的两亿人民。12 月 16 日，肯尼迪飞往哥伦比亚首都波哥大，然后又去了委内瑞拉首都加拉加斯——选择了两个拥有民选总统的国家，并向这两位总统——阿尔贝托·耶拉斯·卡马戈和罗慕洛·贝坦库尔特继续宣扬进步联盟的崇高目标。负责保护总统的特勤局以及中央情报局曾试图说服总统取消此次行程，提醒总统（仿佛总统已经忘记了），就在两年前，尼克松副总统访问加拉加斯时被愤怒的暴徒用石头砸到。"我要去，"肯尼迪耸耸肩说道。

当空军一号在加拉加斯着陆时，飞行员说当地气温有 80 多华氏度。肯尼迪对负责总统个人事务的空军一号随员戈弗雷·麦克休将军说，下次他最好不要再弄错当地气温；在这么暖和的天气下，总统的西装太厚。他然后转向支持他此次出访的理查德·古德温。"哎，迪克，如果这次不起作用，你不妨继续往南走。"

出乎所有人的意料，这次访问效果极好。外交官们说他们从未遇到类似的状况。这个世界上最有权势的年轻人，他信仰天主教，还有个能用西班牙语对公众讲话的深肤色漂亮妻子。他就在那儿，看起来一切都是可能的。当肯尼迪总统的敞篷车缓缓穿过波哥大激动的人群时，卡马戈总统说："您知道为什么这些工人农民如此欢迎您吗？因为他们相信你是站在他们那一边的。"

肯尼迪也是这样想的。

"我们在处理同拉美的关系上犯过许多错误，"那晚肯尼迪说，许诺了新未来，"我相信，拉美的领导人、实业家、土地所有人也愿意承认过去犯下的错误，并且承担新责任。"

关于美国在里奥格兰德河以南真正想要什么和愿意接受什么，肯尼迪欺骗了自己，也欺骗了成千上万的人。美国真正的目的，有时是唯一的目的，就是推翻卡斯特罗和共产主义。在总统决定亲自前往南美前不久，一位曾在芝加哥学习的牙医——齐迪·贾根——当选圭亚那总理。圭亚那位于南美洲的北海岸，面积较小，拥有60万人口，曾是英属殖民地。大约一个月后，贾根就去了华盛顿，寻求4,000万美元的美国外援。1961年，欧洲殖民主义在世界范围内破产后，世界上有33个欧洲殖民地独立。自此之后，拜访肯尼迪成为新兴国家领导人上任的固定程序。一面国旗、一次华盛顿出访、一座从苏联人那里得到的钢铁厂，就象征了独立的主权。美国国务院并没有让贾根如愿以偿，只打算给他500万美元。肯尼迪同意了并计划两国总统在一个周三会面。

在他们首次会面前的周日上午，肯尼迪无意中听到贾根媒体见面会后半部分的访谈，他不喜欢听到的内容。这个圭亚那人说他是马克思主义者却不是共产主义者。与肯尼迪总统一样，他钦佩英国社会主义者哈罗德·拉斯基。但是贾根多次拒绝批评苏联。肯尼迪于是拿起电话，打给国务卿腊斯克，"我和他谈过话后再决定是否援助"。

肯尼迪告诉贾根，他不反对社会主义，也不打算将私人企业强加给那些不接纳它们的国家。"我们是实用主义者，"他说。但是在拉丁美洲，肯尼迪的实用主义专注于寻找实用的方式除掉共产主义者，或者言谈举止像共产主义者的人。在肯尼迪动身去波哥大和加拉加斯前，他就命令麦克纳马拉在巴拿马运河区美国军区内，建立他的第一所代号为 1290-D 的秘密警察学院。这一项目旨在训练驻拉丁美洲警察部门的防暴能力及获取情报、审问的技能。"我们要夺取共产主义对街道的控制权，"罗伯特·肯尼迪说道，他才是警院背后的真正动力，"只要有一两个好样的，通过适当训练，就能有所作为。"

"简直是盖世太保。"中情局和 1290-D 的联络人罗伯特·艾默里这样认为。当然，他没有大声说出来。司法部长负责这个项目的日常运行，按官场风气推断，他的命令来自他的哥哥。

阿根廷历史上选出的最亲美的总统阿图罗·弗朗迪西，在访问棕榈滩时对刚从加拉加斯归来的肯尼迪说："你必须明白，卡斯特罗只是饱尝贫穷、备受压迫的一个代表。"

"你说的对，"肯尼迪回答道，或许在他未成为总统时自己也这样说过，"但是，他正试图破坏那些想通过自己的努力站起来的国家。我们必须制止他。"

总统长得仪表堂堂。那些欢迎他的外国人很可能就是 1958 年曾向尼克松副总统丢石头的人。战后一年他的国家出现的问题远远多于他所取得的成就，但是他坚持住了。盖洛普民意测验的结果显示，肯尼迪在全国的支持率为 77%。有一个关于民主党的奇怪而意味深长的笑话，用以嘲笑他们的健忘：《旧金山纪事报》在加利福尼亚进行的年终民意调查显示，当问及去年他们把票投给了谁时，59% 的人说他们投给了肯尼迪，32% 的人说投给了尼克松。但事实上那年（1960 年）赢得该州竞选胜利的是尼克松。

令肯尼迪头疼的是众议院，那里南方民主党掌握话语权，他们一致反对北方自由派提议的计划，而北方自由派构成了全国民主党的基本舆论主体，其计划包括不断增加国外援助、公民权、教育和老年人医疗的联邦援助。第87届国会第一次会议后，一位议员就《美国新闻与世界报道》中人们对国会态度的调查结论说道："在一名左翼民主党总统领导下做南方保守民主党人可真是苦不堪言。"

同样，这对肯尼迪来说也很痛苦，因为只有在最南部的地区，人们才把他当作一名左翼分子。肯尼迪虽然获得最高票数，但是民主党却失去了23个众议院席位。1960年的选举中，435名众议院议员中有303名在家乡地区获得的选票，都比肯尼迪在自己家乡地区得到的多。他们认为，比起这名来自波士顿的总统来，他们更知道自己选区的人们想要什么。

肯尼迪在国会取得的第一个胜利是扩大了众议院规则委员会，但是这并没有改变国会许多严峻的事实。昔日南方民主党人和共和党之间的联盟，依然把持着整个国会。肯尼迪的重要提案仅有两项得到了他们的支持，分别是军事拨款提案，以及使更多联邦资金流入全国大部分地区的总额600万的中、低收入者住宅提案。

两党中的南方人士和其他保守派都几乎一致反对公民权立法，他们甚至都不想谈论它，而肯尼迪的对策就是不提出任何这方面的提案。他也没有兑现竞选时的诺言"大笔一挥"签一个行政命令，解决新联邦住房结构中的种族隔离问题。11月22日，肯尼迪会见了民权委员会的委员，并保证他正准备签署此政令。至少赫斯伯格神父和其他五名委员在会见后是这样认为的。肯尼迪对神父说他打算在感恩节周末完成此事。实际上在那个周六，肯尼迪还在海恩尼斯港问索伦森，如果把那个承诺写入竞选演讲，他会有什么意见。

"如果是我，我不会这么做，"索伦森说。

"嗯，我猜也没人会这么做，"肯尼迪说。

事实上，他什么也没签，只是谈论那些他和国会南方代表之间早已存在的分歧，那些他认为在雷伯恩去世后会愈演愈烈的问题。约翰·麦科马克是新发言人，他虽然来自马萨诸塞州，但他和肯尼迪关系并不十分密切，他也不偏向南方民众。

对于公民权，索伦森和助理李·怀特为肯尼迪准备了一长串可供选择的备忘录，分栏展示了 30 个总统的行动以及其可能带来的后果：

要求人口密集区中接受补助的学校废除种族隔离。	拉里·奥布莱恩的人认为这将意味着助学贷款法案的终结。卫生、教育和福利部正准备就此展开调查，但是对立刻行动存有戒心。
禁止联邦住房计划歧视：公共住房，城市改建，退伍军人管理局直接贷款。凡有种族歧视的贷款公司也将丧失向退伍军人管理局，联邦住房管理局和农场主之家管理局贷款的机会。	民权委员会推荐包括联邦储蓄保险公司担保的银行。 ……当然斯帕克曼参议员和雷恩斯众议员强烈反对一切住房政令。而且，毫无疑问，一旦颁布政令，城市事务部也将不复存在。

在另一个有关废除国民警卫队种族隔离的单独备忘录中，国防部声称："强制合并国民警卫队，可能会导致部分甚至全部南方各州遣散警卫队，或是拒绝联邦资金和设备……此外还应注意，由于两院武器委员会和拨款委员会的主席及高级成员都来自南方各州，此类行为可能会致使国防部和国会不和。"

肯尼迪对此做出的反应和大部分政客一样，他决定不表明态度。在此过程中树敌与否都毫无意义可言。"事情有先后，"当问及政府为何对民权无所作为时，索伦森这么说。"总统是把注意力放在必须要重点解决的问题上。不存在深思熟虑，也不存在犹豫不决。"

只是时机问题罢了。无论如何民权和国会都不是总统面临的最大政治问题——至少总统自己是这么认为的。他认为真正的政治问题，无论国内还是国外，都在于他对苏联及其在古巴的朋友，态度是否足够坚决。11 月份，在一系列和全国报纸出版商的会餐中，《达拉斯晨报》的出版人 E. M. 迪利说："我们需要一个马背上的总统来带领这个国家，而得克萨斯的很多民众都认为您骑的却是您女儿卡罗琳的自行车。"听到这话，肯尼迪使劲控制着情绪，坐着没动。

"我其实和你一样强硬，迪利先生，"肯尼迪回答道，而在座的其他 18

名出版人都尴尬不已。"我身上肩负着1.8亿美国人民的幸福生活,而你没有……我也不是因为优柔寡断才得到大家的选票。"

但是当时,他强硬个性的一个最明显的标志给他带来了不小的麻烦。"民防现在迅速成为我们头号政治难题,离间了那些认为我们做得太多或太少的人,"特德·索伦森在给总统的备忘录中这样写道,这是在国会为此项目拨款2.07亿美元之后。"大规模核攻击的破坏程度高得惊人,即使有大规模的防护措施也无济于事……它既不能使我们的敌人望而却步(能影响他们的是我们的反攻力量是否虚弱而非国民意志是否坚强);同样,也不能让总统致力于导致核交战的事务时感觉更轻松。恰恰相反,这可能会刺激敌人开发更具破坏性的武器。"

肯尼迪御用文人中最多产的两位,加尔布雷思和施莱辛格在看完题为《放射性尘埃防御》的政府宣传手册的初稿后,给总统写了长篇备忘录,表达各自的想法。加尔布雷思写道:"现行的宣传手册保护了共和党却牺牲了民主党。这些人自己拥有带地下室的房子……但是他们则毫不考虑那些住在三层楼房,公共住宅或廉价公寓里的人……"

施莱辛格则说他认为民防系统是一个不错的主意,它有利于将更多的人吸收到冷战中来。但是与此同时这个国家也日益变得疯狂:

> 这无异于教人堕落。邻居企图进入自己的防空洞时,防空洞主人掌握着邻居的生杀大权,这一话题在全国范围内已掀起了激烈甚至是不雅的讨论……加利福尼亚州里弗赛德县民防官员提醒人们提高戒备,使自己的社区免受洛杉矶涌来的难民大军侵扰……新泽西州纳特利市的幼童军挨家挨户散发的民防宣传册中说:"无论你是否是民防组织成员,它都是记录每个人对共产主义是纵容还是反对的最明显最适当的利器。"

至于那些认为防空洞也无法改变世界即将毁灭的失败主义者,麦克纳马拉部长的助手亚当·亚莫林斯基在接受采访时说:"这将是一个不同的世界,周围充满敌意，与鲁宾逊从轮船残骸中出来时看见的那个世界，并无二致。"

在肯尼迪南美之行即将结束之际，他从波哥大飞往棕榈滩，于12月18日抵达。他的妻子和父亲在那边，他便在棕榈滩休息了一天，19日上午又飞回华盛顿。次日9点15分，肯尼迪抵达白宫，他刚锻炼完身体，开过国家安全委员会会议，内阁会议室就传来消息说罗伯特·肯尼迪打来电话，说他们的父亲在棕榈滩乡村俱乐部高尔夫球场不慎摔倒。约瑟夫·肯尼迪当时73岁，得了严重的中风。圣玛丽医院的一名牧师已经来主持天主教临终圣礼。肯尼迪于当天傍晚抵达，但是过了将近48小时后，父亲似乎才把他认出来。

这次他在棕榈滩待了一天，随后飞往百慕大去和哈罗德·麦克米伦进行长达一天的会议。总统需要一个可以进行大气层试验的场地，而英国恰有一个合适的地点，即太平洋中无人居住的圣诞岛。肯尼迪想说服麦克米伦让美国在那里做试验，作为交换条件，英国也可以在内华达秘密进行美国为英国研发的空对地导弹弹头试验。设计"天弩"是为了将皇家空军轰炸机具备导弹发射功能，从而以较低成本来提高英国的核能力。麦克米伦作为最反对新试验的国家领导人，以要回去和内阁商议为由，拒绝了肯尼迪的提议。

这两个盎格鲁—撒克逊人——戴高乐这样叫他们——竟然慢慢成了好朋友。当夜，比肯尼迪年长23岁的麦克米伦在日记中写道：

　　　　他十分谦虚幽默，喜欢开玩笑，讲话娓娓道来……他对待具体问题的行动（譬如刚果，西伊里安，加纳），和对待重大话题的态度（核战争，东西方的矛盾以及资本主义和社会主义等等）迥然不同。首先，他的反应极快，效率很高，可以说是一个天生的"政客"（并非贬义）。涉及到更广泛的问题，他似乎有点茫然……

　　　　我觉得他的身体状况不是很好。他的背总是会疼。坐久了就会疼……

回到棕榈滩后，肯尼迪每天都去圣玛丽医院探望父亲两次，但随后他背部的顽疾又急剧恶化以致不得不整日卧床，伯克利，特拉维尔，克劳斯以及普雷斯顿·A.韦德这些1954年曾为肯尼迪做背部手术的医生都寸步不离病床。外科医生赞同伯克利的建议，认为他们的病人需要更多锻炼，并减少药物治疗。

克劳斯看了一眼特拉维尔，他以为她又在劝说总统不要参加此次会议。

"如果她再碰一下病人的话，我就退出了，"他瞪着特拉维尔说，"哪怕就一次。"

总统点头同意。

从那以后，只有经过克劳斯和伯克利的同意，特拉维尔才可以给总统注射普鲁卡因。"知道吗？"伯克利对她说，"总统的治疗不用你插手。"

从那以后，总统更加重视锻炼，同时接受海军理疗师每周给他进行五次治疗。特工处技术人员在克劳斯的纽约办公室和汽车里都安了应急电话——自从克劳斯的纽约办公室被撬，政府怀疑有人要搜寻有关总统的记录后，这套装置就配置了加密设备以防被录音或偷听。在1960年大选期间，同样的事情也发生在了其他几个医生身上。譬如，罗伯特·肯尼迪认为这些非法闯入行径，并非共和党和苏联间谍所为，而是约翰·埃德加·胡佛的联邦调查局干的。

这一年真是个多事之秋：猪湾事件、自由乘车运动、维也纳峰会、柏林墙、越南战事升级。特德·索伦森在1961年最后一周跟肯尼迪说，一些记者建议在新的一年到来之际写本书。总统看着他，问道："谁会想看一本尽是灾难的书？"

"肯定，这工作分量不轻，"1960年末他在执政前的一次采访中说过，"但是我认为我能做到最好。再说，这工作报酬也不错。"1961年最后一次国家安全委员会议中，总统打开了议程文件夹，念了一连串的问题。然后他微笑着说，"现在，我们就来看看，这些问题究竟是我们继承下来的，还是我们自己的？"

第二十五章　1962 年 1 月 23 日

　　"增强经济实力"是肯尼迪于1962年1月11日发布的国情咨文的开篇主题。"这项任务必须从国内做起，因为如果我们无法在这里实现自己的理想目标，我们也就无法期望别人能够接受它们。"他将冷战称之为"一场全球内战"。时值美国与苏联竞争，甚至是他自己与苏联领导人之间竞争的背景下，肯尼迪拟定出了几项国内提案。

　　"在国内，年初时我们身陷经济衰退的谷底；年末时我们实现了经济的快速复苏与增长……这个曾被赫鲁晓夫先生称作'蹒跚的老马'的经济体正飞速发展，消费支出、劳动收入以及工业生产等均有创造历史新高之势……不要忘记在过去七年内我们遭受了三次经济衰退。我们要未雨绸缪。我们需要总统具有仅次于议会否决权的备用权力，将个人所得税下调……减缓经济衰退，以免最终导致我们全军覆没……"

　　"我们可以向全世界证明，一个自由的经济体并不一定是不稳定的经济体，一个自由的经济体并不一定会让人民失业。……更为重要的是，如果我们想兑现对外做出的承诺，我们必须扩大出口……"

肯尼迪将一年前演讲的开头作为了这次演讲的结尾，重申了他在就职演说上的世界观："这一代人——身处国会的诸位和身为总统的我——的命运就是要进行一场并非由我们发起的斗争，就是要去面对一个不是我们所组建的世界。但是生存的压力并不总是按我们的选择来分配的。而且，尽管历史上从未有国家面临过如此大的挑战，但也从未有一个国家像我们这样做好了充分的准备，去承担这份责任，去赢得自由的荣耀。"

1月17日和18日，总统主持了为期两天的党内参议员和众议员会议。会议的日程安排都是政治事件：推销他在任第一年内取得的成绩，以及为第二年他所认为的焦点或最重大事件做准备——于1962年11月6日举行的国会中期选举。

他首先谈到了盖洛普民意调查显示出民众对于他以及一系列政府新方案的强烈支持。被访者中76%的人支持1961年3月通过的关于上调最低工资标准的法案，71%的人赞成1961年2月美国成立和平队。当被问及如果肯尼迪与尼克松之间现在进行总统竞选，他们将如何投票，62%的被访者称他们会选肯尼迪，而这与1960年11月8日选举时不足50%的投票形成对比。

"今年的计划也将受到欢迎，"肯尼迪称。67%的被访者支持增加社会保险税，以补贴老年人的医疗保健费用。同时，民众还对联邦政府的教育援助表示了强烈支持，此项援助在一定程度上，是由于71%的盖洛普民意调查被访者希望自己的子女能够上大学，但其中49%的人没有积蓄支付学费。

肯尼迪总统所论述的八项议题中有六项是关于国内问题而非国外形势的，主要集中于选举年中，美国民众与政客所关心的民生问题。然而，6比2的比例与肯尼迪总统在白宫第一年的工作内容几乎截然相反。在任的第一年里，他专注于外交事务以及国家安全事务。偶尔，他会告诉索伦森和奥唐奈，命令他们切勿让人前来打扰，这样他就可以抛开杂务，集中精力制定出一项国内事务的安排，但这从未实现。有时，拉里·奥布赖恩和其他在国会山工作的官员们，会相互感叹星期五下午总统的直升机飞离白宫草坪后发生的一切。接下来的周末里充满着总统和他的小家庭一起玩乐的迷人画面，驾船航行，在海滩上奔跑，女儿凯若琳有匹宠物小马，叫马卡罗尼，他喜欢安抚这匹小马，然后整整一个星期听着参议员和国会议员不停的抱怨，他们也想得到安抚。

因此，这些会议目的是政治安抚。大部分国会议员都会不停地烦扰肯尼迪，甚至在肯尼迪还是他们当中的一员的时候就是如此。无论何时，只要肯尼迪能够摆脱这些事，他就会对国会的各类事件以及大部分国内问题不予理睬，将它们交由索伦森和奥唐奈以及总统特别顾问助理迈尔·费尔德曼来处理，后者负责除公民权利和重大经济问题以外的几乎所有国内事务。

"如果迈尔·费尔德曼是个大骗子，那我们所有人的麻烦就大了，"肯尼迪某一次从一大堆有关国内请愿及投诉的文件旁走开时曾这样说道。

索伦森已经准备了一份用于国会会议的简报文件，列出了总统将要宣讲的政治路线，文件的开篇是关于一项负面政绩，强调了肯尼迪总统对共和党自20世纪50年代以来指责民主党"对共产主义软弱"的强烈辩护；

"1）在政府中目前尚未发现共产主义或腐败现象……；2）没有出现严重的通胀或失控……；3）预算平衡（1963财年）……；4）没有类似于朝鲜战争的战争发生……；5）没有绥靖政策；艾克的国防预算增加了15%……；6）宗教与青年问题已不复存在……；7）重现繁荣景象……；8）农民更加安居乐业。"

农民安居乐业并不是肯尼迪的主要目标。肯尼迪在其1960年竞选活动中的第一次有关农业的演讲后曾这样问迈尔·费尔德曼，"你明白我刚刚在说什么吗？我肯定我自己不明白。"而且，他在南达科他州博览会上做完最后一次有关农业的演讲后，又曾这样对理查德·古德温说，"好了，终于结束了。11月以后再去理会这些讨厌的农民吧。"

他很快便明白，作为总统，在国内事务上他的意见无疑是最重要的，但他必须不停地与各方就各项事宜进行磋商——其中包括商人、农民、州长，尤其是国会。在外交事务方面，尤其是国家安全事务，他的做法很少遭遇质疑。当他们的总统就国际形势发表看法时，美国人不会存有任何疑虑。在外交政策上，总统实际上往往就是美利坚合众国的代言人。

但是肯尼迪是一位非常卓越的政治家，他不会对经济问题感到厌烦。对于选民而言，政治就是缩型经济，1月份的一系列会议就是为了1962年选举。短短10年间，美国就已经遭受了三次经济衰退——分别出现在1953年，1958年以及1960年，最近的一次甚至一直持续到了1961年的上半年。肯尼迪总统担心如果再出现另外一次经济衰退，他将不会获得连任。

他在白宫最重要的顾问是沃尔特·赫勒，时任他的经济顾问委员会主席一职，偶尔也会听取赫勒的导师——来自麻省理工学院的保罗·塞缪尔森——的意见。他们二人都曾师从约翰·梅纳德·凯恩斯，后者的著作《就业、利息和货币通论》于1935年出版发行。肯尼迪是哈佛大学1940届毕业生，曾接受过凯恩斯之前的一系列经济推论的训练，其中包括经典的传统理论：赤字是不利的，因为会导致通货膨胀。凯恩斯并不这样认为，而且这位经济学"大师"的两名铁杆粉丝，赫勒和塞缪尔森，都力劝肯尼迪相信：削减个人所得税将会增加消费者支出，刺激经济增长，避免通货膨胀，实现其推动美国经济再次前进的承诺，同时也将确保他连任总统。

他们渐渐地说服了肯尼迪，但他在公众面前还无法完全照做。"我刚呼吁人们作出牺牲，"他早些时候曾对赫勒说，"而现在你想让我一上来就告诉他们我要减他们的税？"另外，减税势必会增加国家债务，而当时国家债务已经高达2,840亿美元。自肯尼迪担任总统的第一天起，他最为坚定的政治目标之一就是将年度财政赤字控制在128亿美元以下，这是艾森豪威尔总统在位八年间的最高值。

肯尼迪心里明白，他这一时代的历史任务就是与共产主义作斗争，外界对此也毫无异议。1961年年底，历史学家齐聚华盛顿，肯尼迪在演讲的开头引用了英国首相丘吉尔在第二次世界大战中的预言，称历史终究会善待他的，"因为我要书写历史！"

肯尼迪在施莱辛格和索伦森的辅佐下，想要效法丘吉尔。与会的历史学家中，有一位来自普林斯顿的戴维·唐纳德，是研究亚伯拉罕·林肯的专家，肯尼迪邀请他到白宫来，问了他个问题："怎样才能够作为一个伟大的总统被载入史册？"

将肯尼迪载入史册的途径是新闻业，他和一种新的通讯技术——电视，似乎一直在改变着新闻业的发展。1961 年，肯尼迪举行了 19 场电视直播的记者招待会。"新闻发布会"是白宫给它的命名，名副其实，因为它就是总统用于发布新闻及对新闻做出回应的渠道。新闻界更喜欢旧的名称，即"记者招待会"，试图将它们自己上升到主导地位。越来越多的记者来到白宫，他们衣着得体，提问的时间也比没有电视时延长了一倍。

那是肯尼迪的表演时刻。他是舞台上的主角，风度翩翩，见多识广，诙谐风趣，富有同情心，从容地将记者们吸引到他身边，或是偶尔言辞尖刻地刺激在场的记者们。他在这个舞台上的统治力量改变了华盛顿的新闻业，同时在很大程度上也改变了总统和政府本身。肯尼迪刚刚接任时，仅有几十个男女记者定期专职报道发生在白宫的新闻，而 1962 年初时已经有多达几百人。一个接着一个的新闻组织纷纷轮班派遣人员前往进行报道。如《芝加哥每日新闻》的彼得·利萨戈或全美广播公司的桑德·瓦诺克尔等记者已经开始以传统方式报道肯尼迪政府，每天到各大部门报到登记；但不到一年以后，他们就转而只报道肯尼迪了。总统对政府发布的信息有了越来越多的控制权，这些信息以前都是由内阁部长、受委任的官员或者文职公务员根据他们自己的日程安排按时发布的。记者、编辑以及共和党人虽不时地抱怨这种"新闻操纵"行为，但是对于新闻界的女士们和先生们而言，这是一场公平交换，是一件美妙的事情，而且很多白宫的常客都逐渐成为了名流。

肯尼迪喜欢记者，他是第一位不将他们称为"坏孩子"的现代总统。他和罗伯特·肯尼迪在记者进行一个重大连续报道期间，认识了他们中的很多人，当时肯尼迪是参议院劳工委员会成员及总顾问，并参加了 1957 年被大肆报道的关于有组织的劳工与有组织的犯罪之间联系的听证会。时任参议员的肯尼迪学会了他们的说话方式。在私底下，他很率直——并不一定句句属实，但十分的直截了当。在这共享秘密的过程中有一种"契合"，本意也就是亲密，既是亲密同时也是相互妥协。他的助理们都是男性，当他在做长时间的蒸汽浴来缓解背部的疼痛时，他们就身着西装坐在马桶上争相形容如何接收命令，却不知肯尼迪也许正对他们了如指掌。1956年民主党全国代表大会期间，有一次亚伯兰·柴叶斯在肯尼迪的酒店套间里接了一个电话，是其夫人杰奎琳·肯尼迪打来的，柴叶斯走进肯尼迪的卧室，发现他在看报纸，身上只穿着内衣。"我出去接，"肯尼迪说，说着就往起居室走。"等等，"柴叶斯说，"您不能就这样穿着短裤出去，外面有很多记者和摄影师呢。"肯尼迪大步走到起居室，无所顾忌地大声说，"亚伯，我认识这些家伙，他们不会利用这个陷害我的。"

他们确实不会那样做。他和记者们谈论的是他们的工作以及烦恼，而不是他自己，他对他们的需求和各种困难很敏感。他将速记员和成排的打字员带到国家政治会议现场，他们一做完记录他就把这些演讲稿和记者招待会的记录文件提供给记者们。对这些记者们来说，对照着他的原话就要比看他们自己的笔记简单多了。另外，他还不断地利用他的家庭和孩子们，使得他们登上报纸上中间的空白栏，那原本是用于刊登当地孩子和他们小宠物的照片的。这一切的前提规则，按照他的朋友参议员斯马瑟斯的引述就是："如果他们为肯尼迪服务，肯尼迪也会给他们提供方便。"

他将新闻业推向大众化，允许更多的记者和摄影师对更多的场合进行报道和拍摄，但是将他们的注意力从政府的边缘引向了它的中心。较之专栏作家，他更喜欢记者，喜欢对各大报纸、新闻杂志及电视网络派来的年轻人大加赞赏（金钱利益也就随之而来），这些原本都是那些老一辈名流的专利。

"你和李普曼或者赖斯顿吃顿午饭，他们回去就会把你所有丑事抖搂出来，以此表明他们的正直，"肯尼迪对查尔斯·巴特利特说，"这些家伙真该死！"

《时代生活》杂志的记者休·赛迪就是肯尼迪新闻风格的受益者之一，他因此拥有了一个专栏——"总统专题"。他经常住在白宫，挨个儿拜访塞林杰、索伦森、奥唐奈、奥布赖恩、费尔德曼、古德温以及肯尼迪本人。他们都会和他交流，说的也都是同样的事情，有时甚至是一字不差。赛迪写的其中一个故事是关于肯尼迪在"快速阅读"方面广为人知的超凡能力。

肯尼迪总统的妹妹尤妮斯·施赖弗，在一次晚宴上刚好坐在《时代》杂志的创始人兼主编亨利·卢斯的旁边。她告诉他，她的弟弟曾经学习过一个叫做"快速阅读"之类的课程，能够坐着一口气读完好几本书。卢斯便派遣赛迪去核实这到底是怎么一回事。这个记者立刻打电话给肯尼迪注册登记过的那所学院，发现他并没有完成快速阅读这门课程，但从对方口中得知，肯尼迪总统的阅读速度很可能达到七八百字每分钟，是他那个年纪平均水平的两倍。

肯尼迪并不满意那样的说法。他告诉赛迪，肯·加尔布雷思曾给他做过测试，他在 10 分钟之内读完了一份长达 26 页的备忘录，计算一下就是每分钟 1,000 字。即便如此，肯尼迪依然觉得这样的速度太慢了。

"1,200 字怎么样？"赛迪问。

"好吧，"肯尼迪最后说道。就是这样。《时代》杂志随后出版发行时就采用了那个数字，其他各杂志和报纸立刻也纷纷报道了这个白宫中拥有超凡阅读能力的总统的故事。

肯尼迪总统 1962 年的第一次新闻发布会是在 1 月 15 日举行的，主要集中在当天下午，很多电视观众都是国内的妇女。当天给出的回答最简短的那些问题是：

"总统先生，美国军队现在正在越南作战吗？"

"不是。"

事实并非如此。一个月前，直升机已经从美国在菲律宾的军事基地运送到了南越，美国士兵现在正驾驶着它们，南越飞行员就坐在美国士兵旁边，这样所有美军的伤亡都可以谎称为训练任务中的意外事故。丛林突击队员被选来驾驶直升机和六架 C-123 突击运输机，往道路上和稻田里喷洒落叶剂，在被选入参加官方名义上的"延长区域 77 临时兵役"之前，他们被提问了 10 个问题。只要其中一个答案是否定的即表示自动拒绝。其中最后两个问题是:（9）你愿意穿便衣吗？（10）如果你被捕了，政府不会承认你，你还会愿意参加吗？

1月18日，召开完最后一次民主党国会议员政治会议后，肯尼迪总统正式批准在东南亚开战，或者说形式上宣战，并签署了一份《国家安全行动备忘录》，具体内容如下："特种部队（镇压叛乱）的职能如下：确保美国政府上下充分认识到颠覆性叛乱（即'解放战争'）是一种主要形式的政治军事冲突，其重要性等同于传统的战争……特此派遣特种部队（镇压叛乱）在以下国家展开行动：老挝、南越、泰国。"

当天，肯尼迪派出另一名助理去评估越南局势，这一次是美国国务院情报研究司的罗杰·希尔斯曼，在第二次世界大战期间他曾经在缅甸担任过游击队的一名军官。他回来向肯尼迪报告时称，武装直升机证明镇压叛乱有望取得胜利。"机动性十足，"他说，"直升机在树顶上轰鸣，那景象可把迷信的越共吓坏了……他们转身就逃，一窝蜂地从散兵坑和隐蔽处逃窜出来，纷纷在空地上乱跑，我们轻而易举便可攻击他们……"

那条好消息迅速从白宫传到了《时代》杂志，后者立即向全美报道了美国军事技术取得的新成果："自美国政府去年10月决定不惜一切代价支持南越以来，军方在短短几个月内做出了重大努力……一批批大型环球霸王运输机输送了大量的发电机、雷达设备、卡车以及活动房屋。超过80架H-21肯尼直升机……"敌人还能有多大胜算？"越共军队都是一些身体干瘦、衣着蓬乱的年轻人，身高不及美国大兵的腋窝，体重几乎不足100磅……他们的制服都是清一色的黑色印花棉布衬衫，外加越南农民穿的那种裤子。"

然而，这些关于战争的报道开始遭到新一批年轻记者们的抨击，尤其是来自《纽约时报》的一个名叫戴维·哈伯斯塔姆的记者以及来自《时代》杂志的查尔斯·莫尔，由于美国军队在越南活动越来越频繁，他们被派往越南进行现场报道。总统本人注意到了报道范围的变化。美国驻南越大使馆新闻官员约翰·梅克林回国探亲时肯尼迪这样问他，"为什么那儿的记者会带来这么多麻烦？"接着，他就命令制定一项新的西贡新闻政策。他希望向前线记者们提供"最大程度上可行的合作以及指导"，目的就是要让他们远离那些"不良的"局势与事件。总统一直在试图对美国人民隐瞒坏消息，但是让媒体报喜不报忧的真实效果却是：如果他仅仅依靠官方报道获取信息的话，他自己可能最后一个知道东南亚的现实局势。

甚至希尔斯曼也是在几天之后才幡然醒悟，当日（1 月 21 日）他正在监督南越共和国军队（南越军）的一场全天的军事行动，其中有美国飞行员在暗暗提供支援。目标是平和村，位于西贡以西 17 英里，靠近柬埔寨边界，该村当时被认为是越共军需品的储藏地以及越共游击队的避难所。美国飞行员驾驶着越南飞机对村庄进行了一个小时的狂轰滥炸，然后南越军派五个营的部队进入村庄，却没有发现一个越共士兵。此次行动造成平民 5 人死亡，11 人受伤，另有少许炸弹发生偏离，碰巧落入边界另一边的一个村庄并造成柬埔寨 1 人死亡，3 人受伤。

"这样的事情怎么会一再发生呢？"肯尼迪在希尔斯曼向其汇报时这样说道，"我当总统已经一年了。"

这不是"猪湾事件"的重演。肯尼迪现在掌权，他希望了解一切，从老挝的丛林简易机场的长度到运送给那些越南士兵的武器重量和手感，他都要掌握，那些越南士兵中也有很多人身高不及他们美国顾问的腋窝。他让参谋长联席会议带来用于东南亚战场的武器样品，端起沉重的新式 M-14 型步枪，这种枪的有效射程能达到 500 码，然后让他们试一试他曾经在太平洋战场上使用过的轻型卡宾枪。"你知道吗，我喜欢旧式卡宾枪，"他说，"在丛林中，你是看不到 500 码处的敌人的。"

南越总统吴庭艳想用来抵抗越共的另一种武器是凝固汽油弹，这是一种凝成胶状的汽油，可从飞机上投下，烧毁大片的植被。肯尼迪总统于 1961 年底批准使用凝固汽油弹。之后，每天都有成箱的凝固汽油弹和其他物资一起被装进环球霸王运输机空运到西贡。

另外，还有大批的桶装除草剂和化学药品被运往前线，用于"庄稼汉"，即路边清理与毁坏粮食的任务。另有装载了 20 万加仑落叶剂的船只于 1961 年

12月15日从加利福尼亚州的奥克兰离港。那些货桶上都标有美国驻西贡代表团所需民用物资的字样，从而逃过执行《日内瓦协议》的国际控制委员会的检验。它们于1月8日运达西贡。整个操作流程是违反协议规定的，但是肯尼迪和越共游击队的北越及苏联供应商一样，早已决定无视那些限制条款，甘冒政治"噪音"的风险，尽管仅仅八个月之前的"猪湾事件"政治噪音曾经让他恐慌不已。

肯尼迪总统在1月3日批准了关于喷洒落叶剂的具体计划，亲自选定了第一批目标：连接平和与头顿两地的15号高速公路全长60英里中的16英里路段。三架在宾夕法尼亚州奥姆斯特德空军基地配备了喷洒设备的C-123运输机于1月7日从菲律宾飞往西贡。这几架飞机及机组人员停留在新山一机场旁边的一个栅栏围起来的地方——同样是为了躲避国际控制委员会的检查，但是机场边的每个人都知道发生了什么，因为喷雾很快就烧死了C-123运输机周围的那些灌木和凤凰木。"我们的最终目标，"希尔斯曼说，"是将越共变成一帮饥饿的歹徒，逼迫他们将所有的精力都消耗在如何生存下去的问题上。"

美国空军飞行员，其中最初的19人，搬进了一幢靠近西贡中心的独立公寓，剩下的30个机场地勤人员仍驻扎在机场内的帐篷里。弗雷德里克·诺廷大使为飞行员们举行了一个鸡尾酒晚会。他们于1月13日开始驾驶经肯尼迪批准的军用飞机。

三个星期以后，经过对第一批喷洒落叶剂飞行任务的评估，肯尼迪批准扩大任务范围，沿着另外三条高速公路继续喷洒，并且为三个南越军事基地扫清射击视野。当时，肯尼迪并不知道西贡与河内地区的平民已经对华盛顿那些标有"最高机密"的文件一清二楚。

这就是镇压叛乱。目前的关键是找到合适的人选，头脑冷静的人来控制越南的局势。2月2日，肯尼迪总统将军事援助顾问团升级为驻越军事援助司令部，并任命马克斯·泰勒的门徒保罗·哈金斯将军为指挥官。他和诺廷大使享有同等地位。肯尼迪本想要一位40多岁的将军，但是这么年轻的将军中没有一位够资格来接管一个正式司令部。麦克纳马拉试着劝服总统时说，"尽管哈金斯将军已经 57 岁，但他身体健康，生气勃勃。"

2 月 18 日，罗伯特·肯尼迪在西贡停留了两个小时给飞机加油，当时他正往返于印度尼西亚与印度之间，进行一次全球巡防。"我们会取得越南战争的胜利，"他当时说道，"直到胜利的那一天我们才会撤军……一个国家正努力用自己的热血与汗水镇压叛乱，我想美国会采取一切必要行动去帮助它。"

美国第一任国防部长詹姆斯·福里斯特尔之子迈克尔·福里斯特尔认为，"他们是带枪的童子军，"他当时正在越南，职务是为负责远东事务的助理国务卿埃夫里尔·哈里曼当助理。军队命令所有学校将 20% 的课堂时间用于镇压叛乱方面的内容，包括财务主管和厨师的培训，可是有个中央情报局的联络官罗伯特·艾默里回来报告称："他们谈论的是如何用电线将打字机连接起来，然后引爆，或者如何将手榴弹藏进苹果派中。"

然而，总统确实体会到了其中的滋味。他于该年秋天访问北卡罗来纳州的布拉格堡，观看了特种部队的训练。他所看到的表演，可以用其中一个参与者，特种部队的一名中士的话描述如下：

> 从早到晚大量的演习——充分讨论，初步排演，最后是着装演习……一个人装备着火箭状的新奇设备——伴随着喷气发动机的呼啸声，他飞跃水面，降落在总统面前。戴着水肺的潜水员从模拟潜水艇游向岸边；伞兵尾部漂出有色烟雾的轨迹……湖对面藏在灌木丛的 1,000 人站起来，脱掉迷彩服，身上只穿着白色的 T 恤衫，发射火焰信号，一边奔跑一边沿着水边尖叫狂吼。他们代表这个 12 人队伍所能够组织和领导的游击队人数……其间演示的很多设备，包括那个火箭，以前从未见过，很可能以后再也见不到了。

第二十六章　1962年2月20日

　　自1961年12月20日起，美国先后10次尝试将自己的飞行员送上环球轨道，因为苏联飞行员尤里·加加林已经于1961年4月11日成功飞入太空，成为人类太空旅行第一人。但是这期间的每一次发射总是由于天气恶劣或者细微的设备问题而以失败告终。第10次试飞失败发生于1962年1月27日，这一次执行任务是一名海军陆战队战斗机驾驶员，约翰·格伦上校，驾驶的是"友谊7号"飞船，绑定在通常连着一个核弹头的阿特拉斯洲际弹道导弹的顶端。下一次试飞被安排在2月20日。

　　当天早晨7点15分，肯尼迪总统打开了卧室里的电视。同时，超过一亿的美国民众也在收看来自佛罗里达大西洋卡纳维拉尔角的电视直播。全世界数以千百万计的人看着长达95英尺的火箭缓缓升空，那是美国标准的战略导弹，重量是承载艾伦·谢泼德做直上直下亚轨道飞行的"红石"火箭的两倍。烟雾和水蒸气从火箭侧面底座中喷射而出。这样的电视画面非同一般，也是一次重大的赌博：因为在这之前肯尼迪已经决定，美国的太空发射不会像苏联那样秘密进行，不会只对成功的发射进行相关报道。当时，全世界都看着屏幕上那几个圆点，也就是"友谊7号"航天器。约翰·格伦早在6点就已经入舱。

总统关掉了电视声音，边看边吃早餐，顺便看看报纸。如果一切如计划般顺利，航天器将会在距离大陆160英里的高空以每小时超过17,000英里的速度绕地球飞行，飞经华盛顿上方时，肯尼迪总统希望与格伦进行一次通话，祝他好运或者说些上帝保佑之类的话，于是便草草写下几个字做好准备。他下楼走进内阁会议厅去参加9点钟召开的一个民主党国会领导人会议。里面另一台静音的电视正在播放着同样的场景，火箭立在那儿，喷着烟雾，发射一次接着一次被延迟。总统自始至终都没坐下来。此次第87届国会第二次会议一开始，当国会领导人以委员会形式坐着介绍各项政府法案，他就一直站在那儿听。

火箭最终于上午9点36分发射升空。全场鸦雀无声。在纽约，15,000人静静地站在中央火车站，注视着电视大屏幕上"友谊7号"喷射着火焰，缓缓升空。在爱荷华的得梅因，杨克斯百货公司的员工聚集在电视机前观看这宏伟的一幕。在接下来的连续27分钟内，该市警察局的接线总机上没有接到一个报警电话，这种情形是前所未有的。

格伦是一个了不起的人物。他参加了第二次世界大战和朝鲜战争，共执行过149次战斗飞行任务。他有一个搞怪的想法——也是他娴熟的技术的体现——就是平行靠近他的空军中队中其他飞行员的飞机，然后在每小时600英里的飞行速度下用他自己的飞机翼梢轻轻碰触其他飞机的机翼底部。"那个家伙太疯狂了。"中队里另一个飞行员，棒球明星特德·威廉姆斯，就曾这样说过。格伦的脉搏一直保持正常，为每分钟70次，在飞船升空的时候增加到了每分钟110次，与之形成对比的是，谢泼德和弗吉尔·格里森这两位做亚轨道飞行而率先进入太空的美国前辈，脉搏分别达到了每分钟139次和170次。

他当年40岁，纯美国血统，来自于俄亥俄州的一个小镇子，是个经常去教堂做礼拜的顾家的好男人，为人特别心直口快。政府里太空计划最坚定的拥护者林登·约翰逊当时正计算此次太空发射将会赢得多少选票。"他若是个黑人就好了，"他说道。肯尼迪顿时大笑，这也成了他最喜欢的关于约翰逊的轶事。

火箭开始升空，格伦言辞镇定，向数百万民众宣告："计时开始，我们已经开始升空！"一切都是前所未见的。飞行员试着用管子吃苹果酱，看看在失重的情况下还能否吃东西。"行动一切正常，"他说。"用你的舌头将食物吸进嘴里，然后正常咀嚼。"

"在我的右边，我可以看到一个很大的光的图案，明显就在海岸边。"格伦在靠近澳大利亚时发回报告称。那是澳大利亚著名城市珀斯，那里的每一个居民打开家里所有的灯，然后用床单当反射镜将光线引向天空。他报告称，失重的情况下他可以在绑在腿上的袋子里小解。

这时问题出现了。用于自动保持"友谊7号"飞船平稳姿态的微型火箭无法启动。飞船立刻向右偏离20度，然后反弹到正常位置，就这样以20度的弧度左右甩动，无法保持正常的平稳姿态。似乎有细小的金色薄片从格伦的窗户外飞过。他一时无法弄清楚到底发生了什么问题。美国国家航空航天局地面控制中心的工作人员焦急万分，指示灯显示钟状的航天器底部的隔热层壳体出现松脱，变成半开状态。如果隔热层壳体脱落，或者在重新进入大气层时无法控制隔热层承受住巨大的冲击和高温，整个飞船和飞行员将会被烧为灰烬，甚至完全气化。

总统取消了电话通话，他不想让人们记住在他刚刚向格伦表示祝贺之后格伦就失事身亡。他和其他人一样等待着，终于，格伦人工控制飞船穿越大气层，然后于下午2点43分利用降落伞软着陆安全降落在百慕大群岛附近的大西洋海面上。总共绕地飞行3圈，历时4小时56分钟，降落在原定地点范围内，直升机等待着将其接送到美国军舰"诺亚"号上，这艘巡航舰是以1901年一位在菲律宾抵抗美国统治的叛乱中牺牲的见习军官名字命名的。着陆以后，总统走进白宫玫瑰园，站定让记者们拍照，等待着英雄归来的电话。

"他想见你，"肯尼·奥唐奈告诉和其他记者一起在总统办公室外等候的休·赛迪。

"你又这样做！"肯尼迪在赛迪走进办公室时劈头就是一句。

"做什么？"赛迪不解。

索伦森和塞林杰走进来，手里拿着几本《时代》杂志。肯尼迪抓起一本说："你从哪儿听说这个故事的？"

他指着一篇长文中的一句话，讲述的是总统、总统夫人以及他们的女儿卡罗琳被作为各种杂志封面人物的次数："在最新男性时装杂志《绅士季刊》封面上，肯尼迪摆弄姿态，为一件精裁的黑灰色西服做模特儿。"

赛迪咧着嘴笑起来。他忍不住发笑，并不是由于他觉得什么东西有趣，他很紧张。《绅士季刊》非常受同性恋的欢迎，用罗伯特·肯尼迪的话说就是"粉头小报"。

"我没有在开玩笑，"肯尼迪怒气冲天，"我实在是恨透了这个。这完全就是在胡编乱造。我从来没有给任何杂志做封面，从来没有在照相机前摆弄姿态。"

"我们一定更正这个错误，"赛迪说。但是，肯尼迪没有就此罢休。

"我从来没有在照相机前摆弄姿态，人们看到这个一定认为我疯了。堂堂一个总统，为《绅士季刊》的封面摆弄姿态，那一定是精神错乱。人们会因为某一件事而记住别人。我记得阿瑟·戈弗雷就是因为他低飞掠过那座高塔。"总统又说了一分钟关于戈弗雷的事，戈弗雷是一个电视人物，有私人飞机，曾经因为驾驶飞机太靠近机场控制塔而被罚款。

"你想对我做什么？"肯尼迪问，赛迪这时被吓到了，"你知道你在干什么吗？"

"总统先生，总统先生，"这时他的一个军事助理塔兹韦尔·谢泼德匆忙跑来报告，"格伦上校的电话接通了。"

"好的，赛迪，你就站在这儿，好好想想怎么把这事改正过来！"肯尼迪瞪着赛迪说。

"你好，格伦上校，"总统说，声音和心情立刻发生180度大转弯。他的内心非常激动。"我们真的为你感到骄傲。你完成了一项伟大的任务。我们很高兴你返回地球时身体状况一切正常。我在电视上看到了你的父母，他们看上去感到很欣慰……好的，星期五我会去卡纳维拉尔角……"

挂了电话，肯尼迪立刻转向赛迪。"现在，这事……"然后又开始了满腔怒火的申斥。

总统和格伦见面时，格伦想说一说有关数据和科学方面的问题。肯尼迪想知道那感觉如何，有多么刺激，着陆有多困难？他想听一听个人的体验。正是格伦的勇气深深打动了他。

一个星期以后，即2月27日，格伦上校在白宫受勋完毕，罗伯特·肯尼迪和肯尼·奥唐奈收到来自约翰·埃德加·胡佛内容相同的备忘录，称朱迪思·坎贝尔是两个有组织的犯罪头目萨姆·詹卡纳和约翰尼·罗塞利的情妇。詹卡纳是芝加哥有组织犯罪团伙的头目，位高权重，罗塞利是他的副手。中央情报局曾经接洽过这二人，计划利用黑帮暗杀菲德尔·卡斯特罗。

这已经不是胡佛第一次让肯尼迪家族的人知道，他们在联邦调查局的监视之下。一份给白宫的备忘录内容如下："我搜集到一些情报，我觉得你可能会感兴趣……鉴于此情报获悉于本局的高敏感信息源，你若能在仅限于知密范围处理以上情报，我将非常感激。"

"他还给我发送有关我的家人、朋友甚至我本人的资料，"胡佛的顶头上司罗伯特·肯尼迪说，"正因如此我才知道他们对这些情报感兴趣。"

"约翰·埃德加·胡佛抓住了杰克·肯尼迪（约翰·肯尼迪的别称）的弱点，"副总统约翰逊在喝酒闲聊时曾这样告诉要好的记者们。

可能确实如此。不过，肯尼迪家族的人依然认为他们掌控着局势，一直到胡佛发送了2月27日的那份备忘录后想要预约总统见面时，他们才改变了观点。总统喜欢那些小道传闻，恰好联邦调查局擅长于此。他觉得其中有些很有意思。胡佛曾问为什么一个驻欧洲的大使在一个女人房中赤身裸体被捉奸，然后从窗户跳出逃跑后，总统却没有对其做出制裁，肯尼·奥唐奈传话称，肯尼迪将努力找到溜得更快的人来担任大使。

这位联邦调查局局长于 3 月 22 日受邀在白宫与总统共进午餐。他带来一份两天前就已经准备好的备忘录：

事项：朱迪思·坎贝尔

黑社会的同伙

涉及刑事情报

呈交此备忘录，目的在于局长可能希望牢记此情报，这关系到局长与总统的会面。

最新情报显示，朱迪思·坎贝尔，是一个自由艺人，与著名黑社会头目芝加哥的萨姆·詹卡纳以及洛杉矶的约翰尼·罗塞利交往甚密。

坎贝尔洛杉矶的住所中的长途通话记录显示，1961 年 11 月 7 日和 15 日，这里曾给白宫中的总统秘书伊夫琳·林肯打过电话。

坎贝尔在加利福尼亚州棕榈泉租赁的住所曾于 1961 年 11 月 10 日和 13 日与白宫中的伊夫琳·林肯有长途通话记录。另外，坎贝尔还被指在 1962 年 2 月 14 日打电话给林肯女士，地点是洛杉矶黎巴嫩雪松医院，坎贝尔当时正在那儿住院治疗。

备忘录最后一行称，据一个消息人士报告，弗兰克·西纳特拉把"坎贝尔称为那个'与约翰·肯尼迪在东部同居'的女人"。

导致 3 月 22 日的这次会见的一系列事件始于 1960 年 10 月 31 日，当时肯尼迪还未当选为总统。联邦调查局发现喜剧演员丹·罗恩入住的拉斯维加斯酒店房间里有非法窃听装置，并最终查出是中央情报局特工在詹卡纳的要求下安装的。这个一直受到联邦调查局调查与监视的匪徒当时正在为中央情报局效力——或者至少他自称是这样。中央情报局在 1960 年曾给了他 15 万美金用于暗杀卡斯特罗行动。中央情报局向联邦调查局施压，不要就此次非法窃听案件提起诉讼。

中情局与詹卡纳已经蛇鼠一窝。但是，詹卡纳担心的是那个拉斯维加斯喜剧演员丹·罗恩曾和他的其中一个女友上过床，也就是著名流行乐团"麦奎尔姐妹组合"的歌手菲莉丝·麦圭尔。中情局找来联邦调查局前特工罗伯特·马休对付詹卡纳——他们也想可以事后推诿卸责——马休安装了窃听装置，这样詹卡纳就可以掌握麦奎尔与罗恩之间发生的一切了。

"你是卡彭黑帮继任团伙的主枪手，"时任参议员反不正当劳资关系委员会法律顾问的罗伯特·肯尼迪在1958年的一次审讯中指控詹卡纳时说。作为美国司法部长，在哥哥接任总统四个月以后，他开始听到涉及"国家安全"刑事犯罪这个术语。1961年5月22日，联邦调查局局长胡佛给他发了一份备忘录，内容如下：

> 爱德华兹上校建议称，与中央情报局针对卡斯特罗的行动相联系，他个人于1961年秋天联系到罗伯特·马休，目的是利用他作为"中间人"去联络芝加哥地区著名的黑帮头目萨姆·詹卡纳。爱德华兹上校说，由于这个黑帮组织在巴蒂斯塔（Batista）政府时期控制着古巴的赌博业，因此该组织很可能在古巴还有消息源和联系人，而这将可能被充分利用于中央情报局秘密推翻卡斯特罗政府的计划……爱德华兹称，由于这是"肮脏的交易"，他不敢去了解马休和詹卡纳的一切行动。

那确实是肮脏的交易。就在1962年3月22日胡佛造访白宫之后，约翰·肯尼迪马上与朱迪思·坎贝尔断绝了关系，当天下午就在白宫接线总机上给她打了第70次同时也是最后一次电话。

肯尼迪与朱迪思·坎贝尔以及另外十几个女人在白宫，在全国甚至世界各地的酒店、居所、公寓里厮混的后勤保障，要求保持隐秘与忠诚，甚至在成功的政客所要求的保持精力旺盛服务的记录中都十分少见。布置安排的次数很频繁。"我想知道你的感觉是什么，哈罗德？"1961年末肯尼迪在百慕大会见哈罗德·麦克米伦时这样问他，"如果三天没碰女人，我就头疼。"当时这些话让哈罗德·麦克米伦哑然失色。

这种偷偷摸摸的来往，具体安排需要教会那些女人们，并且征得他们的同意。肯尼迪和她们经介绍见面后，通常几分钟内就会直接提议办事。有些行动还有些许优雅浪漫——或者至少送上玫瑰，附上卡片："伊夫琳·林肯的朋友。"有些就在汽车后座上。大多数女人都会答应肯尼迪的要求，如果不答应，肯尼迪也会再次行动。他曾经在1961年圣诞前白宫的一次招待会上向玛丽·迈耶示爱，玛丽是华盛顿的一位艺术家，同时也是肯尼迪的朋友本杰明·布拉德利的一位亲戚，但是六个星期之后她才最终答应了肯尼迪，并成为了总统的秘密访客中最频繁的一位。接送的任务就由他的那些老朋友以及白宫中的几乎每一个人来分担，包括陆军武官、打字员——其中有几位自己也曾数次穿越同样的秘密通道——以及内阁成员等等。

他的朋友和最亲密的助手，有些已经对整件事感到恐慌，但是他们就假装一切都没发生或者把它当作是总统一个业余爱好。毕竟，前后耗时比打网球的时间还短，而且伴侣通常很容易找到。对于有些人而言，这就是人生的一个重大转折，兴奋地感觉到自己已经被纳入到肯尼迪的私人生活圈。那些女人，其中有秘书、明星、朋友的妻子，都是超级特权的象征和奖赏。偷偷摸摸鬼混，把事后的一片狼藉整理干净，然后把一切遮掩过去，就这么简单。共享秘密可以凝聚人心。"我们是一群处女，已婚处女，由他挑选"一个年轻职员，内阁秘书弗雷德·达顿曾说。"他就像是上帝一样，任何时候只要他想要，他就可以和任何人上床。"

那是一个男人的世界，而且是一个相当粗野的世界。那些女人都被称为"即兴女孩"。肯尼迪总统认识的一个记者，来自《形象》杂志的劳拉·伯奎斯特·克内贝尔，对菲德尔·卡斯特罗做过一次专访后，总统便给她准备了一大堆有关这位古巴领导人性生活的问题。"他的女人们都在哪儿？……他和谁上床？……我听说他甚至连鞋都不脱。"接着他又说他听说劳拉迷恋上了切·格瓦拉，也没注意或者根本不在乎这话深深伤害了劳拉。

"那就是杰克的风格；真的没关系，"肯尼迪的一位老朋友的妻子这样说道，"白宫里的每一个人都知道这一点。没有人介意，当然除非他们嫉妒他选中的人，或者他们对杰克的印象不好。但是很少有人这样。"后来她讲述了这位鉴赏家最近的一件趣事：法国大使赫维·阿尔方德身边的那两个年轻女人根本就不是他的侄女，她们是安插来接近杰克的卧底人员，因为法国人非常关注总统和戴维·奥姆斯比 – 戈尔的友谊，后者是在肯尼迪亲自向麦克米伦请求下于1961年10月被任命为英国驻美大使的。

对于大多数知道这事的人来说这很有趣——也是进入肯尼迪私密生活圈的一大乐趣。保守秘密是加入的条件之一，知道秘密的人绝不向不知道的人透露。那些美国特勤局的特工奉命随时跟随在总统身边或至少守候在门外，在竞选和就职典礼期间，他们尽到了责任，但是他们不得不把肯尼迪锁在卡莱尔酒店的外面来引起他的注意。当肯尼迪在纽约时，他使用酒店顶层的家庭公寓套间，进出酒店都喜欢走服务入口，不经过大厅。这些负责保卫他的特工意识到这位总统当选人并不在楼上时，他们立即命令酒店人员关闭所有入口，只留下麦迪逊大道上的入口开着。午夜刚过，肯尼迪从主要入口进来，笑着说："你们有什么想和我说的吗？"

伴随着胡佛正式造访总统办公室，一切变得不那么有趣了。两个星期以后，4月4日，中央情报局正式要求联邦调查局放弃起诉詹卡纳和马休，措辞如下："有关该案的任何起诉，将对一项正式授权的情报计划中所使用的敏感信息源及方法产生威胁，这不符合国家利益。"

5月7日，罗伯特·肯尼迪会见了中央情报局的法律总顾问劳伦斯·休斯顿。休斯顿向这位司法部长做出报告，此次谈话被全程录音，内容就是有关联合黑帮团伙的暗杀计划细节，其中大部分涉及试图毒死卡斯特罗，并称计划已经被全部终止。那是休斯顿所述内容，但事实并非如此。中央情报局已经重启黑手党密谋，将更多毒药丸交给了詹卡纳的助手约翰尼·罗塞利。

但是罗伯特·肯尼迪当天所听到的一切就足以让他走进总统办公室，告诉他的哥哥必须放弃原定于6月初，去往西纳特拉位于加利福尼亚州棕榈泉的住所，享受快乐与阳光的计划。况且，他还知道最近流言四起，称肯尼迪的司法部绝不会起诉詹卡纳，原因是他是杰克·肯尼迪的好朋友西纳特拉的一个朋友。

"约翰，"这位司法部长告诉他的哥哥，"你不能和这个人有联系。"

联邦调查局备忘录使得胡佛随时掌握司法部长调整他哥哥的行程计划方面的信息：

"丽都酒店，棕榈泉，告知特工……肯尼迪总统可能将于 1962 年 3 月 23 日这个周末出访棕榈泉……据报告称，西纳特拉已经将这栋房子装满了电传打字机设备，五股私人电话线路，以及足以操控一个接线总机的电缆。"

下一份送至胡佛的报告称："棕榈泉的特工已经被棕榈泉警察局告知，特勤局已经联系了他们……称总统将停留在宾·克罗斯比的住所。"

第二十七章　1962 年 4 月 13 日

　　"太好了，真是太好了。"肯尼迪总统在与劳工部长阿瑟·戈德堡通完电话后说道。这是 3 月 31 日，戈德堡从匹兹堡打来电话报告美国钢铁公司与美国钢铁工人联合会刚达成的一项协议，该协议将工人的工资及津贴每小时均提高 10 美分。这次的增长不到 2.5%，戈德堡说这样既避免了钢铁工人罢工，同时钢铁也不会涨价。肯尼迪又加上一句，通货膨胀率也不会快速上升。

　　"做得好，阿瑟，做得好。"肯尼迪总统与戈德堡写了一份声明，他在电话里将这份声明读给美国钢铁公司的董事长罗杰·布劳以及美国工人联合会的主席戴维·麦克唐纳："你们公布的协议既是负责任的也是有远见的。显然，这不会引起通货膨胀，同时也将为价格的持续稳定提供坚实的基础。"

　　对肯尼迪来说，这件事完成得十分圆满。八个月前，也就是 1961 年 8 月，他收到经济顾问委员会主席沃尔特·赫勒的一份备忘录，提醒他注意钢铁工人罢工，钢铁价格或者工人工资急剧上涨，这些都是他在任期间影响经济稳定的最大威胁。赫勒说："钢铁产业在制造业中举足轻重，稍有波动就会影响整个经济的运行。"

肯尼迪是一位政治家，不是经济学家。有一次他对经济学家保罗·塞缪尔森厉声说："你不能光跟我讲抽象的概念。你必须用人类的语言来表达。"他对银行业，美国企业知之甚少，就这点而言，他对自己国民的生活也不甚了解。他总是在问工人和司机他们的工资是多少，房租是多少，买一台冰箱要花多少钱，以及他们怎样支付大学的学费。他收到过的工资支票都是来自政府——海军及国会——并且这些钱他分文不取都捐给了慈善机构。有一次他告诉父亲自己原来的一个助理晚上去法学院，白天则赚不少的钱，一年能赚 5,000 美金。老乔·肯尼迪说："天哪，你怎么能说出这种话？你每年杂七杂八的开销就要 5 万美金。"

刚上任那几个月，肯尼迪不止一次地问赫勒："再跟我解释一遍怎么区别货币政策和财政政策。"赫勒则回答说："货币政策就是马丁，威廉·麦克切斯尼·马丁，美联储主席，所以你只要记着马丁和美联储就行了。"

肯尼迪知道自己的经济学知识有限，但同时他也清楚自己想要什么。那就是年均国内生产总值增长率要高于 50 年代的 3%，那时欧洲经济的增长率是 5%。他也知道自己在政治上不能接受国家赤字高于艾森豪威尔时期的最高额：即 1958 年的 128 亿美金。他认为通货膨胀，而不是失业率，会让政府陷入困境。他希望能降低失业率，但有时却表达出不那么像民主党的观点：7%的失业率意味着 93% 的国民都在工作并且比较满意。

出于对通货膨胀的担忧，肯尼迪在 1961 年末经常与布劳及麦克唐纳进行会谈，试图说服他们双方的克制是控制通货膨胀的关键。当时的通货膨胀率是每年 2.5%（几乎是艾森豪威尔第二次任期中平均通胀率 1.4% 的两倍）。"限制工资"，"价格稳定"，以及"治国才能"是他在会谈中不断重复的话。

美国钢铁公司当时占美国钢铁总产量的 25% 以上，其他大大小小 11 家钢铁公司按惯例以该公司为依据订立薪资标准。2 月，肯尼迪给双方施压，迫使他们进行谈判，且谈判签订的合约将在 6 月生效。理论上而言，谈判越早开始，罢工的可能性就越小；合约越早签订，引起通货膨胀的可能性就越小。

6周后，总统得到了他想要的结果。

4月6日签订的合约对肯尼迪而言是一次胜利。他明确地提出了国家利益，并说服企业管理者和劳动者为了国家调整各自的议事日程。4天之内，其他11家主要的钢铁公司与美国钢铁工人联合会签订了同样的合约。

4月10日，罗杰·布劳要求与总统会谈，时间定在当天下午5点45分。那天下午早些时候，查尔斯·巴特利特致电白宫，说他的一个在美国钢铁公司工作的朋友告诉他公司打算涨价。这看起来不太可能。肯尼迪认为他和布劳很熟："我为了和这帮人处好关系都快把命搭上了。"当然他对本·布拉德利说的这话有些言过其实了。

"也许能解释我这次来的目的最简单的方式就是给你这个。"布劳走进总统办公室时说道。他递给总统一份四页声明的油印复印件，这份声明刚刚发布给媒体。文件是这样开头的：

"四年来，美国钢铁公司今天首次宣布钢铁价格总体上涨。这次调整是为了适应时势变化提出的，将于明天中午12点01分生效。公司的钢铁价格将平均上涨3.5%，即每磅钢铁的价格上涨十分之三美分。"

肯尼迪读完这段便抬起了头。"你犯了一个严重的错误，"他说："你出卖了我。"

总统大发雷霆。他打电话让戈德堡立刻赶到白宫。布劳对总统的愤怒感到震惊。他争辩说自己从未说过不会涨价。戈德堡赶到时，一边进门一边说反对涨价。肯尼迪说："等一下，阿瑟，看看这份声明吧，他们已经涨价了。"

"这简直是糟糕透顶，我们要回击，"布劳被请出总统办公室后，肯尼迪对戈德堡说："他利用了我，他们出卖了我们，我们要狠狠地回击。"他在办公室里走来走去，并不断召唤助手。他给戴维·麦克唐纳打电话："戴维，你被骗了，我也被骗了。"

"这是一场战役，"戈德堡说："我还是退出的好。现在的情况我无能为力。一旦这份声明生效，我根本没办法再与工人沟通。"

"我父亲说过商人都是人渣，当时我并不怎么相信，但现在我信了。我真希望他现在就在这里，"肯尼迪一边在办公室走来走去，一边说道："是什么驱动着商人？布劳为什么要这么做？难道他以为他能侥幸逃脱惩罚？他一定是被人误导了。天啊，我恨这些混蛋。"

"我觉得美国钢铁公司和尼克松达成了协议，在选举之后不涨价，"肯尼迪接着说："然后经济衰退，他们不愿涨价。后来我们走出了经济衰退，他们打好了如意算盘：'让肯尼迪先压迫一下工会，然后我们再涨价。'……于是我们被狠狠地算计了一把。"

期间肯尼迪的私人秘书伊夫琳·林肯进来好几次，提醒总统为晚上的国会招待会做准备。一年前举行第一次国会招待会的那天晚上，美国训练的古巴流亡人员雇佣军在猪湾被俘。这次又发生了这种事。"天啊，"他一边踱步一边说："我再也不参加国会招待会了。"

第二天早上，总统坐在床上看《纽约时报》上詹姆斯·赖斯顿的专栏。赖斯顿写道，总统需要一年一度的危机，现在正是时候。"他难道不知道我需要他的帮助？"肯尼迪说："这些人都怎么了？难道他们不明白我失败就意味着美国失败？"这句话他那天说了好几次。

他在考虑要求国会通过一项冻结钢铁价格的特殊法案，几小时后一份《1962 年钢铁价格紧急法案》草案就放在了他的办公桌上。但是他最终决定先征求公众的意见。4 月 11 日那天下午的新闻发布会已经安排好，而截止到新闻发布会开始时，又有五家钢铁公司（伯利恒钢铁公司、共和钢铁公司、琼斯—劳克林钢铁公司、杨斯顿钢铁公司和惠灵钢铁公司）宣布了同美国钢铁公司一样的涨价方案。总统在新闻发布会的开场发言中表达了他的愤怒：

> "美国钢铁公司和其他几家主要钢铁企业同步一致的行动，即将每吨钢铁的价格上涨 6 美元，是对公众利益的违抗，是不正当且不负责任的。
>
> 现在是我们国家历史上重要的时刻。我们面临着柏林及东南亚的严重危机，我们正致力于经济复苏与稳定，我们的后备役军

人离开家乡和亲人数月，我们的军人在冒着生命危险——其中四人前两天在越南牺牲——同时，我们要求工会成员抑制他们对工资上涨的需求。这是每个美国公民都需要克制与牺牲的时候。美国人民，像我一样，都将难以接受一小批钢铁公司主管为了追求个人的利润和权力而忽略社会责任。他们的行为是对一亿八千五百万美国公民利益的蔑视。"

记者们惊呆了。肯尼迪听见了他们的惊叹声，他继续说道：

"国防部长麦克纳马拉向我报告，钢铁公司的这项举措将使国防费用增加10亿，而目前我们每一美元都应该花费在国家安全和其他方面。同时，这项举措还会使美国生产的商品难以在国外市场竞争，从而影响收支平衡并阻碍黄金流通。

"前段时间我问美国人民你们能为国家做些什么，我对这些钢铁公司问了同样的问题。在过去的24个小时里我们得到了他们的答案。"

媒体在全国各地搜集像总统演说一样激烈的回应。在南卡罗来纳州，格林威勒的一家建筑公司的副总经理乔治·麦克杜格尔说："这简直就像是希特勒统治时期。"在新罕布什尔州，罗伯特·弗罗斯特①说："能说他做得不好吗！能说他没有表现出十足的爱尔兰个性吗？"

而在总统办公室，肯尼迪亲自指挥一项针对美国钢铁公司的运动。记者们被召集起来，准备在第二天的新闻发布会上对布劳发问。内阁成员分配了发言任务，这些发言都是关于钢铁价格上涨对个人的影响，包括汽车制造商和小农户。司法部将发言表示大陪审团即将展开调查。持支持态度的参议员和国会议员将举行反垄断听证会。

麦克纳马拉检查了国防部的采购计划，发现为北极星潜艇订购的价值550万美元的钢板是由美国钢铁公司和卢肯斯钢铁公司联合提供的。卢肯斯

---

① 罗伯特·弗罗斯特（1874－963）：美国诗人。曾4次获得普利策奖，被称为美国文学中的桂冠诗人。代表作有《林间空地》、《未曾选择的路》、《雪夜林边驻足》等。——译注

是一家小型钢铁公司，还没有宣布涨价。麦克纳马拉当即宣布全部订单将交给卢肯斯公司。沃尔特·赫勒通过计算得出，政府对钢铁有大量的需求，如果政府修改订单，能把整个钢铁市场9%的生意从已经宣布涨价的六家钢铁公司转到暂时没有宣布涨价的六家企业。参议员埃斯蒂斯·基福弗和众议员伊曼纽尔·塞勒也为总统出了一份力，他们宣布国会将对钢铁公司的定价政策展开调查。

像往常一样，罗伯特·肯尼迪重拳出击，召集联邦大陪审团，并派联邦调查局的探员去钢铁业相关人员的家中和办公室进行调查。调查的依据就是4月10号总统在《华盛顿星报》上读到的一篇美联社报道。报道介绍了伯利恒钢铁公司在特拉华州威尔明顿召开的年会，其中美联社引用了该公司总裁艾德文·马丁的话："价格不应该上涨，如果我们想要继续发展的话就不能采取任何会增加成本的措施。这样只会加剧和国内企业及国外企业的竞争。"

4月11日，马丁否认了这篇美联社报道的内容并宣称伯利恒钢铁公司正在根据美国钢铁公司的价格上涨一分不差地做出调整。这对于罗伯特·肯尼迪而言简直就是价格垄断。他召集了大陪审团，并命令在费城和威尔明顿的联邦调查局探员访问报道过伯利恒钢铁公司年会的记者，调查马丁对公司股东说过的原话。

"我们现在是孤注一掷了，"肯尼迪对手下说，"我让联邦调查局访问所有相关人员，进入他们的办公室，索取他们的个人记录和公司记录，调查他们的开支账目，他们去过哪，做过什么。我们决不能失败。"

联邦调查局的探员执行了司法部长的指示，他们在半夜里给钢铁公司主管打电话。在费城和威尔明顿，探员们自4月12日凌晨3点起就来到记者家门前，索取他们在伯利恒公司年会上做的记录。

当天中午前，上午，罗杰·布劳在纽约召开新闻发布会。他首先发表了一段很长的演说，称利润能带来新的工作机会和现代化，而这些是与日本和西欧新设的钢铁厂竞争所必须的。接着又说他的义务是对美国钢铁公司的股东负责，对上百万持有他们公司股票的美国股民负责。他将价格上涨带来的通货膨胀影响最小化，称每台冰箱价格只上涨65美分，每辆中型轿车的价格只上涨8.33美元。随后他说：

"先生们，我刚刚谈的几个问题，是希望能增进大家对这项措施的理解，并做出更为细致周全的评价。现在你们可以提问了。"

记者们并不和善，没有给他任何机会。第一个问题是由哥伦比亚广播公司的沃尔特·克朗凯特提出的，这个问题给整场新闻发布会定下了基调："您说在涉及价格上涨的工资谈判中，没有哪一方要求做出不涨价的承诺，也没有一方做出这种承诺。但在您与麦克唐纳先生联合召开的新闻发布会上，他提到这项协议的本质就是要抑制通货膨胀，而且报纸、电台和电视都将这一点作为该协议最突出的特征。您能否告诉我们为什么当时您没有提出异议，并且在这接下来的一周里都没有提出异议，透露公司涨价的意图？"

记者们问他为什么要公然蔑视总统及国家利益，为什么要帮助国外企业增强竞争力，为什么要迫使国防预算增加。最后一个问题是："我是来自哥伦比亚广播公司的德兰尼，有人指出在1960年共和党执政时期钢铁公司没有涨价，你对此有何评价？"

布劳对这个问题的回答是他当天唯一一次展现了幽默："我想你们能很轻易看出来我对政治一无所知。"

"听听这个，"当天下午，总统收到一份从联邦调查局纽约办事处发来的传真："听着，这是原话：'美国钢铁公司的法律总顾问田纳特先生今日告知我们他没时间与联邦探员交谈。'"

"他以为他是谁啊？"肯尼迪骂道。

在此期间，预算局呈交了一份关于钢铁价格上涨对国内生产总值、税收及联邦总预算影响的分析报告。报告中指出，钢铁价格上涨将"使国民生产总值增长大约28亿至28.5亿美元；据粗略估算，在1963财政年，预算收入将增加9亿美金，预算支出将增加6亿美金，预算盈余将达到3亿美金。"这份资料被丢进了垃圾桶。

随后伊夫琳·林肯走进总统办公室说道："特拉华州州长来电。"总统拿起听筒："您好，州长。"在接下来的45秒钟内他的脸上一直保持一副神秘的表情。

索伦森等人还来不及问发生了什么事，肯尼迪大声叫道："林肯太太，这到底是怎么回事？"

"他们刚安装了一条特拉华与华盛顿之间的直拨电话线路，他想把第一个电话打给白宫。"她又补充道："这在很久以前就计划好了。"

肯尼迪哈哈大笑。但几小时后当他看完全国广播公司15分钟的晚间新闻，他又感到愤怒了。他认为主持人切特·亨特利对钢铁巨头太过友好。他拿起话筒，接通了联邦通信委员会主席牛顿·迈诺的电话："你看了《亨特利—布林克利报道》上说的那堆东西吗？我以为他们应该站在我们这边。我希望你能处理一下这件事。你要给我处理一下这件事。"

当天晚上11点，查尔斯·巴特利特的朋友，在美国钢铁公司公共关系部工作的哈尔·柯达打电话给巴特利，告诉他布劳快屈服了。巴特利打电话到白宫，但总统正在楼下与伊朗国王共进晚餐。45分钟后，肯尼迪在电话里对巴特利说："告诉你的朋友我同意和解。"

第二天早上，也就是4月13日，芝加哥的内陆钢铁公司率先宣布不会涨价。两个小时之后，凯泽钢铁厂董事长埃德加·凯泽致电白宫要求与总统谈话。谈话进行几分钟后，肯尼迪让林肯夫人接听电话并记录下一条声明："凯泽钢铁厂董事长埃德加·凯泽今天宣布该公司此次不会提高产品厂价。"

美国钢铁公司正在屈服，或者说想要屈服。总统将克拉克·克利福德[①]派往纽约，与阿瑟·戈德堡一同会见布劳的手下。其中许多人从戈德堡当美国钢铁工人联合会顾问时起就看不惯他。而布劳本人则拒绝直接与戈德堡交涉。第一轮会谈结束后，克利福德打电话到白宫："布劳和他的员工想知道如果他们宣布将已上涨的价格部分地回降，比如降百分之五十，您会有什么意见？"

[①]　克拉克·克利福德（1906－1998），律师，曾服务于杜鲁门、肯尼迪、约翰逊、卡特四位美国总统。在约翰逊任总统期间曾担任国防部长。——译注

"我一个字都不会说，"肯尼迪告诉他："要降就全降了。"

就在凯泽发表声明一小时后，伯利恒钢铁公司宣布取消涨价。这时总统正在去往弗吉尼亚州诺福克市的飞机上，前去参观海军演习。布劳在电话里听到了这条新闻，当时他正在纽约的卡莱尔酒店与克利福德和戈德堡会谈。

随后布劳离开酒店回到公司。五点半，布劳发出了一篇新闻稿，宣布美国钢铁公司将撤销三天前宣布的涨价政策。

这时总统正在托马斯·爱迪生号潜水艇上，他在换乘北汉普顿号巡洋舰时听到了这个消息。克利福德引用了奥利弗·哈泽德·佩里1812年战胜英国舰队后说的话："我们遇到了敌人，现在他们都归我们所有了。"他又补充道："他们投降了，总统先生。"

"就等着在本垒打出一个全垒打给那帮钢铁巨头看看，"戴维·鲍尔斯说，他是总统的亲信，在北汉普顿号巡洋舰上也在一起，"我们全力一击，让对方投球手被迫下场。"

肯尼迪让他别使用这种胜利的口吻。他不想在钢铁业引发敌意或是树立敌人，其他行业也是如此。不能得意洋洋。但是他在私下却藏不住兴奋。海军副部长保尔·费伊走进总统的房间，看到他正在做克劳斯医生为他制定的伸展运动。肯尼迪一边做着一组仰卧起坐，一边说："要说谁功劳最大……那肯定是克拉克·克利福德了。他在华盛顿是许多钢铁公司的代表，手里攥着出入政界的通行证。没看到克利福德跟他们一条一条把政府可能采取的措施列出来？跟美国总统对着干，你们知不知道自己在做什么？美国钢铁公司和其他主要的钢铁公司可不想让国税局官员把他们高层主管的开支账户通通查一遍。你愿意让政府查到你在斯克内克塔迪的旅馆账单，发现你当时和谁在一起吗？老婆们每周要在乡间俱乐部玩桥牌的，太多的旅馆和夜总会开销可是很难躲过这些牌友的。"

接着他告诉费伊和鲍尔斯，是时候了，该当当全国人民的总统了。第二天他乘着北汉普顿号在海上巡游，海军舰队在海面上列成两排，队伍足有9英里长。不巧的是为总统准备的一场导弹演示没有成功，一颗颗响尾蛇导弹失去控制，纷纷坠入海中。所有从船上和幻影喷气式飞机发射的导弹都没有击中由无线电控制、从头顶直线飞过的靶机。

"我的天啊，你究竟统帅的是什么海军？"肯尼迪对费伊说："要是我准备邀请美国总统和外交使团的所有高层观看一场地对空导弹发射，我绝对要保证导弹万无一失地击中靶机……要是你准备弄成这样，也该有个后备计划，在最后一颗导弹接近目标时将靶机引爆。"

他大声笑着，跟费伊讲起了笑话。他讲了一段想象中在观看演示时与一名南美外交官的对话："大使先生，现在您已经见识到了我们杰出的战舰和强大的武器系统，我想告诉您这些都可以卖给您。您要不要买一些响尾蛇导弹？"

"总统先生，您真是慷慨大方，"大使回答道："您拥有这些惊人的飞机、舰艇和导弹。我知道这些一定会使我们的海军实力大增。但是您看能不能卖给我们一些那种怎么也打不中的小靶机……"

午餐时间到了。

"汤凉了。"肯尼迪说着，把喝了一勺的汤推到了一边："其他菜呢？"

一个菲律宾服务生端上一盘鸡肉。

"天哪，这是油炸的！把领班给我找来。"

"领班，我在这下过指令，美国总统不吃油炸的食物。这可是炸鸡。你有炸鸡或炖鸡两种选择。我的要求是炖鸡。看看摆在我面前的是什么？炸鸡。难道我的要求很过分吗？"

这场对钢铁巨头的胜利也很快平息下来。总统尽全力引导了新闻报道，他甚至让《时代周刊》的休·赛迪了解到这一周以来他把康普顿·麦肯锡爵士写的《道德的力量》放在床头。但是《时代周刊》对十几年来利润的下降和员工工资的上涨颇有怨言，因此对总统强硬的统治手段批评越来越多。他们从全国各地收集了意见："芝加哥大学经济学家米尔顿·弗里德曼说：'这戏剧化的发展清楚地证明了华盛顿的极权政府有多大的权力。'《美国新闻与世界报道》主编戴维·劳伦斯称之为'类法西斯主义'，它使民众相信钢铁价格上涨是不爱国甚至罪恶的表现。"

劳伦斯的专栏文章在多家报纸同时发表，其中包括《纽约先驱论坛报》。这份报纸还发表了约翰·菲谢蒂的一幅漫画，画上总统新闻秘书皮埃尔·塞林杰在苏联向肯尼迪报告："赫鲁晓夫说他很欣赏您在这场风波中的作风。"

"这操蛋《纽约先驱论坛报》又发作了。"肯尼迪一天早上在电话里对新闻秘书愤怒地说。随后他取消了订阅每天早上送到白宫的22份《纽约先驱论坛报》。但不久他便意识到，自己对美国企业在作风和实际行动两方面确有问题。这次危机过后，沃尔特·赫勒给总统提了一条建议："真正解决问题的办法是要打破美国钢铁公司的联盟。"

"我们可能有些力不从心了，"肯尼迪对詹姆斯·托宾说。詹姆斯也是经济顾问委员会的成员。4月30日，总统对美国商会发表了长篇演说，为自己辩护。期间他不断表态："我向你们保证，本届政府同你们一样关心美国企业面临的成本和利润的困境。我们向往繁荣，而在自由市场经济体制下没有利润就不会有繁荣。"

与此同时，联邦调查局的探员在黎明前的搜捕，当下又给总统带来了更多直接的政治麻烦。下令采取这项行动的罗伯特·肯尼迪对联邦调查局局长埃德加·胡佛非常愤怒，责怪他执行命令的方式使总统难堪。深夜里警察敲门的形象非常符合一些人对肯尼迪兄弟俩的印象：性情倾向冷酷，并且蔑视美国法律的精妙优越处。《洛杉矶时报》将肯尼迪总统与墨索里尼相提并论。

取消订阅《纽约先驱论坛报》也是愚蠢的做法。全国的漫画家和戏剧演员都在取笑总统。而他的助手使情况变得更糟：他们在私下里说总统在偷偷地看《纽约先驱论坛报》。但肯尼迪在随后的新闻发布会上扭转了局势。他模仿当时流行的一个香烟广告回答了一个就取消订阅而提出的带有敌意的问题。广告上说："你是不是越抽越不想抽了？"而他的回答是："我是越看越看不下去了。"

随后他表达了自己对新闻工作者的看法："他们只是在做自己的本职工作，而我也只是在努力做好我的本职工作。我们会和平共处一段时间，然后各司其职，互不干扰。"

后来在一次小型家庭聚会上他拿这件事说笑，说他赢了美国企业那帮混蛋。他在给弟弟敬酒时说到他刚与共和钢铁公司的总裁詹姆斯·帕顿谈过，"我在跟他说他有多混蛋……"

"而他则证明了这一点，"笑声停止后肯尼迪接着说："帕顿问我：'为什么全国所有钢铁公司主管的电话都被窃听了？'我告诉他我觉得他这么说对美国司法部长不公平。他又问：'为什么全国所有钢铁公司主管的所得税申报单都要经过审查？'我告诉他，这么说对司法部长也是不公平的，他不会做这种事。"

"当然，帕顿是对的。"

"他们对我哥哥很刻薄，"罗伯特·肯尼迪接着说笑："他们不能这样对我哥哥。"

当然，这其实不是一个笑话。联邦调查局和中央情报局在司法部长的指令下安装了几十部窃听装置。他们对钢铁公司主管、国会议员、游说者以及记者的电话进行秘密录音，并把录音记录定期上交给总统。被窃听人员包括批评总统的作者（《纽约时报》的汉森·鲍德温，《新闻周刊》的劳埃德·诺曼，霍华德大学的伯纳德·法尔，和一位保守作者维克托·拉斯基），甚至总统自己的手下（他的空军助理，戈弗雷·麦克休将军，以及中情局在国家安全委员会的成员罗伯特·艾默里）。白宫也早在 1962 年，按照肯尼迪的命令，在军方的帮助下，由美国特情局安装了独立的窃听系统。只要想起来，总统随时会在椭圆办公室、内阁会议室以及位于海恩尼斯港的住处，打开隐蔽的开关，秘密录下会议和电话内容。原因之一就是，总统想把这些记录保留下来作为以后写回忆录的素材。

第二十八章　1962 年 5 月 6 日

1962年春季，两本畅销书引起了肯尼迪总统的注意。这两本书都是关于军事问题的。两名华盛顿的新闻记者（弗莱彻·奈贝尔和查尔斯·贝利）合著的恐怖小说《五月的七天》，讲述了一起对美国总统未遂的军事政变。芭芭拉·塔奇曼写的《八月炮火》则是一部较为严肃的作品，触及肯尼迪一直以来的担忧：因失误导致战争爆发。书中将1914年8月各国国王、首相、元帅及将军卷入第一次世界大战的情形按时间顺序排列出来。肯尼迪在演讲和谈话中经常引用书中两位德国将领关于这场战争的对话："这一切究竟是怎么开始的？""唉，谁知道呢。"

"这种情况会在这里发生吗？"他们在海恩尼斯港巡游时，雷德·费伊问道。他也读了《五月的七天》。

"有可能，"肯尼迪回答说："但是各种条件都要具备。比如这个国家的总统比较年轻，并且发生了猪湾事件，人们就会开始担忧。也许部队里的人会在背后批评他。然后要是又发生了猪湾事件，民众就会开始考虑：'他是不是太年轻而经验不足？'这时部队几乎觉得他们有义务准备好为保护国家完整而战。只有老天知道他们会保护这个民主国家的哪些部分……"

"然后当第三次猪湾事件发生时政变也就形成了。"总统说。他的朋友看上去非常震惊。于是他又加上一句："只要我在任就不会让它发生。"

回到岸上，肯尼迪给他的一个军事随员切斯特·克利夫顿打电话。这位现实中的总统引用小说中的暗语问起那些"有橄榄球的人"，这是核攻击的暗号。"书中说有一个这样的人每天晚上坐在我的卧室外面。这是真的吗？"

"不是，"克利夫顿回答道，"他在楼下的办公区。不过他能在一分半钟之内到达楼上。我们已经测试过很多次了，即使他不能用电梯，爬楼梯也能赶到。如果哪天晚上他敲你的门，进去之后会打开手提箱，你要注意……"

读完《八月炮火》，总统打电话让陆军部长埃尔维斯·斯塔尔到白宫去一趟。他给了陆军部长一本《八月炮火》："我希望你能读读这本书。并且我希望陆军的每个军官都要读一下。"

斯塔尔下令全球各地的美国军事基地中，每个军官休息室里都要放置这本书。指挥官们被告知总司令希望他们及他们的部下都读一读这本小说。

约翰·肯尼迪不信任军队，至少不信任军队里的指挥官。这源自他当海军上尉时的经验。那些高级将领们只顾下命令，他们不认识那些执行命令的人，也不了解派去的地方和形势。他对参谋长联席会议就是这种感觉，认为他们在猪湾事件之前的那几周误导了他，甚至背叛了他。在他看来，大多数军官要么心胸狭窄，要么愚蠢迟钝。

"智慧是不可战胜的。"谈到在国家安全事务上他咨询最多的那些人时，肯尼迪这样说。他把自己的一个根本目标，即争取文官统率军队，交付给国防部长罗伯特·麦克纳马拉、国家安全顾问麦乔治·邦迪和马克斯韦尔·泰勒。泰勒是所有现役和退役的高级军官中唯一能定期去总统办公室的人。其中他具备的一项条件是其他高级军官大都不喜欢他，这也是他作为一个前任陆军参谋长却从来没有当过参谋长联席会议主席的重要原因。

陆军将领和海军将领们同样看不惯肯尼迪的观点。其中就包括已退役的海军上将阿利·伯克。既然已经退役，他就可以想怎么说就怎么说了：

"美国，乃至整个西方世界对权力有一种负罪情结，"1962年4月底，他在美国革命女儿协会①的一次会议上说："这使我们每次使用权力就遇到挫折。在古巴、苏伊士、朝鲜和最近的老挝，我们都只是在现实与梦境的妥协中部分地使用权力……我们就像患了精神分裂症的病人，在国防部与裁军谈判委员会之间保持平衡，一边发展弹道导弹一边极力避免战争。基本上，我们在面对令人不快的事实和按信仰行动两种方案间徘徊……没有人知道我们会怎么做，因为我们自己都不知道。"

"天啊，'31节伯克'，我曾经钦佩过他。"肯尼迪说。他不仅想要实行一种新的军事策略，他更有一种憧憬，虽然可能有些不切实际，但他想要特种部队和《丑陋的美国人》一书中聪明的西兰戴尔上校那样的士兵。马克斯韦尔·泰勒就是模范。肯尼迪喜欢告诉别人他的首席军事顾问能说法语、德语和西班牙语。白宫官方经常对记者说的话是，如果你问泰勒关于中东的某个问题，他会想知道波斯国王薛西斯一世是怎么处理的。

在他与雷德·费伊在海上巡游的那个星期六，肯尼迪面临另一个东南亚军事危机。5月5日，巴特寮②军队的几个连队——据说是由在老挝的9,000人北越军队支持——占领了老挝北部的一个省会城市南塔。他们将美国支持的富米·诺萨万将军指挥下5,200人的老挝皇家军队赶出了南塔。诺萨万镇压共产主义者不力，军事上也一样无能。他不顾几百个以各种身份在老挝活动的美国人的意见，执意在四个月里不断向南塔增兵。南塔距离中老边境只有20公里。诺萨万在多雨的季节发动攻击，使得军队补给和增兵异常困难。停战协议被破坏了，美国支持的军队在恐慌中撤退，肯尼迪不得不又一次面临是否向老挝派兵的窘境。

在5月9日的新闻发布会上，他谈了这个问题："我们希望能恢复停战状

---

① 美国爱国组织，1890年成立，成员仅限于美国独立战争时期支持独立事业的士兵或其他人士的直系后裔。——译注

② 巴特寮（Pathet Lao），苏发努冯亲王领导的左翼民族主义集团，1950年建立。——译注

态。我知道这是非常危险的做法，但是假如没有第三种解决办法的话，美国军队的介入也只是另一种危险的做法。"

第二天他下令第七舰队驶入泰国湾。在当天的一次国家安全委员会会议上他说："这是给莫斯科一个信号。"这种姿态正是军队最讨厌的。参谋长联席会议对总统说，显然下一部就是要往泰国派兵，驻扎在泰老边境，而为了应对突发情况，他们必须有指挥权力，包括在特殊情况下使用核武器的军事权力（例如中国认为美国只是虚张声势，将部队派往美军驻地）。陆军将领和海军将领们通过记者透露了他们的意见，他们认为总统只是在要花招。他当然是在要花招、虚张声势、发动佯攻，让人看不清他到底是进是退。他试图避免战败或是给人战败的印象。而将领们眼中只有胜利。在肯尼迪看来，这群人为了胜利可以毁灭世界，几个中士或者中尉就能促使总司令发动世界大战。

埃夫里尔·哈里曼曾参加停战协议的协商，现在这个停战协议被巴特寮在南塔公然破坏，哈里曼与五角大楼在一点上达成了一致：如果不派遣军队，把舰队调过去是没有意义的。甚至可能诱使共产党发动最后一击，占领整个老挝。必须让他们以为美国军队真的会进驻老挝。

在一次头衔变动中，肯尼迪给副国务卿切斯特·鲍尔斯安排了一个虚构的职位——亚洲和非洲所有新兴国家的特任大使。哈里曼则被提升为负责远东问题的助理国务卿。他和昔日的密友，总统顾问罗杰·希尔斯曼致电白宫，想劝说肯尼迪在决定是否让海军陆战队士兵登陆之前不要调动舰队。当时肯尼迪正在白宫的玫瑰花园里，身后聚集着一群外国学生。他一边走出去欢迎学生一边回过头对麦乔治·邦迪说："那好，就这样，别调动舰队了。"

邦迪通知了希尔斯曼，然后希尔斯曼——参谋长联席会议代理主席——通知了美军参谋长乔治·德克将军。"天啊，"将军说："让舰队出发的指令已经发出了……你确定吗？给我发一份简短的备忘录。"

不到一个小时，肯尼迪得知了情况，他对哈里曼、希尔斯曼及整个国务院感到愤怒。他找不到哈里曼和希尔斯曼，于是在电话里对助理大喊："这到底是怎么回事？你知不知道罗杰·希尔斯曼刚刚让第七舰队停止前进？"

后来肯尼迪给了希尔斯曼几分钟时间解释他为什么要停下舰队。这位国务院的情报负责人重申了他的担忧：这可能起不到恐吓作用，反而诱使共产党者进一步行动。毕竟老挝并不临海，所以他们不必担忧美国的舰队，即使他们很惧怕美国的军队。

"嗯，"总统说："有一项政治上的变化使这件事不那么棘手了。"新上任的中情局局长约翰·麦康恩，也是共和党人士，刚刚告诉他前总统艾森豪威尔愿意支持他在老挝的任何行动。"这样我们应该就不用担心了……你和邦迪商量，决定是让舰队前行还是后撤。你们负责发布命令并告诉我最终决定。"

最后总统让希尔斯曼尽量避免五角大楼跟媒体说他优柔寡断。"我们必须弄清楚五角大楼会怎么对外说这件事。否则他们泄露了消息，我们就会很难看。"

希尔斯曼致电参谋长联席会议的执勤官，让他停止发送第二条指令，让舰队继续前进。

"是，长官。"执勤官回答。"我们去哪？"

"泰国。"希尔斯曼说。随后，执勤官来电，说第二条让舰队撤回的消息没有发出。"那就把它取消了。"希尔斯曼说。

希尔斯曼又致电白宫："命令取消了，相当于没有存在过。"

周六晚上希尔斯曼回到家里，写了一份长篇备忘录。记录了总统命令舰队出动，又下令撤回，又重新派出的过程。他一度打破了叙事的语言，写道："我哪有时间思考？开车上班下班、开会……剃胡须。"

"你们想不想听好消息？"那天晚上，肯尼迪和朋友们聚在一起时问道。他从口袋里拿出一份两页长的电报，一边喝着一杯加水的威士忌一边大声读了出来："我们仍然占领着会晒，但这不是因为老挝皇家军队，他们的表现实在是太怯懦了。当争夺机场跑道的战斗激烈进行时，老挝皇家军队在附近的河里游泳。"这份电报是一个老挝军队的美国顾问发回的现场报告。

"诺萨万完全不中用。"总统评价这个由美国在背后支持的人。巴特寮军队进入南塔时，美国的军事顾问已于5月6日乘直升机离开。这项逃离计划是根据早先的几场战斗经验策划的。在至少三场交战中，老挝皇家军队只顾自己撤离，把美国人扔在了后面，甚至都没有通知一声。几十个美国人被巴特寮或北越军队抓获。肯尼迪收到另一封电报，是一位美国军事顾问从南塔发回的报告："我所在部队的士气比起上次交锋有了显著的提高。上次他们扔下武器转身就跑，这回他们还记得带上武器。"

这一次他们在48小时内撤退了60公里，穿过湄公河进入泰国，再坐飞机返回万象。没有了军队（因为这回他们又在空中飞行），肯尼迪认为他必须再展示一下美国的威慑力。5月14日，也就是巴特寮占领南塔九天之后，在泰国训练的3,000人的美国部队派遣第一批士兵进入了泰国国境内的泰老边境地区。

报纸纷纷猜测美国将要把军队开进老挝。但事实上，已经有好几百美国人在老挝了，大多数都掩饰了他们留在老挝的原因。即使是美国总统也不是很确定他们在做什么。信息一点一点累积起来，谣言也越来越离谱了。伦敦的《泰晤士报》报道说，中央情报局在老挝的探员密谋反对美国的政策，阻挠中立政府的成立。皮埃尔·塞林杰问肯尼迪是否要否认这条消息。总统说："我觉得这条消息不真实。他们提供证据了吗？"

最重要的秘密其实是肯尼迪与赫鲁晓夫之间的交涉——就像一年前在柏林危机中那样。这一次两位领导人还是通过格鲁吉·布沙科夫进行交涉。

"我哥哥觉得他被欺骗了。"罗伯特·肯尼迪对俄国人说。他说总统相信了赫鲁晓夫主席在维也纳对老挝中立的保证。海军陆战队士兵在泰老边境驻扎一星期后，布沙科夫于5月22日再次会见罗伯特·肯尼迪，称赫鲁晓夫个人担保不会再有更大规模的军事行动了。

"布沙科夫说赫鲁晓夫理解美国派兵的原因是担心战争爆发，"罗伯特·肯尼迪对他哥哥说："既然关于老挝双方已经达成了协议，因此赫鲁晓夫先生希望美国能撤出驻扎在泰国的军队。"总统让他弟弟告诉俄国人美国将在10天之内开始撤军。美苏两军在柏林对峙时起到了重要作用的秘密渠道这次在东南亚又发挥了作用。

　　总统派哈里曼前往日内瓦就老挝保持中立的问题进行谈判，同时采取一些政治策略进行缓和。肯尼迪每天都通过电话与在瑞士的美国代表团进行交流，基本上谈判中的语言表述都是他想出来的。不久苏联和美国双方和解的意愿就很明显了，就像他们1961年想要和解一样，原因也没有改变。苏联希望在中国陷入这次事件以前结束老挝的争端，而肯尼迪很久以前就断定，"万象之邦"不值得美国介入。美国支持的富米·诺萨万坚持要在联合政府中谋得一个更好的职位，但肯尼迪让哈里曼告诉他不管怎样美国都会撤军，他也只好乖乖听话。①

　　现在看来，如果双方真要在东南亚一决胜负，也应该是在越南，《丑陋的美国人》中萨克汗的现实版。华盛顿争论的焦点再次集中在美国是否选对了人。吴廷艳是否足够强硬？是否能胜任？是否足够灵活？其中最后一个问题其实是关于他是否能听从美国的指挥。

　　"他总有一天会变成脱缰的野马，"总统第二次派驻印度大使约翰·肯尼思·加尔布雷思去西贡时，他对肯尼迪说："我们不能自己取代吴廷艳，但我们必须清楚地认识到，几乎任何非共产主义的变化对我们都有利，这也应该是我们在这个地区外交事务的指导原则……这有可能逐渐发展成为一场长期而非决定性的大型军事干预。结果是有危险的，即我们会取代法国成为这个地区的殖民势力，并像他们一样在那里流血。"

　　哈里曼却仍然支持吴廷艳。日内瓦会议结束后他对肯尼迪说："我对那些想让越南人拥有杰弗逊式民主的人感到有些厌烦，在我们自己国家的许多地方都没有这种民主。密西西比有杰弗逊式民主吗？"

　　肯尼迪与赫鲁晓夫秘密解决了老挝危机，期间极少召开新闻发布会的戴高乐总统召集了一次新闻发布会，宣布说："这一次法国的防卫依然是国防性质的。关于成立北约时设想的法国防御战，欧洲战争甚至世界大战，目前一切都是未知数……"法国人自1960年2月起开始在撒哈拉沙漠进行核弹试验，戴高乐称法国要拥有自己的核武器储备，包括导弹和核弹头，要与美国为北

---

① 1962年7月23日，14个国家的代表签订了《关于老挝中立宣言的议定书》。——译注

约提供的武器和保护分开来。

看来肯尼迪设想中由美国和苏联签订并执行的禁止核试验条约已成泡影。5 月 17 日,肯尼迪在新闻发布会上说:"我们不断进行试验,制造的武器也越来越复杂。然而事实是有些人可能试验几十次也造不出威力与这些百万吨级的炸弹相媲美的武器。不过它们的杀伤力却是在广岛、长崎使用的武器的两到三倍。这是十分可怕的。"

肯尼迪私下说:"这件事总是使我提心吊胆。"他认为核武器扩散是 20 世纪 60 年代最重大的问题,而签订核试验禁止条约最主要的原因则是防止共产主义中国研制出原子弹。然而像大多数美国人一样,他忽略了或者是不能理解其他国家的感受:原子弹是一个国家国力的象征。肯尼迪曾希望说服戴高乐法国不需要发展核武器,他说美国会一直保护西欧。然而肯尼迪说得越多,戴高乐就越确信核战争的第一个阶段或者最后一个阶段便是苏联摧毁西欧,美国把东欧夷为平地。而且,肯尼迪是在跟谁说话呀?美国在 4 月 25 日重启了大气层核试验。

6 月 6 日,肯尼迪来到位于纽约的西点军校,在毕业典礼致辞中说出了他对军人的要求。

"不管是在越南、老挝,或是泰国,不管是伊朗的军事顾问团还是在充满困难与挑战的时期被派到某个拉美国家……不管你们的岗位是什么,你们都要了解不仅仅是美国的,而是世界各国的外交政策……你们将用不同的语言下命令,用不同的方式看地图。你们将面对经济形势做出大多数经济学家不敢做的决定。你们要知道军队的重要性,以及它的局限性……在许多国家,你们的一举一动都代表着美国。而在一些国家,你们的任务,不管是提供建议还是具体行动,将决定那里的人们是否能继续享有自由。"

这与上个月校长威廉·威斯特摩兰将军邀请西点军校的演讲者观点大相径庭。道格拉斯·麦克阿瑟将军在演讲中说:"你们的任务是确定的,神圣不可侵犯的,那就是获得战争的胜利。你们职业生涯中的其他一切都必然服从于这项重大事业。"

第二十九章　1962 年 5 月 29 日

5 月 29 日是约翰·F.肯尼迪的生日。1962 年的生日这天，他收到的礼物中有一笔 300 万美元的利息，本金是父亲以他的名字开立的 1,000 万美元信托基金。肯尼迪年满 21 岁后，便以这笔基金获取的利息独立生活。老约瑟夫·P.肯尼迪为自己八个在世子女各开立了一笔数目相同的基金。

约翰·肯尼迪到了 45 岁，仍然保持着从不自己支付账单的富家子习惯。他父亲在纽约设立了一个办事处，替他处理这类琐事。肯尼迪身穿量身剪裁的服装，衣袋里难得装钞票，需要现金就向身边的人借。要是借款金额大，值得费心讨还，出借人就把账单寄到纽约这家办事处。

大多数美国人称呼自己父母都用"我母亲"或"我父亲"的说法，但肯尼迪却以"母亲"和"父亲"来称呼自家父母。遇到他自己的孩子们兴高采烈闯进他的办公室，他就跟孩子们亲热片刻，然后拍巴掌或按铃叫保姆来把孩子们带出去。他把自己的总统薪俸 10 万美元全额捐赠给慈善机构，排在受赠名单之首的是美国男女童子军。

肯尼迪也像富人一样吝啬。他定期核对白宫的开销，自掏腰包补充其不足。在一次他个人搞的促进节约活动中，他问道："为什么要向客人供应法国香槟？难道纽约产的香槟不够档次？"肯尼迪自己很少喝香槟，只要喝就一定要喝法国产的唐培里侬香槟。一天晚上国宴结束后，他漫步走进白宫厨房，想要证实自己的怀疑是否正确。果然，许多没有喝完的香槟酒杯和酒瓶撤了回来，当然，工作人员要把半满的酒瓶带回家。他便下令说，今后酒杯里的酒喝完才能重新斟上，摆上餐桌的酒瓶倒空后，才能新开一瓶。他说："别让我看到同时打开五瓶酒。"

凡是由他过目的大大小小公共资金账目，他都采取同样严厉的态度。在预算局向他呈交的第一份预算上，开支金额是以百万为单位的，按照标准格式，那份文件上的金额写法是 12.4 百万美元。他退回文件，要求把金额的写法改成 12,400,000 美元，说："我要看到每一位数字，要让那些人意识到，他们花费的是实实在在的现金。"他说的那些人也包括了罗伯特·肯尼迪。那年春天的一个周末，他与几个朋友驾游艇在缅因州海岸外航行，途中游艇的挡风玻璃打碎了，便派特工在全国上下到处搜寻同型号的玻璃。总统得知后说道："真该死。千万别让消息走漏出去。这么多人搜寻一块挡风玻璃，准得开销大约 10 万美元。"

每天早上，约翰·肯尼迪的贴身男仆送来四份晨报，摆在他的床头柜上。肯尼迪每天说的第一句话通常是："早上好，乔治。"55 岁的老黑人托马斯原本是阿瑟·克罗克的贴身男仆。1947 年克罗克来到华盛顿还是个需要仆人照顾的未婚年轻男子，他把托马斯送给老约瑟夫·肯尼迪，服侍他儿子，算是清偿了几笔陈年旧债。每天早上，托马斯为肯尼迪安排好第一身套装。肯尼迪有个习惯，每天常常从里到外更换四身服装，有时候要换六件衬衣。一次，本·布拉德利说起自己和很多别的男人常常一连两天穿同一件衬衫，肯尼迪听了颇感吃惊。总统有 18 套西装，都是欧洲款式，只有两颗纽扣，而不是大多数美国男人穿的三颗纽扣的样式。要是肯尼迪穿衣服感觉背部难受，托马斯就在后面帮他拉起上衣。

这个生日前10天，肯尼迪举行了一次公开庆祝活动，5月19日在纽约麦迪逊广场花园举行的大型庆祝活动中，为民主党全国委员会募集了100万美元资金。15,000人来参加活动，都需要买票入场，票价从3美元到1,000美元不等。整整一个夜晚的娱乐活动中，肯尼迪面带微笑坐在舞台对面的包厢里，欣赏纽约、好莱坞和世界著名的大明星表演，登台献演的演员有：杰克·本尼、玛丽亚·卡拉斯、哈里·贝拉方特、埃拉·菲茨杰拉德、佩姬·李、亨利·方达、吉米·杜兰特、迈克·尼古拉斯、伊莱恩·梅等。

本尼望了一眼正惬意抽着雪茄烟的总统，打趣道："坐在摇椅上那个人身旁竟坐着如此年轻的妻子，真让我吃惊。"在场观众哄堂大笑，肯尼迪也笑了。他妻子刚从弗吉尼亚州回来，在那里陪女儿卡罗琳参加劳登县骏马展赛，她们的一匹名叫明利诺的马赢得了季军绶带。

那天晚上最令人难忘的女子是美国当红性感电影女神玛丽莲·梦露。她身穿价值5,000美元紧贴肌肤的肉色长裙，上面缀满了莱茵宝石，长裙里面没有任何内衣，直接就是她享誉全球的赤裸玉体。1954年，约翰·肯尼迪接受背部手术住院期间，床对面一整面墙上挂着一幅玛丽莲·梦露的电影海报。当时肯尼迪还是个参议员，他的朋友们将那幅梦露身穿短裤的海报头朝下贴在病房墙上，让这位康复中的病人睁眼就能看到她叉开的双腿。

"祝你生日快乐，祝你生日快乐，"梦露用耳语般的声调在麦迪逊广场花园舞台上唱道，声音既富有诱人的性感，又不乏少女的纯真。那是一次令人难忘的演出。

"祝你生日快乐，亲爱的总统。祝你生日快乐！"

接着，她合着乐曲《谢谢留给我美好回忆》的旋律唱道：

> 谢谢你，总统，
> 谢谢你所做的一切，
> 你打赢一场场战斗，
> 你处置了美国钢铁公司，

你化解了我们的无数难题，

我们真心谢谢你。

她再次引领观众合唱"祝你生日快乐。"曲终，肯尼迪登上舞台回应道："谢谢你。你用如此甜美的歌喉深情为我唱'祝你生日快乐，'我觉得就是此刻退出政坛也值了。"

玛丽莲·梦露是个政治麻烦。她对好莱坞的人说，自己与总统有过风流韵事，说总统的妹夫彼得·劳福德替他们联络安排，让他们在圣塔莫尼卡海滨的住房和洛杉矶几家酒店套房中幽会。她说："我觉得我减轻了他的背伤。"她还不时谈起要跟总统结婚。肯尼迪感到担忧，恐怕新闻界会调查那些故事的真实性，《时代杂志》和《新闻周刊》尤其让他担心。肯尼迪并不特别在乎谣言，不在意谈论女人，也不在意谈自己的健康问题；只要这类谈论不公布出来，他起码不必因此改变自己的行为。对于新闻界的报道，他掌握了一条重要的准则：体面的报刊一般避免带头报道谣言或有关性的证据。不过他也清楚，一旦某事见诸报端，无论源自何处，报纸和杂志便会迅速相互引述，利用最先发表的报道做由头，登出自己的报道。他的政治对手便会利用报纸这类的报道借题发挥。所以，关键是制止有人挑头做报道。

麦迪逊广场花园的庆祝活动过后，关于总统与这位影星之间的谣言更多了，肯尼迪感到，需要派出自己的人将这类可能的报道扼杀在摇篮中，甚至闲话栏目也不放过。他求助的人有一个是和平队的监察长、前《纽约邮报》记者威廉·哈达德。哈达德不是椭圆形办公室的常客，不过在纽约新闻界交际甚广。

肯尼迪对他说："去见见编辑们，告诉他们说你代表我，说那些谣传不是事实。"①

5 月 29 日星期二才是肯尼迪的生日。这天，另一件事让他忧心忡忡。《纽

---

① 多年后，哈达德说："他对我撒了谎，利用了我在熟人中间的信誉。"——原注

约时报》的头版头条是"股价跳水——1929年以来最惨重的损失，20.8亿美元市值化为乌有。开盘141分钟后报出有史以来第五大交易额。"周一股市下跌超过35点。道琼斯平均指数自肯尼迪当选以来稳步下探，这天的股价从611.78点下跌到563.24点，收盘前才反弹了大约12点，创下1929年股灾以来最大单日跌幅。

华尔街称之为"蓝色星期一，"或者称之为"肯尼迪股灾，"要么将暴跌行情归咎于肯尼迪，要么归咎于对他的猜疑，要么归咎于美国钢铁公司对总统的抨击反应迟缓。不论出于何种原因，总之六个月中所有股票的交易价值下跌了25%。当天华尔街流传一则挖苦的笑话，说老约瑟夫·肯尼迪听说股市下跌，中风以来头一次开口讲话："想来气人，我竟然投票支持那狗崽子。"

但是华盛顿没人顾得上讲笑话。宾夕法尼亚大道1600号的白宫里发生了最高级别的政治危机。众多工商人士深信，这届政府完全持反工商业态度。5月下旬，就在这次股灾发生之前，匹兹堡钢铁公司总裁艾里森·R.马克斯韦尔在美国钢铁协会年度大会上发言说："这届政府正走向某种形式的社会主义，表面上允许维持私有财产，骨子里却是由官僚们规定价格，确定工资，指定生产与分配。"他的话受到上千名与会经理人的喝彩。

肯尼迪私下对自己的人说："这话不对。我不反对工商业，我的本意是尽力帮助他们。他们是我们的合伙人，只不过他们对合伙并不心甘情愿。双方有共同利益。我希望工商业繁荣。要是他们不发达，我们也做不好……看看记录就知道了，整整一年来我都在鼓励发展工商业。到头来我得到的是什么……他们说我'反工商业'究竟是什么意思？我实在弄不懂。谁能向我指出，过去一年里，我在哪一个场合说过反工商业的话？艾克本来可以尝试为工商业减税，可他并没有实行。我至少已经在尝试。我们正要在折旧税抵免方面给他们更多优惠。"

也许他的抗议有些过分。他的确体会到工商业者感到了厌倦，对他所说的"追逐金钱"表示出轻蔑。当然啦，替他参加追逐金钱比赛并且赢得赛事的人是他父亲。

在白宫应付工商业者和工商集团方面，肯尼迪努力保护自己的政治地位，在国家安全方面，他也同样努力保护自己。这位来自民主党的总统任命沃尔特·赫勒担任经济顾问委员会主席，还任命了几位共和党人担任重要经济职务：道格拉斯·狄龙担任财政部长，威廉·麦克切斯尼·马丁担任联邦储备委员会主席。一天，肯尼迪请赫勒来白宫泳池，肯尼迪游泳后边接受按摩，边对他说："沃尔特，我知道你跟比尔[①]·马丁在政策方面有不同意见，不过你跟他个人相处得很好，对吧？"

"不错，"赫勒回答时有点不知所措。他以前从未见过一位赤身裸体的总统。

"那好，"总统说。"说实话，我需要马丁和狄龙。在金融界方面，我需要这几位共和党人维护牢固的阵线。"

总统想要表现出赞成工商业的姿态，愿意在促进工商投资和经济增长方面做出一切努力，实现 1961 年的国民生产总值增长超过 2.3%。他经常拿这一数字与苏联宣称的年增长率 6% 或 7% 做对比，还在至关重要的方面支持工商业。《华盛顿邮报》驻白宫记者查默斯·罗伯茨向肯尼迪提问说，普通美国人要想为自己国家做贡献，具体该怎么做。肯尼迪回答说："克制自己的工资要求。"但是，为了达到同一目的，他与金融界采取的途径不同。工商业者最想要的是政府降低开支，至少减少非防卫开支，平衡联邦预算。此时，赫勒与总统成了师生关系，导师认为应当减少个人和企业所得税，总统对导师的凯恩斯论点表现出越来越强烈的兴趣。

赫勒认为平衡联邦预算是个问题而不是个解决办法。他相信，较低的税率能让人民口袋里有更多的钱，进而会刺激经济，由此产生的经济增长在整体上会增加税收。赫勒和塞缪尔森常常竭力敦促肯尼迪，要求将公司营业税降低 52%，并要求降低个人所得税，这些税种是当年为第二次世界大战筹措资金而开征的。当时的个人所得税率很高，纳税人年收入只有 2,000 美元的征

---

① 威廉的昵称。——译注

收20%，收入在32,000到36,000美元的征收50%，边际收益超过400,000美元的，征收没收性赋税91%。赫勒认为，这套税率妨碍了人们多挣钱的积极性，从整体经济中套走了太多的金钱。工商业需要投资，投资则与政府竞争同一笔钱。肯尼迪已近乎相信赫勒的论点是正确的。

但是，就在总统与赫勒切磋的同时，道琼斯平均指数在下降，从1961年12月13日的有史以来最高水平734.91点，稳步跌落到4月之前钢铁企业摊牌时的690点。后来在5月28日一开盘跌落到611点。赫勒警告他的上司说，出现一个"肯尼迪熊市"有着实在的可能性。股灾发生前一个月，赫勒对总统说："现在开始考虑采取实质性行动绝不是为时尚早，以免结果证明我们的预测过于乐观。"肯尼迪至少私下里开始谈论赫勒的观点，而这位经济学家已经开始谈论政治，向总统提出建议说，他和经济顾问委员会决心保持经济向前运行，并不考虑经济书籍中的经典论述，他说："我们不能……把脑袋钻进沙丘里，不能在竞选中失败。"

道琼斯平均指数在"蓝色星期一"锁定在576点后，赫勒将一份备忘录送到总统办公桌上。备忘录开门见山："迅速采取减税措施——减税将是目前情况下政府能采取的最有效行动，既能支持经济，又能振奋消费者和投资者的信心。"

赫勒喜欢"绩效差距"这一措辞。他对这个措辞的定义是：经济运行在失业率小于等于4%的充分就业与当前失业率约5.5%的差异。他对1961年的绩效差距做了计算，这个差距是500亿美元和500万个就业岗位。这位经济学教授对总统说："目前的联邦支出和税率水平要实现预算平衡，会造成实质性的低于充分就业。"从这一点起，预算向盈余发展，意思是从这一点之后，政府从经济中得到的钱会多于投入的钱。赫勒说，工商业人士抨击政府的赤字，却并不理解税收减少后，资金留在了私营经济领域。总统的这位顾问说，政府赤字意味着新的私营投资和新工作岗位。

肯尼迪明白了。可他也理解美国人信奉清教徒的经济学信条："既不做借贷者，也不做放贷者。"他此时还不愿承受政治热议，不愿让人看作借贷者、放贷者、挥霍者。早些时候，他对保罗·塞缪尔森说，公开推进减税是自讨苦吃："共和党人会为此踢我们的屁股。"

肯尼迪说："假设我要求实施某种大胆的计划，结果却没做成怎么办？"

塞缪尔森回答道："那你至少奋勇战斗过。"

"那算是虚荣，不是政治，"总统说着打开自己办公室通向走廊的门。肯尼迪有个惯例，他要觉得来客可能谈得太久，就会站在椭圆形办公室中央会客，然后缓缓走到门口，等他觉得听够了，就把门打开。

从这一刻起，他打定主意要听从几位共和党人的忠告，尤其要听从财政部长道格拉斯·狄龙的忠告。狄龙做梦都想在减税的同时改革近乎费解的联邦税法。肯尼迪还听取了他的华尔街顾问罗伯特·洛维特更加保守的格言。肯尼迪周一上午得知琼斯跳水，马上给洛维特打电话，洛维特对他说："什么也别做，什么也别说。"洛维特对肯尼迪说，如今的情况其实早该发生了，出于对通胀的预期，大多数股票估值过高，存在泡沫，现在是市场做出了相应的调整。"蓝色星期一"的平均市盈率为 26 比 1。相比之下这轮牛市开始前的市盈率为 17 比 1。在艾森豪威尔和肯尼迪两任总统任期中，稳定的牛市持续达四年之久，在 1961 年升上巅峰。

肯尼迪的左翼下属也提出了同样的意见。总统回家度假时，从佛蒙特州的农场给肯·加尔布雷思打去电话，这位大使口头提交了一份备忘录："坚持一种解释：市场在对通胀结束做出调整……"他寄给肯尼迪一本自己写的书，内容是关于 1929 年股灾的。

第二天，5 月 29 日星期二，麦乔治·邦迪也将自己的一份备忘录放在总统办公桌上堆积的文件中。他写道："虽然这事不由我分管，不过我强烈反对你此时就股市下滑发表电视讲话。此刻的情况是恐慌抛售，假如你出现在电视新闻联播中，只能加剧恐慌……保持平静，让平静情绪扩散开来。"

狄龙受到指派，从政治角度公布官方的态度：此轮股价下滑属华尔街对通胀已受遏制做出的延迟反应，是肯尼迪遏制住了通胀。与美国钢铁公司的对峙态势就是最佳证据，证明不会再发生工资轮番上涨，控制住局面的人正是总统。狄龙说，稳定的价格能让美国商品在全世界销路更好。这番口吻愉快的解释几乎一字不差刊登在《纽约时报》上，文章的标题是：《华盛顿认为市场对股价过高做出了反应》。

稳定价格的官方说法符合肯尼迪的政治目的，将肯尼迪与美国钢铁公司之间的战斗从个人冲突提升到白宫内部所谓的"遏制膨胀的经济战役"。肯尼迪清楚，历史是由获胜者书写的。

这场风暴很快便过去了，不过人们感觉到，更多风暴可能即将来临。星期二，道琼斯平均指数在早上下探到554点，然后稳定攀升，以603.96点收盘。一小时后，肯尼迪带着白宫大厨勒内·弗登和一块硕大的巧克力蛋糕登上直升飞机，飞往格伦奥拉，去陪他妻子和孩子们享用生日晚宴。华盛顿的记者们提了一个问题：总统是否看到了歌星兼影星弗兰克·西纳特拉赠送的生日礼物：一把覆盖在菊花下的摇椅？

"没有，"皮埃尔·塞林杰回答道。"这件礼物与生日聚会上的其他花朵直接送到了儿童医院，总统根本没看到。"新闻界报道说，这是故意采取冷落态度。

股市自行平静后，肯尼迪在6月7日举行的记者会上宣布，他要在1963年1月召开下一次国会时提交一套税赋改革方案。他说："这是一套全盘降低个人和公司所得税率的方案，并且不会以其他改革方案补偿。换言之，这将是一次纯粹的减税。"

6月11日，在耶鲁大学的毕业演讲中，这位来自民主党的总统做出努力，向工商界示好。1940年毕业于哈佛大学的总统双肩佩戴上一件荣誉法学博士披肩，对聚集在纽黑文市的人群发表讲话，讲话开头措辞伶俐："现在可以说，我得到了两个世界的极品，一个是哈佛的教育，一个是耶鲁的学位。"

那是一场非凡的表演。总统本来就是赫勒和塞缪森的弟子，如今又成了凯恩斯的门徒。他说，他要谈谈"神话，特别是国民经济中的神话与现实。"他接着揭示出三个要点：

"第一个神话是政府既大又坏……

"第二个神话坚持认为，联邦赤字造成了通胀，预算盈余防止了通胀……

"第三个神话涉及信心问题，对商业的信心，或者干脆说是对美国的信心。"

他说，政府规模的增长速度比几乎所有其他美国公共机构都慢。预算赤字已接近 100 亿美元，但通胀率却低于 1%。如果将商业周期中的起伏涨落归咎于对国家行政机构缺乏信心，这种想法未免过于简单。

不论肯尼迪的这三个论点表达得多么令人信服，讲话的潜主题却显示，尽管他在公开讲话中措辞铿锵有力，他似乎认为，自己出生太晚，生不逢时。肯尼迪认为，自己任期中没有多少需要解决的大难题，没有需要屠杀的恶龙，没有需要艰苦谈判解决的重大事件。对政府这部机器采取实用主义的调整和打磨也许是重要的，也是必要的，只是让他感到乏味。

他说："卡尔霍恩和塔夫脱分别在 1804 年和 1878 年毕业时，世界形势与现在截然不同。"他指的是耶鲁大学的校友约翰·卡尔霍恩和威廉·霍华德·塔夫脱。"他们及其同龄人毕生为之奋斗的事业，是解决一些导致国家在实际上和情感上分裂的大问题，曾经占据一代人注意力的问题：国家银行问题、公共土地的处置问题、联邦聚散问题、奴隶制存废问题、金本位还是银本位的问题……我们这个时代的各种核心问题则比较微妙，也比较复杂，与基础哲学或意识形态无关，只是涉及实现共同目标的途径和手段，涉及研究解决复杂顽症的完善方案。

"与昔日相比，今天的分歧通常是个程度问题……我们今天做经济决策时，至关重要的不是与对手在意识形态方面发生让全国上下激情澎湃的大规模冲突，而是对现代经济做实际的管理。我们需要的不是标榜立场和陈词滥调，而是对复杂的技术问题进行更加深入的商讨……政治立场和意识形态途径与解决方案不相干……这基本上是个行政或经营问题，这是问题的关键。"

到了第二天上午，以为总统会以言辞拉拢商业界的种种错觉都幻灭了。《费城公报》上刊出一幅漫画，一个身上标着"美国商业"字样的肥胖人物走进总统办公室，瞪着黑眼睛说："救救我吧，我让神话打伤了。"

《时代》杂志写道："肯尼迪总统及其顾问们对公共信息平台和电视屏幕展示其说服力寄予无限的信心（"有了电视，我们不再需要报界，"这是肯尼迪政府的一位成员上周说的话。）肯尼迪政府一定感到失望，他在耶鲁大学的演讲显然没能让工商界感到放心。"

为肯尼迪撰写在耶鲁讲稿的特德·索伦森事后对肯尼迪说了一番话，证明《时代》杂志的看法是对的："大商人在信念、习惯和党派方面，多半是共和党人，要不就是哈里·伯德派的民主党人，他们反对本届政府及其政策有内在的根源……要采取主要为了取悦工商界的步骤，应该将重点放在心理方面，而不是实质性方面。"索伦森补充道，为了取悦他们，可以出席"午餐会或只有8到10位男性工商领袖参加的小型宴会，与他们交换看法。"

总统在耶鲁大学露面三天后，在6月14日举行的一次记者会上，总统报复了记者，至少按全国欢笑测定标准方面打了个平手。当时，一个记者提问时说，大企业利用股市下滑将肯尼迪逼入守势，在某种程度上，"我们想要你上哪儿，你就得上哪儿！"他问总统对此做何感想。

美国总统回答道："我不相信我此刻在工商界或大企业想要我待的地方。"记者们顿时发出一片哄笑。

第三十章　1962年7月5日

　　1962年6月12日，马萨诸塞州民主党大会推举出约翰·F.肯尼迪原参议员职位的替代人选：他弟弟爱德华·穆尔·肯尼迪。他弟弟这年2月22日年满31岁，符合这一职位资格的年龄要求。肯尼迪1961年1月20日就任总统后做出安排，指定他在哈佛大学时的一个室友为昵称"特迪"的小弟弟占住这个议员空缺。这位前室友是格洛斯特市的一个商人，名叫本杰明·史密斯。他的任务是保持这一职位，等到肯尼迪最小的弟弟符合年龄资格时来接任。

　　这一职位的主要竞争对手州检察长爱德华·麦科马克在大会上承认竞选失败。《时代周刊》报道爱德华·穆尔·肯尼迪对此做出反应时写道："特迪露出了冷笑。"两天后，约翰·肯尼迪在白宫举行的一场小型庆祝晚宴上戏谑道："罗伯特和我会冷笑，再过两三年，特迪可以学会冷笑，不过他现在还不会。"

　　本·布拉德利附和他们的家庭玩笑，他嘲笑特迪，嘲笑他从法学院毕业刚刚三年的议员资格。

　　"你这话是什么意思？"总统的口吻冷淡。"他获胜是要通过三个不同程序的：民主党大会推举、民主党预选、然后要赢得选举。"

这个政客对这个记者说，对于选举产生的职位，获胜便是实在的资格。特迪没有等待机会轮到自己。他为什么要等待？候选人都是自荐，竞选活动的中心人物都是富有挑战精神的人。工作人员和朋友的角色是为上竞技场的角斗士备战，并为之提供保护。特迪的选战是由白宫运作的。在马萨诸塞州西部几座小城镇，索伦森在记者会上预设问题并提供答案。远在首都的司法部在罗伯特·肯尼迪监督之下，工作人员翻找记录，寻找可用来对付爱德华·麦科马克的材料。当时的国防部长是罗伯特·麦克纳马拉。副官们查找五角大楼的旧档案，从服役记录中寻找对麦科马克不利的蛛丝马迹。只有竞选进展不顺利，肯尼迪家族的人才会搬出这类材料。

特迪与麦科马克举行竞选辩论前的一个周末，在海恩尼斯港老约瑟夫·肯尼迪家的大起居室里，特迪对他哥哥说："我们掌握了充足的材料，随时能逼老爱德华出局。"总统挂着拐杖站在屋子的一个角落，默默看着特迪向他展示一些材料。最后他说："听着，爱德华，你不要对爱德华·麦科马克搞个人攻击。辩论之后，你马上就需要麦科马克原先的所有支持者。让麦科马克尽管攻击你好了。你要竞争的是美国参议员职位。要将焦点集中在各种议题上，别考虑对个人攻击。等你当上美利坚合众国的参议员，他就消失了，就被人遗忘了。"

老约瑟夫·肯尼迪坐着轮椅待在另一个角落里，这时伸出食指一字一顿说："照你哥哥说的做。"

后来，一个名叫米尔顿·格沃兹曼的总统助理向总统报告说，他弟弟在民主党大会上的竞选辩论表现不佳，肯尼迪的反应略带一丝愠怒："别对他这么说。别让他听到客观的分析。他是个候选人，承受着很大的压力。大家应该让他产生良好的感觉才对。"

总统已经为弟弟做了一些幕后工作，他会见过《波士顿环球报》的多名编辑和记者，这些人愿意按他的意思修改对他弟弟竞选做的最不利报道。《波士顿环球报》对竞选过程中的一则传言做了调查，结果证明属实：肯尼迪这位最年幼的弟弟曾因考试作弊被哈佛大学开除。编辑们将掌握的材料向总统做了通报，接下来两天里，编辑与总统就此频频协商。肯尼迪与《波士顿环球报》华盛顿记者站的站长罗伯特·希利做了一次长时间的讨论，事后他开玩笑说："古巴危机以来，还从没花过这么长的倒霉时间讨论一件事呢。"总统与那位站长共同拟定了一份声明，后来爱德华·肯尼迪在一次访谈中复述了这份声明的内容，承认在大学一年级由另一名同学替他参加了西班牙语考试。《波士顿环球报》在3月30日登出那次作弊的报道，标题的口吻极其温和："特迪·肯尼迪讲述哈佛考试插曲"。

马萨诸塞州民主党大会提名后，在两周后的一次记者会上一位记者提问说："关于你弟弟特迪的候选人资格，有相当多的批评意见……人们说在华府姓肯尼迪的人实在太多了。你对此有何评论？"

总统露出严肃神态，回答道："他参选非常积极，受到大会推举。9月份要参加初选，还会朝气蓬勃地参加11月的竞选。我看马萨诸塞州人民会对他的资格做出裁定，也会判断姓肯尼迪的人是不是太多了。"[①]

约翰·肯尼迪与某些记者相处时，态度非常友好坦诚，但他从事的是不同的行当。有些记者时而感觉他不像个政客，可他从来不会忘记自己的身份。他将1962年的政治集中活动期视作一场锦标赛，他在1960年的政治赛季曾与奖杯失之交臂，要夺取的奖品则是有效控制国会。正式计数的党员人数对他这位来自民主党的总统有利：众议院的民主党263席，共和党174席，参议院民主党64席，共和党36席。但是，在大多数议题和表决中，亲共和党联盟和民主党保守派分子在国会中占了有效多数。民主党的保守派主要来自南方各州，很多人关心的首要问题是打压黑人合法争取真正平等的要求。

另外，肯尼迪以前在众议院任职期间的表现并不特别优秀，爱德华·麦科马克又是众议院新任发言人约翰·麦科马克的侄子和被保护人，这些都不利于肯尼迪搞好与众议院的关系。在肯尼迪于6月27日举行的记者会上，记

---

① 9月18日在民主党初选中，爱德华·肯尼迪赢得69%的选票。《纽约时报》的一篇社论评论那次选举结果"有损参议员的人格尊严，有损民主程序的尊严。"——原注

者提出的一个问题就集中在这样一些不利关系上："总统先生，谈到你的立法计划，总的来讲，你是否感到在参议院和众议院占大多数的民主党人给了你恰如其分的支持？"

"没有，"总统说。"我们应当意识到，25年来，具体说就是自从1938年以来，有些民主党人投票表决时持共和党人的立场，因而凡是有争议的立法都非常难以获得通过……为了获得通过，某些议案可以采取折中手段，但是重要的立法议案，诸如老年人医疗保健之类议案就困难得多……因此11月举行的就是一次重要的选举，如果我们能多获得一些席位，就拥有了行之有效的多数派。"

在这之前提出的第一个问题是有关最高法院前一天做出的一项新裁决。这项裁决禁止在公立学校中祈祷、朗读圣经、搞其他宗教仪式。

"我认为，我们要维护宪法原则，这一点很重要。我们要支持最高法院的决定，即使我们可能并不同意这些决定，也要支持，"总统说。"另外，这个问题是很容易得到弥补的，那就是我们自己做祈祷……我们可以在家里多多祈祷，去教堂做礼拜时可以心怀更多的诚意。"

肯尼迪寄期望于中期选举，盼望聚集起亲近他的民主党人队伍，这类人主要是来自北方各州的年轻民主党人。但是，不论肯尼迪的竞选旅行搞得多么成功，记者会才是他施展才能的真正舞台，这座舞台既符合他的风格，又能体现他的支配能力，他可以随心所欲展示自己的敏捷思维和渊博知识，不过在这里他也得强迫自己关注乏味的事情，倾听人们的无聊谈话。

总统的每次记者会都要在前一天晚上开始做准备。皮埃尔·塞林杰呈交一份文件，上面列出预料记者们会提出的问题，一些关系友好的记者肯定会提出事先安排的问题。第二天早上，要在总统的卧室召开早餐情况通报会，与会者有约翰逊、腊斯克、麦克纳马拉、索伦森、邦迪、塞林杰，大家向总统提出二三十个记者们可能提出的问题。总统会说："这个我能应付，"接着回答问题。有时他会试着做出回答，然后听大家的批评意见。大约在下午3:00，总统午睡后边穿衣服边温习内容，稍稍预演一下。到了晚上，只要有可能，他就找理由避免出席晚宴或招待会，在 9 点钟观看这天记者会的电视报道，对节目品头论足。他会评论自己在电视上的形象说："那一束光打得太糟糕啦，我们得想办法处理一下才行。看哪，这个摄像角度简直能要了我的命。"

总统与电视的结合是美国政治的一种新产物。"没有电视我们会无所作为，"肯尼迪对塞林杰说。不过两人对这话的含义并没有真正理解。肯尼迪是在政治的工业化时代末期就职的。他在 1960 年开始竞选，当时占主导地位的视觉媒介是黑白摄影。最快的旅行方式是乘坐螺旋桨飞机，速度难得超过每小时 200 英里。但是，肯尼迪就像农夫感觉到天气要变一样，当时已经感觉到一种新的政治宣传方式即将来临。这位政治家原本是位忠实的报纸读者，可他似乎听到了 100 码外摄像机发出的拍摄声。用不着自己现身纽约《时代周刊》由亨利·卢斯控制的那些机器设备上，用不着去达拉斯找 E. M. 迪利的《达拉斯晨报》，就能让千百万美国人看到自己，他对此感到着迷。这简直是个政治奇迹。

最难回答的是民权问题，特别是每两个月都会重复提起的种族歧视问题，记者们会追问他，打算何时实现自己终止种族歧视的竞选诺言，何时才"大笔一挥"签署行政命令，从法律上禁止在公营住房方面搞种族歧视。上次提起这个问题是在 7 月 15 日的记者会上：

"总统先生，我相信你就职已经大约 17 个月了，却仍未签署命令反对在联邦筹资建造的住房中实施种族隔离。请问你计划何时签署那项命令？"

"在我们认为命令会产生效力的合适时机，我会宣布的。"

"你会在任期届满前签署的，对吧？"

"我已经说过……我要指出，我们在民权领域已经做了大量工作……"

他与国会闹的纠纷已经够多了。就职后没几天，他首战告捷。当时国会议长为了扩大众议院规则委员会成员人数，说服了众议院几位同事，结果赞成的人数刚够。不过那是一场防御性的胜利，目的是为了防止南方的民主党人与共和党人联合起来，阻挠白宫的立法议案在众议院获得通过。

那是一场不小的成就，不过总统和拉里·奥布赖恩为首的总统亲信此后没能走得更远。

肯尼迪就职一年半后，记者问他："总统先生，在这次国会期间，你让国会啃了那么多硬骨头，有些议员已经有点不耐烦了，考虑到今年是个选举年……你是否计划给他们某种优先任务的列表？对他们说：就是这样。"

"这个嘛……"总统回答道。"按重要性排列，依次是：老年人医疗保健、年轻人就业、对高等教育的资助、贸易法案等……有很多任务是极其重要的。"

列表很长，但总统在几乎所有转折点都受到限制。

自从西奥多·罗斯福1912年竞选总统以来，国会多次就65岁及以上的美国人享受国家健康计划的提案进行辩论——美国是唯一没有这种计划的工业化国家。罗斯福失败了，肯尼迪也没有取得成功。肯尼迪的计划称作医疗保险，打算通过提高社会保险税零点五个百分点提供资金，让1,700万名65岁以上的美国人能够享受90天的住院治疗，以及180天的家庭护理。参议院对此辩论三周之后，美国医学协会持坚决而广泛的反对态度，7月17日参议院以52票对48票否决了医疗保险方案。主要来自南方各州的民主党人有21人站在共和党一边。

没出一小时，肯尼迪便发表了电视讲话。电视网的摄像机不分昼夜架设在白宫待命，便于总统随时向全国发表讲话。"这是每一个美国家庭遭受到的最严重挫败……几乎所有共和党议员和一小撮与之合作的民主党议员让我们遭受了今天的挫折。我希望11月份组成的新国会能支持诸如为老年人提供医疗保健的这类计划。"

肯尼迪愤怒至极。在力争医疗保险提案获通过的过程中，美国医学协会主席伦纳德·拉尔森博士请求与总统会晤，讨论双方的分歧。肯尼迪回答说："算了。"别人问他为什么不同意会晤。他说，会晤就暗示着妥协，合影又暗示会晤双方地位平等。这两样他一样也不愿让拉尔森博士得到。一次，总统与经济顾问委员会的几位前主席会晤，包括杜鲁门任期的利昂·凯泽林和艾森豪威尔任期的阿瑟·波恩斯。沃尔特·赫勒请他摆个姿势与会晤者合影，总统也做出同样的反应。他后来对赫勒说："波恩斯和凯泽林成天踢我的屁股，我可不给他们提供平台，以免让他们踢得更惨。"

肯尼迪就职典礼后没出几个月，与他一道露面便成为各国政要国际地位的象征。美国国务院收到各国总统、国王、首相和总理的众多来访请求，于是设计出一种"非正式"访问的新外交门类，好让肯尼迪从频频祝酒和鸣21响礼炮致敬的忙碌中脱身。驻波恩的美国公使马丁·希伦布兰德向肯尼迪通报说，西德政客排着队想要访问华盛顿，回国后还会在广播中夸耀自己在白宫停留的时间长度，最高纪录是26分钟，据谣传这包括了待在卫生间的时间。哈里曼在环球旅行途中向白宫发回报告称，要想让印度尼西亚总统苏加诺学会守规矩，最佳方式就是让他怀有期待，只要苏加诺表现良好，肯尼迪就有可能访问雅加达。

总统接下来的一次记者会在7月23日举行。这次记者会改变了世界历史轨迹。至少皮埃尔·塞林杰持有这种看法，他将这次事件与第一颗原子弹爆炸的意义相提并论。6月10日，在这次记者会举行前六个星期，美国政府发射了一颗美国电话电报公司建造的新通信卫星，从华盛顿发射的电视信号经这颗卫星向欧洲直播了记者会现场的前10分钟。向伦敦直播的电视节目中，肯尼迪演讲的最后几句话是他在讲话和报纸采访中一再重申过的："美国不会让美元贬值。假如美国不再希望支持在海外的国防开销和外援，可以随时平衡自己的国际收支差额。"

肯尼迪离开举行记者会的国务院礼堂时，塞林杰说："总统先生。总统先生，伦敦市场金价走软了。"18个月来，这位世界上权力最大的人做过很多演讲，通过印刷刊载的讲话文字稿从未产生过如此结果。可这个人在电视直播中仅仅讲了10秒钟，世界绝大部分地区的货币价值就发生了改变。

第三十一章　1962 年 8 月 13 日

1962 年夏末，肯尼迪信服了沃尔特·赫勒认为削减所得税税率大有裨益的判断，或者说在经济上是行得通的。但是对总统而言，这依然是个智力上的挑战，而非一个政治承诺。

当肯尼迪上任时，经济正处于衰退期，但从政治角度而言是"艾森豪威尔衰退"。1961 年 2 月经济复苏初显端倪，数据显示国民生产总值增长率约为 2%。1962 年夏天，汽车销量和新房屋开工率开始下跌，肯尼迪开始担心中期选举前经济会衰退，这一次他脱不了干系。倘若赫勒有锦囊妙计能阻止衰退——利用凯恩斯理论刺激经济活动，什么时候打开锦囊、国会是否以及何时会允许他这样做仍是个问题。也许明智之举就是静观其变直至 1963 年。最糟糕的"肯尼迪衰退"将发生于 1964 年总统大选。

特德·索伦森在 7 月 12 日给总统的备忘录中总结了经济中的政治学：

> 减税是大规模经济武器，可以用一次。我们已允诺 1 月 1 日减

税生效，而在今年 10 月 1 日之前难以实现……因此，只有以下三方面的情况确认后，我才支持减税：（1）就业和生产都下滑，且持续大规模下滑；（2）减税将刺激消费而不是储蓄；（3）减税引起的赤字不会高于财政年度 1958 年艾森豪威尔时期的 128 亿美元。

在 8 月 1 日的新闻发布会上，有记者向总统提起前任总统是如何有效地坚持传统的全美经济智慧——赤字开支是一切罪恶的根源。"总统先生，"一名记者问道，"今天公布的盖洛普民意调查显示 72% 的受访对象认为如果减税意味着增加政府负债，他们就反对减税。那又是什么原因促使您做出减税的决策呢？"

"哦，正如我之前所说的那样，我们将等到 7 月份的数字出来后再做出决策，"肯尼迪回应道，"我们对这些数字的判断，表明我们处于经济平稳期还是处于更严重的经济漩涡中。"

当天肯尼迪也被问及另一赤字问题——国际收支平衡。美国进口大于出口，每年对外贸易赤字约为 50 亿美元（其中 16 亿美元用于总部位于欧洲的北大西洋公约组织经费），使得国外供应商和政府持有黄金支持的美元债权。

"这是一个长期的担忧，"肯尼迪在回答有关国际收支问题时说道，"我们希望明年年底能恢复国际收支平衡……"在一次讨论黄金外流的会议上，肯尼迪仰头说道："那么 50 年代的情况是我们搞原子弹，而欧洲人攒黄金。"

"我们的商人、工人和农民需要新市场，而世界上增长最快的市场就是欧洲共同市场，"引进《1962 年贸易扩展法》时肯尼迪说道，该法案大大拓展了总统减税以刺激贸易的权利。"欧洲共同市场的消费者很快将达到 2.5 亿……与我们国家的消费水平相比，欧洲共同市场的消费者只有 1/4 拥有收音机，1/7 拥有电视机，1/5 拥有汽车、洗衣机和冰箱，想想这个巨大的市场蕴藏的机会！为了进军这一市场，我们必须达成一个协议——我们必须给欧洲人一些优惠——我们必须乐意给他们更多的市场准入……"接着他又提及日本，日本这个岛国我们昔日的敌人不得不以出口求生。我们必须寻求一条途径以平衡美日贸易，缩小美日出口间5亿美元的巨差。

首都华盛顿的夏天是繁忙的，忙碌是肯尼迪年代的烙印。人们携带着文件夹和文件行色匆匆，似乎为了某件要事正赶往某个重要的地点。然而就在肯尼迪总统承诺终止黄金外流的第二天，美国和这个世界又在关注于另一件事情：8月5日玛丽莲·梦露被发现死于洛杉矶的家中，年仅36岁。两个半月前她还在总统的生日派对上惊艳绝伦。她和肯尼迪的绯闻被人津津乐道——和朱迪思·坎贝尔一样，这个女星也经常打电话到白宫和总统聊天——但是这样的谣传在华盛顿远没有在好莱坞流传得久远。两座城市都自得其乐，各得其所。华盛顿确实关注并谈论贸易和税收理论，这正是很多人感到厌烦的原因。

在白宫，肯尼迪在狂热的凯恩斯主义者沃尔特·赫勒和较传统的共和党人道格拉斯·狄龙之间达成了一个平衡。总统智力上接受赫勒净税削减的计划，但是也赞同狄龙税收中立但全面的税制改革构想——查补《美国国内税收法典》的大量漏洞。

狄龙也是这一届政府的铁腕人物，并且自1961年1月的某天首次出席国内税收联合委员会起成了国会中共和党的有效联系。那天狄龙的助理斯坦利·萨里按总统指示出席联合委员会，西弗吉尼亚州民主党参议员罗伯特·伯德跟他打招呼，问他部长怎么没来，然后说道："这是对国会的侮辱。"话音刚落，罗伯特·伯德就和其他四个参议员以及众议员威尔伯·米尔斯一起站起来表示要离开，并且称除非总统改派狄龙部长过来，否则他们不会回来。当肯尼迪总统说狄龙不会为这一届新政府说话时，这正是参议员艾伯特·戈尔告诉总统将会发生的事情。

7月份的经济数据比6月份的好，但依旧一团糟，总统也是如此，在赫勒——狄龙之争中斡旋。总统心里很明白自己所想的和他认为可以做的之间的差别。一天，在敬仰艾森豪威尔"省一分就赚一分"的经济清教主义时，肯尼迪说："去年的赤字比1958年衰退期的要低，对此我感到自豪。"第二天的晚上，在和查尔斯·巴特利特谈话时，总统说道："大家都在谈论我们的赤字，都想让我们削减开支。但是他们好像不理解正是赤字、正是开支拉升了经济。我爱赤字。"

8 月中旬，从 1960—1961 年艾森豪威尔衰退中缓慢复苏的肯尼迪时期明显丧失了先前的动力。塞缪尔森告诉肯尼迪他认为发生新一轮衰退的概率是 50%；这将成为二战结束后第五次经济衰退。为什么？为什么经济增长在 3% 以下就停滞不前并开始下滑呢？赫勒的回答又是：税率过高，所以要高税率就得保证充分就业。从那一刻起，政府就一直入不敷出，而财政收入又减少了。

用当时的行话来说，经济并没有"满负荷"运行——全国的生产力仅为"充分就业"时的 85% 左右，相当于就业仅为 4% 或者更少，而不是 5%~7%。美国知名化工公司杜邦董事长克劳福德·格林沃尔特 8 月 9 日碰见总统时，告诉总统杜邦仅以 80% 的负荷运营——这意味着如果消费需求增加，为了增加 6 亿美元的销售额杜邦要做的就是开大马力。

然而，国会却从另一个角度看待经济，大体上更倾向于扩大支出而非削减税收。相对于减税而言，很多成员更倾向于修建新的高速公路和医院，因为这样可以增加支出，并且是有形建筑。减税之说仅提醒选民们付了多少税。总统在国会中尽力劝说来自阿肯色州的众议院筹款委员会主席威尔伯·米尔斯，威尔伯·米尔斯反对快速削减税收，主要是因为他认为这一提议将被国会否决。米尔斯和肯尼迪在 8 月 6 日的傍晚坐下来进行了很长的谈话，总统念着英国杂志《经济学人》中的一段摘录："没有什么会比处于衰退中的美国经济的过早下滑更能损害世界经济和对美元的信心了。"

"换句话说，我们太受限制了，"肯尼迪从杂志中抬起头说道。

"让我来向您解释这一点，"米尔斯回应道。"让我们假设美国一半的人很聪明并且完全知情……您有 50% 的把握说'是的，这是件好事。'但是这一半的人对于如何减税又有分歧……一边是商业团体，如果他们想要减税，那是一种减税方案。而另一边是劳工团体，他们也想减税，但明显是另外一种减税方案。"

"你瞧，"肯尼迪说道。"保罗·塞缪尔森说第四个季度将发生衰退。让我们假设他错了，今年我们处于经济平稳期，失业率低于6%。直到1963年冬季，经济丧失动力……1963年冬季经济就要衰退了。如果我现在提议减税，经济会好起来吗？国会会不同意吗？这将使竞选难度加大，很多人会争辩：总统提议减税；这说明经济陷入低谷；说明民主党派无力挽回经济……很多家伙将跳出来说他们不同意减税，一些人甚至会和我决裂。"

"您的判断是正确的，"米尔斯说。

"不过，假设我们也知道这种情况，"肯尼迪继续说道，如果经济指数仍未好转就建议选举之后召集国会11月份重新召开会议。"如果国会不同意减税，至少责任不在于我们。"

"为什么我们不对此事保密呢？"总统最终说道。"我将想出一个合适的办法推出我们的提议，只有我们自己知道这事，所以我们不召开新闻发布会……"

肯尼迪决定将他的提议于8月13日通过电视向全国宣布，此刻沃尔特·赫勒正像经济运动领袖一样撰写文稿，8月9日他在题为"摆在我们面前的减税选择"备忘录中又号召了一次：

1962年的减税，我们最后的选择：（1）提前对"肯尼迪衰退"做出防范；（2）减税是为了减少而不是增加财政年度1964年的赤字；（3）给民主党国会候选人一个更激进的经济政策，以在1962年的选举中占有优势……经济萧条和衰退导致了预算赤字；而赤字成为了减税的绊脚石，减税是我们抵制萧条和衰退的主要武器。及早采取行动可以打破这个恶性循环，明显改善1963-1964年间的经济，缩小财政年度1964年的赤字。

这是赫勒提供的第一个选择。他在备忘录中总共有六个选择；最后一个选择和狄龙的是一致的，狄龙想争取更多的时间将减税和税制改革结合起来。在白宫中人们打趣道总统总是同意赫勒而又一贯支持狄龙。"现在不采取行动，"是赫勒的第六个选择。"发布一个抚慰申明，做出以下解释：（1）为什么眼下不急于削减税收；（2）为什么明年减税很有必要；（3）为什么后盾权威很重要。"

总统选择了第六个方案。他在 8 月 13 日晚上上了国家电视台，恰好那天是柏林墙建造一周年纪念日，也是苏联宣布一个航天壮举的重要日子，《纽约时报》在首页顶端用三行通栏标题刊登了这一壮举，"两架苏联宇宙飞船发射后在相邻的轨道上绕地球飞行，宇航员通过视频和无线电保持联系"，这种标题通常只用于总统竞选。当天的头版新闻还包括佐治亚州的奥尔巴尼小城的种族紧张局势，马丁·路德·金牧师正在那座小城领导持续的反种族隔离抗议。

总统演讲时首先祝贺苏联，然后对美国人说："我们落后了，而且未来一段时间内我们仍要落后于人，但是我们现在正在努力……"接着，他开始了迄今为止最难懂的讲话，列出不少晦涩的数据，他说"当我 1961 年 1 月上任时，这个国家正处于衰退期。现在我们已经取得了复苏……"。

他的确成功地用一句话总结了反对目前高税率的观点："比如说，在过去经济发展的 15 个月里，联邦采购为经济增加了 70 亿美元的活力，而联邦税收却高达 120 亿美元……"

最后他说将尽力削减税率——但是要到 1963 年 1 月份才会采取行动。

"这次表现得 C-"，当相机和麦克风关掉之后肯尼迪说道。他告诉赫勒不管减税与否他都想尽可能地刺激经济："我不在乎你隐瞒 10 亿、20 亿甚至 30 亿美元的赤字。"

8 月 14 日在首都华盛顿，就在总统向全国宣讲经济学课程之后的第二天早上，电话铃和警钟在全城秘密地敲响，穿过弗吉尼亚阿林顿和兰利的波托马克河，到达五角大楼和中央情报局。主题是暗杀。

最开始打电话的是曾经策划过 ZR/RIFE 计划的中央情报局特工威廉·哈维，ZR/RIFLE 是情报局策划的发展后备暗杀能力的计划。哈维负责特遣部队 W，该部队是为推翻卡斯特罗于 1962 年初创建的。哈维对于猫鼬行动负责人兰斯戴尔少将前一天发出的简短的备忘录感到愤怒不已，猫鼬行动是罗伯特·肯尼迪的跨部门特别行动小组（增编）——古巴计划的并行行动。猫鼬行动是于1961年末策划的，其目标如下："根据1961年11月30日总统备忘录的精神，美国将帮助古巴从古巴内部推翻共产主义体制，建立一个美国可与之和平相处的新政府。"猫鼬行动方针做了以下补充："为了完成推翻目标政府这一事业，美国将充分利用当地的内部资源和外部资源，但是也意识到最终的胜利必须依靠起决定作用的美国军事干预。"[①]

使哈维勃然大怒的兰斯戴尔备忘录只不过是号召8月14日召开猫鼬会议，但是这份备忘录却被归类为"绝密，特殊处理，不可向国外发表"：

> 根据8月10日猫鼬行动政策会议上传达的目标和方针……我们将于8月14日星期二14:00点在我的办公室召开一次行动代表会议。每一位与会人员需准备的文件如下：
>
> 哈维先生：情报、政治（体制分权）信息，包括领导人清算信息……

8月初特别行动小组几乎每天都开会，因为猫鼬行动（猫鼬为一种杀死毒蛇的动物名）正从收集情报、组织特工网络的第一阶段转向阴谋和准军事行动的加强期。在8月10日特别行动小组（增编）会议结束，后兰斯戴尔发出召开下一次会议的通知备忘录。与会人员包括腊斯克，麦克纳马拉，麦科恩，美国新闻署署长爱德华·默罗以及麦乔治·邦迪。

哈维就使他愤怒的兰斯戴尔备忘录也写了一份备忘录，并将之送达2月份接替理查德·比斯尔成为中央情报局行动副局长的理查德·赫尔姆斯处。正是比斯尔于1961年末将哈维安排在特遣部队W，并告诉他白宫正施压要求

---

① 猫鼬行动，包括中央情报局的相关活动，被称为特遣部队W，每年耗资1亿美元，涉及400多名美国人和2,000名古巴人、一个小船队以及从美国佛罗里达空军基地控制的飞机。1962年8月的计划正式为肯尼迪推翻卡斯特罗计划的"第一阶段"：收集情报以及创建间谍和阴谋活动网络，为正当引发入侵事件创造条件——但是，方针指出"可采取各种政治、经济和隐蔽行动，除了精心策划的从目标地区内部引发叛乱或需要美国军队介入的行动"。总统希望尽可能避免军事行动。但是这次他又希望准备发动军事行动，他已命令参谋长联席会议以及猪湾观察员制订详细的入侵计划。——原注

他除去卡斯特罗。现在哈维向赫尔姆斯报告：

"提及 1962 年 8 月 13 日我们有关兰斯戴尔少将备忘录的谈话。随函附上该备忘录的复印件……暗杀问题，特别针对菲德尔·卡斯特罗的暗杀是由国防部部长麦克纳马拉于 8 月 10 在国务卿腊斯克办公室召开的特别行动小组（增编）会议上提议的。作为对爱德华·默罗评论的回应，这个话题不应该有正式记录是在那次会议上达成的共识。"

所以，和猪湾事件后说过的一样，麦克纳马拉正在谈论有关卡斯特罗的暗杀，但是这一次是在纸上谈论。哈维向中央情报局上司传送的兰斯戴尔备忘录写道："一收到随函附上的备忘录，我就打电话到兰斯戴尔的办公室……指出将这类评论以书面形式记录在文件中是不允许的也是愚蠢的。我建议……就中央情报局而言，我们对于这个话题不做任何书面记录，也不在任何公开会议讨论这个话题。"

哈维心里从未怀疑过在暗杀卡斯特罗的计划中他一直在执行最高权威即总统的指示。但是指派任务给他的比斯尔却被赫尔姆斯取代，哈维想对他的新老板隐瞒自己的行动。此外，他的大老板中央情报局局长约翰·麦科恩在 8 月 10 日的会议之后随即挑战了麦克纳马拉的权威。

"你的提议，"麦科恩说道，"我认为极不合适。我认为不应该讨论这个提议。这种行动是不能容忍的。讨论这个提议不合适，我打算让人从记录中删掉这个提议。"

保守的共和党人麦科恩在二战中以造船发迹，是一个虔诚的天主教皈依者。他对麦克纳马拉所说的话在白宫不胫而走，令人有点诧异："这种事情会让我开除教籍的。"

所以，有关领导人的清算就从记录中删除了，但从来都没有从会议桌上消失。"行动所涉及的每一个人都非常清楚行动的目的是为了铲除卡斯特罗体制和卡斯特罗，"赫尔姆斯说道。"这个指令不受任何限制。"

罗伯特·肯尼迪在 10 月 4 日的特别行动小组（增编）会议上说"大规模行动"正是总统想要的。

第三十二章　1962 年 8 月 22 日

在 8 月 10 日特别行动小组（增编）会议结束后约翰·麦科恩返回自己办公室时仍在思考古巴事件。使他担忧的并非卡斯特罗，他已经对麦克纳马拉阐述了自己有关暗杀的想法。困扰他的是意外得到的有关越来越多的苏联船只将越来越多的苏联士兵或技术员载入古巴各港口的零星情报。难民、外交官以及古巴人写给佛罗里达亲戚的信件——中央情报局例行将信件拦截并开启——称 12 艘甚至更多的船只已经在 7 月底 8 月初进入哈瓦那以及一些小港口。而且船只通常是在晚上着陆。当成百上千的年轻人和大型装货箱被卸下时，通往码头区域的道路被封锁，码头区域的古巴居民也被转移。

一封来自哈瓦那的信写道："我是一名目击者……昨天 7 月 26 日通体白色的苏联轮船玛丽亚·乌兰诺娃号驶入港口，卸下约 500 人，在我看来他们是军事技术员。"而一封来自马列尔的信写道："卡瓦尼亚斯的两艘船和玛丽埃尔的两艘船各卸下约 600 人，怪异的是这些俄罗斯人都是自己卸下行李和货物……一艘正准备驶入港口的挪威商船不得不绕行。"

　　这艘挪威轮船只好停靠在新奥尔良附近，船长向那儿的美国海军军官报告称他看见一艘1.5万吨位的苏联轮船载着约2,000人，很多都穿着制服。一位抵达迈阿密的难民称在8月5日凌晨，他坐的车和一长队卡车并行："每三辆卡车后就有一辆长长的平板拖车，被一个貌似拖拉机的车辆拖着。每辆车上有一个棕榈树那么高的圆形物体被防水油布盖着……穿过马坦萨斯，我看见大约250到300人，都是外国人，站在停靠在佩尼亚斯·阿尔塔斯酒吧附近的卡车旁，那个酒吧在那个时间通常是关门的。"

　　麦科恩那个周末将去西海岸，但是在离开之前，他决定口述一个备忘录，周一交给总统。他写道，他的所见所闻使他相信无风不起浪。他有理由确信那些卡车载着SA-2导弹，苏联地对空导弹和防御性武器，这些都可能是沿海防御系统的一部分。如果SA-2导弹真的存在，那么它们会是苏联国务院和军事情报局的防御军备扩充的一部分，以应对卡斯特罗一直要求武器以防御他认为迟早会来临的美国入侵。

　　麦科恩向肯尼迪写道他不赞同上述分析。那些地对空导弹的部署是为了保护一些更为重要的东西。"对于进入古巴的导弹我能做出的唯一推断就是苏联人正在运进进攻性导弹。除了运进进攻性导弹的可能用意之外，我想不出地对空导弹的其他价值。"

　　弹道导弹，麦科恩写道。苏联人可能正在离美国90英里范围内部署中程弹道导弹和带核弹头的中程弹道导弹。里程为200英里的中程弹道导弹就能到达迈阿密；里程约为1,500英里的带核弹头的中程弹道导弹就能从古巴射向华盛顿。毕竟赫鲁晓夫是个赌徒。苏联领导人可能会效仿美国策略在敌国边界上部署核导弹，以回应肯尼迪总统和国防部部长有关核力量极尽冷酷的吹嘘。

　　这个世界上没有人比赫鲁晓夫更清楚美国的哪些吹嘘是真实的。赫鲁晓夫不得不怀疑形势越来越快地向美方倾斜，苏联将永远也赶不上。美国在南太平洋的24次爆炸系列核试验正进入尾声；其中一个名为"海星"的140万吨级的试验于7月9日在海面上空250英里处爆炸，照亮了从夏威夷到澳大利亚的整个夜空。也许赫鲁晓夫认为仅仅在美国家门口部署一些中程发射系统就能大大改变威胁的局势——就像美国在英国、意大利和土耳其部署瞄准莫斯科的导弹一样。麦科恩强调他没有证据证明苏联的意图。

那是荒唐的，总统手下的人8月13日周一说道。国务院情报部长罗杰·希尔斯曼讥讽那些粗略的报道为"捕风捉影"类的情报——1961年4月就是这类情报使得中央情报局相信流亡人员登录猪湾后古巴将爆发起义。国务院和国防部争辩道赫鲁晓夫可能是疯了，但是还不至于那么疯狂。他们告诉总统，从本质上而言：苏联人谨慎多疑，不敢冒险，连盟友都不信任，尤其是古巴人。他们在东欧没有核武器。部署在马列尔和卡瓦尼亚斯的通讯设备很可能是类似于苏联部署在埃及、叙利亚和伊拉克的沿海防御物资。古巴码头上堆积的装备可能是为了建造地面站跟踪未来轨道太空飞行——监听北面200英里外的佛罗里达东海岸卡纳维拉尔角美国太空对话和发射信息。总统手下的人说，所有这一切都需要大量技术员，尤其是跟随和的古巴人打交道。

四天后，麦科恩会见了腊斯克和麦克纳马拉，他一直强调中央情报局掌握的最确凿的情报说明苏联人入驻古巴可能是为了部署地对空导弹，技术防御性武器以及培训古巴人如何使用这些武器。不过，他补充道，部署这些导弹的一个原因可能是为了击落 U–2 高空间谍飞机，使美国无法监控其发射中程弹道导弹的进攻性基地的建设。腊斯克和麦克纳马拉并不信服这些解释。麦科恩是一个喊狼来了的人；宗教信仰使他坚持反共产主义，筹备婚礼以及9月初赴法国南部度蜜月又使得他分心，这样一来他的急促就略显可疑。

五天后，8月22日，麦科恩亲自去了白宫一趟，带着长达四页的最新的情报备忘录，严格遵守确凿情报的格式。但是，这份备忘录指出类似的情况以前从未在苏联国家集团发生过。备忘录有一部分是这样写的：

自7月末以来携带着军事物资抵达古巴的苏联轮船可能已达20艘之多。又有5艘苏联轮船已离开黑海港口，看样子是前往古巴运送更多的军事装备。大部分关于这些运输物资的报道都提及大量的运送、电子和建设装备，如通讯设备和雷达车、样式各异的卡车、移动发电机组、履带式和轮式牵引车、吊车、拖车以及燃料箱。看见这些物资从港口区域运送的目击者称，很多物资运送都是在夜间进行的，甚至当车队经过时城市的路灯都熄灭了……

如此神速、大量的来自苏联集团的人员和装备涌入非集团国家古巴是苏联军事援助行动史上前所未有的；很明显出现了一些不同寻常的新情况。

肯尼迪知道古巴仅仅是不同寻常的新情况当中的一部分。在 7 月份古巴军备扩充之前，他就已经让腊斯克、麦克纳马拉、麦科恩和莱曼·莱姆尼策共同研究苏联对美方军备扩充的反应。他们四个人已经向他报告苏联很明显正通过秘密军事发展和生产军备以模仿美国的新式国防支出。但是他们既失败了也成功了。苏联越来越追不上美国，因为美国已开始转向制造陆地和潜艇发射导弹，犹如在制造雪佛兰汽车：成百上千的、成千上万的固体燃料导弹，瞬时引发、里程为 6,000 英里，以及北极星潜艇导弹，每一个的威力都比二战中扔下的全部炸弹威力还大。

但是，这四个人报告称，撇开和美国对比，事实上苏联已经大大增强了其战略性实力，随着时间的推移他们势必在外交事务上更为大胆。他们告诉总统：

> 对于风险的评估眼下已经发生了变化，苏联的实力与日俱增……很可能苏联将测试西方，尤其是美国的反应，以判断其实力的增加是否约束了美国，从而在不冒实质战争风险的前提下扩大行动范围……我们断定随着苏联军事实力的增长，最大的危险将是苏联判断（或错误判断）具体行动的风险。如果苏联认为他们取得了暂时的军事优势，尤其在洲际弹道导弹领域，很可能就

会导致对于风险判断的危险变化。

麦科恩的直觉是苏联将首先测试古巴的反应。他推断赫鲁晓夫可能认为只要将核武器部署在距离美国90英里处便能轻易获得暂时的军事优势——也就是将中程弹道导弹变成了洲际弹道导弹的效果。凭这一招，苏联就能把瞄准美国的导弹数量翻倍，并且躲过美国的导弹探测系统，美国所有的导弹探测系统都朝着北方指向苏联。总统听着这些分析，但并不信服。在当天下午的新闻发布会上，有记者问总统是否得到了共产主义国家集团军队和装备正在古巴登陆的消息。

"是的，"他回答道。"新的供给必定是大量的。军队？我们还没有这方面的消息，只有越来越多的技术人员。"

"您认为苏联增派技术人员的意义何在？"

"这个吗，我们正在观察。"

那天在回答记者提问之前，总统首先宣布了美国两艘核动力潜艇在北极会和，然后在距苏联领土850英里处共同浮出水面。这次会和的军事涵义是很明显的。苏联被携带着北极星导弹的潜艇包围着，前总统艾森豪威尔当年向新当选的肯尼迪总统描述北极星导弹为"坚不可摧的财产"。现在总统又得知了阿特拉斯导弹的试射结果——该导弹从加利福尼亚的范登堡空军基地点火，飞行7,000英里后抵达菲律宾海，弹着点离目标仅差100码，偏右400码。

尽管如此，鉴于不确定古巴到底发生了什么不同寻常的新情况，肯尼迪第二天8月23日发布了《国家安全行动备忘录NASM-181》，这份"绝密且敏感"的文件是由邦迪撰写的，全文只向五个人公开——腊斯克、麦克纳马拉、罗伯特·肯尼迪，麦科恩以及马克斯韦尔·泰勒：

总统做出指示，以下行动和研究必须基于掌握古巴国家集团新的活动证据基础之上进行。

可以采取什么行动撤出土耳其的朱庇特导弹？（执行：国防部）

就古巴国家集团的新活动，美国对内对外应发布什么消息？（执行：国务院和美国新闻署及中央情报局协商）

猫鼬行动 B 计划的活动应全速进行（执行：泰勒上将）

分析（古巴）能抵达美国的地对空导弹或地对地导弹的设立可能造成的军事、政治和心理冲击。（执行：白宫和国务院、国防部以及中央情报局协商）

要研究发布一项声明的利弊，声明内容是美国绝不容忍从古巴向美国发动核攻击的军事力量的设立（导弹基地或空军基地或两者都有？）。（执行：国务院和国防部协商）

要研究各种军事选择，用以执行铲除古巴境内任何有能力向美国发动核攻击设施的决议。对各种方式赞成与反对的理由，比如，定点清除？大规模反击以及直接入侵？（执行：国防部）

为了协调以上各项行动，各行动部门应立刻上交一份报告……只要是可行的……任务需由熟知猫鼬行动的高级官员指派。

9 月 1 日前后总统将举行会议以便跟进……总统一再强调这些指示的敏感性。

猫鼬计划的第一项行动解除了该计划第一阶段的限制，即不准引发叛乱的命令。事实上，这是总统发出的美国准备入侵古巴的信号。他自己否决了弟弟罗伯特·肯尼迪主管的特别行动小组（增编）8 月 10 日做出的反对执行 B 计划的决定。总统在马克斯韦尔·泰勒向他报告特别行动小组（增编）认为如果美国军队不直接介入卡斯特罗是不可能被推翻之后，于 8 月 20 日做出了这个决定。

跟踪古巴的军事扩充成为华盛顿的一项重要任务，数字时刻在变化着。1962 年的头 6 个星期，只有一艘苏联客轮抵达古巴。而现在的报道称过去的 6 个星期里轮船已达 10 艘。总统得知 6 月份 20 艘苏联货船在古巴卸下军用车辆、人员和密封的装货箱，7 月份是 30 艘，8 月份为 55 艘。古巴居民不断从码头附近的区域转移，全国的某些村落也被腾空。学校被腾出来为士兵提供住宿。国务院和中央情报局估计古巴岛上有 5,000 名苏联士兵。各报纸纷纷通过采访迈阿密的古巴逃亡者，以及华盛顿匿名的国家安全人员，以挖掘各种相关消息。

但是古巴并不像前些年有些时候一样总是占据着头条。有关军事扩充的大部分消息都是由政府制造并发布的。在 8 月 29 日的新闻发布会上，肯尼迪首先宣布了联邦最高法院大法官费利克斯·法兰克福特将退休的消息。接着他说将提名劳工部长阿瑟·戈德堡填补这一空缺。然后他又宣告，美国对于苏联在日内瓦出乎意料地宣布年底能谈判禁止核试验条约表示欢迎。

继有关柏林、对外援助、中期选举以及最高法院关于色情决议的 10 个提问后，新闻发布会上记者又就古巴提了三个问题。第一个问题是关于印第安纳州共和党参议员霍默·凯普哈特的声明，两天前他称成千上万的苏联军队已进驻古巴，美国入侵古巴清除这些军队的时机已经成熟了："现在正是美国民众要求肯尼迪总统停止'观察事态'，而开始捍卫美国利益的时候了。"

肯尼迪试图搁置这个问题。"对于军队我们没有证据，"他回答道，然后或多或少又重复了激怒凯普哈特和其他共和党人的话语。"但是，我们正继续高度关注古巴事态……"

那名记者穷追不舍，问道："总统先生，您回答了我的问题或凯普哈特先生有关入侵古巴的提议吗？您的回答是什么？"

肯尼迪恼怒了。"我认为入侵古巴将是个错误，"他说。"轻率地提议那样的行为可能会给很多人造成严重的后果。"

"总统先生，"另外一名记者问道，"……我们当中有些人前几天从国务院得知那些人是军事技术员，以及很可能是将要发射导弹的人，类似奈基导弹。这是否……"

肯尼迪打断了他的问题："我不知道是谁在国务院告诉你，那些人将发射奈基导弹，因为目前我们尚未掌握那方面的消息……有关军队的问题，众所周知，我们还没有证据证明古巴入驻了苏联军队。这只是一项扩展的咨询和技术任务。"

总统召开新闻发布会的那天，即 8 月 29 日，一架 U-2 间谍飞机——苏联与之无法匹敌的先进侦查技术，正在古巴 8 万英尺高处自西向东飞行，来回巡查古巴这座 800 英里长的岛屿，以寻找有关苏联行动的可靠图片证据。古巴岛大部分被云雾笼罩着迫使这次飞行一再延误。但是，最终还是收集到了图片并且于 8 月 31 日开始研究。肯尼迪见识了有关马列尔附近苏联 SA–2 型地对空导弹基地发射台在建的第一份确凿证据，1960 年 5 月就是这种导弹击落了苏联上空的 U–2 飞机。麦科恩又一次断言他们一定是在保护某些东西。对于飞行高度低于 1 万英尺的飞机而言，SA–2 导弹没有意义，所以它们不是为了防御从海上入侵。麦科恩说，这些导弹的意图在于终结 U–2 型飞机的侦察。

当一个共和党参议员揭露白宫不紧不慢、有条不紊地分析苏联和古巴意图的秘密和政治掩护时，肯尼迪仍在听人介绍从飞机上拍摄的照片以及导弹射程的复杂性。

纽约的共和党参议员肯尼思·基廷看见并听到了一些有关苏联在古巴的活动、难民采访和被拦截的关于半夜船只卸货的信件的"软"证据。事实上，看了报纸和杂志的人都知道这事。《时代》杂志一字不漏地分别刊出了中央情报局和国务院的信件——由匿名的中级官员上交的文件，希望向总统施压以采取行动阻止古巴军事扩充。

"18,000 名苏联士兵入驻古巴"登上了《纽约每日新闻报》的头条，但是这份小报的这一数字被认为是危言耸听。[1]

基廷不得不认为苏联的军备扩充和白宫的冷静反应证明了约翰·肯尼迪缺乏勇气应对共产党，即使他们离美国仅有 90 英里之遥——肯尼迪认为这一指责正是他所遭遇的最大的政治难题。

基廷于 8 月 31 日在参议院说道，"我得到可靠消息称，8 月 3 日至 8 月 15 日之间，在古巴马列尔港 10 至 12 艘大型苏联轮船停靠在曾经被称为马兰特的码头。该码头周边区域被刚建的一圈煤渣砖高墙围了起来。苏联船只卸下了 1,200 名士兵……至 8 月 13 日，五艘鱼雷舰被卸下，现在停泊在基地附近……

---

[1]　事实上，《纽约每日新闻报》的数字远低于白宫估计的数字。30 年后从美苏官员的会议上得知，截至 1962 年夏入驻古巴的苏联军事人员达 4 万。——原注

苏联人打算在他们这个新的岛上堡垒里干什么？苏联人想用这些新装备干什么？什么东西需要技术员去维护？至此，我们已经有很多答案，但是在我看来没有一个答案是可靠的。"

当得知基廷的演讲时，肯尼迪骂道："中央情报局的那些混蛋。"他确信基廷的数字是从情报局得来的。"看我怎么收拾那些混蛋，等着瞧吧。"

离肯尼迪指望能给他一个新国会的中期选举只剩60天，古巴问题卷土重来，有关总统畏惧共产主义的谣言又风生水起。9月3日的《纽约时报》报道称"总统先生正陷于古巴指责其计划入侵古巴和国会不断要求其入侵古巴的两难中"。

总统召集了国会的民主党领导人，告诉他们"我想让你们知道古巴的事态，虽然这是我不愿提及的话题。我们得到了一份新的中央情报局报告……"。

9月4日，苏联在莫斯科宣布已同意向古巴运送更多的军火、顾问和技术员之后，苏联驻华盛顿大使阿纳托利·多布林宁邀请罗伯特·肯尼迪喝茶，向他保证苏联在古巴的意图绝对只是防卫而已。难道美国人真的相信苏联会让古巴这样的国家把自己卷入世界大战中？阿纳托利·多布林宁也再次保证苏联绝对不会做出任何事情使他哥哥在中期选举前难堪。

两天后，多布林宁邀请特德·索伦森前往苏联大使馆，向索伦森口授了一个据他自己称是赫鲁晓夫亲自交代的口信转达给肯尼迪总统："在美国国会选举前，不会发生任何事情使国际形势复杂化或恶化我们两国的关系。这包括和平解决德国和西柏林问题……赫鲁晓夫主席不希望卷入美国的内部政治事务。"

"那古巴呢？"索伦森问道，并强调肯尼迪总统已经被政治攻击惹怒了。索伦森即刻向总统报告："多布林宁重复了多次，说他们近来并没有在古巴做什么不同寻常的事情——造成紧张局势的所有事件都悄然进行了很长一段时间。"总统依然很生气，让罗伯特·肯尼迪把塔斯社驻华盛顿分社社长苏联人格鲁吉·布沙科夫带进来。

"你好，格鲁吉，"总统说道。"得知你将去莫斯科度假，我想让你向赫鲁晓夫主席转达一些信息。"

他告诉格鲁吉，美国驻莫斯科大使卢埃林·汤普森已向他通报赫鲁晓夫对于美国的军用飞机在前往古巴的苏联货船上空低飞感到恼怒。"告诉赫鲁晓夫，今天我已下令那些飞机停止飞行，"肯尼迪说道。"我相信美苏关系前景良好。禁止核武器试验条约的签订，将成为美苏关系好转的下一个里程碑。该条约标志着我们两个国家裁军的开始，我们将使子孙后代免受战争的威胁……告诉赫鲁晓夫我希望在不久的将来再次见到他。"

出来之后，在白宫和行政办公大楼间被称为行政大道的私密小巷里，罗伯特·肯尼迪转达了剩余的口信。没有提及参议员基廷以及导弹，罗伯特司法部长让苏联人不要为难他哥哥："该死，格鲁吉，难道赫鲁晓夫主席不知道肯尼迪总统有敌人也有朋友吗？相信我，我哥哥对于美苏关系的言论是他的心里话。但是他所采取的满足赫鲁晓夫主席的每一个举措都不顺利……如果主席能稍微替肯尼迪总统设身处地地着想一下，他会理解总统的。"

之后罗伯特说他担忧他哥哥的性命，称"在盲目仇恨中'他们'什么事都做得出来……"，这一点让布沙科夫感到震惊。布沙科夫以为他的朋友罗伯特在谈论某些美国右翼。[①]

基廷的演讲将古巴再一次推到了前沿。在电视上，基廷攻击我们"无所作为的总统"。肯尼迪尽量冷静地做出回应，在当天即 9 月 4 日去罗得岛纽波特他妻子家乡短期度假时发表了一份声明：

"过去四天里政府从各种渠道得到消息，毫无疑问地证实了苏联已向古巴政府提供了大量防御性防空导弹，斜射程为 25 英里，类似于我们早期的奈基型导弹……

"目前得知的已入驻或正前往古巴的苏联军事技术人员大约为 3,500 人，

---

① 罗伯特·肯尼迪是个多疑的人。他曾经要求美国联邦调查局鉴定赫鲁晓夫主席当作礼物送给肯尼迪总统的酒，查看其是否含有有毒物质或扭曲人格的药物。联邦调查局实验室报告称，"没有查出含有药物或有毒物质，酒在检查过程中被喝掉了。"——原注

符合装配并学习使用这些设备所需的人数……没有任何证据证明古巴境内入驻了来自苏联集团国家的有组织的作战部队……没有部署地对地导弹的证据，也没有证据证明古巴拥有或苏联在古巴领导着值得注意的进攻力量……

"如果情况相反，将产生最严重的问题……古巴军备的扩充对于不幸的古巴人民本身是一个沉重的负担，美国将同本半球的其他国家一道，确保，这个负担不复存在。"

然后，在纽波特观看美洲杯帆船赛的肯尼迪和《新闻周刊》的本·布拉德利进行了谈话。总统召见本·布拉德利，让他查看肯尼迪家族档案和联邦调查局的报告，以推翻"约翰的另一个妻子"的报道。这个报道有关一个反复出现的谣言称约翰·肯尼迪在遇见杰奎琳·布维尔之前已经结婚了。布拉德利被授权查看联邦调查局有关这个报道的调查报告。谣言是莫须有的，却印成令人恶心的小册子在全国流传。

自从《形象》杂志8月初发表有关白宫报道的一篇文章里援引了布拉德利的话"要写一篇他们喜欢的报道，几乎是不可能的。即使是对他们有利的报道，他们也会对某一段吹毛求疵"，这还是肯尼迪第一次和他的这位老邻居、老朋友谈话。

查看了"另一个妻子"的文档后，布拉德利经与纽约的老板确认，亲自向肯尼迪否决了在《新闻周刊》上那篇文章的措辞。但是布拉德利想借此终结他被上层社交圈排斥的希望化为了泡影，因为当英国大使戴维·奥姆斯比 - 戈尔询问布拉德利是否会来观看当天的比赛。

肯尼迪说道："不，他不会来了。"然后便转身离开了。

第三十三章　1962年9月30日

肯尼迪承诺，采取一切措施阻止古巴进攻
总统并未发现卡斯特罗军事力量有任何"显著"增长的迹象

肯尼迪总统发表的《关于苏联把军事武器运到古巴的声明》成为1962年9月5日《纽约时报》的头版新闻。另一则头条消息则报道了美国部署在西伯利亚太平洋海岸上的轰炸机侵犯了苏联领空，苏联对此行为表示强烈抗议。版面的上方除了导弹和战机外，还有两幅黑人小孩的照片。其中一幅描述的是第一个被新奥尔良的圣方济各·沙雷氏学校录取的黑人小孩；另一幅中的小孩则被乔治亚州，奥尔巴尔的一所高中拒之门外。这期报纸报道了24条以上关于美国南部地区的学校取消种族隔离和拒绝取消种族隔离的新闻。其中还有一幅图片展示了写在奥尔巴尼高中门上"拒绝黑人"的标语。

肯尼迪断言，在古巴拍摄到的导弹只不过是一些短程防空武器。他如此坚定，也是为了平息参议员基廷，凯普哈特和中央情报局消息人士的战争言论。他对这两名共和党人表示不屑。在他看来，认为苏联胆敢在距离美国边界90英里的地方部署核导弹的想法十分可笑。在莫斯科，苏联当局不断强调古巴被美国侵略的危险迫在眉睫，以此来回应美国的头版头条。塔斯社——俄罗斯通讯社，模仿了肯尼迪的话，"运送到古巴的武器仅仅是为了防御"。

9月8日，肯尼迪收到内政部长斯图尔特·尤德尔的一份秘密电报（斯图尔特·尤德尔曾在位于黑海的苏联领导人私人寓所与总理赫鲁晓夫长谈一个下午）。"'现在对于古巴——这个地方确实可能造成一些意想不到的后果，'"尤德尔引述赫鲁晓夫道。"'我已经读到一些不负责任的参议员对此发表的言论。很多人对此大惊小怪，因为我们对古巴提供了援助。但是你们也正在为日本提供援助。我还读到你们在日本领土上部署核弹头的消息，当然日本并不需要这些。因此当卡斯特罗向我们求助时，我们为他提供了他所需要的援助，他是为了防御……只是为了防御。但是，如果你们攻击古巴，那将造成一种完全不同的局面。'"

尤德尔被肯尼迪指派，陪同政府的非正式桂冠诗人罗伯特·弗罗斯特前往苏联。作为这位88岁高龄的作家被邀请到莫斯科与苏联诗人们进行为期一周的阅读和会谈活动，还被赫鲁晓夫邀请到他的私人寓所——位于苏联的格鲁吉亚——见面。他们在那里度过了一天。事实上，弗罗斯特身体不舒服时，总理还曾来到过这位诗人的床边。他们两人饶有兴致地谈论了90分钟，内容从对诗歌的共识转到政治上的分歧。对于共产主义和资本主义，弗罗斯特提出，他们之间是"高贵的竞争"。"没有更多的政治宣传，也没有相互中伤。"他们握了握手，弗罗斯特说，他很期待将赫鲁晓夫的想法和观点尽快地向肯尼迪转达。

尤德尔部长与赫鲁晓夫会面两个多小时。他们交谈的大部分内容都集中在古巴。"总统已经很清楚的表明了他的立场，"对于赫鲁晓夫温和的威胁，尤德尔这样回应道。"国会中一些人要求入侵古巴，但是制定政策的是总统。"

"是的，我知道，"赫鲁晓夫答道。"在这里，发动战争的决定也是由我来做，但是驾驶飞机的确实有些不要命的傻子，我意识到……你们已用军事基地将我们包围。"

总书记尤其提到了美国部署在土耳其的木星导弹，而这些导弹是沿着苏联边境线部署的。总统艾森豪威尔于1959年命令把导弹部署在此，一方面是为了迫使土耳其加入到北约组织当中，另一方面也是为了平息像参议员肯尼迪这样的民主党人的情绪，因为他们要求美国有所作为，以对抗苏联强大的洲际弹道导弹。设置在苏联边界的中程导弹就是一种战略武器，它能深入到苏联领土，就如同洲际弹道导弹能够打到美国北达科他州一样，而且能以更快的速度到达目的地。艾森豪威尔感到奇怪的是，苏联并没有对美国在土耳其，意大利部署导弹做出巨大的反应。1959年6月，艾克私下里谈到，将木星导弹部署在土耳其就如同苏联将中程导弹部署在古巴或者墨西哥一样。私底下，他还谈到，这一次赫鲁晓夫对美国的挑衅进行谴责是完全正确的；如果苏联也做了同样的事情的话，那么美国早就采取军事行动了。

"我会将您的话转达给肯尼迪总统的，"尤德尔在9月8日和赫鲁晓夫分别时这样说道。"他是一个强硬的领导人——果敢，铁血，正如您一样。您，总统和我都是上一次世界大战的参与者。"

"好，很好！"赫鲁晓夫说。"如果有媒体问到，你就说我们在谈论发电站的事情。"

"稍等，"苏联领导人在我们分别时说道，"请向总统，他的家人，他的女儿转达我和我妻子的个人问候。"

"他是一个伟大的人物……豪放而又干练。"在回国的那天晚上，弗罗斯特对尤德尔说。"他知道权力是什么，他也知道如何掌控权力。"

弗罗斯特10天的访问活动成为全美的头版头条。当他和尤德尔9月9日抵达纽约艾德威尔德国际机场时，一大堆的记者和无数的闪光灯早已在那里等候多时。弗罗斯特很明显有些疲倦，但他仍然同意被蜂拥而至的麦克风簇拥，他回答说，他很期待将自己听到的转达给肯尼迪总统，包括传递总书记的私人问候。然后他说："赫鲁晓夫说他害怕我们这些现代自由派。他说我们太追求自由了，以至于都不会战斗了。我猜想他认为我们会在随后的几百年里原地不动，只是说'一方面如何——但是另一方面又如何。'"

总统大发雷霆，他问尤德尔，"弗罗斯特为什么要说这些呢？"弗罗斯特的话与基廷和凯普哈特的类似，那就是肯尼迪很软弱！内政部长说他不知道这些，他也不确定赫鲁晓夫谈到过诸如此类的话，他说弗罗斯特误解了赫鲁晓夫很喜欢的一则故事。故事是这样的，年轻的作家高尔基询问年老的列夫·托尔斯泰关于性的问题。托尔斯泰的回答大致是这样的，"欲望是一样的，只是表现不同而已。"

总统不得不强硬起来，而且这种压力越来越大。中央情报局要求更多的U-2侦察机获准飞行。9月6日，由于天气恶劣已经取消一架。古巴的上空大都被浓云覆盖——古巴刚刚进入热带风暴季节——U-2侦察机拍摄不到飞行员肉眼观测不到的东西。总统对这些飞行活动并不感兴趣，他担心的是重酿1960年的悲剧。这一年，弗朗西斯·加里·鲍尔斯驾驶的U-2侦察机在苏联上空被击落。现在，古巴陆地上部署了地对空导弹，这就大大增加了在古巴领空飞行的风险性。而这一点在弗罗斯特和尤德尔回国的那一天得到了充分的证实。中国曾用苏联制造的导弹击落了一架来自台湾地区的U-2侦察机。

"如果美国侵略古巴的话，古巴就会用火箭摧毁美国，"这是9月12日哈瓦那《革命报》各大版面的头条。在白宫看来，这种恐吓只是老生常谈。卡斯特罗甚至赫鲁晓夫都不是肯尼迪目前面临的最大问题。肯尼迪最关心的是基廷。9月13日的记者招待会召开以前，麦乔治·邦迪给总统的备忘录上写道："国会要人对此事的看法才是最严重的问题。它牵涉到两个大党……目前的危险就是政府看起来软弱而没有决断力。"

在记者招待会上，总统首先发表了一份关于古巴和苏联运送武器的声明："我想借此机会澄清事实……陷入麻烦中的是卡斯特罗先生和支持他的人。因此这也难怪为了最大限度地维持其政权，他就要通过指责美国即将对其进行侵略来激起古巴人民的热情……我将再一次重申我上周的讲话：运送到古巴的新武器不会对本半球的任何部分构成威胁……我们不会挑起侵略，也不会允许任何对本半球的侵略行为发生……我已经指出，如果古巴有能力对美国进攻的话，那么美国将会采取行动。"

随后，记者问到了罗伯特·弗罗斯特，以及关于那篇赫鲁晓夫让这位诗人捎带口信的报道，赫鲁晓夫回答道："我还没有收到他的传话，虽然我希望很快见到他……"事实上，肯尼迪并没有打算见弗罗斯特。对于这位老人先前提到的他软弱而没有决断力，肯尼迪仍然耿耿于怀。

记者还问到，上周 9 月 7 日，总统要求国会批准授权将 150,000 名后备役士兵转为现役。私下，这些士兵告诉记者，这与柏林有更大的关系，而不是古巴。这并未使卡斯特罗信服，他继续跟古巴人民和世界说，美国的侵略活动正在准备中。但是，在国内，总统却因为看似无所作为而非做过了头遭受指责。"记者们弄错了他们的台词，"小威廉·伦道夫·赫斯特写道（他是报纸出版商，他的父亲创立了从旧金山到纽约的庞大报业）。"他们忘了问一个问题，'为什么不实行封锁？'"

事实上，美国的军事准备活动正在加勒比海进行——演习，应急措施，诸如此类——但在国外比国内得到更大的关注。这些活动是对美国人民保密的，即便如此，他们的动静还是很大，以至于能够被古巴和苏联情报网发现。8 月初，代表总统，负责猫鼬计划的特别小组（增编）向参谋长联席会议成员索要了一份关于"美国对古巴军事干预后果"的文件。9 月 7 日，空军在古巴附近展开全面的军事训练以备不时之需，战争一旦发生就可"全面摧毁古巴的军事秩序"。肯尼迪深知，军事演习会使古巴相信，美国军队即将到来。不过这倒没什么大不了的，只是会打乱他们的阵脚而已。

在佐治亚州的奥尔巴尔，关于黑人争取选民登记存在一些民权问题。"我认为——而且我相信这是美国人民的看法——选举权是基本的权利，"肯尼迪回答道。"我赞赏那些努力使每个公民都能登记选举的人。他们应该得到美国政府的保护，各州的保护，以及地方的保护……如果需要特别的立法或者法律效力的话，我们就会这样做。"

对于肯尼迪来说，选举权是解决民权问题的捷径。美国的北部在选举权问题上看法一致。最艰难的决定在于取消学校和社区的种族隔离。9 月 17 日，肯尼迪读到一封众议员玛莎·格里菲思（密歇根州的民主党人）的来信，她请求总统在中期选举过后再解决民权问题：

> 在选举前，我们已经没有足够的时间使白人区充分理解取消种族隔离的含义；抛弃这一想法，安心选举吧。

> 尽管大多数白人已经甘愿承认取消种族隔离这一事实，但是底特律郊区的居民仍然认为要真正在他们区域实施还需要几年的时间……在与我交谈过的来自郊区的民主党众议员中，没有一个人会担心失去有色人种的选票；相反，他们担心的是，取消种族隔离会因此而失掉白人的选票。

> 如果那些在漩涡之外的人占了上风，而我的选举失败……我还能获得下届最高法院的职位吗？我还能够摆脱地域的偏见稳当地立法吗？

总统想千方百计的推迟思考这一问题，但是却被一系列的事件困扰。联邦政府卷入到一个需要以智取胜的法律案件中。案件主人公是一名年轻的空军退伍军人詹姆斯·梅雷迪斯，在听了肯尼迪的就职演讲后，倍受鼓舞，因此决定，他能为国家所做的事情就是成为第一位进入密西西比大学的黑人。詹姆斯·梅雷迪斯在1961年1月21日大学行政部门开始工作的第一天提出申请，即肯尼迪就职演说后的第二天早上。在记者招待会召开以前，最高法院司法部长雨果·布莱克驳回了密西西比州禁止其入学的最后的法律尝试。在法律上得胜的梅瑞德斯说，现在，他要驾驶着他那辆崭新的豪车雷鸟到那所位于密西西比牛津城的大学。司法部的律师劝说他还是忘了那辆雷鸟吧，他们正在和大学以及密西西比州的官员商议，让他在开学的第一天以和平的方式进入校园。时间预计为9月25日。

9月19日，总统收到一份特别国家情报评估。这是一份高级别的文件，由一个秘密的分析委员会批准，内容涉及到整个政府，联邦调查局，国务院和国防部，国家安全局和原子能委员会。上午 9:30，肯尼迪的军队助理，克利夫顿将军将这份文件，以及惯常递交的《情报简报》(一份很小的秘密晨报，发行量大约为 20 份) 交给了总统。这份报纸上，经常会有十几个诸如"伊万诺夫，伦敦的格鲁乌①特工"的大标题。肯尼迪每天都读这份报纸，但他从来都不觉得它比《纽约时报》准确及时。

在这份 9 页的特别国家情报评估中，只有 5 页证实了总统自己的结论，即苏联领导人在古巴的行为与其说是军事的，还不如说是政治的。文件的结尾部分这样写道：

> 我们相信苏联重视其在古巴的地位，主要是源于政治优势，因此，现在增加古巴军事力量的主要目的是加强共产主义政权，以对抗古巴和苏联所谓的威胁，即美国会以这样或那样的方式企图颠覆这一政权……他们很明显地意识到，具有进攻性的古巴军事基地的形成会促使美国实施军事干预，因而挫败他们的目标。

第二天星期四，肯尼迪到海恩尼斯港度过了一个漫长的周末。纪念《独立宣言》100 周年的庆典仪式计划本周末在华盛顿举行。他离开时，留下一段短小演讲的录音，这段录音将在林肯纪念堂播放："尽管蒙受屈辱，生活贫困，黑人同胞依然忠诚于美国，忠诚于民主制度……他们沉着冷静，极富尊严，决心在美国宪法的框架内争取长期被剥夺的权利。可以这样说，亚伯拉罕·林肯解放了奴隶，但是，从这个世纪开始，我们的黑人公民自己解放了自己。"

当这段录音播放时，他正在航海。这些说辞是十分官方的，除非在像密西西比这样的地方，黑人才能用心体会这番话，因为在密西西比地区，100 万个黑人中只有 60,000 人有选举权，而且还没有一个黑人被允许进入

---

① 格鲁乌：苏联军事情报局的简称。——译注

州立大学。9月25日，星期四，两名联邦官员，司法部人权署的二把手约翰·多尔和美国司法部最高执行官詹姆斯·麦克肖恩，驱车将詹姆斯·梅雷迪斯送往密西西比州首府杰克逊市。他们被指控执行了美国第五巡回上诉法庭的指令，即密西西比州没有法律权利禁止梅雷迪斯被公立大学录取。但那天梅雷迪斯还是被州长罗斯·巴尼特阻止注册（他把自己临时任命为密西西比大学的注册主任）。这两名联邦官员和梅雷迪斯努力穿过大片人群，人群中有嘲弄他们的州立法官和两千多名密西西比州的公民，巴尼特看见他们就避开了。

"哪个是梅雷迪斯？"巴尼特大笑道，眼神瞟过他刚刚拒绝的，人群中唯一的黑人。州长的话在全美国的电视媒体上播出，而且通过电话，上报给了在华盛顿的司法部长。罗伯特·肯尼迪在过去的10天内与巴尼特每天通话长达数小时。他试图考虑各方因素，拟订一份政治协定，使梅雷迪斯能以和平的方式被大学录取。这份协定可以使问题尽快解决，并且让社会各界保持政治尊严。总统和州长都是经验丰富的政治家，虽然表面上属于同一政党，但走得却是不同的政治路线——肯尼迪对抗尼克松竞选时，仅仅赢得密西西比州37%的选票，以及未经统计的反民权运动选举人的选票。

第二天早上，《纽约时报》和《杰克逊日报》对此事进行了如下报道：

在纽约：密西西比州长无视法庭，禁止黑人入校，因而美国准备派出军队。

在杰克逊：近千人表示，已做好准备为密西西比而战。

这一天又重演了前几天发生的一幕，副州长保罗·约翰逊挡了多尔、麦克肖恩和梅雷迪斯的路，但这次是在牛津城，密西西比大学所地在。9月27日，星期四，司法部长电话通话数小时后，又一次制定了秘密协议：那一天，梅雷迪斯在两名执法官的陪同下到达，巴尼特亲自挡道——最终在枪口的威胁下屈服。

第二天，在巴尼特和罗伯特·肯尼迪商讨这件事的细节时，梅雷迪斯又一次驱车从田纳西州的孟菲斯出发，行驶在去往牛津城的路上。

"司法部长,"州长说,"我认为所有的人都要把枪掏出来。这可能会非常尴尬。但是我们这里有一群人,如果你们只有一个人把枪掏出来,我们就都向后转的话,会更加尴尬。有没有可能让他们把枪都掏出来呢?"

"我讨厌让他们把枪都掏出来,"司法部长说。"这样会造成激烈的情绪。如果让他们中的一个人掏枪,其余人把手放在手枪皮套上,这样难道不够吗?"

"他们必须都掏枪,"州长反击道。"然后他们把枪指着我们,我们就退到一边。"

"你知道我们已经无法达成协议了,"他补充道。巴尼特想要在华盛顿得到所谓的"合理的拒绝"。

"是这样的。"司法部长说。但是协议最后还是流产了,在应该掏出多少支枪指向密西西比州长这一问题上,他们没有达成协议。梅雷迪斯和执法官还在离牛津城20英里的地方时,罗伯特·肯尼迪命令其手下赶紧掉头,把梅雷迪斯带回到孟菲斯城外的海军航空站。当天晚上,国防部下令美国进入三级戒备状态[①]——从纽约到佛罗里达再到得克萨斯的各军队都已做好准备,在四个小时内出动。

对于总统而言,一旦法庭的命令下发,谈判和政治手腕都明显比其他两种选择——或者向巴尼特妥协,或者派遣美国军队——更为明智。看起来,处理种族关系还是在肯尼迪还是参议员的时候更加容易,简单。1957年,他就类似事件指责过艾森豪威尔总统。当时,阿肯色州小石城的地方官员公然反抗联邦法庭废除当地学校种族隔离的指令,随后艾森豪威尔就派军队干预小石城。肯尼迪当时指责说,艾克任由事态发展,直到他除了出动军队外别无选择。出兵的指令导致很多图片和电影短片都在描述这一画面:美国伞兵将 M-1 式步枪指向白人父母,迫使他们将黑人小孩带进学校教室。现在肯尼迪下定决心,在他的严防戒备下,绝不给任何人以类似拍照的机会,以免使美国在全世界面前尴尬。

---

① 三级戒备状态(DEFCON-3):代表美国军队活跃度和备战状态的中间等级。序号越小,情况越严重。如,DEFCON-5代表无警戒,DEFCON-1代表战争。——原注

在总统看来，民权问题的关键，在于黑人和他们的白人朋友们是要推波助澜，从根基处改变现状。这样看来，他们对于正义的期望是建立在不切实际的政治基础上，认为仅凭总统一个人的力量就可以说服数百万的自由人民——白人——去做他们不情愿做的事情。时机不对，他不止一次的向美国民权委员会这样强调。民权委员会是总统艾森豪威尔建立的半自治机构，它刚开始的目的是转移人们对小石城的政治关注，现在则是为了安排有关投诉歧视方面的公开听证会，在密西西比州，这种投诉的数量比以往任何时候都多。

"你让我的日子很难过，"肯尼迪对民权委员会的主席约翰·汉纳以及职工董事伯尔·伯恩哈德说道。"我阅读了这条法律条文，我知道你可以做任何你想要做的事情，但如果你不这么做的话，我会很感激你的。"

到目前为止，他已经能够拖延汉纳和伯恩哈德这两个白人采取的公开行为。但是，一些黑人，包括詹姆斯·梅雷迪斯却开始自己处理他们自己的事情。"黑人们有了一些他们从来没有过的想法，"肯尼迪对路易斯·马丁这样说道。路易斯·马丁是一名黑人顾问，芝加哥黑人报业的出版商，同时还担任民主党全国委员会的副主席。

"他们是从哪里得到这些想法的？"总统问道。

"从你这里，因为你开拓了他们的眼界。"

看起来，黑人们也不愿意坐享其成。肯尼迪知道，他没有权利阻止那些决心解放自我的上百万黑人上街游行。他的另外一名助理跟他说，他让黑人入学是在冒很大的风险，"我没有选择，"总统说，他也这样告诉巴尼特州长。"我没有权利让梅雷迪斯放弃。"

在这件事上，总统想要这样表现：行使最小的权力，履行宪法赋予他的职责，执行美国第五巡回上诉法庭的指令——仅仅是作为国家总统，履行诺言，捍卫国家法律。就像巴尼特一样，他也希望尽早解决此事。州长则想让他看起来是在反抗北方人，以保护、维持密西西比州白人所谓的"传统"和"生活方式"，直到他被最高权力压倒。总统想要使用最小的权力，尤其是避免通过出兵让黑人进入密西西比大学。

肯尼迪不断地躲到幕后，让他的弟弟成为政府的公开发言人。"我赞同你的想法，暂时抽出身来，"特德·索伦森在给总统的便条中这样写道。特德·索伦森今年 33 岁，是总统演讲稿的撰写人，因为患溃疡，现在还在医院。"公然反抗的应该是美国的最高权威，而非约翰·F.肯尼迪。同样的道理，我认为在所有的这一切结束以前，你不必召开记者招待会，因为有太多的问题你需要回避，也有太多的问题你需要直言不讳的回答。"

索伦森还建议总统，可以考虑一下赢取密西西比州的白人最在意的东西，比如金钱和足球："如果本州的美国宇航局合同，国防合约和其他的联邦合同因为担心发生暴力而影响合同实施并最终终止的话，支持州长的商人会为此而紧张不安的……如果密西西比大学没有得到推荐，这个秋季的一些足球对手丧失，或者没有资格参加季后橄榄球赛的话，学生们的兴趣就会大大降低。"

9 月 28 日，星期五，第五巡回法庭在美国新奥尔良城的审判进入了最后阶段。按照计划，巴尼特州长的回答应该是他藐视法庭指控，但那天早上他却没有出现。因为缺席，他被认为有罪。法官给他四天的时间让他放弃藐视的态度，正视法庭——到星期二之前让梅雷迪斯注册——否则每天被罚款一万美元，并由美国司法部长出面逮捕监禁。

第二天，星期六，总统告诉伊夫琳·林肯给州长打个电话。他在等待的间隙，还大开玩笑，引得总统办公室的人大笑起来，这些人中既有他弟弟，也有司法部门的工作人员。他开始假装排练台词："州长，我是美国总统，不是鲍比，不是特迪 [1]，也不是拉齐维尔王妃 [2]……"

电话响了。"那么——罗斯·巴尼特州长，"约翰·肯尼迪就像节目主持人一样接过电话说道。

---

[1] 特迪：约翰·F.肯尼迪的弟弟爱德华·肯尼迪的昵称。——译注

[2] 拉齐维尔王妃：美国第一夫人杰奎琳·肯尼迪的姐姐，1960 年再婚，嫁给侨居伦敦的波兰王子斯坦尼斯劳斯·拉齐维尔。——译注

"快去吧，小伙子，"他的弟弟说道。

"这并不是我的指令，我只是在实施它而已，"总统在电话里跟巴尼特这样说道。"我并不想让他进入大学，但是，另一方面，根据宪法的规定……因此我想和你达成一致意见，以令我们最满意的方式处理这件事情，而且，嗯，使它对密西西比州人民的危害最小。我并不想为难你或者其他任何人。"

"你不了解这里的情况，"州长说，"你知道，我发过誓，要遵守本州法律。"

"问题是，州长，我有我的职责，就像你也有你的一样……"

"我知道，而且我很感谢……"

"我想要做的就是尽量以一种温和的方式处理这件事情，我不想让那里的人受到伤害，甚至被杀害。"

那天他们的谈话有一些反复，但最后巴尼特说："感谢您对我们家禽计划及其他所有项目的关注。"

总统微微地笑了一下。最后他把手放在电话上。挂断后，他转向他弟弟，然后说道："原来你这一周都是在击打一个枕头啊。"

"他就是一个无赖，"罗伯特·肯尼迪说。

一个小时以后，继续与巴尼特通话时，总统说道："我想要得到你的保证，那就是州警察会采取积极措施维持法治，安定秩序。"

"他们会的，"巴尼特说，他告诉肯尼迪牛津城到处都是持有机关枪和手枪的密西西比州人。"我们有220个公路巡逻警察，"巴尼特继续道。

"好的，"总统说。

"他们可是手无寸铁，"州长说。"没有一个人携带武器。"考虑到没有武装的州警察要去阻挡携带武器的暴民，总统于是放弃了他的枕头战。罗伯特·肯尼迪继续与州长巴尼特谈话。巴尼特忙里偷闲，观看了星期六晚上在杰克逊举行的密西西比大学对肯塔基州大学的足球比赛。在场上，州长受到了人群的热烈欢迎。午夜时分（杰克逊时间为晚上10点）总统叫了一位名叫诺伯特·施莱的司法部副部长到白宫三层的住宿区，签订了必要时向密西西比州派遣军队的法律文件和命令。

"这是不是和艾克1957年与小石城签订的文件差不多呢？"他在一盏台灯下阅读这些文件，台灯则置于一张小办公桌上。

"本质上是一样的，"施莱说道。

"我该在哪里签字呢？"

肯尼迪突然关掉台灯，摘下眼镜，站在从过道射来的灯光下。他敲了敲这张小桌子，然后说，"你知不知道这是格兰特将军的桌子。"

当施莱准备下楼告诉等候在大厅的记者这项声明时，他正在想——这是内战时联邦军部队司令员的桌子。"等等！"总统的声音传来，他向后看了看，发现总统倚靠在楼梯顶端的扶手上。

"不要告诉记者有关格兰特将军办公桌的事情。"肯尼迪说。

星期天下午，罗伯特·肯尼迪又想起他和州长巴尼特达成的协议，而总统则正在准备在全国电视上露面，宣布结束这场危机。兄弟俩最终搞定了州长，因为他们威胁巴尼特，要公布一盘他们先前谈判的录像带，带子显示，巴尼特一直与白宫勾结。这段电话谈话将会毁掉他在密西比州的政治生涯。

"所有的事情都做好了，州长，"罗伯特·肯尼迪说。

"你是说总统今天不会泄露那些话？"巴尼特说。

"当然会的，"司法部长说道。"你没有对他信守承诺。"

巴尼特马上建议道，联邦警察应立即将梅雷迪斯送到位于牛津城的密西西比大学校园内，与此同时，他自己则在杰克逊领导一场反梅雷迪斯的集会。到下午6:30（华盛顿时间为8:30），梅雷迪斯已经被带到了牛津城的校园内，随即被秘密带到学生宿舍巴克斯特楼内的一间屋子内。由司法部第一副部长尼古拉斯·卡岑巴赫率领的300名来自全国的联邦执法官——财政部专员特别小组，边境巡警，联邦监狱看守，每个人带一副白色头盔，一枚白色袖章——将学校校园的主要行政主楼学园包围住。还有1,000多名学生和当地人被密西西比的公路巡警拦着，他们以为梅雷迪斯在注册主任的办公室里。

卡岑巴赫向收费电话投了10分硬币，然后给白宫的内阁会议室打了一通对方付费电话。这时候，总统办公室内电视摄像机已经准备完毕。总统打算在华盛顿时间晚上10:00向全国通报这场危机。肯尼迪问外面发生了什么事情。人们在大喊大叫，有人回答道。

"他们在喊什么？"

"见鬼去吧，约翰·F.肯尼迪！"

"我想他们状态还是很好的，"罗伯特·肯尼迪报告道。他说埃德温·沃克在校园内鼓动学生，要求在一块反基督教的区域取消种族隔离。沃克是一名越战英雄，在1957年小石城领导过美国军队，但却在1967年因试图向在西德的军队灌输极端保守主义的政治思想而被开除。

"设想一下某个混蛋成了一个师的司令官？"总统说。

"你读过《五月的七天》①吗？"有人问道。

"读过，"肯尼迪说。"总统的形象十分模糊，但是里面的将军倒是一个很不错的人。"

暂时安静了一会儿，至少是在白宫内。过后总统开始谈论詹姆斯·赖斯顿的专栏，听说第二天还会出现在《纽约时报》上，内容是苏联领导人没有兴趣邀请肯尼迪到莫斯科。"这是不对的，"肯尼迪说。"我们应该在今晚就将它否定掉——这是在踢赖斯顿的那玩意儿，不是吗？"

他拿起另外一份报纸开始评论上面的文章，这时候他听见罗伯特在打给牛津城的电话上大叫道，"州警察已经撤离了？"

总统准备在全国电视上宣告和平，而半个小时之前，200名左右密西西比州警察在密西西比时间晚上7:30时开始撤离②。这个时候，2,000多人向联邦执法官们逼近。一只可乐瓶滚到了执法官的脚下；另一只装满了汽油，莫诺托夫鸡尾酒③，砸在学园楼的台阶上时，冒出熊熊火焰。黑暗中，人们正从这座

---

① 一部政治惊悚小说，讲美苏冷战期间，两国战争一触即发的关头，以美国总统为主的温和派打算跟苏联签订废除核武器协议，但最高军事长官认为此举无异于叛国，于是策划发动政变，试图暗杀总统。将军的阴谋最终败露。——译注

② 牛津城和华盛顿有两个小时的时差，当首都晚上10:00时，牛津城是晚上8:00。——原注

③ 土制燃烧弹的别称，莫诺托夫鸡尾酒是游击队等非正规部队、街头暴动群众的常用武器。——译注

行政楼旁的施工地处捡砖头和铁棒。"鲍勃，看来我们不得不使用催泪瓦斯了。"司法部长的行政助理埃德·格斯曼一边操作那台付费电话一边说道。

"那边还有多少名执法官？"总统向他的弟弟问道。"他们在哪儿？是和梅雷迪斯在行政楼里吗？"

"不是，"罗伯特答道，"梅雷迪斯在另外一栋楼里。"

"我想你应该叫来那些宪兵……如果他们去了机场，我也看不出你有什么损失，而且你可以随时把他们送回去。"总统说。

然后他又回到他的演讲稿上，和索伦森一起核对了一遍。索伦森刚从医院出来，为总统撰写了初稿。华盛顿时间十点差十分时，总统已经像往常一样，在椭圆办公室的办公桌前就绪，而电视台的技术人员还在进行灯光和音效的最后调试。

隔壁内阁会议室里，罗伯特·肯尼迪还在与格斯曼通话。他对罗伯特说，"很抱歉地向您汇报，我们不得不施放催泪弹。我们别无选择。"

负责民权事务的司法部副部长伯克·马歇尔走到隔壁，本打算告诉肯尼迪他们可能会发动一场暴动，但此时肯尼迪已经在做电视讲话了。

"各位公民，大家晚上好……"他的讲话开始了。

"詹姆斯·梅雷迪斯先生现已入住密西西比大学。在没有使用国民自卫队和其他任何军队的情况下，我们已经做到了这一步……尽管政府从一开始就不应该涉足这个案件……美国宪法和法律赋予我的责任，过去是现在也一直是，采取任何必要的措施执行法庭的命令……总而言之，这起案件没有理由不按照法庭的命令快速而和平地解决。让我们共同遵守法律，维护和平……"

"谢谢，晚安。"

总统结束他的演讲时学园楼已经被包围。"这就像阿拉莫[①]，"他的弟弟对他说。总统立即命令一支密西西比州国民自卫队从牛津城的兵工厂向学校

---

① 阿拉莫是美国得克萨斯州圣安东尼奥附近一座由传教站扩建成的要塞。在得克萨斯争取独立的斗争中曾起到重要作用。阿拉莫战争被视作美国陆军历史上的神话，被美国人认为是自由意志下勇气和牺牲精神的象征。——译注

出发——这支军队在昨天半夜时就接到总统的指令，接受联邦控制，准备执行任务。白宫内每隔几分钟就会更新一次报道：11:23——执法官腿部遭受枪击……11:42——州警察伤势严重……11:55——公路巡警仍然没有接到指令返回……凌晨12点——枪声连绵不绝……12:10——仅有67名地方国民自卫军可随时备用。

暴乱者躲在被窃的推土机和消防车后向学园楼展开进攻。在暴民的外围，记者们遭受攻击，摄像机也被摔得粉碎。一名美联社记者两次被枪击后受伤。一名法新社的男记者背部遭受枪击身亡——这是在整个世界的众目睽睽之下发生的。一名来自牛津城的建筑工人，很明显的只是一个旁观者，也被击中头部身亡。但是执法官们仍然连一枪都没有开。

白宫内已经快要一片恐慌了。在这次战斗中美国政府又一次人员不足，而且忙乱地不知所措。"这让我想起了有关猪湾事件的一些事情，"肯尼迪·奥唐奈说。"是啊，"总统说，"自猪湾事件以后我就没有这么开心过了。"罗伯特·肯尼迪做了一个鬼脸然后假装宣布了这次行动的失败。他说道："司法部长今天宣布，他将和在普林斯顿大学的艾伦·杜勒斯共事……"

在电话的另一头，卡岑巴赫要求获准开火自卫。"不行，"总统说，"他们在任何情况下都不能开火。""除了为保护梅雷迪斯的生命。"他补充道。他可不想让这个黑人被私刑处死。

"好好和梅雷迪斯待着，"罗伯特·肯尼迪对卡岑巴赫说。"谁敢碰梅雷迪斯，就向谁开枪。"

"军队在哪儿？他们在哪儿？他们为什么不动呢？"总统盘问着，并在电话里对着陆军部长赛勒斯·万斯大吼道。赛勒斯曾告诉总统说，从80英里外的孟菲斯海军航空站调动第一宪兵队过来需要一个小时的时间。而他的汇报则使总统几近暴怒：12:13——孟菲斯的正规军还在地面……12:24——仍然没有离开地面……1:02——军队已经上路……1:47——先前汇报错误，军队还在孟菲斯……2点——军队升空……

"牛津城的人们快要不行了，"肯尼迪对孟菲斯的战地司令员克赖顿·艾布拉姆斯说。"这是我 45 年里见过的最糟糕的事情。我要宪兵队进入这个区域。"

一个小时过去了，两个小时过去了，学园楼仍然处于包围中。这个时候，总统和巴尼特州长又一次进行了电话谈话。

"总统先生，"巴尼特说。"你为什么不，为什么不能给那边发号施令转移梅雷迪斯呢？"

"州长，那边的街道一片暴乱，我怎么能让他离开呢？他可能一踏出那栋楼，就有事情发生了。"

"我可以亲自到那里，拿着麦克风，告诉他你已经同意，哦……同意他离开了。"巴尼特说。

"不行，不行，嗯，等等，州长……到了那里给我打电话。然后我们再决定下一步怎么做，随后你再做关于这件事的讲话。"

"人们发电报，打电话跟我说，'哦，你已经放弃了，'"巴尼特以政客应对政客的口吻说，"我说，我不得不说，'不，我没有放弃……我有勇气和信心，我们会赢得这场战役。'你知道的，这只是对密西西比人民而言的。"

"我理解，"总统回答说。"但是我相信密西西比的所有人民以及其他各地的人民都不希望发生大量的死伤……最大限度的调动州警察控制那边的局势，这样就不会有零星的断断续续的射击了。"

"说这些干什么呢？"罗伯特·肯尼迪问道。"我们将要面临一个极其糟糕的问题，为什么我们不能更好的控制局势呢……我想我们应该弄清楚我们要说什么……我只是觉得我们受到了一连串的重创，因为大量的人员伤亡……事实是，我并没有及时地把人派到那里……我们想要争取解决的就是，你知道的，州长做出的这种安排。我们并没有把他偷偷带进去。但人们会大喊，我们在毫无准备时将他偷偷地带进去了。"

"该死的军队！"跟万斯和艾布拉姆斯交谈之后，他大声说道。"他们甚至都无法断定宪兵是否已经离开了。"

"我有一种预感，卡岑巴赫会很快将军队带来的，"奥唐奈说。下午 3:33,

白宫接到通知，军队还未离开牛津城机场。

总统点了点头。"他们总是大话连篇，胡扯一通，说什么立即做出反应，时间还能控制到毫秒不差，但从来都没有兑现过。也难怪我们打赢一场战争都这么难了。"

"这真是一件苦差事，"约翰·肯尼迪对马克斯·雅各布森医生说。马克斯医生在电视上露脸之前从纽约飞往华盛顿为总统治病。医生的飞行员，像往常一样还是他的病人马克·肖，马克是一名知名的摄影师，拥有一架双引擎的塞斯纳 ①。他们两人常按照总统的指示穿梭于纽约和华盛顿之间。

第一路美国正规军，宪兵队最终在10月1日凌晨4:00之后抵达校园。黎明时分，牛津城已经集结了16,000名士兵，而牛津城的人口只有10,000名。两人丧生，166名执法官和40名士兵受伤，200人被捕，其中就有沃克将军。总统对他的弟弟说，从司法部副部长阿奇博尔德·考克斯处查明他需要哪些权利才能逮捕巴尼特州长。

肯尼迪总统早上5:30时起身说，"我要去睡觉了，有任何事情发生都可以给我打电话。"

四小时之后，六名联邦执法官组成的一支警卫队和一组士兵在校园外的两辆军用卡车里等候，这时詹姆斯·梅雷迪斯上了他在密西西比大学的第一堂课——殖民地时期的美国历史。23,000名士兵在牛津城外安营。

罗伯特·肯尼迪发现，对发生在密西西比州的血腥星期天之夜实施的政治策略是错误的——至少在短期内是这样的，这与仅仅一个月之后的中期选举有很大关系。总统并不需要解释任何事情。再一次，危机本身就是最大的奖赏。美国人民始终追随总统。

梅雷迪斯在密西西比大学上完第一堂课的三天之后，总统收到民意调查者卢·哈里斯的一份备忘录，开头部分是这样写的：

---

① 赛斯纳飞行器公司（Cessna）是一家位于堪萨斯州的飞机制造商。赛斯纳以制造小型通用飞机为主，其产品线从小型双座单引擎飞机到商用喷气机的各类机型。——译注

　　坦率的说，我从来没有见过有哪一次选举会像这次这样，人们的情绪发生如此巨大的转变。在关键的北方工业州，在密西西比事件上，对您的支持率是 2 比 1 或者 2 至 3 比 1。我们碰巧还跟踪查阅了纽约州对密西西比事件的每日投票结果，犹太人投的票（该州的 21%）对民主党的支持率从 61% 上升到 73%，上涨了 12 个百分点。黑人的支持率从 65% 上升到 84%。天主教徒的支持率上涨了两个百分点，白人新教徒也升了三个点。每一名竞选关键职位的民主党人都应将以下结论置于中心前沿：这个国家需要刚强、坚定的领导风格，正如总统在这次密西西比事件中所表现出来的那样。

　　当美国，古巴和苏联这三角关系正处于紧张状态，并且有可能采取更加危险的举动时，牛津城发生了上述一系列事件。哈里斯的民意调查考虑到了这一点。"密西西比事件使得古巴问题存在的某些优势减弱了，但是外交政策的紧张局势仍在走高，"哈里斯继续道。"密歇根州在过去的一周内，有 82% 的人想要封锁古巴，虽然高达 68% 的人反对对古巴发动战争。你可以说在古巴问题上，共和党人一向行事鲁莽，而且还不断损毁国外对美国人的印象——美国人民团结一致，坚定不移地反对共产主义。"

　　10 月份的第一周，总统命令海军准备封锁行动，禁止一切出入古巴的船只——这只是应急计划——他还收到一份国防部长送来的"最高机密"，内容是继续采取应急措施，计划摧毁部署在古巴的苏联地对空防空导弹 SA-2。"没有必要仅仅为了训练而构建一个 SA-2 模型，"麦克纳马拉在备忘录中跟肯尼迪说。"海军计划以较低的水平袭击 SA-2，使用四个师，每个师的规模都是 A-4D（即每个师有四架飞机），装备有 250 磅，500 磅和 2,000 磅的低阻力炸弹和凝固汽油弹。全体船员都熟练掌握规定的投掷技术……关于袭击目标的文件都在船员手中；船员应熟悉分派给自身的任务。"

　　约翰·麦科恩一度完蜜月回来，就有消息传来说，SA-2 不是问题，关键是SA-2可能防护的东西。詹姆斯·梅雷迪斯真正注册的那一天，在《航空周刊》10月1日这一期刊发，其中就精确的报道了麦科恩曾经对总统说的话："战略家认为当前在古巴部署武器只是第一步，最终的目标是建立中程弹道导弹阵地……SA-2是为了阻止空中照相侦察。"

事实上，U-2机已经一个多星期没有进行高空飞行了。古巴又一次笼罩在热带风暴季节的浓云中。除此之外，总统还想避免军事事件的发生。他命令中央情报局将古巴飞行的任务移交给空军飞行员——他是这样考虑的：万一U-2机被击落了，白宫方面也可以辩护说，这是一起常规的军事行动，而非侦察。但是训练新的飞行员，让他们驾驶特殊的间谍侦察机却使得监视日程推后了很多天。

俄国情报官员格鲁吉·布沙科夫休假后也返回到华盛顿。在莫斯科时，赫鲁晓夫曾当面问他，是否认为美国会对古巴发动战争。"会的，"布沙科夫答道，他还提到反动势力的压力，这股势力可能极端到杀死肯尼迪——至少他是这么听说的。"他们不可能认真的，"赫鲁晓夫说。"他还是总统吗？如果他是一个强硬的总统，他就没有什么可畏惧的。"

布沙科夫给罗伯特·肯尼迪打电话说，总理让他给总统捎个口信。他在10月4号和10月6号见到了总统。令他惊奇的是司法部长看上去很冷静，却有一些焦虑。"是这样的，格鲁吉，"罗伯特·肯尼迪说，他西装笔挺，打着领带，很正式地坐在司法部的办公桌旁，并且明确强调，这是一次正式会议。"总统现在很忙……"

这个俄国人将赫鲁晓夫带给总统的口信背诵了一遍：

"苏联领导人十分欢迎总统为缓解两国紧张局势，恢复两国正常关系所采取的行动。但是不得不提醒总统的是最近形势愈加恶劣，这主要是由于美国政府在加勒比海针对古巴进行了敌对行动……赫鲁晓夫总书记十分担忧美国在古巴周围造成的危险局面，而且我们再一次强调苏联仅仅提供给古巴防御性武器，为的是保护古巴革命的成果，而非对包括美国在内的任何国家实施侵略。苏联领导人清楚地认识到肯尼迪总统当前的处境，因此在1962年11

月国会选举以前，不会采取任何针对美国的行动。苏联领导人相信选举之后我们会进行新一轮的积极谈判。"

罗伯特·肯尼迪让布沙科夫把关于防御性武器的那部分重复了一遍，然后很认真的记录下来。第二天，10 月 7 号，查尔斯·巴特利特邀请布沙科夫共赴午宴，而且让他又背诵了一遍赫鲁晓夫给总统的口信。巴特利特将所有的内容都记了下来，然后说总统十分担忧的是，赫鲁晓夫误解了美国在加勒比海地区采取的行动和决议。

在加勒比海和南大西洋海岸，美国公开升级其针对古巴的军事计划和行动，包括夏季和秋初在波多黎各附近进行的两栖作战演练。最后一次演练有 7,500 名海军参与，目的是推翻一名名叫"罗特斯卡"的独裁者——卡斯特罗的名字倒过来读。美国空军将全国其他各地的战斗机转移到基韦斯特岛，9 月 18 号，空军已经开始进行对古巴的袭击演练。70,000 多人参与了这次最大型的演练活动——"火速军事攻击行动 II"——卡斯特罗和赫鲁晓夫都出来指责，美国的侵略行动正在进行。

侵略计划不断升级。一旦总统下达命令，从北卡罗来纳州到基韦斯特岛集结的 100,000 人将会在 8 天之后侵入古巴。从 10 月 6 日开始，军队、飞机和支持性设备都已提前准备就绪，随时准备执行三大军事计划中的任何一个："大西洋舰队总司令作战计划 312-62、314-61，和 316-61"。这些计划分别是用于空袭，小型两栖登陆，全方位侵略古巴，前 11 天估计有伤亡（死，伤，失踪）18,484 人。作战计划完全准备好的日期——对岛屿独立封锁的预定日期——是 10 月 20 日。

10 月 8 日，国防部长麦克纳马拉在备忘录中罗列了一系列的意外事件，这些事件有可能导致入侵："在古巴领土设置大量的攻击性武器……苏联就反对西方在柏林拥有的权利而采取的行动……古巴大规模的群众起义，起义领袖要求获得支援以恢复古巴独立……总统决定，古巴事件已经发展到威胁美国国土安全的阶段。"

10 月 10 日，白宫方面要求获准并已经从英国政府获准在巴哈马群岛贮存武器，以备可能发生的入侵之需，但条件有二："1）任何东西都不得以书面形式存在，2）没有事先经过英国政府的同意，任何设备都不得投入使用。"

当天，参议员基廷把总统推到一边，在华盛顿的中心舞台上对参议院说："至少有六个中程战术导弹的发射场地已经开始建设。情报机构一定已经将此通知了总统和高级政府官员，而且他们也一定已经知道地对地导弹在六个月以内都可以从古巴内陆开始作战。"

"基廷是个疯狂的家伙，"总统对詹姆斯·赖斯顿说。然后邦迪简要地向赖斯顿介绍了一下白宫的版本，基本上是告诉他关于"猫鼬计划"的事情。10月12号，专栏作家这样写道：

> 现在发生的这一切与对古巴问题的是与非争议——从政治纲领中所体现的——截然不同。从那些激烈的言辞中可以看出，美国对古巴的政策争议不外乎分为两派，一派想要侵略古巴，至少要对其封锁，另一派则想要"无所作为"……在这场争论中，缺少了一个因素，那就是——颠覆，这在那个岛上一直都在发生……在当前情况下，我们不能侵略，不能封锁，也不能默许苏联控制古巴。但却要全面监视古巴，而且古巴会发生比卡斯特罗经历的，甚至比他想象中还要多的动乱。

10月14日，总统来到印第安纳州进行针对参议员凯普哈特的竞选活动。凯普哈特打算连任，但受到一个名叫伯奇·贝赫的年轻民主党人的挑战。这天是星期天，也是古巴上空的浓云消散到可以飞行 U-2 机的第一天。在印第安纳波利斯，肯尼迪说："这些自封的想要把别人的儿子送到战场的将军和司令们应该让选举人把他们送回家去，并由伯奇·贝赫这样的人取代，因为伯奇了解20世纪是什么样子的。"

总统随后来到布法罗、纽约进行竞选演讲，并于星期一凌晨1:45回到华盛顿。尽管这个点儿了，至少有一间政府办公室的灯还亮着。位于华盛顿市中心，国家照片解读中心内的军事和情报工作人员还在研究 U-2 拍摄的照片，它的驾驶员是美国空军少校小鲁道夫·安德森。直到星期天晚上 8 点，照片分析员才最终得出结论，照片显示的是古巴西部偏远地区正在建设的 8 个弹道导弹发射台。此时肯尼迪总统正与他的残疾父亲在白宫内共享晚餐——肯尼迪夫人正在意大利度假，假期为四周，给世界各地的媒体提供了大好机会，能拍摄到活力四射的照片，这在肯尼迪看来是对他的政治伤害。

差不多晚上 9 点时，麦乔治·邦迪才获悉有关古巴照片的情况。当时他正在家宴请奇普·波伦，因为他不久就要就任法国大使。邦迪想着总统可能会疲于竞选，因此没有必要在第二天早上以前打扰他。10 月 16 日，星期二早上 8:45 时，邦迪将照片夹在腋下，敲开了总统的门。肯尼迪正坐在床边，穿着睡袍，拖着拖鞋，周围满是他看过的文件和报纸。

"总统先生，"邦迪说，"现在我们有确凿的证据，就是我即将呈现给您的照片，足以表明俄国人在古巴有攻击性武器。"

肯尼迪对邦迪说，上午召开会议，并且还一口气列出了参会人的名字，第一个就是他弟弟。他给司法部长打电话说："我们遇到一些大麻烦。我希望你过来。"

罗伯特·肯尼迪已经在他的办公室里等候理查德·赫尔姆斯了，他将和罗伯特要求见到的苏联逃兵一起过来。

"迪克，这是真的吗？迪克，这是真的吗？"罗伯特·肯尼迪片刻之后向赫尔姆斯问道。"俄国人是将导弹放在古巴了吗？"

"是的，是这样的。"

"混蛋！"

第三十四章　1962 年 10 月 18 日

"恐怕我们该轰炸他们，"总统看了邦迪送到他卧室的 U−2 侦察机照片说。

一小时后，他走进肯尼·奥唐奈的办公室，说："你还认为古巴那回事无足轻重？"

"当然。选民们才不在乎什么古巴呢。"

"我给你看样东西，"他说着把那些照片放在桌上。奥唐奈就像肯尼迪没听介绍前一样，看不出其中的奥妙，露出一脸茫然。肯尼迪解释道："这是个中程弹道导弹发射场的地基。"

"我简直不敢相信。"

"你还是相信的好，"肯尼迪的口吻尖酸，可他心里清楚，自己犯了个平生最大的错误，为此付出的代价很可能是竞选连任失败。1962 年的中期选举将是一场黑色的预演。"我们刚刚选举出印第安纳州的凯普哈特，下一任美国总统大概是肯·基廷了。"他想象着自己卸下三军总司令的职务时，眼睁睁看着苏联人把核导弹装在距离美国 90 英里外的地方。

"这事别对任何人透露一个字，"肯尼迪最后说道。"要显得这儿仿佛一切正常。"

这天上午，新闻秘书皮埃尔·塞林杰送来这一周的日程安排。总统对他说："星期四，我要在这儿会见葛罗米柯，真不知道他想要什么。

"还有件事。预计这周进出这里的车流量大，很多人要来——腊斯克、麦克纳马拉、史蒂文森、参谋长联席会议成员等。要是报界想从中探出什么重要线索，你要否认有任何异常情况。"

这天上午11:30，车水马龙的景象开始了。肯尼迪挑选出帮他解决这一危机的14名官员开始陆续走进内阁会议室。腊斯克、麦克纳马拉、泰勒等人通宵与助手们一道忙碌，为发现导弹的事准备外交和军事的应对方案。几分钟后，总统边对五岁的女儿卡罗琳说话，边走进会议室。

"你是不是吃奶糖了？"总统问道。女儿没吱声。

"卡罗琳，你是不是吃奶糖了？"没有回答。

"回答我。吃了还是没吃，说可能吃了也行。"

女儿跑开，进了花园。这位父亲背对窗子坐在长桌中央的座位上，望着对面的几艘帆船模型和一尊不大的亚伯拉罕·林肯胸像。

"开始吧，"他说道。

国家照片解读中心的阿瑟·伦达尔指着摆在一排画架上的航拍照片说："这是一个中程弹道导弹发射场，还有两个新建的军营，地点在古巴中西部的罗萨里奥山南麓……"

"你怎么断定是中程弹道导弹？"肯尼迪稍后问道。

"根据长度判断，长官。"

"识别出两种导弹，"中央情报局分析师悉尼·格雷比尔说。照片分析师们测量了板条箱和帆布覆盖的管子长度，识别为苏制 R–12 和 R–14 导弹。这两种导弹他们都熟悉。美国给它们取的代号是 SS–4 和 SS–5[①]。估计射程分别

---

① 美国取的代号含义是美国情报机构识别的苏制第四类和第五类导弹。——原注

为630和1,100英里。

"这导弹随时可以发射吗？"总统问道。

"还不行，长官。"

"我们还有多少时间……它准备好发射前还有多久？"他问。桌子周围的人面面相觑。谁也不知道。中央情报局副局长马歇尔·卡特将军回答说，他只能猜测："两个星期。或许一个星期。"

"请你们说说核弹头的位置吧？"麦克纳马拉说。

"长官，我们看得非常仔细，"格雷比尔说。"但没找到与核弹头相符的形状。安装核弹头大约需要，嗯，两个钟头。"

"你们难道假定这些不是核导弹？"腊斯克问道。

"应该是有个存储地点，"麦克纳马拉说。"找到那个存储地点应该是我们的一项重要目标。"

此刻总统仅从照片上便确切了解到，古巴在建导弹发射台附近至少有16枚苏制弹道导弹。按美国标准衡量，这些武器还相当原始。就算导弹已经装上了核弹头，要给导弹加注燃料做好发射准备，也需要好几个小时。但古巴岛上有核弹头，哪怕仅仅是可能性，也是绝对不能接受的。初步估计导弹射程可覆盖一个巨大的圆形地带，将迈阿密、休斯敦、新奥尔良、墨西哥城和整个中美洲囊括其中，还包括了首都华盛顿特区。至于古巴岛上到底有没有核弹头，这是个不值得考虑的问题；肯尼迪必须假定有，就藏在这个800英里长的岛国某地。邦迪一让他看到航拍照片，他心里便做出了决定：美国必须把导弹清除出去。这一点不容讨论，他必须以某种方式把导弹清除出去。

几乎可以肯定，那里还有更多的发射台和导弹，只是两架 U-2 侦察机那天上午飞越古巴上空时，这个岛国仍受到云层遮盖。肯尼迪问空军的人，有没有在云层下飞行的侦察机。回答是肯定的。但古巴人很可能至少击落其中一架，到头来这事就公之于天下了。

总统请腊斯克提出建议。

"我们必须采取一系列行动，清除这些基地，"他回答道。"我认为不能坐视不管……从总体上讲，有两大选择：一，快速打击；二，向我们的同盟国和赫鲁晓夫先生发出警告，说这里的事态属于极其严重的危机，面临着导致全面战争的形势；说我们有义务采取正当行动，不过愿意给大家一个机会……让步的机会。"

总统朝麦克纳马拉点了点头。

"我愿意提两个建议，"国防部长说。"第一，如果我们要空袭，现在就必须认定，空袭要在这些导弹可投入使用前进行。假如在空袭前导弹已经可投入使用，我相信不能把它们摧毁在发射之前。第二，我建议，空袭目标不能仅限于导弹发射场，应当包括导弹发射场加机场，加当时不在机场而藏身某处的飞机，加所有潜在的核储藏地点。那将是一场范围广泛的空中打击。"

泰勒将军 10 月 1 日受肯尼迪任命，接替莱姆尼策上将担任参谋长联席会议主席，从此再次穿起军装。这时他说，参谋长们下午要开会，拟定空中打击或登陆入侵的具体建议。他说，空中打击后的后续行动必须是海上封锁，阻止运进替代导弹，阻止修复损坏的导弹基地。至于登陆入侵，这位将军说："古巴是个深泥潭。"

"清除的效力有多大？"肯尼迪问。

"总统先生，绝对不可能是百分之百，"泰勒说。"我们希望首轮打击能清除掉绝大多数，可这不是一次行动、一次打击或一天就能奏效的，需要持续空袭。"

"我个人相信，关键问题不是在某一枚导弹发射前将它击毁，"腊斯克说。"假如他们发射导弹，我们就进入全面核战争了。"

"俄国佬部署这东西的理由是什么？"总统问。"他们准是对自己的洲际导弹感到不满意。"

腊斯克回答道："赫鲁晓夫清楚，我们的核优势相当可观……他的核武器阴影离我们的生活远，我们并不真正畏惧，可我们的核武器阴影却笼罩着他们的生活，让他们时时感到恐惧。我们部署的核武器就在他们附近，比方在土耳其之类位置。"

"我们在土耳其有多少核武器？"肯尼迪问。

"大约15枚，"麦克纳马拉回答道。

"这事很大程度上牵涉到柏林，"腊斯克说。"我开始怀疑，赫鲁晓夫先生的考虑也许完全是为了柏林。他们可能认为，可以用古巴与柏林作为相互讨价还价的筹码，要不就是想刺激我们对古巴采取某种行动，以此做口实对柏林采取行动。"

接着，讨论主题转变为是否向公众发出警告，是否部分公布这一信息。另外一个主题是，美国是否应当与同盟国或美洲国家组织商讨此事。肯尼迪请狄龙谈谈自己的想法。狄龙曾在艾森豪威尔政府担任副国务卿，现任财政部长。他回答道："假如把这事彻底公开，通报北约，让美洲国家组织采取行动，我认为会冒风险，俄国人……就是说苏联人会被迫表态，假如发生任何行动，他们就不得不采取报复……如果我们在迅速行动的同时发表一份声明，说这纯属迫不得已，或许能给他们个机会，让他们不采取任何行动，就此罢手。"

总统对此表示赞同。打击必须是一次突袭，起到杀一儆百的效果。"不能提前四天宣布要消灭他们，否则他们可能在三天之内宣布要装上核弹头，假如我们发动打击，他们会发射导弹。那时我们该怎么办……我们当然会宣布说，假如他们胆敢这么做，我们就采取核打击。"

"我有个想法，"罗伯特·肯尼迪说。"我们是不是还该考虑通过关塔那摩湾用其他方式介入此事，或者利用某个事件，看是不是有某条军舰，比方说，制造个类似'缅因号'遭炸沉的事件。"

他们做出的决定之一是保密。副总统约翰逊贡献了自己的想法，他说，这事不能让国会知情。这位前参议院多数党领袖说："我明白这违背了忠诚原则，但是让他们知道于事无补。"

会议持续了一个小时多一点时间。总统宣布结束讨论时，要麦克纳马拉根据需要尽量多派 U-2 型侦察机；对内阁会议桌周围的与会者说，他倾向于采用空中打击，清除那些导弹；

"我们今晚6点要再次开会，讨论提出的各种建议……我看咱们在这些导弹问题上不能耽搁多少时间。恐怕必须把它们清除出去，同时继续做其他准备。从现在起，我认为我们必须准备……因为这事我们反正得做。我们肯定要做的头一件事，就是把这些导弹清除掉。嗯，至于其他问题……第二，就是全面空中打击。我们还不准备说，但是必须为此做好准备。第三，是全面入侵。至少我们要做第一件，我认为不能耽搁太久。"

总统起身上楼，更换服装，然后下楼参加为利比亚王储哈桑·阿尔－里达·阿尔－赛努西举行的正式午宴。午宴后，他邀请驻联合国大使阿德莱·史蒂文森到楼上，让史蒂文森看那些航拍照片。这时，第一夫人走进了起居室。杰奎琳·肯尼迪和丈夫都跟史蒂文森很要好，她离开前，彼此亲吻脸颊致意。

"我们必须迅速采取一些行动，"肯尼迪对史蒂文森说。"我想，要么采取空中打击清除那些武器，要么采取其他步骤，使其无法使用。"

"我们不要采取空中打击，先探索和平解决的可能性吧，"史蒂文森脱口说道。总统的随意态度让他感到震惊。两年前，艾森豪威尔谈起核武器，口吻同样随意，也曾让肯尼迪深感震惊。毕竟他谈论的是千百万人的生死问题。那天夜里，史蒂文森给肯尼迪写了一封闲聊式的漫长备忘录，其中一个句子用下划线标出："我觉得，你应当明确一点，那就是任何地方存在的核装备，在我们采取任何行动之前，都可以通过谈判解决。"

肯尼迪的感觉与一位西班牙斗牛士的诗作中表现出的情感很接近。那天下午，国务院召集了一个关于外交政策的记者会，与会者是一批报刊编辑和电视界人士。总统按预定发表了一个简短的演讲。演讲中，他背诵了那位斗牛士的诗：

斗牛场座无虚席，
行家们指手划脚，
只有一个人心里清楚，
他要出生入死舍命拼杀。

晚上6:30的会议上，中央情报局的卡特将军首先发言。他说，上午两架U-2侦察机拍的胶片正在冲洗过程中。不过他说，除了已经识别的16枚中程弹道导弹外，显然还在古巴另外发现了至少4枚中程导弹，像是使用固体燃料的SS-4型导弹。这意味着发射启动时间要短得多，发射倒计时可能只需要40分钟，而老式液体燃料SS-4导弹要花两个小时才能将液氧泵进弹体。这种导弹升空后，只需不到10分钟就能击中美国的目标。

起初的发言中，麦克纳马拉的话最长，他说，参谋长联席会议相信，即使是采取有限的空中打击，仅仅将目标锁定在导弹及其后备系统上，也需要数百架次轰炸。

"古巴这些中程弹道导弹对美国的地位有什么战略影响？"麦乔治·邦迪问。

"麦乔治，今天下午我也这么问过各位参谋长……"麦克纳马拉说，"他们说，影响深远。可我个人的看法是，毫无影响。"

美国大约有5,000件可交付使用的核武器。而美国情报部门估计，苏联只有300件可供使用。美国估计，苏联瞄准美国的洲际导弹现在有75枚，其制导系统相对原始，双方的分析家都认为，这些导弹能否接近预定目标都成问题。苏联人还有97枚潜艇运载的短程导弹，要想发射导弹，就得先浮出水面。苏联的大部分核武器都需要用155架重型轰炸机运载，那些飞机要飞临美国，躲不过部署在阿拉斯加到加拿大的美国基地和交叉探测系统。美国有156枚洲际弹道导弹，有144枚北极星潜载导弹，不必浮出水面即可发射，战略空军司令部有1,300架装载核武器的轰炸机，这些轰炸机任何时候都有三分之一在空中飞行。[1]

---

[1] 多年来，随着美国和苏联档案逐渐解密，真相终于大白。即使美国对苏联17比1的核优势其实也高估了苏联的实力。1989年，就古巴导弹危机在莫斯科举行会议期间，苏联国防部军事历史研究所的迪米特里·沃尔科戈诺夫将军说，1962年下半年，苏联瞄准美国的洲际弹道导弹其实只有20枚。但是，假如仅仅有一枚击中美国，也是美国绝对不愿接受的。在另一方面，美国情报部门大大低估了在古巴的苏联部队人数，他们向总统报告称，苏联红军的人数在8,000到20,000之间。根据1989年会议上包括前外交部长葛罗米柯在内的苏联官员透露，真实的数字是42,000人。另外，包括苏联前主席的儿子谢尔盖·赫鲁晓夫在内的一些苏联人表示，1962年危机时，古巴岛上已经存有核弹头。美国情报部门从来没有证明这一点，因为航拍的照片绝对无法清晰显示用于储藏的地堡。——原注

"这既是一场军事斗争，也是一场政治博弈……"总统说。"你可以说，让苏联飞来的洲际弹道导弹击中，或者让 90 英里外来的导弹击中，两者没什么差别，"可他认为，这对古巴和卡斯特罗有意义，对其他拉丁美洲国家尤其有意义。"这让他们显得与我们地位平等……"

但这显然不是苏联的目的。苏联能从中获得什么利益？

"我觉得这是个该死的谜团，"总统说。"我真猜不透这帮苏联佬。自从封锁柏林以来，谁也说不上俄国人向我们发出过其他明显的挑衅。他们从来都特别谨慎……这就像我们突然开始把大量中程弹道导弹部署在土耳其。我会认为，见鬼，这下可危险啦。"

"是啊，我们真有这感觉啦，"邦迪的最后几个字语重心长。

"是我们先部署的。最初在英格兰，"坐在腊斯克旁边的代理副国务卿 U. 亚历克西斯·约翰逊补充道。他指出，将中程导弹部署在边境附近，其性质就从战术武器变成了战略武器。也许正是出于这个原因，赫鲁晓夫才想把导弹部署在古巴。

会议无果而终。肯尼迪留下一页潦草的记录，还在会议桌面上留下几行涂鸦："真的……真的。16 到 31 枚（导弹）一周之内……赫鲁晓夫……苏联潜艇……潜艇……潜艇……封锁……星期日……16 到 31……星期五早上……危险增加……百万人……维护联盟。"

"一知半解的胡言乱语，"海军部长保罗·尼采在他的日记中这么描述这天晚上的会议。总统也感到怏怏不快，觉得自己这批手下不是要打造一个可行的战略，不过是向他邀宠而已。

肯尼迪再次更衣，去乔治敦赴专栏作家约瑟夫·艾尔索普家的晚宴。这是为奇普·波伦举办的又一次欢送会。波伦是驻莫斯科前大使。这天早些时候，肯尼迪与他谈起导弹的事。在艾尔索普家，肯尼迪与波伦一道在后花园散步。肯尼迪说，他想要波伦推迟去巴黎的行程。波伦回答说，假如他滞留在华盛顿，苏联人会认为这里有事，会认为美国知道了苏联导弹的事。苏珊·玛丽·艾尔索普一边看着烤羊肉变成焦黄色，一边关注着他们俩。

餐桌上，男宾中有英国著名俄国问题学者以赛亚·伯林，还有法国大使赫维·阿尔方德。总统反客为主，从不同角度向几位男宾提出同一个问题："从历史上看，苏联人退到墙角时，面对巨大压力会做何反应？"

宴席散去后，艾尔索普太太对丈夫说："坐在总统旁边，简直像靠着一辆大马力汽车的发动机。他好像特别享受那种方式，可我对此压根儿摸不着头脑。好像要出什么事吧。你没感到？"

"你这是胡说什么呢？"他说。

第二天是10月17日星期三。这天上午，总统首先会见的是邦迪和中央情报局局长麦科恩。麦科恩提出的个人建议是："从卡斯特罗手中夺取古巴。"这个措辞出现在肯尼迪关于这场危机的第一份工作文件中，这是索伦森为这轮事件和星期二的讨论写的纪要：

> 以下各行动途径或方案受到考虑：
>
> 途径 A：政治行动，施压和警告，如果没有收到满意效果，继而采取军事打击。
>
> 途径 B：发动军事打击，并不事先警告、施压或行动，伴随打击发出信息，表明这一军事行动的有限性。
>
> 途经 C：采取政治行动、施压和警告，继而，根据《里约热内卢条约》的授权，国会对古巴宣战或根据87届国会就古巴问题的决议，海军采取全面海上封锁。
>
> 途经 D：全面入侵，"从卡斯特罗手中夺取古巴。"
>
> 途经 A 和 C 中的政治行动、施压和警告可包含以下一项或多项内容：
>
> a）致赫鲁晓夫的信件
>
> —声明，假如存在攻击性基地，将被摧毁；

　　—— 警告，我们知道存在这种基地，必须拆除，否则将被摧毁；

　　—— 邀请，举行最高级会晤，可主动提出从土耳其撤回我方中程弹道导弹等。

　　星期三的《华盛顿邮报》上充满了关于对古巴采取行动的推测，可是对于古巴部署导弹或白宫就此开会的事，该报编辑根本不知情，部分报道是受到基廷、凯普哈特及共和党人的煽动，他们要求总统对卡斯特罗采取强硬手腕。报纸头版报道了一项盖洛普民意调查，结果显示，占 51% 的多数受调查者相信，袭击古巴会引发第三次世界大战。

　　肯尼迪选定陪他处理这次危机的人完全是 24 小时连轴转，奔波于国务院和紧靠白宫的行政办公楼之间。史蒂文森和迪安·艾奇逊也加入到这个团队中来。艾奇逊几乎立刻便认定，奔波开会完全是浪费时间。

　　他认为麻烦在于罗伯特·肯尼迪，认为这位司法部长是个缺乏经验的傻瓜。罗伯特·肯尼迪似乎让道德或道德主义迷住了心窍，为轰炸导弹发射场会炸死苏联技术人员和士兵的危险耿耿于怀。在一个场合，他说，轰炸古巴是"珍珠港反串"。艾奇逊和别的几个人倒喜欢借用英国 1938 年对希特勒采取绥靖政策的"慕尼黑协定"做比喻。但是罗伯特·肯尼迪参加过第二次世界大战，回国后满怀年轻战士都有的爱国主义和理想主义。19 岁那年，他就在一艘驱逐舰上当水兵，这艘军舰叫"小约瑟夫·P. 肯尼迪号"，是以他长兄的名字命名的，当时部署在关塔那摩湾。他谈起这事说，他的另一位兄长不会做"20 世纪 60 年代的东条英机"。

　　这天晚些时候，艾奇逊单独会见总统时，听他说出同一个字眼："珍珠港反串"，仿佛美国正在计划一次不宣而战的偷袭，艾奇逊不禁感到惊恐。

　　"我知道这话是从哪儿来的，"艾奇逊对约翰·肯尼迪说。"你说这种话与你的地位不相称。"

　　总统的确是拾他弟弟的牙慧，而且不止这一次。"我现在体会到东条英机策划珍珠港事件的感觉了，"罗伯特·肯尼迪那天写给他哥哥的一张便条上这么写道。

撇开罗伯特·肯尼迪不说，这批人大多数都在顺着轰炸的思路活动。星期四午饭前，总统顺道进来听大家辩论，柯蒂斯·勒梅将军正在展示轰炸计划。

"俄国人会做何反应？"肯尼迪问他。

"他们不会做任何反应，"勒梅说。

"难道你是说，他们会任凭我们轰炸他们的导弹，还炸死很多俄国人，然后什么反应都没有？"肯尼迪反问道。"假如他们在古巴不做反应，那就肯定会在柏林采取行动。"

总统返回自己的办公室后说："真想不出，勒梅竟然说出这种话。"他说，这群将军只会得到一种后果："假如我们听信他们，按他们的意思做，到头来我们没一个能活着对他们说，他们错了。"

总统认为，自己应当照例露面处理日常事务，转移苏联人、国会和报界的视线。他与西德外交部长会晤一个半小时，然后去利比亚大使馆，参加利比亚王储举行的午宴。下午两点半，他飞往康乃狄格州，参加这天下午和晚上亚伯拉罕·里比科夫的竞选活动。里比科夫辞去卫生教育福利部部长之职，竞选美国参议员。总统显得精神矍铄，对5,000人的与会群众发表讲话说："沃特伯里是美国最诱人的城市，这里有最忠诚的民主党人。"返回华盛顿途中，他在飞机上仍然为下午的活动谈笑风生。后来，他的朋友查尔斯·巴特利特提到墨西哥，盎然兴致渐渐从肯尼迪的表情体态中消散了。他说："伙计，那片地方要给我找麻烦。"

晚上9:30，罗伯特·肯尼迪和索伦森在安德鲁斯空军基地等候总统。U–2侦察机拍的新照片显示，三个中程弹道导弹发射场进入初期施工阶段。四枚SS–5型导弹已经能够从各自的发射台发射，其射程按照原先的计算为1,100英里。虽然还不能肯定古巴岛上已经有了SS–5型导弹，但是中央情报局相信，运送这种导弹的轮船已经在途中。

罗伯特·肯尼迪对他这位兄长说，布沙科夫曾打来电话。"他说，他有赫鲁晓夫给你的'个人信息':'在任何情况下都不会将地对地导弹运进古巴。'"

返回华盛顿途中，罗伯特·肯尼迪和索伦森向总统展示一幅北美洲地图，图上以古巴西端为圆心画了几个同心圆，表示 SS-4 型导弹和 SS-5 型导弹潜在射程可覆盖的城市。SS-5 型导弹的射程几乎覆盖了整个美国。图中采用了延伸的射程范围（或者说是故意夸大的范围）2,200 英里，这比中央情报局的计算增加了一倍。这显示，美国所有大城市都可能受到打击，只有西雅图有幸保持在新估算的射程范围之外，另外射程还包括了南美洲所有国家的首都。中程弹道导弹的射程也延伸了（或者故意夸大了），SS-4 型导弹的射程范围达到 1,000 多英里，这意味着可以击中华盛顿。中央情报局和空军的分析家们在白宫看到这幅夸大的地图，戏谑道："政治远程弹道导弹。"罗伯特·肯尼迪看过第一套照片后，说了句俏皮话："这种东西能打到密西西比州的牛津吗？"于是，人们把这座小型大学城也标在射程范围之内。

第二天是 10 月 18 日星期四。上午，索伦森将一份概括性备忘录呈交总统，上面按白宫的常规风格，将最非同凡响的决策以寻常的"是"和"否"的选项列出，供总统划勾选择。肯尼迪发布命令，从西海岸向美国在古巴关塔那摩的海军基地空运一个海军陆战队加强营、一个海军的鹰式防空导弹营。然后总统拿起那份备忘录：

两个大问题必须做出相互关联的回答：

1. 若采取军事行动，采取何种行动：

— 有限空中打击：☐

— 较全面的空中打击：☐

— 封锁：☐

— 入侵：☐

2. 政治行动是否先于军事行动？是否向赫鲁晓夫发出警告信？

　　— 封锁和入侵，大家都表示赞成

　　— 空中打击

　　— 是：☐

　　— 否：☐

　　— 未定：☐

　　这些问题可根据腊斯克或波伦的思路考虑。腊斯克主张有限的"外科手术"式空中打击，事先不采取政治行动，不提出警告。波伦主张迅速致信赫鲁晓夫，根据其反应决定是否采取空中打击或海上封锁。

　　轰炸还是封锁？在相应的方框里划勾决策。

　　日夜不断的一次次会议变得内容重复。狄龙、艾奇逊和麦科恩的发言代表了主张轰炸者的观点，他们提出，政治途径不会产生效果，反倒让苏联人争取到完成部署导弹的时间。狄龙是共和党人，在大部分辩论中冷静端坐，对肯尼迪任命的新手稍稍露出点鄙夷神色，旁观着那帮人清点坐在桌子周围的人数、谈论首次核战争的可能性，露出的恐惧表情胜过他自己、艾奇逊、麦科恩和尼采。老手们以前就考虑过这种难以置信的情形，他觉得，这帮新手并不清楚美国军事优势的真实程度，也不理解苏联人出于充分和简单的理由更畏惧美国。苏联周围不但包围着美国的军事基地，而且他们不会忘记美国人不愿回顾的一段历史：美国是对别国使用过核武器的唯一国家。

　　罗伯特·肯尼迪尤其让杜鲁门和艾森豪威尔的几位前阁僚觉得烦恼。这位司法部长公开表示，自己是替哥哥出面，不是作为部长参加会议，他每天都把其他人表达的意思和情绪汇报给哥哥，还利用自己的权力为两边辩护，时而倾向赞成封锁一方，接着突然随意插入一个相互矛盾的想法。星期四会议的正式记录有这样的内容："司法部长说，展望未来，如果我们决定挺身面对苏联的威胁，现在就该把它清除掉，这对我们的子孙后代更好。倘若等到未来某个时间再行动，形势必然更加不利，风险也更大，成功的机会更差。"

　　其他人也有考虑问题简单的时候。狄龙通过索伦森给总统传了张便签：
"你是否考虑过非常实在的可能性：假如我们允许古巴完成部署，任凭导弹基
地做好发射准备，下届众议院便可能让共和党人占据多数席位。这会让我们
彻底失去明智和一贯的反应能力，无法应对苏联的步步进逼。"

　　索伦森对他说，放心吧。大老板已经考虑过这种想法了。

　　这天下午 5:00，安德烈·葛罗米柯抵达白宫访问。这次会晤是应这位苏
联外长请求安排的。肯尼迪想，会晤的目的有可能是：苏联准备有所动作，
葛罗米柯有可能对他说，美国也处在武器的阴影中了。制作总统大办公桌的
木料取自 19 世纪战舰"勇敢"号的船身，此时他把最新的 U-2 侦察机拍摄的
导弹场照片放进办公桌中间的抽屉。

　　但是葛罗米柯绝口不提导弹。也许他是来探探虚实，看美国人是否有所
察觉。肯尼迪不喜欢这位外长；他的面部肌肉和眼珠难得动一下。会谈内容
大部分是关于柏林，他的谈吐拘谨，口吻冷淡，态度虚伪。葛罗米柯重复了
赫鲁晓夫的信息，称苏联不会在 11 月 6 日美国中期选举前做出让美国难堪的
事。关于古巴，这位俄国人读了一条书面信息："我受命澄清一点，任何武器
的目的绝对不是用于进攻。"

　　听了这话，肯尼迪起身走向办公桌，抽出他 9 月 4 日就古巴进攻性武器
的声明，一字一顿缓缓念出，加强语气念道，假如发现了进攻性的导弹，"将
引发极其严重的问题。"这位莫斯科来客缄口不语。

　　会晤后，总统对罗伯特·洛维特说："不到 10 分钟前，就在这间屋子里，
葛罗米柯满口赤裸裸的谎言。我从来没在如此短的时间里听人撒过那么多
谎。"他请洛维特参加眼下的一些会议。这位纽约的律师曾在杜鲁门任期担任
国防部副部长。洛维特走进总统办公室时，肯尼迪正在对邦迪和前驻苏大使
卢埃林·汤普森说，他几乎禁不住要让葛罗米柯看 U-2 侦察机拍的照片，公
开谈这事。不过保密是他的首选。下一步该怎么做他仍然没有拿定主意。

　　总统对大家说，他认为，首先公布导弹事实的一方，可设定全世界讨论
的框架，因此在这场危机中占政治支配优势。假如苏联首先公布，肯定会强

调在美国持续的敌意下需要保护古巴。世界舆论有可能认为这种说法有理。美国对古巴的威胁肯定是真实存在的。

假如美国首先公布，就能强调美国自身受到威胁。美国从来没有公开承认过一种危险：美国根本没有针对南方的防卫体系，既没有雷达系统，也没有防空设施。北美洲从未考虑过有可能面对来自南方的战略威胁。

不过，葛罗米柯复述赫鲁晓夫关于美国选举的信息让肯尼迪明白了一点。也许赫鲁晓夫认为，肯尼迪在竞选活动中不得不表现得更加强硬。照他猜测，赫鲁晓夫11月份来美国参加联合国大会时，计划这么说：我们决定对柏林采取一些行动。假如美国打算对抗，就得意识到，过去10年中，美国通过其欧洲和土耳其基地对我们构成威胁，但如今我们在古巴的核导弹随时都对美国构成威胁。

这个星期四的晚上，特德·索伦森将拟出的致赫鲁晓夫的信函初稿交给总统，信中宣布要实施轰炸：

> 尊敬的主席先生：
>
> 我国政府最近获得了无可争辩的完整证据，证明正在古巴部署进攻性武器和基地，武器数量巨大，性质严重，尤其是可攻击美国本土和许多拉美国家的中程弹道导弹……
>
> 因而，本信函的目的是向您通报，在您与我的特使结束会晤后不久，我将被迫启动针对古巴岛的适当军事行动。假如您……向我的特使做出明确保证，这一工程将停止，而且撤回这些导弹、基地和所有其他进攻性武器，美国可撤销军事行动……在此前提下，在您抵达我国时，我将愉快地与您会晤，并讨论我们议程中的其他问题，如您所愿，包括北约在土耳其和意大利的军事基地……

不论是在莫斯科、哈瓦那还是在华盛顿，这一切尽在心照不宣的保密过程中。为了保守秘密，散布的谣言在所有国家的首都流传。十多家美国新闻机构就苏制伊尔—28重型轰炸机运进古巴的众多说法向国防部提出质询。星期四晚上，五角大楼通过国防部长助理阿瑟·西尔维斯特发布了一个声明："国防部发言人今晚否认曾下令发出警告，并否认针对共产党统治的古巴启动过任何紧急军事措施。此外，发言人还说，国防部没有关于古巴存在进攻性武器的信息。"

晚上9:00，整个下午和晚上在国务院开会之后，9位与会者挤进一辆大型轿车前往白宫，向总统做汇报。罗伯特·肯尼迪不得不坐在亚历克西斯·约翰逊的腿上。他们认为，假如乘坐一队豪华轿车前往，很可能让记者意识到发生了重大事件。大家仍然意见分歧。"我们搞了投票表决，"罗伯特·肯尼迪对他哥哥说。结果是11票赞成封锁，6票赞成轰炸。他动手抽出记录投票情况的小纸条，准备让他哥哥看表决情况。但是总统打断了他的话，说："我不想看。我选择的政策可能是错的，原来正确的人就有了书面证据。"

11比6很难算做一致意见。原来投票赞成封锁的邦迪当下改变初衷，说也许不采取任何行动才是最明智之举。总统告诉大家，回去重新讨论。

罗伯特·肯尼迪敢肯定，他哥哥想搞封锁，但是总统告诉索伦森，要他拟两份演讲稿，一份宣布封锁，另一份宣布轰炸。

索伦森动笔前阅读了两份宣战书，一份是前总统伍德罗·威尔逊1917年的宣战书，另一份是前总统富兰克林·D.罗斯福1941年发表的宣战书。

此前，总统将保密看得比时间还关键。他要掌控定义危机的字眼，以自己的方式向世界宣布。但是，星期四的会议结束时，他意识到，此时保密和时间是一码事。在华盛顿，包括大家的妻子、秘书在内，有数百人知道白宫、国务院和国防部正在长时间开会。佛罗里达的报纸报道出该州沿海军事调动的消息。英国大使戴维·奥姆斯比－戈尔是肯尼迪的朋友，总统让他看过U–2侦察机拍的照片，还对他说了轰炸或封锁的选择。

肯尼迪请他做选择，奥姆斯比－戈尔的选择是"封锁。"英国大使说，其他国家不会认为导弹对美国是个严重威胁。美国人觉得，自己有权享受绝对的安全，彻底不受威胁，免受研制出核武器之前海洋天堑阻隔在国门外的一切危险，对于美国的这种情感，其他国家既不理解也不同情。全世界必然视轰炸为反应过激。事后，他向英国首相哈罗德·麦克米伦拍发电报，警告"迫在眉睫的危机"。

第二天是10月19日星期五。上午，邦迪、艾奇逊、泰勒和参谋长联席会议的成员守候在总统办公室，等他下楼。他们敦促总统下令实施空中打击，称时间紧迫，即使马上下令，执行轰炸也要在22日星期一才能启动。空军想要出动多达800架次飞机执行这项任务。美国空军编队要直奔已知的弹道导弹发射场、地对空导弹发射场、防空设施和古巴空军机场。如今，古巴有了自己的米格喷气战斗机。猪湾事件期间，古巴人使用老式美国喷气教练机训练，取得了很大进展。海军作战部长乔治·安德森上将说，唯一成功的军事计划，就是彻底摧毁苏联在古巴岛的实力。但马克思韦尔·泰勒立刻重申，彻底是不可能的。"总统先生，我们能做到的，是摧毁90%的已知导弹。"

没出48小时，安德森上将向总统报告：空军和海军的511架战术战斗机已经集结在佛罗里达，可在下达命令后一小时内起飞。而平时能在一小时内能从那里起飞的飞机数目为140架。这一承诺要使用的战斗机数目占了全国战术战斗机总数的三分之一。位于莫里斯敦、新泽西、托马斯维尔、佐治亚州、得克萨斯州拉雷多市的卫星跟踪站均更改了程序，转而监视从古巴起飞的战机或升空的导弹。美国接近了在加勒比地区发动战争的边缘。

总统仍旧一丝不苟保持着正常的公开露面计划，他对弟弟说，讨论中封锁对轰炸的僵局该打破了。下一次会议预定在国务院乔治·鲍尔的会议室举行。上午10:35，总统按预定时间乘直升机从白宫草坪出发，前往安德鲁斯空军基地，然后飞往俄亥俄州和伊利诺伊州，参加一天的竞选活动。

距离中期选举只有19天，但此时总统对击败共和党人仍不乐观。"竞选完了，"他对罗伯特·肯尼迪说。"让这事搞砸了。我们反正输了。他们对古巴的说法是对的。"

肯尼迪对聚集在克利夫兰市公共广场的一万多人发表讲话说："本次活动

提出的问题是：住房、就业、我们要在即将召开的会议上确定的税收计划类型……"可他自己都不相信这番话有说服力。

肯尼迪抵达芝加哥黑石集团希尔顿酒店时，只见一张海报上写着"降低姿态，提升勇气"。他上楼走进总统套房，脱掉全身衣服只剩内衣，准备洗个澡，然后下楼去参加库克县民主党委员会举办的每份 100 美元的筹款晚餐。皮埃尔·塞林杰走进套房，说《芝加哥论坛报》的凯尔顿·肯特要求对一则报道做评论，那则报道称，伞兵已经做好了入侵古巴的准备。肯尼迪说："给肯特打电话，告诉他说，那种报道大错特错。"

在华盛顿，这天上午 11 点，对于聚集开会的人们，首要问题是决定总统是否该在打击古巴前寻求国会批准宣战。司法部长询问自己的副手尼古拉斯·卡岑巴赫，卡岑巴赫说没必要，总统只要宣称美国是采取自卫行动，就能证明任何行动的正当性。下一个问题是决定是否向联合国寻求对苏联和古巴军事行动的制裁。回答也是否定的，因为没有得到支持的可能性。接下来发言的是国务卿拉美问题助理埃德温·马丁。他说，只要总统本人与其他国家首脑联系，就能在美洲国家组织赢得实质性多数，达成一项决议。

罗伯特·肯尼迪敦促实施封锁。不过这时用的措辞是"隔离"。这个字眼意义不精准，而按照国际法"封锁"属于战争行为。司法部长力促采取封锁，口吻好像大家已经达成了共识，但泰勒、艾奇逊、邦迪和狄龙仍然主张尽快采取空中打击。罗伯特·肯尼迪继续为他的珍珠港论点热烈辩论，说突然袭击不符合美国的传统。他一再重复说，假如采取"偷袭"，成千上万古巴人和俄国人会在没有得到事先警告的情况下丧生。马克思·泰勒接下来说，参谋长联席会议成员反对"隔离"，他们认为，假如封锁未能阻止苏联继续运输和部署，联合国会做出反射式的反应，压美国不得继而发动进攻。艾奇逊以雄辩口吻要求摊牌。他说，这是赫鲁晓夫直接发出的挑战，是对美国意志的一次考验。"必须记住，我们面对的是个狂人。"

麦科恩和保罗·尼采与狄龙一样，仍然主张轰炸。邦迪说："归根结底，封锁不能消除这些基地，但空中打击却能。"

麦克纳马拉说，他赞成封锁。他相信，要把苏联基地从古巴清除出去，充其量不过是美国放弃在土耳其和意大利的导弹基地，战略上没多大损失。这种策略是值得的。假如美国打击古巴，不论效果多彻底，苏联人都有可能发射一两枚导弹，而且可能性极大。导弹有可能运载着核弹头，飞向迈阿密或卡纳维拉尔角。苏联人和古巴人还有可能对第一轮袭击做出反应，搜罗起残存的飞机和炸弹升空，飞到美国搞报复。他们哪里知道，天空中黑压压一片美国飞机不过是去搞"外科手术式袭击"。

乔治·鲍尔承认，对这两种选择，他仍然拿不定主意。他说，二战期间他作为空军一支部队的司令，对轰炸效力做评估让他懂得，根本不可能有准确的定点轰炸，只能尽量瞄准，希望获得最佳效果。卢埃林·汤普森赞同封锁，同时提前24小时向苏联人发出警告，给他们留下与海上运输船船长联系的时间，让他们考虑撤回。

会议进行时，狄龙两眼一直盯住罗伯特·肯尼迪，对他毫不含蓄的感情流露稍感不安。可到头来，总统这位弟弟表达的意思却让他肃然起敬。他想道："他说的对。我们是为理想参加二战，如今也不应改变这一宗旨。"一波又一波轰炸机从黎明时的地平线上涌出，这种景象也让他认识到是错误的——即使在道德上不算错，但从历史角度看，具有自我毁灭的性质。

于是，狄龙改变了立场，愿意先采取封锁，假如不奏效，仍可轰炸，到那时就不是鬼鬼祟祟行动了。

下午，会议分两组进行，总统不在场，会议由腊斯克主持，他委派邦迪领导一组，拟定轰炸方案，委派代理副国务卿 U·亚历克西斯·约翰逊领导另一组，拟定封锁方案。继而，大家对两种选择方案讨论良久无果，会议于晚上7点结束。会议正式记录的最后一句话是："与会者一致同意，星期日上午之前，总统应继续其旅行活动。"

罗伯特·肯尼迪认为，由于狄龙转变立场，便有可能就封锁或称"隔离"达成共识。索伦森得到总统要他撰写两个讲话稿的指示后，离开了会议。可他只打算写一个——关于隔离的讲稿。

10月20日是个星期六。前一天，总统向库克县民主党人发表讲话后，到了深夜还与理查德·戴利市长的选区负责人谈话。这天一大早，罗伯特·肯尼迪来希尔顿酒店客房找到他，说该返回华盛顿了。

总统原定上午去密尔沃基市，然后飞往西海岸。早上他召来陪他旅行的私人医生乔治·伯克利中将，说自己不舒服，觉得可能是着了凉。医生说，这种情况以前多次出现过，旅行演讲有可能让症状加重。肯尼迪平时不理会医生的这类忠告，这次却让医生吃了一惊，他说："你说的对，我最好回家。"

肯尼迪叮嘱伯克利，不要对报界说，然后把塞林杰召来，说："告诉报界，我按照伯克利中将的医嘱，要返回华盛顿。"

塞林杰正要离去，肯尼迪又说："等一下。我们最好保持口径一致。"他从床头拿起电话记录本，写道："上呼吸道轻度感染……体温上升一度……由于天气阴冷有雨……建议返回华盛顿……取消行程。"

肯尼迪想要显出担心感冒的样子，前往机场时戴了顶帽子。就职演说后，他便收起自己的高顶礼帽，在公众场合露面时很少戴过帽子。肯尼迪简直要毁掉美国的制帽行业，他总是不戴帽子，而年轻消费者最善于模仿名人形象。一上飞机，他倒头便睡，一点半钟返回了白宫。

索伦森为他送来实施隔离的讲话稿。另有一段文字简短、带有倾向性的备忘录，归纳出四天秘密会议的内容：

一、对空中打击有两条无可辩驳的根本性反对意见：

1）鉴于谁也无法设计出致赫鲁晓夫的满意信息，让他无法在策略上胜过我们，空中打击将意味着对一个小国发起美国肇始的"珍珠港事件"，对此历史既不理解也不会忘记。

2）鉴于干脆而迅速的打击在军事上不切实际，因而这一概念被摒弃。大家普遍认为，更加广泛的空中打击不可避免要导致入侵，由此会产生种种后果。

二、封锁有两条无可辩驳的根本性优势：

1）这是一个比较谨慎和灵活的步骤，也让我们有能力继而采取空中打击、入侵或将来某时证明必要的其他步骤，却不会产生"珍珠港事件"的态势。

2）采取这一步骤导致全面战争的可能性最小，却能使不愿与我国海军在我方海域对峙的苏联人退却，并抛弃卡斯特罗。

约翰·肯尼迪与他弟弟一道下楼去游泳池，他游泳半个钟头，期间听罗伯特·肯尼迪坐在扶梯上，向他汇报每个与会者的立场。两点半钟，总统与顾问们座谈。他除了对弟弟说起外，还没有向任何人公布过自己的想法。不过他明确表示说，这是一次决定性的会议："假如你们的计划最终得不到接受，对此应该有思想准备。"

麦科恩呈报了最新的照片和数字：至少32枚 SS–4导弹；24个 SS–5型导弹发射场配件仍在海运过程中；24个萨姆导弹（地对空导弹）发射场已经做好发射准备，可供发射的96枚防空导弹不运载核弹头；美国取代号为"鹰"的42架伊尔—28重型轰炸机有能力运载核武器；8,000到10,000名苏联人员，大多数是技术人员和导弹发射场的警卫人员。

麦克纳马拉提交了隔离的论据。邦迪提交了轰炸的论据：目标是清除导弹，封锁充其量只能防止新部署的导弹。接着大家沉默不语，都把目光转向总统。国防部副部长罗斯韦尔·吉尔帕特里克打破了沉默，以政治家的口吻谈论这事："总统先生，从本质上讲，这是个有限行动和无限行动的选择，我们大多数人认为，最好从有限行动着手。"

肯尼迪点了点头。目标不是将赫鲁晓夫逼入绝境；整个想法是留给他调遣空间，逼他让步。不过总统起码得采取点行动。俄国人已经行动了，他就必须做出反应。不做反应将意味着在政治上自杀。两年前他在对抗副总统尼克松的竞选中提出过指控："尼克松先生在这次竞选活动中没有特别提到古巴问题……古巴转变为共产党人的作战基地后，喷气战斗机、导弹或潜艇几分钟便可袭击我们的海岸，这是个令人难以置信的危险事态，可我们的共和党决策者们却任凭这一事态发展。"如今，总统自己却站在受同样指控的一边了。

现在是民主党人制定政策，他就是站在竞技场中央的人。在另一边，满嘴大话的苏联政治家也是一样。肯尼迪恐怕对自己对手的政治立场体会得太感同身受了，认为赫鲁晓夫努力冲破美国部队和导弹对苏联的包围是对的。但这种想法与今天的任务无关。不管总统点头的含义是什么，与会者都视为他做出了决定：采取有限军事行动，实施隔离。

"外交方面呢？"肯尼迪接着问道。

阿德莱·史蒂文森认为这是要他作答。他也是一位政治家，便将重点集中于政治武器——言语表达。总统如何公开对抗赫鲁晓夫？他将焦点会聚在演说上，敦促肯尼迪为苏联移除导弹做出某种回报，在古巴非军事化讨论中，提出放弃在关塔那摩湾的美国海军基地，考虑从土耳其和意大利撤出朱庇特中程弹道导弹。

听了史蒂文森这番话，麦科恩义愤填膺，说眼下这些导弹直指我们的心脏，现在不该轻言放弃。围着会议桌日夜辩论的大多数人也感到愤怒。有些人甚至觉得，史蒂文森是个占据高官位置的胆小鬼。但总统并非不同意大使的所有意见，表示说，在某个关键时刻，要把古巴的导弹清除出去，唯一的办法就是"入侵或者交易"，仅仅隔离恐怕并不能奏效。

不过他认为，一开始谈判就亮出底线让对方知道自己的最终条件不明智。他还认为，史蒂文森当着大家面讲这番话是需要勇气的。肯尼迪本人在过去一年中两次想从土耳其撤回朱庇特导弹，但并未实施，因为导弹一旦部署到位，就成为土耳其国际地位成熟和在国际上具有刚毅气概的象征；总统便放弃了自己的初衷。

决定部署那些导弹时，狄龙曾在艾森豪威尔任期担任副国务卿，他说："大家都知道，朱庇特导弹并非无懈可击。部署在那儿，其实是我们不知道该怎么处置那些导弹，当时我们也是迫使土耳其人和意大利人接受的。"

　　散会后，肯尼迪给索伦森打电话时说："你听到狄龙的话了吧？把那番话记录在案！"他指的是备忘录。那天他还把阿瑟·施莱辛格拉到一边，要他陪史蒂文森去纽约，与这位大使一道工作，确保他坚持官方的路线。"我们最终需要做交易，"肯尼迪对他说。"不过我们现在必须绝对站稳立场。让步只能在谈判之末，不能在开始。"

　　总统那天晚上心里考虑的问题是历史的评价。当时他与索伦森和罗伯特·肯尼迪站在白宫的阳台上，眺望着远处的华盛顿纪念碑和林肯纪念堂。"照我看，"他说，"霍默·凯普哈特就是我们时代的温斯顿·丘吉尔。"

　　他转身面对这两位对他极为重要的人物，用爱尔兰人的尖酸口吻说："我们非常非常接近战争边缘啦。白宫的防空洞容不下我们所有人。"

　　肯尼迪给他妻子打电话，要她这天晚上返回华盛顿。妻子当时带着卡罗琳和小约翰在格伦奥拉。他还要妻子暂时取消几个晚宴应酬安排，全家四口人每天晚上待在一起。

　　他的演讲定在10月22日星期一晚上7:00。

　　星期日早上，肯尼迪陪妻子去圣史蒂芬大教堂做弥撒，中午与他弟弟和罗伯特·洛维特共进午餐。洛维特每天从纽约往返上下班。肯尼迪问洛维特，在他看来，史蒂文森处理苏联和联合国的事务是否足够坚强。这位律师的回答是否定的。罗伯特·肯尼迪表示同意。

　　"什么人合适？"

　　"麦克洛伊，"洛维特回答道。

　　白宫的工作人员发现，约翰·麦克洛伊当时正要去西班牙狩猎野鸡，途中在西德的法兰克福停留，于是派出一架空军的喷气机，接他回纽约，让他与史蒂文森一道参加联合国的会议。

　　接着，总统再次下楼，参加继续举行的危机会议，对此，官方记录员做了如下记录：

总统概述了他要求顾问团成员应对当前国内情况的方式。他说，为了明确表示在合理的路线方面顾问们并无意见不合，大家应当口径一致。他指出完全支持合理行动路线的重要性。

总统接着归纳了我们必须采取行动的理由……

我们在 9 月份曾说过，假如在古巴有某种行动，我们要做出反应……他们目前的秘密部署完全改变了先前不在苏联境外部署这类导弹的政策，假如我们不对此情况做出反应，等于让苏联人得到一种印象，仿佛他们在任何地方部署导弹，我们都无动于衷。

接着，总统读了一个问题列表，内容是公众和报界了解真相后，预料会提出的问题。第一个问题是："我们为什么不早点行动？"符合民主党方针的回答是："我们需要得到更充足的证据，证明古巴存在苏联的战略导弹。"泰勒将军问道："如果有人问，是否准备入侵，我们怎么回答？"总统作答说，"为了国家安全利益，"必须要求报界不追问这类问题。

会议结束后，总统军事助理克利夫顿将军在会议桌上留了张便条："是否计划在大约 12 小时内向重要新闻机构做通报宣传？《纽约时报》、李普曼、马奎斯·蔡尔兹、艾尔索普、重要的总编辑等？"

在此期间，新闻界渐渐接近了真相。《华盛顿邮报》刊出的文章标题是：《海军南进与古巴危机相关》。此后，总统设法迷惑驻白宫记者，召集三位与拉美事务有关的人物，让他们乘坐能找到的最大型豪华轿车赫然驶进白宫。很快，远东事务助理国务卿埃夫里尔·哈里曼、国务院主管德国事务的官员马丁·希伦布兰德、近东事务助理国务卿菲利普斯·塔尔博特也到了。

"我还得在这儿坐多久？"哈里曼抱怨道。工作人员把他让进一间没人的办公室，让他稍候，目的是迷惑白宫大厅里打探消息的记者。

肯尼迪亲自向新闻界打了三通电话，得到了《纽约时报》发行人奥维尔·德赖富斯、《华盛顿邮报》总裁菲利普·格雷厄姆和《时代杂志》亨利·卢斯的合作保证。《纽约时报》的詹姆斯·赖斯顿也许是纽约最好的记者，他把大多数有关导弹的报道收集在一起，但总统说服了德赖富斯，不刊载他的任何报道。赖斯顿同意了，不过事后才有人对他说，他对猪湾的报道自我审查有误。他要德赖富斯请总统保证，如果《纽约时报》保持沉默，美国政府就"不发动战争，不造成流血冲突。"

星期一上午，肯尼迪打电话给艾森豪威尔。艾森豪威尔的老朋友约翰·麦科恩已经向他通报了情况，他说，他认为对导弹发射场搞常规轰炸不会奏效，封锁古巴或者以压倒性优势全面入侵才是可行的选择。肯尼迪说，他要从封锁着手。

艾森豪威尔说："不论你怎么做，我都支持你。"

星期一一大早，空军的喷气机就在美国上空往来穿梭，将国会领导人接到华盛顿，参加下午5:00在白宫的情况通报会。国会休会期间，很难联系到参议员和众议员。众议院共和党领袖是来自印第安纳州的查尔斯·哈勒克，当时他在南达科他州某地狩猎野鸡，来自路易斯安纳州的众议院权威人士黑尔·博格斯在墨西哥湾垂钓。一架军用直升机发现了博格斯，向他丢了一只装着字条的瓶子："给华盛顿18号接线员打电话。有总统的紧急信息。"

直升飞机上的高音喇叭将博格斯的垂钓船引向一个石油钻井平台，这才将这位国会议员接到一个空军基地。他坐进一架双座战斗机，紧紧系上安全带，飞往华盛顿。

会议以一个笑话开场。参议院共和党领袖是来自伊利诺伊州的埃弗里特·德克森。他说："你在芝加哥支持锡德·耶茨的那段小演讲真不赖。可惜你演讲时着了凉。"

肯尼迪没心情说俏皮话。他明确表示，不是向他们寻求建议或征求同意，仅仅是向国会做通报。麦科恩展示了照片，麦克纳马拉介绍了发现的情况，介绍了过去一周举行的辩论。麦克纳马拉说，有些导弹已经部署完毕待发，参议员休伯特·汉弗莱转身对迪安·腊斯克说："谢天谢地，我不是美国总统。"

　　另一位曾竞选总统的参议员是来自佐治亚州的参议院军事委员会主席理查德·拉塞尔。他听了情况感到气愤，手里做着笔记："一再得到过警告……军事顾问上哪儿去了……赫鲁晓夫对自己的话深信不疑——我们畏惧……"等到有机会说话了，他说：

　　"对我国构成的危险是这些导弹已经部署到位。假如发射，能摧毁我们40座城市，造成千百万人伤亡。隔离不能消弭危险。肯尼迪总统在三次讲话和他签署的一个国会联合决议中一再警告过古巴和俄国，在古巴建立任何进攻性基地都视为针对这个半球的实质性战争行为。鉴于他们一再受到警告，他们的行为就不再属于麦克纳马拉部长提到的'偷袭'范畴。隔离产生的结果是激烈的声明和一系列事件，比我们做出反应造成既成事实更容易导致核战争，毕竟我们告诉过他们我们会做何反应。"

　　肯尼迪被激怒了。他说，假如拉塞尔全程出席所有会议……但是，参议员威廉·富布赖特突然插嘴说，他同意拉塞尔的意见。肯尼迪大吃一惊。富布赖特劝他入侵猪湾，认为隔离比轰炸或入侵更危险，因为那会让美国水兵直接与俄国人交锋。最让人意想不到的是，来自印第安纳州的参议院少数派共和党领袖查尔斯·哈勒克瞪了富布赖特一眼，说："我站在总统一边。"

　　散会时，肯尼迪想开个玩笑，对汉弗莱说："早知这工作这么苦，悔不该在西弗吉尼亚击败你。"汉弗莱回敬道："早知这么苦，我绝不让你击败我。"

　　但肯尼迪仍有些恼火。与索伦森走到外面时，他说："要是他们认为自己当总统比我干得好，干脆让他们去干。"

　　可总统是他。这是首次核对峙，千百万人有可能在几小时内丧生。迈克·曼斯菲尔德参议员是来自蒙大拿州的参议院民主党领袖，此时，他对自己的老同事与其他人之间的分歧感到震惊，心想，眼下的危机大家都插不上手，完全要由这个昵称"杰克"的肯尼迪去应对。他心里清楚，这次会议不过是做做表面文章，只能算是在历史上树碑立传的一部分，或者说是历史性防御的一部分。

　　按照法律规定，参议院多数党领袖曼斯菲尔德在这个国家的权位排列第四，可他知道，此时他插不上手，也不该有所作为。这位参议员离开白宫，给妻子打电话，约她在国家机场见面。曼斯菲尔德要与妻子一道飞往蒙大拿州回家，他告诉妻子说，要跟她讲讲肯尼迪的事。那天晚些时候，曼斯菲尔德夫妇降落在比林斯，只见机场的几条跑道上和航站楼有士兵在巡逻，全国上下的其他机场都有同样的安排。

第三十五章　1962 年 10 月 26 日

　　总统预定在 10 月 22 日星期一晚上 7 点钟向全国发表电视讲话。可全国人民对讲话内容仍一无所知。《旧金山观察家报》对此发表的文章标题是《华府的神秘日》。《纽约时报》星期一上午版报道称，"危机气氛笼罩着首都。"《迈阿密先驱报》的一条标题是:《美国准备对古巴采取重要行动？》但是大多数猜测的焦点集中在了柏林。

　　星期一上午，总统签署了 196 号《国家安全行动备忘录》，根据这份秘密文件，参加过一轮轮危机会议的成员被正式任命为国家安全委员会的执行委员。这天，美国海军舰只和飞机来往穿梭于弗吉尼亚州诺福克市与古巴东南端的关塔那摩湾，撤出那里美国海军基地的 2,810 名妇女、儿童和非战斗人员，留下 6,000 名海军陆战队士兵和水手驻守那里的设施，那个地方是 1898年美西战争后的战利品。何时开始从莫斯科撤出所有美国人是下一个要讨论的议题。

　　下午 6:00，就在肯尼迪在电视露面前一小时，苏联大使安纳托利·道布瑞宁应召来到国务院，进门时，他朝门厅里的记者们露出微笑，但几分钟后出门时神情变得阴郁严峻。一个记者评论说："他看上去心绪恶劣。"另一个记者高声问道："出什么事啦？"

"用不了多久，你们就能自己判断了，"俄国人说。他揣着一封美国总统致苏联主席的信，信中明确威胁要打核战争。他乘车返回苏联大使馆，要求占用一条与莫斯科通话的线路。当时碰巧有一条线路可用，他便向克里姆林宫的速记员口述肯尼迪的信息。肯尼迪的信中回顾起维也纳最高级会议的言辞和情绪，口吻中带着怒气：

"我从未想过，您或任何其他心智健全的人会在这个核时代故意将世界推向战争，毫无疑问，这场战争没有赢家，结果是世界陷入灾难，侵略国也不能幸免……我曾明确指出，鉴于您坚持的意识形态目标，美国不能容忍贵国的任何行动，因为那会彻底打乱现存的世界力量平衡总格局。

"我曾公开申明，假如古巴发生某种事态，美国将不得不采取必要的行动，保护自身及同盟国的安全……尽管如此，远程导弹基地和其他进攻性武器继续在古巴部署。我必须通知您，美国决心除去对本半球安全的这一威胁。"

"同胞们，晚上好，"总统的晚7:00电视讲话开始了。超过1亿名美国观众在观看电视直播。就在肯尼迪讲话的同时，飞越佛罗里达上空的22架美国空军战斗机组成的攻击编队转向古巴，预防肯尼迪的讲话激起敌方喷气战机起飞或导弹发射。

"准确无误的证据证实，在受到要挟的岛国古巴……过去几个星期中，部署了一系列进攻性导弹发射场，如今已经做好发射准备。这些基地的唯一目的，就是提供对西半球核打击的能力。"

总统讲话持续了17分钟。他并没有提供导弹的数字或具体信息，只提出白宫粗略估计的导弹打击范围。他说，目前可发射的这些中程导弹，可以抵达并摧毁首都华盛顿、巴拿马运河、卡纳维拉尔角和墨西哥城。他说，尚未部署完毕的中远程导弹，可以打击南至秘鲁首都利马，北到加拿大哈德逊湾的几乎所有主要城市。

"迅速、隐秘且异乎寻常部署大量进攻性导弹是企图非法改变现状的挑衅性行为，是我国不能接受的。不论是我们的朋友还是敌人，都应当相信，我们有勇气承担起自己承诺的义务。本世纪 30 年代的经验让我们得到了一条教训：假如侵略性行为不受制止任其滋长，最终必将导致战争。

"我已经下令立即采取的初步措施是：

"第一：阻止部署这种进攻性设施，严格隔离正在向古巴运送进攻性军事设备的所有船只……

"第二：……假如继续部署这些进攻性军事设施，增加对本半球的威胁，将有权采取进一步行动。我已经命令空军准备应对任何不测事件……

"第三：从古巴向西半球任何国家发射核导弹，将视为苏联对美国发动进攻，将因此对苏联发起全面报复性打击。这是我国的政策。"

讲话结束前，肯尼迪增加了一句讲稿中没有的话，重复了对执行委员们私下讲过的内容。这句话仿佛不是对广大观众讲，而是针对他自己面临的政治危机："最大的危险是无所作为。"

总统走出椭圆形办公室，只见外面坐着一个小个子男人。他愣了片刻才认出那人，说："啊，真对不起，医生。"那人是给他治疗腰伤的医生，从纽约来为他做定期检查的。"我今天忙得顾不上。抱歉让你等了这么久。"

他的裁缝萨姆·哈里斯也在外面等候。总统忘记告诉林肯太太取消这天的约会了，约裁缝来是让他试穿一套新西装和一件轻便外套的。

56 艘美国战舰向南游弋，以哈瓦那和古巴东端靠近关塔那摩湾的迈西角为两个圆心构筑成两道半径 500 英里的圆形封锁线。美国海军上一次强行封锁古巴是在 1898 年，这次封锁的舰只安排与上次有所不同，名称也不同，叫作"隔离"，按计划从 10 月 24 日星期三上午 10:00 开始。总统下令，"剑出鞘行动"开始倒计时。不过这个行动的代号被分级为"绝密"，是指美国入侵古巴，行动计划是八天内海军陆战队和空降部队的九万名士兵向这个岛国发动进攻，于 10 月 30 日结束。五角大楼下令，所有美国军事人员处于核战危机三级预警。所有军人一律取消休假。部署在美国西部导弹发射井中的200多枚洲际弹道导弹处于待发射状态。运载着144枚核导弹的几十艘极地潜艇向苏联海岸集结，形成一道水下核导弹网。空中随时有60架B–52型轰炸机在飞行，共运载着196枚氢弹，飞行员们个个携带着密封的信封，信封内装着轰炸目标的指令。另外共运载着2,026枚核武器的628架轰炸机被派遣到全球各地的军用机场和民用机场。

"世界危机从这一天开始了！"肯尼迪讲话后，哈罗德·麦克米伦首相在他的日记中这样写道。美国驻英国大使戴维·K.E.布鲁斯向麦克米伦展示首批U–2侦察机照片时，他迅速做出反应，表白道："现在，美国人终于体验到我们这么多年来在英国的感受了。"迪安·艾奇逊受委派去过巴黎，向查尔斯·戴高乐总统展示那些侦察照片。戴高乐说："请转告肯尼迪总统，我的态度一如既往，法国站在美国一边。"

"他们都吓得屁滚尿流，"理查德·赫尔姆斯这么描述白宫的人员[①]。在纽约联合国总部，一位名叫爱德华德·伊万尼恩的苏联外交官与他的同事一道观看了电视讲话，然后举杯向大家敬酒说："这儿的苏联外交官们栽了，被自己的炸弹炸死了。"

全世界深感震惊。这是核时代的新情况——被彻底消灭的可能性。美国人似乎比其他国家的人更恐惧。麦克米伦评论道，他们以前从来没有感受过直面攻击的恐惧。曾在政府过渡期帮助过肯尼迪的哥伦比亚大学教授理查德·诺伊施塔特致信总统说："这里学生反应的性质……我从未见过……毫不夸张地说，孩子们吓得要死，为美国发起的行动会危及他们的生命感到莫名的惊慌。"

迪安·腊斯克在星期二上午的执行委员会议上说："过去，我们可以对峙

---

① 1962年2月，赫尔姆斯接替理查德·比斯尔担任中央情报局秘密行动负责人。猪湾事件将近一年后，肯尼迪总统希望比斯尔继续留在中央情报局，担任行政处副处长，但比斯尔选择了辞职。——原注

或摊牌，夜里尽管睡觉，早上醒来大家肯定都活着，城市也完好无损。"

罗伯特·肯尼迪密切注意着国务卿。他觉得压力开始传递到他身上了。那天早上，腊斯克叫醒睡在他办公室沙发上的副国务卿乔治·鲍尔："我们已经赢得了一场重大胜利。你我都活着。"

星期二上午 10 点钟，国家安全委员会的执行委员们在白宫开会。麦乔治·邦迪用娟秀的笔迹记录下最高级别的命令：

> 总统批准了以下应急行动计划：万一发生 U-2 侦察机飞行受影响的事件……如果有明确迹象显示，结果属敌对行动，建议对最有可能参与此行为的地对空导弹发射场立即发动报复性打击。总统授权国防部长……（假如）当时联系不到总统本人，就此做出决定。

中央情报局局长麦科恩报告称，在古巴的 24 枚地对空导弹中 23 枚已经部署就绪，10 枚中程弹道导弹的 4 枚已处于待发射状态。3 个在建的中远程导弹发射场的启用目标日期预料在 12 月 1 日到 15 日之间。27 艘苏联或苏联租用的轮船正在驶往古巴途中，相信其中 19 艘运载着军用装备。所有船只均在指派参与隔离行动的 240 架美国空军飞机监控之下。麦科恩还报告说，飞行侦察结果显示，导弹发射场的建造工程非但没有减缓，反而加快了速度。苏联人也取消了所有军人的休假。但奇怪的是，在古巴岛上的所有机场上，苏联和古巴军用飞机一架挨一架停在地面上，成了最容易打击的目标。

"我们的飞机呢？"总统问道。两个小时中，在佛罗里达州和其他南部各州的军用设施上空，空军和海军的飞机也是一架挨一架，只不过是在空中编队飞行。

腊斯克从上午举行的会议抽身出来，向美洲国家组织提交美国掌握的事实。这个由南美洲和中美洲 20 国组成的地区政治联盟是第二次世界大战后在美国的张罗下组织起来的，其本质是试图在 20 世纪继续推行 1823 年第五任美

417

国总统詹姆斯·门罗单方面宣告的门罗主义，宣称美洲国家与欧洲殖民化情况类似。肯尼迪总统个人相信，那份宣言毫无价值，自己也从不在公开场合提起它。在秘密会议上，司法部的诺伯特·施莱曾建议，以该宣言做合法理由针对古巴采取行动。肯尼迪厉声打断他的话："门罗主义算什么鬼东西！再也别提那玩意儿。"

就在午饭时间之前，11:56分从国务院到白宫地下层战况室的电传打字机铃声响起。自动打出的第一行字是："精英。政策。绝密。"内容是三小时前赫鲁晓夫通过美国驻莫斯科大使馆向美国总统转交的一封信：

> 我要坦率地讲，您的声明对全世界的和平稳定构成了威胁。美国公然采取侵略行径，既是针对古巴和苏联，也是针对其他国家的。联合国宪章和国际准则均未赋予任何国家在国际水域控制船只驶往古巴共和国海岸的任何权利……古巴共和国为加强其自身防卫能力而装备基本的武器，美国基于自己的理解横加干预，我们不承认美国有这种权利。

这位苏联领导人在信的结尾写道："我希望，美国政府能表现出审慎……"

"美洲国家组织有了回音，我要尽快答复他，"肯尼迪说。那天下午5点钟得到了回音。美洲国家组织成员国常因受美国这个保护国的欺凌而心存忿恨，但经过八小时辩论后，却以20票赞成0票反对一致谴责苏联。这让华盛顿感到意外，更让莫斯科感到震惊。会议一致通过决议，要求"立即从古巴拆除并移除所有导弹"。有些国家甚至表示，愿意提供船只和人员参与北美洲国家在加勒比海的隔离行动。

会议上没有出现拉丁美洲国家领导人通常公开攻击美帝国主义行径的激烈言辞，甚至有人私下鼓励美国在南部充当警察角色。既然部署在古巴的导弹能打到丹佛或洛杉矶，就能打到布宜诺斯艾利斯或里约热内卢。与此同时，苏联人在纽约要求召开联合国安理会紧急会议，谴责"美国对和平的威胁"。安理会会议开始时，没等苏联大使瓦莱里安·佐林指控美国计划入侵古巴，美国大使史蒂文森便抢先以胜利口吻宣布了美洲国家组织的决议。

美洲国家组织表决之后，总统才签署了宣言，下令第二天上午10:00开始执行封锁。美国还获得了另一项重要的外交胜利。摩洛哥、塞内加尔和几内亚三个西非国家是苏联飞机飞往古巴途中所需的着陆加油点，这三国同意了美国的要求，拒绝给予苏联战机落地权。肯尼迪准备签署宣言时，伊夫琳·林肯端着一托盘钢笔走进椭圆形办公室，以为他会使用每支笔签个名，然后将钢笔作为礼物送人。可他这次只用了一支笔，签完文件还把钢笔揣进了自己的口袋。

接着，肯尼迪总统就赫鲁晓夫五小时前的来信做了答复："我认为重要的是我们双方都表现出审慎态度……我希望您立即发出必要的指示，要你们的船只遵守隔离条件，这些条件是基于今天下午美洲国家组织表决结果确立的。"

大致在同一时间，麦克纳马拉在五角大楼向记者扼要介绍情况。记者会气氛紧张，许多记者像众多美国人一样，从未想象过核武器有可能打到美国来。国防部长开始谈到人防措施后，会场上爆发出一阵哄笑。肯尼迪提出的计划是让人们在地下室准备储水罐和豌豆罐头，让儿童听到警报躲在桌子下面，但这些说法听起来显得荒唐可笑。

在白宫，人们也发出阵阵笑声，只是有的笑声夹杂着苦涩。军事助手们走向一间间办公室，递交印着"紧急情况下打开"字样的信封。副总统约翰逊得知，直升飞机可以接他去马里兰州深挖在卡托辛山下的掩体里藏身，可供他选择登机的位置是弗吉尼亚州他家门外的街道、华盛顿东北区的麦金利中学运动场等19个地点。列在某些名单上的记者如果当时在白宫，也会送进山洞，或送到乔治敦西面的水库。其他人就跟自己妻子儿女一样不幸了。

克利夫顿将军对拉里·奥布赖恩说："允许你带一名秘书。"奥布赖恩说："菲莉丝·马多克。"克利夫顿将这个名字写下来，因为每一个人都要得到总统亲自批准。

"埃尔娃怎么办？"奥布赖恩说的是他妻子。将军递给他另一个小包，上面标着"高度机密"几个字。里面有一张可供奥布赖恩夫人贴在汽车挡风玻璃上的标识，警察看到会为她的车开道，让她畅通无阻驶往波托马克河沿岸华盛顿车道的指定聚集地点。这一切活动都要在听到空袭警报后完成。

"特德，"奥布赖恩用克利夫顿的昵称对他说，"这该不是个笑话吧？"

国务卿脑子里闪过同一个想法。他心里已经做出决定，假如导弹袭来，他不会去马里兰，要直奔弗吉尼亚。不是弗吉尼亚州——他妻子的名字叫弗吉尼亚。他心想，要是有人活下来，他们要做的头一件事准是找到肯尼迪、他本人和麦克纳马拉，把他们吊死在附近的树上。

10月24日星期三上午，总统先跟弟弟交谈了20分钟，然后才去参加执行委员们的会议。他评论道："这么干真的很卑鄙。但实在没有别的选择。既然他们敢在我们的地盘上干这种卑鄙勾当，谁知道下一步还会闹出什么乱子？"

罗伯特·肯尼迪对他说："我想不出其他选择。要是你不采取行动，准得遭弹劾。"

"我也这么想——我肯定会遭弹劾。"

在莫斯科，《真理报》的醒目标题冒着硝烟气味:《美国侵略者的嚣张气焰必须扑灭！》……《不准干涉古巴！》

上午10:00召开了执行委员会会议。隔离行动也始于这个时刻。会议照例以麦科恩的情报简报开始:"我们相信，这些紧急措施并没有激起苏联集团准备采取高级别军事行动……"他说，换言之，尽管苏联在华盛顿和纽约的外交官员声称，他们的国家准备投入战争，但并无迹象显示他们真的准备打仗。

"对古巴的监视显示，那里的中远程导弹和中程导弹发射场在继续加速施工，"他接着说。"据信藏有核武器的建筑物在以极快的速度装配建设。"

接着，他开始按照列表一艘艘介绍受跟踪的苏联船只。三艘货船的船舱相当大，足够容纳并装卸导弹，这些货船集结在一起，由苏联潜艇护航。

"有没有避免首先与苏联潜艇交火的措施？"总统问道。"几乎做不到这一点？"

"对，"麦克纳马拉说。"我们的军舰面临极大的危险……这一点我们必须预料到。"罗伯特·肯尼迪从未见过他哥哥脸色这么难看，甚至比他多年来生各种伤病时都难看。总统用一只手捂着嘴巴，另一只手时而攥成拳头，时而张开。

麦科恩继续介绍情况，10 点 25 分，信使送来一张条子，打断了他的介绍。他说："总统先生，我们得到一个初步报告，似乎显示某些俄国船只突然停止了航行……"

"双方剑拔弩张瞪着对方，我觉得对方开始眨眼睛，要退缩了，"腊斯克对邦迪说。总统说，也许是这样。他要求给海军和包围古巴的司令官们下令，让他们保持克制："给俄国船只调头返回的机会。"

政治对抗渐变为军事对抗，这让肯尼迪比过去几天更加暴躁。他不信赖自己的军事将领，将军们也不信赖他。空军的托马斯·鲍尔将军未向白宫通报，就擅自将战略空军司令部的三级核战危机警报提升为二级——这是准备立即行动的级别。一级核战危机警报就是打响战争。在处理危机方面，鲍尔显然有自己的想法，他故意通过不加密的无线电通信明确发出警报，让苏联人立刻能够读懂。

与此同时，麦克纳马拉在努力说服负责监督封锁的海军作战部长乔治·安德森上将，让他明白，总统将这一危机视为政治危机。他说，这不是军事教科书上的那种行动，而是要传递政治信号。

"那些船只到达封锁线时，你们如何阻止？"麦克纳马拉问这位作战部长。此时，作战部长与身穿制服的高级下属在会议室坐成一排。

"我们向船只高声喊话，"上将回答。

"用什么语言——英语还是俄语？"

"见鬼，我怎么知道？我信赖自己的军官，"安德森气得满脸通红。"这关你的屁事……自打约翰·保罗·琼斯的时代以来，我们就有处理这种事的惯例。你最好管好自己的事，这种事由我们处理。"他递给麦克纳马拉一份《海军条例手册》副本，说："都写在这里面！"

麦克纳马拉说："我不管约翰·保罗·琼斯怎么干。我要知道你们现在打算怎么干。假如他们不停下，怎么办？"

"我们朝他们开一炮，炮弹越过其船头示警，"上将回答。

"假如这一着不奏效，怎么办？"

"然后我们打穿船的舵片……部长先生，这他妈不关你的事。我们就是干这个的。"

安德森称，海军干自己的工作用不着文官指手划脚。麦克纳马拉说："没有我的明确许可，不能朝任何东西发射一枪一炮，听明白了吗？"说完便走出会场。

麦克纳马拉沿着五角大楼漫长的走廊走向部长办公室，途中对吉尔帕特里克说："安德森完了。我绝对不会……他不会再受到任命。"

当时莫斯科时间是星期三下午，华盛顿还是上午，赫鲁晓夫接见了碰巧在苏联洽谈专利权法和专利规程的一位美国商人，这人是西屋国际公司的总裁威廉·诺克斯，也是迪安·腊斯克的一位私交。赫鲁晓夫显得焦头烂额，不过却一连谈了三个钟头，要诺克斯传递一个信息：假如美国胆敢击沉苏联船只，他的潜艇就要击沉美国军舰——这将引起世界大战。诺克斯告别前，赫鲁晓夫谈论了几句肯尼迪，停顿片刻后补充说："我怎么跟一个比我儿子还年轻的人打交道呢？"

华盛顿时间这天下午，肯尼迪和赫鲁晓夫分别收到内容相同的信，是联合国秘书长吴丹的"紧急呼吁。"他建议在两三周内苏联自愿停止向古巴运送武器，建议美国自愿停止封锁行动，让双方有时间协商。

赫鲁晓夫接受。肯尼迪拒绝。总统在回信中称："现存的威胁是向古巴运送进攻性武器及承诺移除武器的谎言引起的。"

那天夜里，沃尔特·克朗凯特在主播的哥伦比亚电视台新闻中说："起初，苏联船只与美国军舰在通往古巴的海运航线上这天仿佛要发生军事冲突……"然而，冲突尚未发生。

那天夜里，在白宫晚餐时，查尔斯·巴特利特问："难道我们不该举行庆祝？"

总统说："不。现在还为时太早。"

在肯尼迪心目中，离庆祝胜利还远得很。他刚刚与伦敦的英国首相麦克米伦通过话，提出的问题让这位英国领导人深感震惊："我是否该夺取古巴？"

"我们正在考虑，是冒险入侵古巴，还是暂缓行动，利用古巴做柏林问题的某种抵押品，"总统当时这么说。"以后，他在柏林有所动作，我们就对古巴采取行动。这其实就是我们现在的选择……假如他夺取柏林，我们就夺取古巴……"

麦克米伦说不上肯尼迪这话是否当真。也许总统不过是试探他。这天晚上，首相在日记中写道：这番对话让他联想到在伦敦受欢迎的一出时事讽刺滑稽剧《边缘之外》。

那天夜里，在巴特利特和包括英国大使戴维·奥姆斯比－戈尔在内的三位其他客人离开白宫后，凌晨 2:00，肯尼迪收到赫鲁晓夫发来的另一封长达四页的长信，信中语言充满愤怒：

> 总统先生……你有什么权力这么做？……你践踏了普遍接受的法律规范……这一切仅仅出于对古巴人民和古巴政府的仇恨，也是出于对美国选举活动的考虑……美国的行为是彻头彻尾的强盗行径，换句话说，是帝国主义堕落的愚蠢表现……这一侵略行为将人类推向核导弹战争的深渊……因此，苏联政府不能向驶往古巴的船只船长发出指示，要他们遵守封锁这座岛国的美国海军的指令……我们被迫采取自己认为必要的与合适的措施，保护自

己的权益。对此，我们已经做好了必要的准备。

肯尼迪给巴特利特家打电话："我收到我们朋友的一份电报，他说，那些船只明天要穿越封锁线。"

苏联公众的反应明确表达在10月25日星期四早上的《真理报》头版头条：《美帝国主义的侵略意图必须挫败。世界和平必须受到捍卫与巩固！》……《不准干涉古巴！》

总统给赫鲁晓夫的回信在两个小时内就发出了，只有短短的四段文字。"您仍未理解这个事件为何让我们感到震动，这让我深感遗憾，"他的回信开头这样写道，接着他称这位苏联主席是个骗子。"我国政府从公开和秘密渠道收到过贵国政府及代表极为明确的保证，称不会向古巴运送进攻性武器……所有这些公开的保证都是虚伪的……我希望您的政府采取必要行动，恢复那里原先的状况。"

10月25日上午，两艘船穿越了隔离线。一艘是苏联油轮"布加勒斯特"号，另一艘是一条东德客轮。在确定了船的性质及其船货后，由总统亲自下令准许通过。执行委员会的大多数成员要求阻止"布加勒斯特"号，因为这是第一艘穿越隔离线的苏联船。但是总统否决了大家的意见，再次为行动做出了限制。"我不想把他逼上绝路……"他指的是赫鲁晓夫。"我不想逼他做傻事。"

肯尼迪还想保守在加勒比海行动或不行动的隐秘性。但是，没出一个小时，电台和电视台就做出了报道，来自宾夕法尼亚州的国会议员詹姆斯·范·赞特一走出国务院的秘密通报会议，立刻公布了这一消息。肯尼迪怒不可遏，离开执行委员会会议，查找国务院的那名消息发布人的行踪，发现这位情报处副处长托马斯·休斯到了纽约的艾德威尔德机场。机场广播响起："总统请美国航空公司乘客休斯接听电话。总统请美国航空公司乘客休斯接听电话……"在机场的所有人员都觉得这是一则笑话。但这并不是笑话。

休斯接过礼貌递来的听筒，听到他最熟悉不过的波士顿口音："你他妈到底怎么回事？"

沃尔特·李普曼在《华盛顿邮报》上发表的一篇专栏文章也激起总统的愤怒。苏联人相信，所有报纸都是政府的喉舌，自然会认为这个专栏代表了白宫的态度。李普曼建议做一笔保持双方面子的交易："唯一可与古巴相比的地方就是土耳其。这是唯一在苏联边境部署了战略武器的地方……在古巴的苏联军事基地毫无防备能力，而土耳其的基地也差不多是陈旧过时的。假如拆除这两个基地，并不会改变世界的力量平衡。"

"真可恶！"肯尼迪骂道。李普曼的意见是对的，但说的时机不当。部署在土耳其的朱庇特导弹对美国几乎毫无价值，发射前泵装燃料就需要好几个钟头，也根本谈不上命中精度，只要有个狙击手从普通公路上打来一枪，就能把导弹毁掉。但是，总统认为，李普曼做的事跟史蒂文森私下提出的想法一样，都是在对方未提要求就让步。

埃夫里尔·哈里曼难得让人称作温和派，可是，就连他也在10月22日的一份备忘录中呼吁肯尼迪考虑撤回朱庇特导弹，不仅因为那些导弹毫无军事价值，而且由于导弹部署的位置太接近苏联边界，既羞辱了苏联的军事领导人，又让普通苏联公民感到耻辱，让他们借此给克里姆林宫的强硬派打气，甚至成为赫鲁晓夫被说服或者受胁迫在古巴部署导弹的主要原因。

朱庇特导弹也许毫无价值，却关系到土耳其政府的荣誉和新声望。肯尼迪刚刚得知，朱庇特导弹几周前才部署完成。他还发现，其中第一枚导弹的维护工作由美国空军交接给土耳其军队仅仅是在三天前，也就是10月22日。

史蒂文森的建议或许没有打动肯尼迪，不过这位驻联合国大使10月25日下午的表现却让总统刮目相看。在古巴请求下召开的联合国安理会的一次新的紧急会议上，史蒂文森让苏联人吃了场败仗。苏联人在联合国没有胜算，从来就没赢过。在安理会成立后的15年中，苏联人109次使用否决权，叫停美国力主的决议或行动。不过，苏联人和古巴人仍然认为，这次能让美国难堪，尤其是苏联驻联合国大使瓦莱里安·佐林正担任安理会的轮值主席。

结果却出乎他们所料。史蒂文森猛烈抨击佐林，而且是一次又一次给予重击，他们的正面交锋通过电视向全世界直播，后来还一再出现在电子传输的新闻中。

"佐林大使，"史蒂文森说，"难道你否认苏联在古巴已经部署而且仍然在部署中远程导弹和发射场？是还是否——别拖时间等翻译——说是还是否？"

"我不是在美国的法庭上受审，先生，因此我拒绝回答……"佐林回答道，可他的表情仿佛真的是在法庭受审。"在适当的时候，先生，你会得到答复的。"

"你现在正是在世界舆论法庭上受审，你可以回答是或者否……"

"……到时候你会得到答复的，"这位俄国人说。

"我愿意等待回答，哪怕等到地狱冰封……"史蒂文森说。接着他利用这座舞台，戏剧性地展示了对古巴的侦察照片，既是让在场的人看，也是向全世界展示。

"这一手真漂亮，"肯尼迪看着电视说道。"我还不知道阿德莱有这么一手。他没在1956年的竞选运动中露这一手，真是太可惜了。"

那天晚上，总统亲自选出第一艘要拦截并登船检查的船。船名叫"马鲁克拉"号，船是美国建造，巴拿马船商拥有，在黎巴嫩注册，由苏联租用，船长是希腊人。船上不可能载有军用设备。两艘美国驱逐舰那天夜里跟随在这艘船后面，一艘是"皮尔斯"号，另一艘是"肯尼迪"号，罗伯特·肯尼迪曾在该舰上服役。

在莫斯科，10月26日星期四出版的《真理报》头版标题的口吻比前一天大为缓和：《一切为了防止战争》。这一标题下是一篇社论，社论的标题是：《理性压倒一切》。

那天早上7:50，美国海军登上"马鲁克拉"号检查，发现船载货物是石棉板、新闻纸、硫磺和12辆卡车。

　　登船检查的人员看上去有点滑稽。美国人身穿白色制服，全副武装，两个人会说俄语，但货船上的人却没一个会说俄语的。希腊籍船长请美国军官们喝咖啡，军官们在船长的船舱里喝咖啡，士兵们不知道该怎么才能降到船的货舱里，最后他们放弃了，接受了那位希腊船长的说辞，认为下面没有任何值得引发核战争的货物。

　　隔离行动看来收效相当好。大多数怀疑运载着军用设备的苏联船掉转了船头返航。美国海军完全控制了这片海域，迫使六艘苏联潜艇浮出水面亮相。这几条潜艇全都锈渍斑驳，不过美国人的相机拍摄下它们的每一寸身影，供情报部门研究。但肯尼迪和他的副手们感到担心，很多人还感到沮丧：这些全都与总统撤走已经部署在古巴的导弹这个大目标不相关。参谋长联席会议再次迫切要求采取空中打击并登陆入侵。中午，在国务院的例行通报会上，国务院发言人林肯·怀特一开始便重复总统四天前讲的一句话："假如继续部署这些进攻性军事设施，增加对本半球的威胁，将有权采取进一步行动。"

　　肯尼迪又一次发火了，为怀特借自己的名义威胁苏联人打电话责备他。但两小时后，皮埃尔·塞林杰在白宫再次提出警告。他读了总统给联合国安理会的信："迄今尚无证据显示，对方有拆除或停止建设这些导弹发射场的意图。"总统下令，要美国新闻署用西班牙语印刷 500 万份传单，空投到古巴，解释美国进攻或入侵的理由。

　　"我们必须面对现实。假如我们采取入侵行动，经过浴血奋战抵达这些发射场时，导弹已经指向我们了，"那天上午总统对执行委员们说。"我们还必须接受一种可能性，那就是一旦开始军事敌对行动，他们就会发射导弹。"

　　他考虑的宽限时间是两天。这天他在打给英国首相麦克米伦的电话中说："假如 48 小时后毫无进展，而且导弹发射场建造工程仍在继续，我们就得做出一些严酷的决定。"总统星期一发表电视讲话后，每天给伦敦打电话就成了他的惯例。

　　美国广播公司的外交事务记者约翰·斯卡利听完林肯·怀特的通报，返回国务院新闻室，决定坐在自己办公桌前吃午饭——只有一个腊肠三明治。这时，他的电话铃响了。打来电话的是苏联人亚历山大·福明，他对这人稍有了解，是个苏联大使馆的参赞，不过相信是苏联情报部门克格勃的华盛顿站头目。这个苏联人说，事情非常重要，约斯卡利在一个名叫"欧美人"的餐馆见面。

"形势非常严重，"福明开门见山道。斯卡利见他形容憔悴。他问，斯卡利能否与国务院高层渠道联系，是否可能达成一笔交易？如果美国保证决不入侵古巴，苏联可以在联合国监督下撤走导弹。

斯卡利找到罗杰·希尔斯曼。希尔斯曼领他走进国务卿的办公室。当时已经差不多5点钟了。腊斯克正在内室与罗伯特·肯尼迪和麦乔治·邦迪开会。腊斯克走出来，听了斯卡利介绍的情况，几分钟后返回来，递给他一张手写的便签。这位电视记者对内容记得很清楚："我有理由相信，美国政府认为这个建议有实在的可行性，并认为两国政府代表可以在吴丹参与下就此协商。不过，我认为时间非常紧迫。"

国务卿带着斯卡利来到白宫。皮埃尔·塞林杰见椭圆形办公室外面有个记者，厉声喝道："你他妈跑这儿干吗来了？请你出去！"正在这时，肯尼迪走了出来，对斯卡利说，他还不清楚福明及其建议的意图，不过希望与他保持对话。他要这个记者表明，"高层"有兴趣，不过不能对这个俄国人说见过总统，也不能用总统的名义。

肯尼迪认为，福明很有可能取代了与罗伯特·肯尼迪打过交道的那个俄国人格鲁吉·布沙科夫。布沙科夫在9月份向司法部长罗伯特·肯尼迪传达了赫鲁晓夫关于导弹的谎言后，他的信誉就完了。不过，罗伯特·肯尼迪相信，那个俄国特务兼编辑对自己传达的是个谎言并不知情，罗伯特仍然喜欢那个人。他要查尔斯·巴特利特给布沙科夫打电话，对他说，总统和他本人都对发生的事态感到失望。巴特利特打了这个电话，几分钟后，他自己的电话铃响了。罗伯特·肯尼迪说："老弟，你对格鲁吉狠了点，其实用不着那么凶的。"显然他窃听了俄国人的电话，当然也窃听了巴特利特的电话。

星期五下午之前，苏联与美国似乎陷入胶着状态，美国铲除古巴导弹的目标仍然没有进展。大多数执行委员认为，总统必须很快做出决定，不是选择封锁和轰炸而是选择轰炸和入侵。他可能不得不在这二者之间做出抉择，首先是轰炸。那天，他的工作选择文件假定苏联在古巴某地藏着核弹头，文件列出了若干个打击方案，其中包括这样两项："这一行动可迫使赫鲁晓夫做出强烈反应，并可导致某种形式的战争（赫鲁晓夫不会下令从古巴发射导弹，除非他准备在其他地方也进行战争）……某个驻地苏联司令官下令发射一枚导弹有微弱的可能性。"

星期五晚上 6 点整，国务院的电传打字机忽然开始动作，内容是赫鲁晓夫致肯尼迪的长信，开始先打印出前面四部分。这是总统星期一晚上电视讲话后一连收到对手的第八封信了。这封信是下午 4:43 递交给驻莫斯科大使福伊·科勒的，当时华盛顿时间是早上 7:43。但是，电传和翻译都有困难，问题出在苏联的电报线路上，也出在信的语言上。科勒告诉国务院等待接收的人员说，这封信特别长，内容非常奇怪，口吻像是闲聊，像是私人对话，几乎像是歇斯底里。

科勒在莫斯科的前任卢埃林·汤普森说："读起来感觉像是他独自写的，旁边没有别人，既没有与别人协商，也没有修订文字，似乎受到很大的压力。"总统读这封信的时候，汤普森就在总统身旁。

第三十六章 1962 年 10 月 27 日

"尊敬的总统先生：

"您10月25日来信收悉。从您的信中，我得到一种印象，认为您对事态进展有所理解并具有某种责任感。对此我表示重视……"

翻译、传送赫鲁晓夫给肯尼迪的信直到那天夜里9点15分才完成。第二天是10月27日，上午10:00，总统和执行委员会成员才再次聚在内阁会议室，讨论信的内容。在莫斯科，早上出版的《真理报》的头版头条标题是《世界各国人民提高警惕，撕下帝国主义战争贩子的面具！为捍卫持久而坚不可摧的和平投入更加积极的斗争！》

执行委员会的头一件事是"饭前祷告"——几名委员用这个说法戏谑中情局长麦科恩总结前一晚情报的低沉嗓音，情报内容主要是船只的移动情况和导弹发射场建设进展的报告。接着，麦克纳马拉介绍了国防情报局的报告。国防情报局是这位国防部长建立起来的，为的是与中央情报局相互竞争。"关于克里姆林宫内部的权力斗争有许多推测，斗争双方是赫鲁晓夫与比较好战的鹰派。"

腊斯克代表国务院提出的分析强调指出，部署在古巴的导弹改变了冷战的战略平衡。"在加勒比地区部署导弹，使苏联对美国本土第一轮导弹打击目标的数目提高了40%。古巴导弹综合设施的战略意义不仅在于增加了可提供第一轮打击的潜在爆炸当量，还在于其对美国打击力量的威慑效果。美国战略空军司令部部署在空军基地的大约40%轰炸力量处于苏联部署在古巴的中程导弹打击范围内，而且几乎全部轰炸力量都处于苏联中远程导弹的打击范围内……这严重削弱了美国的战略威慑力。"

会议最后全文阅读了赫鲁晓夫的来信：

"……总统先生，我明白您本人同样不缺乏对当代战争性质的理解及合理评估，对世界的命运也不乏焦虑感。一场战争能带给您什么？您用战争恐吓我们……假如战争真的爆发，那么我们将无力制止，因为这正是战争的逻辑。我本人参加过两次战争，知道只有战争席卷城市和乡村，到处播撒死亡和毁灭后才会结束。"

"他害怕了，"麦克纳马拉做出了结论。

肯尼迪点了点头。他自己其实也害怕。虽然他不愿当众承认，更不愿当着这些人有所表示，但他内心中更加同情赫鲁晓夫。对于赫鲁晓夫的散漫思绪，他觉得自己可能是世界上唯一感同身受的人。在这次危机中，一天晚上，他想放松一下，随口说道，假如他是赫鲁晓夫，也会为美国在土耳其部署导弹并驻扎27,000人的部队感到愤怒，这跟美国人对苏联在古巴部署导弹和驻扎部队的反应并无二致。

肯尼迪说："在对峙的世界上，两个人便可决定是否毁灭世界文明，这简直是疯狂。"

赫鲁晓夫在信中将隔离称作"海盗行径"。他指责肯尼迪利用这次危机影响国会选举，说苏联有充分理由认为美国企图入侵这个岛国。他甚至提到大多数美国人不知道的一段历史：1917年美国曾派遣一支远征军到俄国，参加了对付布尔什维克的战争。

"您用战争威胁我们……"赫鲁晓夫在信中接着说。然而他的口气骤然转变了。

> 但是，让我们停止争论吧。显然我不能让您信服这一点……您是否真的认为，古巴能够攻击美国，即使我们与古巴联合起来，难道能从古巴领土上攻击你们？难道您真的这么考虑问题？有这种可能性吗？……您可以不相信我们，但是，在这个问题上假如您能静心思索，认为我们思维健全，而且完全清楚假如我们袭击你们，你们会做出同样的反应……只有疯子或自杀者才会在自己临死前毁灭世界。

"然而，我们要生存，也根本不想毁灭你们的国家……"赫鲁晓夫说。接着他向肯尼迪提出做一笔交易：

> 假如总统先生和美国政府做出保证，美国不袭击古巴，并克制类似行动，假如您召回自己的舰队，一切便会发生变化……军备竞赛会因此销声匿迹，因为既然威胁不存在，军备竞赛就是加重各国人民的负担。
>
> 让我们为此表现出政治家的智慧吧。我建议：我方声明，我们驶往古巴的船只不装载任何种类的武器，你方声明，美国不入侵古巴，撤回可能有意执行入侵古巴的军队。
>
> 总统先生，您声明美国打算在国际水域采取进攻性的海盗行动，我请求您慎重权衡这将导致的后果……假如你采取走向战争的第一步，那就证明我们别无选择，只有接受您的这一挑战。然而，如果您并没有失去自我控制，并且能理性考虑这种行动的后果，那么，总统先生，我们目前也不会在这一端拉动绳子，不会拉紧你方结下的战争绳套，因为双方愈是猛拉，这个绳结就越紧，

到头来，就连结绳的一方也无力解开，不得不采取快刀斩乱麻的
方式，至于这会导致什么结果，就用不着我向您解释了，因为您
自己完全理解我们两国可以释放出多么可怕的力量。

"这些想法，"赫鲁晓夫在信的末尾写道，"代表了缓和目前局势消除战争
威胁的真诚愿望。"

会议开始后的短暂乐观情绪维持了不到 15 分钟，忽然皮埃尔·塞林杰
拿着一张从电传机上撕下来的美联社最新消息走进内阁会议室。肯尼迪读出
电传件的开头："赫鲁晓夫昨天告诉肯尼迪总统，假如美国从土耳其撤走其导
弹，苏联就从古巴撤走进攻性导弹。"

"这他妈是怎么回事？"会议桌旁有人问道。

原来，这是赫鲁晓夫写的又一封信，是一封通过莫斯科电台播送的公
开信，电台播送长达 15 分钟。这倒避免了造成上一封信长时间耽搁的电传
故障。但这也意味着全世界都听到了这封信的措辞和提议内容，而前一封信
的建议只有华盛顿和莫斯科的区区几十个人知情。公开信的语言形式比较庄
重，口吻也更加强硬：

我们苏维埃联盟和我国政府该如何评价你方的行动呢？你方
的军事基地包围在苏联周围，包围在我们同盟国的周围，你们在
我国周围部署了军事基地，部署了军用火箭，我们该作何感想？

你们为古巴感到担忧，声称那里距美国海岸只有 90 英里，所
以你们感到担忧。然而，土耳其是我们的肘侧紧邻，与我们山水
相连……为此我做出如下提议。我们同意从古巴撤出你方认为有
进攻性的设施。我们同意在联合国做出保证执行撤离。你方代表
同时发表声明，表示美国考虑到苏联的担忧，将从土耳其撤出类
似的设施……

第二封信再次要求美国保证不入侵古巴，为此，苏联也保证不入侵土耳其。

"这真是非常奇怪，总统先生，"麦乔治·邦迪说。"如果他改变了自己的措辞……"

"我们就假定这是他今天上午提出的准确建议吧，"总统说。"他那方面也许有了转变……那边的确发生了转变。我们就当他改变了措辞，把这视为他的最新立场。"

"假如由我答复，我就说愿意与他的……与他昨晚提出的有趣建议达成交易。"邦迪说。

肯尼迪仿佛没听到这句话，接着说："假如那是他的建议，我们的立场就会让人无法忍受。首先，我们是去年才把导弹部署在那里（土耳其）的，因为那些导弹在军事上毫无用处，这是其一。其二，在联合国的任何人看来，或者说在任何有理性的人看来，这都是非常公平的交易。"

接着，肯尼迪继续大声朗读，这次是朗读美联社报告的其余内容："以下特别提议显然需要经过谈判。古巴和土耳其两国应该同意由联合国参观其领土。赫鲁晓夫说，苏联安全委员会庄严保证，不利用其领土作为进攻土耳其的桥头堡，也要求美国做出类似保证，不利用其领土作为进攻古巴的桥头堡……"

"我们早就知道，对方会提出这种要求，"肯尼迪说着抬起头。"我们与土耳其人谈得如何？"

腊斯克回答道："我们从未与土耳其谈过，是土耳其人找我们谈。"土耳其人明确表示："不愿放弃朱庇特导弹，因为那对他们的威望将是沉重的打击，会导致土耳其政府垮台的。"

"这将非常令人不安……土耳其对此非常看重。"乔治·鲍尔说。

"但是，这事现在就令人不安，乔治，因为他这一招很漂亮，把我们逼到一个难堪境地，"总统说，"大多数人会认为这是个无懈可击的建议。我只能对你说这一点。"

"既然他在不到24小时前向我们提出过另一条路，我看不出为什么非走这条路不可，"邦迪再次这么说。"你觉得公开的提议更加严肃？"

"对，"肯尼迪说。"我认为我们得假定这是他们的新立场，也是最后的立场，而且是公开表达的立场。"

"假如我们与土耳其人谈，"鲍尔补充道，"他们会把这事提交给北约，整个西欧都会知道……苏联立刻就会得知我们已经就这事进行讨论了。"

"以他们的看法，"邦迪说，"显然我们是为了自己的利益要出卖盟国。整个北约都会持这种看法。"

"这件事的事实是，"肯尼迪说，"我们昨晚收到过赫鲁晓夫的一封信，信中提到的是完全不同的建议。所以我们首先该从苏联方面澄清……等我们弄清了情况，再来对付这桩……嗯……昨晚的生意。"

接下来，总统离开会议室，与纳尔逊·洛克菲勒为首的几位州长会见，讨论了20分钟人防问题。肯尼迪返回后，邦迪对他说："你离开会议室的这段时间，我们达成个不成熟的一致看法，还不知道汤普森是否同意，我们认为，昨晚的信息是赫鲁晓夫本人发出的，而今天这个公开信是那里的强硬派强加给他的，那些人不喜欢他昨晚写给你的内容。假如我是个苏联强硬派，也不会喜欢的。"

"他们有一张好牌，"肯尼迪说。"这张牌很厉害，我想……假如我们被迫采取行动的话，照我看，他们在柏林采取行动就不是一张空头支票，而是一张经得起验证的真支票，原因是我们完全不占理……我们唯一的借口是他们这么短时间内抛出两个不同的建议，两个建议都把事情复杂化了，借助这面盾牌，我们来做文章。"

接着，狄龙补充了一点，他认为在这封公开信中有一个句子特别危险："他在公开信里这么说：'你们部署了众多军事基地包围我国，对你们明确的军事意图，我们该作何反应？'这等于打开了我们的整个基地系统防线。"

"我们可以……得了，我们不要自欺欺人啦；他们已经提出个……天哪……他们提出个非常好的建议，正因为如此，他们才公开发表，而不是私下谈，"总统说。"我唯一想要抓住的一点，就是忽然收到两个建议，每一个都复杂难懂，他们能做到的不过是谈判时利用不同的建议拖延时间。"

保罗·尼采摇了摇头。他对总统讲话比其他人更加直来直去："那就显得我们是将自己的困惑做理性化解释。我认为你该更加坚定才对……我们不能堕落到出卖盟国……来换取自己的利益，就是换取苏联将导弹撤出古巴。"

总统回答说，也许可以说服土耳其人，让他们同意撤出朱庇特导弹的建议。"我只不过是为了应付公众舆论，因为人人都会认为，这是合情合理的。"

国务卿的拉丁美洲助理埃德温·马丁提出一个想法："假设我们就他昨晚的来信回一封信，并且请吴丹公开这两封信——吴丹是公开这两封信的合适人选。他公开的来往信函中，一封是赫鲁晓夫提出的建议，另一封是我们对这个建议的答复，我们说……"

"谢谢你。"邦迪替他说完这句话。

"同意，谢谢你，"马丁重复道。"而且用不着提到土耳其。"

总统说，假如他是赫鲁晓夫，他会说，他对此不感兴趣……那么，美国就不得不采取下一步，启动军事行动。接下来，大家辩论的内容是该怎么做，该怎么说，说什么，对什么人说。隔离表面上看来不错，但是什么都没有改变。苏联人在古巴似乎已经得到了想要的一切，发射场的建设在加速进行，并没有减缓速度。苏联人在 24 小时连轴转加紧施工。这天还出了另一个问题：上午飞越古巴上空的一架 U-2 型侦察机没有返回佛罗里达。

"如果拒绝，"总统在想象拒绝古巴换土耳其的建议，会产生何种后果，"如果拒绝的话，我们就陷入不得不采取某种行动的境地。我们要面对的局面是，由于我们不撤出在土耳其的导弹，也许就不得不入侵古巴，或者对古巴采取大规模打击，这可能让我们失去柏林……我们都清楚，一旦发生流血，人的勇气会骤然增加。我们一旦动手，他们夺取柏林，北约肯定不会袖手旁观。而且人人都会说：'那本来是个很好的建议。'我们不要再自欺欺人了。今天，我们拒绝建议很容易，但是，如果我们采取了行动，回过头来要接受就难了。"

下午 1 点 30 分,在执行委员会的会议间歇时间,腊斯克派罗杰·希尔斯曼去白宫,送去总统给赫鲁晓夫答复的最后草案。他把文件交给正走向椭圆形办公室的麦乔治·邦迪。这时,卫兵对他说:"希尔斯曼先生。你办公室打来的电话,说有急事。"

希尔斯曼站在那里接听电话时,几乎晕倒。据说,基地在阿拉斯加的一架 U–2 型侦察机在北极地区采集空气样本,结果飞到苏联某地上空。苏联战斗机紧急起飞,追逐这架间谍飞机。美国空军战斗机也升空,试图找到这架 U–2 型飞机引导它返回公海上空,或飞回美国领土。一架 U–2 型侦察机在加勒比海失踪;现在又有一架在俄国上空失踪。希尔斯曼坐下来清醒一下头脑。他已经 36 小时没睡觉了。接着他奔向椭圆形办公室,向总统报告。肯尼迪已经知道了。麦克纳马拉刚才从国防部的一个会议跑出来打电话:"这等于打响了与苏联的战争!"

肯尼迪的反应似乎漫不经心:"从来都有几个狗崽子听不懂命令。"在另一方面,赫鲁晓夫口授了他的反应,这是他写给肯尼迪的又一封信:"我们该如何看待此事?这算什么,挑衅?……侵入我国领空的美国飞机很容易被当成运载着核武器的轰炸机,我们将被迫迈出致命的一步——由于美国政府和五角大楼长期以来宣称,运载着原子弹的轰炸机一直在你们国家空中执勤,这就更加容易引起误解。"

这天下午 4 点钟,总统再次参加执行委员会的会议。他开始感到担忧。隔离失败了。如果采用古巴换土耳其方案,这将被解释为肯尼迪的政治失败,甚至可能导致北约分崩离析。这肯定会验证戴高乐将军和其他人的观念,认为美国绝不会以自己城市的安全为代价去保护友邦。另一种选择是对古巴实施空中打击和登陆入侵,借此维护自己的公共形象,但这可能导致核战争,假如苏联选择在柏林采取报复行动,就尤其可能爆发核战争。

"我认为他无疑会……"总统说的是赫鲁晓夫。接着他转向汤普森。"汤普森,他不会从古巴撤走导弹的。"

"总统先生,我不同意,"这位大使说。"我认为隔离仍有机会生效。"

"他会退缩？"

"我觉得，赫鲁晓夫认为重要的是他将来可以说：'是我拯救了古巴。是我阻止了入侵。'"

"他肯定有点动摇，"罗伯特·肯尼迪附和了汤普森的看法，"否则就不会致信给你。"

"那是昨天晚上，"总统说。

"没错，"这位司法部长说，"我的意思是说，肯定可以让他重新回到那个立场……"

截至目前，邦迪、马丁、史蒂文森、汤普森和罗伯特·肯尼迪都以不同方式提出了同一个想法：就他那封以个人名义写的第一封信做答复。说"谢谢你"，而不考虑第二封信。

"我们的唯一建议，"罗伯特·肯尼迪脱口而出，似乎思绪中有不同的考虑，"就是他放弃……放弃古巴。"

对第一封信做答的策略激起麦克纳马拉反对："见鬼，那算什么提议。你们仔细看看他的信。他绝口没提撤出导弹……洋洋洒洒12页整个是废话。"

这话没错。那封私人信件中激情表达有余，实质建议不足。不过此时总统愿意做个尝试，看看他的人会如何应付。

"我慎重拜读过您10月26日的来信，对您声明寻求迅速解决此难题的愿望表示欢迎。"回信的第一句十分容易。其实开头几句完全是史蒂文森上午建议答复的原话。接下来的一个多小时，会议变成了编辑才智荟萃，与会者个个贡献措辞，大家都绝口不提土耳其。但是回信的事并无进展，部分原因是总统认为自己才是语言大师。最后，罗伯特·肯尼迪对他哥哥说："是不是我们先拟出来，你不要打断挑刺……"大家爆发出一阵轻松的欢笑。

"总统先生……"马克斯韦尔·泰勒等笑声平息下来后说道。他说，参谋长联席会议希望在36小时内发动入侵："最迟在29日星期一上午实施，除非当时得到无可辩驳的证据，证明那些进攻性武器正在拆除，并且不能投入使用。要实施的打击计划是3–16号入侵计划的一部分。"

"这可是个意外，"罗伯特·肯尼迪露出讽刺口吻。整个会议室再次爆发出笑声。

"他们只是认为，我们现在等待得越久……"泰勒说。

战争迫在眉睫，内阁会议室的大多数人这个星期六下午都持这种想法。第一批美国战斗机群星期一上午前可能会出现在古巴上空；星期二上午出现则毫无疑问了。但总统出面制止了。"罗伯特，"他说，"你现在该出去写这封信……"罗伯特·肯尼迪和索伦森去椭圆形办公室，就赫鲁晓夫的那封私人来信草拟可接受的回信。

接下来，麦克纳马拉报告说，美国数架侦察飞机现在低空飞过导弹发射场，受到了防空炮火的射击。"明天早上要面对的第一个问题是，我们是否派侦察机过去？"他对总统说。"假如我们适当隐蔽，却仍然受到萨姆导弹或米格飞机的打击，或者受到防空炮火的打击，我们就必须回击。"

反复讨论后，总统迅速就此做出决定。他的决定是不做决定："我们等等看，看明天他们是否还向我们射击……假如我们受到射击，那我们在这儿开会再做决定……"

他用不着等那么久。几分钟后，腊斯克打来了电话。他离开会议室去接电话，回来时脸色苍白，眼眶里滚动着泪花。在古巴失踪的那架 U–2 飞机是让一枚萨姆导弹击落的。

"飞行员死了？"罗伯特·肯尼迪问。

"飞行员的尸体在飞机里，"腊斯克说。是安德森少校，最先拍摄到导弹发射场的就是他。

"现在我们不能再往那儿派 U–2 了，对吧？"总统说。"明天不能再让人送命吧？"

"我们肯定不该再派，应当在报复后再说，假如他们再敢朝我们的飞机开火，我们会更加猛烈回击，"泰勒说。但是总统已经放弃了报复。他曾下令，如果侦察机被击落，美国飞机要炸毁肇事的萨姆导弹发射场，但他没有坚持自己原来的命令。

要争取的时间非常紧迫。麦克纳马拉坚持自己的立场。这位国防部长已经规划出了走向核战争的行动与反行动方案：

"我们今天受到了射击。明天还要派出侦察机。这些飞机毫无疑问会受到射击。我们不得不做出反应。这种局面不能维持很久的。我们要损失飞机，我们要向古巴发动打击，每天都会损失飞机。所以这种局面不能维持很久。因此我们必须准备进攻古巴，而且要快……一旦开始进攻古巴，就不得不全面进攻……我个人相信，这几乎肯定会导致登陆入侵……假如我们这么行动，土耳其还留着那些导弹，我认为苏联可能会攻击在土耳其的导弹……我们不能任凭苏联攻击……攻击土耳其的朱庇特导弹，而北约不会不做出军事反应。对苏联攻击土耳其的朱庇特导弹做出最低限度的反应，就是北约驻土耳其军队的常规武器反应，也就是说，土耳其和美国飞机攻击苏联战舰及黑海地区海军基地。在我看来，这算是绝对最低限度了，可我说，这已经他妈的够危险了。"

总统离开内阁会议室，去接见莱曼·莱姆尼策将军。莱姆尼策担任驻欧洲美军司令后，由泰勒接替他担任了参谋长联席会议主席。两人讨论下一轮部队调动问题。内阁会议室的讨论一时由副总统约翰逊主持。总统在场时，他一言不发，但此时他提出了一些有力的观点。假如美国愿意放弃在土耳其的朱庇特导弹，为什么不与他们做交易来避免美国入侵古巴会导致双方人员的牺牲？毕竟在执行委员会会议初期，大家的主要担心是赫鲁晓夫想要以古巴导弹与柏林做交易，那么，放弃土耳其的几枚陈旧导弹有什么大不了的？"不出几个小时，这儿就要有大麻烦，就在这个国家……你们在做什么？总统发表了很好的演讲。除此之外你们做了什么？"

"他们想要更多行动？"腊斯克问道。

"他们不知道我们在做什么，"约翰逊厉声说道。"他们只看到一些军舰。有极大的不安全感。"

"问问你自己，"副总统对卢埃林·汤普森说，"你今天感受到的最大震动是什么，是他昨晚的来信，是今天上午的来信，还是U-2型飞机被击落？"

"是 U–2 型飞机，"汤普森说。

"对极了，"约翰逊正说着，总统回到了会议室。

肯尼迪似乎没受到辩论的影响，仿佛已经打定了主意。"我们不能入侵古巴……既然可以用土耳其的导弹与他们做交易让他们撤走。既然这是个前提，我看不出为什么需要打一场大战，"他说道。这是个决定吗？没等任何人提问，肯尼迪就告诉大家去吃点东西，9 点钟回来接着开会。

肯尼迪和约翰逊这两位政治家殊途同归得出同样的结论：美国总统不能冒核大战的风险，甚至不能为了 15 枚不中用的老式导弹派部队去送死。

总统返回椭圆形办公室，继续与他弟弟、腊斯克、麦克纳马拉、邦迪、索伦森和那个大委员会的几名成员交谈。他要罗伯特·肯尼迪本人撰写出对赫鲁晓夫第一封信的回信，内容是对撤走苏联导弹和美国不入侵表示"同意，谢谢你！"经由苏联大使馆的道布瑞宁大使转交。腊斯克建议，司法部长在信中还应该告诉苏联人，总统不能公开接受从土耳其撤走导弹的建议，但是决心把导弹撤走，要等古巴危机平息后处理这事。

办公室的所有人都点头。总统说："好，就这么办。"他弟弟准时在 7:30 后起身离去。

司法部长和大使都十分疲惫，两人也都提心吊胆，都不知道对方会怎么说，也不知道对方会怎么做。罗伯特·肯尼迪告诉道布瑞宁说，美国的最后回信已经写好，马上就要发出，而且要公开发表。他对这位大使说，这将是最后的机会。美国军方迫切要求入侵，假如赫鲁晓夫不同意立刻撤走导弹，入侵在所难免。他强调说，不知道哥哥还能对三军将领们控制多久。假如赫鲁晓夫不撤走导弹，美国就要动手端掉它们。

"信中没提土耳其的导弹，"道布瑞宁说。罗伯特·肯尼迪说，这没关系，可以做出安排的。他哥哥也想要撤出那些导弹，不过要在晚些时候，不是现在，不能公开这么做。他说，现在赫鲁晓夫必须就这封信做出答复。必须在明天前答复。总统不能再长时间约束军队了。赫鲁晓夫能理解这一点吧？那个俄国人觉得，罗伯特·肯尼迪几乎要流泪了。

"对此我并不乐观，"道布瑞宁说。"政治局现在态度坚定，难以让步。"

这位苏联大使没有一条与克里姆林宫联系的可靠电话线路或电报线路。他把罗伯特·肯尼迪的警告和请求写了个扼要归纳，打电话叫美国西部联合电报公司来取件。一个年轻的黑人骑着自行车来取电报原件。道布瑞宁望着他蹬着车子离去，心里在想象，假如他停下来买瓶可口可乐，或者中途去会自己的女友，世界大战没准就要在这段时间内爆发。

总统在白宫楼上与戴夫·鲍尔斯一道吃烤鸡喝牛奶。即使是在身体状况最佳时，他柔弱的胃口最多也只能消化这类食物。这时他弟弟回来了。罗伯特·肯尼迪显得并不乐观。他要了份鸡腿。兄弟俩交谈的声调阴沉忧郁，鲍尔斯却吃得很开心。

"天哪，戴夫，"总统说，"瞧你这副吃相，整只鸡都吞下，还把我的葡萄酒也喝光，谁看了都当是你这辈子吃最后一餐啦。"

"听了罗伯特的话，我看这真是我的最后一餐。"

晚上8:05，总统就赫鲁晓夫的第一封信发出回信，信中既没提到土耳其，也没提部署在那里的导弹。肯尼迪跟苏联人一样，这时候为通信速度感到担忧。他没有委托外交渠道传递，决定立刻通过美国之音向莫斯科和全世界发出他的公开信：

> 我慎重拜读过您10月26日的来信，对您声明寻求迅速解决此难题的愿望表示欢迎。然而，需要处理的首要问题，是在联合国的有效安排下，停止在古巴建设进攻性导弹基地，并且终止在古巴运作一切有进攻能力的武器系统。
>
> 这一点得到迅速执行后，我向我国在纽约的代表发出指示，在本周末起草一份与您10月26日建议相一致的古巴问题永久解决方案。（1.）你方同意从古巴移除这些武器系统……（2.）我方同意……（a）迅速解除目前生效的隔离措施，（b）保证不入侵古巴。
>
> 你我双方没有理由不能在两天内完成这些安排并向全世界做

出通报。缓和世界紧张局势的这一解决方案得到执行后，我们便有能力进一步合作，就您公开发表的第二封信中建议的"其他安排"做出更加综合的安排……

假如这封信没产生效果，肯尼迪还有另一个妥协机制。腊斯克已经研究出一个方法，假如赫鲁晓夫想要的是撤出朱庇特导弹，可以提出做这笔交易。国务院聘请了联合国秘书长吴丹的前副秘书长、现哥伦比亚大学的一位系主任安德鲁·科迪尔，请他在白宫做出表示后，以个人名义提出古巴和土耳其分别撤出导弹基地的交换计划。

这天晚上9:00，执行委员会第三次开会。道格拉斯·狄龙问总统："你对击落我们飞机的萨姆导弹发射场如何处置的？"

"我们还不清楚是不是萨姆导弹干的，道格拉斯，"肯尼迪回答道。他仍然没准备实现自己的诺言，除掉敢于击落 U–2 型飞机的萨姆导弹发射场。

麦克纳马拉说："我认为，假如我们的飞机明天受到射击，我们应当回击。"

"不。"总统再次说。"我认为我们应该等到明天下午，看看能否得到回音。假如我们没有得到俄国人满意的答复，我认为应该在明天发表一个声明，称我们受到射击，因此将古巴岛视为无人地带，然后将所有萨姆导弹发射场端掉。你们认为怎么样？"

"我只愿说一点，那就是我们应当保持某种压力，"麦克纳马拉说。"我相信我们今晚应该下达一道命令，召集入侵所需的24个空中预备队、大约300艘运兵船，这既是预备性调动，也是对战争前景的强烈信号。"

"我认为我们应该这么做，"肯尼迪表示同意。

他已经惯于发出召集令了；这是不到两年内第四次召集14万名空降兵。虽然战争在即，但总统仍然没有准备派遣这些人参加公开的战斗。接下来的事是决定如何对北约和土耳其人谈。"为一次灾难做好基础准备……本周晚些时候，在柏林或其他地方，"这是他说的原话。"我们应当告诉他们，形势在恶化，假如我们采取行动，我们认为对方会进行报复。

"我们该对自己打算做的事给出解释。我们在设法回到昨晚的原建议基点,因为我们不想做交易。假如不成功,那么我们……有可能会撤回那堆朱庇特。假如成功了,那么我们当然想要土耳其人自己和北约把它们送回来,而不是美国去撤除。"

一个信使来了。罗伯特·肯尼迪接过文件。"他们说,他们击落了我们的U–2型飞机,"这是哈瓦那的声明,"他们说,是他们击落的。还说,明天我们去还会遭到射击。"

大家都起身离去时,这位司法部长问麦克纳马拉:"你怎么样,罗伯特?"

"唉,很难说,"麦克纳马拉回答道,"你有什么疑惑吗?"

"没有。我看我们在做唯一正确的事。"

"我需要做好两样准备,"麦克纳马拉说,"一是为古巴组织一个新政府班子,因为我们需要这样一个班子……二是对苏联在欧洲的行动做好反应计划,因为他们肯定会在那里采取某种行动的。"

"假如我们让罗伯特担任哈瓦那市长怎么样?"有人大声开了句玩笑。

这话并不可笑。总统感到沮丧。午夜过后,他口授了致法国总统戴高乐和西德总理康拉德·阿登纳的信,两封信内容相同:"目前的局势明显变得更加紧张,假如48小时内没有收到对方满意的答复,则局势有可能逐渐进入军事阶段。"

他累得睡不着觉,干脆由戴夫·鲍尔斯陪着坐了一会儿,两人一道观看电视播出的影片《罗马假日》,肯尼迪非常喜爱这部影片,主演是奥黛丽·赫本和格里高里·派克。

第二天是10月28日星期日,执行委员会的会议定于上午10:00在白宫举行。大西洋沿岸,为空中打击古巴所做的准备在加紧进行。空中打击要从10月30日星期二黎明展开。

在莫斯科,这天早上的《真理报》头版头条标题似乎模棱两可:《我们必须捍卫并巩固世界和平》。

那个星期日早上，在9点钟前几分钟，总统正在床上读《纽约时报》，准备起床穿衣后去教堂做礼拜，忽然莫斯科电台播出了重要新闻预告，称莫斯科时间早6:00、华盛顿时间上午9:00将播出重要公告。美国政府启动了电传通信机，但是负责接收的人接收到的内容与任何其他美国人一样，大家都是打开床头的收音机，收听美联社打断早上的音乐节目播出的特别公告。莫斯科的播音员准时播报，朗读了赫鲁晓夫致肯尼迪的一封新的公开信。信的第二段说：

> "为了以更快的速度彻底消除危及和平事业的冲突，为了让所有渴望和平的人民建立信心，也为了我确信与苏联人民一样想要和平的美国人民获得平静，苏联政府在先前已经指示停止进一步建设武器基地的基础上，发布了新的命令，拆除您描述为'进攻性'的武器，装箱运回苏联。"

赫鲁晓夫在公开信的结尾写道：

> "我尊重并信任您在1962年10月27日信中的声明：美国或其他西半球国家不向古巴发起进攻，不入侵古巴。由此，我们向古巴提供这种性质援助的动机便不复存在了……苏联政府已经向正在纽约的苏联外交部第一副部长库兹涅佐夫发出指示，在消除目前危险局势方面协助吴丹的高尚努力。"

总统迅速拟出一封致赫鲁晓夫的公开信，华盛顿中午时间由美国之音播出："我欢迎赫鲁晓夫主席富有政治家风范的决定……在保证加勒比地区和平的相应措施方面，我们将与联合国秘书长保持接触。"

这场危机结束得非常神速，到了中午，总统与皮埃尔·塞林杰一道观看哥伦比亚广播网播出的"华盛顿报道"，听戴维·舍恩布伦和马文·卡尔布两位记者谈论"美国的胜利"。

"告诉他们别再这么说了，"肯尼迪对塞林杰说。

这位新闻秘书给哥伦比亚广播公司打电话，舍恩布伦在插入广告的间歇接听了电话。"戴维，我从椭圆形办公室给你打电话，"塞林杰说。"总统就在我身旁。请告诉卡尔布不要再大谈苏联失败。不要把这事渲染成我们的胜利。否则赫鲁晓夫会感到屈辱和愤怒，有可能改变自己的想法。管住你们的嘴巴。别给我们添乱。"

两名记者言听计从。

但是那天夜里，哥伦比亚新闻却没有管住自己的嘴巴。一个对过去两周事件的特别新闻综述结束前，查尔斯·科林伍德说道："在赫鲁晓夫写给肯尼迪那封出色的公开信后，因古巴引发战争的危险似乎结束了。假如已经结束，那也是按我们提出的条件结束的，只能解读为以苏联政策的可耻失败而告终……假如美国总统与苏联主席的较量可以根据表面意义来衡量，那么古巴危机可能不仅仅标志着冷战中的挑战与退避，而是标志着现代历史上的一次真正转折……"

就这样，直播在继续。另一个声音接着说："这是哥伦比亚新闻特别报道'危机剖析'，由助你感觉更强壮的高效维生素富铁补品格里多赞助播出。"

在莫斯科，时间已经是星期一早上，苏联人民对导弹闹出的动静了解甚少，远不及观看哥伦比亚电视新闻的美国人。这天早上的《真理报》头版标题是《我们必须保证各国人民的和平与安全》。

苏联高层领导清楚，此番公开退却意味着尼基塔·赫鲁晓夫狂热而醒目的虚张声势就此告终，炫耀导弹及吹嘘苏联其实根本不具有的威力也从此该偃旗息鼓了。"你们这次侥幸逃脱，但将来休想再次逃脱，"苏联副外长瓦西里·库兹涅佐夫这么对约翰·麦克洛伊说——意思是苏联将倾全力努力实现令人信服的与美国同等军事实力。

"请接受我对您的祝贺，您在过去艰难的一周中表现出非凡的领导才能、坚定的意志和卓越的判断力，"迪安·艾奇逊在致总统的信中写道。"在这个国家，并非所有时代的掌舵人都具有这些品质。领导人再次具有这些品质国家甚幸……"

不过，前国务卿在自己家里私下谈论起来，却把这种战略称作鲁莽的赌博。他说肯尼迪的胜利"纯属走运"。

几天后，肯尼迪总统邀请参谋长联席会议成员来他办公室，以个人名义为他们在这场危机中发挥的作用表示感谢。柯蒂斯·勒梅将军朝他的总司令看了一眼，说根本没理由感谢。"我们失败了！我们本该今天冲上那座岛消灭他们的！"

到了下一周，肯尼迪在《时代》杂志中读到，他的总统职位与他的言辞相称——至少全世界终于相信，美国领导人在军事方面说话算话。《时代》杂志报道了苏联驻西德大使安德烈·斯米尔诺夫和西德外交部的东部司司长弗朗茨·克拉普夫在波恩的谈话：

"克拉普夫先生，作为客观的外交官员，我们必须承认，美国在英国、意大利和土耳其部署的火箭基地从法律上和道德上讲，与我们在古巴拆卸的武器是相同的，对吧？"

"这我不能承认，"克拉普夫说。"我认为它们完全不同。"

"那么，你必须承认，赫鲁晓夫主席的表现非常富有政治家风度。"

"希望他继续保持这种表现，"这个德国人说。"而且希望他在古巴事件之后，不要在两个德国政府问题上再犯错误，不要以为美国会袖手旁观。"

在那紧张的两个星期中，许多幻想破灭了，引人瞩目的现实也浮现了出来。至少事件中心的两个人物尼基塔·赫鲁晓夫和约翰·肯尼迪意识到，凡是心智正常的政治家，都不会首先使用核武器。毕竟代价太高；历史的评判太严峻。到了星期日下午，苏联宣布撤出导弹后，肯尼迪坐下来给赫鲁晓夫再次写信："我认为，您和我都肩负着维护和平的沉重责任，我们都意识到，事态的发展曾接近几乎失控的临界点……"

第三十七章　1962 年 11 月 6 日

"这是一个我该去歌剧院的夜晚，"约翰·肯尼迪在10月28日星期日晚上对罗伯特·肯尼迪说。这是他们兄弟之间谈起历史说的一个冷笑话，也是对内战中联邦获胜后在福特剧院遭暗杀的亚伯拉罕·林肯表示敬意。他认为，解决这场导弹危机或许是自己政治生命的巅峰。

危机结束后，肯尼迪打电话给纽约的蒂芙尼珠宝店，定制了一批显示1962年10月的透明合成树脂小日历牌，其中10月16到28日的字样刻得比其他日期深。他要向执行委员会的13名成员每人赠送一枚，日历牌一个角上刻着成员姓名的首字母，另一角刻着他自己姓名的首字母JFK。蒂芙尼的总裁沃尔特·霍温回电话说，他愿意承担这批订货的成本，但是，总统是否觉得银质材料比塑料更加适当？最后确定为肯尼迪的部下和两位女士杰奎琳·肯尼迪和伊夫琳·林肯制作银质日历牌。

美国在古巴危机中的胜利感让总统在多种方面获得了新形象。美国的意志、美国的核威慑力以及美国总统在全世界的信誉都大为提升。在国内，盖洛普民意测验显示，肯尼迪的个人支持率从8月份的66%升高到10月份苏联开始拆除导弹后的77%。

赫鲁晓夫也声称取得了胜利，表示他阻止了美国迫在眉睫的入侵，拯救了古巴。10月30日，这位主席在致肯尼迪的一封非常富有个人口吻的长信中写道："为了我们双方都满意，我们甚至可能牺牲了自己的自尊。显然有些不入流的文人会无谓纠缠，追究协议中哪一方对另一方的让步更多。依我之见，我们双方都对理性做出了让步，找到了合理的解决方案，使我们双方为所有人保证了和平，其中包括那些深究某些琐碎情节的人们。"

这天之前，肯尼迪两次打电话给他极有天赋的代笔人历史学家小阿瑟·施莱辛格，请他将自己对这一事件的说法记录下来。危机已经过去，新闻界已经在对总统做事后批评，分析他如何利用新闻和记者。《纽约每日新闻报》的特德·刘易斯写道："古巴危机后，政府对新闻的管理比危机时期的控制更加让人烦恼。"但肯尼迪已经转而控制历史评价了，基于他自己做出决定的合理性来排列那13天发生的事件。赫鲁晓夫宣布撤退后，执行委员会举行首次会议时，肯尼迪告诉所有成员，不得到他的特别准许，不得对新闻界透露讨论内容。所有探究问题都必须转给邦迪、索伦森和塞林杰处理。

施莱辛格那天记录下总统对10月各事件的说法是这样的：

> 他告诉我说，他感到奇怪，我们的情报部门竟然没有提前预测到苏联的行动。当然，其原因之一是，他们不相信赫鲁晓夫竟然会干出招致入侵的蠢事。总统认为，苏联的行动背后有三个原因：有助于苏联与中国的团结；可彻底重新定义柏林的格局，并在中期选举后重新讨论柏林问题；给美国一个重大政治打击……总统说，他们在任一方面都没有影响我们。假如我们不采取行动，我们就完了。假如我们做出反应，他们希望在柏林、土耳其或联合国中陷我们于赤裸裸暴露的尴尬境地。
>
> 他说，我们的政策行之有效源自三个原因：第一，我们在本

地区拥有传统的压倒性优势；第二，苏联在古巴没有重要的利益得失，所以可以轻松抽身；第三，在全世界面前他们拿不出维持下去的可信理由。由于这些因素，我们的政策才变得有效，而不仅仅是因为我们坚强……他担心，人民有可能从这次危机中得到错误的教训。

同一天，国家安全委员会的全体成员在总统不在场时开会，对发生的事件提出了自己的说法。他们用到坚韧不拔这个说法，对那些严峻时刻有这样的记载："如果说我们从这一经验中学到了一些东西，那就是懦弱会招致苏联乘虚而入，哪怕是表面上的懦弱也会导致这种结果。而坚定不移终究迫使苏联放弃鲁莽冒进而撤退。"

在这次危机中，肯尼迪与妻子的亲密关系引人瞩目。在这两个星期中，他们取消了若干公开和私下的活动，夫妻与孩子们团聚。但是到了11月初，许多报道肯尼迪家庭新闻的报纸揭示出，自从肯尼迪1947年进入国会以来，一直将工资全数捐献给慈善事业。他的10万美元总统年薪在缴税后分别捐给20多种慈善机构，其中包括美国男女童子军、联合黑人大学基金、犹太人慈善联合会等。每年的分摊数目由肯尼迪和他的家庭会计师托马斯·沃尔什短时间商量后确定。

"我们还有盈利吧？我的利息收入够生活支出，还是已经靠吃本金维持了？"肯尼迪会这么问。

"你的收入不错，"沃尔什每年都这么回答。

这种情况一直保持着，可是后来肯尼迪太太发现了。她向丈夫发难，说可以自己使用捐助慈善事业的钱，尤其是他们正在建造一幢有7间卧室价值7万美元的新房子，房址在弗吉尼亚州米德尔堡附近名叫响尾蛇山的丘陵上。那片地产有39英亩，位置在皮埃蒙特猎狐俱乐部和奥兰治县狩猎俱乐部之间，需另外花费26,000美元。妻子的要求让肯尼迪烦恼不堪，他只好请托马斯·沃尔什送来比较详细的自己家庭财务账目。他送来一封信，内容显示，尽管总统的贴身男仆和妻子的个人女佣由政府支付工资，可他已经在靠花费本金生活了。其中一个项目让他尤其气得发疯："百货商店支出……4 万美元。"

"这是怎么回事？"一天晚上他在白宫当着本·布拉德利问妻子。杰奎琳·肯尼迪说，她根本不知道这事，她没有买过貂皮大衣之类昂贵商品。那天晚上，阿德莱·史蒂文森从联合国打来电话，他在继续为俄国人从古巴撤走伊尔－28 轰炸机进行谈判，总统与驻联合国大使电话交谈时，这位愤怒的妻子故意大声放电唱机，声音淹没了丈夫谈论国家大事。

在 11 月 6 日选举日，总统飞到波士顿为支持他弟弟投下自己的一票。投票站是个警察局，附近是他 1946 年以来投票登记的正式住址，是鲍登街一间普通的一居室公寓。那天参加投票的人包括他在内一共有 53,734,985 名美国人，只占符合选民条件者的 65%。他下榻在希尔顿酒店，抽时间去海恩尼斯港探望了父亲和外祖母。外祖母约翰·F.菲茨杰拉德太太是已故波士顿市长的遗孀，人称"蜜糖菲茨"。

那个星期二，在供选举的 39 个美国参议院席位中，民主党人赢得 25 个，新选出 6 名参议员，2 名落选，净增 4 席。在 100 名参议员中，总统所属政党占了 62 名。爱德华·肯尼迪以 57% 的选票当选，战胜了他的共和党竞选对手现年 35 岁的乔治·卡伯特·洛奇。在 1952 年的中期选举中，约翰·肯尼迪曾击败洛奇的父亲共和党人亨利·卡伯特·洛奇当选参议员。在众议院，民主党仅失去 4 个席位，比通常在中期选举中总统所在政党损失的席位要少，民主党在众议院以 259 席对 175 席占多数。这天的落选者有来自印第安纳州的参议员霍默·凯普哈特，他以仅 6,000 票之差败给 34 岁的伯奇·贝赫；还有前副总统理查德·尼克松，他竞选加利福尼亚州州长以几乎 30 万票之差败给现任州长民主党人埃德蒙·布朗（绰号"帕特"）。

这届中期选举没有产生压倒性优势。民主党人赢得总选票的 52.7%，相比之下，1958 年是 56.3%，1960 年是 55%。参加投票的人数比例相当高，比 1958 年多出 580 万选民，但是 420 万新登记选民将票投给了共和党人。白宫称作"古巴二度"的这次古巴危机显然对民主党起到了帮助作用。但是党内有些人感觉到，有几种长期趋势对总统所在政党不利，一种源自南方反对民权的势力，一种是北方大城市政治领导和劳工领导人的权力式微，这是由于很多劳动阶层家庭迁往传统上投票支持共和党的绿野郊区居住。

选举结果对华盛顿的权力平衡没有产生很大改变。选举前的民意测验显示，大多数民主党候选人最终会落选。既然核灾难避免了，世界已经得到拯救，美国幸存者们便迅速将注意力转向了与工资和税收相关的政治问题，南方人则将注意力转向对黑人风潮的不安谈论。"这届国会太过于平衡了，哪怕以某种方式产生一两个席位的变化，也会发生重要的差异，"肯尼迪在中期选战中这么说。"在国会，所有这些事情都是通过一两张选票的差异决定的。假如我们想获得通过，就得选个再投一张赞成票的人。"

他所说的"所有这些事情"是指他提出的立法议程：老年人医疗方案、对城市和教育的资助，还有对民防的资助。在肯尼迪就任后最初两年的87届国会中，白宫提出了653件立法议案，这大约是艾森豪威尔政府的两倍，其中304件由两院通过并由总统签署成为法律，几乎占到提案的一半。但是获得通过的那一半国内问题议案却并不是重要的。他提出的医疗保险、新设立城市事务部、增加联邦资助高等教育、资助公共交通等议案都遭到否决。肯尼迪提出的建造放射性尘埃掩蔽所激励计划在两院干脆没有安排听证时间，他也没有尝试将自己的减税想法列入立法提案。

不过，总统还是获得了一项重要的胜利：10月11日通过了《1962年贸易扩大法》，他首次提出这一引起争议的立法提案还是在他担任参议员的时候。这一法案通过后，总统便有权降低关税最高达50%来促进外贸（100%是与欧洲共同市场的贸易），也让他获得一些权力来补偿美国工人，假如美国制造商在与欧洲和日本竞争中受害，工人们有可能因此丢掉自己的饭碗。这种情况似乎不太可能，但是，在钢铁业和诸如纺织业、玩具制造业和皮革制品行业等技术含量低的行业却十分真切。

肯尼迪强调了来自西欧产品和商品的竞争日益激烈，这才赢得这项法案的通过。从整体上看，美国进口大于出口，到1962年，年国际贸易赤字大约为50亿美元，别国政府便有权要求美国基于金本位支付其债务。

"黄金流失"只是理论上的概念，因为没有一个国家真的拿走过储存在肯塔基州诺克斯堡的黄金。但肯尼迪将这一概念作为衡量相对经济衰退的有效尺度。美国是迄今全世界最大的国内市场，每年出口在国民生产总值5,400亿美元中仅占4%，而欧洲国家和日本所占比例则高达40%。一些美国工商人士一再抱怨日本的经商策略，最后肯尼迪只得派商务部长卢瑟·霍奇斯去东京，指责日本将美国市场"作为销售目标"，将纺织品以低于制造成本的价格"倾销"到美国。美国花巨资购买外国商品，这在以前是难以想象的。最让他担心的是失业对国内政治的影响，比如南方的纺织厂和新英格兰地区的制鞋厂工人失业造成的影响。大多数民主党人认为，工商业是共和党人的事，于是，总统再次转向反对党，起用艾森豪威尔政府的原国务卿克里斯琴·赫脱，让他处理与共同市场成员国的贸易谈判。

主要由于美国在全世界驻扎军队并依赖当地市场，美元流向海外多于外币在美国的消费。索伦森问总统，他是否真的认为，美国会因此失去黄金储备。"我知道，人人都认为我对这种事担心过度，"他对这位讲稿撰写人说。"但是万一发生银行挤兑，我就得模仿英国以前的做法，让美元贬值，或者把我们的军队撤回国。再说，戴高乐和其他人都高举大棒对准我的脑袋。一旦发生危机或争执，他们就会兑现手头的全部美元，那我们会沦落到什么地步？"

在参众两院，总统的提案其实十之八九会获得通过，但是他的立法提案却常常得不到讨论。真正的活动仍然受南方民主党人主持的各委员会控制，肯尼迪的提案半数在那里便销声匿迹了。有些情况属于他自己的失误，源于他的个人办事风格，仅仅是因为他难得花费时间与老同事相处，甚至难得想起那些旧同事。

保守的南方民主党人按惯例会加入共和党人的委员会，阻碍肯尼迪开明的国内议程。他们在华盛顿会包容北方民主党人及其社会（或社会主义）计划，推选他们的南方白人选民也表现出投票支持共和党人的倾向。在昔日加入邦联的 11 个州中，自从内战结束以来，共和党人从未认真推举过候选人。但是在 1962 年，南方共和党人却在众议院赢得四个新席位，在南方投票总数中占到 31%，这几乎比 1958 年中期选举的比例 16% 翻了一番。在佐治亚州，十年来首次有了竞选国会议员的共和党候选人，而且赢得 18% 的选票。在亚拉巴马州，共和党人攻击民主党人是"肯尼迪的走狗"、"自由主义者"，其得票率从 1958 年的 2.5% 上升到此时的 29%。亚拉巴马州伯明翰市推举的一个共和党美国参议员候选人是名叫詹姆斯·马丁的商人，全州民意测验显示，他受到 49% 以上选民的支持，选举中仅以 6 千票败给民主党人现任参议员利斯特·希尔。

《纽约先驱论坛报》被认为有北方共和党人倾向，该报专栏作家罗斯科·德拉蒙德写道："在南方民主党这潭浑水下面，漂浮着大小难以捉摸的共和党冰山。露出水面的部分已经足够显示出，它可能变成非常强大的力量。假如它不断成长，将产生深远的影响，对肯尼迪总统竞选连任造成极大的困难。"

这是一场新的政治竞赛。肯尼迪是来自民主党的总统，一心渴望得到小马丁·路德·金的支持，为了让一名黑人上州立大学，他甚至向密西西比州派出美国军队。同时，黑人的骚动和白人的恐慌正在向北蔓延。总统在《美国新闻与世界报道》中读到一篇关于选举周的文章："一则流传的故事显示出，民权问题是如何对权术政治发生作用的：在某大城市的一个区，聚居着众多波兰后裔，一座在建的新教堂耗资 100 万美元，其中 70 万靠贷款。如今，有迹象显示，黑人正在迁入这一地区。人们便担心，黑人迁入，白人将开始迁出，这座教堂就有麻烦了。"

这座城市是底特律，在众议院代表该市的议员之一是玛莎·格里菲思。这位女议员力促肯尼迪，在选举前不要签署任何住房命令。尽管总统做出保证，但两年后，在选举前两个星期，他最终还是在 11 月 20 日签署了第 11063 号总统令，并在一个新闻会上宣布："今天……我指示联邦各部门和机构，采取各种适当的合法行动，在销售或租赁联邦政府拥有或管理的住房设施中；在由联邦政府贷款或津贴或使用联邦政府担保的贷款建造或销售的住房中，防止（基于种族、肤色、信念或民族的）歧视……"

埃莉诺·罗斯福是在 1962 年选举日后去世的。富兰克林·德拉诺·罗斯福的这位遗孀从未被肯尼迪的魅力打动过。其实，她是阿德莱·史蒂文森的保护人。约翰·肯尼迪赢得总统提名后，她含泪离开 1960 年民主党全国大会。在她眼里，受到提名的候选人只不过是老约瑟夫·肯尼迪的儿子，这个年轻人傲慢自大，手伸得太长，不愿等机会轮到自己。她径直奔向洛杉矶机场，要尽快返回纽约。肯尼迪连忙打电话到机场找她，可她拒绝接听。在总统竞选活动中，肯尼迪想方设法讨好她，承诺遇事向她的亲信史蒂文森和切斯特·鲍尔斯请教。可她不肯在就职典礼上与肯尼迪及其家人坐在典礼台上，却穿一袭貂皮大衣裹一张军用毛毯，站在台下的人群中。

不过，只要她提出建议，总统都会接受，脸上还露出职业性的微笑。罗斯福太太在去世前不久寄给他的信中写道："我在颇为漫长的乘车旅行中听了你的上一次记者会，我断定这并不能取代我丈夫的炉前漫谈。我真希望有个人像我的老教师一样帮助你，让你在无线电和电视中讲话的音色深沉有力。那会让你的声音更富有热情和个性。这是可以学习的……"

肯尼迪在回信中写道："要改变天生的特征有困难，不过我会尝试的。"

肯尼迪总统起用罗斯福太太只有一次，是任命她在 1961 年末创建的一个关于妇女地位的总统委员会担任主席。这个委员会的职责，是评估第二次世界大战期间妇女因接替男人的工作不能回家造成的影响。当时，16 岁以上的女性有 40% 上班工作，工作妇女三分之一有孩子。共和党人和职业妇女组织大力提倡在美国宪法中增加一个平等权利修正案，保证男女工人享有同等权利。自由民主党人和有组织的劳工都反对这个提议。肯尼迪希望，借助罗斯福太太的威望，可以让国会推迟考虑与同等权利不同的同工同酬立法提案，至少推迟到 1964 年选举之后。

埃莉诺·罗斯福的葬礼是在 1962 年 11 月 10 日举行的，地点是纽约市北面85英里处的海德公园，罗斯福家的宅子就在此地俯瞰哈德逊河的一道山脊上。罗斯福家在美国独立革命过后不很久于1819年定居在那里。安娜·埃莉诺·罗斯福是第26任美国总统西奥多·罗斯福的一个远房侄女，1905年嫁入此门。出于各种实际目的，她的葬礼规模如同国葬，出席者是各政治派别的人物。三位总统前来吊唁：肯尼迪、艾森豪威尔、杜鲁门。他们按政党分坐在圣詹姆斯圣公会教堂中。肯尼迪、杜鲁门和副总统约翰逊坐在通道一侧；艾森豪威尔、纽约州州长纳尔逊·洛克菲勒和前加利福尼亚州共和党人州长现任首席大法官厄尔·沃伦坐在另一侧。

葬礼后，肯尼迪在埃莉诺儿子约翰·罗斯福家起居室中问参议员艾伯特·戈尔："你认为在减税方面我该怎么做？"

"算了吧！"这位来自田纳西州的参议员说。

"但是，"总统说，"我们必须在1964年之前让经济蓬勃发展。"那是他竞选连任的年份。

华盛顿来的一行人乘坐了两架飞机抵达在纽约纽堡的斯图尔特空军基地，这是总统首次乘坐他的57座新型空军一号座机。空军一号是波音707的改进型，采用涡轮喷气发动机，航程7,000英里。他们准备起飞返回时，肯尼迪派人请登上第二架飞机的戈尔过来。戈尔的同僚们取笑他，说他高升到总统身旁啦，可以继续跟总统就经济问题做长时间争论。这位参议员向大家鞠了一躬："请大家原谅我离去。"

"减税一旦实施，就不大可能重新征收，"戈尔说。减税恰好会扼杀富兰克林·罗斯福创立的一类社会计划。"国会从来愿意接受减税，但从不愿提高税收。增减税收都有漂亮的经济理论，但仅仅是理论而已，在我们的实际系统中完全行不通。根本就不会起作用！"

"我希望你能跟沃尔特·赫勒谈谈，"肯尼迪说。

"好的，我很高兴，"这位参议员说。他觉得自己在这一问题上与财政部长狄龙观点相同，尽管他个人认为狄龙是华尔街最糟糕的共和党人。出于不同的理由，狄龙想要在减税前先搞税务改革，梦想着消除数千条引导美国工商业者行为的陈旧规则、激励机制和惩罚措施，用新设计的自由企业制度取而代之。"但是沃尔特可以站在任何一方的立场上大谈，都同样乖巧。"戈尔这么谈论赫勒。

"那就听听他站在我这一方的见解，"肯尼迪回答道。

他们从来无法统一意见。戈尔的父亲是个农夫，后来破了产，土地被银行家收走；只有课税高的富足政府才能拯救他父亲那种人。肯尼迪的父亲是个富有的金融投机家；戈尔想要的那种政府有时会把他父亲那种人投进监狱。

飞机升空后，肯尼迪立刻走出机身后部的私人客舱，在前面的乘客区徘徊，这里坐着官员和记者。他看到《华盛顿明星报》的玛丽·麦格罗里，对她说："你那篇对尼克松的报道写得漂亮。"

"谢谢你，总统先生，"她说。周围每一个人都倾侧身子，想听清他说的每一个字眼。大家都看出，肯尼迪的老对手在选后记者会上发脾气失态，显然让他感到乐不可支。那位前副总统说："看来报界所有同仁都对我落选幸灾乐祸。"几十名记者听了这话全都惊呆了。"想想你们会失去多少报道机会吧。先生们，你们再也不能随意冲着尼克松动粗了，因为这是我的最后一次记者会……"

"不过我跟有些人不同，"尼克松最后朝肯尼迪射出一支暗箭，补充说，"我绝对不会取消订阅的报纸……"

取消订阅报纸的这位咧开嘴巴笑了。"等我参选失败了，一定要记得面带微笑才对，"肯尼迪对麦格罗里说，不过他的声音足够响亮，让大家都能听见。

厄尔·沃伦并不比肯尼迪更喜欢他这位加利福尼亚州的共和党同僚。他独自坐在前面的坐位上，这时向肯尼迪做了个手势，从衣袋里掏出一叠从报纸上剪裁下来的文章，都是对尼克松滑稽退场的报道。美国总统跟美国最高法院首席法官并肩坐在一起，大声读出那些报纸剪辑，两人笑个不停，乐得活像两个小学生。

看来，尼克松完了，那等于是政治自杀。但他绝不是肯尼迪最害怕与之正面搏斗的共和党对手。纳尔逊·洛克菲勒的照片印在最新一期《新闻周刊》的封面上。这份杂志的华盛顿分社社长布拉德利对总统说，纽约州州长否认自己说过会在1960年击败肯尼迪，他说自己会在1964年获胜。

"当时谁也不怀疑他会在1960年击败我。这我知道，"肯尼迪说。但是1964年的情况会不同，尽管洛克菲勒让一桩麻烦的离婚案缠身，可他刚刚以50万票赢得在纽约连任。肯尼迪告诉特德·索伦森，要司法部查查洛克菲勒基金会和其他家族企业的活动。11月26日，陆军对海军的橄榄球比赛在费城举行，肯尼迪与罗斯韦尔·吉尔帕特里克并肩坐在看台上。吉尔帕特里克从小就认识纳尔逊·洛克菲勒和他的兄弟。肯尼迪从来会向吉尔帕特里克提很多问题，这次是问起洛克菲勒家族、他们的家庭、基金会、他们的妻子、孩子、嗜好等。洛克菲勒有女友吗？吉尔帕特里克说，多得很呢。

"他怎么能侥幸没有曝光呢？"肯尼迪追问起详细情况。

第三十八章　1962 年 12 月 26 日

　　1962年12月16日肯尼迪总统坐在椭圆形办公室里一把卡住不摇的摇椅上，接受三个电视记者一个半小时的采访。这次采访剪辑后成为一小时的节目，第二天晚上在所有三家电视网播出，哥伦比亚广播公司、全国广播公司和美国广播公司都使用了同样的节目名称："两年后对话总统"。

　　总统本人坚持，拍摄时长应大于实际播出时间。在编辑机房，负责剪辑的哥伦比亚广播公司记者乔治·赫尔曼明白了个中缘由。如果肯尼迪不喜欢记者提问中的措辞或锋芒，回答就变成冗长乏味的漫谈，因为他清楚，那些问题会在剪辑时裁掉，使最后版本合乎他的口味。

　　他的确喜欢看这个采访节目，大多数其他人也喜欢。《记者》杂志将电视时代的到来与总统在电视上露面描述为"珠联璧合"。本·布拉德利在家里看着电视，觉得自己看到了未来，他可不喜欢这种前景。报纸和杂志无法与电视相提并论，电视画面富有人情味，庄重幽默兼而有之。他打电话给总统，向他道贺。肯尼迪说："我总是说，等我们用不着通过你们这帮家伙时，才能真正跟美国百姓沟通。"

肯尼迪在1960年竞选时，电视发展还处在演播室阶段，几乎所有节目都要在几间旧仓库或老剧场拍摄，里面打着热辣辣的刺眼灯光，几堵墙上布满各种开关。肯尼迪竞选总统时便学会了利用这一切，他与理查德·尼克松在演播室做最著名的竞选辩论时，曾大获裨益。不过，当时在这些演播室和竞选中，最激烈的斗争并非竞选对手之间的搏斗，而是印刷品新闻与电视新闻这两种新老媒体之间的战争。1960年，大多数报纸顽固照搬老供应商美联社提供的新闻，拒绝刊载迅速传入全国广播公司和哥伦比亚广播公司两家电视网的选举结果。1961年，白宫记者协会投票表决，认定电视记者不是真正的新闻工作者，不接受他们为协会成员。

约翰·F.肯尼迪不是一位"电视总统"。他担任总统时，电视正在确立自己的地位，成为美国的一种新环境，它不像一种传播媒体，倒更像是气候环境。肯尼迪的总统任期处在"政治工业时代"末期，当时，各种记录靠的是黑白照片、打字机、复写纸、油印机。电视新闻是在纽约的演播室读15分钟报纸头版新闻。但是，火炬已经传递到一个新的技术时代。《纽约时报》记者桑德尔·瓦诺克尔离开报界，成为全国广播公司新闻网驻白宫记者，同行们视他为异类。一天，他就某个具体节目的影响向肯尼迪提出不同看法，总统听了马上叫秘书："林肯太太！请把上周那些纳尔逊研究文章找来，在《时尚》杂志上。"这时，瓦诺克尔才确信，自己的职业选对了。

美国广播公司的威廉·劳伦斯也是从《时代》杂志跳槽出来的。他在12月16日电视采访中提出了第一个问题："总统先生，回顾任期前两年，你的总统经历是否符合原先的预期？"

"首先，我认为各种问题比原先想象的更难处理，"肯尼迪回答道。"对美国承担的责任比我原先预料的更加重大，我们为有利的结果活动，但活动能力受到的各种限制超出了我原先的预期。我认为不论谁当总统，情况可能都是一样，因为一方面是一些人，他们提建议、讲话、立法，另一方面是一个人，他不得不从各种不同建议中做出选择，使之成为美国的政策，这两方面是有差别的。讲话容易，最后做抉择就要难得多。顾问人员的意见从来有分歧。如果选错了路线，总统理所当然要对此承担责任，我有时也会选错，而顾问们却不必承担责任，可以转而提新的建议。"

在剪辑后的一小时节目之末，他说："不过，有了担任总统两年的体验后，我必须说，以前得到的任何经验都不足以胜任总统职务，我还要说，我对美国的前途充满了希望……在 17 年中，其实还不止，应该说在将近 20 年中，一亿八千万美国人民是捍卫世界的伟大力量，先是抵御纳粹威胁，此后又在抵御共产主义的威胁。假如没有我们，共产主义将统治今天的世界……我认为，对于一个人口只占全世界百分之六的国家，这是个了不起的纪录。我认为我们在这个圣诞节应该感到十分自豪。"

12 月 17 日，总统在棕榈滩观看了对自己的电视采访，第二天飞往巴哈马的拿骚，与哈罗德·麦克米伦举行为期两天的会谈。在古巴危机期间，这位首相一直在等待，此时轮到他引起美国人关注了——他自己的政府有垮台的危险。麦克米伦以自己与肯尼迪的"特殊关系"而自诩，可美国显然没有与盟国协商就采取了针对古巴的步骤，这让他感到难堪。接着，国防部长麦克纳马拉建议取消生产名叫"天弩"的空对地自导导弹，他因此感到屈辱。

1960 年，艾森豪威尔批准开发这种导弹，按照设计，导弹可由战略轰炸机携带在机翼下。项目的成本是 25 亿美元，计划制造 1,500 枚导弹，1,000 枚装备美国空军，500 枚装备英国皇家空军。英国自己拥有核弹头，但没有能力开发地对地导弹。有了"天弩"，他们便拥有了独立的核武器发射系统，可借此维护自己在全球的大国地位。这种导弹被视为最先进、最高级的武器。问题是，投入 5 亿美元做研究开发，结果"天弩"不成功，美国空军试射五次均以失败告终。麦克纳马拉要撤销这个计划，省下 20 亿美元。

这个单边决定导致麦克米伦的政治生命受到动摇，这位首相赖以生存的体面政治提法是：美国与英国是平等合作伙伴。伦敦的《星期日电讯报》推测，麦克米伦已经濒临议会不信任投票，即将下台，便登出漫画，套用一首老圣诞歌谣，挖苦他的所谓"特殊关系"，漫画中的歌词是："圣诞节，马上到，美国爷爷送礼喽：12条重新评估、11种妥协让步、10个笨拙声明、9次委婉拒绝、8句陈词滥调、7个善意姿态、6个温和笑容、5类低俗琐事、4次认错道歉、3个恶心笑话、2句鼓励话语，1个国防部长。"

肯尼迪录下年终电视访谈后，与麦克纳马拉、邦迪、美国驻英国大使戴维·布鲁斯、副国务卿鲍尔商谈，要在第二天与麦克米伦在巴哈马会晤前，先达成一种共识。布鲁斯在英国问题上提出自己的论点，说这是个很简单的问题：美国承诺的可信度与麦克米伦政府的存废。代表腊斯克参加会议的鲍尔持亲法立场，禁不住反驳说，戴高乐总统和欧洲其他领导人相信，所谓"盎格鲁—撒克逊"联合体会以欧洲大陆国家的利益为代价，如果对英国施恩，等于是证实了这一点。他转向肯尼迪说，在帮助麦克米伦问题上必须谨慎，这可能是他总统任期中最重要的决定。

"乔治，我们每个星期都面临最重要的决定，"肯尼迪微笑道，微笑中无疑带着讽刺意味。他决定向麦克米伦提出，供应"北极星导弹"配备英国潜艇，也会向戴高乐做同样的表示。

但其实并不一样。英国有核弹头，可以由导弹运载，而法国1960年2月才实验了首枚原子弹，并不具备生产核弹头的能力。戴高乐拒绝了"北极星导弹"。美国在古巴危机中采取单边行动后，这位法国大人物比以前更加深信，法国和欧洲不能指望这些盎格鲁—撒克逊人保护他们抵御苏联人。

12月19日，肯尼迪在巴哈马群岛的拿骚市与麦克米伦会晤过程中，收到赫鲁晓夫一封来信，信中内容让他感到鼓舞："加勒比地区的最大危机与紧张时期已成为往事。我们现在可以腾出精力考虑其他国际问题了，特别是长期以来已经成熟、可以付诸行动的主题——停止核试验……总统先生，在我看来，现在该永远停止一切核试验，画一条线终止所有这类试验……"

古巴对峙结束后仅几小时，首相和总统就讨论过这个方向的前景。10月30日，赫鲁晓夫曾在信中写道："总统先生，终止在三个环境中停止核试验的条件已经成熟。"三个环境是指大气层、外太空和水下。肯尼迪当时的反应是召来反核活动家、《星期六评论》的编辑诺曼·卡曾斯。他从报纸上得知，卡曾斯要作为教皇约翰23世的个人代表前去莫斯科谈判，希望说服苏联人释放几位拘禁在东欧的罗马天主教神父。

"我不知道谈判中是否会提及美苏关系问题，"总统对卡曾斯说。"如果提及这个问题，赫鲁晓夫也许会谈到缓和紧张局势的愿望，他会暗示，美国对此没有相应的兴趣。让他纠正这个看法是重要的。照我看，在美国政界，谁也不像我更渴望将冷战造成的敌意抛在脑后，认真着手缔造友好关系。我不能确定赫鲁晓夫是否了解这一点。请传递一个意思，我比双方任何人都更渴望签订一个军备控制协议。"

结果，那正是赫鲁晓夫一直想要听到的信息，他的回答也正中肯尼迪下怀。

"总统与我应当马上做一件事，就是订立一个条约，宣布核武器试验为不合法，"赫鲁晓夫对卡曾斯说。"然后我们可以着手处理防止核武器在全世界扩散的问题。关于我反对核查的说法不是事实。我不断看到美国报纸报道说，苏联反对作为禁核一部分的核查。这不是真实情况。如果美国想要做合理的核查，可以来……我们两国认可一种核查方式，既能让你们感到满意，认为我们没有弄虚作假，又能让我们满意，认为你们不是来搞间谍活动。我们看不出这么做有什么障碍。"

总统为赫鲁晓夫最近的来信大受鼓舞，也很高兴终于将"天弩"导弹的事抛在了脑后，圣诞节前夕，他从拿骚飞回棕榈滩度假，还随行带回英国大使戴维·奥姆斯比－戈尔。两人自从青少年时期在伦敦相识后，一直是朋友。他们正坐在老约瑟夫·肯尼迪家泳池边，忽然电话铃响了，总统得知，麦克纳马拉刚刚宣布，"天弩"导弹试射成功，但下令撤销这种武器计划的正是他本人。

"天哪！"肯尼迪喊起来。"难道他疯了？发生了这么多变故，他干嘛还这么干？"肯尼迪找不到这位国防部长，因为他正在西部某地登山。后来奥姆斯比－戈尔在日记中写道："这一危机爆发时，我们正坐在棕榈滩他家后院的泳池旁，准备下水游泳，他在让人修剪指甲……明媚的阳光下，泳池旁景

463

色优美……忽然他歇斯底里大发作，打电话时出语激烈，可怜的指甲修剪师不敢停下，继续为他修剪指甲……"

肯尼迪平静下来后，开始跟他两岁的儿子小约翰嬉戏。小男孩要爬出泳池，他父亲从下面抓着他的泳裤，露出他的小屁股，把他轻轻推回水中。

"爸爸淘气，"小名叫约翰的男孩说。他爸爸再次把他推到水里。

"爸爸，你是个讨厌鬼，"男孩说。

"小约翰·肯尼迪，你怎么胆敢说美国总统是讨厌鬼？你这个小坏蛋，看我怎么收拾你。"

那天晚上，约翰和他妹妹卡罗琳走进餐厅，向正在共进晚餐的父亲和他的朋友们道晚安。约翰绕过桌子后站在门口，再次对他爸爸说："讨厌鬼！"

内阁成员和其他官员纷纷来到棕榈滩，有的是独自来的，有些结伴而来。在棕榈滩度工作假期已经成了"新边疆"方针时期最老的传统，这一次，总统要在阳光下度假两周，计划一直待到1月8日。

第一轮访客是来谈钱的事。牵制共产主义是一桩昂贵的生意。道格拉斯·狄龙跟总统谈起"古巴二度"的开销，肯尼迪开始了一段让人沮丧的冗长陈述："要说我们花费在国防上的开支占预算的百分比，加上原子能和空间开销，一共是多少，59％左右？法国、德国、英国占多少百分比……德国是28％或29％，就这他们还要削减，因为想要平衡预算……我们呢？要么他们自己想想办法，要么我们采取措施设法削减。"

他在8月份承诺降低收入所得税，改革税法，现在也该践诺了。沃尔特·赫勒来棕榈滩接受总统的询问。"那个一揽子计划搞得怎么样了？"肯尼迪问。

"我们还没有完全制定出来，"赫勒说。最初向公众宣布，要在1963年1月公布减税和其他改革方案，这都已经过去6个月了，但总统显得并不担忧。他现在已经准备好了，他希望让这个国家再次活跃起来。但赫勒感到纳闷，他宣布要减税，同时还要增加政府开支。不知他是否理解自己要面对的矛盾。

接着来的是预算主管戴维·贝尔。谈到下一年度的援外预算时，总统告诉他说，不要再用诸如"援助"或"资助"这类字眼，要用"国际安全"代替"援助"和"资助"。要说"国际安全"不说"国际开发"。肯尼迪说："加强自由世界的安全"是他喜欢的措辞，他告诉贝尔，这是由于美国人不喜欢援外的提法，但是，对于听起来与反共产主义有关的说法，却愿意为之付出几乎一切代价。

迪安·腊斯克来过两次棕榈滩。一次来访时，卡罗琳在门口迎接他。"你好，国防部长先生，"这个五岁的小女孩说。"我对也门发生的战争感到非常担心。请告诉我今天也门发生了什么事。"

"这个嘛，"腊斯克觉得她说话跟父亲一个腔调，"我认为……"接着听到她父亲在一道屏风后面发出的笑声。

新年前夕，参议院多数党领袖迈克·曼斯菲尔德来到棕榈滩，要与总统谈越南的事。泳池边颇为喧闹的景象让他稍感吃惊。只见肯尼迪在与一位挺惹眼的年轻女子交易环绕式太阳镜，那女子看上去像个墨西哥人。这儿可不是蒙大拿州啊。

"咱们单独谈吧，"肯尼迪说。两人离开泳池边准备乘船游览沃思湖的人群。这位参议员多次去过东南亚，起初是二战时期在那里当一名情报官，他既是吴庭艳的朋友，又是他的支持者。他赴南越访问刚刚返回，随行的有参议院外交委员会的成员。这个委员会是应肯尼迪总统的要求组织起来的。

在越南问题上，曼斯菲尔德似乎有可能成为"鸽派"。这个字眼和"鹰派"已经变得十分流行。查尔斯·巴特利特和斯图尔特·艾尔索普在《星期六晚邮报》的一篇文章中采用过这两个字眼，描述古巴危机时执行委员会辩论中赞成空袭和隔离的两派。

显而易见，总统逐字逐句读过曼斯菲尔德的报告，也因此感到非常忧虑。

曼斯菲尔德在文章中描述吴庭艳的政权时写道："权力不受约束，极易沦于腐败。"那位南越总统非常爱国，工作不辞辛劳，个人非常廉洁，但他疲于应付的各种问题越来越复杂。权力逐渐落入他胞弟吴廷琰之手。吴廷琰更加理智，处理问题也更加巧妙，但没有威望。"我们预想的规划显然基于一种假定，那就是南越内部现存问题保持不变，可以通过加大努力和采取更好的技术手段解决。但是，假如问题发生变化怎么办？……可能的变化包括北越干部和物资渗透升级……包括部分使用或全部使用北越常规力量……如果补救措施不奏效，就难以构想出替代方案，除非承诺大规模投入美国军事人员和其他资源，在南越建立某种形式的新殖民统治。总之，我们不得不与游击队发生全面战争。"

曼斯菲尔德重复讲出自己的分析时，肯尼迪的脖子和脸颊涨得越来越红。"你认为我会相信这话？"他问。

"是的，所以你才叫我来。"

"我的人对我说的可不是这个看法，"总统说。

"这个嘛……"曼斯菲尔德表明了自己的看法：如果我们认为捍卫南越对美国国家安全是必需的，最好准备就对方的每一步升级做出回应，而对方在投入全部人力物力。

总统从自己顾问那里听到的说法，往往是相互矛盾的，在一份又一份报告中，不但与曼斯菲尔德的说法相矛盾，而且还有就美国卷入的内部矛盾。对于在越南做出的努力，总统了如指掌——他亲自审查批准空中行动和针对陆地目标的行动，美国人员越来越公开地卷入这些行动了。但是，他无法在两种看法中做出取舍，一种是国防部乐观的数据，另一种是国务院和他大约每个月派一批使团发回的悲观信息。

到了1962年末，美国在越南的军事人员多达11,500人，比年初的2,646人几乎多出9,000人。这一年，在那个国家的美国伤亡人数达109人，而1961年的伤亡仅14人。

总统说出这些数字后，曼斯菲尔德说，对这些数字要当心，意思是对麦克纳马拉要当心。肯尼迪关心事实，麦克纳马拉热衷于数据，这两人真是个绝妙的组合。一个记者问麦克纳马拉，上个月他做出多少个重要决定，他的回答非常精确：629 个。中央情报局也在挖麦克纳马拉的墙角，利用他自己的数字，发布了一份年终"国家情报评估"称：

"各种统计数据显示，政府在 1962 年对付越共取得了进展，但是这些数据可能有误导性……报告中越共 1962 年伤亡人数超过了 30,000，其中包括战斗中消灭的 21,000 人。然而，估计目前越共的正规军为 22,000 – 24,000 人，对比之下，去年 6 月为 17,600 人。这显示，要么伤亡数字被夸大了，要么越共有非凡的兵员补充能力——或两种情况兼而有之。"

12 月中旬，由罗杰·希尔斯曼撰写的国务院评估报告是这样开头的："吴庭艳、其他越南主要官员及美国在南越的官员显然都相信，对抗越共叛乱和颠覆的斗争潮流如今正在发生转折。但抱有这种乐观情绪还为时过早。看来充其量不过是形势恶化受到了遏制……"

这便是 1962 年底华盛顿面临的局势。越共部队开始想出对付美国直升机的办法，不再是见了就逃，而是发射地面炮火击落飞机，夏天盛行的乐观情绪开始消退。总统在公众面前采取的也正是这种方针。1962 年 12 月 12 日举行的当年最后一次记者会上，有记者提出越南问题："总统先生，你在整整一年前下令增加对越南的援助。但报界似乎报道了很多令人气馁的消息。请你做出评估好吗？"

"不错，我们在越南做了重大努力，"肯尼迪回答道。"大家知道，我们在那里的人数是一年前的 10 到 11 倍，还在那里投入大量装备……在某些阶段，军事计划执行得相当成功……我们还看不到这条隧道的尽头，不过我要说，我认为不是比一年前更黯淡，在某些方面是更加光明。"

但事实上，那里的任何情况都没有好转，美国国防部、国务院、美国驻越南军事顾问团、新闻界等各个方面都开始将局面归咎于吴庭艳和吴氏家族。吴庭艳和吴廷琰拒绝接受美国的善意忠告，但为战争支付费用的却是美国；在华盛顿的人们看来，问题就这么简单。

希尔斯曼向总统提交的报告末尾这样写道：

不能排除随时发生政变的可能性。许多官员和反对派人士感到……越南政府打不赢战争，主要因为吴庭艳实质上是搞个人独裁，没能通过必要的政治和经济手段赢得广大农民的支持……在大多数可预测的政变发生时，美国的作用都是至关重要的……美国可帮助政变领导人达成协议，确定谁出任政府首脑，帮助恢复政府镇压叛乱的动力。

总统善于对人们讲大家喜欢听的话，他在沃思湖对曼斯菲尔德讲了这一想法："假如现在从越南完全撤军，手头又多了个乔·麦卡锡式的红色恐惧，不过我可以在连任后撤军。所以我们最好搞定连任再说。"

三天之后，在迈阿密柑橘碗橄榄球场举行的仪式上，他一时冲动，对听众讲了一番大家想听的话，听众是美国训练的2506旅古巴战士，曾在猪湾事件中被俘，后来卡斯特罗释放了其中1,000多名士兵，换取价值5300万美元的药品、婴儿食品和美国对古巴实施贸易抵制涵盖的其他商品。卡斯特罗把这笔钱叫作"赔款"。按照美国官方说法，那些商品是美国各公司捐献的，特别是大制药公司的馈赠，但是他们根本用不着为自己国家做如此大笔的奉献。负责募集这笔钱的人是罗伯特·肯尼迪，他向各公司承诺，要为他们减税，额度与捐献产品的零售价相等。

"不论代价多大，我们都要做，"总统得知卡斯特罗愿意接受金钱换战俘后，对他年轻的拉丁美洲事务助理理查德·古德温说。"我们会取消对他们的课税。"他在那个仪式上重复了一年以前说过的话。"是我派他们去那里的。他们信赖我。我得把他们赎出来。"

总统星期日要在迈阿密对那个军旅演讲，为他准备的讲稿满是冷淡的外交辞令。很显然，除非入侵或搞暗杀，否则美国也许不得不与卡斯特罗或卡斯特罗主义长期共存。鉴于这种情况，有人警告肯尼迪，不要去柑橘碗体育场，因为获释的人及其家属很可能用嘘声向他发难。

可他还是去了。他和妻子走向球场50码线位置的看台时，运动场上40,000

名男人、女人和儿童全都起立向他欢呼，让他无法保持冷静。有人向他奉献了一面这个旅的旗帜，一名战俘在20个月的监禁生活中一直把这面旗帜藏在身边。他说道："你们旅让美国保存这面旗帜，我要为此向你们表达我的衷心感激。我向你们保证，哈瓦那获得自由后，这面旗帜将在那里归还你们旅。"

1963年1月3日早上，参谋长联席会议发出一份盖着"机密"印章的4页备忘录由专人送到棕榈滩，当面递交给总统。

> 1月2日南越当地时间早8:00，越南政府军对越共发动了一次地面加直升机协调行动。由于先前新闻报道称美国5架直升机被击落，数架被击伤，导致新闻界对此次行动大肆报道。
>
> 对此次行动的重要性，以及美国与越南政府军遭受的损失，最初的新闻报道明显失实。显然遭遇到了出乎意料的顽强抵抗，不过交火在维持，行动在继续……

新闻界对越南的不利报道把军方搞得焦头烂额，他们要插手新闻业，企图在《纽约时报》自己的地盘上取胜，这场竞争由于纽约发生了印刷工会罢工而变得简单，使得只有西部版的《时代》报在洛杉矶出版。这份报纸的头版头条新闻标题是《越共击落5架美国直升机，击伤另外8架……战争升级以来最惨重的失败》。总统后来在东部出版的《时代》报上看到戴维·哈伯斯塔姆写的同一篇文章。

那天，在西贡西南方向40英里处发生了交战，3名美国顾问与61名南越正规军士兵阵亡。1,200多名南越最精良的部队士兵由一波又一波美国直升飞机和M-113装甲运兵车送上火线，收紧一个复杂的军事罗网，这个罗网是名叫约翰·保罗·范恩的美国陆军上校布下的，他本人乘坐一架侦察机，在战场上空盘旋了一整天。行动目标是包围越共在湄公河三角洲一个名叫新盛的村庄，那里有越共的无线电台，由大约200名的越共部队守卫。这正是美国军事顾问一直想要的交战方式：经典的战事，而不是越共通常采用的游击战术。大多数美国人并不知道，早在10年前，越南共产党人独立同盟会正是在同一地点击败了法国军队。

南越政府军也不知道，无线电台其实不在新盛，而是在一英里外的美萩。范恩召来两个连的越南政府军伞兵，降落在新盛西面，封锁了包围圈，挡住越共向美萩东面突围的最后一条路线。这天的战斗结束时，范恩报告称："我们一整天坐在那里，没有接近敌人，没有收紧包围圈。当然，那天夜里，他们溜掉了，我们原来就知道他们会溜出去。"主要是因为越南政府军指挥官黄文高准将不愿下令发动进攻。几天前，吴庭艳批评黄文高，称伤亡太重，超过了政治上可接受的水平。

"是一场胜利，"美国驻越南军事顾问团的保罗·哈金斯将军报告称。顾问团报告中说，消灭了100名越共，夺取了军事目标美萩——是在越共突出包围圈后留下的。次日是1月4日，哈伯斯塔姆在《时代》报第二版的报道中写道，只发现三具越共的尸体。《时代》报军事版编辑汉森·鲍德温在《直升机不能代替人》的标题下分析了那场战斗："如果还需要证据的话，本周得到的证据显示，在南越的战争有可能持久而艰苦，最终结局值得怀疑。"

"这是一场令人发指的败仗，"肯尼迪对罗杰·希尔斯曼说。这位国务院情报主管当时在越南，他12月份就美国军方过早表现出乐观态度写出那份报道后，总统派他去越南考察。希尔斯曼此行由35岁的华尔街律师迈克尔·福里斯特尔陪同。福里斯特尔接替沃尔特·罗斯托担任了邦迪的助理，他父亲自杀后，埃夫里尔·哈里曼担当起保护人角色，像个教父一样保护他。他父亲詹姆斯·V.福里斯特尔是首任美国国防部长，1949年在马里兰州贝塞斯达市，从海军医疗中心跃出窗口跳楼自杀，据说嘴里高喊："俄国人来啦！"

肯尼迪喜欢年轻的福里斯特尔，每天跟他见面的时间最长。这次让他与希尔斯曼结伴，是又一次在越南"发现事实真相"的努力——每两个月左右要做这么一次尝试。日复一日，每天夜以继日地从西贡传来五花八门的消息，肯尼迪好像要斩断乱麻般的纷乱信息，找到真相。这一次，两位向总统发回的报告是这样写的：

> 在南越的战争形势明显比一年前好……尽管如此，消极的一面仍让人惊愕……尽管政府声称在战斗中消灭了越共20,000人，打伤4,000人……但情报估计，越共正规军力量在过去一年其实从原来的18,000人增加到23,000人，我们也许会打赢，但进展缓慢，低于希望的速度。按现在的速度，战争持续的时间会很长，超出我们的愿望，在生命损失和金钱消耗两方面都比我们预期的更多……

> 真正的问题是权力集中在吴庭艳及其家族手中，尤其是在他弟弟吴廷瑈和他妻子手中，而吴庭艳不愿委派别人，这是否会疏远政府赖以推行其政策的中上层官员……

> 美国现在驻南越的新闻界人士与大使馆和美国驻越南军事顾问团关系良好，一般对他们得到的帮助表示感激。但他们对吴庭艳和南越政府持完全对立态度，富有正义感。吴庭艳只想受到谄媚吹捧……

中央情报局作为另一个非军事机构，传来的消息大致相同。他们此时与麦克纳马拉新建立的国防情报局竞争，有自己的统计数字。1963年1月11日，中央情报局的备忘录写道："尽管南越政府现在还能维持，并与越共对峙，也许还减小了某些地区受到的威胁，但总潮流并未转变……1962年12月1日，南越的2,350个村庄中，有793个受到越共实际控制或服从其控制。政府控制着1,617个村庄，其余120个不受任一方的有效控制。这显示，自从1962年10月1日以来，越共多得到27个村庄，政府多得到25个。总而言之，这场战争维持着缓慢升级的胶着状态。"

参谋长联席会议在1月份派出自己的12人考察组，去调查事实真相，领导人是陆军参谋长厄尔·G.惠勒，绰号"公共汽车"。就是这位将军在1960

年10月向时任参议员的肯尼迪提交了他的"导弹差距"报告。

"现在，胜利是个有希望的前景，"惠勒将军报告称。他的具体任务是估计战争可能持续多久。"按照目前的推进情况，我们在缓慢获胜，而且……要做出改变，没有让人信服的理由……'首发阵容'正在比赛。"不过他接着提到，北越相信，美国人与法国人没什么差别，最终将丧失信心，撤军回国是不可避免的。不过他倒是提倡做出一些改变，有些拟议的改变让肯尼迪感到吃惊。参谋长们想要攻击在老挝和柬埔寨的供应交通线和物资储存地，"……在协同计划的破坏、毁灭、宣传和颠覆中，让北越人流血"——包括派突击队攻击北部湾海岸。

惠勒的代表团还坚持认为，美荻之战是一场胜利，指责新闻界误导读者，也误导了总统："那是个对战争努力造成伤害的主要例证。新闻界人士承认，第一批对冲突的不完整报道引发了潮水般的种种社论，悲观态度盛行，他们也为此感到吃惊。但他们不顾事实，硬说那次战斗是一场失败……建议：组织成熟而有责任感的新闻记者和行政人员陆续访问越南。"

1963年1月12日，麦乔治·邦迪为总统准备好"周末批阅"文件夹，其中包括了参谋长们对北越发动掩护战的建议，还包括了中央情报局的电报内容：关于社会党人在意大利的活动、印度与巴基斯坦无休止的边境交火摩擦、约旦国王侯赛因对美国在也门采取行动的观点等。此前，美国空军向靠近南也门的巴林调去一个歼击轰炸机空军中队，试图阻止埃及在推翻也门伊玛目的战争中逐步增加军事参与。在那个周末，总统三次致电邦迪的另一位助理卡尔·凯森，要他与空军保持联系："假如我们要在那里击落埃及轰炸机，我要在射击之前知道。"

希尔斯曼和福里斯特尔在报告有个分类为"绝密"的补充文件，装在一个文件夹中递交总统，文件夹的标签是"绝密附件：美国使团的表现"，只有总统能阅读。文件抨击了哈金斯将军和弗雷德里克·诺尔庭大使：

"没有一个人专门负责。理想的情况是授权给一位强有力的执行者……一种可能性是委任合适的将军担任大使。另一个较好的选择是委任一位文职公共人物任大使，其人品和声望使他能够支配其他部门和机构的代表。”

那份“绝密”报告再次就吴庭艳和他弟弟吴廷瑈提醒肯尼迪，认为南越总统脱离现实，他弟弟是个恶毒的瘾君子。希尔斯曼和福里斯特尔的言外之意是建议总统：“要想让吴庭艳按我们的意思办事，就需要投入更多精力。”

五级专业军士直升机炮手詹姆斯·麦克安德鲁的家乡在加利福尼亚州圣安娜市，他是在美萩阵亡的三名美国士兵之一。他的家属照例收到总统的一封信。“我沉痛得知……肯尼迪夫人与我向您表示我们最诚挚的慰问。”

两个星期后，递交给肯尼迪的文件中有一封寄给他的信，写信人是麦克安德鲁的姐姐博比·卢·彭德格拉斯，另外还有陆军撰写的回信。

　　我只是一名家庭妇女，甚至不敢说自己对国际形势有多少了解，但我们对此感到非常痛苦——我们远在越南的少数小伙子们是否可以表现得更加出色，能否证明可怕的伤亡付出是值得的？……可那些小伙子们只是埋头坐在讨厌的直升飞机上。假如一场战争值得去打，难道不该打赢吗？

　　请答复我，帮助我和我的家人能为自己的损失感到安心，让我们感到尽管詹姆斯死在越南，而且那不是我们的战争，但他的死并非没有价值。愿上帝保佑你。

陆军拟的回信让肯尼迪不满，他自己动手写了回信，其中包含这样的想法：

　　美国人去越南，是为了保证这个国家绝对不能落入共产党人手中。

　　很显然，共产党人企图接管越南仅仅是一个更大计划的组成部分，他们要让整个东南亚处在他们的统治之下。虽然越南在地理上仅仅是那个地区不大的一部分，如今却至关重要……你的弟弟派驻越南，是因为从长远角度看，对越南人民的威胁，就是对自由世界大家庭的威胁，最终会威胁到我们自己。

　　詹姆斯·麦克安德鲁参军服役，一定预见到可能参加像这样的战争……我能肯定，他了解这种战争的必要性，而且我也知道，他作为一名士兵，知道在越南打全面战争是当时无法想象的。

　　45名美国士兵在越南捐躯，其中也包括了你兄弟……我相信你能像弟弟一样明白这一点，你会像他一样相信，他的死并非没有价值。

　　自从1962年底以来，总统便相信，假如美国从南越撤军，那个国家会在"眨眼间"崩溃。他12月在纽约发表演说后，回答问题时就用过这个字眼。他也开始将更多注意力集中在越南。1月17日出版的《生活》杂志在一个摄影专题中反映出这个承诺，标题是《我们深陷进丛林战争》，其中有第一次使用凝固汽油弹的彩色照片，表现出飞机和直升飞机下方的村庄在胶冻状汽油爆炸时的情景。图片的文字说明是："低空扫过敌人出没的灌木丛林。""美国飞行员教官注视越南人用凝固汽油弹攻击。轰炸的目标是扫清树叶，把敌人驱赶到露天下现身。"

　　迈克尔·福里斯特尔认为，肯尼迪变得越来越紧张，感觉到东南亚的事件正在滑向失控状态时，他感到极度紧张。但是没有多少人替他分忧。总统在棕榈滩时，国防部长腊斯克两次在参议院外交委员会作证。他对总统说，没有就越南提过问题。

　　几个星期后，英国镇压叛乱专家罗伯特·K.G.汤普森来到华盛顿，传播好消息："一年前，我们在越南既没赢也没输。现在我们确实在赢。"

　　原来构想出"战略村庄"概念的人就是这位汤普森，如今，半数以上越南农民居住在或被拘禁在这些村庄里。中央情报局向肯尼迪通报说，6,000座小村庄更像是集中营，而不是爱国者加筑工事的村庄。汤普森这时提出另一个想法：如果形势继续好转，就撤出1,000名美国军事人员，利用这事大做文章。汤普森对肯尼迪说："这样做有三点好处：一、表示越南共和国在取胜；二、给吴庭艳的反对派降降温；三、引人瞩目地表现出美国的真诚意图。"

第三十九章　1963 年 1 月 14 日

1963 年 1 月 14 日发表国情咨文时，肯尼迪总统打算缓和他的政府一向使用的急迫口吻。两年前，他在国情咨文中陈述道："各种事件潮水般浪涌而来。"此时，他该说，是他出手力挽狂澜。但这天一开始就有个坏兆头。在巴黎，戴高乐总统宣称，法国要否决英国加入欧洲共同市场，这既破灭了肯尼迪认为具有历史意义的欧洲一体化希望，也破坏了肯尼迪的自由贸易倡议。戴高乐还同时正式宣布，法国不依赖北约，要独立自主开发核打击力量，这扼杀了美国人将多国核力量置于美国有效掌控中的设想。

那天晚上，肯尼迪在参众两院联席会议上保持了乐观的语气："175 年以来，我们的航程伴随着劲吹的变革之风，伴随着对我们有利的人类自由浪潮。今天我们依然欢迎变革之风，我们有各种理由相信，我们的潮流强劲而蓬勃。"

这次演讲主要内容是关于国内事务的，他以这样的内容开了头："今年，至关重要的一步，是让实质性减税及修改联邦收入所得税法获得通过。

"情况变得越来越明显……我们的税制陈旧过时，严重拖累了个人购买力，影响了企业利润，降低了就业率。这套税制早些年是为遏制通胀而设计的，如今却遏制了经济增长，阻碍了努力和风险投资的愿望。

"我特此提出：永久性降低税率，减税总额将达135亿美元"——税收减少额几乎相当于联邦预算的15%。"其中110亿美元是降低个人纳税。现在的个税范围是20%到91%，降低后的范围相对合理，为14%到65%……公司税率从52%永久性降低到朝鲜战争前的税率47%，降低额为25亿美元——这占政府目前大半利税来源。"

肯尼迪的经济之旅结束了，不过没有达到预设的限度。白宫为具体减税计划辩论的最后几天，他突然中途停止，大大倒退了几步。赫勒还以为他打算放弃了。减税不会一次到位，需要在三年中分阶段进行。总统的公共经济设想是既要支持增长，又要平衡预算，但是在面对最后数字时相互矛盾：第一年全面减税产生的预算赤字超过了肯尼迪所设的限度：1958年艾森豪威尔政府的128亿美元债务。

赫勒和塞缪尔森此时提出的思想是基于国家法律。约翰·肯尼思·加尔布雷思比这两位更加自由，此时为自己远在印度感到惬意，他给肯尼迪写了封信，建议他将一位"大师"的画像挂在自己卧室或卫生间等私密之处，这位"大师"是位经济学家，名叫凯恩斯。赫勒为有限的胜利感到失望。塞缪尔森那天晚上告诉自己的门徒说，总统步子迈得太大，超过了他认为安全的范围；民主制度的领袖原本就是个处处受限制的囚徒。"不仅是国会，还有人民的态度。肯尼迪感觉到，他需要表现出美德……假如他认为人民为了更大的能动性愿意接受更大的赤字，他会这么做的。"

"听我说，我必须面对银行家的心态，"总统与詹姆斯·托宾交谈时说。托宾也是塞缪尔森的一个门徒，还是经济顾问委员会中最年轻的成员。"你的话没错，不过他们会因此踢我们的屁股。他们虎视眈眈等着这种机会。我们会失去一切的。"

觊觎总统位子的几个共和党人也在等待。其中两个人受到新闻界的吹捧，这意味着他们在树立自己的威望，一位是纽约州州长纳尔逊·洛克菲勒，另一位是来自亚利桑那州的参议员巴里·戈德华特。肯尼迪对《华盛顿明星报》的玛丽·麦格罗里说，看到她为戈德华撰写的整版专题特写。

"你觉得文章怎么样？"麦格罗里感觉受到恭维涨红了面颊。

"我没细读，"总统说。"吹嘘自己当总统干得更好，凡是描写这种政客的文章我都不看。"

肯尼迪也想把事做好，不过他不得不确定孰先孰后。首要考虑是连任。经济顾问委员会感到失望的不仅是三年减税计划，还有肯尼迪缓和了立场，将首次减税生效日从 1962 年 7 月 1 日推迟到 1963 年 1 月 1 日。减税立法与狄龙和财政部提出的税制改革是个捆绑的整体。改革内容多达数千条，用小字体密密麻麻罗列在 302 页的一本册子里，国会大多数成员和记者都难以阅读，但院外活动分子和分析家却在仔细阅读每一个字眼、每一个数字，甚至每一个逗号，衡量对其雇主的收入、利润和利益的影响。"有人搞改革，有人钻空子，"总统对狄龙说。狄龙回答说，不错，不论人们怎么看，变革都是必需的，可以扭转来自华尔街和其他共和党选民的反对立场。肯尼迪没跟他争辩。已经形成的局面并不是赫勒想要的革命性变革。但这是他这位明星学生认为可能的和谨慎的结果——如今，这种变革已经不再属于经济范畴，成了政治的一部分。

肯尼迪最初两年任期的经济形势并不糟糕，可以算是相当好的。1960–1961 年间发生了中等程度的经济衰退，但他就任后不久便结束了，不过恢复的速度似乎十分缓慢。通胀率在 1.1%，在艾森豪威尔的第二届任期内，人均国民生产总值增长率低于 1%，此时经济开始起飞，1962 年攀升到将近 4%。但美国失业人数仍然有 400 万。现在的政治目标是两个 4%——国民生产总值增长 4% 以上，失业率降低到 4% 以下，相比之下，当前的失业率为 5.8%。目标实现日期定为 1964 年 11 月 3 日，选举日。

保证竞选连任的时间表还不是总统对自己经济设想的最终完整呈现，他对纽约经济俱乐部一批难缠的听众做岁末演讲时说："我们的税制从私营经济中吸走的份额太大，扼杀了个人和企业的购买力……过去10年的教训让我们确实认识到，预算赤字不是由狂热的消费引起的，而是经济增速缓慢和周期性衰退造成的……总之，一个看似悖论的真实情况是，今天的税率太高，而税收额太低，从长远看，提高税收额最为明智的方法是现在降低税率。"

总统认为，他已经说服了经济俱乐部那600位工商界和华尔街的人士，其中多数是共和党人。后来他说："我直接使用凯恩斯和赫勒的语言，他们爱听这个。假如这些人买我的账，我就能让所有的人都接受。"重要的劳工领袖也喜欢这个想法，认为大家手头因此会有更多现钱，而他们必将从中分得一杯羹。但是，对减税和1964年财政预算额988亿美元提案的反对呼声基础更加广泛。大多数美国人和大多数国会议员仅仅在两个经济观念上有共识：国防开支是好的；预算赤字是糟糕的，高额预算赤字就更糟。代表罗得岛州的参议员克莱本·佩尔比肯尼迪更加开明。他说："虽然我是个开明的民主党人，但我对赤字不断延续仍感到怀疑。我认为，我们都喜欢看到预算能实现平衡。我看，全国上下对此都感到担心。"

在肯尼迪的右翼，财政方面的清教徒领袖艾森豪威尔说，减税是"财政上的鲁莽行为……会造成大片荒地般的巨额债务，导致金融市场混乱。"这位前总统认为，降低支出额要与减税额吻合。哈里·杜鲁门也持相同看法，他对减税提议做出反应说："我是个守旧派，相信收入应该大于支出。"在肯尼迪的白宫左翼，索伦森默认了一种俏皮的评论，说总统在纽约的演讲也许代表了赫勒的思想，不过口吻纯粹像是赫伯特·胡佛①。加尔布雷思禁不住对总统说，在他看来，那番话更像是威廉·麦金利②的口吻。加尔布雷思希望政府增加开支而不是降低税收，这样可以让美国人民手头拥有更多现金。他是个大政府的忠实拥护者，担心因为人民喜欢减税最终削弱政府的实力。

在国情咨文的信息中，总统尽了自己所能，对新组成的国会施加压力时称，经济政策与其他政策一样，本质上也是国家安全政策的组成部分。"假如

---

① 赫伯特·胡佛（1874－1964）：美国第31任总统，共和党人。——译注
② 威廉·麦金利（1843－1901）：美国第25任总统，共和党人，任内遇刺身亡。——译注

我们的国内经济不再领先，便无法长期领导和平与自由事业，"那天晚上，他在正式经济报告后，对国会补充说，"在完全就业的环境下，这些措施可以帮助提高我们的增长率，达到4%甚至更高，美国人民因此更加富足，自由世界因此更加安全。"

八天后，在1月22日的国家安全委员会会议上，肯尼迪出语更加直截了当，称所有政策都是国家安全政策："税收计划、援助、国防等所有这些事情全都有相互的关联……假如我们不掌控，随波逐流，别的国家会认为我们无能。"

在那次会议上，总统谈起戴高乐，明确表示说，不论公开场合怎么说，但心里必须将这位法国领导人当成美国议事日程中的敌手来对待："戴高乐是个存在，我们必须与之共处……巩固欧洲的概念是我们的利益所在，而戴高乐却反对这一点。通过强化多边概念，便强化了北约，也提高了他们对我们的依赖性。这便强化了我们在欧洲的影响，让我们得到指引欧洲的能力，保持其强大……

"在未来几个月中，我们必须将焦点集中在如何保护美国的利益上。我们一直在执行一种非常慷慨的政策，失去了我们对这些国家的经济能力……尽管我们为他们付出很多，但别指望欧洲会对我们做出任何回报。我们必须保证我们自身的经济秩序正常，利用我们的军事力量和政治力量，保护我们自己的利益。"

他对国家安全委员会成员们说，对外援助也应当在这个环境中处理："我们希望将援助的整个概念与美国的安全密切联系在一起。这正是我们对外援助的原因。援助的标准是对美国是否有益。援助不是个好字眼。或许我们可以换个更好的说法，叫做'相互支援。'"

1月23日，罗伯特·弗罗斯特去世。他是在圣诞节前夕住进波士顿的一家医院的。病重期间，似乎全世界所有重要人物都向他致信慰问，他们都相信这是对他最后的慰问——赫鲁晓夫、教皇、罗伯特·肯尼迪；但是约翰·肯尼迪没有表示慰问。斯图尔特·尤德尔请总统打个电话或仅仅说几句话。但是肯尼迪仍然为弗罗斯特怀疑美国的决心生他的气。弗罗斯特临终前，对尤德尔说，他仍然希望将与赫鲁晓夫的交谈内容告诉肯尼迪，但是"我知道他有多忙。那些总统身边的人，他们都……"

那天下午，白宫发表了一份声明，称："罗伯特·弗罗斯特去世是美国精神的一大损失……他以其艺术和人生归纳出他热爱的新英格兰地区人民的本质，他的品质清新而欢乐，语言坦率而质朴，表现出精明的智慧，以及对人类灵魂深刻的洞察力……他实现了生命的承诺，走过漫漫旅途，安然睡去[①]。"

1月24日，肯尼迪在一个记者会上称，贸易政策也关乎国家安全，敦促国会重新考虑其反对立场，给予两个共产主义国家南斯拉夫和波兰"最惠国"待遇："我们正处在非常富有挑战性的时期……无论他们的态度或在铁幕后面的发展速度与我们有多大差距，通过立法拒绝我们利用或开发的机会，我认为是不明智的。"

在那次记者会上，就政府宣布从土耳其和意大利撤出朱庇特导弹基地，记者问肯尼迪，这与苏联在古巴的行动有何关联？这个问题的潜台词是：这次撤出是否与苏联从古巴撤出导弹同属秘密交易的一部分。肯尼迪撇开这个问题不答，说撤出朱庇特导弹属于例行更新——考虑到那些导弹激活后还不到四个月，这个回答实在让人无法接受。回答的第二部分是真实情况：朱庇特导弹覆盖的地区现在由在地中海游弋的潜载北极星导弹所覆盖。

记者会上，有记者就美苏禁止核武器试验条约，问肯尼迪与赫鲁晓夫往来信件的内容。那天，白宫公开了三封信的部分内容：赫鲁晓夫12月19日来信、肯尼迪12月29日的答复、赫鲁晓夫1月7日的回信。

12月19日在拿骚收到来信后，肯尼迪的答复是这样开头的："关于在这个核时代消除战争，你我的观点一致……您准备接受现场核查的原则立场让

[①] 此句出自弗罗斯特的诗作《雪夜林边驻足》，引用有改动。原诗这句的意思是："但我有约定要遵守，还要走很长的路，才能安眠。"——译注

我感到鼓舞……"

但是在具体细节安排上，他显然失去了原则性。赫鲁晓夫在 1 月 7 日提到美国每年核查三次的提议，但是美国并没有做出这种提议，这个数字不过是在两次分别举行的私下会谈中提到过，会谈双方是苏联官员和科学家与美国在日内瓦的裁军谈判代表阿瑟·迪安和肯尼迪的科学顾问杰尔姆·威斯纳。"看来双方有一些误解，"肯尼迪在回信中说——核查的最少次数是 8 到 10 次。所以，美国在每年 20 次基础上让步到 8 次，苏联从 0 次让步到 3 次。

谈判停顿了，不过领导人之间的个人秘密通信在继续，措辞往往相当亲密。导弹危机过后几周，总统与这位主席每隔几天就有一次书信往来，通常内容是关于苏联从古巴撤出人员和装备的细节（和怀疑）。不过赫鲁晓夫还不失时机地评论美国的选举结果，说："你终于把尼克松先生双肩按倒在摔跤垫子上。我们不会为此落泪的。"在另一封信中，这位苏联领导人敦促肯尼迪，不要在记者会上激怒菲德尔·卡斯特罗和其他古巴领导人。"他们都年轻，容易上火，"赫鲁晓夫说。"毕竟是拉丁人嘛。"

主席还抱怨说，他注意到自己书信中的一些内容出现在美国报纸上，尤其是出现在华盛顿的一些专栏文章里。是肯尼迪泄露的吗？肯尼迪连忙表示，不是，不是。还解释说：

> 这个国家的新闻竞争十分激烈。很多竞争者并不是我这届政府的崇拜者，也许更多的人对你的政府并不完全友善。在华盛顿，盯着白宫的记者就有 1,200 名，还有几千名分派在其他机构。他们的报道没有一篇代表政府的态度。假如认为报纸和杂志上登出的东西与政策和政府的目的有任何必然联系，那就大错特错了。我很高兴告诉您，我在报界有几位朋友，不过他们都不是政府的发言人。

他还补充说，在导弹危机中，苏联人试图通过美国广播公司记者约翰·斯卡利建立私人联系渠道是个错误——不能相信他们。肯尼迪提到在他们之间传递信息的情报人员格鲁吉·布沙科夫，结果发现传递的是虚假消息。"我很遗憾他被遣送回莫斯科，"肯尼迪写道，"我们会非常怀念他的。"

1月24日，总统提出1964年度财政预算。联邦机构向预算局提出的预算要求总额超过了1,080亿美元，1月初递交总统前，这个数字削减到1,004亿美元。总统明确表示，最后的数字必须低于1,000亿美元，首先，那个数字太具有象征性，太容易让人把他视为开销庞大的民主党人。卫生教育和福利部的增长额最高，从42亿美元提高到93亿美元，新增预算主要用于教育；国家航空航天局要求的预算增长额从24亿提高到45亿，为的是实现肯尼迪的誓言：美国人要在这个10年结束前登上月球。最后期限越早，每年为之投入的金钱就越多。狄龙问肯尼迪，他心里设定的时间是什么时候。

"1967年，"总统说。"为了这个目标，我宁愿让预算和所有其他项目失去平衡……"为了这个目标，他愿意承受政治抨击。他的确承受了抨击，最激烈的抨击来自艾森豪威尔。他说："为国家威望花费400亿美元，只为先登上月球，这种人准是疯了。"

"我们只好削减教育经费，"肯尼迪补充说。照他估计，国会反正不会通过他的教育预算。他对预算局的戴维·贝尔说，回去把预算削减到985亿美元，如果超过这一数字，他本人要逐一考虑提出的每一个项目。

最后由肯尼迪批准的数字是989亿，比1963财政年度的937亿提高了50多亿。艾森豪威尔在《星期六晚邮报》一篇题为《支出陷入麻烦》的署名文章中就提高支出强调指出："经得住时间考验的财政政策规则依然适用。不论是家庭、企业还是国家，都不能靠花费走向繁荣……他们及其子女要为此支付、支付再支付。实质上，我们是为满足眼前的欲望偷窃我们的子孙。"

艾森豪威尔的最后抨击有点卑鄙。他说，新预算比第二次世界大战最后一年的预算还高。但他没有细想，肯尼迪提出的989亿美元支出占国民生产总值的15%，而1945年的预算占了国民生产总值的45%，1964年的政府开支仅为1945年的三分之一。这位前总统与国会几乎所有共和党人和许多南方民主党人一样，想要成比例地减税与削减开支——他们的目标是压缩政府规模，但同时也降低了国家的总需求。肯尼迪在回应中评论说，他的预算计划中的赤字为118亿美元，比艾森豪威尔政府1958年的赤字要小。

不过，对预算最激烈的攻击来自自由主义者。他们不但质疑经济，还质疑削减国内支出的道义层面，因为国防预算持续增长，达到政府支出的将近三分之二。在提议的支出额989亿美元中，554亿将直接用于军事开支，另外57亿用于空间计划和中央情报局的隐形开支。一份自由主义刊物《国家》杂志在社论中说：

> 我们在此看到了西方文明的辉煌高潮。耶稣基督被钉死在十字架上一千九百六十三年之后，在约翰·F.肯尼迪第三年任期中，文化成为华盛顿崇拜的神龛，蒙娜·丽莎也在这里展出，但是，550亿美元——且不断攀升——的经费却奉献给了神圣的事业大屠杀。美国的核武库储藏着估计为300万万吨当量的轰炸能力；一般认为，40万万吨轰炸能力便足以毁灭苏联的社会政治实体……预算中军事用途的部分雷打不动……
>
> 肯尼迪先生其实是在纵火，但他的纵火罪全部案情只有在人们分析过他的预算才会变得显而易见。他将近1,000亿的预算提案与减税要求相伴，也与他承认的92亿美元赤字同时推出……

狄龙受权向国会推销这份减税法案。他来到众议院筹款委员会，提交了打印成507页的改革方案，引得律师和院外活动分子蜂拥而至。需要花费很长时间才能让参众两院理解，赫勒的纯粹、迅速、永久性减税理论是启动国家经济腾飞的手段。

肯尼迪打电话给耶鲁大学的詹姆斯·托宾，邀请他担任经济顾问委员会的顾问。他说："我看你选错了人，我只是个象牙塔中的经济学家。"

"那才是最好的经济学家。我也是个象牙塔中的总统，"肯尼迪回应说。

但他并不是自称的那种类型。也许他喜欢成为那种类型，可他是个政客，他的职业耐性经常远远超过他个人的耐心。大事需要花费时间，也需要花费精力安排时间，在应付国会时尤其耗时费力。

于是，塞缪尔森、赫勒和托宾这三位凯恩斯主义理论家向肯尼迪传授枯燥的经济科学知识，肯尼迪则在可能性的艺术方面不断辅导他们。给这位当总统的学生上了两年的一个人的课程后，托宾要返回耶鲁大学，肯尼迪感到吃惊。"干嘛要回去教那些富家子弟？"他问。"在那儿教学生20年后才会产生效果，可你在这儿可以影响现行政策。"

白宫的税收政策具体条文是在1963年1月24日呈交国会的，内容包含在22页排版紧凑的《关于减税与税务改革致国会特别报告》中。印刷前，赫勒呈交给肯尼迪供其批准。总统翻阅后递回给他，说："好。"

"我的天哪，"赫勒说。"这是对我的极大信任。"

"当然，怎么会不信任呢？"

"难道你不知道？我让你说出了其他总统绝对不会说的话——在特定情形下，赤字是件好事；有些赤字具有建设性，有些具有破坏性，主要看处于何种情形。"

"那让我再看一眼吧，"肯尼迪说。他多花了一点时间阅读，修改了一个句子，然后递回给赫勒，"就这么办吧。"

赫勒走出来，对伊夫琳·林肯说，他忘了让总统看文件的淡蓝色封面了。"不过嘛，"他说，"他不会为这种小事操心的。"

"他会的，"她说。

肯尼迪走出办公室，看了一眼封面，摇头道："不够醒目。用品蓝色或深蓝色。"

如今总统处在公共舆论的风口浪尖上，一切都具有象征意义。在白宫的一张张办公桌上，都摆放着打印的标志牌："你今天为经济增长做了什么？"以前，肯尼迪的手下一直避免使用"经济增长"这个字眼，因为理查德·尼克松在1960年竞选中曾嘲笑肯尼迪的"经济增长政策"。尼克松说那番话时，用了非同寻常的巧妙口吻，让人听了感觉是一种儿童疾病。

但是，车尾贴般的标志并不能打动国会。威尔伯·米尔斯有理由认为这项税务法案能获得通过时，才会让他领导的众议院筹款委员会将法案发出去。譬如，他不愿冒险让总统提出的医疗法案遭否决，先把它搁置到一边。这位代表阿肯色州的国会议员有自己的观念，注重隐忍与确证。他与总统一样，懂得政治与虚荣之间的差异，绝对不愿为虚荣而冒政治风险，米尔斯对肯尼迪说，狄龙珍视的改革会让委员们一连啃上几个月的。

"假如我们处在经济萧条时期，假如经济开始滑坡，人人都看得出经济要开始下滑了，也许国会能通过这个，"他说。"我看，国会也许会赞成你……等我信服有机会调和减税与增加赤字时，我会赞成减税的……假如为了避免经济下滑，我不得不采取点行动，不得不向国会建议减税，相信我吧，我会这么做的。但是，只有我清楚面临着额外增加赤字同时减税的不二选择，我才会向国会提出这种要求。"

这便是他一位最好的朋友对减税问题的立场。米尔斯滔滔不绝，总统边听边点头，后来他对法案在参议院财政委员会可能面临的情况，补充了自己的分析："即使众议院通过，伯德也会敲打我们……"哈里·S.伯德是参议院财政委员会主席，这位75岁的主席在经济上是个清教徒，曾三次要求肯尼迪任命的官员辞职，他还认为平衡的预算可能妨碍经济增长。

即使米尔斯认为众议院可以接受这个编号为 H.R.8363 的减税法案，参议院也有可能根本就不予讨论，另外，由于其税制改革内容，仍然可能在众议院筹款委员会遭否决。在国会权力与代表性的核心，有许多沿袭的漏洞，每个漏洞都对某些权势人物在某些方面有重要意义，这些漏洞时开时闭。众议院筹款委员会的听证会和秘密行政会议举行了一周又一周，赫勒有点失去信心了，对肯尼迪说："你知道，我反对1963年的减税与税制改革挂钩，我也从不赞成一种说法，认为我们在私营领域触动他们的既得利益时，他们会因为我们用减税这块肥肉把他们喂饱了，贪婪欲望会有所收敛。他们没有收敛。"

中期选举没有让国会山发生多大转变。第88届国会与87届国会一个样，在众议院尤其没有什么不同。议员中大约70位南方民主党人与温和的共和党人仍旧对权力平衡发挥着重要作用。他们投票赞成总统的国防开支，反对援外，反对几乎所有国内立法。总统每次要贯彻民主党有关北方的自由议程，都需要争取到他们中40到60位以上的支持。

在1月24日的记者会上，一个记者问起总统在国会遇到的麻烦，"是……"总统一开口，马上想到前总统艾森豪威尔的建议：国会的事不能传出去。一丝微笑浮过他的面孔。"是那种总统任期后我可能会提交的提案，现在不提。"

他还不忙着考虑总统任期后的事。到了1月底，他抽出一天时间参加民主党全国委员会，以及一个大型筹款娱乐活动。他提醒民主党筹款委员会说，除富兰克林·罗斯福外，自从1876年以来，没有哪位民主党总统候选人得到过50%的选票，假如1964年再有两个州倒向共和党，共和党人就要重返白宫了——他提到的两个州是密歇根州和宾夕法尼亚州。在这场每人门票250美元的娱乐活动上，他讲了许多最新的家庭笑话和特德·索伦森写的笑话，逗得大家乐不可支。人们表演了各种节目，从他自己厌恶的内容到高雅文艺作品，有名叫《地球停下——我要下去》的最新百老汇热门音乐剧，还有他弟弟罗伯特·肯尼迪即将以敲诈指控对国际卡车司机工会联盟领袖詹姆斯·R.霍法的讨伐。

"今晚有沃恩·米德的模仿秀，所以我本人来了，"他说着向这位最著名的模仿秀演员致敬。"我听过米德先生的录音，不过我觉得听上去不太像我，倒更像我弟弟特迪——这么说惹恼他了……要是有人觉得，他今晚来是受到老板的催逼，我能体会他的情感。'约翰逼我为他买了张出席国家文化中心晚宴的门票……昨天司法部长首次在最高法院出庭，我对此感到自豪。照与我谈论过此事的埃塞尔、杰基、特迪所说，他的表现很棒……'不过，他的确表现出更加宽广的兴趣，不仅限于'地球停下——我要霍法'。"

那天夜里，他们参加了道格拉斯·狄龙家举办的私人晚宴舞会，任职参议员只有两周的爱德华·肯尼迪向他哥哥诉苦说，假如国防部按计划关闭斯普林菲尔德市的一家步枪工厂，会造成600名马萨诸塞州人失业。

总统微微一笑道："真倒霉！"

第四十章　1963 年 2 月 12 日

　　1 月 28 日和 31 日，肯尼迪总统分别向伊夫琳·林肯口述了两个长篇备忘录，标题为：《未来几个月……要解决的问题》。要解决的问题一共有 27 个：四个涉及共同市场和国际贸易问题；三个是关于核武器的；三个与戴高乐总统有关；两个是有关德国的。其余是有关新闻界、北约、老挝、比利时、南斯拉夫、西班牙、葡萄牙、非洲和登月的问题。

　　"显然，总统关心德国胜过关心国内黑人。他认为那个问题更重要，"民主党全国委员会的路易斯·马丁说。这位前报纸出版商是定期出入椭圆形办公室的两位黑人之一。另一位是副新闻秘书安德鲁·哈彻尔。1 月 31 日，马丁向肯尼迪提交了一份备忘录，提醒他在竞选时对黑人选民做出的承诺，还警告他说，不论他的白人顾问和当选官员们怎么跟他说，真实情况是，黑人已经到了濒临叛乱的边缘："美国黑人正在搞静坐、祈祷、在白人海滩涉水等多种形式的示威活动，会制造社会动荡，让联邦政府、州政府和当地政府不得不出动警力平息骚乱。"

马丁说，黑人已经厌倦了服从白人，年轻一代黑人尤其不愿再顺从。肯尼迪必须顺乎他们的意愿。马丁提出，应提交立场坚定的民权法案。总统对此做出了反应，对他说，计划在2月12日林肯诞辰纪念日在白宫为黑人领袖举行一个招待会。

马丁的工作是拟定客人的名单。在民权问题上，马丁在一定程度上取代了哈里斯·沃福德的民意反馈人角色。150年来从来没有这么多黑人走进白宫，他想象着那天的盛景，心里感到陶醉。他感到惬意，对朋友们说，既然受到邀请，行动就要谨慎。还说，所有宣传活动要由白宫处理。结果并没有做任何宣传。这个活动其实是不公开进行的。马丁联系过的所有黑人对此都理解，他们受到邀请时心情激动，像所有美国人一样，为肯尼迪的魅力所陶醉。

马丁是个具有芝加哥风格的精明政治活动家，由于他个人做出的政治努力，黑人在政府担任中上层公职的数目增加了。他的一个手段是代表某个有可能受到任命的黑人给内阁成员打电话。如果对方一开口就说："谢谢，不过我们已经……"

马丁就会答复说："好的，我理解。我把这事告诉总统。"

电话线另一端的官员总是说："请稍等。我从没说过在任何情况下都不接受他。"

谈起这事的是应邀来白宫的一个黑人宾客迪克·格雷戈里。他既是个喜剧演员，又是个政治活动家。时尚杂志《乌檀》公开抨击他："伙计，既然是个社交宾客，就不该提前公布会见肯尼迪总统的事。"

邀请函发出后，不多几个人婉言谢绝了邀请。不过，小马丁·路德·金和A.菲利普·伦道夫等人没有来另有原因。小马丁·路德·金当时正在加勒比岛国牙买加休假，同时最终确定他所谓的"C计划"，打算在南部种族隔离最顽固的城市之一亚拉巴马州伯明翰市发起民权活动。A.菲利普·伦道夫时年74岁，是美国第一个也是最强大的黑人工会"客车搬运工兄弟会"的创始人。他表示说，他认为肯尼迪为黑人做得不够，他在1941年曾向富兰克林·罗斯福表示过，在二战给国防领域创造的工作机会中，假如黑人没有得到合理的份额，就要在华盛顿组织游行。

2 月 12 日林肯诞辰纪念日这天下午，肯尼迪收到美国民权委员会呈交的一份 246 页的报告，陈述林肯总统 1863 年发表《解放宣言》后的一个世纪中，黑人为争取平等进行的斗争。该委员会将现代黑人继承到的地位描绘为："虚构的而不是真实的自由。"报告称，"法律上自由的黑人公民享受不到公民权，得不到公职，被指定在受隔离的低等学校就读，被赶到贫民区居住，乘坐公共汽车要在后部，在法庭上得不到公正对待，生了病要在隔离的区域就医，做礼拜要坐在教堂里隔离的区域，甚至去世后埋葬也要遭受隔离……为平等而斗争的最后篇章尚待书写……一个世纪渐近尾声，越来越多的社会力量在为实现所有美国人的民权而努力，规模超过了历史上任何时期。"

林肯诞辰纪念日集会前一天，800 位宾客收到电话和电报通知，要大家经南门入白宫，而不是邀请函上指定的东门，因为总统和第一夫人希望在白宫的家庭居住区亲自迎接大家。宾客都感到荣幸，却很少有人意识到，这个安排是为了避开公共大厅中的摄影记者。马丁为自己的工作感到得意。"啊，天哪，"他说。"是我把兰斯顿·休斯邀请进白宫的，白宫就像个《汤姆叔叔的小屋》了。"黑人诗人休斯的诗集中包括了《推迟的梦幻蒙太奇》。休斯像众多其他宾客一样，也是首次见到作为国家心脏的白宫内部。

但是，总统下楼来参加招待会之前，注意力的焦点不是休斯，而是小萨米·戴维斯。戴维斯是个多才多艺的歌舞手，但他妻子梅·布里特是个瑞典女演员，在反对一切跨种族通婚的美国人眼中，这是一桩丑闻，甚至比丑闻还糟糕。白宫四次将戴维斯从宾客名单上划掉，但马丁四次将他的名字重新写上。

"他来这儿做什么？"肯尼迪问。这并不是个人聚会。肯尼迪了解这个戴维斯，这人成天跟弗兰克·西纳特拉和彼得·劳福德斯混在一起，要是黑人与他白人妻子在白宫的照片传出去，可能会引发一场政治灾难。"把他们从那儿弄出去！"肯尼迪对一个又一个助手低语说。总统还没下楼，见了助理人员就嘱咐，要他们请总统夫人把梅·布里特请到一边，以便在摄影记者被赶出去之前，别让戴维斯跟她凑在一起。

杰奎琳·肯尼迪不但拒绝从命，而且听了这个要求气得要命，干脆不愿下楼了。招待会正式开始时，总统和第一夫人都不在场。总统好言相劝，最后才把她请下楼，同意坐在丈夫和副总统约翰逊夫妇之间，与罗伯特·肯尼迪太太和11位黑人领袖拍正式合影。事后她推说身体不适，含泪离去。

这张合影出现在第二天早上出版的《华盛顿邮报》上，刊登在"女性"版。第二天，全国大多数报纸几乎没有提及这场《解放宣言》纪念集会。《芝加哥每日论坛》报便是个典型的代表，该报用两个段落报道称，民主党总统向第一位共和党总统表示敬意似乎非同寻常，但是报道绝口没提白宫请的宾客都是黑人。

但是《论坛》报在新闻中的确反映了种族和民权内容。仅第三版就有五篇报道：美国最高法院大法官在严密保护下出现在南方，迎面看到的许多标语牌上写着："弹劾厄尔·沃伦"。最高法院在1954年裁定学校不准搞种族隔离以来，这是大法官首次在南方露面，他要在佐治亚理工学院发表讲话。64岁的玛丽·林肯·贝克威思是亚伯拉罕·林肯的曾外孙女，可她抨击"联邦政府强行合并南方是侵略行径"。全国有色人种协进会和种族平等大会联名宣布，要阻止在纽约州罗契斯特市开设名叫"杰迈玛大婶煎饼厨房"的餐馆，称该餐馆的老黑人"妈咪"广告形象是对黑人形象的贬低。在印第安纳州哈蒙德市，全国有色人种协进会宣布，要向法院提起新的申诉，指控该市公立学校的种族歧视行为。

2月12日和13日晚上，全国各地举行纪念林肯诞辰晚宴，林肯所在政党共和党领袖们纷纷抨击总统在民权政绩上的冷记录。从内战结束到富兰克林·D.罗斯福的新政时期，共和党一致拥有黑人的投票忠诚度。肯尼迪最畏惧的共和党人是纳尔逊·洛克菲勒。他刚刚赢得纽约州大多数黑人选民的支持连任州长，说："总统提名他弟弟担任司法部长时……至少提名了四位南方的联邦法官，众所周知，那些人在受到提名时都持有种族隔离观点。以这种方式促进民权行动令人奇怪。"

"洛克菲勒这是逍遥法外，他在纽约为黑人做了什么？"肯尼迪第二天晚上在白宫的一个小型晚宴上评论道。

"你知道，他喜欢你，"特迪·怀特说。他刚向在座的人们宣布说，计划 1964 年再写一本书，名叫《总统大选》，希望得到总统的合作。两人都认为，洛克菲勒将是共和党的总统候选人。

"我也喜欢他，"肯尼迪说。"不过，这并不重要。他会憎恨我的，这一点不可避免。"

三个星期之后，记者会上提出关于法官的问题，总统为自己的提名做了辩护。"我认为，提名在南方担任法官的这几位也许持有南方人共同的观点，他们都在履行自己职业誓言方面做了出色的工作。"

总统返回办公室后，给司法部副部长尼古拉斯·卡岑巴赫打电话，询问他提名的那几位法官的情况："他们的表现真的很糟糕吗？"

对这个问题的回答是肯定的，不过卡岑巴赫不敢壮起胆子对老板直说。他谈起一位法官，说："他开庭审理了很多案子。不太好。"谈起另一位法官，他说："不是难以忍受的。"

"他们都是伊斯特兰的人……"卡岑巴赫指的是参议员詹姆斯·伊斯特兰。伊斯特兰是参议院司法委员会主席，来自密西西比州，持有种族隔离主义观点。

"能否让你的一个助手写一份备忘录……"总统说，"万一这个问题再次提出，我就能应对了。"

那位"不太好"的密西西比州法官威廉·霍华德·考克斯是肯尼迪就任总统后任命的第一位法官，他在密西西比大学就读时曾是伊斯特兰的宿舍室友，这也成为他的一种资格。参议院司法委员会对联邦政府的司法人员提名拥有批准或否决的宪法权力，也定期运用这种权力，而且按照不容置疑的传统，每一位参议员对自己家乡州的提名人选都有权接受或拒绝。这位原马萨诸塞州参议员对这种情况了若指掌。尽管全国有色人种协进会的罗伊·威尔金斯在来信中称："在986,000名密西西比州的黑人眼中,考克斯法官是铁丝网上的一根铁蒺藜,是压在人们疲惫肩膀上的又一个十字架,"但总统还是顺从了伊斯特兰,任命考克斯法官。结果,考克斯很快就印证了威尔金斯的判断。在他审判的第一桩选举权案件中,考克斯作为联邦法官称几位黑人原告是"一帮黑鬼……举止就像一群黑猩猩"。

肯尼迪的政治理由是用考克斯做一笔交易,在纽约州联邦上诉法院任命一位黑人法官瑟古德·马歇尔。马歇尔曾担任律师,1954年在最高法院为全国有色人种协进会就学校种族隔离案提起的上诉做辩论。那项提名被搁置了一年多,因为伊斯特兰干脆拒绝为此召集确认听证会。国会中的南方贵族就是这种做派。很久以前肯尼迪便认定,自己不得不顺应。在1956年民主党全国大会上支持他竞选副总统的也正是这帮贵族,因为他们憎恨代表田纳西州的参议员埃斯蒂斯·基福弗,那人是个土生土长的本地人,但在种族隔离问题上却成了个叛徒。当年的肯尼迪参议员看着电视报道,见南方各州在提名表决中一个接一个支持他,不禁说道:"我这辈子要一直唱南方战歌《迪克西》了。"

肯尼迪想,洛克菲勒这种有百万黑人选民支持的北方自由州共和党人真够轻松的,想说什么可以随心所欲,用不着担心对自己的政党有害,因为共和党人甚至根本不去大多数南方县城搞竞选。民主党的准则不近人情,却似乎十分稳固,至少在罗斯福1932年赢得北方黑人大多数选票后一直十分稳固。白宫仍然将自由乘车运动和密西西比州骚乱视作孤立事件。在纪念林肯诞辰庆祝活动前,肯尼迪在一次背景采访中对几位黑人报纸编辑说,他看不出美国白人与黑人之间有严重的分裂。

总统觉得,他对种族事件处理得相当好,不过他对亚拉巴马和佐治亚等南方州白人积蓄的仇恨情绪感到担心。事实上,南方给他造成的麻烦就像国会一样,都是白人的问题。肯尼迪曾对小马丁·路德·金谈起民权立法的政治现状,说:"假如我们与国会长期争斗,一切问题都会变成瓶颈,到头来什么议案都通不过。"

　　假使肯尼迪可能忘记南方民主党人的态度和意向，但民权委员会拒绝他个人提出的缓和要求，宣布要举行密西西比问题的听证会，他便会立刻回忆起他们的态度和意向。代表北卡罗来纳州的参议员对他们的决定做出反应，通过立法降低了民权委员会主席伯尔·伯恩哈德的年薪，从 22,500 美元降低到 20,500 美元。

　　1963 年初，总统的新任民权助理李·怀特评价黑人情绪对总统的影响时说："他几乎无动于衷。"怀特是在前任哈里斯·沃福德走后从参议员约翰·舍曼·库珀的办公室调任白宫的。沃福德对总统委曲求全的态度以及在民权问题上保持沉默感到沮丧，去非洲担任了美国和平队的一名行政官。总统变得冷漠而客观，纯粹成了一部收集信息、刻板分析、做出决策的机器，不受感情的摆布，不受主观立场和道德辩论的影响。然而，道德辩论正是肯尼迪和深刻的思想家引为自豪的强项，那曾是一种备受公众崇拜的风格，尤其让他最棒的助手们崇拜，伯克·马歇尔、邦迪和麦克纳马拉就属此列，他们模仿肯尼迪，肯尼迪也模仿他们。

　　艾森豪威尔曾任命西奥多·赫斯伯格神父为民权委员会成员。这位神父仍然担任着圣母院大学校长之职，他尤其不喜欢肯尼迪的风格。他随总统走出一个又一个会场时，心想，总统其实渴望改变种族隔离带来的不平等痛苦，可他明白，个人热情投身民权问题，必将毁掉他连任的机会。赫斯伯格对伯恩哈德说："他认为，假如自己在黑人问题上做得太多，就得放弃当八年总统的愿望。"

　　肯尼迪在民权问题上采取的主动行动仅掠过边缘，并不触及核心。这时各地组织起游行示威、静坐示威和选民登记活动，已经变成了一场运动。在密西西比州格林伍德市，新年伊始便有自称"学生非暴力协调委员会"的新组织发起选民登记活动。州政府的反应是大规模逮捕，并推行新的反黑人法律，其中一条是赋予登记过的白人选民权力，以挑战其"道德品质"的手段阻止黑人新选民投票。

　　肯尼迪就职总统两年后，在 2 月 28 日提出他的第一个民权法案——选举权法案。其最重要的条款是，受过六年级教育便视为读写能力符合投票要求。这个想法是要避开南方选民登记员的粗暴锋芒，他们实施的读写测试是要求黑人选民逐条阅读并解释美国宪法。

民权领袖们深感失望，开始威胁肯尼迪，扬言要与纽约州长洛克菲勒、参议员肯尼思·基廷和雅各布·贾维茨等城市里的共和党人商谈结盟。总统向自己政党中民权调门最响亮的倡导者参议员休伯特·汉弗莱提出要求，要他别再提综合民权法案。汉弗莱说，他不能撤出战斗，也不能把讲坛拱手让给基廷和贾维茨。肯尼迪一再对汉弗莱和其他人说，在这个国家，时机还不成熟："等我感到国会有必要也有机会通过一项决议时，我会向国会提出建议的。"

肯尼迪与助手们单独在一起，心情比较放松时，他出言就比较直率："要是我们拿出那种提案，国会一准把我们搞个狼狈不堪。"

他说，黑人得等待机会。但路易斯·马丁警告说，那就来不及了。他再次对肯尼迪说，黑人已经多次听他说，该让这个国家行动起来了。现在他们已经行动起来。马丁在一份新备忘录中写道：

> 总统在竞选中说过："利用总统职位的全部道德和政治权力，为所有美国年轻人和受到影响的其他人取得平等的选举权、受教育权、就业权、住房和包括午餐吧台等其他公共设施的使用权。"……本届政府在整合机场、火车站、汽车站和其他领域中取得了进步，这便将人们的关注焦点更多地集中在对有色人种形成障碍的旅店、汽车旅馆和其他公共设施上。

民权委员会也想采取行动。自从1961年2月以来，总统和司法部长分别在三个场合向该委员会施压，劝说他们不要就刘易斯安那州官员挑战联邦法律发表公开报告。后来又劝他们不要对密西西比州的同样问题发表公开报告，密西西比州向该委员会提交的公民投诉最多。但是，在林肯诞辰纪念活动上，民权委员会新任主席约翰·汉纳对肯尼迪说，委员会打算就密西西比州的情况撰写一份特别报告。他说，当地官员试图阻止学生非暴力协调委员会搞选民登记活动，为此终止了给贫苦黑人的食品救济计划。

"你们把我的生涯搞得举步维艰，"肯尼迪说。"我读过相关法律，知道你们完全可以按自己的意愿采取行动，不过，假如你们不这么做，我会非常感谢的。"

这话是私下说的。两个星期过后，在一个记者会上有人问总统，是否认为民权委员会应该推迟关于密西西比州的听证会。他回答道："不……只要他们认为能推动事业发展或符合法律赋予他们的职责，那么，任何听证会他们都可以举行。"

民权委员会举行了听证会，还向总统提交了一份关于格林伍德市报告的草案。报告的论点是，在密西西比州，非法暴力镇压不是个案，而成了一种惯例。伯克·马歇尔和李·怀特在写给总统的几份备忘录中批驳了草案的结论。草案中有"唆使几条恶狗"的措辞，但马歇尔对总统说，当时只有一条狗和一位牧师。怀特的评论直指这事的核心："草案暗示的意思是，总统和政府没有就密西西比州形势做应有的反应。这当然是明显的错误。"

"怎么会发生这种事呢？"肯尼迪问。罗伯特·肯尼迪对他说，像哈佛法学院院长欧文·格里斯沃尔德这样的委员会新成员是一帮不同的人，是来自南方各州长和艾森豪威尔五年前创立该委员会时指定的人。

汉纳和伯尔·伯恩哈德与总统讨论报告内容时，总统又吃了一惊。报告中包含了一个建议：密西西比州缴纳的联邦税总额为 2.7 亿美元，而接受的联邦援助和现金支付高达 6.5 亿。总统应当考虑终止向该州提供所有联邦援助，直到其"表现符合宪法和美国法律为止"。

"你们真以为一个总统拥有那种权力？"肯尼迪问道。

"是的，"伯恩哈德说。

"对这事是怎么表决的？"肯尼迪问道。

"一致通过。"

"格里斯沃尔德也赞同？"

"是的，总统先生。他对此态度非常坚决。"

"格里斯沃尔德是哪个家伙任命的？"

"是你，总统先生，"伯恩哈德回答道。

"好吧，"肯尼迪说。

汉纳和伯恩哈德也吃了一惊。肯尼迪并没有对他们施压，甚至没有要求他们对报告做任何修改。他说，要经由白宫发出这份报告。两人立刻表示同意。接着，总统致信汉纳，对委员会表示感谢，使这事公之于众，也巧妙消除了其紧迫性："关于委员会报告中提到的事件，我得知除了一件事之外，其他均成功得到了解决。"

这完全不符合事实，但新闻界却买账，绝大多数公众对此几乎没有留意。为了确保这种效果，肯尼迪亲自向记者们介绍情况，怀疑法定权力与他不同的委员们态度是否严肃，强调单单挑一个州搞那种激进的惩罚切断联邦基金支持是不现实的。这一次，他要了两面手法，表面上似乎在支持委员会，但暗地里却拆他们的台。第二天，全国报纸上都引用了"一位政府高官"的话，说他的口吻不是气愤而是悲哀：

"我不会提交那份报告。报告不会产生任何好作用，只能让人们变得疯狂。"

那位高官就是肯尼迪总统。

第四十一章   1963 年 3 月 22 日

2月13日《芝加哥论坛报》登出五篇全国举行民权游行示威的报道。这份报纸同一天还发表了12篇关于徒步旅行的文章，报道横跨美国每天徒步50英里的人们。头版头条新闻报道了7位当地童子军15小时内徒步50英里。《芝加哥论坛报》在报道中说："最近，50英里徒步热从白宫向西部席卷，说他们是狂热痴迷者也好，受害者也罢，大家个个充满了欢乐。"

50英里徒步热始于2月的第一个星期。白宫公布了一个故事，说海军陆战队司令戴维·舒普将军发现了1908年的一份备忘录，在备忘录中西奥多·罗斯福总统下令，所有海军士兵都要具备24小时徒步行军50英里的能力，最后700码还要快步行进。

真实情况恰恰相反。是白宫的人发现了这份命令，报告了总统。肯尼迪给舒普将军发去一份备忘录：

"你能否把这个当成自己的发现发给我？你也许想添加自己的评论，说今天的海军陆战队军官不亚于1908年，而且愿意亲身证明。然后我要求塞林杰就白宫人员的健身活动写份报告。"

新闻管理的小伎俩发挥到了极致，结果全国半数人口都准备尝试徒步。《芝加哥论坛报》那天的报道中除那几位童子军外，还报道了海军搞的徒步训练、国会秘书和职员们的徒步锻炼，甚至揣测皮埃尔·塞林杰是否会尝试参加，因为这位身高5.9英尺，体重185磅的总统新闻秘书身体明显不健康。

"我们都熟悉这位有勇气的人也都热爱他，我们觉得他很有趣，"肯尼迪说。"可我不知道全国人民对他有什么看法，也不知道大家是不是觉得他让自己出了个丑？"

在老板的建议下，塞林杰宣布说，自己勇气不足，不敢尝试徒步50英里。他大概是唯一说这话的人。罗伯特·肯尼迪耗时17小时50分钟走完全程。加利福尼亚州马林县中学97个学生走完了全程。北卡罗来纳州伯灵顿的一个邮差只用了10小时28分钟。总统自己的50英里徒步地点在棕榈滩。他组织了一次徒步旅行，参加者包括他妹夫斯坦尼斯劳斯·拉齐维尔王子、查克·斯波尔丁、一位哈佛同窗，还有保健医生马克斯·雅各布森为总统一行的徒步者随行提供救护服务。大家出发时步履轻盈，肯尼迪走得不耐烦了，就乘坐一辆林肯牌白色敞篷车跟随其后。到了50英里终点，总统为每个人颁发了"荣誉奖"，内容是一个有题字的吊袋茶包。

徒步变成了全国的报春活动。肯尼迪挨过一个严酷的冬季。3月6日的记者会上，《纽约时报》的汤姆·威克提的问题，归纳出他的种种难题："你在欧洲的政策似乎遭遇了极大的困难。古巴仍然是个麻烦。国内失业率居高不下。国人对预算赤字的关切似乎超过减税。鉴于这些情况，全国和本市有很多议论，大家的感觉是，你的政府似乎失去了动力……"

"我在报纸上看到过那些报道，"肯尼迪回答说。"假如你问我这是不是我们失意的寒冬，我要说，不是。"不过他补充说，情况会好转，也许这个春天就有转机。

情况的确如此。在春季的第一天3月21日，有人再次向他问起经济问题，他的回答是这样开始的："我们1963年的前景看好……"看来，年初以来国民生产总值增长了80亿美元以上。个人收入比同期增长了40亿美元，达到创纪录的4,520亿美元。新汽车年度销售量为创纪录的750万辆，而1962年的数量为690万辆。新住房建设提高了17%；企业利润上升了7%。道琼斯指数达到721点，自从一年前的"肯尼迪股灾"以来上升了185.33点。

不过，在同样三个月中，盖洛普民意测验对肯尼迪的支持率从76%跌落到3月底的66%。原因又是由于古巴。根据盖洛普民意测验，对于肯尼迪应对菲德尔·卡斯特罗的方式，受调查者赞成的人只占微弱多数，而特别不赞成的人数从导弹危机后的近乎零上升到3月份的33%。卡斯特罗仍然执掌政权；古巴岛上仍然驻扎着俄国部队和轰炸机。

白宫的几种民意调查总结向肯尼迪证实，他在古巴问题上可使用的政治计谋范围极其有限，因为公众舆论指向两个极端：在几项调查中，近60%的受调查者认为古巴对世界和平是个严重为威胁，尤其是苏联部队仍然驻扎在这个岛国；但受调查者中反对派美国部队入侵古巴的稍稍高于这个百分比。肯尼迪得到这样的报告："除非美国采取强有力的外交、经济或军事行动；或美国人断定强有力的行动不可行；或公众注意力转向其他主题，否则目前削弱对本届政府信心的趋势有可能持续。"

肯尼迪的反应是，秘密授权策划针对古巴的新隐秘行动。导弹危机过后，他曾下令撤销"猫鼬计划"。那是一项旨在推翻菲德尔·卡斯特罗的计划，每年耗资1亿美元。但是，3月14日，他收到罗伯特·肯尼迪的一个备忘录："我认为应该有五、六位政府高级官员就古巴问题定期举行会议……我认为针对其他问题也应该做出类似的努力。应当利用政府的智囊找到解决这些主要问题的解决方法。"肯尼迪批准了这份文件。

在"智囊"这个字眼后面有个星号。罗伯特·肯尼迪在页面底端标了个脚注：*我。

于是，过去的"特别小组（增编）"换了个新名称，叫做"国家安全委员会常务小组"，该小组开始在每个星期二上午开会，讨论的是同一个旧主题：推翻菲德尔·卡斯特罗。这个10人常务小组的成员包括罗伯特·肯尼迪、索伦森、麦科恩、狄龙、泰勒和吉尔帕特里克，他们在白宫战情室开会时，没有职员在场。主持会议的是麦乔治·邦迪。他向总统报告："我们一致希望，如果要保持推诿否认准则，没有绝对必要时，不扩散隐秘行动的知情范围。"他们为推诿否认策划好了种种借口。常务小组有限的会议记录中有这样的文字："进行的一项讨论是关于如何应对新闻界就古巴问题进展的提问，比如：从外部袭击古巴和从古巴内部搞的破坏行动。会议同意，我们应该矢口否认美国政府参与了任何这类行动。"

但这是在秘密中进行的。在公开场合，来自古巴的消息都不是好消息，来自其他几个地区的消息也不妙。对苏联从古巴撤出军事设施速度的指控和对方的反控渐渐变成常态。除了几个无聊的共和党人之外，谁也不再认为俄国人在那个岛国的存在还有什么价值。在肯尼迪总统任期的危机时期，没有发生任何其他危机。

"肯尼迪总统推开办公室宽阔的落地玻璃门，走进春天的黄昏，深吸一口气，"4月初的《时代》杂志如是报道："浓密的兰草和潮湿的泥土散发出清新气息，花园周围的葡萄风信子（由白宫新园丁补种的）、樱花和连翘色泽悦目，他脸上不禁露出微笑。在他右侧远处，卡罗琳的秋千和滑梯增添了一抹家庭室外生活的情趣。总统伸长手臂，做了个展示般的手势，说：'看哪，多美的景色！'总统的心境似乎反映了国家的情绪……"

而国家也反映了其领导人。最先提出"美国世纪"这个说法的人是《时代》和《生活》杂志的创建者亨利·卢斯，他并不喜欢肯尼迪的政策，不过他认为，总统在将美国人关注的焦点集中在重要方面——积极的公民身份，而那正是生命内在的欢乐。肯尼迪似乎在激发出人民内在的最佳一面，他好像是个新时代的开创者，不过也许只是个旧时代的终结者。

美国已经开始在经济上、技术上和文化上挣脱桎梏。喷气式客机、州际公路、长途电话直拨、施乐牌复印机、波拉牌一次成像照相机，这些成就在给人民的生活提速。空调让人们有可能在沼地和沙漠中建造新城市。几乎每天都会涌现出新事物和新词汇：邮政编码、减肥、安定药丸、麻疹疫苗、晶体管、计算机、激光、口服避孕药丸、DNA、LSD^①等。电视已经成为一种环境。人们难得在一天工作中不谈论电视剧《我爱露西》或《豪门新人类》，或者谈论新电视节目主持人约翰尼·卡森在昨晚的《今晚秀》节目中说过的话。

《第22条军规》是约瑟夫·赫勒新出版的小说。书中对战争的荒诞性大肆嘲弄。最高法院裁定，在学校教室做祈祷或朗诵《圣经》章节违反宪法中关于政教分离的规定，另外还下令，对于没有能力聘请律师的刑事被告人，政府必须提供辩护律师。《阿拉伯的劳伦斯》赢得了奥斯卡最佳影片金像奖，但另一部提名影片似乎更打动美国观众，影片名叫《杀死一只知更鸟》，讲述了南方的种族问题、正义思索和对未来的希望。美国年轻人喜爱的音乐风格发生了变化，从原来活泼的情歌转向比较严肃的内容。《如果我有一把锤子》和《随风飘荡》向全世界发出正义与自由的呼唤。一个名叫"披头士"的英国乐队让大西洋两岸歌迷为之倾倒，人们狂购其唱片《我想握住你的手》。

这些都发生在1963年，这年的开端让人们感觉表面上一片光明。美国是个富有的国家，如今，千百万人在分享着财富。中产阶级有能力在就职的城市周边置买房产，有能力送孩子上最好的大学，还有能力飞往欧洲或加勒比地区度假。许多这类现象都是新生事物，人们对此有点无所适从。看看肯尼迪一家吧！他们年轻、富有，受过良好教育，态度彬彬有礼，神情愉快轻松，在白宫管理着美国，其实也统治着全世界。

这便是讲述肯尼迪子女故事的模式。这些故事大多是在杰奎琳·肯尼迪外出旅行时采访到的。肯尼迪夫人旅行去希腊当天，肯尼迪打电话给《形象》杂志的劳拉·伯奎斯特·克内贝尔，说现在可以派个摄影师来了。该杂志请求在《总统和他的儿子》标题下拍摄一组题图照片。"等你们来。最好快点搞完。要是肯尼迪太太回来，就比较费周折。"

与肯尼迪结婚的这位女子嗜好高雅事物，也颇有品位，不过对丈夫为生

---

① LSD：激光信号装置的英文缩写。——译注

计操劳的事务有点厌恶。那个春季的一天，总统对拉里·奥布赖恩说："处理一下这事吧。"说着递来一张他妻子写的便条："今天，我从林肯太太的办公室经过，见外面玫瑰园有个男人（国会议员阿斯皮诺尔）在接受拍照，可他手里抱着一大捆芹菜。在通往总统办公室或南门的台阶上拍这种照片，我觉得有失庄重。要是他们想拍照片，可以在西厅摆姿势拍照。包括泳装美女之类照片也该在那儿拍。"

杰奎琳·肯尼迪在清一色男性的白宫和弥漫着男孩子气息的肯尼迪家，显得格格不入。不过，《纽约时报》写道，她"非常胜任非正式文化部长的角色"。她原来接受过以音乐厅钢琴师为目标的训练，在皮埃尔·塞林杰帮助下，她将大提琴演奏家巴勃罗·卡萨尔斯、作曲家斯特拉文斯基、编舞家乔治·巴兰钦等名人请进白宫，还在白宫内壁挂了塞尚的多幅画作。

"我提倡国人提高身体健康水平，"总统宣称。"我自然也提倡支撑智力和精神健康的艺术繁荣。"总统本人喜欢西纳特拉和流行曲调胜过斯特拉文斯基。不过，他就像个被迫上钢琴课的男孩，努力表现出对文化持严肃态度。当然是以他自己的方式表现。他曾对《纽约时报》记者说："我们不能仅仅把音乐视作冷战的一部分兵器，更应视其为自由社会不可分割的一部分。这一点极为重要。"

在很大程度上，约翰·肯尼迪属于注重土豆烧肉摆上餐桌那种讲求实际的人，他文化修养平平，与中产阶级无异，喜欢柯克·道格拉斯主演的影片，喜欢百老汇音乐剧《红男绿女》，喜欢鲍勃·纽哈特和乔伊·毕晓普等戏剧演员的表演，喜欢读描写詹姆斯·邦德的小说和英国政治回忆录。他认真阅读过丘吉尔的回忆录。4月9日他颁授给丘吉尔荣誉美国公民称号，在致辞中有这样一句话："虽然他饱经战争的艰苦，但对消遣娱乐也不无情趣。"

一天上午，一个女童子军代表团来到白宫玫瑰园。塞林杰在椭圆形办公室对总统说："这是肯尼迪夫人应该出面的场合。"

"唉，皮埃尔，"肯尼迪说，"要想让肯尼迪夫人做任何事，都得提前通知才成。"

"已经提前通知她了。她说，她认为这不关她的事，是你的事。"

"请稍等，"总统说。"我去纠正这事。"

他走出办公室，15 分钟后面带微笑回来说："肯尼迪夫人答应了。安排吧。"

"你是怎么做的？"塞林杰问道。肯尼迪夫人不是个轻易改变主意的人。

"我付出了代价，"肯尼迪回答道。"我打赌你猜不出是什么代价。"

"一条新裙子？"新闻秘书试探道。

"不是，"肯尼迪说。"比那糟糕多了：陪她听两场音乐会。"

不但要忍受从头到尾听音乐会之苦，还要耐着性子从杰奎琳·肯尼迪的角度谈论这些交响乐。他不禁抱怨起 4 月份一个星期五的事，当时他妻子去了棕榈滩，把他留下会见一帮学音乐的学生，忽然诺曼·卡曾斯来了，报告他与赫鲁晓夫谈控制核武器试验的通信的事。

"人民想了解这事的，"卡曾斯对总统说。他提到，苏联和美国上一轮核试验后，全世界的牛奶中都发现存在一种致命的放射性同位素：锶 90。肯尼迪说，他也想禁止试验，但不知道美国同胞是否同意。他抽出白宫来往邮件的一周报告。一个关于禁止核试验的信件在列表上靠后的位置，排在有关卡罗琳那匹马的问题之后。

"列在这一周邮件之首的，是要求肯尼迪家付款的类别，"他对卡曾斯微笑道。他补充说，关于核试验的信件内容并不是要禁止试验，是 15∶1 反对禁止试验。

在 3 月 21 日的记者会上，有记者问："总统先生，关于达成一项禁止核试验协议，你是否仍然真正抱有希望？"

"我感到非常担忧，"他回答道，"除非我们处理得非常成功，否则，到了 1970 年，全世界的核国家就不再是 4 个，而可能是 10 个。到了 1975 年，会增加到 15 个或 20 个……我预见到一种可能性，70 年代的美国总统不得不面对世界上 15 个或 20 个甚至 25 个拥有这种武器的国家。我认为那是最大的危险可能性……"

他对卡曾斯重复了这番话。"不论发生什么事，我要你保持关注，让我知道最新情况。"他谈论起全世界的儿童，然后起身走向落地式玻璃门，长时间望着外面，然后才再次开口讲话。

"看到那些椅子了吗？"他说。"那是为杰奎琳邀请的高中音乐学生安排的。他们 11:40 来。我要在中午 12 点对他们讲话。我该对他们说什么？你跟赫鲁晓夫谈起过音乐吗？"

"谈过，我告诉他，美国人每天听音乐会的比看棒球赛的还多，"卡曾斯说，他的杂志结合了严肃政治问题和严肃艺术。"我告诉他说，去年美国出版的图书总数超过了 3 亿册。我还对他说过，美国有一百个教育电视台……"

"说得好极了，"肯尼迪说。"你能把说过的话写下来吗？"卡曾斯在内阁会议室的一台打字机前坐下来。总统动手脱掉衬衫，朝泳池走去。15 分钟后，他泡在泳池里戏水，一只手举着卡曾斯写的文字稿，大声读给肯尼·奥唐奈听。

肯尼迪不虚度时光，也会用人，得到自己所需要的东西后，紧接着便着手下一件事。珍妮特·特拉维尔称他是"支配时间的大师"。白宫工作人员和原来肯尼迪参议员办公室的工作人员都满腹牢骚，这位大老板晚上离开前或周末度假前会丢给人们数不清的问题和事务，把大家的计划全都搞乱，但是到了星期一早上，他自己却心满意足。他比较年轻的时候，是克拉克·克利福德和其他律师和家里的下人帮他收拾，其中也包括偶然付款给几个年轻女子。他周围从来有人帮忙——佣人、朋友、讲稿撰写人、内阁成员等。他想要写书，便有阿瑟·克罗克和索伦森帮忙。他竞选时的讲稿撰写人约瑟夫·克拉夫特的妻子波莉·克拉夫特说："他就像个艺术家，是用别人的生活作画。他激发起大家的情绪，说：'跟我来！'我们都会响应。"

肯尼迪看电影感到厌烦时，总是对朋友们用这样的说法："行啦，咱们离开这地方。"别人怎么想他都不管。

休·赛迪为《时代》杂志报道肯尼迪参议员，两人第二次见面时，在靠近一段不长的地铁线附近步行，那段地铁从国会大厦通往参议员的办公

楼。肯尼迪几乎跟他的密友乔治·斯马瑟斯撞了个满怀。斯马瑟斯是来自
佛罗里达州的参议员，当时正跟来自家乡州的一小群漂亮年轻女子摆开姿
势，让参议院的摄影师拍照。他们拉肯尼迪一起照相，肯尼迪笑容可掬地
摆了个姿势。

"去找那个摄影师，把底片毁掉，"肯尼迪和赛迪向斯马瑟斯和姑娘们挥
手道别时，肯尼迪说。赛迪真的照办了。

约翰·肯尼迪的生活就是一系列的诱惑，然而受到诱惑的人却难得提过
抱怨。克罗克称之为"社交奉承"，说，"他的地位如此独特，而且如此富
有魅力，受到他善意而热情的青睐，让我深受感染。"他曾教会肯尼迪编辑
技能，还把自己的佣人送给肯尼迪，后来这位专栏作家开始在文章中批评总
统，两人就变得疏远了。

《时代》杂志写道："要论对华盛顿的时尚、品位和气质的影响，肯尼迪
在任期间明显超越了富兰克林·罗斯福的 12 年任期、德怀特·艾森豪威尔的
8 年任期和哈里·杜鲁门的 7 年任期。雪茄销售猛增（肯尼迪吸雪茄）。礼帽
销售骤降（肯尼迪不戴礼帽）。穿深色套装、雪亮的皮鞋，不穿衬衫（肯尼
迪说它过时了），系斜条纹领带，用领带夹固定……华盛顿的热门餐馆是'法
式咖啡馆'和'骑师俱乐部'，这些餐馆供应约翰·肯尼迪喜爱的欧洲大陆
风味低热量食品。共和党人艾森豪威尔执政时期的热门餐馆'殖民地'破产
倒闭。切萨皮克—俄亥俄运河大道如今让健步者堵塞。加拿大皇家空军锻炼
手册在每一间办公室都能看到。"

该杂志报道称，在华盛顿，最得意的荣辱观是这样表达的："我太太怀孕
了……你太太呢？"罗伯特的妻子埃塞尔第八次怀孕；特迪的妻子琼怀上了
第三个孩子；4 月 12 日，白宫宣布，杰奎琳·肯尼迪预计 9 月末临盆。

那年 5 月，华盛顿市政府庄严发布新命令，要在命令发布后的那一周重
新颁发养犬许可证。总统有三条犬，一条威尔士小猎犬名叫查理，一条是赫
鲁晓夫赠送给卡罗琳的小狗普辛卡，这条狗是上过太空的苏联试验犬的后
代，另一条是个德国牧羊犬，名叫"快马"。这三条狗要佩戴首都华盛顿的 1、

2、3号狗牌，于是副总统名叫约翰逊小比格的原2号狗牌换成了4号，J. 埃德加·胡佛名叫大男孩的狗牌从3号换成了5号。

关于肯尼迪家的一些迷人故事要么是编造的，要么是夸大其词，不过倒也有助于教化美国人，让人们懂得如何作为，如何花费新到手的钱，在更大范围中给新取得的繁荣增添一抹光彩。城市新贵有许多新知识要学——量身定制的套装、法国大厨和法国葡萄酒、私立学校、冬季度假、各自的卧室、滑雪、帆船运动、科德角、棕榈滩、棕榈泉、里维埃拉，甚至还有诗人和大提琴演奏家。从电视中观看肯尼迪一家的生活就是他们自我完善的过程。

总统也努力向他们学习。他由于家境和健康原因，自幼脱离普通人的生活，他便设法弥补，总是询问人们在哪里工作，收入有多少，如何生活等。"我感觉他根本不懂挣钱是怎么回事，"赛迪说。

"你对经济大萧条有印象吗？"赛迪问他。

"没有，"肯尼迪回答。"我真的根本不记得，只在历史教科书上看到过……我的经历只有战争；那事我记得。可经济大萧条对我没影响。"

他是通过提问和阅读了解的。那年春季"贫困"成了白宫的一个话题，因为有本名叫《另一个美国》的新书出版了，内容是研究美国的贫困状况，作者迈克尔·哈林顿是位美国社会学家。肯尼迪参加总统竞选初选时，曾去过西弗吉尼亚州，他对阿巴拉契亚山区的贫困状态感到震惊，不过在他看来那似乎是孤立的现象，甚至是独一无二的。但这本书中却说，这个问题普遍存在。其实肯尼迪并没有读这本书，是在《纽约客》杂志上看了德怀特·麦克唐纳写的书评：

> J. K. 加尔布雷思教授在1958年出版的《富裕社会》一书中陈述道，在这个国家，贫困不再是"厚重的苦难，而几乎变成一种回顾性思索"。
>
> 在过去的一年中，我们似乎突然觉醒，像书中人物里普·万·温克尔一样揉揉眼睛，发现大范围的贫困依然存在，而且

是我们面临的两个最严重的社会问题之一。另一个问题与此不无联系：尽管我们的人口中仅有11%是白人以外的种族，但贫困人口却占了25%。

《另一个美国》中描述的美国公民中，最显著的特征是有色人种。1939年，非白人劳动者的工资平均为白种工人的41.4%；到1958年，这一百分比上升到58……最鲜为人知的贫困，影响的是我们的老年人，即65岁以上的人群。哈林顿先生估计，其中800万人在贫困中挣扎，他认为这个人群更加不受人关注，在政治上比《另一个美国》中描述的其他人更加无助。

这个问题是明显的：富裕国家中存在着大规模贫困。解决方案也显而易见：从我们的税金中提供补贴，类似我们从来要向公立学校提供的补贴（更不必说我们向警察、消防部门和邮政提供的补贴了）——提供补贴可将这个人群的收入拉升到贫困线以上……

《纽约客》这篇书评的论点几乎无懈可击，紧紧吸引住了肯尼迪的注意力。总统的许多工作人员体会到，他没有其他感觉，只想弄清所有事实。总统并不是个自由主义道德家，也不宣称自己是什么自由主义者，他其实是个善于管理的政治家，是个办事效率最佳的自由人，总是寻找最有效的方法，去谋取绝大多数人的最大幸福。哈林顿的统计数字让他深受打动，他想采取正确的行动，当然要等全国人民有了心理准备才行。偏执是不理智的。贫困问题则可以通过管理得到解决。最重要的是，这个问题已经成形。他打算解决这个问题——当然要在保证连任之后。

4月份，总统与参议员迈克·曼斯菲尔德谈话中说，他想从东南亚撤出一部分美国军事顾问和情报人员。这位参议员确信，肯尼迪这话当真，不过他和总统都清楚，不论他现在说了什么，最佳计划和承诺都有赖于特定时间发生的情况。这个职位有其被动性。肯尼迪不得不对无法预测的事件和不能预见到的力量做出反应。这就是这个职位的特点。其他则可依他的风格和灵感运作。

他的最重要作用是坚守信念、延续信念。总统职位的力量源自美国人民的信赖，他们的主动性、常识、活力和生产力让位于中心的这个人免受种种怀疑，也允许他出很多错误。"这是个总统影响最大的国家，"那年春天的一次电视采访中，沃尔特·李普曼说。"总统的讲话语气和树立的榜样对美国生活的质量会产生极大的影响。总统就像个大型交响乐团的指挥。"只要美国人在本能上仍倾向于支持总统，只要他能说服人们给他回旋的时间和余地，他的权力就不亚于历史上的任何皇帝，而且可利用的资源更多。

肯尼迪个人带给美国生活核心和战后世界支点的东西在他就任总统初期的一篇文章中做了归纳，文章标题是《约翰·K.肯尼迪的思想》，发表在《新共和国》杂志上，作者弗雷德里克·W.柯林斯受到索伦森的引导，内容有奉承意味，要求白宫人员都要阅读：

> 他具有完全独立的人格、高效运用强制性探究的本能，关注的深远范围将总统的支配遍及政府的每一个角落。他坚决主张，做决定必须依据全部材料，而不是从职员预先准备的选项中做抉择。他认为，决定的难易程度包括什么需要做决定，何时需要做决定。他有暂缓下结论的天赋，对此的显著描绘是"在混乱中生存的能力"……实践证明，他最厌恶的莫过于平静有序的一天中只有间隔稀疏的五次约见……他会往间隔时间里填满约见，让自己在一天12次约见中保持连续活动……他思维敏锐，不偏离主旨，从一个问题自然转向另一个问题，并不发生重叠或混淆……他有不屈不挠的行动意图，他的强烈热情让总统职位带给人孤独痛苦重负的种种戏剧性伤感传说变得荒诞不经。

如果这是肯尼迪带给这份工作的东西，那么他想从工作中得到什么？他的一位部下乔治·鲍尔回答道："从不感到厌倦，从来没有挫败感，从不感觉孤独。"

　　别人都不在身边时，戴夫·鲍尔斯总会陪在他身旁。自从肯尼迪 1946 年首次参选以来，这位身材矮小性格迷人的爱尔兰人就一直热爱着肯尼迪，也让肯尼迪感到愉快。1963 年 4 月 25 日是鲍尔斯的 51 岁生日，肯尼迪送给这位朋友的生日礼物是一只银质杯子，上面镌刻的一句印第安谚语让这位世界上最有权力的人颇感滑稽："世间只有三种事物是真实的：上帝、人类的愚蠢、欢笑。前两种不可理喻，我们必须尽力做第三种。"

第四十二章　1963 年 5 月 3 日

　　1963 年 4 月 17 日呈交给总统的 "国家情报评估" 标题是《南越展望》。"我们相信，共产党人的推进已经受阻，形势在改善。" 美国几家情报机构提交的共识报告写道。"特别是在美国的参与下，南越的能力和效率得到了加强，给越共造成越来越大的困难……假定对越共的国际援助并不激增，过去一年中发生的变化和改善表明，现在越共可以在军事上受到牵制……不过，我们相信，此时还不可能对战争的未来走向打保票。还需要打几场决定性的战役，短期内无法简单预见到战争的终结。"

　　军方的表达不再模棱两可。2 月份，美军太平洋部队总司令哈里·费尔特上将在一个记者会上说，赢得这场战争可能需要三年。两个月后，美国驻南越军援司令部向肯尼迪报告："若不是越共通过渗透大大增加了物资供应和人员补给，战争的军事阶段本来可以在 1963 年胜利结束。"

　　美国技术开始用于支持南亚。在肯尼迪眼中，镇压叛乱开始变得有点像未来拍摄的两部影片《绿色贝雷帽》和《希兰戴斯上校》。越共不再惧怕 H-21

肖尼直升机，开始用地面火力击落飞机，美军便换用了 H–1 休伊直升机，让游击队再次体会到对上帝、对美国的畏惧。总统授权空军使用凝固汽油弹。还在审查了除草剂试验的效果后，批准了新的药剂脱叶指导方针。除草剂试验在 87 英里长的道路和运河两旁进行，毁掉 8,000 英亩稻田和木薯林，减少了 1,000 人一年的食粮供应。4 月 4 日，英国镇压叛乱专家罗伯特·K.G. 汤普森会见肯尼迪时再次说，年底撤回 1,000 美国部队会"显示出，你们在赢得战争……还能冷却一下共产党人的宣传，让他们不好再说，这是美国的战争。"

东南亚的麻烦如今出在老挝，而且还是 14 国在日内瓦签订中立协议仅仅 9 个月之后。每年雨季一结束，巴特寮的 10,000 人共产党部队就起而行动，反对刚刚通过日内瓦协议任命的政府。他们占据了老挝北部高原的丰沙湾，这里散布着盛装逝者骨灰的石罐。对东南亚交战双方，这片高原的重要战略意义在于，它凭高视下控制着北越向南越战场运输人员物资的胡志明小道。这种偷运行动公然违反了日内瓦协议。肯尼迪总统做出的反应是将驻扎在泰国的两个美国陆军旅调动到泰老边境，并且将运载着一个海军陆战队旅的特遣舰队调动到中国南海的越南海岸外，准备投入战斗。美国战舰之间采用不加密方式通信，与以前炫耀武力时的做法一样，为的是方便河内得知有可能针对北越的行动。4 月 20 日，总统在华盛顿对参谋长联席会议下令，做针对北越军事行动的计划。

4 月 21 日星期日，肯尼迪给刚刚提升为负责政治事务的副国务卿埃夫里尔·哈里曼打电话。他问道："喂，州长，我能不能与日内瓦条约老挝问题的设计师谈谈？"总统是在开玩笑，但哈里曼根本没有注意到他的幽默感，回答说，不论发生什么事，他随时准备承担责任，维护总统。

肯尼迪要哈里曼去一趟莫斯科，与赫鲁晓夫正面交锋，要求苏联放弃支持巴特寮。因为苏联与英国是老挝协议的共同主管方。

"总统先生，另外还有一点，"哈里曼说，他再次最大限度利用与总统交谈的机会。"关于《克莱报告》，别让他们借你的名义鲁莽行事……你千万不要卷进去。金钱与世界对总统的信心之间有天壤之别。"

《克莱报告》是就美国对外援助的效益所做的评估报告。报告以在柏林供职的卢修斯·克莱将军的姓氏定名。总统任命他为"加强自由世界安全特别委员会"主席，这是总统让共和党人在有争议问题上出面的又一次尝试。肯尼迪想利用这个委员会对国会施压，避免他们开始动手裁减对外援助。不但国会议员对支付援助款不快，更重要的是他们的选民对此不满，二战以来向其他国家支付了1,000多亿美元的援助，按照设计，大部分款项用于抵御共产主义在欧洲蔓延。克莱发回报告称，美国在太多的地方花费了太多款项——此事让肯尼迪觉得尴尬。

这份写给总统的22页报告结论是："我们在太短的时间试图为太多的国家做太多的事……"这个特别委员会建议，对肯尼迪45亿美元的援助要求削减5亿美元。"我们不能相信，以目前的数额无限期继续承担义务是为我们的国家利益服务。"

在4月24日的记者会上，记者向总统提了四个有关老挝的问题。最后一个问题是，总统是否相信"多米诺理论"——假如没有美国的军事存在，那个地区会一个个让共产党人接管。他的回答是肯定的："假如老挝落入共产党人之手，泰国北部边境的危险会增加，柬埔寨会受到额外的压力，越南也会受到额外的压力，继而马来西亚会受到额外的压力。因此我接受一种观点，那就是这些国家之间有一种相互关联的关系……"

这是他在公共场合表现的立场。在秘密场合，他告诉麦克纳马拉说，在东南亚他想同时采取两种方式：一方面要考虑针对北越的公开行动，参谋长联席会议也应该开始准备从南越撤出美国的军事存在。两人谈话后，麦克纳马拉写了个短笺，请林肯太太交给老板："昨天，最后一枚朱庇特导弹已经拆除。"

那天晚上，肯尼迪在餐桌上向查尔斯·巴特利特再次提起越南问题："没人恳求我们留在越南。那里的人民憎恨我们。他们随时会把我们踢出来。不过，我不能将那片领土拱手让给共产党人，然后还指望美国人民选我连任总统。"

事后巴特利特说："他在越南问题上完全无所适从了。"

如今，肯尼迪每天都在为维护美国在东南亚的地位而战斗，可他无法做出完全的军事承诺。至少在1964年大选前无法做出承诺。按照总统4月24日看到的中央情报局报告，吴庭艳总统在考虑要求减少驻南越美军的人数。吴庭艳比肯尼迪更清楚，两位总统都在为同一个问题而绞尽脑汁：到底该由谁管理南越。肯尼迪考虑的可能是吴庭艳的独裁主义危害了遏制共产党人的努力，而吴庭艳的考虑则是肯尼迪的咄咄逼人态度和美国的援助可能不会拯救他，而是让他的政府倒台。吴庭艳的弟弟吴廷瑈相信，美国正在策划倒吴，三周后吴廷瑈对《华盛顿邮报》记者说："至少50%的美国驻越部队在战场上并非绝对必要。"到了夏初，中央情报局报告了未经证实的怀疑，认为吴庭艳兄弟在尝试开启与北越的秘密会谈，内容是在没有任何外国顾问的情况下建立统一越南联邦的可能性。

于是，1963年白宫的愉快春季十分短暂。太平洋形势不稳，大西洋联盟因戴高乐固执反对而受挫，在国内，肯尼迪在竭力避免种族风潮，这次又是伯明翰。不过总统有一些理由相信，民权示威在1962年底已经到达了高潮。"放心吧，"李·怀特对他说。小马丁·路德·金在伯明翰组织的"C计划"造成的相对冲击相对较小。至少新闻界对整个事件仿佛感到厌倦了。"在许多伯明翰的黑人眼中，小马丁·路德·金的发起的运动一时激化了紧张气氛，不过这座城市在种族关系方面似乎取得了一些进步，尽管进步不是很大，"4月19日《时代》杂志引述仅仅一位黑人的话说。这位名叫A.G.加斯顿的黑人是城里的首富，拥有一家银行、一家保险公司还有为黑人社区服务的几项其他业务，包括一家汽车旅馆。小马丁·路德·金牧师在伯明翰活动时，就以加斯顿的汽车旅馆做自己的总部。不过，加斯顿已经开始考虑，他宁愿让这位来自亚特兰大的牧师回他的佐治亚州活动，让伯明翰的黑人处理自己的问题。

一个月的示威活动后，上街游行的黑人越来越少。小马丁·路德·金两次出入监狱，每次都是伯明翰公安局绰号"公牛"的康纳局长下令逮捕的。

在很多方面，这是一座严酷的城市，是一座人们干活特别卖力的黑人城市，在这里，爆炸和纵火俨然是正常生活的一部分。城里主要用工方是美国钢铁公司的一个子公司——田纳西采煤钢铁与铁路公司。这家公司的1,200名白领雇员中只有8名是黑人。在这座城市的2,000名法定联邦雇员中，只有15名是黑人。小马丁·路德·金称："这里是美国种族隔离最严重的城市。"

伯明翰有两个政府——或者说没有政府，这让形势变得更加复杂了。公牛康纳曾竞选市长，结果败选，但与此同时，城市的选民支持政府变革，从原来的行政委员会改为市长加议会形式。但是，新市长艾伯特·鲍特韦尔何时就任以及如何就任，法律上没有明确规定。在亚拉巴马州最高法院就权力转移的时间表进行听证的同时，鲍特韦尔和23年的公安局长康诺都声称自己拥有城市管辖权。康诺仍控制着城市警察和消防队，占城市人口40%的147,000名黑人都有充分理由畏惧这两个部门。这似乎是个肯尼迪表现出耐心的时候。

在小马丁·路德·金和当地牧师弗雷德·沙特尔沃思领导下，黑人的抗议活动于4月3日开始，直到月底也似乎没起什么作用。白人官方在与小马丁·路德·金和黑人对峙中，凭借非同寻常的克制而占了上风。警察一般避免正面对抗和逮捕，而是阻止、牵制黑人社区内部的行动。从游行一开始，《伯明翰新闻报》的出版者克拉伦斯·汉森便决定，采用沉默的方式让黑人沉默下来：报纸头版不报道种族事件，不提小马丁·路德·金牧师，甚至不报道他被捕的消息。不把它当回事，等它渐渐平息。其实，这也正是总统的策略。他先前派出助理司法部长伯克·马歇尔，让他鼓励并监督黑人与白人工商人士的秘密协商。

一个月的失望之后，5月初，小马丁·路德·金能组织起的民众少得可怜，只剩下了小学校学生。他组织了成千上万名小学生，游行穿过城市，人数太多了，当局无法实施逮捕。在华盛顿，罗伯特·肯尼迪说，小马丁·路德·金当然有理由感到委屈，不过……"目前的示威时机能引起争议……小学学生上街示威是一种危险的事态。"

5月2日星期四下午，小学生人数大于公牛康纳的警察。第16大街的浸礼会教堂里坐着1,000多名小学生，有些仅仅是六年级学生，大多数是在家长和牧师允许下用不着上课的青少年学生。下午1点钟，兴高采烈的学生们开始从教堂的许多大门涌出来。一个小姑娘对朋友喊道："快点啊，露西尔。要是落在后面，就不能跟大家一块儿被捕了。"孩子们从警察的防线穿过去、跃过去，钻过去，绕过去，来到市中心商业区，抗议从餐馆到厕所的一切种族隔离。这天结束时，600名学生关进了拘留所。哥伦比亚广播公司、全国广播公司和美国广播公司的摄影记者在赶往市中心的路上。

第二天是5月3日星期五，这座教堂里又聚集起1,000名学生。警察等在教堂门外，城市消防队赶来增援，水龙头对准大门。孩子们涌出来，水龙头打开，只是朝他们身上洒洒水。孩子们不断走近，水压便越来越高，最后，消防队员使出了高压水枪，这种水枪架在三脚架上，活像一门加农炮，两根消防水管的水量从一个铜质小喷口压出，按设计可冲垮砖砌墙壁。A.G. 加斯顿当时在他的办公室，正与一个名叫戴维·范恩的白人律师通电话。两人讨论新政府接管前如何通过法律手段逼康纳离开市政厅，忽然加斯顿听到外面一阵嘈杂声，连忙走向窗口。

"范恩律师，"他喊道，"他们用消防高压水龙头冲一个黑人小女孩，把小女孩冲倒在大街中央啦。"

更多的参加游行的年轻人涌出来。已经有2,000多人关押在混乱的城市拘留所和栅栏围住的停车场中。一群黑人聚集在教堂外面的英格勒姆广场上，观望着教堂出来的人们，很快，一些观望者开始朝警察和消防队的防线抛掷石块和玻璃瓶。康纳带来八条警犬，打算用来控制教堂外翼的人群，避免黑人从两翼包抄聚在一起的警察。一名携带警犬的警察抓住一个15岁旁观少年的领子往外推搡，他的德国牧羊犬扑上去咬那年轻人的肚子。美联社的摄影记者抓拍了这个画面，电视记者也在拍摄。

石块和玻璃瓶打中康纳的两个人，让蒙哥马利市政当局和华盛顿当局感到惊恐，也让几个街区外第19大街的白人商店店主和银行雇员感到惊慌。牧师们也许相信非暴力原则，但群众却不听命。很多投掷石块的人是从附近的酒吧和社交俱乐部来的。这可是个新情况。石块和水龙、警犬和儿童，这些都让电视摄像机拍了个正着，这天晚上和第二天向全国播放出来。这条新闻传遍了全世界。用30多种语言播报的莫斯科电台称："我们感到，美国当局既没有能力，也没有愿望制止种族主义者的暴行。"

第二天早上，总统看到《纽约时报》头版警犬袭人的照片。他与"美国人争取民主行动组织"非正式会见时说："那事让我感到恶心。"不过他后来在私下和公开场合说，他无法插手。根据宪法，联邦政府无权干预，这是当地州的事务。5月4日，他派伯克·马歇尔再次去伯明翰，要他设法通过谈判停止冲突。

肯尼迪想要的是平静的谈判，但是在一切都通过电视直播的美国，这是不可能的。不论是小马丁·路德·金还是《伯明翰新闻报》的出版者克拉伦斯·汉森，大家都不需要与总统约见会谈，他们是直接对着电视摄像机谈。"我并不是批评总统，而是在帮助他，"小马丁·路德·金说。"现在是联邦政府对美国种族隔离采取明确立场的时候了。"汉森说："总统先生，假如发生了白人游行……我们相信你的政府会采取有力行动约束警方。如果想要秩序，想要法律的尊严……总统先生，只能由你出面。"

不论是总统、州长、市长、警察局长、城市的各份报纸、牧师，谁都控制不住从这座城市的街道和教堂流出的新闻。不出几个小时，摄影胶片一冲洗出来空运到纽约，或者送到传送中心，便会传入全国的电报电话网，在电视中播出。通讯方式的火炬接力传递给了新一代技术，加速了事件—行动—反应—效应的周期，改变了人们了解的内容和了解的速度。《时代》杂志突然变得过时了，对发生的事件似乎不知所措，在报道中写道："伯明翰的黑人从来是温顺的……"

白宫宣布说，在"密切关注事态发展"，这是个正式的委婉说法，真实含义是"我们能有什么办法？"这个解释非常准确。5月7日，总统每小时与伯克·马歇尔通两次话，这位助理司法部长继续向伯明翰商界领袖施压，作为对黑人牧师停止示威的回报，实现城市商业整合。在华盛顿，肯尼迪兄弟在可能影响伯明翰的商界领袖间斡旋。总统给耶鲁大学法学院院长尤金·罗斯托打电话，请他联系耶鲁法学院毕业的研究生、美国钢铁公司总裁罗杰·布劳，劝他敦促田纳西采煤钢铁与铁路公司的官员与马歇尔合作。这一着奏效了。布劳很乐意让过去的不愉快成为往事。

星期二晚上8点钟，马歇尔给白宫打电话，接电话的是罗伯特·肯尼迪的特别助理埃德温·格斯曼，他对电话内容做了这样的记录："所有工商人士的会议奏效了。现在，如果能够容忍黑人，我们就算度过最困难的阶段了。"

当地人浑称"大骡子"的田纳西采煤钢铁与铁路公司领导人、其他几位大雇主和浑称"长老"的77位白人零售商委员会首先与 A.G. 加斯顿协商，后来与小马丁·路德·金的一位助手会谈，星期三早上4:00，达成了一项协议。首先从百货商店的试衣间废止种族歧视，然后一步步整合到快餐柜台和学校。总统有理由确信有好消息后，安排了预定下午召开的记者会。

肯尼迪的首届任期还剩18个月了，他开始面对在现状下竞选的可能性，也就是他不得不在前30个月已经取得的成就和没取得进展的状况下竞选连任。在欧洲受到戴高乐的挫折，在亚洲一片混乱，在古巴问题上无法让任何人感到满意，在国会受阻，在亚拉巴马州和其他南方地区遭遇极大的风险。也许这就是现状，他会继续保持这样的纪录。

1963年5月8日是乔达摩佛[①]2,057岁诞辰纪念日。这个日子对美国人没有任何意义，就连美国在西贡的外交人员和情报人员也浑然不知。在西贡北面500英里的顺化市，佛教徒开始对法律禁止在该市插宗教旗帜进行抗议，这座城市曾是昔日统一越南的首都。警察扯下纪念佛祖诞辰的横幅，但三天前他们却允许插梵蒂冈的金色与白色相间的旗帜，为该市罗马天主教红衣主教庆祝就任三周年，因为这位大主教是吴庭艳总统的弟弟吴廷俶。

---

① 乔达摩：释迦牟尼的俗姓。——译注

吴氏家族与许多越南望族一样，接受过法国教育，相信殖民者的宗教。越南的天主教徒人数极少，只占人口的约10%，而80%以上的人口修行某个教派的佛教。但是，国民大会的成员半数以上是天主教徒，大多数地主也是天主教徒。天主教与佛教之间的紧张关系可追溯到100年前法国人到来的时候。吴氏家族更激化了宗教矛盾，总统的弟妹吴夫人更利用政府的权力禁止一夫多妻、通奸、流产和冒犯她那种信仰的其他陋习。但是佛教徒也受到了冒犯，他们在越南的存在不是100年，而是已经有1,000年了。

顺化时间那天晚上——华盛顿时间是早上，3,000多名佛教徒聚集在该市的电台，聆听其高僧的讲话。电台禁止这位高僧讲话，于是发生了暴乱和枪击。九名佛教徒被南越警察击毙。美国大使馆向华盛顿报告称，发生了"一起当地事件"。

肯尼迪是从邦迪的职员迈克尔·福里斯特尔那里听到这则消息的。他的第一个问题几乎带着悲哀口吻："这是些什么人？为什么我们以前不了解他们？"

1963年5月8日肯尼迪总统举行了他就任后的第55次记者会。他说："令人震惊的场面……严重损害了伯明翰和这个国家的声誉。"他说这话是在南越安全部队在顺化与示威人群发生冲突后仅仅几个小时。国外是佛教徒游行，国内是黑人浸礼会教徒示威。两个事件在他心中有着联系：佛教徒事件是个国内问题，但由于他们的行动或造成的反应，削弱了美国公众对美国在东南亚存在的支持；黑人的行动或造成的反应，则伤害了美国在世界上与共产主义斗争中的形象。

全世界都通过照片和电视画面看到，警犬撕扯男女黑人的衣服、高压水龙头将儿童喷倒在地。五天后，总统在记者会上说："我注意到，白人与黑人公民为结束在伯明翰的丑恶形势做出了努力，对此我感到愉快。黑人领袖已经宣布，暂停示威……新当选的市长已经表示，要解决这些问题。

"自从当选总统以来，我便明确表示，我要使用一切可能的手段，保护人权，维护本国法律……我们竭尽联邦政府拥有的全部能力，保证尊重并执行法院做出的决定。"肯尼迪在记者会开始时发表了预先准备好的声明。不过他补充道："过去几天发生在伯明翰的事件没有涉及任何联邦法规。"

"你是否认为，炉边漫谈对民权有益？"一个记者问道。

"可能有益吧。假如我认为那样做有益，我会做一次那种漫谈，"总统回答道。"但是我就密西西比州那天晚上的事件发表过一个讲话，是在牛津市对密西西比州的公民和其他人讲的。虽然看起来没有起到很大作用，但这并不意味着我们不会继续尝试。"

在第二天的报纸上，对肯尼迪在记者会上冷静的事不关己态度，他自己提名的民权委员会主席、哈佛法学院院长欧文·格里斯沃尔德做出了反应："我认为，他显然根本没有动用自己掌握的权力。"

"这个狗崽子！"肯尼迪私下骂道。"有本事自己来试试。"

动用什么权力？派出海军陆战队？肯尼迪背诵了莎士比亚的《亨利四世上篇》中他最喜爱的两句对话。葛兰道厄说："我能召唤地狱的幽魂。"霍茨波答道："哈，这我也能，谁都能；可是您真的召唤它们的时候，它们果然会应召而来吗？"

"调解与劝说，"是总统在声明中用的字眼，"这项努力不成功，便采用法律诉讼和法律行动。"他采用的仍然是这种策略——派出司法部的一小批人去南方，设法就选举权得到命令并强制执行。这项计划十分简单，甚至可信：在种族隔离的州为黑人赢得选举权，其他问题便迎刃而解了。但是，相对于警察袭击小姑娘的画面，这一努力显得微不足道。

在两年半时间中，总统有五六次对肯尼·奥唐奈说："我想清理一下这些案头工作。一个月不接待外国宾客。我得集中精力处理民权问题。"仿佛他如果不是这么忙，就能在一个月内理顺这桩讨厌的事务。

可是事与愿违。这时他办公桌上摆着从西贡和顺化来的电报，向他报告5月8日与佛教徒的冲突。电台外面的枪杀过后，最初30个小时美国发到华盛顿的电报称佛教徒的领导人是"僧人头领"，用的是越南人对和尚的说法，显然并不知道他的僧名叫智广。

美国驻西贡的大使馆和驻顺化的领事馆官员报告说，吴庭艳政府宣称，暴乱和死亡是越共所为，但美国领事约翰·赫伯报告说："这种说法在当地人中没有可信度。"腊斯克与肯尼迪协商后，华盛顿在5月9日发给驻西贡大使馆国务卿亲属的第一份电报："请视情况自行决定。建议敦促越南政府不对佛教徒采取镇压措施，表示哀悼并提供丧葬费用。"

总统看来对发生在伯明翰的事件耿耿于怀，多次说："生活是不公平的。"他富有嘲讽幽默感和睿智，不可能在是非面前选择隐身退缩。在华盛顿新闻界照惯例举办的春季烧烤晚餐会上，他用一句幽默排解了美国保守派的要求，他们要求他允许刚果领导人莫伊谢·特苏穆比来美国。特苏穆比是欧洲一些公司青睐的傀儡。那些公司试图维持对原比属刚果铜矿的控制权，而特苏穆比在比利时的帮助下统治着富有铜矿资源的省，试图脱离刚果共和国而独立。肯尼迪知道，特苏穆比的一位赞助者是他以前的导师阿瑟·克罗克，克罗克，他还是华盛顿赞成种族隔离的大都会俱乐部核心人物，肯尼迪便说："只要阿瑟·克罗克在大都会俱乐部向特苏穆比先生供应晚餐，我非常乐意为他特批入境签证。"

他的话有时十分粗俗。他上午到费城为民主党市长詹姆斯·泰特在黑人中助选连任，乘空军一号返回华盛顿途中，总统对匹兹堡市长戴维·劳伦斯说了个流行笑话，一个新迁到白人社区的黑人敲门："咚咚咚！"……"谁？"……"艾亚！"……"谁哎呀？"……"我是新邻居艾亚。"

接着，总统对身兼民主党宾夕法尼亚州主席的劳伦斯说，1964年他需要得到每一个北方州的选举人票。对亚拉巴马州发生的事，肯尼迪说："我该跟南方吻别啦。"

仅仅几个小时后，为结束伯明翰示威的交易便瓦解了。公牛康纳的人来到16大街的浸礼会教堂，用一把大锁把门锁上，还逮捕了小马丁·路德·金牧师和他的副手拉尔夫·阿伯内西牧师，因为他们拒绝为初步指控支付保释金，便将他们关进了监狱。牧师们与市政官员做出新努力，释放了这两位和

2,500 多名黑人。城里唯一能拿得出这笔现钱的人是 A.G. 加斯顿，他支付了
5,000 美元，将小马丁·路德·金和拉尔夫·阿伯内西保释出狱。其他人的保
释金总额达16万美元。白宫打了几个电话，迅速筹集起这笔钱。这笔保释基
金出资最多的是三位工会领导人，劳联产联主席乔治·米尼、汽车工人联合
会领导人沃尔特·鲁瑟、纽约公交工人工会主席迈克尔·奎尔，还有富有的
政客纳尔逊·洛克菲勒州长。"洛克"正与他名叫"幸福"的新夫人在他拥有
的委内瑞拉1.5万英亩牧场上度蜜月。这位新夫人对他构成了新的政治问题。
他与31年的发妻玛丽·托德亨特·洛克菲勒离婚后，民意调查中他相对于肯
尼迪直落13个百分点。

　　5月10日星期五，终于达成一项伯明翰交易。白人商界人士与黑人牧师
们同意，公共卫生间和饮水机在30天后解除种族隔离，午餐柜台在60天后不
再区分种族。小马丁·路德·金对取得的胜利感到满意，以自己的方式贬低
肯尼迪总统起的作用。在加斯顿汽车旅馆举行的一个记者会上，他说："总统
说，这次斗争的大部分方面没有涉及联邦法规。但我认为，这里的状况从来
是对宪法基本原则的公然违反……人们一直为登记选举权受到逮捕，而联邦
政府对此熟视无睹。"

　　那天晚些时候，小马丁·路德·金在教堂带着一抹嘲讽口吻说："这里出
了事，肯尼迪先生感到不安了。因为肯尼迪先生正在争取亚洲人和非洲人的
思想和心灵，那里有大约10亿人仍处在世界的中立地带。然而，如果美国因
为肤色而剥夺人们生活中的基本权利，那里的人民就不会尊敬美国。肯尼迪
先生清楚这一点。"

　　第二天晚上10:45，小马丁·路德·金返回亚特兰大，两枚炸药管炸弹
在他兄弟 A.D. 金牧师家门外爆炸。这位金牧师是伯明翰郊外恩斯利社区第一
浸礼会教堂的牧师。他带着妻子和五个孩子从牧师住宅后门撤出时，第二枚
炸弹爆炸了。午夜时分，A.D. 金牧师正在尽力安抚聚在他家冒烟房子周围的
1,000 多名惊恐愤怒的黑人，忽然第二拨炸弹在加斯顿汽车旅馆的正面爆炸，
位置正好在为小马丁·路德·金保留的二楼房间下面。

星期六晚上的非暴力布道训诫失去了约束力。黑人酒吧和社交俱乐部的人们再次涌上夜晚的街头。石块酒瓶乱飞，火光浓烟四起，咒骂声不绝于耳，暴乱持续到黎明。亚拉巴马的新州长乔治·华莱士一声令下，从蒙哥马利市调来300名亚拉巴马州的骑警，凌晨3:00闯入黑人区，大棒挥舞，猎枪待发。局势更加恶化了。

调停和劝说显然毫无用处。5月12日星期日正在戴维营的总统乘直升飞机返回白宫。他随身带着一份《华盛顿邮报》，报纸头版有一篇对吴廷琛的采访报道。记者沃伦·昂纳将他描述为西贡的真正大权在握者。文章引述吴廷琛的话说，美国在越南的人数太多："南越希望目前驻越美军12,000到13,000人半数离开这个国家。"

另一架直升机将伯克·马歇尔从西弗吉尼亚州他家农场上接来。国防部长麦克纳马拉、陆军部长赛勒斯·万斯、陆军参谋长厄尔·惠勒、司法部长和司法部其他官员乘车前来，在5:30开始就法律和联邦权力一连商讨了几个钟头。总统可调动的强制执行力量范围宽广，从超龄和训练不足的美国元帅，到距离伯明翰100英里的佐治亚州本宁堡第82空降师。问题仍然是，除了派联邦调查局，并不能动用其他力量。假如总统派出军队，他该如何解释这么做的理由？是去控制黑人恢复公共秩序？还是保护黑人免受公牛康纳和乔治·华莱士的警察和骑警的侵扰？

"是否派部队进去是未来要讨论的事，"下午的会议上总统说。"州长事实上已经接管了该州的管理权。如果任凭他的人用刺刀捅人民，挥舞棍棒砸人民，整个国家都会一致要求总统采取强有力的行动……"

"假如那个协议告吹，"伯克·马歇尔说，"黑人将会……"

"失控，"肯尼迪接住他的话说。

"我考虑的不仅是伯明翰，"马歇尔说。

"你跟小马丁·路德·金交谈融洽吗？"肯尼迪问马歇尔。

"可以无话不谈。总统先生，我把他的意图告诉你吧。他打算去这座教堂，号召人民不要上街……"

"给他打电话，用你自己的口吻，"肯尼迪对他说。他想知道小马丁·路德·金是否会要求派军队去。在椭圆形办公室开会的人们并不知道，小马丁·路德·金已经对记者说，他不会提出这种要求。

"我已经下令，要本宁堡一支战斗部队做好准备，"惠勒将军说。"抵达伯明翰需要6小时30分钟。"

总统想知道为什么需要那么长时间，可马歇尔与小马丁·路德·金通电话后回来了，他便放弃了这个话题。

"他说，如果没有更多意外，他认为可以控制自己的人民……只要商人们同意执行协议，他说这事就算结束了。我认为这话绝对正确。"

总统周围的人们照例向他提出三种选择：（1）采取主动行动；（2）谈判、谈判、争取时间；（3）什么也不做。

对于眼下的情况，选项具体化为：（1）宣布军事管制法；（2）调动军队、发表演讲，观察效果；（3）什么也不做，观察事态进展。肯尼迪几乎从来是选择中间选项，这次也不例外。他想看看，伯克·马歇尔和其他人撰写的总统声明是否过于偏袒伯明翰的黑人。最后他决定，命令伯明翰周边军事基地的3,000常规陆军处于全面戒备状态，命令第2步兵师和第82空降兵师处于戒备状态。他还下令拟定文件，要求亚拉巴马州国民卫队随时听从联邦政府调遣，以防华莱士州长试图调动该部队，毕竟在总统正式取代之前，州长是这支部队的法定司令官。星期日晚上9点，总统在电视节目中短暂露面，时间不到5分钟。

"昨晚发生在伯明翰的事件让我深感担忧……

"本届政府将采取一切必要的行动维护秩序，保护那里公民的生命安全，维护本国法律……伯明翰协议原来是现在仍然是一项公平正义的合约。该协议承认所有公民获得平等对待和平等机会的基本权利……联邦政府不允许条约受到任何一方的极少数极端分子破坏，不能允许任何人公然藐视法律和有责任心公民的愿望，不能允许其煽动或挑起暴力行为。

"我希望……伯明翰公民自己要保持理性的行为准则，使外部干涉成为无谓，让本市、本州和本国在保护公民生命、公民利益和公民福祉方面向前推进。"

人们通过电视收看了总统讲话，其中伯克·马歇尔是最为谨慎的人。他感觉肯尼迪在拿他的总统职位做赌注。他不得不在第一届任期中提出全面的民权法案，这可是他最想要避免提出的法案。如果法案通过，会有麻烦，如果未能通过，情况就更糟。

肯尼迪不止一次说过："管理就是做选择。"他有权向亚拉巴马州派出军队，或者发动核打击，屠杀1亿苏联公民，但要冒报复性打击屠杀7,000万美国人的风险。各种选择都压缩在小小的备忘录中供选择，每个备忘录表面上都没什么特别，普普通通的文字却蕴含着非凡的行动。只要在选项框中划勾就行。人们非常熟悉的会议辩论、情报报告、简报文件、讨论话题、备忘录和民意测验结果、走廊里的交谈等，这一切如果成为常态，表面上便成了普通的家常便饭。肯尼迪的个人风格是让这一切都变成流动的盛宴，变成不定期的大型会议。但是，一旦谈话终止，要做出抉择的人就是总统。

做抉择正在耗尽他的能力。麦克纳马拉向肯尼迪展示了他做的一幅小图表，纵轴标着"能力"，横轴标着"时间"，分成八年。从表示能力的顶峰到时间结束点画了一条虚线，在时间为零的位置能力处于最大值，在第四年位置，剩下50%，在八年之末能力降为零。国防部长说："就是这种情况。"

"这个我同意，罗伯特，"肯尼迪说。不过他认为应该将自己的能力用在柏林，而不是伯明翰。

要么在西贡施展自己的能力。在5月22日的记者会上，有记者提到吴廷琰要求美国撤军回国的事。肯尼迪仍然为此恼怒，也仍然感到矛盾。他的回答模棱两可："我们会在越南政府提议的任何时间撤回任何数目的部队。在他们提议的当天，我们的一些部队就会踏上回乡路。这是其一。

"其二：我们希望，越南南方的形势无论如何都会让我们有可能在年底前撤回一些部队……我还不能说，今天的形势已经让我们看到阴云已经散去，已经可以在年底前撤军或开始撤军。"

第四十三章　1963 年 5 月 24 日

1963 年 5 月 17 日出版的《时代》杂志封面通栏标题是:《伯明翰等地：黑人奋力争取平等》。标题下面的照片不是约翰·肯尼迪或小马丁·路德·金，而是一个黑人区牧师的儿子，38 岁的黑人小说家詹姆斯·鲍德温。他的一篇两万字的散文《发自我心灵深处的一封信》刊登在 1962 年底的一份《纽约客》上，肯尼迪读了深有感触。这篇散文收在他的一本新散文集中，书名叫《下次要来的是烈火》。

"试想，你一天早上醒来，看到阳光明媚，而所有的星星都在燃烧，你会做何感想，"鲍德温通过写给侄儿的信抒发自己的愤懑和激情。

　　你会感到惊恐，因为这违反了自然规律。宇宙中的任何动荡都会深刻颠覆人的真实感，让人感到恐惧。在白人的世界里，黑人就像位置固定的星辰，就像稳固的房柱，如果他离开自己的位置，会发生天摇地动……

这个国家的黑人也许永无出头之日，但他们的地位确实非常易于促进混乱，会鸣铃降下美国梦的帷幕。任何政府将人民投入监狱的数目都有限度，这是这种路线的刚性限度……为此产生的代价恐怕美国并不愿意支付。

如果相对有良知的白人和黑人，对自己此时的职责毫不动摇，像恋人般坚持，让其他人也产生觉悟，尽管我们此时尚属少数，最终却有可能结束种族歧视的噩梦，让我们的国家如愿以偿，让世界的历史从此改变。

假如我们此时什么都不敢做，一个奴隶改写自《圣经》的歌词就是对我们的预言：上帝向诺亚显兆彩虹，洪水已经退去，下次要来的是烈火！

鲍德温与小马丁·路德·金一样，采用美国式修辞习惯，阐述黑人与其他美国人并无不同，并非不自然的产物。约翰·肯尼迪打心底赞成他的观点，不过他打定主意暂不采取过激行动，要等到其他美国人做好心理准备，将黑人视为美国正常的组成部分，到那时，他们会为电视上看到的景象感到羞愧，会为自己既反对黑人的目标又自称是美国人而感到羞愧。他感到庆幸，伯明翰协议得到了遵守。也许风向在发生变化了。亚拉巴马州最高法院裁定，康纳局长去职，权力移交给新任市长艾伯特·鲍特韦尔。鲍特韦尔曾任副州长，是一位温和的种族分离主义者，他表示，愿意与任何黑人领袖会晤，但小马丁·路德·金除外。老种族分离分子控制的伯明翰教育局做出最后一次尝试，打击该市的黑人，黑人学生参加小马丁·路德·金组织的游行时，有1,081人被捕，这些学生要么被开除，要么受到留校察看处分。全国有色人种协进会反对这项决定，向联邦法院提起诉讼，结果，肯尼迪任命的法官克拉伦斯·奥尔古德在地区法院判其败诉。但是，艾森豪威尔任命的亚特兰大第五巡回上诉法庭首席法官埃尔伯特·塔特尔推翻了奥尔古德的判决。

34岁的小马丁·路德·金成了全国各地黑人的民族英雄，也让北方的开明白人视为英雄。这位来自亚特兰大的牧师成功旅行到克利夫兰、芝加哥和洛杉矶，在每一处停留，都为继续斗争募集到数十万美元。在千百万其他人眼中，43 岁的华莱士州长也成了个英雄，他此时发誓，要防止本国最后一所仅接受白人学生的州立大学实施种族融合，这所大学就是亚拉巴马大学。

尽管联邦法院下令禁止州官员干预，但这位州长誓言要站在大学校门口，阻挡学校接受的前两名黑人学生走进校门。两名学生名叫微微安·马隆和詹姆斯·胡德，按日程要在 6 月上旬开始夏季学期的课程。肯尼迪要司法部在发生问题前维护秩序，不能等到发生问题后再解决。在 5 月 22 日的记者会上，他说，自己坚决支持法律。他回答第一个问题时镇定自若："各级法院已经就这个问题做出了最后裁决……我有责任执行法院的判决。这是我们宪法体制的组成部分。在这个问题上别无选择……我们是法治的人民，必须遵守法律。"

肯尼迪冷静谈论法律和秩序意在不卷入当时的激情漩涡。那一周，他旅行深入南方，到田纳西州的纳什维尔参加范德比尔特大学 90 周年校庆。不过他在种族问题上仅仅从侧面说了不多几句，谈到的仍然是遵守法律："有些国家可能对武力统治表现出敬意，但我们尊崇依法治国……任何人都不会否认，在保证我们所有公民享有美国人应享受的全部权利方面，涉及众多复杂问题。但是，任何人都不能否认，决心获得这些权利是美国人民最高的自由传统……凡是受过教育的公民都有支持法律的责任。"

责任是个许多人可以修改的标准。肯尼迪在履行一桩桩具体责任执行一项项判决时从来十分谨慎。华莱士还挡在校门口，可谁也拿不准肯尼迪的立场。在接下来一周的《纽约客》上，理查德·罗维尔提出论点，认为对民权的道德承诺要求挑战亚拉巴马州和许多其他地方的法律："至少在目前形势下，他（肯尼迪）自己职位的道德信誉仰赖追求公正的运动，而这场运动却是在法律之外追求公正，并且向法律发起挑战……奇怪的是，人们有理由相信，他并不欣赏自己那个声明蕴含的全部涵义……最高行政官敦促人们尊崇法律为行动准则，可与此同时在讲话中赞成上街游行的群众对其表现不敬，这何其矛盾。"

在美国参议院的游说团体中，许多南方人相信，总统站在他们一边，他不过是又一个北方政客而已，为了当选，就不得不按他们的口径讲话。代表路易斯安纳州的艾伦·埃伦德就在这些人之列，也是总统的一位朋友。他私下对自己的同僚们说，假如不考虑北方黑人的政治立场，肯尼迪肯定会公开站在他们这一边的。

第二天，副总统林登·约翰逊的一位助手乔治·里迪向他递交了一份长长的备忘录，建议他告诉总统，他们必须选择立场：

> 黑人和白人至上主义者有一个共同点，那就是相信以总统本人为代表的美国并没有对民权事业和平等机会做出过真正的承诺。双方都意识到，如果法院判决对黑人有利，总统便准备动用武力执行法院判决，但重点是遵守法院对法律的诠释。由此可以推断，假如法院做出不同的判决，总统便会采取不同的立场。因而，黑人无法确定总统的道德力量是否倾向于自己一边，白人则相信，总统是出于政治私利……只有总统令人信服地站在黑人一边，他们才会感到满意。白人种族分离分子只有意识到美国的全部道德力量都联合起来与他们作对，白人抵抗分子的中坚力量才会瓦解。
>
> 很明显，这个国家正在经历自内战以来最严重的国内冲突。

美国全国广播公司就反种族隔离播出一个三小时的纪录片，节目名称是《63年美国革命》。《时代》杂志在《黑人起义》的标题下报道了全国南方和北方的几十场反种族歧视示威和对峙——在密西西比州的杰克逊市、芝加哥、刘易斯安那州的巴吞鲁日市、佛罗里达州的塔拉哈西市、费城等地都发生了示威。

种族对峙也开始涉及到全国最大的整体性组织——军队。南达科他州拉皮特城外的导弹基地空军军官打电话给华盛顿，说黑人士兵要进城参加民权会议和示威游行，请示该如何答复。这项要求转给了在白宫的李·怀特，他做出决定：只要飞行员不当班、不穿制服，想做什么随他们的便。总统是从《纽约时报》上看到这事的。

"怎么会发生这种事？"总统看了报道打电话给怀特。"你知道这事吗？"

他当然知道。肯尼迪要他给可能面临类似问题的各机构打电话，命令他们："在得到准许之前，不准采取任何行动。"

5 月 20 日和 21 日，总统专门为民权问题开了两天会，倾听以罗伯特·肯尼迪为首的助手们就下一步是否提交一项综合的民权法案做辩论。讨论最初的焦点集中在是否赋予司法部新权力，假如黑人根据联邦法律要求平等保护被拒绝而投诉，便提起诉讼。罗伯特·肯尼迪和伯克·马歇尔持反对意见，但投诉多得让司法部和法院应接不暇则另当别论。

"好吧，那我们怎么做才用不着再次提出这第三章呢？"总统问。他指的是《民权法案》（1957）第三章，内容是赋予司法部长权力，对公立学校的种族隔离提起诉讼。国会通过法案的其余部分时，投票否决了这一章，当时担任参议员的肯尼迪也在表决中投了反对票。

能否说服美国工商界人士雇用黑人？特别是说服南方的工商人士。总统回答了自己提出的问题："我召集工商人士，询问他们能否雇用黑人。你知道他们怎么跟我说？我们为什么要雇用黑人？你自己也不雇黑人哪？"他抽出一份李·怀特为他准备的文件，内容是关于南方城市纳什维尔的联邦雇员情况："在财政部下属几个部门的 405 名雇员中有 4 名黑人；农业部门的 249 名雇员中有 2 名黑人；劳工与商务部的下属部门没有一个黑人雇员……"

"毫无希望，他们绝对不愿改革，"肯尼迪谈到在国会和当地机构的情况时说。"南方人 100 年来根本没有为民族融合做过任何事。有人从外部干预，他们会要他走开，说自己的事自己会处理，可他们什么也不做……我不在乎他们是否难过……我们不能去对黑人说，你们不能示威……可他们找不到解决办法。"

罗伯特·肯尼迪说，他还得跟这些人周旋，建议举行一系列会谈，每周两次或三次，每次召集白人和黑人领袖六七十人，要赶在"下次烈火到来"之前，在当地逐渐奠定民权法案基础，也开始雇用黑人。"你的想法是对的，"总统说。接着他告诉弟弟说，要保证避免小马丁·路德·金参加这些会谈。"无论如何，大家都认为他是我们的人，这是个麻烦，"他说。"这些天他是个热门人物，实在太热门了，简直像马克思走进白宫。"

到了5月底，肯尼迪的注意焦点转向了密西西比州的首府杰克逊市。那里的示威游行始于5月28日，市长艾伦·汤普森下令，在州游乐场周围布满铁丝网，阻挡多达10万黑人进入。在资本街的伍尔沃思廉价商店里，陶格鲁学院的白人社会学教授约翰·索尔特与三名黑人学生来到午餐柜台，遭到两名男女白人柜台服务员用胡椒粉和番茄酱攻击。一个名叫本尼·奥利弗的前警察将教授踢倒在地板上，一再踢一名学生的脸，其他白人朝他的伤口上撒盐。城市警察将这个商店包围了三小时之久。

那天夜里，在当地教堂里，全国有色人种协进会密西西比州分会的秘书梅德加·埃弗斯号召对杰克逊市的种族隔离发起"大规模进攻"，黑人听众起立鼓掌，掌声持续了足足20分钟。

全国有色人种协进会执行理事罗伊·威尔金斯比小马丁·路德·金年长近30岁。他担心，小马丁·路德·金及其临时性组织南方基督教领袖协会要取代自己有40万成员和50年历史的组织，成为黑人愿望的主导媒介。于是，他第二天从纽约飞往杰克逊市。这是他长期以来头一次返回本地街头。没出几个小时，他就被捕入狱了。当时在芝加哥的小马丁·路德·金给纽约一位名叫斯坦利·利维森的白人朋友兼顾问打电话，向这位律师通报了消息，然后说："我们为威尔金斯兄弟施过洗礼。"尽管威尔金斯鄙视小马丁·路德·金，但不论两人之间有何龃龉，全国有色人种协进会领导人在杰克逊市的街头被捕，这毕竟是桩重大事件。小马丁·路德·金说，黑人运动需要有一个全国性事件，迫使肯尼迪总统签发行政命令，在全国各地禁止种族隔离。也许在华盛顿举行一次大规模游行可以促成此事。

第二天，小马丁·路德·金向白宫发出一份电报，要求与总统会晤讨论杰克逊市的形势，但遭到拒绝，因为他前一天晚上称，肯尼迪缺乏解决民权问题的热忱。胡佛相信，利维森是美国共产党的一名秘密官员，1962年 3 月以来，在司法部长罗伯特·肯尼迪命令下，他的电话一直受到窃听。小马丁·路德·金与这位律师的电话交谈内容文字稿没出几个小时就传到了白宫。

与此同时，总统和司法部长也在忙着打电话，他们每天都与杰克逊市的汤普森和其他南方州和城市的州长、市长们电话直接协商，希望找到平和的解决办法。他们都是职业政治家，大多数还是总统所在政党民主党的人，大家都想要尽快结束眼下的状况，又不愿在国内表现得在黑人面前软弱。

"不知我们能否做什么事，缓和那里的局势，那边挺紧张的吧？"6 月份几次电话交谈的第一次，总统这样问汤普森市长。

"美联社的人今天上午来这里，我对他说，你是位了不起的人，"汤普森说。"当然，不论听到人们怎么谈论，别太在意，我真心钦佩你。我只想说，假如你能按自己的某种方式向人们提出要求——我知道你遇到的问题比我多 100 倍——不过假如你能敦促国会让法院受理，我打算通过法院禁止游行恐吓……他们在利用这些年轻孩子，如果你能告诉他们别搞这个，人们会听你的。"

"我跟他们说。有两三桩事我觉得还不是太不合情理，"肯尼迪提到黑人警察和学校警卫的要求。

"就像我对他们说的，其他事情我们每一桩都做了答复，只有黑白人种的事是个例外，我眼下还不能这么做。"

"史密斯牧师在那儿待着吗？"

"你是说 R.L.T. 史密斯。他不是个有权势的人。制造麻烦的是霍顿，这人非常精明……听我说，总统先生，要是有人把我说的话告诉你，听了别难过。"

"好的，"肯尼迪笑道。"我全权允许你公开指责我，只要别私下说就成。"

"你真宽宏大量。请代我向你夫人致意。"

"你替我问候华莱士州长……我晚上再给你打电话。"

一夜暴乱过后,汤普森市长在他们6月份第二次电话交谈中就没那么心平气和了。

"总统先生,我们这里出了爆炸性状况。他们简直发了疯,是有系统的……人们无法控制他们,一切都失控了。我们要用一些黑人警察。我的警察要我转而用黑人警察,还没有结果,还要我马上发表个重要声明……卫生部门的主管已经做出安排,要提高黑人区的级别,任命两名工作人员担任那里的负责人。星期六他们上任,可黑人几乎对他们进行了围攻。他们只好撤回来,不敢再去了。我必须维护自己在白人和黑人中的形象,动用了警察、我的雇员和一切能用到的人。"

"黑人团体处境不妙,"肯尼迪回应道。"所以他们取消示威活动后要显得实现了某些目标。在这次会议中,应该有可能达成某种协议,既保住你的地位,同时又不会显得他们全都不敢出声了。"

在刘易斯安那州的巴吞鲁日市,肯尼迪就学校为种族隔离搞示威的事与吉米·戴维斯州长反复磋商。这位州长还是位乡村歌手,美国脍炙人口的歌曲《你是我的阳光》就是他的作品。

"这事让我本人深感伤心,不过我会应付的,"戴维斯说。

"那就太好了,"总统说。

"我会采用某种方式来应付,可我不明白,除了你谁也不明白。我希望在某个时候会发生某种事,要么我们通过联邦命令禁止这些示威游行,要么不这么做。我认为这种情况会蔓延开来。"

"会向北方蔓延的,"肯尼迪说。"你知道,这不再仅仅是个南方的问题了。"

"假如蔓延到那里,我告诉你,那将是黑人对白人的斗争。在这边我们有纽带关系的,我的意思是说,很多人关系相当密切,就像我家农场上的情况。一个黑人替我经营,替我卖牛,替我采购,替我做很多事。"

"现在是费城,今年夏天首都华盛顿也会有问题,我们正在想办法,看看能否通过法院解决,避免事情发生在街头,因为出了事会死人的,"总统说。

"会发生倒霉的流血事件……这是个问题。"

"州长,非常感谢你。以后来这儿一趟好吗?"

"嗯,希望有机会……我办公室里有个人,是刘易斯安那州立大学的董事会成员,他说:'我想坐坐肯尼迪那把摇椅。'你认识他,是你派到我这儿来的……你的脊背怎么样?"

"这些天,遇上天阴下雨就不舒服,不过我对付得还好。"

轻松闲聊之间,戴维斯说:"简直要发生内战了。"这话跟乔治·里迪对林登·约翰逊说的几乎别无二致。坚持不偏不倚的政策,利用军队强制执行法院判决,按这个逻辑,到头来是对南方采取军事占领。几个星期来,约翰逊一直在抱怨,说总统从不听他的建议。肯尼迪得知了他的抱怨,最后在6月3日叫来约翰逊,就民权问题询问这位副总统,请教该如何应付国会。

约翰逊开始说了一些肯尼迪不想听的话。他说真正的问题不在国会,而在这个国家。两人交谈几句后,肯尼迪请约翰逊将自己的想法讲给特德·索伦森听。

约翰对这位讲话撰稿人说:"白人认为我们是为了获取纽约的选票玩弄政治。黑人则怀疑我们只是被迫做出反应。我认为你们到头来不会找到解决办法……黑人已经对忍耐感到厌倦,对零打碎敲的东西感到厌倦,他们想要的远远不是一纸行政命令或立法,而是总统的道德承诺。

"我想拖出总统这门大炮。你让他上所有的电视网露面,讲出他的真心话……我知道这会担极大的风险,还可能让我们付出南方选票的代价,但是那些州反正会丢掉的。不同点在于,假如你们的总统仅仅是强制执行法院的法令,南方会感到是屈服于压力。他应当让几乎每一个人扫除心中反对他的偏执,提出高尚的请求,将这些人作为美国人来对待。

"你知道,那个叫鲍德温的说:'我不想跟你女儿结婚,我要把你从我脊背上甩掉,'这正是这些黑人想要的。他们想要那个道德承诺……对鲍德温、小马丁·路德·金和其他所有人说:'我们向你们做出道德承诺。政府支持你们。你们用不着走上街头。你们可以在法院在国会提出要求。'

"总统为光环所包围,人人都愿意信赖总统兼武装部队最高司令。我认为他会让巴尼特和华莱士显得滑稽……只要他把真话讲给人们听，得到的选票就不亚于那些小小的立法者。因为他是正确的，特德。"

罗伯特·肯尼迪与鲍德温热情交往。他在华盛顿的一次招待会上见到这位作家，请他召集几位黑人有识之士，5月24日来肯尼迪家做客，地点在纽约市中央公园南路他家的公寓。招待会上有几位明星，其中有歌星哈里·贝拉方特和莉娜·霍恩，还有剧作家洛兰·汉斯贝利。但是会见中唱主角的却是名叫杰尔姆·史密斯的自由乘车示威者，1961年5月22日早上，他就乘坐在驶出蒙哥马利市那辆公共汽车上。他讲述了遭南方警察殴打的经历，把所有宾客惊得目瞪口呆。"跟你待在同一个屋顶下让我作呕，"他对罗伯特·肯尼迪说，还说一想到不得不向他乞求得到法定权利就感到恶心，因为他的职责本来是实施这些权利的。这位司法部长问他，假如他的国家处在战争时期，是否会为国参战。"决不！决不！决不！"史密斯嚷道。

"你怎么会这么说呢？"罗伯特·肯尼迪问。他深感震惊，招待会结束时，黑人区一位名叫克拉伦斯·琼斯的律师来跟他握手，说自己是小马丁·路德·金的律师，罗伯特·肯尼迪的情绪依然没有缓过来。琼斯说，是他与伯克·马歇尔合作拟定了伯明翰协议，也感谢司法部在那里做出的努力。"要是你公开说出这事就好了，"罗伯特·肯尼迪冷冷说道。

在纽约的会见持续了三个钟头。黑人们要求白宫公开表明姿态。也许总统本人应该护送那两名等着上夏季学期课程的黑人学生走进亚拉巴马大学。罗伯特·肯尼迪来了段老生常谈，说他祖父是个移民，当年在波士顿饱受排挤，因为"爱尔兰人遭人厌恶"，但是，两代之后，他哥哥现在是美国总统。凡事需要忍耐。

"你的家族在这里只过了三代，你哥哥就登上巅峰，"鲍德温怒不可遏道。"我的家族在这里生活的时间长得多，可我们仍然在社会最底层。这是问题的核心，肯尼迪先生。"

返回华盛顿后，罗伯特·肯尼迪余怒未消，对他哥哥说，他会见的琼斯和另外两个人也许带有负疚感，因为他们都娶了白人妻子。

第四十四章　1963 年 6 月 10 日

　　6月5日星期三早上，肯尼迪总统从安德鲁斯空军基地出发，飞往西部旅行五天。日程包括视察科罗拉多州和加利福尼亚州的几处军事设施、在几个毕业典礼上发表演说、募捐、匆匆去一趟得克萨斯州，还要在夏威夷举行的美国市长会议上发表演讲。总统登上空军一号时，为他举行了大规模欢送，送行的国会议员和白宫工作人员向他挥手道别。不到三岁的小约翰·F.肯尼迪为自己不能随行而哇哇大哭。摄影师和摄像师全程做了记录，有的是供政府存档的照片，有的用于晚间新闻播放，有的刊登在第二天的报纸上。

　　特德·索伦森留在华盛顿，撰写预定6月10日在美国大学发表的毕业典礼致辞，时间在总统预定从夏威夷返回一个小时后。白宫内部一连几个星期为这篇演讲忙碌，几位工作人员称之为："和平演讲"。遵照肯尼迪的命令，他们刻意避免国务院和国防部官员了解演讲内容。在正常情况下，凡涉及外交政策和国家安全的声明，都要由国务院和国防部官员通过。

　　肯尼迪从一个时区飞到另一个时区，观看一场又一场战争演习，却在飞机上校订和平辞藻。在位于科罗拉多斯普林斯的北美防空司令部地下掩体中，他观看了雷达屏幕上白色蘑菇云升腾而起，18分钟的苏联核袭击模拟中，一座又一座美国城市遭摧毁。他观看了耐克导弹和诚实约翰导弹击中空中和新墨西哥州白沙导弹试验场地面的模拟目标。演习中，小鹰号航空母舰从圣地亚哥港驶入太平洋，火箭发射的鱼雷和麻雀导弹在航母周围海域爆炸。

但是，所有这些火力对发生在整个南方的真切战争却毫无用处，黑人的示威在那里持续。在亚拉巴马州蒙哥马利市，州议会大厦的圆屋顶上飘扬着邦联的旗帜，华莱士州长在议会庭院里再次发誓，他本人要豁出去阻止6月11日星期二在亚拉巴马大学的种族融合。两名黑人学生预定要在总统返回华盛顿向世界发表他的和平梦想时，登记入学。

6月6日，肯尼迪第一天整个行程的最后一站是得克萨斯州的埃尔帕索市。他在那里待了相当长时间，与新州长直接讨论政治问题。新州长约翰·康纳利是林登·约翰逊的一位门徒，是肯尼迪任期中的第一位海军部长，八个月前返回家乡，赢得了两年的任期。去得克萨斯州是一趟绕道旅行，不过这趟旅行很重要。肯尼迪的1964年竞选战略与1960年相同，都有赖于这个州的支持。但是，康纳利州长要竞选连任州长，与肯尼迪竞选连任总统在同一时间，便想方设法与总统保持距离，因为包括石油巨头和报界出版商在内的强大右翼机构憎恨这位总统。

肯尼迪与康纳利在科尔特斯酒店会谈，副总统约翰逊专程从华盛顿飞来参加。"林登哪，"肯尼迪问道，"你认为我们究竟能不能在得克萨斯州搞募捐？"

"总统先生，问这位州长好了，也许你现在就能得到他的承诺，"约翰逊说。

"好的，总统先生，我们开始计划你的行程吧，"康纳利受到了自己政党两位全国领袖的挟持。

"这事我们已经谈论了一年半之久，那就接着做吧，"肯尼迪说。他希望在休斯敦、圣安东尼奥、沃思堡和达拉斯等城市举办大型竞选活动。康纳利承诺制订出10月和11月的活动日程。

　　总统从圣地亚哥乘直升飞机登上小鹰号航空母舰。在飞行甲板上，他与加利福尼亚州长埃德蒙·帕特·布朗并排坐着，让40多位摄影师拍照。州长正在为肯尼迪的咖啡中斟奶油时，肯尼迪俯身对州长说了句话。布朗一转身，奶油泼在自己的裤子上。他猛然跳起身，意识到面对着一片摄影记者，他连忙坐下，结果坐在一片奶油上，连忙再次跳起身。

　　肯尼迪见状笑得前仰后合，一时话都说不出来了。最后他压低声音说："帕特，面对摄影记者的密集方阵，就是乘务员朝我裤裆里泼滚烫的油，我也得面带笑容。"

　　那天夜里，在航母的船桥上，肯尼迪坐在自己的摇椅上，与第一舰队司令罗伯特·基思上将一道观看喷气战斗机弹射升空。不久之后，他说："我恐怕坚持不下去了。"说着挣扎着要站起身，可是脊背疼得他咬紧牙关。周围的海军官兵不知如何是好。最后，两名军官伸手托住他的腋窝，扶他站起来，送回船舱。

　　这年春天，他的腹股沟肌肉也拉伤了，走路都困难。他对皮埃尔·塞林杰说："要是有人问起，就说我的毛病在脊背上。我可不想在报纸上看到有人谈论我的腹股沟……我不想让美国公众认为总统身体垮了：'看哪，他背疼，如今他的腹股沟也完了。'接下来，共和党人会声称：'瞧，他的脑子也坏了。'"

　　6月8日，索伦森和邦迪在华盛顿首次将"和平演讲"稿送交国务院和国防部。他们几乎没有时间讨论总统的信息，也没机会与总统讨论，因为总统此时远在8,000英里之外。国防部特别不喜欢的一点，是1964年竞选开始前与苏联最后一次尝试签订禁止核试验条约。一旦肯尼迪公开竞选连任，参议院的共和党人就没有机会批准一项主要的条约了。冷战时期的总统有一种政治节奏——为赢得总统职位谈强硬，为保持连任而谈和平。

　　但是，种种事件过后，此时有可能考虑终结太平洋岛屿上和西伯利亚平原上恐怖的蘑菇云阴霾了。以前有过与古巴导弹对峙的恐惧，如今则是对放射性埃尘沉降的恐惧，因为全世界的牛奶和其他食物中再次检测到锶90和其他致命的同位素。过去两年核试验的总吨位数超过了有史以来爆炸当量的总和，中国的核武器试验前景也令人担忧。

华盛顿后来才惊悉，中国共产党人曾对赫鲁晓夫和苏联人施压，要他们放弃与美国人谈判和平共处。苏联主席看来相信，他与美国总统同样畏惧拥有了核武器的中国。现在看来，赫鲁晓夫似乎有可能不得不在二者之间做出选择：是与华盛顿对话，还是与好斗的北京辩论同志关系。中国人已经在行动了，在喜马拉雅山地区与印度发生边界战争。肯尼迪一再私下里说，他最大的恐惧是中国的核武器。他几乎有个浪漫的想法，那就是美国和苏联联合起来阻止中国的核计划。

很长时间过后，美国人才意识到，自己在冷战时期对中苏联盟的幻觉是错误的，庞大的中国和苏联构成共产主义阵营的想法有种种瑕疵。美国情报机构和外交机构不但没有注意到，也误判了这两个共产主义政权之间的紧张关系和相互不信赖，1956年赫鲁晓夫在苏共20次代表大会上公开抨击约瑟夫·斯大林后，两国关系更加恶化了。在中华人民共和国，已故独裁者的风格和指示仍然占支配地位。1959年6月，苏联人拒绝将核秘密透露给中国人，北京要求以同志间馈赠方式得到一枚样品原子弹，遭到拒绝。

索伦森最后向华盛顿高层人物展示了演讲稿，展示的时机经过精心考虑。导致这一演讲内容的一系列事件始于4月初，当时诺曼·卡曾斯来到白宫，讨论与赫鲁晓夫会谈的事。那天，他刚为肯尼迪写完一篇简短的演讲稿，让总统与来到玫瑰园的高中学生讨论文化问题。第二天，总统给卡曾斯打电话，要这位编辑将自己明确的信息传递给赫鲁晓夫。

"我毫不怀疑，赫鲁晓夫先生真诚相信，美国反对其三次核查的提法是要放弃条约，"肯尼迪说。他提到的是美苏科学家前一年12月和这年1月间中断的通信。"但他错了……我相信这是一个诚实的误解……看看能否让这位主席接受诚实的误解这个概念。只要真诚和诚实不受质疑，就能清除障碍，创造一个新的开端。

"赫鲁晓夫和我在各自政府中的政治地位大致相当，"总统接着说。"他想要防止核战争，但受到强硬批评者的强烈施压，朝防止核战争方向迈出的每一步都会被他们解释为绥靖。我自己也面临着类似的难题。苏联和美国的强硬派彼此助长……"

4 月 12 日，在赫鲁晓夫的黑海乡间别墅，卡曾斯传递了肯尼迪给赫鲁晓夫的信息。接下来，他耐心坐了几个小时，听这位主席不着边际的长篇大论。赫鲁晓夫首先谈论了毛泽东。他说，北京利用莫斯科与华盛顿交往时的尴尬做文章，内容从赫鲁晓夫撤出古巴，到他在核试验方面表现出的幼稚"软弱"。卡曾斯做了一页又一页笔记，将赫鲁晓夫的评论逐字向肯尼迪做了汇报。

"美国人民似乎认为，我是个独裁者，可以随心所欲实施任何政策。实际情况根本不是这样的。我必须先做说服工作，然后才能做决定……看来你们不理解这里的情况。我们不能做出别的提议……我已经显得像个傻瓜了……说实话，我们感觉受了欺骗。假如我们要改变立场，肯定不会朝更加慷慨的方向转变。我的原子弹科学家和将军们一直在向我强烈施压，要我允许他们进行更多的核试验……

"你要我接受肯尼迪总统的诚意？好吧，我接受肯尼迪总统的诚意。你要我相信美国真诚想要一个禁止核试验条约？好吧，我相信美国的真诚。你要我撇开所有误解，创造一个新开端？好吧，我同意创造一个新开端。"

卡曾斯对赫鲁晓夫说，他应该理解总统与美国参议院之间的问题。参议员们绝对不会接受一个对苏联仅仅做三次核查的条约。

"我们重申，"这位主席抽出自己的怀表。"为的是让你们明确无误，我最后说一遍，我不能回到部长会议，要求他们为了适应美国再次改变立场……你可以告诉总统，我接受他关于诚实误解的解释，并提议我们继续下去。但是下一步要看他怎么走了。"

其实，卡曾斯走后，肯尼迪已经走出一小步。他接受了英国首相麦克米伦的建议，联合向赫鲁晓夫发出一封信，呼吁开始新的禁止核试验谈判。跨越大西洋一连对措辞做了几个星期修改后，最终文稿的关键句子是这样的："我们已经准备在适当的时候派出非常高级别的代表，他们将得到授权代表我们在莫斯科直接与您会谈。"

总统感谢卡曾斯发来的报告，然后摇了摇头说："这种事我了解得越多，就越清楚在真正重要的问题上交流有多困难了。想想戴高乐将军吧……既然我们与他都不能交流，不能让他理解各种情况，我们与赫鲁晓夫之间的交流困难就不足为奇了。"

4月30日，卡曾斯在会谈后写给肯尼迪的电文中提出一个新想法。他写道："你应当给赫鲁晓夫先生来个先发制人。"他敦促总统，赶在苏共中央预定6月中旬召开的年度大会前公开发表演讲。"你总统任期中最重要一次演讲的时刻即将到来……提出令人激情澎湃的真正和平建议、使用对苏联人民友好的口吻、体谅他们上一次世界大战中受过的磨难。"

这个想法让肯尼迪感到激动，尽管并没有感到乐观，但他愿意尝试。建造武器的同时大谈和平也是不错的政治手腕。全世界都在举行游行抗议，出版多种图书，发表众多科学研究文章，提出种种理由，称核试验产生的放射性尘埃正在毒化整个地球。5月底，34位美国参议员提出一项"参议院意识决议"，呼吁"禁止一切污染大气和海洋的试验"。可这些参议员通常是主张储备更多武器的推动力量。苏美在古巴问题上的核摊牌让人们产生一种认识：在谈判中，导弹比核武器更有价值，因为肯尼迪或赫鲁晓夫都不可能真正按下核按钮。但是，不论这种认识是否真切，那场危机却真真切切让千百万美国人民感到过恐惧。"我们必须记住，凡是亲身经历过那场导弹危机的人，都不可能不发生观念上的转变，"那年春季，迪安·腊斯克这样提醒肯尼迪。

"我们可以把所有俄国人消灭360遍……而俄国人只能消灭我们160遍……我们遥遥领先，不是吗？"那年春天，在全国的报纸整页上刊登出这样的广告，广告费支付方是和平团体。全国最畅销小说是《奇幻核子战》，作者是《丑陋的美国人》的作者之一尤金·伯迪克和哈维·惠勒。故事中，由于电子线路失灵，导致一个美国空军中队误将数枚氢弹投掷到莫斯科。为了先发制人阻止苏联人报复，总统命令美国轰炸机摧毁纽约市。在好莱坞，一个年轻的导演斯坦利·库布里克正在拍摄一部影片，故事根据名叫《红色警报》的小说改编，影片中，一位名叫杰克·D. 里佩尔的空军将军发了疯，将轰炸机派往莫斯科。导演将片名改为《核战狂博士：我如何学会了不再烦恼并热爱炸弹》。

另外，禁止核试验或平衡恐惧感的任何其他事对美国都是不错的战略。毕竟美国拥有越来越多的精确制导炸弹和导弹，因此，不论冻结哪种类型的武器，美国都会保持军事优势。

5 月 8 日，赫鲁晓夫就肯尼迪 – 麦克米伦联合致信的答复送到了白宫。信的内容似乎与他跟卡曾斯说的一切都矛盾，看上去仅仅是赫鲁晓夫对核查论点的愤怒重申。那天肯尼迪恰好召开一个记者会，向他提出的一个问题是："总统先生，在禁止核试验问题上，有人感觉禁试前景为零，你是否有同感……要么你的私下通信是否让你心怀一些希望？"

"没有，"总统回答道。"我没有心怀希望。我没有心怀希望。我们一直努力……就核查的次数达成一项协议，但没能实现……如果今年仍不能达成一项协议……魔鬼有可能从瓶子里飞出来，那就永远无法把它收回瓶中了。"

麦克米伦还比较乐观，他抓住赫鲁晓夫来信结尾的措辞：他会"接待贵方高级代表"。英国大使戴维·奥姆斯比 – 戈尔劝说肯尼迪，请他重复上次导弹危机时与赫鲁晓夫交往的手段：仅对他愿意回答的内容作答。于是，麦克米伦和肯尼迪按新的方针办，在 6 月 1 日联合致信莫斯科，将来信当作邀请函，将在那年夏天派代表赴莫斯科，举行更多禁止核试验谈判。

6 月 8 日傍晚，肯尼迪在夏威夷研究即将在美国大学发表的演讲稿时，赫鲁晓夫向华盛顿和伦敦发出同一封信，再次抱怨美国人和英国人，说他们决心利用禁核核查搞间谍活动。他还指责美国计划将西德构建成对苏联的核威胁。不过他在信的结尾再次重复说，他愿意接受美英使者赴莫斯科，还确定了时间：7 月份。

这便是6月9日星期日的局面。这天，空军一号从檀香山返回，降落在旧金山，为的是接特德·索伦森登机。他带着和平演讲稿的副本飞到西海岸，递交给肯尼迪，便于他在回家的飞行途中做最后修订。

在同一时间，6月10日上午一个中国代表团抵达莫斯科，递交了一封信，要求在全世界推行坚定的共产主义。这封信是写给全世界共产党人的，谴责赫鲁晓夫是个软弱的领导人，指责他寻求与资本主义共处，称他每次向好战的美国乞求诸如禁止核试验之类条约均遭断然拒绝。赫鲁晓夫已经到了被迫做出选择的边缘：与中国人谈判，还是与美国人谈判。这便是肯尼迪那篇讲话前的世界舞台形势。

6月10日星期一上午，肯尼迪9:15抵达华盛顿。他洗了个蒸汽浴，一小时后，离开白宫前往美国大学。

肯尼迪对听众们说道："我选择在此时此地讨论一个主题，这个主题往往受人忽视，真相也鲜有人洞察，然而，这却是全世界至关重要的主题：世界和平……我谈论和平，因为世界面临着新战争的威胁……在这个时代，区区一枚核武器的爆炸当量便超过了二战中盟国空军投掷炸弹总和的近10倍……在这个时代，核交换产生的致命毒物会由风、水、土壤和种子带到全球最遥远的角落，危害到尚未出生的数代子孙……我谈论和平，因为这是有理性的人们必然做出的理性结论。"

这不过是演讲的开端，听上去并无非同凡响之处；这类修辞像教堂钟声一样，定期回响在这个国家。但是肯尼迪接下来的措辞却发出了变化的信号："有人说，谈论世界和平或世界法律或世界裁军毫无意义，除非苏联领导人采取开明态度，否则便毫无意义。但是我也相信，我们必须重新审视我们自己的态度，既审视我们个人的态度，也审视我们国家的态度，因为我们的态度与他们的态度同样不可或缺……

"让我们来审视自己对苏联的态度吧……我们美国人认为，他们否认个人自由和个人尊严，令人深恶痛绝。但我们仍然可以为俄国人民取得的许多成就而欢呼——在科学和空间方面、在经济和工业增长方面、在文化和勇敢行为方面……在战争史上，没有哪个国家在第二次世界大战中遭受的苦难比苏联更惨重，至少有 2,000 万人失去了生命……归根结底，我们最基本的共同联系是大家都生活在这个小小的星球上。我们都呼吸同样的空气，我们都为自己子女的未来心怀希望。我们都是同样的人。

"世界和平就像社区的安宁，它并不要求每个人都热爱自己的邻居，而仅仅要求大家在相互容忍中共同生活，相互间的争执通过公正的方式得到和平解决……我们的问题都是人造成的，因而可以通过人来解决。而人的能力可以与人的愿望一样强大。"

肯尼迪在演讲结束前宣布：赫鲁晓夫已经同意邀请美国和英国谈判代表前往莫斯科，讨论一项综合禁止核试验安排；美国将不开始新一轮大气层核试验。"我们将不首先恢复这种试验，"他说。这是一种新姿态，因为苏联在 1961 年 9 月意外试爆原子弹以来，刚刚结束了两个系列的试验，而美国只进行了一个系列的试验，从 1962 年 4 月到 11 月共试爆了 24 枚核弹。

11:20，总统返回白宫——国内发生了另一个危机。罗伯特·肯尼迪和伯克·马歇尔在等待，另外还有特德·索伦森和拉里·奥布赖恩。尼古拉斯·卡岑巴赫和一小组司法官去了亚拉巴马州的塔斯卡卢萨市，保护那两名由亚拉巴马大学正式录取的黑人学生维维安·马隆和詹姆斯·胡德。乔治·华莱士州长在州警察的护卫下占据了校园的一间办公室，自我任命为该大学应付对峙的首席执行官。他发誓要贯彻自己五个月前就职时的誓言："种族隔离现在不变！明天不变！永远不变！"明天已经到来。联邦法院命令这所大学，在第二天，也就是 1963 年 6 月 11 日接受这两名黑人学生。①

那天下午，总统的身体明显表现出疼痛。他行动踉跄，用拳头抵住胸口，后来坐在摇椅上把拳头抵住牙齿，听取让两名黑人学生穿过华莱士封锁线的策略。卡岑巴赫从塔斯卡卢萨市打来电话，提出一个想法，说自己单独走向华莱士，让两名学生待在汽车里。这样，这位州长就不会违反法院不准

---

① 1957 年，一个名叫奥瑟琳·露西的黑人女子被该大学录取，但是校园发生了持续三天的暴乱，最终这个女子遭到驱逐。——原注

干涉学生的命令，因为他根本就看不见他们。这一来，联邦的人也可避免逮捕这位州长，他也因此无法成为整个南方的白人勇士了。

"不知道你是否打算向全国发表电视讲话，"索伦森说，其他人都说，已经别无选择，总统必须尽快提交民权立法法案。

"我想不行……"肯尼迪说。

罗伯特·肯尼迪打断他的话："我认为这么做是有益的。我认为有理由这么做，我认为你用不着谈论立法，只要谈论雇工问题和教育问题就成……指出一些方向，将这个问题掌握在总统手中。"

总统显得颇感意外。他们两兄弟难得与周围的其他人一道合作找到解决办法。平时，他们会用兄弟之间的特有语言，要么轻轻哼一声，要么会意地点一下头。但此时罗伯特·肯尼迪却在向他施压，努力让他哥哥相信，种族冲突此时已经接近失控状态了。6月份的第一个星期里，共发生160起民权事件。

"我认为你不出面不行，"罗伯特·肯尼迪说。已经到了拟定全面民权法案的时候，约翰·肯尼迪该选定立场了。

"好吧，我看我们可以这么做，"总统说。他用右手掌心拍打着腿，速度越来越快，仿佛这样能把疼痛赶走。

"但是，电视讲话对立法有用吗？"奥布赖恩问道。他要在国会推动立法，认为最好等法案准备好再上电视。

"有用的，"罗伯特·肯尼迪说。"因为，我认为人们会明确感到你有理性，理解形势，而且……"

"我认为必须胸有成竹让提案在国会山通过，才能准备这么做，"奥布赖恩说。

总统叫停了这段谈话："我们已经有个稿子，但并不符合所有这些论点，可以在此基础上修改，有些句子和段落相当好，总之能帮我们做好准备，因为我们可能明天就得发表。"

整个一下午和晚上，总统都在等待苏联对他和平演讲的反应。但直到华盛顿时间午夜时分，白宫才得到消息，说《消息报》全文刊登了肯尼迪在美国大学发表的演讲。而且苏联关闭了对美国之音和其他西方电台的数千个干扰台，从列宁格勒到符拉迪沃斯托克都能收听到讲话的译文。这种情况以前从未发生过。是由于总统演讲的内容，还是由于苏联人想要明确告诉全世界，他们宁愿与美国打交道也不愿与中国同志交往？

那天晚上还有一个奇怪的消息让总统感到困惑。在西贡市中心一个繁忙的交叉路口，一位佛教僧人自焚身亡。6 月 11 日早上（大约在华盛顿时间 6 月 10 日下午 7:00），73 岁的僧人释广德盘腿坐在一个小蒲团上，其他和尚朝他身上泼洒汽油后，他一句话也没说，面不改色点燃了火柴。两位美国记者得知那个交叉路口有佛教徒示威游行连忙赶去。僧人燃烧了近 10 分钟，烧焦的尸体倒在软化的沥青路面上。没出一小时，美联社记者马尔科姆·布朗拍摄的一幅照片便传向全世界。

在现场的美国人得到释广德声明的传单："合上眼睛见我佛之前，我有幸向吴庭艳总统献言，请他宽容善待自己的人民，实行宗教平等政策。"

吴庭艳总统做出的反应是用铁丝网路障封锁西贡的所有佛教寺塔。他的弟妹吴廷瑈夫人对此消息拍手称快。她用越南语称之为"和尚烤肉"，还声称，如果有其他和尚和美国记者愿意效仿，她可以提供汽油和火柴。

第四十五章　1963 年 6 月 11 日

6 月 11 日早上 8:00 之前，罗伯特·肯尼迪给他哥哥打电话，谈论亚拉巴马州的情况，总统忽然打断他的话，惊叹道："天哪！"

他床头的报纸头版刊登着马尔科姆·布朗拍摄的释广德自焚照片。

罗伯特·肯尼迪没受干扰，继续说道："我认为我们现在该与国民警卫队联络了。"四小时后，尼古拉斯·卡岑巴赫要试图送维维安·马隆和詹姆斯·胡德进入亚拉巴马大学。华莱士在那里等待，随时准备拦在校园主楼福斯特礼堂门口。根据法律，除非美国总统决定将国民警卫队置于自己统帅之下，否则州长是亚拉巴马州国民警卫队的美国陆军后备队司令。那天早上，500 名国民警卫队员正在该市外面的军械库操练，州长去视察了五分钟，半数队员携带未出鞘的刺刀，另一半队员朝他们冲过去，向他们投掷松果，高喊："北方佬滚回去！"

"咱们等等看，"总统说。"让华莱士先出第一着。"如果他下令动员国民警卫队，将意味着更多照片传出去，让全世界看到美国士兵的步枪或刺刀指向手无寸铁的美国公民。

上午 9:00，肯尼迪下楼与国会领导人共进早餐。他谈起西贡，谈起莫斯科，大家听了只是点头，等他将焦点转向亚拉巴马州，谈起他对民权法案的想法。参议院民主党领袖迈克·曼斯菲尔德说，必须提交一份法案。政府对眼下的局势已经渐渐失控了。这是个委婉说法，意思是总统在失去对局势的控制。

"我们仍然在商量这事，"肯尼迪说。他想在提出一个法案的同时，不会导致南方议员反对税收法案和他的一揽子立法提案："要做到提出的要求最小，得到的支持最多。"

司法部长罗伯特·肯尼迪曾与华莱士州长做了几个星期的谨慎谈判，最终司法部赢得了法庭的判决，允许马隆和胡德入校就读。谈判中司法部长问州长："你认为亚拉巴马大学接受一名黑人学生真的那么可怕？"

"我认为可怕的是联邦法院和中央政府改写了所有法律，迫使人民接受他们不想要的东西，"华莱士说。"我绝对不会心甘情愿接受亚拉巴马州学校系统的种族混杂。"

"我可不愿看到密西西比州牛津市的事件重演，"罗伯特·肯尼迪说。

"你们这帮人因为控制着军队，就要控制这种事。"

"州长，我们担负着责任，要保证维护法院的判决得到执行。联邦政府可动用的一切力量来实现这一目标。"

大学官员已经接受了法院的判决，决定让马隆和胡德像其他合格的亚拉巴马州居民一样登记入学。华莱士置他们于不顾，自我任命为大学临时注册主任。现在，他站在那里，周围有阿尔·林戈中校率领的 100 名州骑警守卫。福斯特礼堂主门外聚集着 100 多位记者和摄影师。肯尼迪总统在早餐结束时对国会领导人们说，那两名学生要在华盛顿时间中午抵达校园。

那里现在变成了政治舞台。华莱士站在门口，俨然是个明星；在电视上，他的影响几乎与总统一样大了。

9 点 45 分，肯尼迪返回椭圆形办公室，与国务卿腊斯克做上午例行的谈话。腊斯克向总统汇报说，和平演讲在全世界受到称颂。他挑选埃夫里尔·哈里曼做特使会见赫鲁晓夫谈判禁核建议也受到赞扬。"美国历史上最伟大的国家文件之一，"英国《曼彻斯特卫报》这样报道他的演讲。

那天早上最糟糕的消息来自越南。腊斯克报告说："形势在恶化。"前一天夜里，国务院就释广德自焚事件做出反应，由哈里曼批准向美国大使馆发去电报，收件人是驻越使团副团长威廉·特鲁哈特，电文内容仿佛美国准备结束对吴庭艳总统的支持："供参考——假如吴庭艳不采取迅速有效的步骤重建佛教徒对他的信任，我们将重新检验我们与他那个政权的全面关系……（他）必须迅速、公开、全面、明确满足佛教徒的要求……

"虽然美国支持吴庭艳的政策没有变化，"电文接着写道，"但我们要阮（副总统阮玉寿）知道，万一由于国内政治形势发生变化（美国与此无关），吴庭艳无法履行总统职责，在这种情况下，我们会支持阮作为宪法规定的继任人……我们要告诉阮，假如走漏风声，我们将断然否认。"

特鲁哈特向吴庭艳传达了警告信息：美国与他针对佛教徒的行动无关。但他没有与阮交谈，因为他认为，这个秘密信息几近宣判吴庭艳死刑。《纽约时报》的一篇社论反映了对吴庭艳镇压佛教徒和自焚事件感到的震惊："如果吴庭艳不能真正代表大多数，他就不是担任总统的人选。"

腊斯克离开后，总统与共和党国会领袖代表伊利诺伊州的参议员埃弗里特·德克森和代表印第安纳州的众议员查尔斯·哈勒克单独会见。他们再次讨论了共和党能够接受的民权法案内容。会谈过程中，罗伯特·肯尼迪打来电话说，华莱士州长已经盘踞在大学门口里面一堵矮墙后面了。

塔斯卡卢萨市的气温高达华氏100度。尼古拉斯·卡岑巴赫已经穿过亚拉巴马州的警察方阵出现在全世界的记者面前。

"站住！"华莱士喝道。

司法部副部长几乎比这位州长个头高出一英尺，他并不停下，宣布说："我有美国总统的宣言，命令你停止非法阻碍。我要求你明确保证，不阻止这些学生入校，平静地走开，履行宪法赋予你的职责。你能向我保证吗？"

华莱士对着正在做直播的电视镜头宣读了一份事先准备好的陈述："我，乔治·C.华莱士，作为州长特此谴责并禁止中央政府这一非法和不必要的行动……今天，中央政府凭借势力采取不受欢迎的、毫无根据的行动，强行侵入亚拉巴马大学校园，树立了一个压制本州主权、权利和特权的可怕榜样。"

"'中央政府'——听起来像是说克里姆林宫，"罗伯特·肯尼迪的特别助理埃德温·格斯曼说。他当时在人群中，站在塔斯卡卢萨市两位市议会委员之间。

"见他的鬼，"其中一位名叫乔治·瑞安的委员说，他指的是华莱士。"我们可不想要这个。"

卡岑巴赫回到自己的汽车前。在摄影师和记者们的跟随下，他护送马隆和胡德走进自己的宿舍。前一天他已经拿到了他们的房间钥匙。"我们需要检查是否有炸弹，"他告诉大学官员说。司法部已经从牛津市的事件中学到了很多经验教训。四名学生自治会的领导人在男生宿舍门外等候。胡德到达时，他们走上前来，一个学生伸出手说："欢迎来亚拉巴马大学。"

"现在要发生什么事？"市议会委员瑞安问格斯曼。

"总统要下令将国民警卫队指挥权转移给联邦政府，"他回答道。就是在这个节骨眼上，罗伯特·肯尼迪给他哥哥打来电话，说："你现在签发宣言吧？……执行命令，对。马上就动手吧？没问题。"

塔斯卡卢萨当地时间11:34，肯尼迪总统宣布该州国民警卫队由联邦政府指挥。四小时后，亚拉巴马州国民警卫队第31步兵团副团长、陆军准将亨利·格雷厄姆率领100名国民警卫开进校园，另有1,600名国民警卫在军械库待命。两年前，护卫自由乘车运动的国民警卫队指挥官就是这位准将。

在佐治亚州本宁堡，400名陆军正规军部队在克赖顿·艾布拉姆斯将军指挥下，登上直升飞机，一旦发生情况，就会出动。格雷厄姆将军在四名不带武器的军士陪同下走向门口，向三小时前还是他的司令的那个人致敬，说："华莱士州长，我不幸有责任通知你，国民警卫队已经由联邦政府指挥。请站到一旁，以便法院的命令得到执行。"

华莱士向左闪开两步，向格雷厄姆致敬，然后坐上汽车，车队闪着灯离去了。片刻之后，维维安·马隆和詹姆斯·胡德步入门厅，登记注册为亚拉巴马大学的学生。他们走进楼内时，三层楼的一扇窗户打开，一名学生挥舞起一面美国国旗。

在华盛顿，总统看着电视上重播卡岑巴赫与华莱士的对峙，做了个决定："我今晚要上电视。"

他下楼去泳池游了20分钟，缓解一下背部疼痛，然后去睡午觉。索伦森认为，这将是肯尼迪总统任期中两次最重要讲演之一。演讲辞还没有动笔，甚至没有完整的初稿。索伦森和其他人开始口授措辞，一间间办公室里，打字机咔嗒咔嗒忙碌着。

那天下午，总统4点钟下楼回到办公室。接下来的三个小时里，他接连开了好几个会，与哈里曼讨论即将开始的禁核谈判，与爱德华·R.默罗讨论全世界民权问题的报告，与詹姆斯·韦布讨论空间计划。

7点钟，距离发表演讲还剩一个钟头，他走进内阁会议室，见索伦森、罗伯特·肯尼迪和伯克·马歇尔正在工作。"来吧，伯克，你肯定有些想法了，"他对马歇尔说。他草草翻阅一下散落在大桌子上的打印稿，意识到自己可能要在没有完整讲稿的情况下发表演讲。直播前的20分钟里，他与弟弟单独坐在椭圆形办公室里，做点笔记。离直播只剩4分钟了，索伦森拿着几页讲稿走进来。肯尼迪看着讲稿，向伊夫琳·林肯口授几处修改。索伦森则向他的秘书口授要做的其他修改。

修改已经来不及了。8点钟，总统坐在椭圆形办公室面对摄像机时，眼前只有部分讲稿。他演讲了18分钟，开始是这样说的："今天下午，在一系列威胁和挑衅性声明过后……两名无疑合格的亚拉巴马州黑人青年居民登记入学……

"我希望，每一位美国人，不论他生活在哪里，都要静下心来细查自己的良心，不但对这件事，也要对其他相关的事件……当美国人派往越南或西德时，我们并不仅仅要求白人参加……"

接下来，他开始即兴演讲，凭记忆引用路易斯·马丁的话："今天出生在美国的黑人婴儿……相对于同一天出生的白人婴儿，大约只有一半有机会完成高中学业，只有三分之一的机会完成大学学业，只有三分之一的机会成为职业人，却有两倍的机会成为失业者，只有七分之一的机会挣得年收入10,000 美元，预期寿命要少七年，而预期收入只有一半。"

接着他回到讲稿的内容上："这不是个局部的问题……也不是党派的问题……甚至不单单是法律或立法问题……我们面对的主要是个道德问题。这个问题像《圣经》一样古老，也像《美国宪法》一样清晰。

"假如一个美国人仅仅因为皮肤是黑色的，就不能在向公众开放的餐馆吃午饭，不能送自己的孩子上最好的公立学校，不能为代表他们的公共官员投票……谁甘愿让自己的皮肤改变颜色？谁甘愿受人摆布耐心等待或耽搁？

"作为一个国家和一个人民，我们面对的是一个道德危机，不能通过警察镇压来解决，不能让增加街头示威来处理……现在该由国会采取行动，由你们各自的州和当地立法机构采取行动。总之，在我们大家的日常生活中得到解决。一场伟大的变革在即，我们的任务、我们的责任是发起这场革命、这场变革，在平静中进行，让所有人都受益。

"我们不能对10% 的人口说，你们的孩子不该拥有发展的机会，不论他们有多好的天赋；不能对他们说，他们唯一的办法就是走上街头示威游行，争取自己的权利。我认为他们应该得到更好的机会，我认为我们应该拥有更好的国家。

"为此，我要向国会请求，颁布立法，让所有美国人有权在公共服务设施中得到服务——在旅店、餐馆、剧院、零售店以及类似的设施中得到服务……我还要请求国会授权联邦政府，更加充分地参与旨在终止公共教育中种族隔离的法律诉讼……还会请求其他方面的立法，包括对选举权提供更多的保护。"

他的表达有点模糊，那是因为还没有提出具体的法案。但总统已经迈出了通向获胜的一步。接着，他以即席发挥结束了这次演讲："我们有理由期待，黑人社区是有责任心的，是遵守法律的，他们也有理由期待，法律是公正的，正如大法官哈伦在世纪之交所说：宪法是色盲的。"

立法果然随之颁布，不过，美国总统终于选定了立场。

"好，"罗伯特·肯尼迪对他说。"我认为真的很好。我认为真的很好。而且我认为这事终于尘埃落定了。好。"

四小时后，在密西西比州杰克逊市，全国有色人种协进会州分会秘书梅德加·埃弗斯的妻子与她的三个年幼的孩子一道看着电视，她让孩子们待到挺晚没上床睡觉，等待孩子的父亲回家。时间已经很晚了，但夜晚的气温仍然很高，接近华氏100度，让人难以忍受。她想让孩子们听听父亲对总统这天晚上的讲话做何评论。

埃弗斯把车停在自家门前的车道上，拿起一摞汗衫，上面印着一条口号："终止种族歧视！"他走向家门。一个枪手藏身在马路对面150英尺开外的冬青树丛中，朝他背后开了一枪。他失血过多死在妻子儿女面前。

第四十六章　1963 年 6 月 22 日

　　第二天是 6 月 12 日，众议院多数党领袖卡尔·艾伯特打来电话说："我抱歉，总统先生。我们失去南方一些本该得到的选票。民权问题……本来我们在这方面占优势的。"

　　"真见鬼，"肯尼迪说。"你清楚，天哪。发生的事件给咱们造成了麻烦。天哪，他们在密西西比州打死一个人。他们打死一个人，把一切都搞砸了。我是说，人们就什么都不顾了。"

　　艾伯特报告的是那天众议院的一项表决，提案内容是向"地区再开发管理机构"提供资金，表决结果以 209 票反对 204 票赞成意外失败。这个机构是1961 年 5 月根据众议院 151 票反对 167 票赞成而建立并资助的。那项提案获得通过，是新组成的肯尼迪政府在立法方面取得的头一项重要胜利，它将公共建设资金引向国内经济贫困地区，特别是阿帕拉契亚山区。肯尼迪当时去西弗吉尼亚州参加总统初选竞选活动时，曾对那里的贫困状态感到震惊。两年后的今天，在总统发表民权演说后，原来支持这一提案的议员中，19 位南方民主党议员和20位共和党议员在表决中改变了立场。

"民权，"这位多数党领袖说，"对整个计划发生了压倒性影响。"

"南方人的情绪怎么样？"

"这个嘛，他们有些人表现出狂怒。大多数感到惊恐，"艾伯特回答道。"还有一件事，这事无疑会影响到公共交通，会扼杀掉……呃……这些农业提案。"

"是因为民权问题的影响？"

"对，是民权问题的影响。"

代表田纳西州的参议员艾伯特·戈尔打电话给总统，讲了自己的一段经历："凌晨两点钟我接听了一个电话，是两个人从孟菲斯一家酒吧打来的，他们说，只想让我知道他们的感觉：'我们不想跟他们一道吃饭，我们不想跟他们一起上学，我们甚至不想跟他们一起去教堂。'我说：'那你们想不想跟他们一起上天堂？'那人回答道：'不。我宁肯跟你一道下地狱……'"

假如总统相信他的演讲中提出的道德承诺能平息小马丁·路德·金和其他浸礼会牧师掀起的波澜，他此时发现自己错了。接下来两天中，《纽约时报》的标题是：《全国有色人种协进会领导人在杰克逊市遭暗杀》；《抗议活动增加》……《亚拉巴马州加兹登市300人抗议游行后，2人遭逮捕》……《萨凡纳黑人高唱〈自由〉上街游行》……《马里兰州剑桥市黑人游行——种族暴乱和纵火后骑警巡逻》……《警察棍棒镇压杰克逊市黑人游行》……《非洲民族主义分子怂恿南方黑人武装起来》。

种族问题的新闻并非都是关于冲突的，《纽约时报》的其他标题有：《亚拉巴马大学校园保持平静：两名黑人学生到校上课》……《丹维尔市温和派掌控局面：50名黑人被释放减轻弗吉尼亚州紧张气氛》……《宾夕法尼亚州将审查其民权状况》……《泽西市采取行动终止种族隔离》。6月14日，《纽约时报》第16版报道，一个名叫戴夫·麦克·麦格拉特里的黑人学生开始在亚拉巴马大学的亨茨维尔中心上课，谁也没注意他，也没注意到坐在自己汽车里注视麦格拉特里的司法部副部长卡岑巴赫。

没出48小时，种族动乱报道便将肯尼迪的和平演讲报道逼到不显著的版

面。《纽约时报》用了六个段落对那次演讲做了后续报道："一般来讲，对于
总统在美国大学发表的和解性演讲是否会产生禁核条约或其他影响，华盛顿
官方并不非常乐观。"

《纽约时报》在第6版用了五个段落报道释广德自焚事件。越南的佛教徒
危机有时与伊朗和伊拉克的宗教及民族骚乱排在一起报道。据报道，在德黑
兰，一万多赤足穆斯林在首都游行暴乱，高喊"打倒国王！"还攻击身穿西
装的男人和不戴面纱的女人，抗议当局逮捕名叫霍梅尼的什叶派宗教领袖。
伊朗国王藏起来不露面。在伊拉克，巴格达政府派出五万部队到该国北部地
区，镇压要求建立库尔德斯坦国的库尔德人叛乱。

另一项对外国新闻的主要报道是英国首相麦克米伦政府遭遇丑闻，地
位岌岌可危。国防大臣约翰·普罗富莫被披露与21岁的妓女克里斯蒂
娜·基勒有染，这名妓女还是苏联驻英国大使馆海军副专员的情人。普罗
富莫引咎辞职。

6月12日，总统的第一项任命与外号"德国佬"的弗雷德里克·诺尔庭
有关，诺尔庭是美国驻南越大使，华盛顿指责他与吴庭艳总统过于友好，准
备革职。诺尔庭已在西贡供职两年，请求宽恕，要求腊斯克承诺说，是由于
他的家庭问题回国的。由于这个承诺，总统和国务院便省去命令诺尔庭回国
的麻烦。

肯尼迪有意派埃德蒙·格利恩接替诺尔庭。格利恩完成了驻刚果大使的
艰难历程。12年前，他曾是驻西贡年轻的领事，对当时的国会议员肯尼迪说，
法国殖民军被击败后，假如美国部队进驻越南，最终将被赶出来。腊斯克反
对格利恩任大使，肯尼迪决定听从他的意见。

再说，他已经另有一个想法。在五角大楼的一个仪式上，他曾偶然遇到
小亨利·卡伯特·洛奇，这人在1952年竞选参议员时，曾被他击败。洛奇在
1960年选举中是共和党的副总统提名人选。他是陆军预备役部队的少将，当
时正在服每年一个月的现役。两人就越南问题谈论了两分钟，肯尼迪记起，
1961年向越南派出第一批战斗部队时，洛奇曾说，他愿意去那里担任大使。

　　两天后，总统请国务卿腊斯克非正式召见洛奇，询问他是否仍然有意并能够去西贡任职。洛奇说愿意，肯尼迪便邀请他来到白宫。"卡伯特，"总统说，"我花费在越南问题上的时间超过了任何其他事务。吴庭艳政府看来已经到了尾声……我想请你去那里出任大使，并作为我个人的代表。"他要直接向总统报告工作，而不是向腊斯克报告。就像派卢修斯·克莱任驻柏林的大使一样，肯尼迪这次任命也是想要位置合适的共和党人对下一步发生的各种事件分担责任。总统对洛奇说，吴庭艳手下的将军们很有可能推翻他和他的家族统治，美国人对此要旁观，默许。

　　总统此时来往穿梭于两个会议之间，会议焦点集中在两个城市：西贡和伯明翰。他出席的最重要会议是与国会共和党领袖举行的民权会议。既然得不到南方民主党人的支持，他就需要两位中西部地区保守派的帮助，这两位是国会反对党领袖埃弗里特·麦金利·德克森和查尔斯·哈勒克。嗓音如雷的德克森参议员来自伊利诺伊州，是参议院共和党领袖，哈勒克来自印第安纳州，是众议院共和党领袖。多年来，这两位在投票表决时一般反对民权立法，但是肯尼迪自己以前也投过反对票。

　　肯尼迪在6月11日发表的道德宣言是他们三方会谈的基础。"结束辩论"是国会中停止辩论开始表决的术语，它可以防止南方参议员们为阻止民权立法做冗长辩论，但是要求三分之二多数票才能通过，在参议院的100票中，要有67票赞成才能通过。

　　"为了至少获得67票赞成，就必须得到德克森参议员的合作和诚意，"迈克·曼斯菲尔德6月18日写给总统的一份备忘录中这样写道。"否则，在这方面的全部立法努力都是荒谬的……凡是可能造成减少赞成票的立法措辞、国会策略或政治声明都应该避免。"

　　换言之，没有共和党人投赞成票，就不可能在参议院辩论民权问题。48小时后，曼斯菲尔德和德克森达成了一致。准确地说，他们在六个方面实现了一致，但有一项分歧。曼斯菲尔德告诉肯尼迪说，在如下标题的讨论内容取得了一致：标题一，完成小学六年级学业便被视为符合参加联邦选举投票资格的表面证据；标题三，授权司法部长起诉当地教育局，实现公立学校废除种族隔离；标题四，创立社区关系服务机构，帮助当地政府处理废除种族隔离的争执；标题五，延长民权委员会的存在期限；标题六，允许政府拒绝向基于种族歧视的雇工计划或公共工作提供资金；标题七，创建"平等就业机会委员会"。

未取得一致的是白宫在标题二（公共设施）下的提议，内容是要求向公众开放的旅店、餐馆、剧院和商店等设施中废除种族隔离。德克森说，他本人可能投票赞成关于公共设施的成文法，要求商家不区分种族向跨州旅客提供服务，毕竟他代表的伊利诺伊州黑人人口众多，但他不愿发起这项内容。解决办法是向参议院司法委员会分别提出三个民权法案：白宫提出有七个标题的提案；曼斯菲尔德－德克森提出有六个标题的提案；由华盛顿州民主党人参议员发起一项单独的公共设施提案。各提案间的差异在委员会中解决。6 月 19 日，肯尼迪介绍了白宫的提案。他的陈述是这样开始的："现在时机已经成熟……"

同一天，在波托马克河对岸的阿灵顿国家公墓，第二次世界大战陆军老兵梅德加·埃弗斯隆重下葬。他遭谋杀前对他的最后一次采访中，他回忆起自己服役的情况，说："我愿为正当理由而献身。我一直在为美国的正义而战斗，与我们在越南的士兵同等重要。"葬礼过后，肯尼迪邀请迈利·埃弗斯带着孩子们来白宫做客，让她的孩子们在伊丽莎白女王睡过的床上蹦跳。

在亚拉巴马州蒙哥马利市，华莱士州长对民权法案提案做出反应，通过电视镜头对总统说："要是通过这项法案，你就得把部队从柏林撤回国。"

那个星期三下午 5 点钟，肯尼迪与腊斯克和麦克纳马拉开会讨论越南问题和东南亚最新发生的事件。这次会议的议程中有一项是制定美国应对北越的军事战略。他们手头的工作文件是一份腊斯克和麦克纳马拉准备的 17 页备忘录，文件开头是这样写的：

　　　　东南亚问题的根本是北越咄咄逼人的势头，要在老挝和南越

557

  奠定共产党人的控制权，作为控制整个东南亚的垫脚石……我们
需要制订一个逐渐增加美国政治和军事压力的计划，而不必造成
不可逆转的模式……应当充分意识到，假如共产党人未能对较小
的压力做出反应，这一计划的第三阶段便构成对北越采取军事行
动的开端……

  国务卿和国防部长提出的建议是他们称作连续压力的逐步升级。他们要
求总统立即批准采取一系列行动，这些行动只因北越政权没有公开违反协议
而告中止。在249号《国家安全行动备忘录》中，肯尼迪批准了逐步升级的
概念，不过他说，他本人想要停止针对北越或在北越内部搞的行动。

  这项备忘录照例向总统提出三种选择：（1）离开，任凭共产党人以自己
的方式处置；（2）允许美国公开参与东南亚任何地区或每一地区的行动；（3）
找到一条中间路线，增加军事援助和军事培训。他选择了中间那条选项。当
然，凡是为肯尼迪服务的人员都清楚，他会做出这种选择的。精明的副手们
撰写这些选项时，将他们自己的选择作为最后可能成为总统命令的选项。

  伯明翰市的事件之后，在罗伯特·肯尼迪建议下，总统为一系列白宫会
议确定了时间表，与一批批国内领袖人物会见，每次数百人，为的是在全国
和各地民权行动中建立一个基础和一种舆论导向。神职人员、律师、连锁店
经营主管人员、劳工领袖、教育家、报纸出版商和其他领域的人员，这些人
几乎是清一色的白人，他们每周聚集在白宫东厅，坐在镀金的椅子上，聆听
总统、司法部长、副总统鼓励他们回到家乡，采取主动行动推动废除种族歧
视，不要造成示威游行，也不要等联邦政府去强制实施废除种族隔离，也不
要等到华盛顿为此拟定新法律。

  最后一轮这类会议是6月21日下午举行的。那天晚些时候，A.菲利
普·伦道夫和小马丁·路德·金宣布，要在首都天气最溽热难当的8月28日
组织一次大规模的"要工作要自由华盛顿游行"。

  第二天，总统会见其他民权团体，这次是黑人和民权领袖。他对伦道夫

说，他对华盛顿发生麻烦感到担心，假如愤怒的黑人挤满华盛顿的街道，会发生暴乱的。他警告说，暴乱和暴力行动可能让运动倒退几十年。伦道夫说："总统先生，黑人已经走上街头了。很可能无法将他们赶走……由献身民权的组织来领导他们，搞有纪律的斗争不是更好吗？免得将他们留给不关心民权或不主张非暴力行动的其他领导人。"

肯尼迪只是点了点头，接着便讨论起他的立法提案。撰写政府提案的过程没有黑人参与。这是提出的第一个问题。肯尼迪回答说，只要委员会感觉到这是黑人领袖的作品，特别是感觉到有小马丁·路德·金参与，这项立法提案就别想在委员会通过。

肯尼迪想与小马丁·路德·金单独交谈，请他那天早上来白宫私下会谈。按时间表定在两个其他私下谈话之间。那两个谈话分别是与罗伊·威尔金斯和汽车工人联合会的沃尔特·鲁瑟。鲁瑟是黑人成员最多的工会领导人。

肯尼迪与威尔金斯谈话时，伯克·马歇尔告诉小马丁·路德·金，他的两个顾问不能参加接见，其中一人是纽约律师斯坦利·利维森，另一个是牧师的执行助手亨特·皮茨·奥德尔。联邦调查局已经认定，这两人是共产党人。马歇尔说，利维森是"受雇于苏联共产党机构的特务"。小马丁·路德·金不相信，要求政府拿出证据。于是，他被带去见罗伯特·肯尼迪。罗伯特·肯尼迪向他断言说，有基于最新技术手段的确凿证据，但对证据要保密，因为揭露出事实等于暴露了情报来源。

在司法部长的批准下，联邦调查局自从1962年3月以来一直在窃听利维森的办公室。罗伯特·肯尼迪得到 J. 埃德加·胡佛写的诸多备忘录，其中有一份内容如下："我局最近收到的补充情报显示，共产党秘密成员斯坦利·戴维·利维森在对小马丁·路德·金施加影响。请回顾过去几个月向你提交的实质性信息，涉及利维森与小马丁·路德·金的密切关系……"

罗伯特·肯尼迪相信胡佛的话。他至少相信，即使是小马丁·路德·金与共产党有关联的可能性，也可能让他和总统一并倒台。因此，他既无心情争论，也无意证实他何时与小马丁·路德·金谈过话。他复述了胡佛用过的论点，并不对数百名美国名人的秘密私下活动提出证据。全世界最花哨的传言都会传到总统耳朵里，总统喜欢说："历史不过是个传言。"其实，总统曾下令国务院和中央情报局，要他们将发自伦敦的普罗富莫桃色事件的信息和肮脏传言原原本本发给他。

显然小马丁·路德·金并不相信马歇尔和罗伯特·肯尼迪的话，这时总统出面了。他邀请小马丁·路德·金在玫瑰园散散步，还伸出一只手搭在他肩膀上——这种事十分罕见。总统说："我猜想，你一定清楚，你们都受到非常严密的监视。"他提到利维森和奥德尔的名字，说："这两个人是共产党人，你必须摆脱他们。"肯尼迪说，奥德尔是美国共产党的第五级官员，而利维森级别更高，是奥德尔的上司。总统用间谍行话说："是他的头目。"

"我不知道他怎么会有时间做那种事，他为我做两份工作的，"小马丁·路德·金指的是奥德尔。总统并没有微笑。他也不相信总统的话，不过他认为，约翰·肯尼迪跟他弟弟罗伯特一样，都相信胡佛的话，也认为他的总统职位处在危险中。

"你在报纸上看到过普罗富莫的事吗？"肯尼迪问。小马丁·路德·金说看到过。"麦克米伦因为忠于朋友，他的政府有可能因此倒台。"

"假如他们把你打倒，也会把我们一并打倒的，"肯尼迪说。"所以我们请你要谨慎。"

返回白宫内阁会议室后，小马丁·路德·金坐在总统右侧。总统说，他们都该感谢公牛康纳，他的客人听了不由大吃一惊。室内景象一时凝滞成一幅定格照片了。"毕竟他在民权方面比我们做的都多。"

接着，肯尼迪讲述了让国会通过民权法案预料会遇到的麻烦，明确指出，黑人在华盛顿游行对他的事业不会起到帮助作用。

"法案甚至还没有送到委员会，你们就宣布要在华盛顿游行，我认为这是个极大的错误……我们想在国会获胜，而不是在首都搞一场大型表演。那里有些人正在找借口与我们作对。我不愿让他们有机会说：'好吧，我赞成这项法案，不过要是有人用枪口指着我，要我投票赞成，我死也不干。'……在错误的时间举行错误的游行，正好让那些家伙得到机会，他们为了证明自己的勇气，会投票反对我们。"

小马丁·路德·金承认，游行的时机选得不对。"但是，坦白地说，"他补充道，"我指挥过的任何运动从来没显得时机不对。有些人认为伯明翰市的运动时机就不对。"

"包括司法部长也有这看法，"总统说着朝靠墙坐的弟弟瞟了一眼，见他的一个小女儿正坐在他腿上。

一阵笑声和停顿过后，紧张气氛有所缓和。总统不想看到游行，罗伊·威尔金斯也不想，但是显然游行的事已经如箭在弦。肯尼迪说："我们都为这事深感担忧。最糟糕的事莫过于在与国会的斗争中失败。即使我们获胜，也有足够多的麻烦了，不过如果我们获胜，还有能力应付那些麻烦。但发生这事后，我关心的很多计划都会泡汤，还会让我在下次竞选中败北。这事会让我们的一切付诸东流，所以我们的很多努力都处于危险中。

"重要的是，我们对相互间的诚意保持信心，"总统接着说。"我在国会中有我的麻烦，你在你的组织中也有麻烦。"

"我的一个麻烦是今晚要去欧洲，"肯尼迪在结束会见时说。这一次，民权领导人们从记者和摄影师等候的正门走出白宫。肯尼迪从椭圆形办公室的落地长窗走进花园，一架直升飞机正等在那里，要接他去安德鲁斯空军基地，然后他要飞往西德、意大利、英格兰，还有爱尔兰。

总统首次提出这个目的地时，肯尼·奥唐奈说："爱尔兰？你没理由去爱尔兰哪。那是浪费时间。要是你去爱尔兰，人们会说，总统是去旅游。"

"那正是我的目的，"肯尼迪说。"我是美国总统，你不是。我说要去爱尔兰，我的意思就是要去爱尔兰。安排吧。"

第四十七章　1963 年 6 月 26 日

　　6 月 22 日晚上，总统先到戴维营与妻子儿女团聚，妻子要生第三个孩子了，离预产期只剩两个月。两小时后，空军一号起飞，飞向德国。这架波音 707 型飞机的巡航速度是每小时 530 英里，有了它，总统在地理范围上的个人影响极大地扩展了。美国总统如今居住在距离欧洲仅有六小时路程之外，这一事实成了个非凡的象征。有个笑话说，艾克在总统任期的最后一年中，待在空中的时间比留在地面上的时间还长。肯尼迪说过一句俏皮话：凡是说当总统是世界上工作最艰苦的人，肯定从来没乘坐过空军一号。

　　"这趟旅游有必要吗？"《纽约时报》记者问。六个月前，总统曾收到多国的访问邀请，其中有意大利政府，如今那个政府已经倒台；有西德总理康拉德·阿登纳，如今他已经退休；有英国首相哈罗德·麦克米伦，因为普罗富莫的性丑闻不断揭露出来，他也可能被迫下台。戴高乐已经明确暗示过，他无意会见肯尼迪。

　　但这趟旅行的焦点正是戴高乐和德国人。从各种实际意义上讲，这位法国总统把自己树立成美国对西欧政策的头号对手——这个政策是美国将统一欧洲作为美国小伙伴的"宏观设计"。戴高乐厌恶那种设计,故意通过发展自己的核武器宣扬法国的民族主义,还否决英国在共同市场的成员国资格,通过要求在所有政治和军事事务中法国的声音要与美国平等,对北约搞暗中破坏。在美国人的眼中,戴高乐刻意搞独立的最大危险性是德国可能仿效其榜样。

乔治·鲍尔写给总统的秘密情况介绍文件,标题是《欧洲的困境和你此行的意义》。文件内容如下:

> 自从战争结束以来,欧洲从未有过现在的严重危险。这是个核心问题。欧洲各国倾向于重走分裂和国家间纷争的老路,这条路昔日曾两次将世界引向灾难……戴高乐鼓动国家主义死灰复燃,威胁要重启法国现代史上标志性的灾难性循环……

> 戴高乐恢复国家主义选了个最糟糕的时刻,这对西方世界是不幸的,因为阿登纳总理此时正要放弃驾驭德国的缰绳。因此,我们在德意志联邦共和国面临着危险的大气候……

> 德国从制度上背离西方世界是危险的,谁也没有提出一种有效的方式维系德国与西方的纽带,只剩下大西洋伙伴关系中的统一欧洲方式……任凭德国放任自流就像任凭一门大炮由船舰载着在公海上乱闯。

> 我们对德国仍具有极大的影响力。他们最靠近交火线,而柏林就像苏联的人质,德国人民清楚,他们唯一的国防就是美国的力量和美国的承诺。

6 月 23 日早上,肯尼迪总统在波恩走下空军一号,没出几分钟,他就对美国影响的深刻程度深有体会了。首先是在德国首都,接着是在科隆和法兰克福,欢迎的群众人山人海,山呼海啸般一遍遍呼喊:"肯……尼……迪!

肯……尼……迪！肯……尼……迪！"在科隆，通往这座城市14世纪大教堂的途中，每一条人行道、每一个广场都挤满了人，人们全都挥舞着纸质美国小国旗。希特勒掌权之前，现年85岁的阿登纳总理曾在这里任市长。

"你们是从哪里弄到这么多美国国旗的？"肯尼迪问阿登纳总理。

"跟你竞选时用的国旗同出一处，"他回答道。

在法兰克福，肯尼迪由副总理路德维希·艾哈德陪同乘坐敞篷汽车驶过大街。艾哈德将在这年年底接替阿登纳任总理。肯尼迪说："咱们站起来挥手吧。"

"什么？"艾哈德话音未落，肯尼迪已经站起身。

"每次挥舞一条胳膊，"他告诉这位德国人，"这样才不会太累。"

"我在这个国家停留的时间实在太短暂了，"他在波恩说。"不过，从广义上讲，只要大家愿意并且要求美国在欧洲大陆存在，我们就会在此停留；我们的武装力量和承诺保持不变，既为你们的安全，也为我们自身的安全。你们的自由就是我们的自由；进攻你们的领土就是进攻我们自己的领土……美国宁愿冒自己城市遭袭击的风险，也要保卫你们的城市，因为我们需要你们的自由来捍卫我们的自由。数以十万计的美国士兵与你们的士兵并肩驻扎在欧洲，这便是我们这一承诺的实质性保证。"

德国人沉浸在狂喜之中，这超出了他们的期待，也超出了总统本人的期待。他们给予肯尼迪同样多的回报，甚至更多。在古巴导弹危机之后，在他的美国大学和平演讲之后，在他最终站在黑人一边之后，他仿佛加冕成世界的王太子了。

接着，总统飞越东德抵达西柏林。二战结束已经18年，这半座城市仍然处在同盟国的占领之下。他花费了4个小时驱车35英里，穿过西柏林的一条条街道。沿途欢迎人群站了四排。这是此行规模最小的欢迎人群。他来到查理检查站，这是美国部队在分割东西柏林的大墙几个缺口上设的路障。

"你看这行吗？"驶往西柏林市政厅途中，他把自己的讲稿递给驻这座城市的美军司令詹姆斯·珀尔克将军。

"15 年前的今天……"讲稿这样开头，回顾了柏林空运的起点。"10 年前的这个月，东区热爱自由的人们自发的起义遭到镇压……两年前，建起了这道耻辱的高墙。西柏林的历史中有许多故事史实……我要从这座城市带走我看到的所有鼓舞人心的画面。"

"总统先生，这太糟糕了，"将军说。

"我有同感，"肯尼迪说。

途中，他们两次下车，登上卫兵岗台瞭望灰蒙蒙的东柏林。在第一个岗台前，肯尼迪要他的随从人员和跟随的记者留在地面上。他想独自上去观看。大墙另一侧一个人都没有，街道都清空了。后来，他看到三个妇女，她们从敞开的窗户里向他挥动手帕。"那不是挺危险吗？"他问珀尔克。

"的确危险。"

休·赛迪望着肯尼迪缓缓走下台阶，说："他的神色就像刚刚瞥了一眼地狱景象。"

全城半数以上市民都涌到了街道上，车队行驶速度缓慢，最后终于抵达了市政厅广场。只见足有 15 万人拥挤在广场和通往广场的一条条街道上。许多人挤得晕了过去，却依然在周围拥挤人群的簇拥下站着。肯尼迪观看了大墙另一侧的景象后，变得沉默寡言，心里草拟了一份新的讲稿。他登上建在市政厅前面的一座高台，望着插在灯柱上的一排排美国国旗，只讲了 500 个字，却激励狂喜的人群发出一片野兽般的吼声，人们就像这座城市的象征———一头站立的棕熊。

他向东道主致谢后开始演讲："两千年前，最自豪的吹嘘是：'我是罗马公民。'今天，在自由世界，最自豪的自诩是：'我是柏林人。'"

欢呼声回荡在城市的大街小巷。他是从邦迪那里学到这个德语句子的，几天来为了发音地道重复了若干遍："我是柏林人"。

"世界上有许多人并不真正懂得，或者声称自己并不懂得自由世界与共产主义世界之间的重大问题，"肯尼迪说。他停顿一下，接着靠近麦克风，用德语说："让他们来柏林吧。"接着，他又用英语重复了一遍。

"有人说，共产主义是未来的潮流。让他们来柏林吧。

"还有人说，在欧洲和其他地方，我们可以与共产党人合作。让他们来柏林吧。

"自由有许多困难，民主也并不完美，但我们从不建一道高墙阻挡自己的人民……大家都是自由人，不论生活在哪里都是柏林的市民。作为一个自由人，我以说这句话感到自豪：'我是柏林人'。"

群众发出爆炸般的反响。总统心情愉快。索伦森和麦乔治·邦迪却并无同感。肯尼迪不久前刚做过和平演讲，还在努力与苏联人合作订立禁止核试验条约，如今却心血来潮，在即兴演讲中走向反面，称不与共产党人合作。

"噢，天哪，"肯尼迪在前往柏林自由大学做另一个演讲的途中说。他想在那里做出纠正，听上去有点像艾森豪威尔做出弥补的方式，不过艾森豪威尔是故意要迷惑报界。肯尼迪在大学演讲时说，他原来那番话的意思是说，在多党政府中有共产党参与通常不会顺畅："正如我今天上午所说，我对人民阵线面对的机会并不感兴趣……我不相信保证人类的生存需要强国合作。"

演讲之后，阿登纳的神色更加阴郁了。腊斯克问他听了演讲的感受。"我感到担忧，"阿登纳说，他指的是怒吼的人群。"难道这意味着德国还需要一个希特勒？"

肯尼迪见到的二三百万柏林人是他见过的最大规模群众场面。他对阿登纳说，要将一个封起来的信封留给继任者，让他在国内遇到麻烦时打开看，信中只写三个字的忠告："去柏林"。

这天晚些时候，他飞往爱尔兰途中对索伦森说："我们有生之年决不会再看到如此恢宏的场面了。"

爱尔兰聚集的人群也是那个国家有史以来规模最大的。但那是个小地方。总统一行人大多数颇感失望，只有肯尼迪是个例外。"他到了爱尔兰就像返回家乡，接下来你知道，他要用爱尔兰土音讲话了，"为他安排这趟故乡行大部分旅程的戴夫·鲍尔斯说。飞机离开德国后，肯尼迪对鲍尔斯和奥唐奈谈起自己仅有的一次祖籍之行。那是在 1947 年，他当时只有 30 岁，客居在妹妹凯瑟琳家，她当时是哈蒂根侯爵夫人，家住利斯莫尔城堡，那是她公婆德文郡公爵和公爵夫人的宅子。肯尼迪借了辆汽车，驱车到南面一个名叫邓甘斯镇的地方，寻找他曾祖父帕特里克·肯尼迪的故居。这位曾祖父是在爱尔兰发生著名的"马铃薯饥荒"时，于 1848 年逃荒离开爱尔兰的。

他发现，那个地方很多人都姓肯尼迪。他最后在一位肯尼迪家停车喝茶。那是个茅草屋，屋里地面很脏，鸡鸭跑进跑出。他猜想，他们可能是他没出三服的亲戚。他开车出来带着他妹妹的一位朋友，名叫帕梅拉·迪格比·丘吉尔，这个 27 岁的英国女人刚刚与温斯顿·丘吉尔的儿子伦道夫离婚。

"天哪，这儿就像《烟草路》中的情景，"他们开车离开时她说。

16 年后，在飞往爱尔兰的旅程中，肯尼迪对鲍尔斯和奥唐奈说："我听她那么说，真想一脚把她从车上踹出去。我当时觉得，那座茅草农舍之访充满了神奇色彩……"

接着，他的思绪回到现在。他说："什么时间回去看望我的亲戚们？"

"明天，"奥唐奈说。白宫甚至找到一个名叫罗伯特·伯勒尔的人，请他等候接见，因为肯尼迪记得当年寻找肯尼迪家其他亲戚时，曾停车向这人问路。

第二天是 6 月 27 日，他乘直升飞机抵达新罗斯的河边码头，当年帕特里克·肯尼迪就是从这地方启程去美国的。"我曾祖父离开这里去波士顿东区当箍桶匠，他什么随身物品都没有，只有强烈的宗教信仰和对自由的强烈渴望，"他对聚集在那里的人群说。他指着河对岸的"信天翁肥料公司"的工厂说："假如他当年没有离开新罗斯，我现在准是在那里干活。"

接着，他去邓甘斯镇陪他的亲戚们喝茶，不过，并不是所有亲戚们都喜欢这种饮料。其中一个叫吉姆·肯尼迪，他斟了一玻璃杯爱尔兰威士忌，塞到总统手中。那人刚转身，肯尼迪就把杯子递给身后的戴夫·鲍尔斯。鲍尔斯顺从地一饮而尽，将空玻璃杯递还给总统。

离开爱尔兰，他飞往英国，头一次为1948年死于空难的妹妹凯瑟琳扫墓。他在英国只停留了24小时，晚上下榻在首相麦克米伦名叫"桦林"的乡间住宅。杰奎琳·肯尼迪提前给首相夫人多萝西写了封信，告诉她说，用不着刻意取悦肯尼迪："把他当成戴维·戈尔带回家吃午饭的普通客人就成，你们在家里照常活动。他这人品位平庸得令人沮丧，给他吃简单饭菜就行，最好是给他吃孩子们吃的那种饭菜……"

总统和首相会晤时没有助手们在场，颇为轻松地处理了两桩重要事务。两人一致同意，7月中旬埃夫里尔·哈里曼和黑尔什姆勋爵作为两国特使前往莫斯科时，双方尽量推动禁止核武器试验条约。两人还同意，现在该尽快结束欧洲多边核力量谈判了。利用多边核力量说服其他北约国家不要开发自己的核武器显然已经失败。

麦克米伦在写给伊丽莎白女王的信中写道："我们双方同意，主要的目标不是向北约提供更多核武器（北约拥有的核武器已经太多），而是解决德国目前和未来的问题……"德国问题是肯尼迪和麦克米伦想要西德尽量与西方联盟尽量结成紧密关系，但是美国和英国都不想让德国人控制核武器。

两位领导人都为对方的外表感到吃惊。麦克米伦的外表与他69岁的年龄相符，普罗富莫桃色事件更让他显得情绪低落。麦克米伦觉得，肯尼迪近看与他在英国街道上受欢迎时的模样不同。"在人们看来，肯尼迪年轻，富有活力和理想主义，是世界的新希望，"他在自己的日记中这样写道。但是，肯尼迪的伤痛和使用可的松治疗的效果都显露无遗，"皮肤浮肿，很不健康。"从白宫来的一支先遣人员提前到"桦林"安装起一张特殊的床，这床是专为缓解总统背部压力而设计的。多萝西·麦克米伦一见肯尼迪缓缓坐进一把扶手椅的吃力模样，立刻派人进城买了把摇椅，为此仅花费了三英镑。"他承受着极大的痛苦。他是个极为勇敢的人，"麦克米伦写道。"我不清楚他承受着多大的伤痛。他坐不了多久就得起身。"

"从来没有哪个人受到如此周到和忠心耿耿的服务，"首相补充写道。他用半开玩笑的口吻谈论总统一行的几十个随从人员，人数实在太多，其中一些人只得打发到 40 英里外的布赖顿，分别下榻在几家宾馆。为肯尼迪服务的形式是多种多样的，其中包括代他喝下威士忌和安排夜里的娱乐活动。这一次轮到国务卿处理为总统联络的细节。腊斯克和白宫礼宾处长安吉尔·比德尔·杜克已经去了意大利，在科莫湖畔执行一项非同寻常的谈判，设法请一对美国夫妇让出自己的家。那是一座著名的湖畔别墅，第二天晚上肯尼迪想在那里享受绝对的隐居生活。

计划这趟欧洲之旅时，总统询问腊斯克，是否知道意大利一个漂亮而幽静的地方，他想在那里处理一桩私人事务。腊斯克知道这么个地方。他曾是洛克菲勒基金会的总裁，该基金会在科莫湖畔拥有一座别墅，名叫塞尔贝罗尼，那里曾是昔日一位米兰商贾的度假别墅。肯尼迪说，他想在 6 月 30 日在那里过一夜，而且整座房子不要一个人，不要服务人员，不要行政人员，不要秘密特工。只要鲍尔斯和奥唐奈两个人处理可能出现的问题，那毕竟是他们工作的一部分。但是主人没有领会他的意思。他们得知，住在那里的洛克菲勒计划的主任约翰·马歇尔夫妇准备留在别墅里，但答应迁到客房区。

"把他们从那儿赶出去，"肯尼迪说，于是国务卿连忙出发办这事。欧洲一位显赫的妇人抵达后，马歇尔夫妇很快离去了。腊斯克并不赞成肯尼迪的一些怪癖，他早上返回来问："你看怎么样？"

"太好了，"肯尼迪说。"实在是太好了。"

总统一行移师罗马，在那里会晤了意大利官员和新上任的教皇。肯尼迪原打算会见教皇约翰 23 世，教皇的朴实风格和通谕《世界和平》让全世界为之神往。"两位约翰"——教皇和肯尼迪一时成为全世界渴望变革者心目中的旗帜。但是教皇约翰逝世了，总统成为第一位拜访新教皇保罗六世的官方宾客。新闻界纷纷猜测，美国首位信奉天主教的总统是否会拜倒在他的教会最高领袖脚下，亲吻他的戒指。他没有这么做。"诺曼·文森特·皮尔准喜欢看到那种景象，"总统对鲍尔斯说，他回顾起 1960 年竞选时，那位著名基督教牧师曾说，肯尼迪肯定会受到梵蒂冈的控制。总统与教皇就世界和平问题交谈了 18 分钟。接着，教皇保罗让肯尼迪吃了一惊，对记者们说，他为美国黑人斗争取得成功而做过祈祷。这让肯尼迪感到不快。

在罗马，肯尼迪打发一位最忠实的朋友莱姆·比林斯去城里各家古董店寻找能带回家的小玩意儿。他认为比林斯肯定适合做这种事，因为他拥有普林斯顿大学的艺术史学位。比林斯只有90分钟时间去搜索，另外给他指派了两名助手，一个是总统的意大利事务助理，另一位是个著名的考古学家。三人进出一家又一家商店，陪同的意大利官员在每家商店都告诫店主，警告他们卖给美国总统赝品的后果。他们从密室中挑选了27件古董，都不是摆在柜台出售的商品，带回来请肯尼迪考虑。他选中两样，为一件公元前16世纪的古希腊小马雕塑支付了900美元，为一件古罗马时期仿制普拉克西特利斯的赫耳墨斯原尺寸头像支付了500美元。其余的送回了古董店。

"天哪，我干吗不多买几件，"肯尼迪在返回华盛顿的航程中对比林斯说。飞机降落后，比林斯与意大利总统办公室通了电话，两天后，意大利驻美国大使送来的雕像和珠宝简直像个宝藏。总统选了几件，送给他夫人，其余交给比林斯和其他朋友们，让他们选购。这次没有将剩余物品送回罗马。

7月3日，肯尼迪返回总统办公室。他的夫人和孩子们当时在海恩尼斯港。7月4日整整一上午，他待在华盛顿，讨论赫鲁晓夫关于禁核谈判的一个讲话，还讨论了来自南越的更多坏消息。

国务院仍然在设法拼凑苏联主席7月2日在东柏林的讲话文本。苏联人没有公布讲稿的俄文或英文版本，只有电台报道了他说过的话："苏联政府宣布，西方国家阻碍达成一项全面禁止核试验条约，但苏联政府表达了自己的愿望，希望达成一项协议，禁止在大气层、外太空和水下搞核试验。如果西方国家现在同意这一建议，将不再提核查问题。"

"看来他们是提出在三个领域禁止试验，却不中止地下试验，"乔治·鲍尔对总统说。"唯一的问题是，他们是否打算坚持同时签订北约—华约互不侵犯条约（或者其他条件），"美国对此表示反对，因为这将意味着东德边境永久化。俄国人的真实意图是什么？国务院对此既拿不准，又不信赖。他们告诉肯尼迪说，赫鲁晓夫可能想要在世界上与他在美国大学的和平演讲抗衡，或者与他在西德受到的狂欢般接待抗衡。要么就是赫鲁晓夫试图孤立中国，因为中国的态度是推动继续搞核试验。

7 月 1 日，总统在罗马曾收到鲍尔和埃夫里尔·哈里曼的一份紧急电报，他们对西贡流传的一则谣言感到担忧，传言说，吴庭艳总统打算违反一项曾阻止佛教徒在 6 月中旬示威的协议，而佛教僧侣打算以另一次当众自杀做出反应。电文说："我们都相信，假如再次发生僧侣自焚，将必然导致美国国内做出反应，这将要求做出强有力的公开声明，因此可能会促进西贡发生政变。"

"事态已经向总统做出通报……"国务院 7 月 4 日 15 分钟会议谈话备忘录中这样写道。鲍尔和哈里曼报告说，吴庭艳弟弟吴廷琭把持的一份英文报纸《越南时报》开始攻击佛教徒和美国。那次会议的备忘录接着写道："针对这个问题，讨论了推翻吴氏家族的可能性，会议共同的判断是没有这种可能……我们的估计是，不论吴庭艳如何作为，接下来四个月中都会发生政变企图。"

肯尼迪问，假如发生政变，会造成什么局势。此时担任远东事务助理国务卿的罗杰·希尔斯曼回答道："比起一年前，产生混乱局面的机会小得多。"肯尼迪说，也许他该马上从西贡撤回亨利·卡伯特·洛奇。这位马萨诸塞州共和党人是 6 月 27 日肯尼迪在德国访问途中宣布任命为大使的。接着，他改变了主意，说他想要洛奇来华盛顿待六个星期，参加一项特别的反暴动培训。

六天后，一项特别"国家情报评估"分析了吴庭艳总统的问题。肯尼迪阅后相信，吴庭艳和吴廷琭真的有可能考虑要求美国从那个国家撤出军队，他也相信，吴庭艳从总统职位的角度无法既让美国人高兴，又在控制佛教徒中采取了过于严厉的手段。

"对美国卷入南越事务的含义，越南政府从来表现出一些担忧……"这份情报评估写道。"担忧源自吴庭艳政府怀疑美国对它的意图，也源自他们认为美国的广泛存在正调动众多政治力量，最终将威胁到吴庭艳政党的地位……美国对越南政府的批评尤其让吴廷琛气恼。总之，吴廷琛几乎肯定产生了疑心，认为美国支持他哥哥，而不会支持他。"

这份评估的结论以这样的内容开始：

A. 南越的佛教徒危机凸显并加剧了对吴庭艳政权及其政风广泛而长期的不满。吴庭艳很可能不会真正迅速履行他对佛教徒的承诺，假如发生这种情况，骚乱有可能再次爆发，政变或暗杀他的企图概率会高于平均值。

B. 吴庭艳政权对美国参与南越事务的程度感到潜在的不安，佛教徒事件和美国采取的坚定立场使这种不安加剧了……他们几乎肯定会顽固坚持这一态度，并有可能进而压制美国减少在这个国家的存在。

7月10日，肯尼迪收到切斯特·鲍尔斯发来的一份"绝密"电报。鲍尔斯赴印度任新大使前在西贡停留了三天。鲍尔斯对吴庭艳与美国人关系的前景或者说缺乏前景敲进又一颗钉子："许多政府内外资深的观察家私下断言，吴庭艳政权注定要垮台，还断言说，虽然在政治和军事上更迭的风险极大，但比起吴氏家族继续维持目前的角色，危险性却较小……我离开西贡时有一种感觉，在可以预见的未来，有可能发生政治爆炸。"

7月17日，埃夫里尔·哈里曼抵达莫斯科开始禁止核试验谈判，不久，肯尼迪便召开记者会，一开始便宣布："三天的对话后，我们仍然怀有希望，认为有关各国可达成一项终止核试验协议，至少在环境方面达成协议，各方同意，出于安全理由不要求做实地检查。迄今，谈判在有条不紊地进行……出于这个原因，我不准备就这一主题回答进一步的提问。"

那次记者会按新闻行话描述是"范围广泛的"。肯尼迪看来处于权力的巅峰状态，轻松应付着多达十几个主题的种种问题。他在开始时对美国在越南所承担义务的性质及合理性做出坚定的承诺。有记者问，佛教徒危机是否对美国的军事使命是一个障碍。"是的。我认为是个障碍。在军事斗争形势数月来开始转好的这个时刻，发生这一争执，我认为是不幸的……我希望这一问题能得到解决，因为我们希望看到那里有一个稳定的政府，为了维护其民族独立而进行斗争。我们坚定信赖这一点，不会放弃这方面的努力。照我看来，如果我们放弃这种努力，将意味着不仅南越会崩溃，而且东南亚都会崩溃。"

他的减税提案六个月后仍然停留在委员会中，就此肯尼迪说："几个小时前，我收到 6 月 30 日结束的财政年度初步预算结果。现金赤字是 41 亿美元，只有我们六个月前预计数目的一半……这又一次证实了我在国会强调的税务论点。税收的提高和最终消除预算赤字主要依赖健康和快速的经济增长。"

"总统先生，你是否看到卡斯特罗政府有迹象寻求与美国建立宽松的关系，如果有，我们是否准备采取对应措施？"

"没有。我注意到有这类口头陈述，但没有看到任何证据……美国表示得非常明确，我们不能接受加勒比地区存在苏联的卫星国，也不能与这种概念共存。所以，只要古巴是苏联的卫星国，我便认为不可能在这方面取得任何进展。"

这的确是真实情况。仅仅一周之前，罗伯特·肯尼迪领导的国家安全委员会执行机构曾开会，评估中央情报局针对古巴的秘密破坏行动，听取哈里曼在苏联谈判禁止核试验条约时中止这类行动的要求。哈里曼说，苏联主席已经就美国是否真想达成协议提出了质疑。他曾对麦克米伦首相说，约翰·肯尼迪鼓舞柏林人的态度与他在美国大学和平演讲的态度俨然判若两人。

质疑过古巴后，有记者提出个总统对民权态度的友好问题："总统先生，公众普遍认为，你的政府在民权方面取得的根本性进步超过了多年来的任何政府。你是否发现示威特别是 8 月份举行的游行对你构成了障碍？"

　　"没有，"总统回答。游行示威可能造成暴乱，这让他深感忧虑，但他没有表露出来。"我认为华盛顿游行的进行方式将是平静的，集会是为了申冤，组织方要求与警方合作。每一种迹象都显示，活动会是平静的……这不是一次针对国会山的游行。"

　　有记者向他提出亚拉巴马州州长华莱士、密西西比州州长巴尼特的指控问题，指控称种族分离背后有共产党人参与。"我们没有任何证据显示，美国的民权运动领袖是共产党人。我们也没有任何证据认为，这些示威是受了共产党人的鼓动，"肯尼迪讲这番话颇为谨慎。接着他补充说，也不是受到肯尼迪家族的鼓动。"人们往往为此责备华盛顿官方，责备司法部长或总统，说：'假如他们不谈论这种事，问题便会自然消除。'我认为，消除问题的办法应当是纠正冤情。"

　　"总统先生，"一位记者问道。"你以前说过，应该让美国再次行动起来了。你认为美国是否行动起来了？总统先生，我提这个问题是因为共和党全国大会最近通过一项决议，说你在很大程度上失败了。"

　　"我敢肯定他们全体一致通过了这项决议，"肯尼迪说完笑着离去。

第四十八章　1963 年 7 月 25 日

1963 年 7 月 14 日埃夫里尔·哈里曼抵达莫斯科，就禁止核武器试验与赫鲁晓夫会谈。他带去三吨重的电话和电传设备，为的是在白宫与克里姆林宫之间建立一条"热线。"古巴导弹危机时期，电报与电话的鸿沟及故障让肯尼迪和赫鲁晓夫深信，核大国之间需要有通讯系统，速度要比导弹快才行。他还带去一封肯尼迪致赫鲁晓夫的信，信中提到这位苏联领导人 7 月 2 日在东柏林的讲话：

"哈里曼先生全权代表我本人，并向你传达我的思想……我们继续相信，双方最好能达成一项全面协议……（不过）达成一项符合目前情况的协议是合理的，内容涉及大气层、水下和外太空试验。"

有些美国通讯设备几乎马上便投入了使用。肯尼迪每天都与哈里曼联系三四次。肯尼迪在狭窄的白宫战情室一待就是几个小时，亲自对美国立场的文字做校订，仿佛他本人就坐在谈判桌旁。苏联人发现，美国总统不必与任何官僚机构商量就有权对这类问题做出决定，他们不禁感到惊愕。

美国人和英国人到达后,《真理报》用四个版面报道了莫斯科的重大新闻,头版头条的标题是:《苏联共产党中央委员会致各级党组织、全体苏联共产党人的公开信》,文章内容对共产党中国严厉抨击,选择的时机显然是对哈里曼以及其他美国和英国谈判人员表示欢迎,而且故意侮辱此时在莫斯科的一个中国高级别代表团。

"中国同志低估了热核战争的所有危险,"信中公然反驳中国人公开和私下指责赫鲁晓夫应付美国人的怯懦表现,捍卫赫鲁晓夫的立场。"'原子弹是只纸老虎;并不可怕,'这是他们的主张。一些对这种说法负责的中国领导人也断言,战争中可能牺牲数亿人民的生命……中国领导人对什么感到不满?也许是防止了对古巴可能的入侵,防止了发动世界大战?……"

三方如今聚在莫斯科也许并非出于偶然。赫鲁晓夫想要利用美国打压中国,而美国人也想要利用苏联打压中国。哈里曼出发前最后一次与肯尼迪见面时曾说,他认为让赫鲁晓夫耿耿于怀的肯定是苏联与中国的关系,这位苏联领导人准是希望利用美国和这次谈判做筹码,逼他的共产党同志做出让步。他问总统,是否可以在中国开发出核能力时提出苏美合作的问题,也许可以分享中国核计划的情报。第二次世界大战期间,他们曾分享过德国战斗命令的情报。

"可以,"总统说。"完全可以。"这个想法正中他下怀。

"那么,我认为我们应该给他们点甜头,"哈里曼说。

"你指的是什么?"

"提出放弃多边欧洲核力量。"

"当然可以,"肯尼迪挥了一下手。戴高乐总统决定法国独自开发核武器后,美国的多边欧洲核力量计划反正已经终结了。"放弃那项计划其实让我们大大松了口气!"

与此同时,肯尼迪批准了一个会谈话题列表,内容包括10点,他希望哈里曼可以与赫鲁晓夫非正式探索这些话题,其中包括了交换中国核计划情报和其他内容:"苏联担心先进武器计划要付出的经济代价;苏联担心中国共产党特别会在欠发达国家利用种族问题分裂国际共产主义运动……苏联约束北越的能力，等等。"

7 月 15 日，苏联主席亲自参加了在斯皮里多纳夫卡宫举行的首次谈判。他戏谑哈里曼是"帝国主义者"，接着利用这个玩笑语锋锐利地说："许多资本主义者仅仅处理自己国内的事务，而帝国主义者是干涉别国内政的资本主义者，比如你们在南越的作为就是这样。"

这位主席全程参加了与哈里曼和英国特使黑尔什姆勋爵三个半小时的首次谈判，最后才将苏方卷宗移交给外交部长安德烈·葛罗米柯。离开前他又讲了个笑话，说哈里曼应该拿出一页白纸，大家以后在上面填写细节问题。

与此同时，在莫斯科另一侧的列宁山，由邓小平总书记率领的中国共产党代表团本来预定参加两个共产党大国间的峰会，结果遭到冷遇，直到第二天晚上赫鲁晓夫才会见他们。7 月 16 日赫鲁晓夫在克里姆林宫举行的代表大会上对苏联官员谈起中国同志："他们想要什么？他们说应当发动一场革命、一场战争，在尸体和废墟上可以创建一个更加繁荣的社会。谁能活下来看到这个繁荣的社会？那样的生者会羡慕死者的。"

在华盛顿，美国情报机构开始屏住呼吸收集中苏分裂的证据，但是，除了苏联领导人的愤怒辞藻并没有发现任何事件。两天后，肯尼迪总统亲笔写下给哈里曼的指示：

> 你就限制核试验发来的报告令人鼓舞……我确信，中国问题比赫鲁晓夫提及的更加严重，我认为你应当在与他私下会谈中强调这个问题……考虑到中共手中掌握相对较小的力量可能对我们大家都非常危险。你应当设法引导赫鲁晓夫产生限制或防止中国人开发核武器的手段，让他要么愿意采取行动，要么接受美国在这方面采取的行动。

在哈里曼的要点笔记中，"美国行动"被划分为"高度机密"。内容是讨论美国和苏联结盟，具体目标是防止中国开发出核武器，其中包括这样的文字："与苏联合作采取激烈步骤，阻止核能力进一步扩散……苏联或美苏联合使用军事力量打击中国"——假定为联合空袭中国的核设施。

即使仅仅考虑一下这种事态，也会感觉这个时刻异乎寻常。双方在核武器协议方面经过八年多的探索和故作姿态，结果是悲观多于乐观，如今，在克里姆林宫的谈判桌上，苏联共产主义者与美国资本主义者在商讨一项协议——打击中国的共产主义者。赫鲁晓夫告诉哈里曼说，他相信，要将中国考虑为真正的核威胁还需要很多年。但肯尼迪却为这一前景感到畏惧和沮丧。他曾对法国文化部长安德烈·马尔罗说："这是对人类未来、对自由世界和对地球上自由的极大威胁。中国人完全做好了准备，要为他们的进攻性好战政策牺牲自己的数亿人生命。"

第一天的莫斯科谈判后，显然没有机会达成一项全面禁止核试验协议。苏联人不会允许外国核查人员靠近试验场，美国人相信，靠近试验场是区分地下爆炸与地震之间差异的唯一办法。"北约间谍"，是赫鲁晓夫那天用的一个字眼，这个字眼当天晚上由哈里曼传达给了肯尼迪。"难道你们要对我说，假如这间屋子里有块奶酪，一只老鼠跑进屋子，不吃奶酪就会跑走？你无法阻止老鼠喜欢奶酪。"

在那之后，谈判的焦点集中在有限禁止核试验上，一时讨论起苏联建议的签订北约—华约互不侵犯条约。最后，哈里曼和黑尔什姆说，他们的政府会考虑这个建议，不过要另找时间讨论。仅仅在商定两种语言对有限禁止核试验条约的措辞上，就耗费了10天时间。双方为措辞或一个字眼争论不休的过程中，哈里曼不止一次从会议桌旁走开，给白宫打电话，两三分钟后返回来，往往说："好的，关于互不侵犯方面，我们接受用'目的'取代'希望'。"

1963年7月25日莫斯科时间傍晚7:00，谈判代表们准备签订《部分禁止核试验条约》了。美国代表团给白宫战情室打电话，当时是华盛顿时间下午1点钟。哈里曼接通了麦乔治·邦迪，邦迪说，总统就在他身旁，正在与麦克米伦首相通话。条约文本向肯尼迪读了两遍，他说："好的，好极了！"哈里曼回到克里姆林宫的会议室，签署了这份文件。文件开头的内容是："本条约各缔约国保证在其管辖或控制下的下列任何地方禁止、防止并且不进行任何核武器试验爆炸或任何其他核爆炸……在大气层；在大气层范围以外，包括外层空间；或在水下，包括领海或公海……"

几个小时之后，肯尼迪在办公室拿起合众国际社的一份电传公告："莫斯科——外交渠道称，美国、苏联和英国今天结束了历史性的会谈，最后达成一项结束东西方在外太空、大气层和水下核试验的协议。"肯尼迪在电传件上写了一行字："向诺曼·卡曾斯致以热情问候——J.F. 肯尼迪。"

尽管条约已经制定完毕，但肯尼迪对哈里曼一再说："非常希望你找到机会，与赫鲁晓夫私下讨论中国问题。"哈里曼找到了机会，问这位苏联领导人，假如中国导弹瞄准了俄国目标，他会怎么做。这位主席改变了话题，但是哈里曼向肯尼迪发电报说，苏联人签订条约的主要目标是"孤立中共"。他接着写道："因此他们最关注的是法国能否遵守这项禁试条约。他们想要其他国家对中共施压，尤其想要欠发达国家施压……"

最后一次会谈结束后，7月26日下午赫鲁晓夫和哈里曼穿过克里姆林宫，在庭院里遇到一群人。他们大多数是来自苏联各地的旅游者，迎面看到自己的领袖，都感到吃惊。"我们刚刚签订了禁止核武器试验条约，"这位苏联主席大声说道，伸出胳膊搂住身旁的高个子美国人。"这位是哈里曼先生。我要陪他去用晚宴。你们说，是不是应该款待他？"

群众齐声欢呼。两天前的晚上，在一场苏美田径比赛的闭幕式上，这位苏联领导人邀请哈里曼登上体育场观众席最上层的包厢，观看苏联和美国运动员手挽手绕场一周，手里挥舞着各自国家的国旗。当时，群众也为美国人和俄国人站在一起而欢呼。哈里曼当时仔细看了一眼赫鲁晓夫，见他眼眶里滚动着泪水。

在北京，官方做出的反应是："这是一场愚弄世界人民的大骗局……出卖了苏联人民的利益，出卖了社会主义阵营国家人民的利益，出卖了全世界所有热爱和平人民的利益。"巴黎的措辞比较文雅，但是戴高乐总统也明确表示，法国打算继续发展自己的核能力，并继续搞大气层试验。①

　　肯尼迪总统开始着手向参议院提交这个新条约供批准。这是原子时代签订的第一份武器条约。7月24日，腊斯克来到白宫，要与总统交换意见，然后要去国会山商定一个参议院批准这项《部分禁止核试验条约》的时间表。他只好先等待几分钟，因为总统这时走进玫瑰园，会见一批高中学生。他们是美国退伍军人协会的"少年之国家"计划代表团。②

　　国务卿下午返回来对总统说，他感到意外，因为来自佐治亚州的参议员理查德·拉塞尔态度和蔼，对他说，如果这个条约切实可行，就是件大好事。不过他说，会有人反对的，为首的是代表亚利桑那州的参议员巴里·戈德华特，他可能成为共和党提名参加1964年竞选总统的候选人，还有代表南卡罗莱纳州的参议员斯特罗姆·瑟蒙德。对于什么时候在电视上公布此事比较合适，肯尼迪请腊斯克提出建议，通过电视可以开始奠定公众舆论基础，对参议院施压。

　　腊斯克认为肯尼迪应该等一等。他说："我认为，如果你把事情直接向全国公布，有些参议员可能会感到，协商程序在很大程度上受到了干涉。"

　　肯尼迪不同意他的意见："我们应该在全国人民热情高涨时趁热打铁。那才能给这些该死的参议员留下一点印象……在协商方面我们已经足够宽宏大量了……他们会随全国人民而动的。所以我认为，我们应该趁全国人民兴致盎然时与大家见面……"

　　那天，他与哈里·杜鲁门通了电话。杜鲁门是唯一下令投下原子弹的总统。他已经将条约的文本和分析递送给了杜鲁门。"我要向你祝贺……"杜鲁门回答时说。"我认为这是件了不起的大事。天哪，也许我们可以借此防止一场全面战争。"

　　"谢谢你这样说，"肯尼迪说。"我们要看看在中国会发生什么事……"

---

① 中国于1964年10月16日成功试爆了第一枚核武器。——原注
② 那天的参加者中有来自阿肯色州温泉市温泉高中17岁的学生威廉·杰斐逊·克林顿，他后来在1993年成为第42届美国总统。——原注

7月26日晚上，约翰·肯尼迪通过全国电视直播发表演讲："今晚，我满怀希望与大家谈话。18年前，核武器时代的到来改变了世界的进程，也改变了战争的进程……在一个双方都拥有的核力量可毁灭人类若干次的时代，共产主义世界和选择自由的世界落入一个意识形态和利益的恶循环。每一次紧张关系的升级都导致武器储备的增加；每一次武器储备的增加都导致紧张关系的进一步升级……昨天，一束光明射进这片黑暗的阴霾。

"战争不论发生在今天还是发生在明天，假如导致核战争，都不会是历史上的任何战争形式。一场全面的核交火，持续时间不会超过60分钟，以现存的武器可以屠杀3亿美国人、欧洲人和俄国人……我们承担着极大的职责，所有四个核大国都承担着极大的职责，利用所剩不多的时间防止核武器扩散，说服其他国家不要试验、转让、获得、拥有或制造这种武器。

"有一句中国谚语说：'千里之行，始于足下。'我的美国同胞们，让我们迈出脚下这第一步吧。让我们尽自己所能走出战争的阴影去寻求和平的坦途吧。如果这趟旅程有千里之遥甚至更远，让历史记载下我们此时此地迈出的第一步。"

28日下午，哈里曼降落在科德角的奥蒂斯空军基地，汽车接他到海尼斯港。总统给他拿来一件干净的白衬衣，让他换了会见聚集在那里的记者。"干得好，"肯尼迪说。这个评论十分中肯。

哈里曼飞到乔治敦，回到位于 N 大街的家。那天晚上，一群人聚集在他家房子前，手里握着点燃的蜡烛。哈里曼身穿衬衫来到门前，只听门外爆发出合唱：《祝福你好伙伴》①。一位怀抱婴儿的妇女大声呼唤他的名字，感谢他给孩子带来长寿幸福的机会。

---

① 《祝福你好伙伴》是英语国家颂唱频度仅次于《祝你生日快乐》的祝福歌曲，用于祝贺一个人获奖、生子、升迁、生日等重要事件。——译注

第四十九章　1963 年 8 月 24 日

　　《部分禁止核试验条约》于 1963 年 8 月 5 日在莫斯科正式签署。美国代表团由国务卿腊斯克领队，成员有两党参议员和美国驻联合国大使阿德莱·史蒂文森。在 1956 年的总统竞选中，是史蒂文森首先提出应当签订一项这样的条约。

　　在克里姆林宫举行的仪式后，赫鲁晓夫邀请腊斯克在他的黑海海滨别墅休闲两天。腊斯克从未学过游泳，在别墅的泳池中，他只好身穿救生衣下水。后来他们在铺着东方地毯，周围摆设着昂贵古董的室内打羽毛球——结果赫鲁晓夫获胜，还在林间小道散步，小径上隔不远就有一个蓝色电话亭，供这位主席随时与人联系，莫斯科来电也能随时找到他。他们最后一次散步时，赫鲁晓夫停下脚步说："麦克米伦对我说，他会使用核武器保卫柏林。戴高乐对我也说过同样的话。假如我们进入西柏林，我为什么认为美国人会使用核武器呢？"

　　这是腊斯克平生遇到的最糟糕时刻。唯一能回答这个问题的人是肯尼迪总统，可总统远在数千英里之外。最后他回答道："这个嘛，主席先生，你得相信，要是我们那么做，那准是发了疯。"

肯尼迪这时离腊斯克比想象的还远。他正待在科德角的奥蒂斯空军基地医院。帕特里克·布维尔·肯尼迪 8 月 7 日中午 12:52 出生，此时正在为生存而搏斗。

五周前，杰奎琳·肯尼迪正准备陪女儿卡罗琳骑马，忽然感觉到临产前的阵痛。总统连忙从华盛顿搭乘八座的空军捷星飞机赶来，因为空军一号及机组由腊斯克率领的代表团使用，当时在莫斯科。孩子在剖腹产中降生，体重 4 磅 10 盎司。下午 2:30，肯尼迪见到他的新生儿子，得知婴儿出生时患有肺部疾病，病名叫作新生儿肺透明膜病。

孩子送到波士顿儿童医疗中心，在保温箱中由医生照料，用刚刚为心脏手术研制出的一种压力舱保持他的肺部扩张。总统在医疗中心的走廊里一连几个钟头来回踱步。8 月 9 日 4:04，孩子不治身亡。

第二天在波士顿红衣主教理查德·库欣的一座私人小教堂中，举行了葬礼弥撒。杰奎琳·肯尼迪仍然住在科德角的医院里。她丈夫跪在白色小棺材前，似乎不愿让人抬走。"好了，约翰，走吧，"库欣最后说。"上帝是仁慈的。"

当时接到妻子临产的电话时，总统正在内阁会议室开会，与会者有邦迪、拉里·奥布赖恩、弗雷德·达顿，还有几位政府以外的人士，包括诺曼·卡曾斯和沃尔特·鲁瑟。会议内容是组织一个公民委员会，游说参议院批准禁止核试验条约。总统说："假如现在表决，我们会得到所需票数的将近三分之二。"

8 月 10 日，总统返回华盛顿后说，他的最优先考虑是让条约获批准。但是，从国会收到的邮件和白宫收到的邮件来看，反对禁止核试验者以十五比一占绝对多数。千百万美国人显然相信领导人对他们说的每一句话：美国正面临苏联迫在眉睫的大规模核攻击危险；共产党人是邪恶的骗子，绝对不可信赖。这种条约是高度政治化的手腕，难以让人接受。总统要向许多不同的听众传递许多信息。他要向聚集在埃夫里尔·哈里曼家门前的听众演讲，要向全世界人民发表讲话，告诉大家说，他们的领导人们是有克制能力的，真正关心的是拔去这头核野兽的尖牙利齿。与此同时，他要向美国军队和美国科学界做出保证，签订这项条约并不妨碍开发更加易用的核武器。毕竟对他这个职位的核心定义是保证国家安全，这意味着要在军事上占优势。他还要同时向同盟国和对手展示出，这项条约不会伤害美国的意志和决心。腊斯克曾提醒赫鲁晓夫说，美国是唯一对别国投掷过原子弹的国家，不是一枚，而是两枚，将来还可能再次投掷。

在参议院批准条约的过程中，总统的第一项政治难题是对过程进行管理，以便让参谋长联席会议尽快出席作证。他想要他们在威廉·富布赖特参议员主持的参议院外交关系委员会公开作证，而不是在反对该条约的参议员占多数的参议院军事委员会或防备小组委员会秘密会议上作证。

"我这样做的理由，是我认为参谋长们是关键，"肯尼迪在8月12日对参议院多数党领袖迈克·曼斯菲尔德说。"假如我们不能让参谋长们在合适的场合作证，我们会被打垮。我想让他们先留下公共记录，然后再去防备小组委员会作证。他们在公共场合说的话应该对条约比较有利，在参议员亨利·斯库珀·杰克逊提出主导性问题以及巴里·戈德华特和斯特罗姆·瑟蒙德参加的质询中，就未必有利了。"

"照我判断，"曼斯菲尔德谈起防备小组委员会主席、代表密西西比州的约翰·斯滕尼斯，"他会回来说：'总统先生，按照我的理解，我应该请马克斯·泰勒和参谋长联席会议成员作证。'"

"好吧，没问题。我们假设他说要马克斯韦尔·泰勒和参谋长联席会议成员作证，"肯尼迪说。"但是谁也没规定先后次序，所以我们要让参谋长们先发表个声明，作为星期三提交的公共记录，也许可以在星期三上午提交给参议院外交关系委员会。这样就成为公共记录，他们便不会对我们说，参谋长们对这项条约有严重的保留意见。我最怕的就是斯滕尼斯那个委员会这么做。"

对莫斯科谈判的事，肯尼迪行动迅速，在当时最重要的军事问题方面从政治角度迂回包围了自己的军事人员。赫鲁晓夫在苏联似乎也做了大致相同的事。

在华盛顿，肯尼迪的工作人员、马克斯韦尔·泰勒等不属于任何裁军计划委员会的人，将年轻军官吸纳进参谋长人员安排中，这些人至少会先考虑白宫的论点，然后才会向上司和国会的伙伴提出警告说，白宫在独自采取推进行动。

空军参谋长柯蒂斯·勒梅将军告诉参议院军事委员会主席、代表佐治亚州的参议员理查德·拉塞尔说，哈里曼启程赴莫斯科后，他才意识到，总统真的想要谈成一项协议。在莫斯科，条约签署两天后，泰勒的谈判对手罗季昂·马利诺夫斯基将军拒绝评论说，签署是按照和平计划的议事日程进行的。

总统的另一个难题来自美国核科学家，他们要构想出更新的武器系统。他们的最重要发言人是号称"氢弹之父"的爱德华·泰勒。泰勒来到外交关系委员会说："签订这项条约是个错误。假如你们批准这个条约，会犯下更大更严重的错误。"

"我认为泰勒的话给一些成员留下一些印象，"外交关系委员会的听证会开始时，富布赖特参议员对总统说。泰勒的具体论点是：美国需要在大气层搞试验，以便开发一种反导弹系统，像一把巨大的伞保护这个国家。所有其他科学顾问都对总统说，要想开发防御盾，抵御成百上千枚运载着弹头或诱饵、时速17,000英里的导弹，在技术上和财政资源上不但美国负担不起，就是整个世界也负担不起。[①]

"泰勒唯一胜过别人之处在于他是个好演员，"富布赖特说。"我的意思是说，他好像综合了约翰·L. 刘易斯和比利·森戴的特点。"

"没错，"肯尼迪说，"毫无疑问，既自信满满又是个专家，这种人往往会动摇思想开放的人。这便是思想保守者的优势。"

[①] 肯尼迪相信，反导弹系统是不可行的。他曾表示说，这种难题不是一颗子弹击中另一颗子弹，而是几千颗子弹击中另外几千颗子弹。然而，泰勒不改初衷，后来在 1981 年罗纳德·里根同意了他的设想，尝试开发反导系统。——原注

　　总统在参议院作证的最好人选是麦克纳马拉和马克斯韦尔·泰勒。麦克纳马拉说，条约对美国的国家安全没有风险。他提出证明的一种方式是揭示出数量非凡的秘密信息，内容是美国的核武库规模和范围。《时代》杂志利用他的证词计算："按照合理估算的真实数字，我们已经拥有33,000枚核弹头，要么已完成部署，要么谨慎储存，处于预备役。另外15,000枚正在加工过程中……超过25,000枚为'战术型'——按设计为短程（大多数少于30英里），供战场或防御使用，可由纤长的超音速导弹运载，用于消灭一个连、击沉一艘军舰或击落飞机。其余7,000多枚核弹头为'战略型'，按设计可由导弹运载到数千英里之外，在敌方国土纵深处爆炸。"

　　马克斯韦尔·泰勒将军8月15日在参议院提供证词。他说，参谋长联席会议支持这项条约，我们有四个方面的保障："（1）全面的、进攻性的、继续的地下核试验计划；（2）保持着现代化的核实验室设施和计划……拥有核技术继续发展计划所依赖的科学家人力资源；（3）保持着必要的设施和资源，在认为对我国的国家安全必要时，可迅速进行大气层核试验；（4）在可行和实际限度内，拥有改善我们监督条约条款实施的能力。"

　　那天上午，肯尼迪最后会见的人是亨利·卡伯特·洛奇。洛奇即将赴西贡任美国新大使。其实他的职责不仅是大使。他就像在柏林的克莱将军一样，类似于现代的地方总督。"我特别想要你个人担负起与新闻界的公关责任，"肯尼迪提到美联社发布的释广德自焚照片。"这是今天世界上最糟糕的新闻公关。"

　　他交给洛奇一份25页的报告，内容是关于在西贡的美国新闻界，报告撰写人助理国务卿罗伯特·曼宁以前曾是《纽约时报》记者，最近赴南越旅行10天，刚刚返回。"他们似乎同意一个人的意见，认为美国介入越南是自由世界一个必不可少的政策，"曼宁指的是12位全职驻南越记者。"但是……这些记者对吴庭艳政府一致抱有怨恨和轻蔑态度。他们一致认为，除非吴庭艳政权（及其家族）发生更迭，否则我们的越南政策就不可能成功；虽然这一信念并不常出现在他们的文本中，却成为记者们所有报道和分析的基调。"

8 月 20 日，肯尼迪举行了一次记者会，会上努力敦促国会批准禁止核试验条约，并批准他的对外援助要求。他保证支持泰勒提出的四点"保障"，其实那是在白宫拟定的，并拟定出计划要保证这些"保障"——其中包括继续开发一个新的大气层试验场，地点在南太平洋上名叫"约翰逊"的岛屿。关于对外援助，他评论说，在《克莱报告》提交后，已经将援助规模从 49 亿美元压缩到 41 亿，仅占联邦预算的不到百分之零点七。

同一天，总统读了一份关于越南的冗长备忘录，是参议员曼斯菲尔德按他的要求写的：

"不论与现政府合作，还是与替代的政府合作，即使要在越南实现非常有限的稳定，都必然面临漫长的过程。到头来，人力物力的成本至少与朝鲜战争一样高。随着更换大使，此时检查目前的政策前提是适当的……在过去几年中，我们重复使用多种华丽的辞藻'酒瓶上的软木塞'、'在各地遏制共产主义'、'事关国家重大利益'等等，高度夸大了这一形势的重要性，我们是否在夸夸其谈中蒙蔽了自己？就像在老挝，我们首先在谈论和机构计划中自己过度膨胀，然后在起初过度膨胀的错误中寻求合理性，我们是否将枝节问题推到了政策考虑的核心？"

接下来，曼斯菲尔德回答了自己的设问：正是如此。他指出，两位最可敬的美国军人艾森豪威尔将军和麦克阿瑟将军都曾特别提到越南，敦促美国绝对不要派部队参与亚洲的地面战争。最后，曼斯菲尔德对总统写道，美国向东南亚发出的所有信号都是错误的："具体在越南南方的内部形势方面，我们可以按讲求实际的方式果断撤出一定百分比的驻南越军事顾问，比如撤出 10% 作为一个象征，明确表示我们的本意是做交易，在特定情况下，这一承诺将中止……"

与此同时，哈里曼说："我希望洛奇将展开一个新纪元，在谈论战争时删去'丑陋的'这个字眼……是谁发明了'丑陋的'这个字眼？……'丑陋的'传递了一种印象，让我们对战争感到羞愧。"哈里曼毫不怀疑美国对越南的承诺，但许多人却怀疑对吴庭艳和吴廷瑈的承诺。

　　具有讽刺意味的是，那天的记者会上没人提出关于越南的问题。尽管提出了关于国会批准禁止核试验条约的问题、关于古巴和关于柏林的许多问题，但谁也没提出有关越南的问题。但是，就在那一天，西贡的几位高级将军吁请吴庭艳总统发布戒严令，应付佛教徒持续的示威活动。出乎他们意料，吴庭艳立刻同意，第二天——8月21日午夜，将街道交由军队控制。

　　西贡时间那天午夜后20分钟——华盛顿时间8月21日中午，越南特种部队突袭了西贡、顺化和五六座其他城市的佛教寺院，按照一个名单逮捕了1,400人，名单的标题是"披着伪装的共产党人"，但大多数被捕者是和尚、尼姑。这支越南特种部队是由美国支付开支并由中央情报局训练的，训练目的是采取隐蔽行动对付北越分子，该部队受吴庭艳和吴廷瑈直接指挥。

　　那是个喧嚣恐怖的夜晚。袭击者们鸣枪而至，大多数身穿南越共和国军正规军装，而不是平时的绿军装贝雷帽，吴庭艳和吴廷瑈因此可以宣称是军队采取的行动，他们并不知情。寺庙的锣声鼓声响成一片，惊醒了各城市的市民。人们敲打着瓷罐铁盆走上街头，冲向特种部队，士兵们则向百姓投掷催泪弹。在顺化市的妙谛国寺周围，30人被打死，200多人受重伤。在西贡的舍利寺，士兵们首先冲向一个圣坛，夺走6月份自焚的僧人释广德的心脏。两名年轻和尚携带装着释广德骨灰的小缸翻越寺庙后篱笆，逃进美国援助使团总部。袭击开始前，该使团和其他美国办公室和住处的电话电报线均被故意切断。

　　"尽管美国代表提出强烈忠告，但吴庭艳政权看来决心采取强有力的武力手段镇压佛教徒日益蓬勃的动荡……"第二天早上，总统的情报简报写道。肯尼迪的第一个反应是找到亨利·卡伯特·洛奇，让他赶赴越南。这位新任大使当时从旧金山飞到东京，长途飞行后正在睡觉。在飞机上，《丑陋的美国人》作者之一尤金·伯迪克碰巧坐在他旁边，从"别信任大使馆的人"说起，喋喋不休提出拯救越南免受共产主义控制的种种想法，弄得他一路没睡成觉。洛奇对肯尼迪说，他计划下一站在香港停留，可总统告诉他说，一架空军的洛克希德公司大陆型飞机正在预热，等着接他登机飞行11小时抵达西贡。

8月22日晚上9:30，洛奇抵达时，南越首都是安静的，几乎寂静无声。美国驻南越军援司令部的司令保罗·哈金斯将军迎接他，第二次世界大战中两人一同在第二装甲师服役，是老战友了。迎接的人还有40个美国记者和摄影师。洛奇特别说过不想见记者，但他是位政治家，还是走过去与记者们攀谈，还与各位记者做了一对一单独共进午餐的安排。然后他驱车前往美国大使馆。寂静的街道两旁每隔几码远站着一个士兵，全都背对着他。

洛奇已经相信，吴庭艳总统或吴廷瑈都没有机会维持统治，倒台不过是个时间问题。在华盛顿和檀香山时，他会见了他的前任大使弗雷德里克·诺尔庭和国务院的罗杰·希尔斯曼，两人向他介绍的情况和他自己对越南历史的了解都让他深信，这个国家忍受了一代又一代暴君的统治，成功的暴君统治期不过八九年，然后便会被推翻。而吴庭艳在任已经九年了。"他们的警察凌晨3点钟敲开门，把十六七岁的姑娘带到城外的军营，"洛奇对希尔斯曼说。"在任何国家做这种事……怎么能不招致暗杀呢？"

洛奇的猜想没错，袭击寺庙的时机是为了在他到来前控制住佛教徒。洛奇来到越南时已经有了自己的一种观点，还带着总统的两项具体命令。肯尼迪对他说过，吴庭艳政府几乎已经肯定处在终结阶段了。但他想要大使做出最后努力，说服吴庭艳接受美国的伙伴关系，这意味着他弟弟和弟妹吴廷瑈夫妇应当从政府排除出去，并让他们离开这个国家，南越政府应该开始听取替他们支付账单者的话。肯尼迪还对洛奇说，他并不反对一场军事政变。洛奇本人已经认定，整个越南正处在被共产党人接管的边缘，要么是由于公众对吴庭艳和吴廷瑈的手段深恶痛绝，要么是因为吴廷瑈会转而与敌人做交易，为的是将美国排挤出去。

吴庭艳没有听诺尔庭劝说，也听不进洛奇的意见。洛奇和吴庭艳都能说一口流利的法语，两人并没有语言障碍。洛奇谈到正题时，这位总统不愿讨论，目光盯着天花板，开始了冗长的自言自语，谈起他的孩提时期，用自己的理解解释历史。大使决定再也不去总统府。在华盛顿，越南驻美国大使陈文宗是吴廷琰的岳父，他辞去了大使职务，称只要他女婿兄弟俩掌权，就没有打败共产党人的机会。

《时代》杂志那一周转变了立场，以报复性口吻反对吴庭艳：

> 美国拒绝吴庭艳并非因为他是个独裁者，主要因为他是个无能的独裁者。"妇女选民联盟"的恰当民主标准无法应用于一个深受战争蹂躏的国家……美国在按照一种假设行事，那就是与他合作比较安全，而转向一个未知且无法预料的新政权则可能冒动乱的风险。但是，受吴庭艳镇压的佛教和尚得到那个国家广大佛教信众越来越多的支持，最终，信仰天主教而政治无能的吴庭艳可能惨遭粉碎。

地球另一侧的反佛教运动在华盛顿制造了一个新的难题，一场反战运动骤然兴起，肯尼迪大吃一惊，不禁再次自问："这是些什么人哪？"牧师越南问题委员会在报纸上做广告，还向总统寄发了一份由 15,000 名牧师签名的请愿书，其中不乏相当著名的神职人员。带头签名的是纽约河畔教堂的哈里·埃默森·福斯迪克；全国最著名的基督教神学家莱因霍尔德·海伯尔；圣公会主教詹姆斯·派克；唯一神教派的唐纳德·哈林顿，哈林顿还是纽约自由党的副主席。他们在请愿书背面提出抗议，不仅对美国对吴庭艳的承诺，而且对美国政策本身提出四点质疑：

> 我国对拒绝宗教自由国家的军事援助；
> 在南越部分地区喷洒化学药物摧毁庄稼并将许多人民驱赶到所谓"战略村庄"的集中营的不道德行为；
> 损失美国人生命和数十亿美元支持一个普遍认为不公正、不民主、不稳定的政权；
> 所谓"为自由而战"的杜撰。

8月23日星期五，总统飞往海尼斯港。他离开华盛顿时的心情悲哀中夹杂着愤怒。这是帕特里克·布维尔·肯尼迪夭折后他头一次返回那里。前一天，他在国会惨遭屈辱。众议院表决出乎他的意料，以222票赞成188票反对从他的对外援助计划中多削减了5.85亿美元。他原来的要求是49亿美元，而最终确定的数额是36亿美元。大多数来自南方各州和邻近州的66位民主党人众议员倒向156名共和党人所持的立场。这是对外援助计划自第二次世界大战以来最大数额的削减。

那个周末下着雨，天空阴云密布，肯尼迪独处时挂着双拐。国内紧张的种族问题和国外的混乱形势似乎让他的背部疼痛加重了。星期六，他独自阅读报纸上关于越南示威和镇压的报道。大学生袭击支持吴庭艳的教授们；外交部长武文牡在与洛奇大使正式会见之前辞职，还剃光了头发，称计划出家当佛教和尚。

《华盛顿邮报》援引合众国际社由尼尔·希恩撰写的报道，在头版头条标题《越南政权向吴廷瑈转移》下写道："即使在宣布戒严法之前，吴庭艳总统最亲近的顾问吴廷瑈也被普遍视为该国真正的统治者。"这份华盛顿报纸还照登了伦敦《观察家报》的一篇分析文章，作者是美国记者斯坦利·卡诺："高级文职官员和重要军官都在不动声色地鼓吹暴动，听了让人深感异乎寻常。就连与吴庭艳交往最密切的人如今也在以平静的口吻谈论即将发生的暗杀。"

肯尼迪总统的"周末阅览"文件夹装满了同一类材料——同样一批在西贡和在华盛顿的美国官员向白宫报告的同时向新闻界透露了消息。像往常一样，目的是以某种方式受到总统的关注，而这一次他们成功了。一个带有封皮的文件是埃夫里尔·哈里曼的门徒迈克尔·福里斯特尔撰写的：

> 随函附上最近关于西贡形势的电报数份。现在情况已经相当
> 确定，幕后操纵整个镇压佛教徒行动并下令开火的人正是吴廷瑈。
> 现在，这里所有人都认同这一点……越来越多的人也一致认为，

美国不能容忍目前西贡任凭吴廷琰主宰一切的困难结果。

　　埃夫里尔和罗杰现在一致认为，在西贡的形势僵化前，我们必须采取行动。我强烈敦促他们请约翰·麦科恩在若干种行动方向中认可一种，然后尽快向你提交。

　　星期六下午，福里斯特尔打电话给总统，报告说，中央情报局在过去24小时中与南越高层官员接触过，其中有国防部长阮廷淳和陈文敦将军。情况显示，西贡可能即将发生政变。军队已经准备占领总统府；他们似乎在等待美国人点头。

　　"我们能不能等星期一大家都回来再说？"肯尼迪问福里斯特尔。福里斯特尔报告说，哈里曼和希尔斯曼迫不及待要向洛奇大使发去新指示。

　　麦克纳马拉当时正在怀俄明州的大特顿山登山。邦迪和麦科恩都在度一个短假。腊斯克在纽约准备参加联合国的会议，当时正在扬基体育场观看一场球赛。哈里曼和如今担任远东事务助理国务卿的罗杰·希尔斯曼此刻似乎正在操纵局势。哈里曼是最高层次的职场政治老手，并不担心绕过腊斯克，因为他属于少数几个人之列，这些人心里清楚，总统在认真考虑撤换腊斯克，也许由麦克纳马拉或邦迪接替——没准会是哈里曼。

　　"埃夫里尔和罗杰确实想要马上处理此事，"福里斯特尔对肯尼迪说。所谓"此事"，意思是给洛奇发电报，指示他假如发生政变该怎么办。

　　"那就请你们看着处理吧，"总统说。迄今，电报不过是国务院的工作，并不涉及在扬基体育场的国务卿。

　　下一个给肯尼迪打电话的是国务院二号人物乔治·鲍尔。希尔斯曼在切维切斯俱乐部找到他，当时他正在打高尔夫球。鲍尔返回国务院后，向总统读了希尔斯曼让他看的电文中最重要的部分。

　　"好吧，乔治，"肯尼迪说；"如果腊斯克和吉尔帕特里克都同意，那就这么发出吧。"

　　"好的，"鲍尔说。他便努力寻找可以替麦克纳马拉拍板的国防部副部长罗斯韦尔·吉尔帕特里克、马克斯韦尔·泰勒、可代表麦科恩的中央情报局行动处长理查德·赫尔姆斯。他对肯尼迪说，这份电文的副本已经在送往海尼斯港的途中。

那天晚上大约 9 点钟，福里斯特尔给总统打电话，报告说，国务院、国防部、中央情报局、参谋长联席会议都通过了。

"好，发出吧，"肯尼迪说。官方编号为 DEPTEL 243 的电传那天夜里 9∶36 发往西贡，标题是《最高机密……处理：西贡大使馆——优先等级……洛奇大使亲启》。

情况已经明朗，戒严法不论是军队建议的还是吴廷瑈诱使他们提出的，吴廷瑈都在强制执行的戒严中利用忠于他的警察和阮的特种部队捣毁寺庙，将责任推给军队，蒙蔽世界人民和越南人民。

美国政府不能容忍吴廷瑈大权独揽的现状。必须给吴庭艳自己驱逐吴廷瑈及其小集团的机会，以现有最合适的军政人士取而代之。假如你做出了全部努力，而吴庭艳顽固拒绝，那么我们将必须面对的可能性是吴庭艳本人也不能保留……

（1）首先，我们必须在以下方面对越南政府适当施压：（a）美国政府不能接受吴廷瑈及其同伙在戒严法掩盖下镇压佛教徒的行为。（b）必须采取有效行动纠正形势，包括废除 10 号法令，释放遭到逮捕的和尚、尼姑等人。

（2）与此同时，我们必须告知关键性的军方领导人，美国认为不可能继续给予越南政府军事和经济支持，除非该政府立即采取上述步骤，得到我们的认可并免除吴廷瑈的职务……你还可以告知恰当的军方司令们，在中央政府机构发生崩溃的过渡时期，我们会向他们提供直接的支持。

（3）我们认为有必要消除军方袭击寺庙的恶劣影响，将责任直接推给吴廷瑈。为了实现这一目标，授权你在西贡发表你认为需要的声明……

进行上述活动的同时，大使和我国人员要紧急调查所有可作为替代的领导人选，为必须替换吴庭艳制订替换方式的具体计划……

你应当理解，我们不能就如何采取这种行动从华盛顿向你做出具体指示，你也明白，在实现这一目标的过程中，我们对你采取的行动会给予最大限度的支持。毫无疑问，这一电文我们仅让范围尽可能小的必要人员了解，也假定你会采取同样谨慎措施，避免提前泄漏。

洛奇大使收到 DEPTEL 243 号电传后几乎立刻便做出回复。他的回复在星期日送到海尼斯港交给总统。国务院批准洛奇电文的复电也附在来电下面，递交给总统的电文如下："发自：福里斯特尔。发往：麦克休将军交总统。亲启。"

请总统了解，以下电文是洛奇对昨晚电文的回复。电文开始：

相信吴满足我们要求的机会几乎为零。与此同时，我们对他们施压，给吴廷瑈机会预防或阻止军事行动。由于吴廷瑈控制着西贡的战斗部队，因此我们相信不值得冒险。

因此建议我们不通知吴庭艳，直接向将军们提出我们的要求，告诉他们，只要没有吴廷瑈，我们愿意接受吴庭艳，但是否保留他，完全听凭他们决定……我明天上午11时向吴总统递交国书。

8月25日星期日上午，鲍尔、哈里曼、希尔斯曼回答了这份电文："执行秘书处致洛奇。最高机密：

"同意提议的修改……建议大使确定转告将军们的最佳方式。"

第五十章 1963 年 8 月 26 日

1963 年 8 月 26 日星期一上午，总统返回华盛顿，发现未来几天华盛顿市和白宫内他最重要的顾问们都在为控制权紧张斗争。白宫内部，腊斯克、麦克纳马拉和泰勒在等候他，告诉他说，他批准或下令在南越搞政变是受了诱骗。白宫外面，数千名警察、国民卫队和包括联邦调查局在内的各种联邦武装人员都动员起来，设法在星期三黑人游行时维持华盛顿市的公共秩序。

《华盛顿邮报》这天的头版头条标题是：《民权领袖们重申，相信游行会秩序井然》。包括 A. 菲利普·伦道夫和小马丁·路德·金在内的 10 位游行领导人共同发表的声明说："这次游行是一次由人们亲自参加的生动请愿……是一次代表两千万人民要求人权的示威。我们号召自我约束。别忘了，有些别有用心的人决意诽谤这次游行，会故意制造混乱使追求平等的事业蒙羞……让我们在华盛顿获胜吧。"

　　《华盛顿每日新闻》报道说："人们普遍的感觉是：汪达尔人①要来洗劫罗马。"《华盛顿明星报》写道："假如受到误导的压力在心血来潮的愚蠢行动中发泄，便不会有愉快的结局。拟议中10万人在华盛顿游行就属于这种情况。"

　　按照警方估计，游行者人数会达到14万人，预料大多数人会在星期三早上抵达这座城市，然后在日落时分离去。基本的安全计划是让人们尽快出入。罗伯特·肯尼迪领导的司法部拟订安全计划，并支付大部分开销。动员了2,500名国民卫队协助城市警察，4,000名正规陆军部队以"内部特遣队"为代号，由直升飞机运送到首都的一个海军基地，然后跨过弗吉尼亚州的波托马克河抵达迈尔堡。第82空降师的14,000名士兵在北卡罗来纳州的布拉格堡警戒待命。所有人员都待命行动，随时服从最高行政命令。命令也经过事先拟定："数目庞大的聚集人群对首都的生命和财产安全构成了威胁，（特此命令）平静地驱散人群，使其返回……"命令文件总统一签署即可生效。

　　肯尼迪的越南危机此时仍然是个秘密，但似乎对他远没有构成威胁。听取了腊斯克和麦克纳马拉的报告后，肯尼迪对查尔斯·巴特利特说："天哪！我的政府要分崩离析啦。"国务卿、国防部长和马克斯韦尔·泰勒对总统说，他们没看到洛奇大使星期日从西贡发来的电文。两方面的争执摆到桌面上了，一方认为吴庭艳总统是越南问题的症结；另一方认为他仍然是美国政策的最佳希望。肯尼迪政府的倒吴派以埃夫里尔·哈里曼为首，他们似乎在那个周末接管了美国政策。总统感到愤怒，召集十几个人一小时内来白宫开会。时间是在正午。

　　与此同时，身在西贡的亨利·卡伯特·洛奇同样感到愤怒，但并不是因为星期六的电文。他欢迎那个电文，因为这让他获得了比较独立的权力，可采取反吴庭艳的行动，在利用这个权力方面，他有各种打算。让他感到愤怒

────────

① 汪达尔人：汪达尔是北非一王国。公元455年曾洗劫罗马。此后他们的名字就成了肆意破坏和亵渎圣物的同义语。——译注

的是那天上午美国之音在西贡的广播内容。他将一把电传稿和广播稿甩在桌子上，质询职员们这到底是怎么回事。他冲着他们喊道："约翰·肯尼迪总统绝对不会赞成这种办事方式。他肯定不是以这种方式管理政府的。"

8 月 26 日西贡时间上午 8:00，在洛奇向吴庭艳正式递交国书前三个小时，美国之音几乎全文播发了星期六收到的最高机密电文，向所有收听广播的听众警告说，美国打算抛弃吴庭艳和吴廷琛，支持谈论推翻政府的将军们。电台以英语和越南语播报的内容如下：

"华盛顿消息。美国高级官员指责吴庭艳总统的弟弟吴廷琛领导的警察在越南共和国采取反佛教徒行动。官员们说，越南军方领导人对上周袭击寺庙并大规模逮捕和尚与学生的行动并不负责，重复：并不负责。

"据说，新任美国驻越南大使亨利·卡伯特·洛奇得到指示，要明确告诉吴庭艳总统，美国认为，这些措施违背了吴总统做出的保证：寻求和平解决佛教徒向政府提出的抱怨……

"官员们指出，美国可能骤然减少对越南的援助，除非吴总统免除对袭击负责的秘密警察官员的职务。"

让洛奇感到愤怒的是，如此一来，将军们搞政变就失去了让人惊喜的元素。也许只是他自己失去了那种惊喜元素。通常，西贡茶摊上的卡车司机比美国大使更了解这种事。城里的美国记者们已经在谈论如何报道政变，还假定洛奇被派来是处理吴氏家族后事的。但洛奇的另一个担心足够实在——吴庭艳和吴廷琛对美国之音的报道做何反应。他对保罗·哈金斯将军和约翰·理查森说，11 点钟，他们不必陪他去总统府参加递交国书的仪式。理查森是大使馆有名无实的二把手，他的真实职务是中央情报局情报站的头目。

洛奇认为，他本人和随行人员有可能被美国之音指责的秘密警察扣留为人质。"假如他们敢于胡作非为，我们有个人留在外面可能比较好，"洛奇动身去总统府前对哈金斯说。

洛奇向美国之音提出抗议，美国之音在接下来的广播中改口，否认自己先前报道中削减援助的内容。第一次广播由罗杰·希尔斯曼澄清了，但这又给肯尼迪中午召集最重要的越南问题顾问开始时增添了不愉快的惊愕。与会者有腊斯克、麦克纳马拉、泰勒、邦迪、罗斯韦尔·吉尔帕特里克、国防部的维克托·克鲁拉克将军、中央情报局的理查德·赫尔姆斯和马歇尔·卡特将军，还有推动、传递星期六电文的人哈里曼、希尔斯曼、福里斯特尔和鲍尔。

首要的事务是总统要求了解到底发生了什么情况。归纳情况过程中大家相互推诿责任。

根据中央情报局的报告称南越共和军的将军们抱怨美国之音指责他们下令袭击寺院，在哈里曼催促下，希尔斯曼撰写了电文。于是，游戏开了个头。吉尔帕特里克听了他们的解释，想道："这是玩迂回战术。"哈里曼和希尔斯曼说，他们读了来自西贡的电报，结论是袭击寺庙终于让越南人民反对吴庭艳和吴廷瑈，他们便决心尽快发出电文。

8月24日星期六华盛顿时间上午，西贡时间将近同一天午夜时，希尔斯曼寻找乔治·鲍尔和克鲁拉克将军，发现两人都在马里兰州的切维切斯俱乐部高尔夫球场。他请二位停止活动找腊斯克和泰勒。可两人谁也不情愿。哈里曼便去了鲍尔家，但鲍尔只是说，他会跟总统和腊斯克谈的。克鲁拉克说，他会设法找到泰勒。

星期六，鲍尔打电话到海尼斯港找肯尼迪。总统说他希望等等，不过他也说："如果腊斯克和麦克纳马拉或吉尔帕特里克同意，那就发吧。"

于是开始了电话循环，肯尼迪打电话给鲍尔，说如果腊斯克和麦克纳马拉或吉尔帕特里克签发电文，就这么办。电话联系多半是希尔斯曼和福里斯特尔搞的，给人留下的印象是，他们是按总统的命令行事。而肯尼迪当时得到的印象是，在华盛顿的人都在忙碌。

腊斯克从扬基体育场返回旅店后，比平时更加谨慎。他这个人总是假设每间房子和每部电话机都受到窃听，因此不愿用华尔道夫大饭店的普通电话谈论推翻一个同盟国的首脑。他像往常一样说，假如总统批准，他没意见。吉尔帕特里克当时在马里兰州自己家的农场，他说，如果腊斯克和总统都同意，他会替麦克纳马拉签署。在中央情报局，当时约翰·麦科恩在加利福尼亚州，理查德·赫尔姆斯代理他的职责，说自己认为这份电文是个政策性问题，超越了情报操作范围。但是他提供了自己的意见："我们该控制那颗子弹了。"泰勒说，他直到星期六夜里 11 点钟才看到那个电文。那是在福里斯特尔最后一次给海尼斯港打电话，告诉总统说，国务院和国防部对电文表示同意，肯尼迪说："好吧，发出去！"

"这种倒霉事该停止了！"总统听完星期六的糊涂经过后说。他像两年多以前猪湾事件前一样，开始挨个询问会议桌周围的人，是否赞成这份电文内容，或者是否想要撤回或修改。"腊斯克先生，你想要撤销吗？……麦克纳马拉先生，你想要撤销吗？……泰勒将军，你想要撤销吗？想还是不想？……"

每个人都说，"不。"

于是，8 月 24 日的电文仍然是美国的政策。

"好了，就这样吧，"肯尼迪说。"我不愿看到这事出现在报纸上。"

除了总统之外，腊斯克可能是会议室中最心烦意乱的人。此时是个关键时刻。他说，假如西贡的形势不发生改观："我们必须做出实在的决定，是撤回我们的人力物力，还是让我们的军队进去。"

泰勒认为，不论肯尼迪是否批准了哈里曼和希尔斯曼的作为，他都做得对。他认为自己明白肯尼迪的想法："你不能在 24 小时内改变美国的政策，还期待有人再次相信你。"大家大致达成了共识：必须赶走吴廷琰，吴庭艳恐怕也得下台。也许哈里曼和希尔斯曼动作有点太快，不过这事迟早必然发生。这次是提前发生了。真正让麦克纳马拉和泰勒光火的不是向西贡发电文这回事，而是电文的最后一句话："这一电文我们仅让范围尽可能小的必要人员了解……"这是那些自认为必要的人员说的，而他们却不了解。

会后，福里斯特尔走向总统请辞。

"不能开除你，"总统说。"你还欠我一些东西，你就给我待着吧。"

那天下午，中央情报局向下属的西贡情报站发去电报，就美国政府在那个星期一的立场做了详细说明：

> 总部指示……基于8月24日电文与将军们讨论政变，利用如下几点：
>
> 我们一致同意，吴廷琰必须离开。
>
> 是否保留吴庭艳的问题，由将军们决定……
>
> 在夺取国家政权的行动中，我们不能提供任何帮助。不论成功与失败，完全是他们自己的行动。不要期待我们会帮助他们摆脱困境。
>
> 假如吴廷琰不离去，假如佛教徒的形势没有按照要求得到扭转，我们将不可能继续给予军事和经济支持。
>
> 希望流血事件能够避免或尽可能压到最低限度。

这一项政策或多项政策，或者说是缺乏政策，开始显得像1961年春天批准中央情报局入侵古巴的计划，似乎可以推诿自己的责任。这一次，肯尼迪总统有了经验，但是秘密数据再次集中在找到该支持合适人选或该排除的人选。泰勒的说法是："在灌木丛中寻找越南的乔治·华盛顿。"但是发生了偏差。这一次，白宫内部的辩论细节透露给了记者——哈里曼和希尔斯曼一时占了优势。

虽然新闻界对8月24日的电文仍然并不知情，但星期二早上出版的《华盛顿邮报》上由沃伦·昂纳撰写的一则新闻分析表现出对秘密事件的一些感觉："肯尼迪政府现在决定，对于南越衰亡，美国不能再袖手旁观，美国政策随之而动……据报告，政府高级官员们现在已经深信，吴庭艳—吴廷琰政权的托管期已临近尾声。"

这篇文章发表在那个星期二的第8版上。《华盛顿邮报》头版新闻的标题是：《领导人称游行为"革命"》，标题长达八栏，十分醒目。A.菲利普·伦道夫在全国记者俱乐部通报了第二天"要工作要自由华盛顿游行"的计划细节。《华盛顿邮报》估计，游行人数为10万人，其他文章则报道城市处于紧急状态。城市街道两旁排列着饮水罐、急救站、移动厕所。谁也拿不准星期三会发生什么情况，是高唱宗教颂歌还是制造社会动乱？

白宫讨论越南问题的下一次会议预定在8月27日星期二下午4点举行。越南问题小组已经开始运作，这个小组仿佛古巴导弹危机时执行委员会的一个微缩版本。这天会议上出现一张新面孔：绰号"德国佬"的诺尔庭，他是洛奇在西贡的前任。马克斯韦尔·泰勒向肯尼迪提到，诺尔庭此时在华盛顿。总统奇怪，为什么国务院没有邀请他来。

"他戴着有色眼镜看问题，"哈里曼插话道。意思是说他认为诺尔庭太倾向于支持吴庭艳。

"没准他的观点有道理，"肯尼迪厉声道。"我要见他。"

那天下午，总统一连向诺尔庭提了不少问题。这位前任大使的回答证实了哈里曼对他的看法，他一再维护吴庭艳，说那位越南总统和他弟弟就像两个连体婴儿，是不可能分开的。不过，他突然打住话头，说美国大使馆的人把吴廷瑈称作"警察"。

"越南的将军们没有吴庭艳和吴廷瑈的胆量，"诺尔庭对总统说。哈里曼默不作声，心里发着闷火。"他们不是个统一的团体，而是一盘散沙，没有真正的领导能力，不能控制那个国家的主要军事力量。"

听了这话，总统感到震动。诺尔庭还暗示说，中央情报局已经走得太远，也许失去了调头转变方向的机会，这番警告也让总统感到震动。"当然，假如我们调过头来反对这些将军，会失去他们的，"诺尔庭承认说。这与他支持吴庭艳的论点唱了反调。在猪湾计划中，中央情报局给总统留下个"处置问题，"但这次不是处置普通部队，而是一批将军。接着哈里曼抨击诺尔庭受了吴庭艳蒙蔽，指责他背叛了美国的利益。他说："你从一开始就错了。谁也不在乎你的想法。"

肯尼迪想了解更多的信息，这是人们可以想到的。会议记录上记载着：

"总统说,我们应该向洛奇大使和哈金斯将军发个电传,询问他们对将军们搞政变的前景做何估计。还要请他们提出建议,我们是与将军们接触,还是等待……总统说,他认为还应当向他们询问,假如我们决定为减少损失现在放手,效果是否有害。"

腊斯克再次做出归纳,总统仅仅在聆听:"我们应当明确告知我们在西贡的官员们,我们不会改变对他们的既定方针,他们已经按照那些方针采取了无数行动。"离开白宫时,哈里曼不愿与诺尔庭同乘一辆车返回国务院。

那天晚上,泰勒将军向哈金斯将军发了一份电传:"亲启。国内向西贡发件参考编号256。8月27日……预定东部时间8月28日12时在白宫召开信息主题的重要会议,急需你提供参考信息及 CAS 西贡0346电文中拟议行动的整体可行性……仅供你参考,国内致西贡243电文的拟定没有国防部或参谋长联席会议参加。当局此时有第二种想法。"

肯尼迪看到这个"第二种想法"的电文后怒不可遏。泰勒显然在引导他的前任助理破坏国务院的策略。

星期二早上,《纽约先驱论坛报》登出玛格丽特·希金斯的一篇文章,引述哈金斯将军的话说,战争进展顺利,他预料美国可在约一年后分阶段撤出自己的军事存在。那天会议上,肯尼迪提到希金斯的文章片段,哈里曼咬住两个将军不放,说他没看懂哈金斯的回电,直到看了泰勒发出的信息才明白。总统看过两个电文,也得出同样的结论,听了哈里曼抨击泰勒和哈金斯两位将军的话,禁不住笑出了声。后来他在走廊见到福里斯特尔,他说:"埃夫里尔真是个精明的家伙,对不对?"

罗伯特·肯尼迪没有参加越南问题会议,他在忙着监督第二天游行的应对计划。晚上,他去乔治敦参加哈里曼家的晚宴聚会,座位紧靠联合国美国代表团一位成员玛丽埃塔·特里。他提起伦道夫选来组织这次游行的人贝亚德·拉斯廷,这人曾是个共产党人,还因鸡奸指控遭逮捕。罗伯特·肯尼迪朝特里俯过身去说:"这么说,你是为那个老黑仙女的反肯尼迪示威来这儿的？"

特里太太设法扭转话题，问司法部长对小马丁·路德·金有什么看法。罗伯特·肯尼迪说："他不是个严肃的人。"她不清楚这话是什么意思。司法部长的工作层次不同，看到过联邦调查局窃听他旅馆房间电话的记录。司法部帮助找到游行领导人在华盛顿的住址。

"假如全国人都像我们一样了解小马丁·路德·金的行为，他就完了，"司法部长对特里太太说。

她决定不再继续这段谈话。

五个星期之前，司法部长罗伯特·肯尼迪授权联邦调查局窃听小马丁·路德·金和克拉伦斯·琼斯的电话，他是在跟詹姆斯·鲍德温那次不愉快会见时头一次见到这位纽约律师的。7 月 16 日，琼斯找到助理司法部长伯克·马歇尔，就小马丁·路德·金使用那些电话线路联系是否安全提了几个问题，那以后，罗伯特·肯尼迪便采取了行动，他认为那些问题意味着小马丁·路德·金把总统 6 月 22 日关于"密切监视"的警告告诉了琼斯。他认为，这代表了这个人对总统的个人背叛行为，也代表了一种政治上的危险，当时南方政客们指责小马丁·路德·金是共产党人，也指责肯尼迪兄弟有意识地帮助黑人中的共产党人。

7 月 22 日，司法部长签发命令停止对琼斯的窃听，同一天他并没有下令窃听小马丁·路德·金的电话。然而，到了 8 月中旬 J. 埃德加·胡佛向他提供了窃听记录，是小马丁·路德·金与琼斯和其他人在旅行途中谈论色情的内容。在计划华盛顿游行过程中，这位牧师当时住在纽约琼斯家。"他是个到处找女人满足性欲的家伙，"胡佛读了小马丁·路德·金的电话交谈记录稿笑道。然后把记录稿发给肯尼迪兄弟。

高层人员对胡佛的作为并不感到神秘。迪安·腊斯克向来十分谨慎，当着总统对联邦调查局局长说，假如他在自己的电话上或办公室里发现有窃听器，就立刻辞职，并且会把证据公之于众。那年夏天，有人闯入为总统治疗背伤的汉斯·克劳斯医生在纽约的诊所，诊所的病例记录显然被翻找过。为肯尼迪诊治过的所有医生也有过同样的经历。白宫对作案者的猜测集中在三类嫌疑人，按可能性大小逆序排列依次是：共和党人、苏联人、联邦调查局。

8月28日星期三中午，总统与其他人开会讨论越南问题时，能听到华盛顿游行的声音透过密闭的窗户传进白宫有空调的房间。从华盛顿纪念碑到林肯纪念堂的林荫道上，游行者人数达20万人，这是这个国家有史以来规模最大的政治集会。

白宫的会议开始时，中央情报局的威廉·科尔比报告说，西贡是平静的，并指出，吴庭艳和吴廷瑈仅在西贡就控制着至少三分之二的南越部队。他说，中央情报局此刻正设法让吴庭艳相信，南越情报部门截获的鼓动立刻推翻政府的一份电报并不是白宫发出的，其实是加利福尼亚州拉古纳海滩的一位公民通过西部联合电报公司发给洛奇大使的私人电报，那人想表示自己支持洛奇。

接着，乔治·鲍尔向总统归纳了形势：

"第一，有吴庭艳控制政府，我们就不可能赢得对共产党人的战争。在全世界的眼中，美国的地位受到了严重损害。因此，我们不能从全面反对吴庭艳和吴廷瑈的立场退却。

"第二，假如我们仅仅任凭将军们去处理，假如他们未能推翻吴庭艳，我们也会遭到同样的失败……

"第三，我们决定按正确的方式办这事。没有其他可接受的选择。我们现在必须决定，彻底成功推翻吴庭艳。"

肯尼迪听完说，听上去政变军队没有足够的力量推翻吴庭艳。

"那就别动手，"财政部长狄龙说。

总统问麦克纳马拉，越南军队中是否有培植反吴庭艳军队的计划，假如没有，现在就该拟定一个计划了。

哈里曼插嘴说，假如政变失败，"我们就失去越南了！"

会后，总统自己给西贡发去一份电传，标题是："最高机密：大使亲启，发自总统"。电文如下：

> 在这份个人信息中，我要再次强调，希望你做出独立判断，
> 并希望哈金斯将军在每一阶段做出独立判断。在 DEPTEL 243 和
> 256 号电传中提出的基本政策代表了我目前力所能及的判断，但这
> 一判断在极大程度上依赖于你实地发回的建议……华盛顿相关的
> 许多官员侧重点自然有差异，但华盛顿会在我的指导下作为一个
> 整体采取行动……在整个过程中，我继续将你视为我的个人代表，
> 并对你寄予极大的信任。

洛奇读完总统简短的电文后，这才听说了泰勒那份"第二种想法"的电报。那天早上 5 点钟，约翰·理查森应召去美国驻南越军援司令部读泰勒的电文，他后来告诉洛奇说，他要命令自己的特工在与越南将军们开会时，避免承担任何义务。

"为什么？"洛奇问。

理查森让他看了泰勒的电传，洛奇顿时发作了。"为什么不让我看到这份电传？"他高喊道，整个大使馆的每条走廊里都回荡着这个问题。

洛奇坐下来写一份长长的说教式电文——第 375 号电传。电文在 8 月 29日星期四早上传到华盛顿，内容如下：

> 我们被迫采取了一条路线，已经没有体面的回头路可走：推
> 翻吴庭艳政府……没有回头路可走，因为我认为在吴庭艳的统治
> 下不可能赢得这场战争，吴庭艳或这个家族的任何成员要想统治
> 这个国家更加不可能，因为他们得不到人民的支持，得不到有名
> 望人士的支持，得不到政府内外受过教育阶层文职或军事人员的
> 支持，更不用说得到美国人民的支持了……我个人完全同意上个
> （星期六的）电传中指示我执行的政策。

　　我们应当竭尽全力让将军们迅速行动……如果将军们坚持要
我们公开声明：通过吴庭艳政权向越南提供的所有美国援助将终
止，在明确理解将军们将同时采取行动时，我们应当同意。
　　我意识到，这一路线牵涉到失去越南的非常实在的风险。还
涉及美国人额外的生命代价风险。假如我感到有合理的机会将吴
庭艳与越南维系在一起，就绝不会提出这一路线。

　　与此同时，在巴黎，查尔斯·戴高乐总统采取了一个行动，发表了长达
三页的声明，《致全体越南人民书》，意思是包括南方和北方的人民。声明称
法国愿与赶走一切"外国影响"的行动合作。美国人可以忽视这份声明，而
且美国官方的确没有在意，但这份声明让美国对吴庭艳的弟弟吴廷琛深感怀
疑，他有可能或者不久便有可能与北越达成一种和解，这显然意味着终结美
国的存在。

　　8月29日星期四，《华盛顿邮报》的主要标题是：

　　　　《20万人盛大集会阻塞林荫道》
　　　　《隆重请愿平等，秩序井然》

　　对盛大民权游行的数页报道和照片的缝隙中，夹杂着两个来自西贡的报
道：《吴廷琛呼唤越南的真正统治者》和《越南政权与美国摊牌》。

　　肯尼迪总统星期四的正式工作始于华盛顿游行的广泛报道、洛奇的电
文、戴高乐的挑战和打给罗杰·希尔斯曼的电话，电话询问8月28日《纽约
时报》头版塔德·舒尔茨的署名文章《越南统治的长期危机》。
　　舒尔茨在文章中写道，华盛顿高级官员相信，解决美国在越南问题的唯
一途径是赶走吴廷琛，或者将吴廷琛和吴庭艳都赶下台。"他似乎说到点子上

了,"肯尼迪说,然后询问可能是谁向他提供了文章的资料。又开了整整一天会,12小时后,肯尼迪亲自批准了两份华盛顿发往西贡的"亲启"电文:

"今天中午的最高级会议"——这是电文中对总统的提法——"审查了你的375号电传,再次肯定了你的基本路线。具体决定如下:……美国政府支持除去吴廷瑈的行动,但是在与将军们达成具体谅解前,哈金斯将军必须了解参与者是什么人、他们可利用的资源和政变的总体计划。美国政府将支持有很好成功机会的政变,但是计划不能有美国军队的直接参与……特授权你在你选择的时间和条件下宣布暂停美国通过吴庭艳政府提供的援助。"

那天晚上,第二份致洛奇的"亲启"电文是由腊斯克签署的:

> 你与哈金斯将军观点只有一点不同:是否尝试通过吴庭艳除去吴廷瑈……根据卡滕伯格与吴庭艳的会谈报告,我本人的预感是,纯粹劝说不可能奏效,除非这种讨论包含一种实在的制裁,比如威胁撤出我们的支持,否则他不可能真正接受……但是,假如在这种讨论中使用了一种制裁因素,就会冒极大的风险,吴庭艳会认为针对他和吴廷瑈的行动迫在眉睫,他有可能至少采取行动对付将军们,甚至会采取意外行动,比如请求北越支持驱逐美国人。

那天晚上还由肯尼迪总统签发了第三个电文,分级为"总统致大使本人。不得转发"。

> 我赞成今天你从其他人那里接收到的所有电文,我强调,我完全支持这些信息中的一切内容。
>
> 我们将竭尽所能帮助你成功完成这一行动。不过,在这份除了国务卿没有别人看到的纯属个人信息中,我希望向你陈述的一点是关于我作为总统和三军总司令的宪法义务。
>
> 除非到了将军们下令采取行动的时刻,我必须保留一种视情

况改变方向和彻底改变先前指示的权力……一旦采取行动，就必须获胜，但是，假如有可能失败，改变主意还是更好……这一信息不需要直接答复，不过，假如你希望答复，答复的标题应该是"白宫直接转总统亲启。不得转发"。

8月30日星期五，洛奇在抵达到任国仅仅八天后答复了来自华盛顿的数份电文，告诉腊斯克说：

> 我同意除掉吴廷瑈是首要目标……这一目标肯定不能通过劝说吴庭艳来实现。他的愿望是身边有更多吴廷瑈这样的人，而不是减少。实现这一目标的最佳方式是将军们彻底占领政府……我执行上个星期日各种指示的唯一最大困难是他们的惰性。一天天开始了又结束，什么都没有发生。现在已经是星期五，我们投入很多时间和精力，仍然没有看到足够的动静……尽管我处在一种幕后轻轻拉动绳索的地位，但我肯定处理这种事的最佳方式是一场越南人自己的运动。此时我预期不再与吴庭艳做进一步会谈。

8月24日的电传过后一个星期，哈金斯将军在星期六召来策划政变的将领杨文明将军的特使陈善谦。哈金斯将军说："假如将军们准备除掉吴庭艳，美国政府会支持他们的。"

下午，陈善谦将军回访，对洛奇说，不准备搞政变。现在不搞。他说，他们恐怕吴庭艳和吴廷瑈仍然受到美国的支持，两兄弟在等待一场政变企图，然后除掉阴谋者。

"这帮将军既没有完成任何事情的愿望，也没有组织，"洛奇在给华盛顿的电文中写道。"假如在未来某个不确定的日期，既有所需力量又有夺权欲望的其他团体出现，我们可以考虑另做努力。

"我认为美国政府对我发出的上一个（星期六的）指示是正确的，不仅因为这是美国和自由世界的观点，而且因为越南政府的虚伪和犯罪行为。"

中央情报局的理查森报告了同样的内容，还附上一条警告："这次具体政变已经结束。几乎毫无疑问，越南政府"——他指的是吴庭艳和吴廷瑈——"……已经意识到美国扮演的角色，还可能掌握了相当多的细节。"

于是，8 月 31 日华盛顿召开另一个会议。总统又去了海尼斯港，会议由腊斯克主持。他邀请跨部门越南问题特别小组主任保罗·卡滕伯格参加会议。在腊斯克 8 月 29 日致洛奇的电文中曾提到"卡滕伯格"，因为卡滕伯格是最后一次在西贡与吴庭艳长谈过的美国人，那次持续三小时的谈话是在 8 月 28 日。

会议请卡滕伯格发言时，他对越南政策的描述是"通往悲剧的花园小径"。大家发言时，他倾听了一个小时，对与会者既不了解越南现状，也对越南历史无知而深感震惊。听了卡滕伯格的开场白，腊斯克、麦克纳马拉、罗伯特·肯尼迪和副总统约翰逊瞪了他一眼，他有点慌张，不过继续讲下去。"在这个关头，"他说，"我们最好做出体面撤出的决定……在六个月到一年期间，南越人民看到我们在战争中失败，会逐渐倒向另一边，届时我们将被迫离开。"

"那是你的猜测，"腊斯克对卡滕伯格说。"我们不打赢战争就不会撤出……而且我们不会搞一场政变。"麦克纳马拉点头表示赞许，接着说："我们要赢得这场战争！"①

那个星期六，洛奇在发给总统的最后一份电传中报告了发生在西贡和北越首都河内的暗中联系："我得到非常可靠的消息称，法国大使拉吕埃与吴廷瑈会谈了四个小时……还有一个可靠的消息来源说，他要美国人离开越南，以便法国充当越南南北方的居间调解者……可靠的消息称，吴廷瑈思绪高度不稳定，吴廷瑈向北越发出某种姿态不是不可能的。"

这个信息让肯尼迪总统意识到，美国提供资金公开支持并为之作战的这

---

① 卡滕伯格从此再也没有应邀参加关于越南的高层会议，不久被调往新成立的国家圭亚那的美国大使馆。——原注

个政府在与共产党人秘密交易——还可能要求美国离开。

那天是 8 月 31 日，白宫致西贡的回电中命令大使馆和军事代表团收回并销毁 8 月 24 日开始一周内收发的所有电传件副本。在华盛顿，以总统名义下达的命令传到国务院、中央情报局和国防部：销毁所有涉及政变的电文。

第五十一章　1963 年 8 月 28 日

8月28日凌晨1:30，在纽约与新泽西州之间的林肯隧道发生了交通阻塞。纽约人乘坐租用的大巴午夜便出发离开纽约向南行驶，准备参加华盛顿游行。早上8:00，在巴尔的摩海港隧道内外数到100辆大巴。同一时间，从匹兹堡驶来的第一趟包列抵达华盛顿联合火车站，接着抵达的是来自芝加哥、底特律、杰克逊维尔的列车。8月27日上午9:30从迈阿密驶出的"自由列车"在各车站和向北行驶的沿途受到黑人群众的欢呼迎送。

游行这天上午，1,500辆特别巴士由城市周围路口乘坐吉普车的军警引导，驶向集合区域。军用直升飞机在上空盘旋，警惕动荡地点，但显然根本没发现这种地点。来自全世界的3,000名记者报道了这次事件。美国三家电视网从11:30开始直播。观众之一是肯尼迪总统。他坐在椭圆形办公室，与他一道观看的有司法部长罗伯特·肯尼迪、伯克·马歇尔和劳工部长威拉德·沃茨。接下来，肯尼迪在电视机前和越南会议之间来往穿梭。这次越南会议是那天中午在内阁会议室召开的。

起初，首都气氛紧张。罗伯特·肯尼迪曾为关闭华盛顿各酒吧和销售烈酒的商店做了谈判，还说服美国棒球联盟推迟预定8月27日和28日晚上举行的华盛顿参议员队与明尼苏达双子队的两场比赛。

首都最开明的报纸《华盛顿邮报》分析了此次游行对总统的意义：

> 最近几个月，有迹象显示，对黑人似乎总是抱怨和抗议种族歧视中次要甚至微不足道的方面，白人已经感到兴趣索然，北方的白人尤其有这种感觉。这次游行可恢复黑人事业的尊严与正确性，将全国的关注焦点和道德观念重新集中在大的问题上：黑人要求得到其他美国人拥有的权利。

> 此时，国会颁布法律强制执行公共设施条款的前景显然是黯淡的……假如国会未能采取行动，那么总统便可能被推到聚光灯下，不论是否处在选举年，他都可能被迫发布行政命令，执行自己的民权计划，在全国上下防止种族骚动。

《华盛顿邮报》还报道了密西西比州选举州长的竞选活动，候选人是副州长保罗·约翰逊和前州长 J.P. 科尔曼。约翰逊曾在1962年10月詹姆斯·梅雷迪斯入校时，短时间拦在密西西比大学的门口。此时他利用广告说："别忘了这些情况：J.P. 科尔曼赞同肯尼迪，代表肯尼迪说话，还投票支持肯尼迪当美国总统……没错，别忘了 J.P. 科尔曼要将密西西比完全彻底拱手交给肯尼迪兄弟。"

总统感觉自己已经站在聚光灯下了。上一次盖洛普民意测验显示，63%的美国人不赞成这次游行，38% 的人认为总统推进民族融合操之过急。与此同时，哈里斯民意调查估计，由于肯尼迪赢得总统选举时优势大致只有118,000票，目前由于他在民权上的立场，会失去450万张选票，其中大多数是南方各州和邻近州的选票，即使将头一次允许登记参加选举的黑人包括在内，预料增加的黑人支持选票不会超过60万张。

华盛顿本身是个仍然依附南方历史和传统的城市。"一个有北方魅力和南方效率的地方,"约翰·肯尼迪戏谑道,这话与当地人的自诩背道而驰。《华盛顿邮报》仅仅是在 1960 年才停止在雇用职员中的种族歧视并开始做房地产广告。但这座首都还是个黑人的城市;在 1960 年的人口统计中,黑人占人口总数的 55%,这是因为越来越多的白人家庭迁到马里兰州和弗吉尼亚州的郊区居住。

总统曾劝说 A.菲利普·伦道夫和其他游行领导人,这种活动风险大于收获,但他的劝说没有成功。他说,假如发生暴力事件,他们的运动可能倒退几十年,而他的民权法案也会泡汤。既然未能阻止游行,他干脆选择加入其中,这意味着将游行作为全美国的一天集会日,用于推动他的民权法案。最重要的是,总统不想看到电视转播中出现种族暴力事件,而且不能为黑人过去受到的众多不公正待遇向联邦提出采取新行动给予报答或补偿的要求。在游行前的记者会上,他不得不否认南方官员含沙射影(以及联邦调查局透露)的说法:小马丁·路德·金和其他民权领袖是亲共产主义分子,或者是变态色狼。代表南卡罗莱纳州的参议员斯特罗姆·瑟蒙德曾如此指控他们,不但在国会念了确信贝亚德·拉斯廷是同性恋的细节,居然还写进"国会记录"。在 8 月 20 日的记者会上,有人问总统是否相信黑人有权得到政府的特别帮助,或者在私营企业雇员中得到一定的就业配额。他的回答是否定的。

"我认为我们无法扭转历史,"他接着说。"事实上,过去让很多人失去受适当教育的机会,造成一批受教育不足的人,这会影响我们许多年。现在我们必须尽量做到最好。这正是我们努力做的事。我认为配额不是个好主意。我认为,开始基于宗教信仰、种族、肤色、民族实行配额是错误的,因此会遇到大量麻烦……在另一方面,我认为我们应当做出努力,给所有合格的人公平的机会,不是通过配额,而是查看我们的雇用名单,查看我们雇用人的领域,保证我们至少让每一个人都得到了公平的机会。"

约翰·肯尼迪意识到自己不能阻止这次游行后,便指定他弟弟接管游行。罗伯特·肯尼迪领导的司法部将数十万美元分拨给发起游行的六个民权组织，排在首位的是全国有色人种协进会和小马丁·路德·金领导的南方基督教领袖协会。"这次游行让政府接管了，"马尔科姆·X说，他是黑人伊斯兰运动的发言人，该组织拒绝参加游行。"这是一场政府控制下的游行。"

六个星期之前，司法部长的一位助理约翰·道格拉斯受委派与伦道夫和拉斯廷合作。政府的第一个决定是选择结束游行的集会地点：林肯纪念堂。任何其他地点都不及这位伟大解放者的巨型坐像前更合适，可惜1922年纪念堂揭幕典礼时，参加的黑人曾被隔离到不同区域。对警察和控制方，这也是个完美的地点，因为纪念堂远离居民区和商业区，而且三面环水。游行距离还不足一英里，是从华盛顿纪念碑沿宽阔的林荫道抵达林肯纪念堂。总统最喜爱的活动组织者杰里·布鲁诺是个聚集人群和控制人群的专家，他受指派坐在林肯塑像后面控制一个开关，假如讲话者变得过于慷慨激昂，他可以用这个开关切断扩音设备的电源。让人担心的是，边缘位置的人们假如听不到发言人的讲话，可能开始自己搞活动，制造麻烦。

游行日期是白宫确定的，他们选择了星期三，希望人们一天之内打个来回，因为他们前一天和后一天都要上班。一小时又一小时，拉斯廷与道格拉斯和布鲁诺就内容逐个进行谈判，有时候参加者还有罗伯特·肯尼迪，最后他们签字确定了一个三小时的集会计划，而不是举行抗议游行。仪式在下午4点钟结束，留下足够的时间让人群在夏末的落日前离开首都。首都警察局长想要使用警犬控制人群。罗伯特·肯尼迪和伯克·马歇尔的态度十分强硬：不准使用警犬！

游行前，总统对小马丁·路德·金说："这事让我们脖子挂在绞刑架上了。"不论肯尼迪的脖子是不是真的拴在绳子上，他都没有露面。他拒绝应邀发表讲话，因为一方面是聚集在纪念堂前的群众，另一方面是全国观看电视直播的观众，他认为不可能准备一篇让两方面都满意的讲话。他还拒绝在游行前会见 A.菲利普·伦道夫、小马丁·路德·金和罗伊·威尔金斯，为的是避免记者拍摄他们在一起的照片，免得发生街头骚乱时让他感到难堪。他还明确表示，黑人领袖在演讲中不能向他提出一份要求清单，以免他表示拒绝后，他们在纪念堂前公开抨击他。

这天有众多难题，至少对白宫来说第一个难题来自学生非暴力协调委员会下属成员组织"学生非暴力统筹委员会"，他们油印了其23岁领导人约翰·刘易斯的讲话稿。刘易斯计划在讲话中说："我们要像舍曼的军队一样，游行穿过南方，穿过南部各州。我们要以非暴力方式执行我们的焦土政策，将歧视黑人的吉姆·克罗烧成灰烬。"

华盛顿的罗马天主教红衣主教对这些言辞表示反对。帕特里克教堂的这位红衣主教奥博伊尔早在法律规定或反种族隔离成为流行时尚之前，1948年就在华盛顿的天主教会学校中实施了反种族隔离。他对司法部的人说，假如演讲中包含关于舍曼的说法，他就拒绝在纪念堂前仪式开始时做祈祷。总统及其顾问们关注的是刘易斯的另一句话："我们不能支持政府的民权法案。"

罗伯特·肯尼迪、伯克·马歇尔，还有A.菲利普·伦道夫和小马丁·路德·金都劝说刘易斯。这位年轻人是个老牌民权活动家，曾22次被捕，遭到警察十多次毒打。最后，那天上午晚些时候，总统亲自对讲话文本做了修改，刘易斯终于同意删掉舍曼那句话，改为："不错，我们支持政府向国会提交的民权法案，但我们的支持有极大的保留。"①

游行群众对他们内部的政治问题并不知情。成千上万名游行群众聚集在华盛顿纪念碑前，等待11:30开始的游行。游行的人群中有黑人有白人，白人占到四分之一。游行路线是华盛顿纪念碑和林荫大道两旁的独立大道和宪法大道。那天，一般游行成员禁止闯入国会山，而他们的领导人整个一上午都在与国会领袖在那里会谈。在国会的会议持续到午后。会谈仍然在进行时，有人传来话说，华盛顿纪念碑周围的群众在8月份的溽热中已经开始躁动，不论领导人是否在场，他们都要开始游行了。游行领导人连忙跑出众议院大厦，慌忙叫出租车，这一幕让肯尼迪看了不禁放声大笑。这群首领渴望走在追随者前面，忘记了有豪华轿车在门外等待他们。

---

① 1986年，约翰·刘易斯被佐治亚州第五选区选举为国会议员。——原注

肯尼迪此时需要放声大笑。他正在参加有关南越政变可能导致内战的秘密会议，听取撤出4,000名美国公民的计划。会议在下午1:00前中断了，这时距离在林肯纪念堂集会上人们发表讲话只剩半个钟头，白宫的会议按计划下午6点钟重新召开。总统回到办公室，像众多美国人一样，坐在电视机前观看。他被电视画面打动了。担任大会司仪的演员奥西·戴维斯向群众介绍了卡萝尔·泰勒，说她刚刚受雇为美国第一位黑人空姐，群众爆发出第一阵欢呼声。

各位领导人的演讲均限制在7分钟，中间插有黑人和白人演艺人员表演小品。参加集会的名人有哈里·贝拉方特、马龙·白兰度、查尔顿·赫斯顿、玛丽安·安德森、小萨米·戴维斯、保罗·纽曼、黛汉恩·卡罗尔、琼·贝兹、乔希·怀特、鲍勃·狄龙等。

伦道夫是那天集会上的第一位演讲者。他在演讲中对要求黑人耐心表示拒绝，但是有许多词语与肯尼迪在不同主题下的演讲异曲同工："那些谴责我们好斗性的人，那些在虚假的平静名义下宣扬忍耐的人，其实是在支持种族隔离和种族剥削。他们要求付出社会和种族平等的代价来追求社会平静。"约翰·刘易斯在年龄上像是伦道夫的孙辈，或肯尼迪的子辈。他的演讲更进一步，说："对那些要我们耐心等待的人，我们必须说，我们不能等待，我们不要渐进的自由。我们现在就要自由！……让我们走上这个国家的每座城市每个乡镇每个村庄的街头，在街头示威，直到完成1776年的革命。"他的演讲14次被欢呼声打断。

结果，刘易斯演讲过程中引起的激动，便是那天最让人担心的时刻。没有因示威造成逮捕。游行成为抗议活动受管理的一次胜利。艾森豪威尔任总统时的本堂牧师尤金·卡森·布莱克牧师演讲后，城市联盟的惠特尼·杨、沃尔特·鲁瑟、罗伊·威尔金斯、美国犹太人大会的拉比·乔基姆·普林茨分别发言。弗洛伊德·麦基西克代表种族平等大会的詹姆斯·法默发言，因为法默当时关在刘易斯安那州的监狱里。这是一群身穿星期日礼服出席教堂礼拜的人群。集会在下午刚过4点钟时结束，最后上场的是这个国家最著名的两位教会人士：福音歌手玛哈莉亚·杰克逊和小马丁·路德·金牧师。

杰克逊唱道："我今天回家要告诉上帝，你虐待我已经有多久。"她的声音在人群上空回荡，也回荡在整个国家。"……我四处漂泊，我受人藐视，旅途中我从来形单影只。"

她的情绪影响了最后一位演讲者。这次集会小马丁·路德·金没有参加多少计划工作，他遵从长辈伦道夫和全国有色人种协进会的罗伊·威尔金斯。自从伯明翰事件以来，这位来自亚特兰大的牧师就成了民权运动中的杰出人物。他承诺非暴力斗争，而且具有调动群众的演说力量，并不把人们送上街头。他让白人特别是无知的北方人深刻体会到黑人教会和南方宗教团体的基督教演说威力。玛哈莉亚·杰克逊的嗓音和哥伦比亚广播公司架在华盛顿纪念碑顶端的摄像机展示了这次运动的群众规模，小马丁·路德·金的声音在全场回荡。他的演讲本来应该是 7 分钟，可他一连讲了 19 分钟。谁也不愿让他停下。

"一百年前，一位伟大的美国人签署了《解放宣言》，我们今天站在这位伟人的庇荫之下……"接着，他用了两个不够恰当的比喻，谈起林肯对自由的承诺就像一张支票，到头来是一张"资金不足"的空头支票，还谈起与白人兄弟并肩前进。

"有人问热衷民权的人：'你们何时才会满足？'只要黑人仍然受到警察难以言喻的恐怖野蛮的迫害，我们就绝不会满足。只要我们长途跋涉后，拖着疲惫沉重的身体，却不能在公路旁的汽车旅店和城市的旅馆中得到住宿，我们就绝不会满足。只要黑人的基本活动范围不过是从小的贫民区到大的贫民区，我们就绝不会满足。只要我们的孩子让'仅供白人'的标签剥夺掉自我和尊严，我们就绝不会满足。只要密西西比州的一个黑人不能投票，而纽约的一个黑人认为他与投票毫不相干，我们就绝不会满足。不，不，我们现在不满足，我们将来也不会满足，除非正义若水滚滚而来，公正如流汹涌澎湃。

"朋友们，我今天要对你们说，尽管此刻困难重重挫折不断，我仍然怀有一个梦。这个梦深深扎根于美国的梦想。我梦想有一天，这个国家会站立起来，真正实现其信念的真谛：'我们认为这些真理是不言而喻的——人人生而平等。'

"我梦想有一天，在佐治亚州的红土山上，昔日奴隶的儿子将能够和昔日奴隶主的儿子坐在一起，共叙兄弟情谊。

"我梦想有一天，我的四个小孩子生活的国家不是以肤色，而是以品格优劣来评价他们。

"在那一天到来时，上帝的所有儿女将以新的含义高唱这支歌：'我的祖国，美丽的自由之乡，我为你歌唱。我的先辈在这里终老，早期移民为这里自豪，让自由的歌声响彻每一道山峦。'"

"他讲得太棒了，"总统在白宫生活区看着电视说。"太棒了！"他以前仅仅看过小马丁·路德·金的演讲片段。

半个小时后，游行领导人的脸上闪烁着胜利的光彩陆续来到内阁会议室与总统会见。这次有记者来拍摄照片。肯尼迪感觉自己也获胜了。游行并没有伤害他的民权法案而是有助于其获得通过。他感到最幸福的时刻是这天下午，他从电视上看到，数十位参议员和众议员来到林肯纪念堂。他们走下台阶落座时，成千上万的民众齐声高呼："通过法案！通过法案！"

总统走向小马丁·路德·金与他握手。肯尼迪朝他点头说："我有一个梦想。"他再次点头。那是赞赏和认可。小马丁·路德·金成了个明星。

他们开始讨论这天的事务。小马丁·路德·金再次表现出对威尔金斯和伦道夫的尊重。"你发挥了重要作用，"威尔金斯对总统说。"是你给了我们祝福。转化为秩序井然的抗议是一个重要因素，它能帮助政府而不是与政府作对。

"我们认为，"威尔金斯接着说，"今天的示威中来自大大小小城市的人们，愿意牺牲两三天的薪水30、40、50、100美元，从洛杉矶飞来的人们还支付了300美元的旅费，今天的示威即使未能实现任何目标，至少显示出，心怀民权梦想的是他们，而不是小马丁·路德·金或罗伊·威尔金斯或惠特尼·杨或沃尔特·鲁瑟。"

　　但是，时间十分紧迫，伦道夫说。"青少年在不断失学。据估计有75%的黑人子女如今即将完成高中学业。他们不仅即将失学并失业，还在失去希望。他们代表了一种令人警醒的问题，因为他们不信赖任何白人，他们甚至不信赖黑人领袖，他们不信赖上帝，他们不信赖政府。他们相信，社会在与他们作对。"

　　总统回答道："尽管存在隔离和各种难题，难道黑人社区不可能强调家庭对子女的教育责任？我认为犹太社区一直重视对子女的教育，鼓励他们学习，鼓励他们留在学校，还在其他方面给子女以鼓励。各位在黑人社区拥有各种影响力……真的应该将注意力集中在教育方面。"

　　肯尼迪说，他想谈谈国会中表决的人数问题。"我们刚才计算了一下可能支持我们的人数，我们现在认为，在众议院有158票或160票民主党人的支持。我们需要60位共和党人的支持才能获得多数票……这是很难得到的票数。这意味着查尔斯·哈勒克必须支持政府的提案。参议院对我们民权法案的支持，根据我们的计算，支持48票，反对44票，不确定8票。相当好。这是结束辩论确立的票数。"

　　肯尼迪逐个州逐个人名仔细分析了国会的情况后，伦道夫说："总统先生，听你描述过众议院和参议院的事态后，要让这些民权措施获得批准，显然需要一场宣传攻势。"

　　"我认为那是有帮助的，"肯尼迪说。

　　"那就搞一场宣传攻势，"伦道夫说。"我认为，领导这场宣传攻势的人选，谁也不及你更合适，总统先生。"

第五十二章　1963年9月2日

　　1963年9月2日星期一是美国劳工节，哥伦比亚广播公司的"晚间新闻"从平时每晚15分钟延长到30分钟。这天早上，哥伦比亚广播公司的主持人沃尔特·克朗凯特为了充实延长的电视广播节目内容，从纽约飞到海恩尼斯港采访肯尼迪总统。这天之前，皮埃尔·塞林杰建议克朗凯特："也许你想就越南问题向他提问。"在飞往科德角的短程班机上，克朗凯特读了一则美联社的报道，称总统会利用电视采访就南越和吴庭艳的统治发表公开政策声明，这是自从佛教徒5月份起义以来头一次。克朗凯特感觉自己不过是个信使，他可不喜欢扮演这种角色。他见到塞林杰后说："见你的鬼，皮埃尔，我想问什么就问什么。"

　　"你会后悔的，"塞林杰对他说。

　　采访伊始，克朗凯特就黑人示威对总统1964年竞选连任前景的影响提问，采访进行到十多分钟，他才终于提问："总统先生，此时我们投入的唯一一场战争当然是越战，我们在那里显然遭遇到困难。"

　　自从8月24日秘密电传后，肯尼迪便拒绝在电视上讨论越南问题，他一

620

度希望避免报纸头版讨论越南问题。不过他现在已经打定了主意，要控制战争进程和战争报道。邦迪和索伦森整整一个周末都在白宫辛苦，向肯尼迪发出一份份篇幅很长的声明草案电传件。他打算利用克朗凯特的提问，对吴庭艳和吴廷琰施压。

"我认为，除非那里的政府在争取公众支持方面做出极大的努力，否则就不可能打赢战争，"他回答克朗凯特的问题。"归根结底，那是他们的战争。不论输赢，都要他们自己负责。我们可以向他们提供帮助，提供装备，派我们的人去做顾问，但必须由越南人民自己去战胜共产主义……照我看，在过去两个月，越南政府已经脱离了人民。

"我们认为，镇压佛教徒是非常不明智的。现在我们需要做的，就是明确表示，我们认为这不是获胜的途径……我认为，（南越政府）只有改变政策，也许还需要做人事变动，才能获胜。假如政府不做这些改变，我认为没有很好的获胜机会。我希望，那里的政府能越来越明白这一点，并采取步骤重新获得公众对这一生死攸关斗争的支持。"

对吴庭艳的威胁是明确的；这个电视声明与8月24日的电传有同等重要意义。但肯尼迪做出这个选择拖得时间太长。在白宫几个星期的沉默和犹疑中，美国传统外交政策支持者和西贡的年轻记者们糅和成奇怪的意见组合，两方面的代表人物是埃夫里尔·哈里曼和戴维·哈伯斯塔姆。

在8月末那一周的几次会议中，肯尼迪有十多次挑哈伯斯塔姆的毛病。"见鬼，你们别念《纽约时报》上的那些报道了，"他曾这么说。"我们不能让几个28岁的孩子主宰政策。"哈里曼和洛奇是传统政策的支持者，他们多年来相互是政治对头，如今却形成一种联盟，有效奠定了超越总统的政策基础和势头。两人关系并不密切，却能相互理解，对使用权力拥有共同的强硬观点。他们常常私下通信，往往是通过写信交流，以下就是哈里曼写的一封信：

亲爱的卡伯特：
　　……我可以向你保证，上至总统，下至每一个人，大家都坚决支持你和国家团队，去赢得这场战争……这里谁也不轻言放弃。

报纸上登出你身穿衬衣穿越市场的照片，让你赢得很多人的支持。

玛丽和我向你和埃米莉致以热情问候……

在西贡，哈伯斯塔姆、美联社的马尔科姆·布朗、合众国际社的尼尔·希恩都是20多岁的年轻人，他们像哈里曼和洛奇一样，都是坚定的反共分子，都赞成这场战争，也都反对吴庭艳。哈伯斯塔姆特别钦佩洛奇，认为他担任大使是在恰当的时间、恰当的地点担当起恰当的职务。这三位记者都传回关于南越政权的可怕报道，报道中对吴廷琛的描述尤其骇人听闻。他们并非孤军作战。约瑟夫·艾尔索普视察越南返回后，向总统私下报告称，吴廷琛是个偏执狂，这人现在暗地里说吴庭艳是个老傻瓜，可他却离不开他这位兄长。艾尔索普谈起继续与吴氏家族保持结盟关系时说："我认为这根本行不通。"

华盛顿有很多吴廷琛吸食鸦片的传闻，肯尼迪甚至问"德国佬"诺尔庭，吴廷琛是不是个鸦片瘾君子。这位前任大使说，他不相信。马克斯韦尔·泰勒8月份赴亚洲的美国军事基地视察，回来对总统谈起与吴廷琛共进晚宴时的情景："我认为那家伙是个疯子。不是疯了就是瞎了。"

洛奇对此表示赞同。他在9月6日见到吴廷琛，得知吴廷琛夫人要出国旅行两三个月。洛奇在向华盛顿的报告中说，吴廷琛通常神情冷漠，这一次却发表了激烈的长篇大论："我是最看好的马，他们真该把赌注押在我身上才对。为什么想淘汰我？我想做的，不是吴庭艳总统的顾问，而是为亨利·卡伯特·洛奇当顾问。假如我离去，军队会夺取政权。中央情报局和美国新闻处的 Ces grenouillards 干的勾当是在破坏为战争付出努力。"洛奇把他说的这个法语词翻译成"这些阴谋家"或者"这些策划者"。

对于记者们发回的种种报道，华盛顿和纽约记者团中的许多资深人士不以为然，并与之作对，认为这些年轻的远东实地记者属于兴奋型。《时代》杂志攻击那些常驻记者说："实地记者团对越南的报道有诸多方面，其中让人奇

怪的一面是将本来可以理顺的问题搞得非常混乱。那个国家的情况与他们的
经验格格不入……他们厮混在卡拉维尔酒店八层的酒吧里，相互交换信念、
信息、误传、不满……这种报道往往失真。"

此时，总统回答克朗凯特的问题，心情中夹杂着痛苦的坦率，仿佛担心
自己会失去对局势的控制，问题是他是否曾拥有过控制能力。这位主持人就
越南又提了四个问题，肯尼迪的回答是对第一个回答的扩展，特别强调了这
个国家至关重要的地位：

"我们所能做的只有提供帮助，对此我们表达得非常清楚。但是，对于
有人认为我们应该撤军，我不同意。那将是个极大的错误。我知道人们不
喜欢美国人做出这种努力……我们做出这类努力保护欧洲，结果欧洲现在
相当安全。我们尽管不喜欢这么做，但我们也参与了捍卫亚洲……有人说：
'嗨，我们干嘛不撤军回国，把世界留给我们的敌人处置。'但这对我们没
有任何益处。"

30 分钟的采访结束后，哥伦比亚广播公司很快编辑成 12 分钟的节目播出
了。总统的讲话内容电传到西贡，同时增加了这样一句话："该内容代表了美
国政府对局势的态度，应当作为美国官方的正式立场来遵循。"

但是，肯尼迪的表现或立场似乎对西贡或华盛顿都不具有说服力。总统
抱怨说，哥伦比亚广播公司的后期制作让他显得强烈反对吴庭艳，这超过了
他的真实意图。各报纸对通过电视发表政策声明不满，此外再次批评肯尼迪
优柔寡断。

克朗凯特采访四天后，总统从卧室给罗杰·希尔斯曼打电话："罗杰吗？
是谁在华盛顿把这事透漏出去的？《纽约时报》第 5 版有塔德·舒尔茨写的
一篇文章，称官方说吴廷琰在敲诈我们……"

"我下令严格禁止与报界谈的，"这位助理国务卿答复道。"我不知道他从
哪儿搞到这种材料的。"

"我们不能让人们说，美国官方在谈论这类事情，"肯尼迪说。"要是有人
已经说过，我们得就此打住……与《纽约时报》联系一下。"

在另一个地点，另一份时报9月6日的头版头条是《中央情报局资助政变计划》。这份《越南时报》受到吴廷琰夫妇的控制，他们有时口授头版头条报道的内容。在驻南越的外国外交官眼中，这条标题并非捕风捉影，甚至比肯尼迪的话更中肯。有些人说，尽管没有明显的理由，但肯尼迪已经将吴庭艳和吴廷琰逼到墙角了。遇到美国人问起，这些外交官就会说，假如发生政变，统治西贡的军事将领既无政治可信度，又缺乏管理才干。但是华盛顿的报道中并没有意识到这一点。嘲讽肯尼迪优柔寡断的《纽约时报》记者詹姆斯·赖斯顿写道，总统向吴庭艳发出的信息是"要么做出改变，要么我们继续陪伴你"。

赖斯顿在一篇就哥伦比亚广播公司采访的分析文章中写道："他既发出威胁，又向吴庭艳做出保证。这就像一个外国政府公开宣称，肯尼迪总统执行的是一项失败的政策，脱离了美国人民，不过可以通过解除罗伯特·肯尼迪的职务来弥补。"这篇文章就像一根针，刺痛了白宫。由此引起白宫与纽约西43街《纽约时报》大楼之间艰难的电话交谈。两天后，《纽约时报》发表了一篇严肃的社论，内容重新团结在总统的大旗下："从眼下危机得到的教训是清晰的。其一是南越的反共战争……不仅如肯尼迪总统声明中所说，是'他们的战争'，而且是我们的战争——这场战争我们既不能退却，也不能轻言放弃。"

那个星期五上午，总统参加另一次关于越南的会议时迟到了。会议的形式与古巴导弹危机时的执行委员会相同，但是怀疑气氛、对信息的操纵和隐秘的议程都让人回忆起猪湾事件。肯尼迪走进会议室前看了两份备忘录，与他一天又一天从军方和文职顾问得到的信息一样：内容迥异，充满分歧。第一份是马克斯韦尔·泰勒写的，归纳了8月份的军事行动。

他写道："尽管存在政治不稳定的态势，但所有军事行动的发展趋势是有利的。"

在8月份，政府军执行了166项大规模（相当于营以上）的军事行动，这一数字与 7 月份的 168 次相当。以小军事单位搞的行动从 7 月份的 10,240 次增加到 15,480 次。政府军正酝酿 56 次大规模军事行动和 3211 次小的行动……越南政府的最新数字显示，在 10,592 个拟集中建立的战略村庄中，已经完成 8,227 个，如今居住在这种村庄里的人数达 9,563,370 人，占人口的 76%。

第二份备忘录来自洛奇，只有一个段落，内容是对华盛顿电传中的一句话作答："目标是越南政府获得打赢战争不可或缺的国内外政治支持。"

"对于'国内外政治支持'，"洛奇对肯尼迪写道，"我相信越南政府根本不懂其含义。他们基本上属于中世纪东方传统的家族专制独裁类型，对民选政府的管理艺术即使有所了解，也所知甚少。他们不能与人民对话；他们不能培养与媒体的关系；他们不是权威的代表也不能激发人民的信赖。他们只关心自身存在的安全，只关心抵御来自任何方面的威胁——不论是来自共产主义还是非共产主义。"

总统终于来到会议室，腊斯克说，会议已经开始，他刚才说，假如局势继续恶化，假如美国公众舆论转而反对吴庭艳，美国别无选择，只得承担起大规模军事义务。罗伯特·肯尼迪刚才问，假如吴庭艳继续执政，能否赢得战争，腊斯克说不能，按照现在的方式不行。

罗伯特·肯尼迪说："那我们为什么不着手处理这个棘手问题？我们必须采取严厉态度……告诉吴庭艳按我们的要求办，否则我们迫于美国公众的压力就要减少我们的努力。"麦克纳马拉刚才说，现在的情报不足，难以判断是否到了与吴庭艳摊牌的时刻。腊斯克说他赞成对吴庭艳施压，对越南政府施加影响，不过他补充说："威胁从越南撤军是个非常严重的事情。假如越共占领整个越南，我们就面临真正的麻烦了。"

总统在会议室落座后，罗伯特·肯尼迪问泰勒，在当地的美国军官有何看法。泰勒说，他不清楚，建议派维克托·克鲁拉克将军赴越南征询他们的意见。这位海军陆战队的将军此时以参谋长联席会议镇压叛乱处主任的身份参加会议。这一职务是肯尼迪设立的，他1943年便认识了克鲁拉克，当时在克鲁拉克的指挥下，海军的PT-109鱼雷艇在南太平洋拯救了几位海军陆战队士兵的生命。那天克鲁拉克曾向他许诺，等他当上总统就职时，要赠送他一瓶三羽牌威士忌做贺礼，18年后，他果然践诺向白宫寄送了一瓶这种酒。

麦克纳马拉命令克鲁拉克立刻去安德鲁斯空军基地，飞赴越南。他不言而喻的想法是防止国务院派希尔斯曼同行。但麦克纳马拉绕不过哈里曼，他派了名助手给当时不在白宫的希尔斯曼打电话，告诉他马上派个人去安德鲁斯空军基地。他们派出的人是约瑟夫·门登霍尔，他的任务是在克鲁拉克去外省后，与西贡、顺化和岘港的国务院和中央情报局的官员当面交谈。肯尼迪说，他要他们在四天内返回华盛顿，就是9月10日星期二，这意味着他们要在越南停留36个小时。

接下来，总统说，他想知道吴庭艳是否能管住吴廷瑈夫人的嘴巴，因为引起美国大多数公关难题的原因是她烧烤和尚的胡言乱语。他问道，假如连吴廷瑈一并排除掉，美国是否能从中获益？诺尔庭回答说，排除掉吴廷瑈可能解决华盛顿遇到的一些难题，但对西贡并无帮助，不论他们做过什么事，要向吴庭艳总统发出最后通牒都是个极大的错误。腊斯克说，这一点他理解。假如美国决定撤军，应当提前向吴庭艳通报。他补充说，部分撤出美国军人可能实现有些人希望的目标，即一次军事政变。

会后，总统发给洛奇的电传中提出了更多的问题：如何对吴庭艳施压，使他接受美国的要求，并向全世界展示他统治的并不是个极权国家：

> 有一点十分清楚，我们至少面临着一个主要难题，全世界、美国国会、美国公众舆论都要求越南政府采取行动，其中包括有效控制住吴廷瑈夫人，不让她公开讲话，也许让她离开这个国家，按照我们的意见全部释放和尚、学生等人。
>
> 有一点尚不清楚：这些措施是否足以恢复越南国内对吴庭艳政府的信任，促使人民赢得这场战争……

紧接着，国务院发给洛奇另一份电传，报告了希尔斯曼在国会委员会作证的情况："参议院外交关系委员会远东分委会今天开了两小时常务会议，对吴庭艳—吴廷琫的领导能力，以及美国继续参加越南战争是否明智，会议表现出深刻的怀疑……有可能提出一项决议，谴责美国继续支持越南政府；例如包含这样的措辞：'参议员理解到，美国人民不再愿意支持南越政权，因为这个政权压制人民，压制宗教派别……'"

这项决议的初衷是压吴庭艳接受美国的命令。希尔斯曼对决议措辞十分清楚，因为是他为小组委员会主席代表爱达荷州的参议员弗兰克·丘奇撰写的。希尔斯曼向总统通报说，弗兰克·丘奇参议员指责白宫对吴庭艳的手段软弱："这只软柿子。自从波吉亚家族以后，还没有出现过他这样的软蛋！"

9 月 9 日星期一，总统接受全国广播公司主持人切特·亨特利和戴维·布林克利的采访，在该电视网晚间一个半小时新闻的开头播出，节目名称叫作"亨特利—布林克利报告"。这次采访的基本规则与前一周哥伦比亚广播公司的不同。肯尼迪对全国广播公司的后期制作表示赞同。采访时，布林克利一开始便提出越南问题。

"总统先生，你是否有理由相信所谓的'多米诺效应'，就是说，假如南越失陷，东南亚其他政府会随之一个个垮台？"

"是的，我相信这种效应，"总统说。"我认为那是一场关联性相当密切的斗争。中国太庞大，赫然出现在边境线后面的形象也太高大，假如越南失陷，不仅会增强他们向马来西亚发动游击战的地理优势，而且还会在东南亚掀起亲华亲共的未来潮流。所以我相信这种效应。"

"在这一节骨眼上，我们是否有可能减少对南越的援助？"

"我认为此时那么做不会有帮助。假如减少援助，可能对那里的政府结构产生一些影响。但另一方面，造成的形势却可能导致崩溃。我们对第二次世界大战后的中国记忆犹新，当时的政府软弱无能，越来越无法控制事态，最终中国失陷。我们不想要那种结果。

"我们必须耐心，我们必须坚持，"总统说。"我对美国人变得不耐烦感到担忧，人们说，他们不喜欢东南亚发生的事情，或者说，他们不喜欢西贡政府，因此我们应该撤出……我认为我们应该留下来。"

与此同时，洛奇大使在地球另一侧正在与吴庭艳总统会见。他发回的电传内容并不令人鼓舞：

> 举行了1小时50分钟的会谈……只要我一回到让吴廷瑈离开的话题，或者谈到取消对新闻的审查制度，他就会岔开话题……他说，他的代表准备在纽约向公众展示，那些寺庙其实早已变成妓院了，他们在那里发现大量女人的内衣、情书和色情照片。很多处女受胁迫到那里，遭到奸污。他们已经查明，一个长老奸污过13名处女……尽管我陈述了多次打算陈述的内容，但我感到他并不真正感兴趣。他似乎全神贯注于自己在当地面临的难题，认为袭击自己的敌人是合理的。也许这是他中世纪生活观的组成部分。

布林克利采访过后，参议员共和党少数派领袖代表伊利诺伊州的埃弗里特·麦金利·德克森来到椭圆形办公室，谈《禁止核试验条约》的事，此时参议院开始讨论这项条约。虽然外交关系委员会已经以16比1通过了这项条约，但有几位参议员在投赞成票表决通过后说，他们保留投票反对参议院批准条约的权利。一批退伍军人作证反对这项条约，代表亚利桑那州的参议员巴里·戈德华特提出，在批准这项条约前，苏联应该表现出诚意，将部队从古巴撤走，拆毁柏林墙。

德克森是个大块头，年龄67岁，嗓音低沉浑厚，有人认为他言辞华丽而深度不足，但肯尼迪喜欢他。德克森一开始谈到动员共和党人投票的难处，因为参议院批准这项条约需要三分之二参议员的赞成票。肯尼迪耐心听了一分钟左右，然后笑着打断他。

"你带着写好的信吗？"总统问。

"带着，总统先生。"

"我看看好吗？"

肯尼迪读了德克森打算发给他本人和多数派领袖迈克·曼斯菲尔德的信。

"好，"总统再次笑出了声。"就这么办。"

这封信第二天发表，信的内容回答了公众主要关心的军事问题以及对共和党和保守派民主党人的关心：

尊敬的曼斯菲尔德参议员和德克森参议员：

本条约允许进行的地下核试验将尽力积极执行……在目前条约禁止的环境中，美国将保持时刻准备恢复核试验的态势……

我很高兴再次强调，假如事态发展到需要做出重大决定时，该条约决不限制三军总司令使用核武器保卫美国及其盟国的权利。

在参议院，德克森参议员寒暄两句，整个会议厅里，大家交头接耳，认为他要谈起那项条约了。他首先朗读了一份事先准备好的声明，称他早先的疑惑是错误的。接着他将洋洋八页文稿放下："读文稿不是我的强项。"接着他恢复了自己即席演讲的老风格：

"一种人造的发明物名叫核武器，它将全世界的心胸都撕裂了……啊，它带给人悲剧，引起人惊慌，会造成流血成河，酿成极度的痛苦……仅仅一枚炸弹，就夺去66,000人的生命，留下69,000名伤员……一位年轻的总统称这项条约为第一步。总统先生，我愿意迈出这第一步。在我这样的年纪，对自己的命运考虑甚少。但我不愿自己的墓志铭上有这样的言辞：'他清楚发生在广岛的事，但他没有迈出第一步……'"

德克森演讲结束后，会议厅里人人都清楚，全国人民也都清楚，《部分禁止核试验条约》将会得到批准，这将是核时代第一个武器控制协议。民主党的多数派领袖曼斯菲尔德参议员起身穿过走道，望着他的共和党对手说："我向一位伟大的美国人致敬。"

9月10日那天，克鲁拉克将军和门登霍尔在越南工作36小时后返抵华盛顿。两人相互厌恶，在返程飞行中互不搭理。飞机在安德鲁斯空军基地着陆后，他们直接前往白宫会见总统，并参加上午10点半举行的越南小组会议。

将军首先发言，用海军陆战队的语气说："可行！交战仍然在进行，挺进速度醒目……还有许多场战斗要打，尤其是在三角洲地带，那里的越共势力仍然强大……尽管执政当局有严重缺点，但继续执行目前的美国军事和社会计划，这场战争将会打胜。"

接下来门登霍尔说："我对西贡、顺化和岘港弥漫的恐怖气氛深感震惊。这些城市的人民生活在恐怖统治之中……"他认为有可能发生宗教性质的内战，或南越人民渐渐倒向越共。"今天又有数百名学生被捕。不论是政府官员、平民还是军方，大多数家庭都感觉到了政府伸向他们子女的压迫手腕，造成的民意可想而知……要想赢得这场战争，必须排除吴廷琰。"

总统看看克鲁拉克，又看看门登霍尔，最后收回目光问："你们二位先生去的是同一个国家吗？"

肯尼迪看出了分歧所在，仿佛感觉他总统职位的地面基础裂开了。他的国防部长说，战争能打胜；可他的国务卿却说，美国即将失去对那个国家的影响力。事实上，国务院情报局发回的报告称："越来越多各种不同可信度的报告称，不论是否有法国的纵容，吴廷琰都在采取行动与河内谈判。"腊斯克将报告递交给总统，说："假如我们针对吴庭艳的动作太快，就不能排除他撇下身边的越南政府向北越寻求帮助的可能性……"

克鲁拉克将军带着对旅伴明显的鄙夷神色对总统说，国务院的悲观与国防部的乐观，差异就在他去的是部队所在的乡下，而门登霍尔是在城里陪知识分子们喝茶。会议上有肯尼迪从未见过面的两个人，一个是中央情报局前特工鲁弗斯·菲利普斯，他目前在西贡担任国际开发署署长，此时正好返回华盛顿度假。

"你认为应该怎么办，鲁弗斯·菲利普斯？"总统问。

"派埃德·兰斯戴尔回去，"菲利普斯说。菲利普斯曾是兰斯戴尔的部下。"要是还有人能与吴庭艳说上话，那只能是他。如果我们要帮助组织一个新政府，他最胜任。"

"关于战争你有什么看法？"

"我抱歉不能同意克鲁拉克将军的看法，"菲利普斯只有33岁。"我认为我们不会赢得这场战争，在三角洲地带尤其打不赢……战略村庄正受到越共的蚕食，将会彻底垮掉。"

"从军事角度看，"克鲁拉克怒气冲冲打断他的话说，"我们并没有战败……关于哈金斯将军和菲利普斯先生的看法，我愿意接受哈金斯将军的评估。"

哈里曼这时开口了，他接着克鲁拉克的话茬，当着他的面说，他认为克鲁拉克从来就是个傻瓜。肯尼迪默不作声，只是聆听，不过会后他将克鲁拉克召到椭圆形办公室，对他说："我只是想让你知道，我理解。"

会议上的第二张新面孔是驻西贡大使馆发言人约翰·梅克林，他随克鲁拉克和门登霍尔一道回国，搭乘的军用波音707飞机没有窗户，仅有的三名乘客在飞机上也难得交谈。梅克林为美国电视网捎回一盒盒新闻胶片，这是美国官员们定期帮助美国记者避开越南政府审查的做法。克鲁拉克将军见了，飞机在阿拉斯加的艾尔曼多空军基地落地加油时，命令他将胶片留在阿拉斯加，还建议他本人也待在那儿。

"你认为应当怎么办？"总统问梅克林。

"派美国战斗部队参战，"梅克林回答道。"接受类似朝鲜战场的使命……既能促使现政权下台，又能对付越共。"

"这是不可能的，"肯尼迪后来说。这些人有些是傻瓜，有些在撒谎，可他信息不足，分辨不出谁属于哪类人。

有一条信息最让他怒不可遏。他得知美国大使馆有人暗中向摄影记者透露说，国际开发署的卡车曾用于围捕数千名怀疑批评过吴庭艳政府的南越学生，将他们送往监狱。这些卡车的车门上还涂有美国的标志。"为什么一个美国人会做这种事？"他实在搞不懂。

当然，答案是破坏对吴庭艳的支持，也对美国支持他的人放暗箭。洛奇从西贡发来的一份电传仿佛想要强化这一点，他的电文中质疑克鲁拉克将军的使命和证词："就将军们的提问，或者就大使们提出的类似问题，年轻军官的回答是否有价值，我表示质疑。可以理解，他们有表现乐观的强烈欲望，回答总是有利的。"

9月10日晚上又举行了一次会议，这天的两次会议过程中，罗伯特·肯尼迪和麦乔治·邦迪坚持认为，现在不该继续泛泛而谈，总统需要具体行动的信息。会议结束前，哈里曼和麦克纳马拉再次发生争执，焦点是吴庭艳继续执政能否打赢战争，美国新闻署署长也提出一个要求。会议纪要是这样记录的："默罗先生提出要求，由于我们的政策尚不明朗，无法拟定新闻导向，因此在明天的会议结束前不要撰写新闻导向。"

卡伯特·洛奇想要的是行动而不是新闻导向。他在9月11日发给腊斯克的电传中写道："这个国家的航船正在下沉……这个政府显然切断了与现实的联系，根本不能客观看待任何事，只是一味考虑回击，想要证明它一向正确，私下里对美国嗤之以鼻……假如存在我们有效制裁它的办法，就应当使用，以便促使发生彻底的政府变更。我能看出的唯一制裁方法就是暂停援助……"

在总统9月12日举行的记者会上，一位记者提了默罗提过的同样问题："总统先生，考虑到盛行的混乱情况，今天是否有可能就我国对南越现政府的政策发表政府声明？"

"我认为我已经就我的观点做出过声明，我们支持有助于在那里赢得战争的事态和政策，"肯尼迪说，他的嗓音变得尖锐。"因此才有25,000名美国人长途跋涉一万英里投身那里的战斗。凡是有助于赢得这场战争的事，我们都支持；凡是干扰战争努力的事，我们都反对。

"我们的政策非常单纯：我们要赢得这场战争，共产党人要受到遏制，然后将美国人撤回国。这便是我们的政策。我能肯定，这也是越南人民的方针……我们不是为了打一场败仗才去那里的。"

接下来话题一时从越南岔开。这是个全国学生开学上课的时节，总统在记者会开始时曾说："在过去两个星期中，南方150座城市废除了种族隔离。

虽然可能发生一些困难，但是……在整个南方的这些城市中最终获胜的是对法律的尊崇，而不是感情用事。"

此后，一位记者问道："盖洛普博士向人民提出这样一个问题：'你认为肯尼迪政府推动种族融合太快还是不够快？'50% 的受访者回答说，他们认为你推动太快。你对此有何评论？"

"我认为他得到的结果可能是精确的，"肯尼迪回答道。"同一次民意测验显示，40% 左右的人认为，基本上是正确的。我认为这个数字颇为令人振奋，因为这是一种转变，而转变从来会让人不安。反对比例不是更大反倒让我感到吃惊……我认为，过一段时间，你必须对发生在这个国家的伟大历史性运动做出评价……过很多年后再做这种评价。"

接着，提问再次转向越南。那天上午，由 22 位参议员共同发起了"丘奇决议"，呼吁南越结束镇压。总统说，他对此的解释是，参议院态度坚决，他自己承诺留在越南打赢战争的承诺也同样坚决。记者们纷纷提出细节问题，肯尼迪打断提问说："除了已经做过的一般性回答外，我认为细节问题应当与大使讨论——与洛奇大使讨论……"

亨利·卡伯特·洛奇面临重重困难，他既代表总统又有自己的主见，他与两年前在柏林任职的克莱将军拥有同样的独立权力。波兰外交官米泽斯洛·马纳里是国际监察委员会的成员，在南越监督日内瓦协议执行情况，他向华沙报告称，洛奇让他联想起苏联驻东欧国家的大使们。

沃尔特·克朗凯特就任命洛奇从世俗角度询问肯尼迪的想法："总统先生，亨利·卡伯特·洛奇毕竟是你政治生涯某些阶段的政治宿敌，派他去西贡可能引起某些猜想，认为你可能想要避免使之成为 1964 年大选的政治问题。"

"不对，"肯尼迪干脆的回答中带着一些激情。"是洛奇大使自己要求去西贡的。假如他像某些政客一样谨慎，当然就不会要求去那里。他本来可能喜欢做某种安全的工作，但他精力充沛，对美国有强烈的激情，虽然表面上看令人惊奇，但他把工作摆在政治生涯之上。沃尔特，政治家们有时候会献身事业的。"

这两位来自马萨诸塞州的政治家几乎每天都要通信，有时候一天会联系若干次。洛奇在日常与国防部的斗争中肯定占有优势。他不仅讲一口流利的法语，而且使用与总统一样的政治语言。他在9月11日华盛顿接收到的478号电传中对肯尼迪说：

> 越来越多的证据显示，社会精英对越南政府充满了敌意。想想看，比方说越南军队中的一名中尉，他父亲可能受监禁，母亲即使没有受到迫害，所信奉的宗教也受到侮辱，哥哥被任意罚款——这些军官都有充分理由憎恨政府。这名中尉难道对此无动于衷？现在来看看高中学生示威吧，这名中尉的弟弟可能被拖上卡车（车上有美国标志），送进集中营，我们这位中尉可能还有一位弟弟或妹妹，因对政府不满受到警方粗暴对待。

洛奇并不掩盖自己策划一场政变的作为。在同一份电传中，他告诉肯尼迪："应当重新做出努力，通过我们能提供的积极刺激，激励某个人夺取政权——比方说大明①或我们提出的其他人选。我们不能让卡斯特罗式的人物取代巴蒂斯塔……我们应该同时开始挖掘所有可靠人选。既要避免可靠者必然面临的危险，也要为由此可能引起的震惊效应做准备。"

第二天，9月12日总统的回电中重申了对此的支持："你的478号来电是一份重要文件，已经激发这里协调努力做出恰当响应……我们着手工作的同时，我想要你知道，你无畏而透彻的分析具有极大的助益，你在现场的地位明确反映出了力量和尊严。"

那天晚些时候，洛奇再次提出最让总统不安的问题：吴廷琰和吴庭艳有可能宁愿与北越共产党政府做交易，也不愿屈服于美国的压力："希望做一些研究，假如吴廷琰与北越谈判，要求美国离开南越，或者大幅度减少驻军，

---

① 大明：即杨文明，越南军事和政治人物，因身高1米83，体重90公斤，在越南将领中鹤立鸡群，故俗称"大明"（Big Minh）。——译注

我们该做何反应。这显然是他手头唯一的王牌，而且显然最具重要意义。另外，我觉得我们显然绝不能离开。但问题是，要找到留在这里的合理基础，乍一想并不简单。"

　　接着，在白宫一连数小时对越南问题的讨论中，总统的注意力骤然被拉回到伯明翰市。9 月 15 日星期日早上，在通往该市第 16 大街黑人浸礼会最大教堂的台阶下，十几个炸药管爆炸。这座教堂是 5 月份许多事件和游行的核心地点。集会的人群正在教堂里庆祝六天前亚拉巴马州各小学校首次实现了种族融合，上午 10：22，爆炸轰然发生，炸死四名女孩——11 岁的丹尼丝·麦克奈尔、14 岁的卡萝尔·罗伯逊、14 岁的阿迪·梅·柯林斯和 14 岁的辛西娅·韦斯利。星期日夜幕降临前，城市里发生了多起黑人游行，人们发生暴动，投掷石块。又有两名年轻的黑人被开枪打死，一名是 16 岁的男孩约翰尼·鲁宾逊，因为当时警察命令他停下，可他拔脚跑走，另一名是 13 岁的男孩弗吉尔·韦尔，当时他哥哥骑自行车带他坐在前梁上，一名白人鹰级童子军参加完一个种族分离集会，回家途中与他们遭遇，那名童子军拔出手枪朝他开了枪。

　　伯明翰的一个周日。六名孩子丧生。那天夜里，白人们来到死去女儿的人家门前，流着眼泪说，他们对发生的事感到羞愧。总统发表了一份声明，表达"强烈的愤慨"。华盛顿游行过后三个星期，小马丁·路德·金和伯明翰黑人牧师代表团来到白宫，请求肯尼迪派联邦部队进驻伯明翰。总统说，他不能那么做，不过要派个人代表在该市的黑人和白人公民之间斡旋，这座城市因发生的事态得到个"爆明翰"的恶名。他挑选了前陆军部长肯尼思·罗亚尔和前西点军校橄榄球教练厄尔·布莱克，不过他语气中带着激怒对黑人牧师们说，联邦政府站在他们这一边，但如今这是黑人的斗争，他们要自己斗争，去争取胜利。

　　小马丁·路德·金和其他人听了肯尼迪的话，觉得国内爆炸前后他的讲话就像在谈论越南。"我知道这次爆炸尤其难以解决。但是你们知道，假如你审视全世界的这类斗争，会发现斗争是非常危险的努力。所以大家都必须保持镇静。"

关于越南，受到检验的是总统自己的勇气。他是否已经准备好排除吴庭艳家族？9月15日星期日，洛奇报告说，吴庭艳告诉他说，吴廷瑈的夫人此时在国外，对西贡没有影响，她有意来美国召开记者会捍卫自己。"我告诉他说，那会在美国的民意中产生恶劣影响，"大使说。"……他们似乎对其他国家的人民怎么想毫无兴趣，感兴趣的只是一味表达自己的感情和自尊。他们不是政治家。"

9月17日星期二，国务院向总统呈交了关于越南问题两个政策方向的详细计划，分别称作"和解"和"施压与说服"。第一个方向的设想是接受吴庭艳的现状，继续与共产党人作战。文件中说，发出和解信号的明显方法，就是派吴庭艳一直要求的人埃德·兰斯戴尔做联络人。具有讽刺意味的是，洛奇尽管反对和解，却同样要求兰斯戴尔去那里，他认为兰斯戴尔有可能拆散吴氏兄弟，而用不着大费周折或大动干戈。他还另有一个动机：赶走中央情报局驻西贡的头目约翰·理查森，因为他怀疑这人与吴廷瑈联络太随便。

"不要兰斯戴尔，"中央情报局局长麦科恩说。"不要，"腊斯克说。"不要，"麦克纳马拉说。

"我无论如何不信任这个人，"麦科恩说。要是派这个人再次去那里，他就辞职，因为这个人不受控制。"洛奇与理查森打交道可以按自己的方式，但我不接受外部的人。"

在国务院供选择的文件中，向总统提出的第二个方向也是起初避免与吴庭艳对抗，然后逐步升级，首先削减美国对南越政府的援助（但不削减对越南军队的援助），然后支持政变企图。最后，美国将决定是从南越撤出，还是索性占领这个国家：

> 如果美国正确估计出文官和军方推翻吴庭艳的准备状态，一个替换政府应当在公众充分支持下出现，假如吴庭艳继续待在西贡地区，那么替换政府在应付吴庭艳的同时要执行与越共的斗争。

假如美国未能正确评估出军方抛弃吴庭艳的准备状态，而他实际
上保持着对大多数部队的控制权，美国就面临着美军干预或完全
从越南撤出的最后决定。在这种情况下，美军干预时与前同盟者
作战便毫无意义，因为美国的目标不存在充分的公众支持基础。
在（最后阶段）所有行动中，美国在越南的基本人员会面临极度
的危险。

总统在发给洛奇的一份长长的电传中说，他认为"压力和顺服"的最初
几个阶段是个低风险的过渡计划。该计划是向吴庭艳提出一次或多次要求，
实施他几个星期来一直不理睬的同一份列表上的行动——取缔吴廷瑈的秘密
警察，释放受关押的佛教徒和学生，终止新闻审查制度，向他的内阁输送新
鲜血液，举行当地选举，最后再次提出："吴廷瑈离开西贡，最好离开越南，
起码是长期外出度假。"

肯尼迪在电文末尾写道："此间目前对这一问题的军事方面越来越感到担
忧，既担心军事行动的实际进展，又担心需要应付国会继续指控在那里的努
力，不得不提交有效的证明材料。为了这些需要，（总统）已经决定派国防部
长麦克纳马拉和泰勒将军赴越南，下周初抵达。"

第五十三章　1963 年 10 月 2 日

　　肯尼迪总统设法让自己最亲近的顾问们达成共识，派麦克纳马拉和泰勒赴越南似乎是他的最佳手段。埃夫里尔·哈里曼得知此事感到怒不可遏，没想到总统派的是国防部的两个人，这可是肯尼迪指派的最至关重要的一次使命哪。哈里曼对他在白宫助手迈克尔·福里斯特尔说："这两个人反对我们的政策。"哈里曼说的"我们"既不是指美国政府，也不是指总统，意思是他自己的主张：吴庭艳必须被推翻。

　　总统关于越南问题的正式"行动官"罗杰·希尔斯曼是哈里曼的亲密同盟者。他深感不安，陪总统走进椭圆形办公室时，一路仍然不停地争辩，最后肯尼迪厉声对他说："这我都知道，罗杰……这我都知道。不过我们得让参谋长们参与。"不论是否真有其事，他害怕五角大楼向亲近军方的记者们泄露消息，破坏他们的越南政策。"要让参谋长们真正担起责任，唯一的方法就是让麦克纳马拉参与，他想去亲眼看看……这是我们为凝聚政府必须付出的代价。"

哈里曼想要希尔斯曼代表国务院参与这次访问，但麦克纳马拉一口回绝了。国务院派出最高级别的官员是希尔斯曼年轻的助手威廉·H. 沙利文。

其实，肯尼迪并不反对国务院的倒吴努力。他派麦克纳马拉和泰勒并非考虑到他们的观点，也不是出于他们的头衔，只因为他是自己最明智的部下——用他熟悉的雪莱诗句描述就是："最聪明的头脑，最恰当的人选。"没想到自己周围翻起矛盾和误报的漩涡，他心中不禁暗暗叫苦。他得到的信息很可能半数是错误的，可他并不清楚到底哪一半是错的。他指望麦克纳马拉解决这个问题。

白宫一天又一天从早到晚开会审议，却如堕五里雾，信息相互矛盾，在少数心知肚明的人看来，活像是在开玩笑。总统就属于心里明白的人。邦迪向他递交了一份正式纪要的拙劣模仿物，撰写者是希尔斯曼的另一位助手詹姆斯·汤姆森。文件的标题是《关于越南问题的又一次高级别会议纪要》：

> 总统不在场，国务卿宣布开会。他一开始便敦促优先考虑过去 13 小时中的关键问题：我们是怎么得到这个结果的，下一步该怎么办？
>
> 他说，从一方面考虑，继续推动发展是重要的，但是从另一方面考虑，我们必须应对现状。
>
> 国防部长表示赞同，不过他认为，千万不能允许西贡的一小撮神经过敏的文人舞文弄墨，让我们偏离主要的目标，而这个主要目标是继续战争，获得胜利。他请克鲁拉克将军报告最近在比弗堡从越南秘密警察培训官那里收集到的观点……
>
> 克鲁拉克将军报告说，美国培训官建议他避免与越南人直接谈，因为培训官对他们的观点了如指掌，交谈可能让他们分心，因为他们眼下的目标是赢得这场战争。
>
> 哈里曼主管说，20 年来他一直不同意克鲁拉克将军的看法，今天也不同意，而且比以往更难以赞同；他说，他抱歉直说，他

认为克鲁拉克将军是个傻瓜，而且他从来就有这个看法……

泰勒将军说，假如因此造成风险，"别把我算在内。"

国务卿换了个说法提出西贡897号电传中的问题。我们如何处置500名来美国大使馆避难的女中学生？

（此时，总统走进会议室。）

总统说，他希望我们不至于让这群不懂事的12岁女学生影响我们的政策，这些孩子都是外国人。他认为，我们千万不能忘记自己的最终目标，在任何状况下，越南人的表决都不是很有价值。

司法部长说，现在该表现出一些勇气，这里是个恰当的开端……

总统要求几个跨机构委员会投入工作，研究与吴庭艳对话的性质，他建议，大约一周后，执行委员会再次开会。他说，下一次，他希望有一幅合适的越南地图可供使用。

这份文件让总统哭笑不得。一直以来，他对越南的决策设计都是避免做出不可逆转的决定，其中包括了袭击寺庙事件后四个月来的这个决定：美国该如何处置吴氏兄弟？

做决策就是做选择。现在的选择十分清楚；后果却难以逆料。国务院对他说，只要吴氏兄弟盘踞在总统府，战争就别想打赢。国防部用统计数字和图表展示说，不论西贡政策如何，只要美国立场坚定，战争胜利是无疑的。肯尼迪无疑要获胜。他在公众场合一再承诺坚持到底。但他不愿承诺派战斗部队参加亚洲的战争。"假如麦克阿瑟同意，我也同意，"他现在常常这么说，用猪湾事件后那位将军提的忠告提醒助手们。

1962年中期以来，越南的统计数字从来没有这么好。他便敦促麦克纳马拉和参谋长联席会议制定从越南撤军的计划。多项计划出笼，但越来越多的人在奔赴越南，而不是返回国内。如今，那里的美国军事人员超过了16,000人。总统有自己在政治和军事两方面的矛盾。从政治角度讲，他在军事上不能表现出懦弱。不论他对美国在亚洲的承诺有什么真实的想法和信念，仅仅一个月前他曾在哥伦比亚广播公司的节目中说，不能为越战败给共产党人受指控。别的美国政治家 10 年前因为将中国输给共产党人受到指控，最终身败名裂。当时肯尼迪作为国会议员和参议员曾站在指控者的地位。

洛奇与哈里曼和希尔斯曼一样，对麦克纳马拉和泰勒的越南使命感到愤怒。他接二连三向总统发电传，抗议这次使命。9 月 18 日的电文如下："总统亲启。白宫直接转交。不得分发……如果国防部长和泰勒将军来到越南，就不得不拜会吴庭艳总统，我也得陪同。这会被视为一种信号，即我们决定原谅并忽视 5 月份以来这里采取的镇压措施，并将视为我们表示不赞成的时期已经结束。"

回电如下：

> 总统致洛奇大使个人。不准分发。我感谢你迅速做出的评论，对于你预见麦克纳马拉和泰勒访问的问题我十分理解。与此同时，这次访问对我是亟需的……
> 我们可以欣然将这次访问确定为你我共同商定的，甚至设为在目前形势下为赢得战争按照你的要求确定的访问……我派他们完成这次任务，核心想法是保证我的高级军事顾问对实地形势有明确的把握，在此基础上参加在这里的会议，并在与共产党人进行决定性较量的问题上为政府向国会提出看法……我认为，宣布麦克纳马拉此次使命的时间不能迟于 9 月 20 日。

洛奇平静下来后回电表示："如果你宣布是我请麦克纳马拉和泰勒来访，相信比较有利……"但他对两位客人仍然心怀刻薄，在第二天发给肯尼迪的电传中说："我拿不准一揽子公关攻势是否可满足局势所需。在我看来，目前局势尤其严重，昨天大明将军特别对我私下表达了他的看法，认为越共的力量在稳步增强；亲共人口数目大于倾向政府者；抓捕在继续，监狱爆满；投靠越共的学生越来越多。

"至于暂停援助，"洛奇接着就"施压与说服"的新计划写道，"我仍然希望能向我通报实施方法，这能让我们的制裁方法真正影响到吴庭艳和吴廷瑈，却并不促成经济崩溃，也不妨碍战争努力……这将是1947年颁布马歇尔计划以来最了不起的一项发明，就我所知，美国迄今从未控制过任何非常令人不满意的政府，通过这种计划我们必须做出诸多非常成功的努力，让这些国家足够强大，最终独立自主……"

9月23日，麦克纳马拉和泰勒离开华盛顿飞往西贡。飞行途中，这位国防部长安排了此行的任务："这次使命是评价战争的进程，评价吴庭艳政府的现状和未来，确定美国如何对南越政府施加最佳影响。"

第二天，肯尼迪总统也离开了华盛顿，去做一次为期三天的全国旅行，强调环境保护问题。内政部长斯图尔特·尤德尔相信，总统对环境保护问题毫不关心，只关心过影响科德角海滨的一些问题。这次旅行便让他有机会在竞选连任前就此搞实践、做探索。此行要去明尼苏达州和威斯康星州，还要去总统大选年往往从上空飞过却忽略不顾的州份——北达科他州、俄明州、蒙大拿州和犹他州。但此行停留的第一站是宾夕法尼亚州的米尔福德，在这里的活动相对属于个人性质。他去那里将吉福德·平肖的地产正式接受为国家公园，平肖是宾夕法尼亚州的前州长，在西奥多·罗斯福总统任期内还担任过国家林务局长。平肖恰巧是托尼·布拉德利的叔伯祖父，托尼的丈夫本·布拉德利是肯尼迪的朋友，托尼的姊妹玛丽·迈耶是乔治敦的一位艺术家，她的前夫是中央情报局的一位官员，名叫科德·迈耶。玛丽·迈耶与总统关系暧昧。两人曾在一起睡过几个月；只要杰奎琳·肯尼迪外出，她就会去白宫。

那天肯尼迪在宾夕法尼亚州时，得到一条好消息。拉里·奥布赖恩从国会山打来电话，告诉他说，参议院刚刚批准了《部分禁止核试验条约》，表决十分悬殊：80票赞成，19票反对。9月25日，他来到蒙大拿州比林斯城的县集会广场，参加集会的人数超过了本城的6万名居民。他的演讲内容涉及到开垦湿地和收购湿地等西部关心的话题，可这些问题让他感到无聊。但是，他的演讲和旅行性质都发生了戏剧性的转变，他对蒙大拿州的迈克·曼斯菲尔德和伊利诺伊州的埃弗里特·德克森致谢，感谢他们在参议院帮助批准了"终止核试验条约……"群众爆发出雷鸣般的欢呼，喝彩声和掌声如阵阵波涛。

次日晚上，肯尼迪来到盐湖城的礼拜堂。这是保守派和孤立主义者的国度。肯尼迪露面后，犹他州的群众起立欢呼达五分多钟。他开始一篇长而自信的演讲，内容是美国在世界上扮演的角色：

"杨百翰当年率众从内布拉斯加州的冬季营地一路跋涉到大盐湖谷地，耗费了108天，但是一枚导弹如今从一个洲打到另一个大洲只需30分钟……因此，作为第一步，签订禁止核试验条约是重要的。也许有人感到失望，也许有人感到我们自己在倒退，但是，在1963年美国起码做出承诺，因而有机会终结辐射，还有可能扑灭战火……我们过去并没有寻求成为世界强国。这个地位是各种事件推动的结果。但我们终究是世界强国，我为此感到自豪……自从1945年以来，在三届不同的政府领导下，美国做出了正确的决定，那就是保持并保护世界的多样性，这对我们的利益和我们的国家安全最有利，在这样的世界格局中，任何强国或国家集团都不会对美国的安全构成威胁……"

群众一遍遍欢呼喝彩。旁观的华盛顿记者团惊得目瞪口呆。合众国际社的梅里曼·史密斯是个难得动情的人，可他走向肯尼迪说："总统先生，这真是一次了不起的演讲！"

肯尼迪兴高采烈。他是个相信群众的人，这是他从来善于运用的工具。他头一次感到，自己能再次当选。第二天，他继续在盐湖城停留，联邦在该城南面150英里外的科罗拉多河上新建了弗莱明峡谷水坝水电站，他按动一个按钮，象征性启动了发电机。"我根本不知道按下按钮是不是意味着要炸毁马萨诸塞州……不过我假设这是个启动发电机的按钮……"

"总统按下了发出蜂鸣声的按钮，"高音喇叭里的声音宣布说，"让我们等待，沃尔顿先生要通过高音喇叭报告发电机的状况……"

过了挺长时间，项目工程师 J.R. 沃尔顿的声音说："总统先生，发电机现在全速运转！"

"总统先生，"广播员的声音说，"请你简短说几句想说的话。"

"这让人了解到总统的生活多么困难，"肯尼迪笑道。"我们每天都做这种事。"

那天，与麦克纳马拉和泰勒同赴南越的迈克尔·福里斯特尔抵达西贡后，向洛奇大使亲手转交了罗杰·希尔斯曼的短简，信封上只写了"亲爱的卡伯特"几个字。内容如下：

> 为了可靠，我烦请迈克尔·福里斯特尔亲手递交此信……城里越来越多的人转向我们的观点，如果你和我们分别在西贡和国务院坚持我们的立场，其他人也会转变立场的。迈克尔会告诉你，这里有一个始终坚决支持你的集团。我认为你的判断可能是正确的，那就是包括终止援助在内的任何压力都不会迫使吴庭艳和吴廷瑈做出我们希望的改变，我们必须做的事便是更换其政府……你在应付无比艰难的任务中处理得极为出色。谨致我最衷心、最真挚的祝贺。

哈里曼和洛奇分别在地球两边策划，要战胜麦克纳马拉。麦克纳马拉是总统崭露头角的全权代表，他要判断在南越的人员谁说的是真话：洛奇还是哈金斯和军方。肯尼迪、麦克纳马拉和泰勒最后一次正式会谈的记录中有这样的评论："总统向麦克纳马拉部长强调了查明真相的重要性，要弄清美国在越南的代表们报告中的差异真相。"

这出戏的主要演员在新山一国际机场的跑道上亮相了。麦克纳马拉走出军用波音 707 飞机时，洛奇大使独自在舷梯下迎接他。哈金斯朝自己的上司走去，但洛奇的大使馆人员挡住他的去路，仿佛他是个闯入者。哈金斯将军事先准备了访问日程，因为这次任务的正式性质是军事使命。在机场受阻后，他几乎每天时时待在麦克纳马拉的身旁。但是到了夜晚，他们要听洛奇安排。按照礼仪要求，国防部长要与大使待在一起。洛奇善于利用这段时间，为麦克纳马拉组织早餐会和夜晚讨论会。

　　一天夜里，洛奇将麦克纳马拉的注意转向吴庭艳。9 月 26 日，他邀请伦敦大学的帕特里克·霍尼来拜见麦克纳马拉。国防部长将霍尼当成"史密斯教授"，对交谈仔细做了记录：

> 　　自从 1960 年以来，吴庭艳严重衰老，思维缓慢……没有吴廷瑈帮他处理贿赂金并掌管维持统治的基本事务，他一天都维持不下去。
>
> 　　只有发动一场政变或执行一次暗杀，才能奏效。这类事件很可能不久便会发生。假如发生这种事件，我们得到好结果的机会为 50%。
>
> 　　他通过独立的渠道证实……北越经法国人与吴廷瑈接触过。
>
> 　　美国政府要么公开支持吴庭艳，要么保持沉默，此外别无选择。假如采用后一种政策，一场政变很可能在四周内发生。

　　在美国驻南越军援司令部的"安全室"听取了一天汇报后，在 T–28 战斗轰炸机和 UH–1B 攻击型直升飞机护卫下，麦克纳马拉和泰勒一道乘坐哈金斯的 C–54 型飞机在这个国家做了四天的巡视。这是一次最高级官员的巡视。根据一位上尉的介绍，刚刚缴获的越共武器堆放在一个野战部队的驻地。麦克纳马拉指着一门 57 毫米无后坐力炮说："我看是中国造。"其实是美国造。越共使用的武器大部分是从越南共和军手中缴获的。

　　不过，泰勒将军对大多数武器都了解，他有自己的活动议程。在最后一次与肯尼迪会见时，泰勒说："制订一个时间表是有益的，在这个时间期限内，完成这项任务，并对吴庭艳说，过了某个时间期限，我们的某些部队就要撤出，战争必须在这个时间期限内打胜。"

总统没有做评论，泰勒便认为总统默认了。与军方人员在现场度过一段时间后，他的结论与两周前克鲁拉克将军的相同。他认为正在赢得战争，不出两年，也就是在1965年底之前，越共就会变成一群流寇。

麦克纳马拉和泰勒在越南巡视一周后，9月29日在洛奇和哈金斯陪同下前往总统府会见吴庭艳，会谈持续了三个小时。开始两小时是吴庭艳独自讲话，他一再重复说，战争进展顺利。他说，建立起的数千个战略村庄以武装和工事对付越共，乡村已经处在政府的强有力控制之下。他还说，对他家族的攻击是不公平的，也是不准确的。

麦克纳马拉和洛奇带来肯尼迪致吴庭艳的一封信，让他们视情况判断是否递交。信中向吴庭艳通报，美国已经要失去耐心了，假如他继续拒绝讨论美国的要求，其中包括免除吴廷琛的职务，总统准备从南越撤出美国部队和所有资源。

"我必须明确指出，最近发生的事件在美国产生的影响，"肯尼迪在信中写道。

> 眼前的事实是，除非贵国政府与人民的关系有了重要转变和改进，迫于美国公众和国会的舆论，我不得不对1961年以来的密切合作计划做出改变。我曾公开说过，我们不希望此时终止我们的援助计划，但是，我不得不向你通报：除非越南的形势发生重要、明确而可信的良好转变，否则援助计划不可避免要发生变化。

麦克纳马拉和洛奇决定，不递交这封信。两人交换了同样的意见，应该让肯尼迪和吴庭艳有更多回旋的余地。但是吴庭艳无意做出改变。根据美国方面对会谈的记录，他听了麦克纳马拉的话，然后"吴庭艳将这一切归咎于无知和越南国内的谣言，以及美国对越南真实立场的误解，是美国新闻界对他的政府、他的家族和他本人的恶意攻击。他的讲话中丝毫没有显示出，接受美国的论点，认为真正存在问题，他的整个态度是完全回绝国防部长的陈述。"

美国方面的会谈纪要以这样的文字结束："对美国客人向他提出的陈述，吴庭艳没有做出采取任何步骤的丝毫保证……他的态度是表面上平静，耐心做大量解释，希望由此纠正诸多误会。"

肯尼迪接到麦克纳马拉和泰勒一天又一天甚至一小时接一小时发回的电传后，华盛顿却没有多少平静。他看到的最后几个电传中，有一个是他们与越南副总统阮玉寿的谈话纪要。假如发生政变，阮玉寿是美国看中的替代人选。正在制订美国参战与撤退时间表的泰勒将军在谈话中提出了大多数问题。他的焦点是过去一周见到的村民的高昂斗志与西贡知识分子和政客的抱怨。

阮玉寿说，情况不是这样的。村民们也有抱怨，不过是出于不同的原因。他们不得不向政府在村里的代理人付出太多的劳役并缴纳大米，此外还得向控制村庄外面田地的越共重复缴纳。

泰勒说："但是在防御良好的村庄不该发生这种事哪。"

"泰勒将军，难道你不了解？"阮玉寿说。"整个国家防御适当的村庄不超过二三十个。"

麦克纳马拉和泰勒在引导下乘坐直升飞机从一个模范村庄飞向另一个模范村庄，他们对此并不知情。他们和总统都不知道，这些村庄是在强迫劳役下建造加固的。村民被迫不拿报酬每周干活8小时、20小时甚至40小时，他们清除丛林，建造围栏和普通建筑物，拉起铁丝网。村民心中对西贡敢怒不敢言。至少不懂越南语的美国人听不到他们的抱怨。

麦克纳马拉与泰勒就军事进展和战略村庄安全的报告，已经通过电传发回五角大楼，总统均已过目。麦克纳马拉一向相信统计数字，如今他头一回觉得，也许应该听听翻译人员和外国人怎么说，甚至应该听取年轻美国军官的话，或者留心他们的言外之意，从中发现越南官员和军官其实是为了取悦美国编造出那些统计数字。在西贡的美国人夸大了那些数字，为的是让他高兴，吸引美元从华盛顿滚滚而来。①

麦克纳马拉常说："你的数据在哪儿？别给我诗意发挥。"在他看来，如果没有数字，就无法做出理性决定。他与他的总统上司一样，是个注重理性分析的人。但他并不执拗。与越南副总统阮玉寿和"史密斯教授"的交谈让他感到震动。到了麦克纳马拉准备离开越南时，他已经情愿接受洛奇和哈里曼的看法了：吴庭艳和吴廷瑈必须下台。

离开西贡前，麦克纳马拉、泰勒和威廉·沙利文就已经开始为撰写最终的报告考虑措辞了。他们各自写出不同部分，然后交换草稿。返程航行中，沙利文看到泰勒关于美国军事力量的草稿时，不禁跳起身，直盯着麦克纳马拉。

"我不能接受这个，这完全不现实。"沙利文对国防部长说。麦克纳马拉和泰勒已经拟出一份时间表：美国要在1963年底前开始撤军，1964年底前撤出南越北部的所有部队，1965年底前撤出所有美国军人。"我们不能在1965年撤出所有部队。我们不能向总统提交像这样的虚假材料。"

"你说的没错，"麦克纳马拉说。他与泰勒交谈后，将具体数字和数据划去。但是泰勒说，他依然认为，提交一个时间表是个好的想法，也是个向吴庭艳施压促使形势变化的好方式，否则没效果。

"见鬼，"泰勒说。"我们得逼着这帮家伙卖命，要是不给他们一个我们离开的提示，他们会永远依赖我们。所以我才拟了个时间表。"

"我能理解，"沙利文说。"但不真实。假如公布出去，人民会认为这是个

---

① 三个月后，在1963年12月21日，麦克纳马拉意识到或自己承认，美国的越南政策一直基于多年来的错误信息。那天，他在一个备忘录中写道："此时，越南不存在一个有组织的政府……情况非常清楚，过去一年或更长时间从越南政府得到的统计数字和美国军事使团的报告均严重错误，而我们却基于这些材料衡量战争的趋势……越共控制的人口比例更大，控制着广袤的领土，摧毁或占领的战略村庄比预想的多……大约从7月开始，各种指标显示，战争进展开始对越南政府不利……由于将村民从世世代代居住的祖居强行迁出，导致战略村庄计划受阻。有许多报告称，整个村庄起而造反……我的结论是，衰败趋势比报告的情况更严重，也比我们意识到的情况更严重，这将导致政变……根据我的判断，我们有更多的理由怀疑按现计划做出的努力，以及对现行计划做出适度扩展做出的努力（即，针对北越的骚扰性破坏和跨境行动等），我们对南越的未来事业可抱乐观态度的理由很少。"——原注

骗局。"

1963 年 10 月 2 日，完成越南任务的这一行人返回华盛顿。他们的报告中没有包括美国撤军的时间表，也没有宣称这年年底前撤回 1,000 名美国顾问。此行的低级官员沙利文威胁要提交一份少数派报告，结果他的意见被采纳了。麦克纳马拉本来想要撤回 1,000 人，但他的优先考虑是向总统提交一份能当作政策的共识文件。

他们径直来到白宫，与肯尼迪一道花费一个小时讨论那份报告。总之，麦克纳马拉说："这些压力要么迫使我们与吴庭艳和解，要么让政变推翻吴庭艳。"

《麦克纳马拉—泰勒报告》被分类为"绝密，"同一天晚些时候，在内阁会议室提交给国家安全委员会。总统向国防部长和将军致谢后说："我们同意设法找到有效途径，改变西贡的政治气氛。我们同意并不终止向越南提供的所有美国援助，但同意有必要通过在那里引起变革设法改善越南的形势……我们并不掩饰我们的不同观点……我们必须本着善意开始动手，实施业已决定的行动。"

他坚持说："在华盛顿与洛奇大使之间，在国务院、国防部和中央情报局之间没有分歧。"

保存到今日的那份报告提要的标题是《致总统的备忘录》。提要的建议中强调了军事进展与政治的不确定性："军事行动取得了进展而且在继续取得进展……吴庭艳和吴廷琛的政府越来越不得民心……虽然暗杀吴庭艳或吴廷琛的可能性从来都有，但没有可靠证据显示会发生成功的政变……"

总统一言不发，聆听麦克纳马拉和泰勒谈论打赢战争和撤军时间表。报告再次包括了撤出 1,000 人的内容，以及 1965 年撤出几乎所有美国人员的时间期限。提要写道："解释这一行动应当低调，在不损害战争努力的前提下，将它作为受训越南人替代美国人员的长期计划的第一步。"另一项主要的军事建议是强化战略村庄的防卫。

对政治的建议不太明确：

"建议采取如下行动，让吴庭艳明确意识到我们不赞成他的政治计划。

"——在商品进口计划方面继续不承诺提供资金，但是避免正式宣布……推迟批准即将提供的国际开发署贷款。

"——此时，不主动积极鼓励政权变更。我们的政策应当是，如果发生政权更迭或当发生政权更迭时，寻求紧急识别并建立与替代领导人选的联系。"

"替代政权对局势前景的改进可能性似乎是一半对一半，"麦克纳马拉和泰勒说。"最初，只有一个强有力的独裁政权有能力控制政府，并维持秩序。从当今越南的军方杰出人物看，这一角色可能要由一名军官来担当……因此我们需要在大使的指导下，加强秘密努力，建立必要的关系，让美国继续评价政变前景。"

"欺骗"是威廉·沙利文私下的评价，不过他已经转变了立场，不再准备写少数派报告。总统环视会议桌，说："从今晚起，我们有了一项政策。"沙利文便无可奈何了。

麦乔治·邦迪说："既然已经决定了政策，我们要绝对确保不向报界谈论美国机构之间的分歧。"他清楚，麦克纳马拉和泰勒只侧重打赢战争，而国务院的人则希望更进一步。"对，对，"哈里曼连忙说。他这话说得好，大家没有不同意见。

这正是哈里曼追求的结果。自从8月24日收发的电文以来，希尔斯曼、洛奇和他已经将麦克纳马拉争取到他们这一边。虽然仍有几个支持吴庭艳的人持不同意见，尤其是军队和中央情报局的泰勒、哈金斯和麦科恩等人，但这些人不会公开越级表示反对。

肯尼迪说，他想与麦克纳马拉、泰勒和腊斯克进一步谈谈，四个人商定一个向新闻界公布的简短声明。15分钟后，他重读一篇声明时，心里仍然对宣布撤出1,000名美国人的声明中"今年底"这个字眼感到担心。腊斯克说，需要安抚国会中的富布赖特等人，这些人抱怨说，这似乎是个开放性的承诺。按照当时的会议纪要，对此的解决办法是："公告草案改变为《麦克纳马拉—泰勒报告》第三段中包括的时间预期，而不是公开声明中总统做出的预期。"

　　解决了这个问题后，他们返回内阁会议室。国家安全委员会的其他成员仍然在研究那份报告。几乎每一个人都反对 1965 年底结束美国参与的期限，有人说那简直是个幻想，有人则坚持肯尼迪避免具体数字和日期的一贯路线。总统聆听了一会儿，然后走出会议室，让麦克纳马拉继续夸夸其谈，却并没有表现出他得到了上司的命令。其实想要宣布撤出军队的正是肯尼迪。

　　皮埃尔·塞林杰刚好在 7 点钟前走出新闻办公室，向等待的记者们发布声明并回答问题。他说，国家安全委员会的所有成员都赞成那份报告，他说，这是个美国政策问题。接着他一字一顿朗读：

　　"南越的安全像其他自由国家一样，关系到美国的主要利益。我们将坚持与南越人民和政府合作的政策，拒绝这个国家被赤化，尽快镇压外部挑唆和支持的越共叛乱……

　　"南越的军事计划在取得进展，大体上是健全的……叛乱得到平息前或南越政府的国家安全部队有能力平息之前，需要美国的主要援助支持这一军事努力。

　　"国防部长麦克纳马拉和泰勒报告了他们的判断，认为美国的大部分军事任务在 1965 年底前可完成，不过可能继续需要美国数目有限的培训人员。他们在报告中表示，今年年底前，美国培训越南人的计划可进展到相当水平，派驻南越的军事人员中，有 1,000 人可撤回国。"

　　他在声明结束前表示，那里的政治局势仍然让美国感到困惑。"美国已经明确表示，继续反对南越的任何镇压行动。虽然这类行动尚未严重影响军事努力，但未来可能会产生影响。"

　　塞林杰在某种程度上回答了一些问题。第一个问题是："我们在南越有多少部队？"回答："这个我无法告诉你。"这个数字的分类是"秘密"。

　　当时在南越有 17,000 名身穿制服的美国人。大多数新闻媒体都依赖官方泄密，得到的数字并不可靠，一般认为是"大约 14,000 人"。不能公开承认任何数字是因为美国仍然受日内瓦公约的制约，按照该公约，美国在南越的军事顾问人数限制是685人。

这个简短的声明一时几乎让所有人都哑口无言了。从疑心很重的富布赖特和善于质疑的曼斯菲尔德，到《时代》周刊擅长表演的记者，大家全都没吱声。《时代》周刊这样报道了官方的政策：

> 明智而坚定……打赢反对越共的战争是首要考虑……美国将继续以吴庭艳政权为伴。唯一的原因也许可以用《纽约先驱论坛报》引述阿尔·史密斯的话来解释："乘坐木桶漂流落下尼亚加拉瀑布，中途不可能换乘另一只木桶。"
>
> 与越共交火的战斗中，设定1965年的时间期限，政府不见得是在做军事判断。这一判断是不现实的……不过这一期限明显具有精明的政治目的。其实是通知吴庭艳政权，假如他们改革自身，美国完全可以表示："不能获胜的责任在你们而不在美国——你们不能指责美国不给你各种机会。"

两位参议员呼吁从越南完全撤军，一位是代表俄勒冈州的韦恩·莫尔斯，另一位是南达科他州的乔治·麦戈文，但是他们的话基本上没人理睬。在新闻界，《华盛顿邮报》将这份报告描绘成"毫无根据的预言"。《芝加哥论坛报》称之为："最新系列的猜测，没有一项猜测变为现实。"

在西贡，亨利·卡伯特·洛奇对撤军的概念感到吃惊。"那纯属政治，"他对朋友们说，不过是民主党的总统为自己竞选连任造势，并没有向共和党的大使咨询。

"没有吴廷琰夫妇便是好消息，"便是这项政策反过来看的特征。不论《纽约时报》怎么看，《麦克纳马拉—泰勒报告》至少从政治上判了吴庭艳的死刑——报告中建议减少美国非军事援助，策划政变的南越共和军将领会视之为美国对他们的支持。后来，在10月5日，总统签发了新政策中仍然保密的细节，这一天，第六位佛教和尚在西贡大街上自焚身亡。那一天，美国的对外援助机构国际开发署得到命令，扣留或冻结向越南政府提供的3,000万美元援助，该援助大部分属于一项1亿美元的商业进口计划，其中有得到津贴进口美国浓缩牛奶、小麦粉、民用棉花等，这是个施压的明智选择。这项制裁不涉及军用开销，由于一般是提前四个月付款，因此吴庭艳有时间改变立场，接受美国的要求，解除吴廷琛的公职，将他放逐到国外。

总统批准的另一项重要的削减项目是资助"特种部队"的工资，这是美国"绿色贝雷帽"的越南版，创建于1961年。吴廷琛将这支部队变成总统卫队，指挥官黎光东上校只听命于吴氏兄弟，8月份曾带头袭击寺庙。

那天晚上，洛奇收到"亲启"的电传件：

> 以下指示经总统本人批准：各种行动的设计要向吴庭艳政府显示出我们对其政策和行动的不满，并且要让那个政府和越南关键团体中对美国未来的意图感到强烈的不确定性……
>
> 你对越南政府采取了正确的冷淡姿态，逼吴庭艳来找你，这个方针是正确的……越南与美国紧张的关系基础有三方面的问题，我们的判断是胜利可能因此受到危害。第一个问题关系到军事努力；越南政府必须采取步骤使之更加有效。第二个问题是越南人民的信任危机，这会侵蚀对越南政府的支持，而这种支持对胜利至关重要。第三个问题是美国公众和政府对越南政府的信任危机。

电文对吴庭艳政府提出一些具体要求，内容反映了两国政府的关系现状："避免新闻媒体引起两国不和的行为，例如，避免《越南时报》等报刊在报道中抨击中央情报局……避免在公开声明中诽谤美国做出的努力和美国军方及文职人员的作用……避免怀疑美国的秘密行为，避免削弱美国人充分支持各种计划的意志，例如：越南政府军的'虚假简报'以及关于美国家庭和其他人员生命危险的谣言。

"目前在这里不会发表公开声明。"

在此电文之前，还收到腊斯克发给洛奇的一个备忘录，强调指出："总统认为，我们应当竭尽全力杜绝向新闻界公开下一步行动方案，这一点极其重要……你应当亲自控制每个行动和策略的知情范围，对于穷追不舍的记者，要采取矜持态度，任其不满，我们大家都努力采取同样的做法。"

那天，一条紧急信息从西贡传到华盛顿。一场新发起的政变正在进行中。电传报告了卢西恩·科奈恩中校与越南军队将领们的接触情况。科奈恩是中央情报局的特工，曾在法国外籍军团服役，如今的正式职务是大使馆的武官。科奈恩与美国在当地最中意人选人称"大明"的杨文明将军有过一次极为重要的交谈：

> 杨文明将军表示，他必须知道美国政府对越南政府更迭的立场……必须采取行动改变政府，否则战争将输给越共。
>
> 杨文明将军明确表示，他并不指望美国的具体支持……但是他说，他确实需要得到美国的保证：美国政府不反对他的计划。
>
> 就实现政府更迭，杨文明将军概述了三种计划方案：
>
> a. 刺杀吴廷瑈和他老婆陈丽春，但保留吴庭艳总统。杨文明将军说，这是最容易实现的计划。
>
> b. 派多军种部队包围西贡……
>
> c. 参与政变的部队与西贡忠于吴氏的军队正面对抗。杨文明将军称，在这种情况下，吴庭艳和吴廷瑈可以依赖的部队是西贡市内的5,500人。

在科奈恩的电文里，洛奇附上了他自己提出的与大明接触的建议。大使建议，直接告诉大明：美国不反对他的计划，而且还会推动这些计划——但不包括具体刺杀计划。

> 1. 向他保证，美国不会反对他的各项计划……2. 提出考虑他

除刺杀计划之外的计划……3. 向大明保证，如果政府做出获得人民支持的保证并保证赢得战胜共产党人的战争，美国将继续向越南提供援助。

白宫给洛奇的答复是：

> 此时不应主动采取任何积极行动去秘密怂恿政变。政变发生时，采取紧急秘密行动识别可能的替代领导人并与之建立联系。我们重复，这一努力不应重复做出，不应以促进政变为目的，仅仅做监视和准备……这一努力必须完全安全无虑，必须能够完全否认参与。

紧接着，邦迪在另一份致洛奇的电文中详述了这一点："为了使否认可信，建议你本人而不是经由大使馆的任何其他人向代理站长口头发出这些指示，并要他就适当联络事宜对你单独负责，并单独向你汇报。"

理查森此时不在越南，中央情报局的代理站长戴维·史密斯便向洛奇和麦科恩提出建议："我们不要执意反对刺杀计划，另外两种政变计划要么会导致西贡发生大屠杀，要么会进入长期战斗。"

弗吉尼亚州兰利市中央情报局总部响起了警钟。"刺杀"这个字眼不能进入书面记录。麦科恩一看到洛奇的电文，立刻说："我们肯定不能鼓励、赞成或支持刺杀，但是在另一方面，我们也没有任何责任制止这类威胁，毕竟我们的情报并不完整。"

麦科恩致电肯尼迪，要求来白宫。他抵达时，罗伯特·肯尼迪正与总统在椭圆形办公室里。麦科恩避免使用"刺杀"这个字眼，因为必须让总统对此有否认的余地，但他说，他想澄清自己对中央情报局角色的理解："我们在收集政变计划的情报，而不是企图指挥政变。"

肯尼迪没有做出具体回复，麦科恩离开时认为，总统想要吴庭艳离开。

不过总统同意他的看法：美国不直接参与刺杀计划。这位中央情报局局长立刻给西贡的戴维·史密斯发了电传："麦科恩指示你，按照麦科恩的指令撤回向大使提出的建议，因为我们不能对这种行动采取默认的肯定态度，否则我们因此会承担责任。"

第二天史密斯发回报告称，他向洛奇大使提出忠告，大使同意麦科恩的意见。但是科奈恩中校对他们之间的信息交流并不知情。在西贡向所有美国人发号施令的人是洛奇，对科奈恩是口头发出命令，但对他什么都没说，科奈恩定期与杨文明和其他策划者会晤。

1963年10月7日，总统终于有机会摆脱来往西贡的电传呢喃，还有每次看到报纸上带有吴廷琛夫人照片的旅行演说报道就不禁发出的低声咒骂。那天，他完成了自认为是最伟大的成就，说："20年来，人们对核时代一直充满了恐惧，但从未完全失去过希望。今天，这种恐惧稍有减退，而希望有所提高。我们第一次达成了一项协议……"

就在这一天，《越南时报》报道，美国中止了对南越的援助，头版头条横跨八栏的标题是："美国冻结经济援助计划。"

这天结束前，洛奇发来的一份紧急电文将总统的注意力吸引回越南的政变密谋：

> 在一次意大利记者的采访中，吴廷琛竟然说，没有美国人他也照样干而且更愉快……他要求美国人像对待南斯拉夫一样对待越南——给他们钱却并不谋求影响他们的政府系统……他说，假如他那位担任前驻美大使的岳父陈文宗敢于返回西贡，"我要剁下他的脑袋，挂在中央广场让它在那儿晃荡。我妻子会为此结好绳套。"……上述言论让我做出结论，我们不能违背他们的愿望，坚持通过非暴力手段除掉吴廷琛……我们应当考虑撤出的要求，由于这种可能性越来越大。

　　两天后，在 10 月 9 日，肯尼迪举行了一次记者会，事先花费的准备时间比平时略长。他预料这次记者会上的主要问题是关于越南政变的热门话题，结果却并非如此。他一开始宣布，美国政府不会干涉私营销售的美国小麦，其中 1.5 亿蒲式耳销往苏联及其三个同盟国：匈牙利、保加利亚和捷克斯洛伐克。

　　这个问题似乎让他左右为难。苏联又一次作物歉收，9 月下旬要求购买小麦。这让美国农民感到兴奋，肯尼迪表示愿意考虑，但美国许多热衷冷战的人感到不解。"这算什么事？美苏互济会？"参议员巴里·戈德华特问道。来自爱达荷州的民主党众议员拉尔夫·哈丁说，肯尼迪应该把生产过剩的烟草供应给他们："好让他们都患上肺癌！"共和党国会女议员弗朗西丝·博尔顿来自生产小麦的俄亥俄州，她是几位应总统电话邀请来白宫的议员之一。"但是，总统先生……"她回应道。"难道我们不是在与他们交战吗？"

　　"这个问题我经过非常谨慎的考虑，认为这非常符合美国的利益，"肯尼迪在记者会上说。"在国际市场上，对待苏联基本上应当像对待任何付款购物的客户，他们愿意也有能力与美国商人成交……这种货物我们有 10 亿蒲式耳的盈余，而美国纳税人要为储存这些货物支付税款，我认为我们可以从交易中得到 2 亿或 2.5 亿美元的黄金，这对我们的收支平衡有益。"

　　之后有人提出了政变问题，但地点不是东南亚而是加勒比地区和中美洲。"我们反对军事政变，因此我们断绝了与多米尼加共和国和洪都拉斯的关系，"总统回答时脸上没有露出一丝尴尬的迹象。对"进步联盟"支持将美国武器销售给拉丁美洲军队也没有表现出忧虑——那是支持反共组织，显然诱使将领们推翻了民选的领导人，他们确信，只要政变具有反共性质，北美的新朋友便不会理睬。

　　与此同时，中央情报局在西贡收集到吴廷琛列出"暗杀名单"的情报。据说，他计划从亨利·卡伯特·洛奇下手。他的阴谋是指使"学生"到美国大使馆示威，让一帮杀手冲进大使馆。不论情报是否属实，谣言都传得沸沸扬扬，将城里已经紧张的美国人情绪搞得更加紧张。

10月10日，洛奇向华盛顿发电传报告了这些情况：

"假如我以上述报告中提到的方式遭暗杀，行为人肯定是越南政府，不论他们如何掩饰……尽管人们觉得吴庭艳和吴廷瑈暗杀我是无法置信的，任何有理性的人都不会相信。但吴廷瑈显然对夏天袭击佛教寺庙感到喜悦，据说对我建议他暂时离开这个国家感到恼火。另外，据报告说，他还吸食鸦片……"

洛奇还对谣传做出了反应，他告诉越南人，假如自己被暗杀会发生什么事："我已经对中央情报局代理站长做出指示，要他的特工告诉谣言散布者，假如越南政府胆敢以这种行动激化事态，美国的报复将是迅速可怕的。谣言散布者将受到邀请，查看美国海军在第二次世界大战中的记录，看越南政府是否想得到同样可怕的毁灭性打击。"

10月11日，总统签署了263号《国家安全行动备忘录》，这份文件正式将《麦克纳马拉—泰勒报告》确定为国家政策，其中做了一点重要改动："总统批准军方报告中第一条B款的建议，但做出指示，在1963年底实施撤出1,000美国人员时，不发表正式公告。"

总统还会晤了众议院外事委员会的一名成员，他是来自威斯康星州的众议员克莱门特·扎布洛茨基。肯尼迪敦促该委员会派一个实地考察组赴越南。10月初，一个由扎布洛茨基率领八名成员组成的使团前往越南。这位国会议员返回后对总统说，他认为罢黜吴庭艳总统是个大错误，除非美国已经在后台找好了继任人选。

"别忘了古巴，"扎布洛茨基说。"巴蒂斯塔是个坏家伙，但卡斯特罗更糟糕。"

"我希望你写的客观报告中不要让吴庭艳给人留下好印象，"肯尼迪说。

扎布洛茨基离开白宫时，皮埃尔·塞林杰口吻欢快地对他说："你清楚老板想要的是什么。"

"老板会得到我们认为正确的东西，"这位国会议员说。"有人会向老板传递糟糕情报的。"

第五十四章 1963 年 10 月 28 日

肯尼迪总统 1963 年初曾宣称，这一年他优先要办的事是改革税法、减低收入所得税。到了 10 月中旬，这一切似乎过了很长时间。他总统任期的第三年给人留下的记忆是"双城记"：伯明翰和西贡。直到 10 月 15 日，参议院财政委员会才终于就《1963 年税收法案》举行听证会，但这个时候，该草案已经不再是税务改革法案了。一天，院外活动人士挤在众议院筹款委员会举行听证会的大厅门外，经济顾问委员会主席沃尔特·赫勒对肯尼迪说："他们正在打开的漏洞比设法堵住的还多。"

财政部长狄龙证言支持工商业的"改革计划"最初只有 571 页，可篇幅每天都在增加，到头来，全国每一个行业、公司和利益集团都在其中增加一两段文字，起码要改用合适的字眼，让他们能根据某一条规定减免税赋。

赫勒提到石油天然气行业搞的院外活动，肯尼迪说："这帮专搞抢劫的狗杂种。我非宰了他们不可！"

可他不能对他们下手。他说服中产阶级接受自己的观点遇到的麻烦就够多了。"我们是按战争时期和战后的高税率纳税，但现在不再有必要，"肯尼迪在9月下旬的一次电视访谈中再次说道。"这种高税率其实是有害的，因为个人纳税后手头没有足够的钱，无法保持这个国家的经济健全和经济增长……减税计划是这样的：一个工厂工人靠周薪90美元养活一家四口人，他的税收减少三分之一；父母和两个孩子的典型美国家庭每年收入6,000美元的，现在年纳税600美元。这一法案将减少其25%的税金……一个雇员有妻子和两个孩子，每年收入8,000美元，减税额为20%以上……这些典型的美国家庭和全国数百万个像他们一样的家庭将多出的钱购买洗碟机、衣服、洗衣机、百科全书，或较长时间外出度假，或分期付款购买汽车或新居，便创造了就业机会。"

肯尼迪熟悉政治和减税，对经济学比较生疏。不过，在过去三年中他意识到，他如今对数字的了解远远胜过国会领袖们，而那些人却往往被视为国家的经济发言人。"他这人简直是无知，"总统再次与代表阿肯色州的众议员威尔伯·米尔斯长谈后，对赫勒这么说道。米尔斯是众议院筹款委员会主席。

不过米尔斯提醒了肯尼迪，他转而信仰凯恩斯主义经济学仅仅局限于他个人。美国人民仍然紧紧抱着老信念，至少在米尔斯的家乡阿肯色州，人们会坚持老信念。"我感到满意，在我的选区，100%的人欢迎减税。可他们一谈论起减税，便回到这个旧的观念，那是他们终生笃信的观念：既然你要减税……你就得减少开销。"

肯尼迪设法让众议院筹款委员会批准减税计划的几个星期中，他又是安抚，又是商谈，但政治是大家的共同语言。肯尼迪想在几乎一切事情中得到的东西，最终都集中在南方民主党人的更多选票。他们掌握着50张选票。这些人自称是"经济集团"，可其他人却把他们叫作"棉铃虫"。①

"我们找个人吧，"肯尼迪对米尔斯说。"找个表决时赞成税务法案的

---

① 棉铃虫：一个形象的比喻，意思是在国会投票表决中支持共和党人的南方民主党保守议员。——译注

人……怎么找这么个人呢？我是说，要找到这个人，在民权方面该做什么让步？"

"在众议院规则委员会阻止民权法案，"米尔斯说。

"在众议院规则委员会阻止民权法案？"总统重复他的话反问道。

两人的交谈再次转向工商业对税收减免的要求，尤其是石油行业的要求，他们对国会议员的竞选活动贡献颇巨。"他们对我说，我们得不到整个加利福尼亚代表团的大约三张选票，就别想通过税务法案，"米尔斯说。他将这事归咎于一位石油业人士。"我告诉你这是谁说的，这个人你知我知，就是埃德·波利，他对加利福尼亚的竞选贡献最大，对每一位竞选的议员都给予资助……"

"没错，"肯尼迪说了个得克萨斯州石油大王的名字。"这个 H.L. 亨特在全国到处活动……国会选举和总统选举的日子就要到了，"那是他们的竞选活动，"由政府出资……那将是有史以来最好的事情。天哪，你熟悉这些石油公司……别人从减税得到一些好处我不在意，可他们得到什么好处我会在意的。"

他滔滔不绝地谈着。不过这是个苦差事。

"我绝对支持减税，我认为你必须这么做，"代表密歇根州的民主党人众议员玛莎·格里菲思接到总统的电话时说，还说她可能是米尔斯那个委员会中投下关键一票的人。

"我听说，那里立场明朗的票数是 13：12，是拉里·奥布赖恩告诉我的。所以你是关键人物。我……我们需要你。我认为这是我们避免 1964 年发生经济衰退的唯一机会……"

格里菲思重复道："我向你保证，在这个问题的经济方面，减税是根本，这一点我完全同意。不过，总统先生，我的问题是，我从自己代表的地区收到的信众口一词说：'请坚持立场。'"美国人相信旧的美德，认为预算应当平衡。既不借贷，也不放贷。要是你想得到某种东西，那就攒够了钱去买。

"好吧，玛莎，"肯尼迪说。"尽你最大的努力吧，好吗？"

最后，肯尼迪对狄龙说，他不得不放弃改革，因为改革方案已经被肢解、践踏，弄得面目全非，丢出众议院筹款委员会门外了。税务法案变成了单纯的众议院8363号减税法案，在众议院筹款委员会辗转7个月后终于通过，9月末在众议院以271票赞成155票反对通过，很大程度上是走政党路线通过的。至于能否在参议院通过，绝对无法保证。假如通过，现行个人所得税率范围20%–91%将在1964年降低至17%–77%，在1965年将进一步降低至14%–70%。有效的公司税率在同样的时间段将从现行的52%分别降低到50%和48%。资本收益税率将从25%降低到21%。资本收益是投资的获利，其定义是股票或其他资产在持有一年后出售的获益。

参议院的听证会预定在11月27日感恩节前继续。《时代》周刊对通过的机会不抱乐观态度，对总统在国会的号召力印象平平：

"时间表。减税前景：虽然已经由众议院通过，但遭到参议院财政委员会主席保守的民主党人哈里·伯德滞留，12月20日前不会送交参议院讨论，到那时，参议院计划休会过圣诞节，直到1月2日才复会。

"民权法案：滞留在众议院的各委员会中，12月的第一周才能上会。假如通过后送交参议院，通过将面临阻碍。

"断言：今年不会通过减税法案或民权法案。"

但这并非全部情况。肯尼迪在国会还是获得了一些成功的，其中包括高等教育法案，要为公立和私立大学建设教室和实验室提供12亿美元资金。但他的医疗保健法案再次遭国会否决，他的对外援助要求被削减了25%。赫勒再次鼓励他说，西奥多·罗斯福的第二届任期在国会通过的立法超过了第一届任期。

"这简直是疯狂，"肯尼迪对1964年竞选连任的民主党人参议员斯图尔特·赛明顿说，他还没有承诺为减税投赞成票。"斯图尔特，唯一有助益的东西竟然是一场经济衰退。到时候不论赤字是90亿还是110亿都没关系……天哪，人们要用那笔钱流通的！不论人们自己花费还是用于政府很好的计划，都要流通。重要的是要获得动力……"

　　如今，总统每天都要跟人们如此交谈，设法一个个争取参议员们的支持。众议院投票一周后，他就代表田纳西州的参议员艾伯特·戈尔询问拉里·奥布赖恩："现在的症结在哪里……戈尔是个反对这事的狗崽子？"

　　"戈尔倒戈了，"奥布赖恩回答。

　　"我们给他派去那个法官，抬举他，他竟然倒戈？"肯尼迪说。"艾伯特·戈尔，这个狗崽子，要是我们明年夏天遭遇大衰退，对他没什么好处，对吧？……可他怎么会在乎呢？"

　　"这个嘛，"奥布赖恩回答，"我猜，基本上是因为民权……"

　　"民权让他心烦啦？"肯尼迪说。"我还以为他非常开明呢。"

　　"我是这么想的，"奥布赖恩笑道。"不过那是你告诉我的，我并不清楚……"

　　"真不知道咱们干嘛给他派去那个该死的法官，"总统说。他一点儿也笑不起来。"从田纳西州找来的地区法官。我们大约两个月前专为戈尔做的那事。真见鬼。"

　　民权法案让奥布赖恩感到害怕。他是个有天赋的政治家，按照命令行事，坚持完成任务，信守诺言。他担心的是，种族和种族关系超越了政治范畴。那是人类心灵中的秘密，无法轻易把握或理解，更不可能用作政治货币，交换一个法官或一项小的防务合同。亚拉巴马州一整年动荡后，奥布赖恩提出自己的观点，反对提交一套综合的法案，特德·索伦森也表示反对，他们并非出于自己的内心，而是由于他们认为黑人这个重负会拖肯尼迪的后腿，阻碍他推动和建议的一切其他法案。

　　肯尼迪总统比任何人都清楚这一点。但他别无选择。他不得不在竞选连任时充当黑人权利的新拥护者。尽管存在不平等，但1964年竞选之前，在一切平等的前提下搞立法辩论并处理各种事务更好。民意调查仍然显示，他每赢得一张黑人的选票，便会失去六七张白人的选票。不过，迄今损失的白人选票集中在原先邦联的几个州里。假如他能获得足够多的黑人选票赢得加利福尼亚州的选举人票，即使失去南方五六个州也能在那年大获全胜。可他

1960年在加利福尼亚州只差35,000张选票失去了这个州的选举人票。总统选举团的政治体制是桩棘手的营生，假如有可能，肯尼迪宁愿美国黑人在别人执政时走上街头。

在9月12日的记者会上，他回答选举数字的问题时说："我不知道1964年会带来什么。我认为按种族画线是不幸的，还有按阶级画线，按地区画线……从长远看，我们都会融合在一起，在种族、社会、人种、地域等方面融合起来，那最终将是最佳方式。"

但与此同时，总统私下或秘密参与联邦调查局局长胡佛的窃听活动越陷越深，那位局长想毁掉小马丁·路德·金，简直到了痴迷的程度。10月7日，罗伯特·肯尼迪批准窃听这位民权领袖的办公室和住宅电话。联邦调查局还在调查一桩日益昭著的政治丑闻，涉及林登·约翰逊一位名叫博比·贝克的门徒。这人是民主党参议员的秘书，出身社会底层，生活却奢靡豪华。

联邦调查局还始终为肯尼迪的档案中增添材料，最新的材料不仅包括过去八个月中定期来白宫的访客玛丽·迈耶，还包括一个名叫埃伦·罗迈奇的27岁德国女人，这个女人是1961年4月派往西德大使馆的一位德国陆军中士的妻子。她看上去像个应召女郎，由贝克负责付款。贝克笼络着一帮心甘情愿的女人，为参议员们和华盛顿其他权势人物提供服务。联邦调查局发现，罗迈奇太太的客户包括国会中一些极为重要的男人，也肯定包括总统。

胡佛知道罗迈奇1955年曾逃往东德，并假定她是个共产党间谍。她既是个德国军人的妻子，又是个收费高昂的妓女。联邦调查局发现她的这一双重身份后，司法部长罗伯特·肯尼迪下达了命令，8月21日她被美国秘密驱逐出境。这事本该就此画上句号了，结果却没有了结。没出一个月，贝克因一系列金融交易和商业投机受到调查，经查明他专替商人从政治中获得好处，谋取了巨额利益。10月份贝克辞职后销声匿迹，参议院领袖迈克·曼斯菲尔德和埃弗里特·德克森召唤他私下出面接受询问，他不响应。他们本来要问的第一个问题是，他如何仅以参议院每年最多19,612美元的工资成为富豪的。当时，罗迈奇的名字及其与高官们偶尔的友谊关系尚未浮出水面。

与此同时，胡佛一再含蓄威胁总统要揭出他的风流韵事，以此要挟批准讨伐小马丁·路德·金，再次要求司法部长书面批准窃听金牧师在亚特兰大的住宅电话。罗伯特·肯尼迪 10 月 7 日签署那项命令时，胡佛早已窃听三个多月了。窃听命令与他 7 月 16 日提交的是同一份文件，那次要求在 7 月 25 日被拒绝。两个星期后，在 10 月 21 日，还没有对住宅电话实施窃听时，罗伯特·肯尼迪签署了第二份命令，授权窃听小马丁·路德·金在亚特兰大南方基督教领袖协会几个办公室的四部电话，这一次他下令，收集到的 30 天窃听内容要做审查，以便确定是否继续窃听。

10 月 25 日，司法部长发现，联邦调查局将秘密备忘录传播到军事情报部门和国防部的办公室，内容将小马丁·路德·金描述为"不道德的人……自觉、自愿、定期接受共产党人的引导"。这一次，罗伯特·肯尼迪起而挑战胡佛，打电话问他陆军和海军对小马丁·路德·金有什么责任，还质问他，这种信息对国会通过民权法案的机会会产生什么恶劣影响。胡佛当然清楚，那个法案会因此泡汤，这也许正是他散发这种信息的动机。

司法部长命令他收回那份备忘录。现存的副本全部被收回，不过军事情报人员复制了那份文件，隐匿起来，作为他们自己对小马丁·路德·金的档案保存。

第二天，10 月 26 日，罗迈奇丑闻在《德梅因纪事报》揭出，接下来的两天里，其他报纸纷纷转载。虽然没有对她的嫖客点名，但风传说，约翰·肯尼迪是其中的一位。《纽约时报》和《华盛顿邮报》处理这事的态度是敬而远之，就像处理伦敦的普罗富莫丑闻一样，排在地方版侧栏。

10 月下旬的一天晚上，肯尼迪对本·布拉德利说："我认为贝克主要是个流氓，不是个坏蛋。他总是对我说，能从哪儿替我找到最漂亮的小姑娘，可他从来没真正动过手。"接着他转向胡佛这个话题："伙计，他对参议员干的勾当，你绝对不会相信。"还包括卸任的参议员们。

10 月 28 日，总统和司法部长安排了一次秘密会谈，召集来开会的人有胡佛、曼斯菲尔德、德克森，地点在参议员曼斯菲尔德家。对罗迈奇案的调查迅速收场了。大家对胡佛的表现感到震惊。这位联邦调查局局长念了个长长的记录，有日期，有时间，有两党的参议员，时而停下来解释说，有些姑娘是外国人，有些是黑人。没有提到总统。胡佛离去后，曼斯菲尔德打电话向约翰·肯尼迪做了报告。没有提到埃伦·罗迈奇的名字，甚至在第二天开始就贝克的秘密活动举行的闭门听证会上也没提起她的名字。

曼斯菲尔德和德克森保证在罗迈奇问题上保持沉默后，返回了国会山，去参加纠缠不清的民权法案谈判。肯尼迪的法案在两院都遇到了麻烦。伯明翰教堂爆炸案后，在全国有色人种协进会和其他民权团体的推动下，众议院司法委员会、代表纽约州的众议员伊曼纽尔·塞勒，以及其他开明的北方民主党议员往众议院7152号议案中增加了一系列强硬的新条款。塞勒从根本上延伸了"公共设施"的定义，将私立学校、律师事务所、医疗协会等包括在内，并赋予司法部权力，代表申述自己的宪法权利受侵犯的公民起诉。10月1日，塞勒通过一个司法小组委员会得意洋洋提交了改头换面的新法案，委员会的共和党人和肯尼迪兄弟都感到吃惊，也感到愤怒。

新条款搞乱了总统与众议院共和党人秘密达成的一项协议，尤其是与塞勒那个委员会中有地位的少数党成员、代表俄亥俄州的众议员威廉·麦卡洛克达成的协议。本来共和党人可以从这项立法中获得好评，麦卡洛克对参议院在法案中增加的自由修正案也拥有否决权。作为回报，麦卡洛克和众议院共和党领袖、代表印第安纳州的议员查尔斯·哈勒克能组织起足够多的北方共和党的票数，抵消南方民主党人在委员会和众议院反对这项法案的票数。

"见鬼，这是怎么回事？"总统得知塞勒做出的修改后冲着他弟弟喊道。"难道全国有色人种协进会能在众议院得到60张选票？他们能吗？但是麦卡洛克能组织起60张共和党人的选票。"

"我知道，我知道，"罗伯特·肯尼迪说。这位司法部长已经冲着塞勒喊过，对这位来自布鲁克林的委员会主席说，他扼杀了一个民权法案通过的机会。可他说自己有证据，南方民主党人说，他们要在委员会对塞勒的民权法案版本投赞成票。其实他们清楚，这个法案在众议院会遭到否决。

最后，在10月底，塞勒同意撤回自己添加的内容，制订一个计划退回到原来白宫拟出的法案上，甚至要增加旧的共和党民权建议的文字。罗伯特·肯尼迪说，他要出席塞勒的委员会会议，公开表示说，新的众议院7152号决议采用共和党的语言更加有力，比白宫原先的版本更好。人人都准备了自己的发言，事先做过演练。修改议案和增加共和党语言的动议由来自伊利诺伊州的众议员罗兰·利博纳蒂提出，利博纳蒂时年62岁，这个民主党机器上的旧齿轮听从芝加哥市长理查德·J.戴利的操纵。

利博纳蒂是个惯于服从命令的人。他同意在公共场合做出让步，塞勒便不会在纽约自由派面前丢脸了。至少这位来自芝加哥的国会议员在回家打开电视前表示同意，可他在电视上看到，塞勒宣布说，他仍然坚持那份强硬的提案，而且他与白宫及共和党人达成的妥协无关。

"我听他那么说，"利博纳蒂说，"我问自己：'利博啊，我们这到底是站在哪一边呢？'……既然主席说他与我的动议无关，那么敦促我提动议的议员就不受重视。所以我撤回了我的动议。"

司法委员会乱作一团，华盛顿政府中很多人也慌了手脚。10月22日的委员会会议上，来自西弗吉尼亚州的众议员阿奇·穆尔提出动议，要求排除塞勒的强硬提案版本。他还要求就此表决——这会断送了肯尼迪的民权法案以及在国会作证的要求。但当时已经接近午餐时间，塞勒宣布会议延期举行。

总统打电话请国会领袖们这天下午来白宫，既有民主党人，也有共和党人。"我们不能任凭这种事发生，"他说。"我们该怎么办？"

再次发起示威，代表俄亥俄州的众议员麦卡洛克说。"小马丁·路德·金的人马会再次发起示威。"

于是，在兼任民主党党魁的总统和共和党众议院领袖查尔斯·哈勒克完成最吃力的活动后，轮到他们做出努力了。哈勒克是代表印第安纳州的众议员，这个老家伙执拗易怒，对黑人民权立法从未表现出赞成。但应邀与一位总统在最高级会议上一道讨论立法，这件事本身显然让他极为喜悦。

哈勒克单独与肯尼迪在一起时说："在我那个地区，黑人投的票数还不如一瓶子冷尿多呢。"不过后来他对肯尼迪讲了段往事。他喜欢去佐治亚州的温泉城，罗斯福总统当年常常光顾这座旅游城市，最后就是在那里去世的。他说，那里的饭店拒绝为他的黑人司机服务，让他气得发疯。肯尼迪显出吃惊模样。哈勒克说："人们偶尔会做点正确的事情。"

哈勒克说，为了恢复那项这种法案，他可以在委员会的 17 张所需选票中搞定 7 张。总统需要得到另外 10 张，其中 9 张已经确定了。10 月 28 日，他打电话给芝加哥的戴利市长。

"罗兰·利博纳蒂倒戈了，"肯尼迪说。

"是吗？"戴利的声音显得吃惊。

"是的，因为他站在极端自由派一边，他们要闹得无果而终。后来我们与共和党人合作整理出一个法案，内容包括了我们想要的一切，可他说：'不行。'"

"他会投票赞成的，"这位市长说。"你想要什么他都会投票赞成的。"

肯尼迪笑了。

"他在哪儿？"市长问。"在你那儿吗？"

"他在另一个房间里。"

"告诉肯尼让他给我打电话。"

"好的，"肯尼迪说。接着他想到更好的办法。"要不然，你能否等他回到自己办公室后，给他去个电话？那样比较好，否则，他会认为……"

"上次我……"戴利说。"我对他说过：'听着，我根本不在乎是什么事，凡是总统想要的，你投票赞成就是了。就这么办，我们就想要你这么办，就得这么办。'"

"那很好，"肯尼迪说。"谢谢了，迪克。"

哈勒克离开白宫时说，他第二天中午打电话来，通报为撤销塞勒的计划弄到多少票数。但是他没打电话，下午 12:45，肯尼迪给他打了电话。

"我非常抱歉，总统先生，"这位共和党领袖说。"我找几个自己的伙计费了很大功夫，刚刚与最后一位谈过。不过我正准备给你打电话通报好消息呢——我已经弄到足够多的选票，让你的法案在委员会获得通过。"

委员会最终投票推翻那个强硬计划后，他们再次通过电话交谈，留下两党考虑折衷新法案的空间。

"你干得漂亮，"肯尼迪说。

"我在这儿遭遇到很多人，个个气得发疯，"哈勒克说。

"我也有同样遭遇。很多疯狂的黑人准备跑来向我投掷石块，但这没关系……你这事办得太棒了。真正是说到做到。"

其实，哈勒克做的超过了他的承诺，他弄到九张选票，因为有个民主党议员背叛了。肯尼迪为此表示道歉。"我们没争取到罗兰·利博纳蒂。显然库克县的这台老机器没我们听说的那么结实，"他说。①

"我这边有点小麻烦，有很多人在发牢骚，"哈勒克说。"我不能保证他们会再次选我当领袖，可我才不在乎呢。我们必须得有个规则。总统先生，我想提个小建议：让这片小混乱尘埃落定吧。"

"对，对，对。好的。"

在这阵喧嚣中，南斯拉夫总统铁托来到华盛顿访问。这位反苏共产党领袖曾是本国抵抗纳粹的游击队领导人，后来在1948年与约瑟夫·斯大林的政权分道扬镳，他态度自豪而脾气暴躁，多年来想要会见一位美国总统。铁托元帅这年已经71岁，自视为世界伟人、二战幸存的胜利者、巴尔干地区的戴高乐。

他会见过赫鲁晓夫，一定要见见肯尼迪。这年夏天，他在贝尔格莱德会见了到访的那位苏联领导人，这立刻引发了白宫的担忧，唯恐南斯拉夫与苏联和好。但是，大多数美国人，尤其是逃出东欧"沦陷国家"共产主义统治的人们，以及国会中代表那些人立场的议员，却将铁托视为敌人，认为他不过是个共产党人。因此，肯尼迪作为第一位有勇气邀请一位共产党人来白宫

---

① 六个月后，戴利控制的库克县民主党组织拒绝再次提名利博纳蒂参加竞选。——原注

的总统，表现出通常的谨慎。他允许摄影师走进椭圆形办公室，不过他们必须待在他身后，所有照片中，只能看到他的脊背和后脑勺。这次没有拍摄到握手、摇椅和孩子们。

铁托体会到主人的冷淡，心里很不愉快。有一刻，他将目光投向窗外，看到了美国纳粹党人，那是一群下层社会的乌合之众，领头的人名叫乔治·林肯·罗克韦尔，只见他身穿纳粹军服，挥舞着标语牌，称铁托是杀人犯。"这是个什么国家啊？"这位元帅问道。他抵抗过阿道夫·希特勒的部队。"纳粹党人为所欲为，把我当成敌人。"

铁托刚刚访问过南美洲国家，肯尼迪问铁托，苏联人或中国人是否已经赢得了对拉丁美洲共产党的控制权。这位元帅再次觉得受到冒犯，说："总统先生，你知道，我绝对不会干涉东道国的国内政治。在我访问的任何国家，我与那里的政治或政治生活或党派政治都无关。"

"算了吧……"肯尼迪微笑道，这话可能难以翻译，"你我都是政治家。那里发生了什么事？"

铁托喜欢这句话。"你我"这个字眼意味着美国总统接受了与他的平等地位。"这个嘛，"他换上个人之间交谈的口吻，"各国共产党的亲苏集团行动谨慎，表现出慎重和保守。制造大多数麻烦的是亲华分子，虽然他们属少数派，但坦白讲，他们也许在努力争取领导权。从长远来看，他们也许会崭露头角，成为拉丁美洲的领导层。"

肯尼迪请他的前驻南斯拉夫大使乔治·凯南陪伴铁托和他妻子在美国各地旅行，并尽量帮助铁托绕开反共示威者。从某种程度上讲，正是示威者让凯南丢了职位。1962年底，他返回普林斯顿大学教书，当时国会表决终止南斯拉夫的贸易"最惠国"地位。那年秋初，凯南将肯尼迪的保证传递给铁托，称"最惠国"地位可以继续保持，无需经过辩论，也不必在意国会激烈的长篇演说。但国会辩论中指称利用纳税人的钱支持一个共产党政府，尽管这个政府15年来既没有接受过莫斯科的军事援助，也没有听取苏联人的意见。这么做行不通，因此必须有人引咎辞职，而引咎辞职的人不能是总统。

凯南属于美国最著名的外交家之列，结果他的外交生涯被粉碎了。他认为国会的愚昧无可救药，而总统却不愿与之抗争。不过他对总统的职责表示理解。当时总统邀请他去白宫，凯南在自己的日记中对那次会见做了如下记录：

> 我理解他做出选择的残酷性……他是个特别孤独的人，只有身处最高社会地位的人们才能体会到那种孤独感。我意识到了这一点。我回国后来到白宫楼上他的卧室见他，意识到他感到的压力，我意识到他抽出一个钟头时间坐在摇椅里与我交谈对他的意义，我从来就懂得，千万不能从我自己面临难题的角度看他的立场。他对待我的体面风度、他愿意倾听我意见的态度都让我深信，假如他无法支持我，那并不是他缺乏愿望，而是他认为这是政治的需要；在他和每一位高级别政治官员看来，政治是可能性的艺术，他只能做在他看来是正确的事情。我对他没有别的想法，只有同情。我感到遗憾，由于命运的缘故，他对我抱有感激之情。

铁托每到一处，都会遇到示威人群。他离开华盛顿后，下一站来到纽约，下榻在公园大道华尔道夫大饭店。酒店周围的示威人群挥动的标语牌上写着"红猪"、"杀人犯"之类字眼。酒店大堂和咖啡厅里挤满了尖声惊呼的人群，人们朝他的随从身上吐口水，叫他的女随从"娼妓"。酒店周围的警察似乎向着示威者，任凭他们惊叫咒骂，自己只站在一旁观看。在华盛顿，代表亚利桑那州的参议员巴里·戈德华特比较这家酒店那天的两位宾客，一位是铁托，另一位是吴廷琰夫人。戈德华特说："我们陪自己的敌人饮宴，却打我们朋友的耳光。"

那天夜里，两名刺客溜进南斯拉夫总统的房间，只差几秒钟就得手了。刺客是两个克罗地亚人，曾是他们祖国的秘密警察，他们在这家酒店工作了几个月，专等铁托到来。将近11点钟，两人从美国秘密特工身旁走过，点头致意后，来到华尔道夫大厦35层铁托下榻的房间门外，将钥匙插进门锁。正在这时，一个纽约市警察队长走出电梯。

"你们在这儿干吗？"他说着冲过来将两人扭倒在地。两个人都带着武器。暗杀未遂的消息传到白宫，惊醒了总统。他命令同时下榻在这家酒店的驻联合国大使阿德莱·史蒂文森，立即去铁托房间道歉。但是，史蒂文森大约午夜1:00到来时，铁托和他夫人已经再次入睡了。肯尼迪还派遣国务院的礼宾处长安吉尔·比德尔·杜克前往纽约，要他尽量与铁托待在一起，直到这位元帅10月25日搭乘鹿特丹号轮船驶离美国回国为止。

驱车前往停泊在哈德逊河的轮船途中，杜克特使陪铁托坐在豪华轿车后座上，他向元帅展示了这天的《纽约先驱论坛报》，上面有前一天上午史蒂文森发表讲话的配图报道，史蒂文森遭到咒骂，一个愤怒的女示威者还用标语牌砸他。

"总统先生，你看，你并不是唯一的目标，"杜克说。"我们就是这样对付自己的领导人的。"

"阿德莱·史蒂文森这样的伟人竟然有人反对？"铁托问道。他重复了先前说过的话："这是个什么国家啊？"

第五十五章　1963 年 11 月 1 日

10月17日，就在麦克纳马拉和泰勒从越南回国后两个星期，肯尼迪总统看到中央情报局每周一次的"形势评估"。这份评估是就他自己的声明和那次访越使命后公众的反应，南越做出的反应。评估报告的焦点不是北越与南越之间的战争，而是美国与越南政府之间的冲突。

> 最近的事态发展明确无误地传递了一种印象，吴庭艳和吴廷瑈执政组合在认真准备与美国长期搞摩擦，拒不屈从压力做变革，而是寻求利用美国决策人之间出现的任何争议消除这些压力……西贡的若干消息来源如今报告称，政府正在实施降低向公务员支付的工资。这一政策可能仅仅反映了越南政府预料美国会削减援助做出的反应。另一种可能性虽然较小，却不可忽视：吴廷瑈正在为最终完全与美国断绝关系做官员调整，吴庭艳政权可能主动提出断绝关系并实施。

吴廷琛在一次对欧洲记者们的访问中说的话刊登在10月18日的《越南时报》上。他说，假如有人不理解那种可能性，"这里的人民都感到奇怪，美国在做什么……人民对美国已经失去了信心。"他说，对关押的佛教和尚做的审讯揭示出，"中央情报局特工和其他美国政府文职机构每天都在怂恿这些和尚，要他们发动反政府的政变。"

西贡官方热衷于传播阴谋的话题，阴谋的核心人物不是南越总统，而是美国大使。那天晚上，在为联合国观察员举行的一次招待会上，吴庭艳的国防部长阮廷淳朝洛奇走来。第二天早饭时间，肯尼迪看到了洛奇就谈话内容发来的电文：

"我们坐在离人群较远的一侧，阮廷淳说：'总统要我问你，华盛顿是否就恢复商业进口做出了决定。'他停顿片刻后面带愉快的微笑接着说：'我告诉他说，我相信他们还没有做出决定。对吧？……我会告诉他，这是你的看法。'

"随意漫谈几句后，我说，我渴望能以行动表现自己对越南的强烈情感，希望那个时间会到来。阮廷淳说：'一切都会证明，你的使命将会取得极大的成功，对此我抱有信心……我相信很快就会证明。'"

那个星期日，肯尼迪从《纽约时报》提前出版的报纸上看到："在西贡，最佳估计是南越人在军事上守住了自己的阵地。但他们如何在南越面对第二场战争尚待分晓——由美国发动的反吴庭艳政府的政治战争。"

10月21日星期一，肯尼迪请《纽约时报》的新出版商阿瑟·奥克斯·苏兹贝格在白宫共进午餐。他以颇为坦率的态度对苏兹贝格谈起西贡的复杂问题，许多问题由于亚洲情感与美国新闻信条之间的鸿沟而变得更加复杂。他说，他自己年轻时在二战前后曾做过赫斯特报业集团的记者，他接着说："我真心希望，你能把哈伯斯塔姆调离那里。"

一个月前，戴维·哈伯斯塔姆的一篇文章刊登在《纽约时报》头版，标题是《两次赤色袭击凸显与西贡在战争策略上的裂痕》。文章刺激了肯尼迪，他要求中央情报局分析哈伯斯塔姆从6月到9月发回的所有文章。

"审查显示，他在文章中引述的事实总的来说是精确的，"中央情报局发回的报告称。"不过，他根据事实做出的结论，以及他报道的侧重点往往使他的客观性受到怀疑。哈伯斯塔姆的报道基调几乎总是悲观的，他随意使用'有些美国人'、'消息灵通的越南人士'或'低（或高）级别美国人'等字眼。对这种消息来源是不可能做出反驳的……哈伯斯塔姆几乎从不援引乐观的消息来源。"

苏兹贝格说，他理解这种问题，他会尽力去处理的。那天下午，他打电话到纽约，就哈伯斯塔姆的事向他的编辑人员们询问。经了解，那个记者已经在为回国做准备了。编辑们认为，哈伯斯塔姆在越南工作得太疲惫，按计划要让赫德里克·史密斯去替换他。在那天晚上的晚餐会上，这位出版商向他的华盛顿分社社长詹姆斯·赖斯顿提起发生过的一切。赖斯顿立刻做出反应说："嗯，我们显然不能按照别人的意志办事，不能让这种事情束缚自己。"

于是，哈伯斯塔姆接到通知，让他打开行包，在西贡多待一阵子。在华盛顿，肯尼迪十分生气，对麦克纳马拉说："挫败报界这帮家伙的唯一办法就是打赢战争。"

中央情报局 10 月 14 日的报告称，有许多关于吴庭艳政府可能策划暗杀美国官员的报告，首先可能对洛奇大使下毒手，并强调指出，忽视这种报告是错误的。同一天，肯尼迪通过保密的一对一通信渠道收到洛奇的第一份"亲启"的报告。这条渠道是麦克纳马拉—泰勒使命后，肯尼迪三天前主动提出建立的，当时向洛奇提出个问题列表，要求他每周做出一次回答。第一个问题是："在我们与越共每日的斗争中，总的来讲得失如何？"

大使的回答是："在我看来，我们在坚持已有成果的基础上稍有进展……我们在这里的存在对越南和东南亚具有稳定性影响；还避免了越南政府被推翻，假如没有我们，这个政府无疑会被推翻。但是美国不能迫使人民喜欢越南政府……"

肯尼迪的下一个问题是："有何证据显示，越南政府与其人民的关系是加强了还是削弱了？"

"证据显示，只要警察力量保持强大可靠，而且政府继续控制其警察，越南政府便拥有警察国家的政府优势，"洛奇回答道。"显然越南并不是个彻头彻尾的铁腕警察国家（尽管这个'家族'在想方设法使之变成那种国家）。与希特勒统治的德国不同，这里的统治没有效率，而且有越共这个组织严密的庞大在野对头，强烈的仇恨不断强化他们的对抗动机。越共的人数从未减少过，尽管官方常常说，两年来有24,000名越共被消灭，但其人数估计比两年前的数字还多。"

洛奇最后引述格雷厄姆·格林在《沉默的美国人》中的话描述越南乡村人民的心态："他们想得到足够果腹的大米；他们想免遭枪杀；他们希望一天与前一天没什么不同。"

洛奇的话让肯尼迪相信，吴庭艳已经失去了农民的支持。洛奇经常提出理由称，吴庭艳早已失去了知识界。美国准备使用自己的力量改造越南，将它从一个封建式民主、管理不力的警察国家改造成有效率的军事独裁国家，美国无法帮助或控制前者，因为统治者是个错误的人选，而后者应当准备与美国合作。10月末，华盛顿与西贡间电传频繁，每天都要传递几万字的材料，内容集中在肯尼迪前后矛盾的担忧问题上。总统想要的是一场美国有充分理由否认参与的政变，要得到政变策划者的最新信息，还要保证他们有合理的机会成功除掉吴廷琛和吴庭艳。

麦乔治·邦迪10月23日向洛奇传达总统命令时，用了两个字眼："控制和切断。"肯尼迪想在策划政变过程中得到尽量多的控制权，但是需要切断美国命令环节——也就是某人要传递命令，却对命令来自总统本人并不知情。只有邦迪可以借谎言保护肯尼迪。

10月25日，洛奇发给白宫的电传中说："我重视有人就陈文敦将军与科奈恩的关系向你表达出担忧。"越南政府军代理参谋长陈文敦将军通过中央情报局的卢西恩·科奈恩与美国沟通策划情报，陈文敦和科奈恩是18年的老相识了。让白宫担忧的是，陈文敦将军曾用了"一项总统指令"这个说法，仿佛肯尼迪本人在向反叛者发指示。陈文敦通过科奈恩向洛奇承诺说，要在第一枪打响前48小时向美国人通报。谈到刺杀吴庭艳和吴廷瑈的话题时，科奈恩告诉陈文敦，他受命不能讨论这个话题。"好吧，你们不喜欢这个，"这位越南将领说，"那我们再也不会涉及这个话题了。"

"出于两个原因，我们不能反对一次政变，"洛奇在那份电传中对肯尼迪写道。

> 首先，政变似乎至少保证，下一届政府不会像现政府一样恶劣笨拙。其次，从长期看，我们向政变企图泼冷水是极为不明智的，在策划初期这样做尤其不明智。我们应当记住，这是越南人民更换政府的唯一途径……陈文敦将军的愿望是不做美国的"附庸"，对此我表示赞同。但我认为，他承诺的民主选举是不现实的。这个国家根本没有为那种程序做好准备。

"总统要你了解我们的担心，"肯尼迪同一天做出了回复。"我们特别担心政变不成功带来的危险，我们避免直接参与，但不论做得多么谨慎，几乎全世界的公众舆论都会怪罪到我们名下。因此，在不能反对政变这一点上，我们虽然与你有相同的看法，但我们希望能做出选择，对任何成功希望渺茫的计划做出判断并提出警告。"

10月27日星期日，洛奇大使收到吴庭艳总统的邀请，请他陪同到乡间度一天假，洛奇感到意外。那天早上，他们乘坐直升飞机离开西贡，到达山城大叻，在总统的别墅度过这天大部分时光。

星期一，洛奇发出一份长长的电文：

> 吴庭艳非常和蔼可亲，让人觉得他是个有权享受好生活的好人。但他是个与现代生活格格不入的人，他生活在过去，对人民完全漠不关心，顽固程度令人难以置信。
>
> 我对他说，你想要我们为你做一些事，那么你能为我们做什

么呢？我们的政府是个仰赖民意的政府……总统（肯尼迪）本人不能悍然不顾相反的民意，越南产生的恶劣宣传让总统深感困难。

等到谈话显然该结束了，我说："总统先生，我提出的每一个具体建议，你都拒绝了。是不是有哪一件事你认为能做，好让美国舆论产生好感呢？"如同先前每一次场合一样，我一向他提出个简单问题，他就瞪我一眼，转换了话题。

洛奇10月28日星期一返回西贡前，在大叻机场与陈文敦将军不期而遇。他问陈文敦政变预期什么时候发生。

"我不能向你提供这种情报，"将军答复说。

洛奇10月28日再次给总统发去电文，说他现在肯定政变不可避免："我没有其他证据，只知道这些人显然在准备拿自己的生命冒险，而且他们自己并无所求。如果我对人性有些判断能力，我认为早上我与陈文敦见面时，从他的面部表情中看到的是真挚和决心。实际上，我可以说，对根本上是越南的事务我们的影响微乎其微……"

那天下午晚些时候，陈文敦将军在西贡向科奈恩询问洛奇10月31日返回华盛顿开会的具体时间和细节。他敦促科奈恩告诉洛奇，不要改变自己的行程计划，否则会让吴庭艳意识到政变即将发生。他还说，他要在行动前4个钟头而不是48个钟头通知美国人。陈文敦还对科奈恩说，万一政变失败，大家被迫逃亡，他想要一笔美元，分发给其他将领。这位中央情报局特工尽全力把大使馆所有的现金都收集起来，一共是4.2万美元。

科奈恩将那次谈话内容报告给洛奇大使，大使向华盛顿发了个电传。电传在华盛顿时间29日早8:00接收到："一批将领的政变企图看来迫在眉睫；不论这次政变成功与否，美国政府都必须为受指责做好准备，纵使指责可能并无道理；最后，美国政府的任何积极行动都不能防止政变企图，除非向吴庭艳和吴廷瑈通报内情，不过那将背负由此带来的所有耻辱。"

一个半小时后，华盛顿收到洛奇的另一份电传，报告与前助理国防部长陈龙勇交谈的内容。陈龙勇说，陈文敦将军和"大明"是策划政变的将领领导人。这两个人多年来并未受到美国人高度重视。美国在越南的年轻人说他们是换了身新军装的老牌法国殖民军。埃德·兰斯戴尔熟悉这两个人，在1961年末曾向白宫提供了这样的评估报告："杨文明从来怨声载道，有了机会却并不采取行动；他的计划看来总是不完整。陈文敦是位出色的参谋，却被错误安插在战斗部队司令的位置上。联合参谋部是一帮漂亮的花花公子。"

陈龙勇告诉洛奇另一件事："将领们计划彻底除掉吴氏家族。"

华盛顿时间29日星期二下午4点钟——西贡时间10月30日5时，总统在内阁会议室与越南问题小组开会。他一开始就告诉大家，在进一步通知前，所有部门和机构（国务院、国防部、参谋长联席会议、中央情报局和美国新闻署）要将有关越南的每一份电文交由他过目。他要看接收和发出的每一份文件、每一个字。他下令，暂时停止这些机构与驻越南部下联络的正常权力，凡需要联系，必须经他监督。

威廉·科尔比在1962年曾担任中央情报局驻西贡站领导人，他向总统展示了一幅箭头示意地图。他指着总统府附近支持和反对吴庭艳的部队数目——每一方都拥有9,800人，另外18,000人的部队被视为政治上采取中立态度。

"各方都会向我们求援，"腊斯克说。"假如我们支持吴庭艳，就会破坏战争努力，因为我们要与这些抵抗越共的将领作对。假如我们支持反叛的将领，就要保证他们能成功推翻吴庭艳政府。"

肯尼迪说，部队数目的平衡也许是正常的。几支部队见政变有可能成功，就会倒戈加盟。但是罗伯特·肯尼迪表示不同意。他认为现在的形势与7月和8月的形势没什么差别，同样这批将领当时曾证明，自己没有能力组织一次政变。他说，支持一场政变意味着将越南甚至将整个东南亚交到一个大家全都不熟悉的人手中。"这个风险太大了，"他说。"假如政变失败，吴庭艳会把我们赶出来。"

"我知道我这属于少数派的观点，"罗伯特·肯尼迪最后说。但是，泰勒和麦科恩立刻同意他的看法，说失败的政变对美国将是一场灾难，而政变即使成功，也会延缓战争努力，因为新领导人需要在新职位上学习管理。

总统这时动摇了。回到几周前的老观点，要腊斯克与洛奇核对支持和反对吴庭艳部队的军力平衡。"假如洛奇同意这个论点，"肯尼迪说，"那么我们就应当指示他阻止一场政变。"

那天晚上，约翰·肯尼迪在同一批人召开的另一次会议上说："政变发起人应当承担举证责任，显示他们能够推翻吴庭艳政府，而不造成双方打个平手的僵持局面。"接着他重复了罗伯特·肯尼迪的疑虑："假如我们失策，可能转眼之间就失去我们在东南亚的整体地位。"

那天晚上7:22发给洛奇的电文是由麦乔治·邦迪撰写的："亟需你与哈金斯的联合评估……西贡的军队双方阵容显示大致平衡让我们担心，极有可能成为严重的持久战斗甚至失败。两种情况都会严重影响美国的利益，甚至成为灾难。我们必须保证军力平衡明显有利。"

哈金斯将军的答复10月30日星期三一大早首先传到华盛顿，结果显示，洛奇并没有向他通报大使馆与白宫之间的电传情报。

上个星期六阅兵时，我与陈文敦和大明坐在一起达两小时。两人都没有提及政变……陈文敦要么是在说谎，要么是在玩弄两面派手法。他对我说的内容与他告诉科奈恩上校的内容恰好相反。他对科奈恩说，要在11月2日发动政变，可他对我说并没有策划政变。

大使与我目前保持着接触，但是要么由于我们之间通信的有效性，要么由于其他原因……我在这里的联系人中，谁的力量也不及吴庭艳，至少在与共产党作战方面如此。照我看，军事将领们都不具备接任资格……不论正确是否，我们支持吴庭艳毕竟有八年之久。我认为现在把他拉下台随意丢弃是不恰当的……其他不发达国家的领导人类比自己，相信自己也会得到同样的命运，就不会接受我们的援助。

洛奇的答复比哈金斯的晚两个小时传到国务院，那天早上7:30递送到白宫。他写道："我们当然必须对政变成功的机会做出尽可能准确的评估，评估结果必须左右我们的见解，但是不能认为我们有能力延缓或阻止一场政变……

"陈文敦多次明确表示，这是一场越南人的行动，"洛奇接着写道。"从理论上讲，我们有可能将得到的情报秘密通报给吴庭艳，这无疑会阻止这次政变，但我们因此会成为叛徒。哈金斯将军读了这份电文，对此表示不赞成。"

肯尼迪也不想赞成。人们再次不直接向他指出，他引发的事件如今超出了他的控制范围。总统不喜欢洛奇自以为是的口吻，仿佛白宫在设法控制西贡的行动。"感谢你有远见的指示，"洛奇在电文结尾写道。"我会尽自己能力执行。"

"他的口吻有点滑稽，"罗伯特·肯尼迪说。兄弟俩在椭圆形办公室单独待了一会儿。"我原来对你说过，这是个麻烦人物。"

"你知道自己的严重毛病吗？"约翰·肯尼迪突然抨击道。"你总是忘不掉自己的正确观点。"

肯尼迪兄弟和其他组成非正式执行委员会的人们在白宫开会，仔细考虑了从西贡发来的一份份电文，提出一个又一个问题。最后，洛奇在西贡时间10月31日早上收到邦迪签发的电文。

> 我们不能接受美国政策的一种基础，说我们没有能力延缓或
> 阻止一场政变……

这段文字包含了发生政变时美国应采取姿态的常备指令：

● 美国官方拒绝任一方要求干预的请求，没有华盛顿的授权，美国控制的飞机和其他资源不用于承担战线之间的飞行，也不能支持任何一方。

● 但是，一旦在负责的领导人指挥下发生政变，在这些限制

内，政变成功符合美国政府的利益。

10月31日下午，肯尼迪总统举行了一次记者会。记者提出一个有关越南的问题，五六个记者提问美国是否准备撤出其北约驻西欧军队，一个记者问是否有可能从韩国撤军，从南越撤出1,000美国人的预定步伐是否可加快。

"你们知道，"肯尼迪回答道，"国防部长麦克纳马拉和泰勒将军回国后，宣布本年底之前我们预计可从南越撤回1,000人，哈金斯将军就此提出一些意见。假如我们有能力撤回，要按我们的预定计划做。我认为第一支撤回的部队或队伍，是不参与称作前线行动的250人。随着在南越执行的培训加强，我们希望减少1,000名驻那里的美国人。"

"总统先生，"另一个记者问道。"总统先生，猪湾事件刚过，我曾问你是否喜欢总统职位，记得你说，你喜欢事件发生前的情况。现在你有机会评价自己的工作了，能谈谈你喜欢这个职位的原因，以及为什么想要连任四年吗？"

"我发现能从这个职位中得到回报。至于我是否留下、我的目的是什么等等问题，我觉得还有很多很多个月的时间来考虑。不过，从总统的职位角度考虑，这是个有回报的工作。以前，我向各位提出希腊人对幸福的定义，我愿意再次提出这个定义：在追求卓越的过程中充分发挥自己的能力。因此，我认为，总统职位能提供一些幸福感。"

8小时后，西贡时间11月1日星期五12:30，华盛顿时间10月31日星期四夜里11:30，大明将军在越南共和军联合参谋部军官俱乐部的午餐会上站起身，宣布发动政变。顿时，军警端着机关枪冲进来，对准午餐聚会的将军和上校们。大明要求策划政变者和少数仍然忠于吴庭艳的将领宣誓忠诚。

没出一小时，戴着越南人搞政变传统象征物红围巾的部队包围了国防部、国家警察总部、西贡电台、新山一国际机场和西贡邮电总局的中央邮政、电报和电话大楼。一个空降营向距离总统府1,000米外的吴庭艳总统卫队发起攻击。电话电报线路被切断或关闭，只有前一天拉起的特别电话线投入使用，其中包括军官俱乐部与美国大使馆之间的一条线。

华盛顿时间 11 月 1 日星期五凌晨 1:00 刚过，白宫地下的战情室电传机铃声响起。执勤官员看到跳动着打出的电文标着"火急"字样。"火急"意思是"关系国家存亡"。电文发自中央情报局西贡站，当地时间是星期五下午两点钟。电文报告，显然正在进行一场政变。执勤官打电话给麦乔治·邦迪和迈克尔·福里斯特尔。他们一直等到 3 点钟过后，才唤醒总统。因为自从 8 月 24 日的电文过后，频繁发生虚假政变警报。肯尼迪告诉他们，早上 6:00 来他卧室。

邦迪来的时候，手里拿着一小摞中央情报局和军方从西贡发来的电传件。最上面的一份是华盛顿时间早上 1:44 从哈金斯那里收到的，电文开始写道："13:45 陈文敦将军致电作战与训练部门主管史迪威，明确表示，所有将领集中在联合参谋总部，与他在一起，正要发动一场政变。史迪威问，是否正在进行。回答说：是的。我在 14:00 通知大使。他刚刚收到信息称，海军部队已经夺取了公用电话电报局——今天上午有众多部队调动的报告。具体情况稍后继续报告。"①

中央情报局的电文全面介绍了事件发生前后。一系列电文的第一份是早上 2:34 在白宫战情室收到的，内容报告了科奈恩上校给大使馆打的电话。他从南越军官俱乐部打电话，使用了前一天从政变总部直接拉起的特别电话线，他当时去那里递送大使馆募集起的 42,000 美元资金，用于万一政变失败，分发给将军们的家属。

> 将军们试图给总统府打电话，但电话不通。他们的建议如下：
> 如果总统立即辞职，他们会保证他的安全，并保证总统和吴廷琛
> 安全离开。如果总统拒绝这些条件，总统府将在一小时内受到空
> 军和装甲部队的攻击。

---

① 西贡时间比美国东部时间早 13 小时：西贡下午 6:00 是华盛顿同一天早上 5:00；华盛顿时间下午 6:00 是西贡时间第二天早上 7:00。黎光东上校是 3,400 人的总统卫队、特种部队和武装警察部队的司令，这支部队由美国培训并由美国支付薪金，但服从吴廷琛的直接指挥，而不是受联合参谋部指挥。华埠"唐人街"是西贡的一个区。——原注

早上3:40收到的电文:"科奈恩从联合参谋部报告,将领们做出果断决定,不与总统谈判。他只能说是或不……观察到四架AD-6战斗轰炸机悬挂着炸弹飞越西贡上空,高度约10,000英尺……联合参谋部的将领们监听着总统府与第1、第2军团和第21师的无线电联络。可以从大使馆听到交火的声音。可以证实起义者没有遭逮捕。15:35,总统府附近有交火报告。"

早上3:55收到的电文:"科奈恩从联合参谋部报告,一批亲西方、持民族主义立场的文职政治家与将领们一起待在联合参谋部……军方希望在两三天内将政权移交给文人政府……大使馆附近没有重大战事。发射了高射炮,显然飞机与河面上的军舰之间发生了战斗。"

早上4:11收到的电文:"科奈恩从联合参谋部报告,大明打电话给总统,但据称总统不在,大明与吴廷瑈通话。黎光东上校在枪口逼迫下宣布他被捕。空军司令没有讲话。科奈恩相信,他已经被排除……大明向吴廷瑈声明,如果总统和吴廷瑈不辞职,就在五分钟内将他们移交给政变部队,总统府将遭到大规模空袭。说完,杨文明将军压下电话……17:15,杨文明将军再次打电话给吴庭艳,吴庭艳压了电话……"

邦迪送到总统卧室的最后一份电文,内容是西贡时间下午4:30的电话交谈记录,电话是吴庭艳总统打给美国大使馆,由亨利·卡伯特·洛奇大使接听的:

吴庭艳:有些部队发生了反叛,我要知道:美国抱什么态度?
洛奇:我对情况不很了解,无法表态。我听到交火的声音,但对全部情况不熟悉。另外，此时是华盛顿时间早上 4:30，美国政府不可能在这时候表态。

吴庭艳：但你肯定有些总的看法吧。毕竟我是一个国家的元首。努力完成自己的职责。我现在要按自己的职责和良知要求行事。我相信首先是职责。

洛奇：你肯定完成了自己的职责。今天上午我还对你说过，我崇拜你的勇气和你对自己国家做出的伟大贡献。任何人都不能抹煞你的功绩。现在我为你个人的安危感到担忧。我得到报告称，对目前行动负责的人向你和你弟弟提出，如果你辞职，会护送你们安全离境。你听到这个说法没有？

吴庭艳：没有。（接下来是一阵停顿）你有我的电话号码。

洛奇：有。如果我能为你的人身安全做任何事。请给我打电话。

吴庭艳：我在设法恢复秩序。

吴庭艳说"没有"是在对洛奇撒谎。大明和吴庭艳就此通过电话，双方都在盛怒中压了电话。吴庭艳与洛奇通话时停顿了一阵，他心里已经明白，美国人在与策划政变者接触。不到两小时后，洛奇大使发出一份电文，华盛顿在早上 7:55 收到"以下信息已经向'大明'将军通报：'政变结束后，请将军们来大使馆一聚。'（供了解：我准备亲自见他们。）"

两个多小时后，在华盛顿时间上午 10:00，肯尼迪下楼来到内阁会议室，这才看到洛奇的一份电文，内容是报告那天上午他与吴庭艳个人会晤的情况。会晤结束后仅仅 30 分钟，就开始发生政变了。大使当时陪伴美国太平洋舰队司令海军上将哈里·费尔特去总统府，他短暂视察了美国在西贡的设施后，去做辞行拜访。吴庭艳对洛奇和费尔特说："我知道要发生一场政变，可我不清楚是什么人在搞。"大使回答说，他认为吴庭艳多虑了。这份电文在西贡和国务院都受到耽搁，因为其优先级别低于其他"火急"紧急电传。

　　白宫上午9:37接收："总统府星期五一大早通知我，称吴庭艳总统要在费尔特拜访后与我单独会见15分钟。费尔特上将一离开，我便说，那些（暗杀我的）谣言绝对没有影响我对他和对越南的敬意和个人情谊。早在来西贡赴任前，我长期以来便钦佩他的勇气，自从认识他后，我培养起了对他的友好情感……我起身准备离去时，他说：'请转告肯尼迪总统，我是个坦率的好同盟，我宁愿采取坦率态度，现在解决问题，而不是等到一切都失去后再谈（这听上去好像是暗示有可能发生政变）。告诉肯尼迪总统，他的所有建议我都认真接受，并希望贯彻执行，这只是个时间问题。'

　　"评论：我感到这是朝对话迈出的又一步……如果美国想要提出一揽子交易，我认为我们能够达成……他具体说：'告诉我你们想要什么，我们会做的。'"

　　当时在内阁会议室的人有腊斯克、麦克纳马拉、邦迪、麦科恩和罗伯特·肯尼迪。形势活像原来的导弹危机会议。南越发生交火后已经将近九个钟头了，内阁会议室变成个作战室。一张大桌子上铺开西贡市的详细地图，标出城内外部队部署情况。

　　这天是星期五，天主教的宗教节日万圣节。上午，华盛顿开始向西贡发出一份份电传。上午10:50，肯尼迪准备动身前往乔治敦的圣三一教堂望弥撒，他要腊斯克给洛奇发一份电传，建议重新考虑美国立即承认政变政府。"假如政变成功，承认就是个急迫问题。当然你应当以友好与合作的方式处理，开始要带有强势的权威性……但是我们正式宣布可能应当耽搁短暂的时间……美国比其他国家政府提前承认会产生错误的印象，仿佛他们的行动是美国授意美国操纵的……我们假定访问你的领头政变将军人数不太多，避免让人感到他们是在向总部做汇报。"

　　发给西贡的电传，内容焦点不是集中在已经发生的事件，而是解释这些事件所做的准备。对美联社南越政变报道的第一个美国官方反应只有一句话，是经总统批准后经国务院发言人告诉记者的。"我可以明确声明，美国政府没有以任何方式参与。"

总统批准后向洛奇发出的第一项指示于华盛顿时间星期六中午刚过发出："有一则报道称，吴廷琛与共产党人做交易，背叛反共事业。如果政变成功后，将军们及其文职同事就此继续大力公开发挥，做出结论，这里对其目的的接受和理解会大大增加。应抓住机会尽早向他们强调这一论点的价值。"

星期五下午 6:05，白宫收到洛奇的信息，称一小时前，吴庭艳在西贡时间早上 6:05 曾给军官俱乐部的将军们打电话宣布投降，只要求准许他本人和他弟弟吴廷琛安全离开越南。洛奇不知道吴庭艳是从哪里打电话，因为吴氏兄弟已经在夜里逃离总统府，消失在城里。"杨文明将军对此表示接受，"洛奇报告说。但是，仅仅两分钟后，中央情报局发来一份"火急"电传：有迹象显示，吴庭艳和吴廷琛已经在总统府外被俘，由将军们监管。

一个半小时后，在华盛顿时间 8:47，肯尼迪批准了向洛奇发出的另一份电传，内容再次集中在如何说，而不是如何做：

华盛顿时间明天（11 月 2 日星期六）上午 9:15，总统要审视我们的立场，急需你为这次会议提出建议。我们的初步考虑是，如果目前趋势在继续，我们的立场应当迅速趋向支持和承认，但是这一趋向要求仔细提供正当理由，以免对拉丁美洲产生误导的危险。

我们预计今晚向报界提供背景介绍，表示这次政变不能视为几个军官策划的结果，几天的事件明白显示出，事实上是吴庭艳导致他的国家军方和文职领导一致下定了决心。在国内战争的背景下，这实际上是一个国民的决定。

没出两个小时，洛奇便做出了答复，内容带有一点自我祝贺的口吻："同意我们应当迅速趋向支持和承认。相信应当强调这场政变大受民众欢迎。今天，每一个越南人脸上都挂着笑容。我驾驶飘扬着一面小美国国旗的汽车驶向大使馆时，人行道上的人们爆发出一阵阵欢呼，人们相互握手、挥手。停在街角的坦克上盖满了人们献的花环，军人显然极受人民欢迎。"

11月2日星期日，午夜过后刚刚30分钟，白宫的电传机铃声响起。一份中央情报局的"火急"电传内容如下："此时最准确的估计是吴庭艳和吴廷瑈已经死亡。无线广播报道，他们服毒自杀了。据报道，尸体在联合参谋部的一辆装甲运兵车上或在大楼内。感觉他们已经死亡有合理的确定性，继续核查死因及所处位置。"

当时总统已经在楼上睡觉了，邦迪认为，在确认吴庭艳已经死亡前没必要唤醒他。他的助手迈克尔·福里斯特尔和埃夫里尔·哈里曼在凌晨2:55批准向洛奇发出一份电传："吴庭艳、吴廷瑈自杀的消息让这里感到震惊，相信也让全世界震惊。将军们必须维护其行动迄今在一定程度上创造的良好声誉。因此，无可争议地公开确认死亡确属自杀而非死于暴力是重要的。"

西贡时间11月2日晚8:00，华盛顿时间早7:00，洛奇发来如下电文：

> 非常可靠的消息来源对吴庭艳和吴廷瑈的死亡讲述如下：
>
> 他们星期五晚上离开总统府，陪伴他们的是一位华裔商人，那人是华埠唐人街共和国青年团的组织者……这位华人带吴庭艳和吴廷瑈进了一个他自己拥有的俱乐部会所，抵达时间大约是9点钟。在这个俱乐部会所度过一夜后，早上8点钟他们出发前往教堂，10分钟后被军队发现，被迫上了一辆军车，车门被锁上。消息来源并不知道此后发生的情况，不知道他们活着、被杀害或自杀。

11月2日星期六上午9:00刚过，白宫收到了这份电传，总统刚刚下楼，准备开始这一天的危机会议。腊斯克、麦克纳马拉、麦科恩、罗伯特·肯尼迪、泰勒和哈里曼已经在会议室。总统落座时朝大家点了点头。迈克尔·福里斯特尔拿着洛奇的电文走进会议室，递交给总统。总统看了电文，站起身，一句话也没说，面色苍白、浑身颤抖，冲出会议室。

大家面面相觑。谁也没见过总统的这副模样。泰勒自言自语道："他能指望什么结果呢？"

吴庭艳和吴廷瑈是在吴庭艳给大明打电话宣布投降后被处死的。这位将军派部队去华埠的沙勿略教堂接吴氏兄弟。士兵们把他们带上一辆美国造 M-113 型装甲运兵车，开车驶出没多远，就朝两人后脑勺开枪，还用刺刀把尸体捅得残缺不全。肯尼迪帮助树立起的这个天主教反共圣徒后来埋葬在美国大使官邸旁的一处公墓，没有立碑。

政变将军们发布声明，称吴氏兄弟死于自杀。但没出 24 小时，中央情报局西贡站发回华盛顿的电传称："一位年轻的越南西贡商人……非正式消息来源 11 月 3 日上午展示了一套抓拍的照片，显示吴庭艳和吴廷瑈浑身布满血迹，显系子弹所致，两人尸横装甲车地板上，双手反绑。照片看上去真实。消息来源称，照片是 11 月 2 日约 10:00 拍摄的。照片向西贡的记者兜售。"

政变将军们改口，将死因从原来的自杀改为"意外自杀"。肯尼迪感到震惊，部分原因是，他不相信吴庭艳这位虔诚的天主教徒会违背教义自杀。后来他得知，美国人也许本来能拯救两兄弟的性命。政变将军们曾要求中央情报局为吴庭艳和吴廷瑈提供安全途径，出国流亡。中央情报局的代理站长戴维·史密斯要科奈恩告诉杨文明说，安排一架合适的飞机从关岛飞来新山一国际机场需要 24 小时。大明对科奈恩说："我们不能关押他那么久。"这话听上去就像个死亡判决。

皮埃尔·塞林杰朗读了一份声明，表达了美国官方的遗憾，然后拒绝回答记者们的问题，这赢得了邦迪的赞赏，他在一份备忘录中写道："皮埃尔！干得漂亮！优秀的表现。没有意外。官方公报不能为满足报界多说一个字，除非想要欺骗记者。"

腊斯克向美国在世界各地的驻外机构发去电传，对这次政变做出官方通报：

各驻外机构，特别是西半球的机构，应当准备对这一决定做出完整的解释，并截然区别其民族基础与美国政府发动军事政变推翻其他地区民主政权的立场。差别因素包括如下方面：

（1）吴庭艳政权已经变成一个家族大权独揽的统治工具。

（2）吴庭艳政权不但深受人民群众的反对，而且越来越遭到其文职和军队高级官员的反对。

（3）该政权越来越无能，无法有效领导全国反抗共产主义颠覆和侵略的努力。

美国最重要的社论喉舌《纽约时报》没有发现可指责的漏洞，在11月2日写道："西贡军事起义中唯一令人惊讶的事情，就是起义没有早日发生。过去两年中，吴庭艳—吴廷琛政权的无能、腐败、顽固、日益不得人心越来越昭著……"

华盛顿时间星期六晚些时候，白宫向洛奇发出电传，授权他向新政府通报：美国将立即支付暂时中止的援助款项，并声明："不论吴庭艳和吴廷琛有多大的过错，他们的死亡让此间感到震惊。假如是由一位或多位新政府高级成员下令谋杀的，消息传开后，新政府的地位和声誉有受到严重损害的危险……尽管原政府采取过几个月的镇压且日益无能，美国人民和政府仍不会忘记吴庭艳多年来为自由做出的卓越努力。"

星期六下午6点钟，肯尼迪乘坐直升飞机前往响尾蛇山有跑马场的乡间住宅，与妻子儿女团聚。晚餐时，一位名叫玛丽·金贝尔的朋友谈起吴庭艳和吴廷琛，说："他们纯粹是暴君。"

"不是的，"总统说。"他们身处不同地位，为自己的国家尽了最大努力。"

但举国上下有一种近乎兴高采烈的气氛。政府与新闻界重新联手，抱着美国式的单纯信念一致认为，随着吴庭艳倒台，越南从此摒弃了丑恶与悲观。美国人出于所有实际目的，仿佛接管了那个国家。越南将军们对着摄像机微笑，但他们也心怀焦虑，等待着来自华盛顿的金钱和指示。华盛顿俨然变成了南越的新首都。他们在等待吴庭艳曾经拒绝的命令，随时准备投入战斗,打赢战争!

但也有值得关注的例外情况。富布赖特和曼斯菲尔德等几位参议员感到紧张;《芝加哥论坛报》等保守的报纸表示愤怒。赫斯特报业集团的专栏作家弗兰克·康尼夫指控肯尼迪是"最邪恶的杀人犯"。但白宫和《纽约时报》这两个大的喉舌再次以和谐的口吻定下颇为恰如其分的基调。《纽约时报》的一篇社论写道:"假如将南越输给共产党人,那将引起全世界对美国保护各国免受共产主义压迫的承诺价值产生怀疑。幸而,越南的新统治者拒绝各种中立主义观念,决心为反对共产主义而献身。"

在11月4日的《纽约时报》上,戴维·哈伯斯塔姆在《西贡政变让美国人燃起希望》的标题下写的分析文章说:"西贡的欣喜感让美国人满意……希望沉沉压在人民和军队心头的政治压抑气候从此永远消失……希望新政府有能力号召起人民,回击共产主义的威胁。"

11月6日星期三,洛奇大使向肯尼迪总统发回最后一份私人电传:

> 亲启。既然革命已经发生,我假定你想要我发回每周一次的例行报告……
>
> 我相信,只要将军们保持团结,胜利的前景便可大为改观……毫无疑问,这次政变是越南人的内部事务,受到人民欢迎,政变活动开始后,我们既无法管理,也无法制止,施加影响也极其困难。不过,同样肯定的是,播撒政变种子、培育其成长的是我们,没有我们的准备政变就不可能发生……人民挥舞美国国旗欢呼;他们自由表达对那个"家族"的厌恶;寺庙里如今挤满了面带微笑的人们。人群面貌一新,整体趋势是与美国人民和政府的热情真挚关系……可以肯定,赢得这次行动的官兵只要心甘情愿,在战场上应当有上佳表现。哈金斯将军同意此观点。
>
> 对于其他地区未来遇到类似形势时,在行使美国权力方面,这一切可能是有益的一课。总统、国务院、军方、国际开发署、

美国新闻处、中央情报局均应为此结果得到赞颂。没有美国政府团结一致的行动，便没有可能产生这种结果……请接受我对你的感谢，我也感谢所有与你协作的人们给予全面的、富有想象力的指导和支持。

总统那天晚上的答复电文如下：

洛奇亲启，发自总统。

　　几个月来，是你亲自组织并指导在南越的全部美国行动，你的工作意义极为重大，你应当知道，这一成就在政府上下得到了认可。你以自己的行动表明，我们想要形势得到改观，吴庭艳政府不能提供这种改观，我们必然面临并接受一种可能性，即我们的立场可能鼓励政府的更迭。因而，我们也承担起一种责任，要在各种方面尽力帮助新政府，使之卓有效力。

　　再次感谢你的出色工作。

约翰·F.肯尼迪

第五十六章　1963 年 11 月 13 日

　　1963 年 11 月 8 日，美国正式承认了南越新政府。新政府由杨文明将军任总统，前副总统阮玉寿任总理。国民大会被解散，宪法暂停实行。这天，洛奇大使拜访了新任外交部长范邓林。范对他说，他接受这一职位仅仅出于他认为可以依赖美国的帮助。洛奇向他保证，新政府需要时，尽管找美国人，并提出第一项建议，建议内容他当天向华盛顿做了报告："与公众热情接触……我认为，如果（大明）安排拜访几座寺庙，哪怕仅仅停留 20 分钟，与群众握手，为人们签名，便会满足人民的情感需要，不论人们属于哪个种族或来自什么地方，都会感到政治领袖亲切。"

　　洛奇与范讨论了柬埔寨问题，谈起那个国家棘手的年轻统治者诺罗敦·西哈努克亲王。虽然柬埔寨已经接受了肯尼迪政府提供的 3.5 亿美元援助，但那位亲王显然担心美国人会像对付吴庭艳一样处置他——切断援助削弱他，然后处死他。吴庭艳死后，西哈努克中断了他的国家与南越结盟的讨论，如今他在谈论拒绝美国援助，转而接受中国的帮助。

11月11日是美国退伍军人节。在华盛顿，肯尼迪总统前往阿灵顿国家公墓，参加无名烈士墓地的纪念仪式。小约翰抢出风头，倒退着走在他父亲和仪仗队前面。《时代》杂志的报道言辞拘谨："……总统觉得这事滑稽。有的人认为，当时应该有个好保姆，在庄重的仪式上管束这个两岁半的孩子。"为阵亡将士鸣21响礼炮过后，肯尼迪缓步走在一排排美国军人的坟墓之间。墓地坐落在华盛顿对面俯瞰波托马克河的山丘上。他对麦克纳马拉说："这里真是世界上最美的地方。我认为，也许有一天这里是我……"不过，那天晚上他对查尔斯·巴特利特说，他认为希望自己身后葬在波士顿，因为，假如以他的名义建一个图书馆，会建在那里。他说："我准备建个图书馆，只有一个条件，那就是谁也不在乎。"

吴庭艳遭暗杀后，死亡和失败一时让约翰·肯尼迪耿耿于怀。但只要雷德·费伊在身边，他照例会变得神情欢快。费伊问他，完成总统任期后，想要做什么。第二届任期结束后，他就51岁了。

"我们可以返回南太平洋，重温我们个人力挽战争狂澜的那片水面，"肯尼迪说。"然后在希腊的一座座岛屿之间漂流，让夫人们满足我们的各种愿望。"

"得了吧。"

"我要竞选参议员。"

"当过美国总统后，那不是降格吗？"

"约翰·昆西·亚当斯卸任总统后就当过众议员。在国会，来自白宫的声音更富判断力和权威性……

"当然啦，等到罗伯特或特迪当了总统，我也许能在国务卿的位置上发挥最大作用……可我拿不准，要是罗伯特或特迪当了总统，能不能扭过这个弯，用'总统先生'称呼他们。听命于可爱的罗伯特，咱们还是别多想这种前景了。"

不过，肯尼迪的头等大事仍然是获选第二任总统，他已经开始将注意力集中在1964年了。他前往纽约，参加两年一次的美国劳联产联大会，这可是下次大选前最后一次大型全国劳工大会。他突然决定，不使用长长的车队驶入曼哈顿。他的轿车从机场出发，一路遇到 10 个红绿灯。遇最后一个红灯停车时，一个妇女冲上车道拍照片，闪光灯对准后车窗，距离肯尼迪只有几英寸。"我的天哪，"纽约警察保安特遣队的负责警官惊呼。"她没准是个刺客呢。"

11 月 13 日，肯尼迪召集了第一次竞选连任活动的计划会议。罗伯特·肯尼迪、索伦森、奥唐奈、奥布赖恩和民主党全国大会主席约翰·贝利参加了会议。与会的还有统计局长理查德·斯卡蒙、总统的妹夫斯蒂芬·史密斯，老约瑟夫·肯尼迪患中风后，肯尼迪的财务就由他管理。

按照盖洛普民意测验，肯尼迪的支持率在 1963 年中由年初的 76% 跌落到 59%。他列举出这些数字，给白宫一定程度上过于乐观的情绪泼了瓢冷水。斯卡蒙说，下降几乎完全源于民权问题。总统在失去南方人的支持，他们认为总统代表黑人走得过快。持这种观点的一位南方民主党人是亚拉巴马州的华莱士州长，他已经宣布称，要在南方和北方的民主党初选中反对肯尼迪，从俄亥俄州开始下手。他还渐渐失去北方自由派的支持，他们认为他的步伐太慢。美国民主行动组织主席阿瑟·施莱辛格的继任者约翰·罗奇在最新一期《美国民主行动组织》期刊上抨击肯尼迪，说他是技术专家治国论的官僚："约翰·肯尼迪完全投身于管理政治学……其结果是用树木取代黑人来美化城市……面前的选择是效率与正义……比方说，我们不能按种族在武装部队中搞隔离，不是因为这样做效率低，而是因为这是错误的。在教育领域亦然。好的教育是正确的，不仅因为这是个在登月方面击败苏联人的手段。"

但是，最新的"赛马民意调查"显示，总统的支持率高出目前有希望赢得共和党提名的候选人巴里·戈德华特，支持率分别为 55 和 39。肯尼迪在会议开始时说："如果是巴里，这倒挺滑稽。"他喜欢巴里·戈德华特，但认为他不可能赢得选举，因为在大多数美国人眼里，这个人太保守。他说："要不失时机地赞扬巴里。为他造造势，别提其他人。"罗伯特·肯尼迪补充说："戈德华特不够精明，他会拆自己的台。"但大家都希望他别过早自己拆台。

总统不希望大家提到的"其他人"是纳尔逊·洛克菲勒和密歇根州州长共和党人乔治·罗姆尼。"我们得盯住罗姆尼，"罗伯特·肯尼迪说，并指出，他是个虔诚的摩门教徒，作为美国汽车公司的总裁赢得了良好的商业声誉。"人民买这个上帝的账，也买自己的国货，"总统说。至于洛克菲勒，肯尼迪的结论是，这位纽约州长除了因离婚和新夫人惹上政治麻烦外，根本没有勇气承受总统竞选活动。

"罗姆尼可能是个不屈不挠的人，"总统说。"像罗姆尼这么优秀的人，我们得提防。他没有恶习，不抽烟，不喝酒。想想我们认识的人，谁能24小时或48小时禁食冥思，等着得到上帝启示，是参加竞选还是不参加。

"还是给我巴里做对手吧，"他笑着做出结论。"我就用不着被迫离开椭圆形办公室了。"

肯尼迪对大家说，1964年的竞选主题是"和平与繁荣"。他想要通过向贫困发起进攻来强调繁荣。那天上午，他宣布了一项"紧急方案"，向肯塔基州东部地区提供食品和公共服务，他称这个地区为"全国贫困最严重地区"。他让大家传看了《纽约时报》的一篇报道，是这篇报道提示他发起这个方案的。文章发表在10月18日，标题是《肯塔基矿工：严酷的冬季》文章讲述了肯塔基州东部的坎伯兰山脉开始使用自动化新采矿设备，结果工人失业，生计艰难。"福利体制侵害了山地人民的自尊，"霍默·比加特写道，他描写了矿工和他们的家庭受到打击意气消沉的惨状。

肯塔基州的现状就像原来西弗吉尼亚州的翻版。他想要在1964年被视为富有同情心。劝他的人说，这个方案能赢得人心，否则，他本人无法与选民形成情感联系。他现在也十分清楚，应当将贫穷的山地居民与纽约、芝加哥和费城的城市贫穷黑人做对比。他想要表明一种重要的政治看法，那就是美国的大多数穷人是白人。"那里存在严重的问题，我想要人民关注这个问题，"他对沃尔特·赫勒说。赫勒是反贫穷方案的主要拥护者。总统在商业部对肯尼·奥唐奈和小富兰克林·罗斯福说，要制定拜访时间表，为摄影师在城市贫民区的黑人和山地白人矿工之间创造拍摄机会。

"我不能做那种事，总统先生，"理查德·斯卡蒙说。他周围堆着高高的调查文件。

"为什么不能？"

"为穷人做事，连一张选票也多拿不到。那些投票的穷人已经站在这一边支持你了，"他说。"我在考虑为城市警察拍照。你还应当去公路旁边的新购物中心。你需要的选票在那里，带着午餐盒上班的人都在向郊区移居。"

肯尼迪立刻着了迷。目的性明确的信息是他最看重的。接下来两个小时，他的注意力集中在斯卡蒙展示的数字上，既有1960年的统计结果，也有1964年选举的人口统计资料。有些他已经了解。最坚定支持他的群体是黑人、波兰后裔和犹太人。"波兰后裔了不起，真是最好的民主党人，"总统说。"他们从不写信申诉，从不提出抱怨，只是坚定地投票。"对他支持最少的群体是农民、退休者和商人。斯卡蒙谈论起美国人移居的新趋势、南方乡下黑人来到北方城市、信仰天主教的民主党人移居乡间购买房产却为财产税和防洪排水系统担心，肯尼迪提了个问题打断他的话：既然民主党人收入开始增加后移居郊外，他们在什么收入水平时会投共和党的票？

"可能在年收入低于1万美元吧，"斯卡蒙说。"我设法研究一下。"

"那将是一种新的政治，"肯尼迪说。

"这是一个新的国家，"斯卡蒙说。

总统说，他要在10天内做两次政治旅行，第一次前往佛罗里达州，第二次去得克萨斯州，具体城市是圣安东尼奥市、休斯敦、沃思堡和达拉斯。这是他6月份与康纳利州长在埃尔帕索市对抗的结果。旅行的目的以募集竞选资金为主，不过他认为，1964年胜选的关键是赢取得克萨斯州和佛罗里达州的选举人票，弥补在南部各州可能有的损失。"马萨诸塞州向我们提供了大约250万资金，纽约对我们的资助也丰厚，"他对与会的人们说。"但是，我们何时能从得克萨斯州的富人那里搞到一些钱呢？"

肯尼迪宣布结束会议时说："这次会议很有帮助。"当时已经将近7点钟了，会议持续了三个多小时。"我从得克萨斯州返回后，我们再次开会。"

第二天上午，他举行了一个记者会，这是他就任以来第64次记者会了，记者提出的问题几乎全是负面的："总统先生，你认为柬埔寨拒绝我们外援的威胁有多严重？那个国家会滑向共产主义的轨道吗？”……“总统先生，现在看来，你的税务法案或民权法案都不可能在本次国会通过。这让你感到烦恼吗？”……“总统先生，有些已经发表的报告称，哈金斯将军由于认同吴庭艳政权，他在越南可能已经失去了有效性……”“总统先生，拨款法案仍然在国会悬而未决，这是有史以来头一回耽搁这么久。国会山到底怎么了？”

他表现得情绪欢快，抵挡住一个个问题。他说，对越南新政府抱有很高的希望，而且仍然希望能在本年底撤回数百名军事人员。对于他在国会遇到的难题，他说：“所有问题都是相互关联的。我认为有些耽搁是由于民权问题……不论现在多么黑暗，我认为‘展望西方，大地一片光明’，而且我认为，下下一个夏季有可能……不是明年，而是后年……这将是一次18个月的分娩！”

詹姆斯·赖斯顿在第二天，也就是11月15日的《纽约时报》上写道：“他在竞争中十分走运。”戈德华特看来越来越可能成为共和党的总统候选人，这样一来，不论肯尼迪的记录是好是坏都不是问题了。问题是戈德华特的言辞。在大多数选民的心目中，这位来自亚利桑那州的参议员太保守。戈德华特说，他能给予的是“一种选择，而不是一个回声”，但那个选择看起来更多的是一种对抗——与俄国人对抗，与黑人对抗，凡是有人敢于冒犯他那个版本的美国正义，他都要与之对抗。

赖斯顿的专栏文章标题是《肯尼迪前景展望：含泪庆胜利》。

　　一个记者在多元文化背景的陌生社区询问人们对肯尼迪的看法，得到明确的印象是，美国人民会选他连任，也许会以大比分胜选，但是并不十分信赖他……

　　数目众多的人听到关于总统的问题，做出吃惊甚至惊愕的反应，仿佛他们关心的问题与肯尼迪没有任何共同点……越南和柏林作为“肯尼迪的问题”提出讨论，人们对此的反应是，他在这两个地方想怎么做都行（只要不卷入大的战争就行），人们主要关

心的问题是为学校教育征收税款……人们钦佩他，但他并没有让
人们产生他希望的情感，换言之，他未能升华人们的情感，让人
们超越个人目标，看到他心目中更大的公共目标。

那天，肯尼迪在国会遭到惨败，仿佛证实了他在记者会上提出的达观看
法。对外援助法案最终由参议院通过，但结果变得支离破碎。参议院财政委
员会以 12 票赞成 2 票反对驳回加快听证减税法案的动议。众议院司法委员会
宣布，1963 年内不可能完成对民权法案的处理。

肯尼迪前往棕榈滩度周末；然后从 11 月 18 日星期一开始，在乔治·斯马
瑟斯参议员陪同下，前往佛罗里达州做政治试水。途中，两人稍做争论，肯
尼迪抱怨斯马瑟斯总是投票反对政府的法案。"真见鬼，乔治，"肯尼迪说，
"在民权问题上，你从来出手不留情面，就不能悠着点儿？"这位参议员提出
一则新闻报道，内容是猜测肯尼迪在考虑不用林登·约翰逊做竞选伙伴。"乔
治，看得出有人给你通风报信，"肯尼迪挖苦道。"难道你见我跟林登·约翰
逊发生过严重冲突？那将意味着我要打压南方，我能那么做吗？你知道，我
热爱这份工作，热爱工作中的每一秒钟……斯马瑟斯，你根本不懂，要是林
登知道，他会这么考虑的。我不想听人奉承。也不在乎是不是有人奉承林
登，不过我不要人奉承，他会继续做我的副总统，因为他帮我的忙！"

在坦帕市，他的第一次演讲是对佛罗里达州商会。演讲后，有人向他
提出关于古巴和民权的问题，他谨慎作答，开始为 1964 年选举中回答问题
打腹稿。

"在古巴有大量尚未完成的事务，"肯尼迪说。"我们还没有成功除掉卡斯
特罗先生，他对美国仍然是个主要的危险。"但他接着说，美国已经成功孤立
了那个国家。古巴与美国以及与其盟国的贸易骤降了 80%，自从卡斯特罗夺
取政权以来，古巴的国民生产总值下降了 25%。"他作为西半球反叛的象征，
其光环已经大为失色。"

"你为何要积极推进民权？"接下来向他提出了这个问题。

　　"我知道这个计划在佛罗里达州没有得到极大的支持，"他回答道，接着他谈到自己的负担。"我认为诸位应当认识到美国总统的责任。这个责任可能与你们的责任不同。在这个国家，我要贯彻执行法律……这个问题会一直与我们相伴，直到我从政治舞台消失后很久，这个问题也不会消失。没有哪个国家面对过比我们更难的难题，我们有10%肤色不同的人口，我们要向他们提供教育，给他们公平生活的机会……我们想要国内平静，我们想要看到本国公民得到我自己希望得到的待遇，得到你们自己希望得到的待遇……那就是我的目标，我认为这也是美国的目标。"

　　总统11月19日星期二在华盛顿时，关心的问题既有古巴，也有越南。他曾会见了法国社会主义倾向的《观察家》杂志编辑让·达尼埃尔，达尼埃尔是本·布拉德利的一位朋友，他准备第二天去哈瓦那会见菲德尔·卡斯特罗。这位法国人传递了一个信息：如果美国有意使两国关系正常化，卡斯特罗同意会见一位美国官员。肯尼迪说，他不能利用这次机会，否则新闻界会得知美国派出了秘密使者。不过他对达尼埃尔说，可以告诉卡斯特罗，总统本人有意听听他的想法。两天后，肯尼迪在佛罗里达发出个公开信号，说："古巴（已经）成为一件武器，明显变成外部强权颠覆其他美洲权力的工具。仅仅是这一点，就将我们两国分隔开来。只要这一点存在，一切都没有可能，排除掉这一点，便一切都有可能。"但与此同时，中央情报局仍然在招募刺客。他们设计出一种装着毒针的圆珠笔，准备用于杀死卡斯特罗，准备在11月22日由德斯蒙德·菲茨杰拉德送交一名可能的刺客，菲茨杰拉德接替威廉·哈维担任中央情报局W特遣队的队长，他们的任务是推翻卡斯特罗政府。

　　关于越南，总统想使政变后的美国对越政策规范化。具体内容是一次九小时会议的讨论主题。那次会议于11月20日星期三在檀香山举行，与会者有腊斯克、麦克纳马拉、泰勒、洛奇和哈金斯。会议记录电传给了麦乔治·邦迪，邦迪据此撰写了《国家安全行动备忘录》。这位国家安全顾问计划在肯尼迪与洛奇会见前，于24日星期日将这份备忘录递交给总统。

邦迪撰写的文稿开头这样写道："援助越南人民和政府，在反对外国指挥并支持的共产主义阴谋中取胜，仍然是美国的核心目标。对美国在这一地区决策和行动的检验，应当是为这一目标所做贡献的有效性。"

备忘录的细节包括：军事和经济援助的承诺将高于吴庭艳政府时期；美国计划坚持年底撤出部分军队的意向。一份秘密附件概述了针对北越的秘密行动计划，根据策划，可合理否认美国的参与。《国家安全行动备忘录》头一次包括了具体授权进入老挝境内达 30 英里采取军事行动，并包括了一个声明，称柬埔寨如今对美国具有"头等重要意义"。

总统在启程前往得克萨斯州之前，把迈克尔·福里斯特尔叫来，讨论了西哈努克亲王前一天拒绝接受美国一切援助的声明。"你去那里，告诉西哈努克，西贡发生了这种可怕的事情，"他说，"不过我们仍然认为他当政是他那个国家最好的解决方案。"

"等一等，"福里斯特尔正准备起身离去，总统说。"你回来后，我要你在新年过后组织一次深入研究，探讨我们在越南的各种可能选择，其中包括如何撤离那里。那里的整个事情我们得从头到尾审查一遍。"

"他这是什么意思？"事后，罗杰·希尔斯曼问福里斯特尔。

"准是不知哪个魔鬼提出的主张，"福里斯特尔回答道。

11 月 21 日星期四，总统携夫人飞往得克萨斯州。他夫人是 1960 年竞选以来首次踏上政治旅程。在圣安东尼奥市，总统向航空航天医学中心捐赠，然后为众议员艾伯特·托马斯举行酬谢晚宴。然后他飞往沃思堡，当晚下榻在得州大酒店 850 号套房，房间内装饰着莫奈、毕加索和梵高的画作，这三幅画是专门为悬挂这一晚从当地博物馆借来的。

11 月 22 日星期五早上，肯尼迪被敲门声唤醒，是他的贴身男仆乔治·托马斯敲响了主卧室的门。"总统先生，外面在下雨，"托马斯望着窗外说。肯尼迪从八层楼上望去，对地面上已经聚集起的人群规模感到吃惊。他穿过妻子的房间，从另一个角度看得更真切一些。"真是太棒了，对不对？"他问妻子。这个字眼他用了一遍又一遍。在途中停留的每一处，聚集的人群规模和人们的热情都超过了预期。但是,《达拉斯晨报》的头版标题却没这么棒:《总统到访被视为加剧了州民主党的分裂》。他叫来肯尼·奥唐奈,告诉他说,要保证让副总统约翰逊和参议员拉尔夫·亚伯勒共乘一车。亚伯勒是他几十年来的政治对手。"我不在乎你用什么办法,哪怕把亚伯勒丢进林登的车上也行。"肯尼迪想要表现得像个团结的民主党领袖,在得克萨斯州尤其要这样,因为他在这里已经有足够多的麻烦了。得克萨斯州的贝尔登民意调查显示,对他的支持率从1962年的76%下降到刚好50%。《达拉斯新闻》报在第14版刊登了整整一版政治广告,支付广告费的是 H.L. 亨特和其他右翼商人,内容含沙射影向总统提出12个问题,其中包括:"你为何欢迎、款待铁托这个莫斯科的特洛伊木马……?""美国外交政策为何堕落到这种地步,竟然要靠中央情报局策划政变,血腥消灭美国的坚定反共同盟者?"

"我们今天要踏进疯子的国度,"肯尼迪看了那页广告后说。但是他再次朝窗外望去,望着他几分钟后要发表演讲的讲台,感到人们对他的欢迎看来确实亲切。"看那座讲台,"他对奥唐奈说。"周围有这么多建筑物,要是有人想干掉你,秘密特工根本无法阻止。"

下楼时他见到自己的司机马格西·奥利里,对他说:"玛丽·加拉格尔昨晚没来帮杰奎琳。车队没玛丽的事。她本该在我们之前来到酒店的,可她到现在也没露面。叫她干活卖点力。"

"杰奎琳在哪儿?"总统开始演讲时,有人高声喊道。他转身指了指八层楼。"肯尼迪太太在梳妆打扮,"他说。"虽然花费的时间比较长,不过,她打扮起来比我们好看。"他扼要谈到了国防,尤其谈到沃思堡制造的轰炸机和其他武器系统。他说,下个月,美国要发射有史以来重量最大的火箭,在纯粹推进力方面最终领先苏联。

"这个力量,"他做出结论说,"依赖美国公民承担起领导责任的愿望。我知道在一个地方人们有这样的愿望,那就是这里,沃思堡的雨中……我们要继续前进。

"谢谢大家。"

对总统每日讲话的白宫文字记录接下来是这样的内容：

"总统在沃思堡的得州大酒店用过早餐后，飞往达拉斯的拉夫菲尔德机场。他在机场向迎接的人们短暂致谢后，登上一辆敞篷轿车。车队沿一条10英里长的路线穿过达拉斯市区，驶向商贸中心，总统计划在那里举行的午餐会上发表讲话。大约在（中部标准时间）12:30，一个杀手射出的两发子弹击中了他。

"下午1点钟，达拉斯的帕克兰医院宣布，总统死亡。"